选对套餐 剑指通关

购书专享 **名师引航班**	1年学习保障 **超值特惠班**	2年保障 不过重学 **精品保障班**	4年保障 不过重学 **通关无忧班**
3门课程免费领	**400**元/科	**450**元/科 3科联报 **550**元/科 2科联报 **600**元/科 单科购买	**1600**元/3科
主讲老师 中级会计实务：张志凤、刘忠 经济法：郭守杰、黄洁洵 财务管理：闫华红、田明	**5**大超值课程 预科班 基础班 习题班 冲刺串讲班 模考精讲班	**8**大精品课程 超值特惠班课程+ 易错易混班 核心精讲班 考前5天提示班	**9**大无忧课程 精品保障班课程+ 真题精讲班
授课思路 历年考情 系统分析 各章考点 全面梳理 精选课程 轻松体验 解读真题 强化实力	**3**项超值习题 每日一练 随堂练习 章节练习	**6**项精品习题 超值特惠班习题+ 预习阶段测试 月度竞赛 模拟试卷（1套）	**7**项通关习题 精品保障班习题+ 考前提分试卷（1套）
扫码免费领课	**2**大超值服务 24小时内答疑 学习方法指导（直播）	**7**大精品服务 超值特惠班服务+ 9小时内答疑 入学测试 学习计划 教材变化分析指导 强化阶段提升指导 机考操作指南	**8**大通关服务 精品保障班服务+ 4小时内答疑 思维导图引学系统
赠 50元优惠券	**赠** 2016年套餐对应课程	**赠** 超值特惠班赠送+ **机考系统(150元/科)** 会计基础一点通(张志凤) 税务基础一点通(刘颖)	**赠** 同精品保障班赠送

www.dongao.com 登录官网 了解更多

400-627-5566 ｜ 0431-87635566
24h客服热线

名师相伴 过关首选

张志凤

刘忠

田明

黄洁洵

续鹏翔

张敬富

郭守杰

闫华红

李运河

东奥会计在线，专注财会培训19年，是中国会计培训的领航者。
19年来，我们汇聚业内名师，广招千万学员，用平台铺就跑道，用品质成就梦想！

19年
专业品牌

独聚
业内名师

220名
专家教研团

93.02%
超高通过率

高分经验谈

张宵星（285分）一次过三科

备考经验：忙里偷闲，整合零散时间。

首先：根据自己的情况制订一份计划，保证每天2~3小时的学习时间。

其次：结合东奥的课程，从预科班着手，了解3科教材的重难点分布，再系统学习。

再次：考前要听串讲班和模考班，结合配套习题，短期也能实现提升。

最后：熟练掌握机考系统，带着满满的自信心进考场。

陈婷（282分）一次过三科

分享给考中级的同学们一些建议：

第一：结合视频里老师汇总的内容学习，实务多做分录，财管多做题，经济法多记忆。

第二："轻松过关"是很好的辅导书，一定要做，对了OK，错了更好，这样能发现并填补自己不足。

第三：要学会归纳总结，把老师的内容变成自己的，便于加深理解和记忆。

第四：学会自我约束。中级虽然有难度，但最终结果如何还是要看自己花多少精力去学。

陈佳璐（中级会计实务98分）单科最高分

取得中级证书，是我职业履历上完美的一笔。

感恩：非常感谢张志凤老师、郭守杰老师、闫华红老师，是他们的陪伴让我打消放弃的念头；是他们的讲解让每个知识都变得通俗易懂；是他们编制的题目让我不断地提升实战能力……

回首：自己听过的课程，做过的轻1，打过的草稿，满满的奋斗历程，努力不放弃，就会有好的结果。

感谢：感谢东奥会计在线这么好的教育平台。

石慧静（财务管理98分）单科最高分

备考经验：习惯了东奥，习惯了"轻松过关"。

结缘东奥：从业、初级开始结缘，工作后又选择东奥实操课充电。中级依然选择东奥。

书课搭配：东奥有很多优秀的老师，他们既写书又讲课，书课搭配学，省时省力。还有很多习题，应对中级足矣。

学习计划：东奥的学习计划对我帮助很大，让整个学习变得有序。我会继续加油，和东奥一起攀登更高的山峰！

东奥的学员这样说

学员：雪落无声7856

一次过三门，经济法84，实务75，财管75。感谢各位老师的陪伴，让我们在追求自己人生目标的路上找到了捷径！

老师的欣慰莫过于学生一次次地报喜。再次感谢所有中级的老师！您们辛苦了！

学员：tanjq7708

查到考试成绩：中级会计实务85分，财务管理82分，经济法86分。三门课一次高分通过，东奥课件确实太棒了！

更重要的是通过听老师们授课，专业知识得到了强化，非常感谢！

明年的注会和税务师考试，继续选择东奥！

学员：wangyan52199

在朋友的建议下买了东奥课程，课程很全面，但因为时间有限，我只学习了基础班和真题班，做了点练习题，即使这样，今年的考试依然顺利通过了。

感谢老师们详细的讲解，令我受益匪浅。同时感谢答疑老师们，对于我提出的问题都给予了耐心、细致的解答，对我帮助很大。

www.dongao.com
登录官网 了解更多

400-627-5566 | 0431-87635566
24h客服热线

2017 年会计专业技术资格考试
每日攻克一考点
中级经济法

组　编　东奥会计在线

编　著　黄洁洵

电子工业出版社

Publishing House of Electronics Industry

北京·BEIJING

本书正版具有以下标识，请认真识别：

1. 本书附有防伪标签一枚，上有激活码，激活即可获赠"名师引航班"、"机考操作指南"、答疑及东奥题库宝典 APP 等超值课程及服务。使用方法详见本书正文。

2. 正文内局部铺有带灰网的图案。

若无以上标识即为盗版，请广大读者拒绝购买。盗版举报电话：400－627－5566。

图书在版编目（CIP）数据

2017 年会计专业技术资格考试每日攻克一考点. 中级经济法／黄洁洵编著；东奥会计在线组编. — 北京：电子工业出版社，2017.4

（轻松过关.2）

全国会计专业技术资格考试辅导用书

ISBN 978－7－121－31276－2

Ⅰ. ①2… Ⅱ. ①黄…②东… Ⅲ. ①经济法—中国—资格考试—自学参考资料 Ⅳ. ①F23

中国版本图书馆 CIP 数据核字（2017）第 069622 号

策划编辑：刘淑丽

责任编辑：李慧君

印　　刷：山东新华印务有限责任公司

装　　订：山东新华印务有限责任公司

出版发行：电子工业出版社

　　　　　北京市海淀区万寿路 173 信箱　邮编　100036

开　　本：787×1092　1/16　印张：25　字数：932 千字　彩插：2

版　　次：2017 年 4 月第 1 版

印　　次：2017 年 4 月第 1 次印刷

定　　价：46.00 元

凡所购买电子工业出版社图书有缺损问题，请向购买书店调换。若书店售缺，请与本社发行部联系，联系及邮购电话：(010) 88254888，88258888。

质量投诉请发邮件至 zlts@ phei. com. cn，盗版侵权举报请发邮件至 dbqq@ phei. com. cn。

本书咨询联系方式：(010) 88254199，sjb@ phei. com. cn。

编委会成员名单

前　言

阶段测评

主观题集训

攻克考点

东奥团队+名师，
19年来我们只做一件事——
"让您轻松过关"

每周计划

模拟演练

东奥
会计

市场占有率高达81%

- 1998 年，"东奥"诞生于北京大学，开始进入会计培训领域；
- 2001 年，"轻松过关"系列丛书发行量跃居同行之首；
- 2002 年，"轻松过关"系列丛书被 30 个省级行政区的考试组织及机构推荐为指定用书；
  ……
- 2010 年，知名咨询公司慧聪网调查显示：东奥会计培训的市场占有率高达 81%，已成为会计培训界的第一品牌；
  我们的精彩从未停止，我们的未来才刚刚开始……

历经 19 个春夏秋冬，我们累积了一支强大的师资、编校团队，他们细心协作，精益求精，汇聚经典，只为让您"轻松过关"！

2017 年中级会计职称考试"轻松过关"辅导用书包含 5 个系列，其特点和使用阶段如下：

轻松过关 1：《2017 年会计专业技术资格考试应试指导及全真模拟测试》（上下册）

东奥最经典的考试辅导用书！地毯式扫描大纲和教材重难点，着重夯实基础。经典核心模块：（1）命题规律总结及趋势预测；（2）同步辅导及强化训练；（3）跨章节综合题演练；（4）全真模拟测试题。环环相扣，紧握考试脉搏。

轻松过关 2：《2017 年会计专业技术资格考试每日攻克一考点》

细化考点，逐个击破，专为机考量身打造！每日一考点，阶段性测评，帮助学员有计划、系统地复习，日积月累，轻松过中级。

轻松过关 3：《2017 年会计专业技术资格考试考点荟萃及记忆锦囊》

小身材大智慧！浓缩了教材精华内容的口袋书，全书通过图、表、对比、分析、总结等形式归集教材重点、精华内容，让您在零散时间精通框架，熟练考点，吃透教材，强化记忆。为您轻松过关保驾护航。

轻松过关 4：《2017 年会计专业技术资格考试考前最后六套题》

人手必备的考前模拟卷！名师押题，业内权威。用六套经典试卷，全面涵盖价值考点，点押最可能出题点，特别适合最后的复习冲刺。

轻松过关 5：《2017 年会计专业技术资格考试机考题库一本通》

为学员一次通过中级打造的高端攻略。通过第一步夯实基础，第二步真题检测，第三步模拟提升，强力提升学员答题能力，助力考前冲刺。

东奥始终致力于向广大考生提供最实用的图书和最权威的课程。但编校工作纷繁琐碎，限于时间，本书难免存在一些缺点和错误，敬请广大考生批评指正。疏漏之处，我们会及时发布勘误，大家可以通过东奥官网上的"勘误专区"查看。

最后，预祝所有考生都能轻松过关！

本书编委会
2017 年 4 月

目录

引导篇　考试攻略

攻克篇　每日一考点

升华篇 主观题集训

冲刺篇　模拟题演练

引导篇

考试攻略

2017 年经济法考试攻略

一、考试政策

（一）2017 年考试时间

考试日期	考试时间及科目	考试批次
2017 年 9 月 9 日（星期六）	8：30—11：30 中级会计实务	第一批次
	13：30—16：00 财务管理	
	18：00—20：00 经济法	
2017 年 9 月 10 日（星期日）	8：30—11：30 中级会计实务	第二批次
	13：30—16：00 财务管理	
	18：00—20：00 经济法	

【提示 1】从 2016 年的考试情况看，第 1 批次考试和第 2 批次考试使用完全不同的 2 份试卷。

【提示 2】2017 年经济法科目的考试时长仅为 120 分钟，较之以往年考试时间缩短了 30 分钟。

（二）考试形式

2017 年度中级会计资格考试全部采用无纸化试点方式，不论主观题，还是客观题，试题、答题要求和答题界面均在计算机显示屏上显示，考生应使用计算机鼠标和键盘在计算机答题界面上进行答题。

【提示】"高级"会计资格考试采用开卷纸笔方式，您还在为"中级"奋斗，您面对的是闭卷、机考的挑战。

（三）考试的题型题量

根据《关于 2017 年度全国会计专业技术中高级资格考试题型等有关问题的通知》（会考〔2017〕2 号），2017 年经济法科目的试题题型为单项选择题、多项选择题、判断题、简答题、综合题。

【提示】考试题型与最近 3 年考试题型保持一致，但题量是否调整尚未可知（毕竟考试时长缩短了）。

最近 3 年考试题型题量及答题要求

题　型		题　　量	答题要求
客观题	单项选择题	1 分/小题 ×30 小题 = 30 分	在 4 个备选项中选择 1 个最符合题意的选项
	多项选择题	2 分/小题 ×15 小题 = 30 分	在 4 个备选项中选择 2～4 个符合题意的选项；多选、少选、错选均不得分
	判断题	1 分/小题 ×10 小题 = 10 分	答题正确的得 1 分，答题错误的扣 0.5 分，不答题的不得分也不扣分。本类题最低得分为零分

考试攻略

题　型		题　量	答题要求
主观题	简答题	6分/小题×3小题＝18分	明确回答问题，并根据题目要求说明理由
	综合题	12分/题×1题＝12分	

（四）其他考试政策

1. 2017年8月10日前，各省级考试管理机构公布本地区中级资格考试准考证网上打印起止日期。

2. 客观题实行计算机阅卷，主观题实行计算机网上人工阅卷。

3. 2017年10月25日前，完成评卷质量抽查验收工作，下发并在"全国会计资格评价网"公布考试成绩。

二、教材的基本情况

（一）教材内容（共8章）

经济法部分
- 第1章　总论
- 第2章　公司法律制度
- 第3章
  - 个人独资企业法律制度
  - 合伙企业法律制度
- 第4章
  - 商业银行法律制度
  - 证券法律制度
  - 保险法律制度
  - 票据法律制度
- 第5章　合同法律制度
- 第8章
  - 预算法
  - 国有资产管理法律制度
  - 反不正当竞争法律制度
  - 专利法律制度
  - 商标法律制度
  - 政府采购法律制度
  - 财政监督和财政违法行为处罚法律制度

税法部分
- 第6章　增值税法律制度
- 第7章　企业所得税法律制度

（二）教材各章节的考情及2017年变动情况

章　节	最近3年平均分值	主要题型	2017年教材主要变化
第1章　总论	8分	客观题	没有实质变化
第2章　公司法律制度	15分	主、客观题	（1）新增"清算义务人的职责" （2）新增"人民法院指定清算组的清算时限"
第3章　其他主体法律制度	10分	主、客观题	没有实质变化
第4章　金融法律制度	16分	主、客观题	（1）删除"外汇管理法律制度" （2）根据《私募投资基金监督管理暂行办法》，对"私募基金的发行和转让"进行了调整 （3）新增"当事人对保险合同约定的受益人存在争议的解决"

续表

章　节	最近3年平均分值	主要题型	2017年教材主要变化
第5章　合同法律制度	15分	主、客观题	（1）新增"商品房买卖合同" （2）新增"房屋租赁合同"
第6章　增值税法律制度	14分	主、客观题	（1）删除"混合销售行为" （2）删除《油汽田企业增值税管理办法》的有关内容 （3）删除部分实施期限已经届满的政策
第7章　企业所得税法律制度	14分	主、客观题	新增下列8份文件的主要内容： （1）《国家税务总局关于完善关联申报和同期资料管理有关事项的公告》（国家税务总局公告2016年第42号） （2）《财政部、国家税务总局、民政部关于生产和装配伤残人员专门用品企业免征企业所得税的通知》（财税〔2016〕111号） （3）《财政部、国家税务总局、商务部关于完善技术先进型服务企业有关企业所得税政策问题的通知》（财税〔2014〕59号） （4）《财政部、国家税务总局、证监会关于深港股票市场互联互通机制试点有关税收政策的通知》（财税〔2016〕127号） （5）《财政部、国家税务总局关于保险公司准备金支出企业所得税税前扣除有关政策问题的通知》（财税〔2016〕114号） （6）《财政部、国家税务总局关于公益股权捐赠企业所得税政策问题的通知》（财税〔2016〕45号） （7）《国家税务总局关于企业所得税有关问题的公告》（国家税务总局公告2016年第80号） （8）《国家税务总局关于完善预约定价安排管理有关事项的公告》（国家税务总局公告2016年第64号）
第8章　相关法律制度	9分	客观题	（1）删除"反垄断法律制度" （2）新增"企业国有资产交易监督管理制度" （3）新增《最高人民法院关于审理商标授权确权行政案件若干问题的规定》的有关内容

说明：上表"最近3年平均分值"仅以2014年、2015年和2016年学员回忆的第1批考试试卷为依据进行计算。

三、中级经济法的复习方法

1. 基本装备

（1）教材

教材，是指财政部会计资格评价中心编写的2017年度全国会计专业技术资格考试辅导教材。这是财政部会计资格评价中心组织专家对2017年考试大纲展开的详细解读。按照历年考试的情况，考试内容不超出该教材收录的内容范围。

（2）教材配套辅导书籍（简称教辅）

教材只是对大纲内容的详细解读，并未明晰考点和考查角度，而教辅则以教材为依据，提炼考点、透析考查角度并配套一系列考题、例题和练习题，应试针对性更强。"东奥会计在线"组织编写的2017年"轻松过关"系列辅导书籍中，轻松过关1和轻松过关2都是以2017年教材为依据编写的、适合考生全程复习的基本教辅。

（3）课件

不论教材，还是教辅，都是静态的、以文字形式呈现的，而课件是动态的、视觉听觉等多形式展示的。如果考生阅读文字资料觉得枯燥、存在一定理解困难，可以适当购买课件、借助老师的讲解完成复习。"东奥会计在线"提供了考生复习全程所需、多种班次的课件，具体您可以登录www.dongao.com查看相应的招生方案。

2. 教材、轻松过关2（本书）和课件的关系

（1）轻松过关2与其编写者黄洁洵老师在"东奥会计在线"的基础班、习题班课件匹配，如果您使用轻松过关2的同时配套听课，复习效果会更好。

（2）轻松过关2是教辅，严格依据考试当年的教材编写，在教材中提炼出考点，针对考点进行详细剖析、举例并配套必要的考题、例题和习题。

（3）考生可以主要使用轻松过关2进行复习，让教材在考试复习中发挥"字典"的作用（遇到没有学过的基础概念、基本常识，遇到轻松过关2认为不重要而未予详细讲解的内容时，请查看教材自行了解）。

3. 复习的3个阶段

（1）基础阶段

在本阶段，经济法部分的复习应立足于读懂规定、找准法条关键词，并通过一定量的客观题消化核心考点；而税法部分的复习应立足于核心业务、应用性考点的理解和演练，并上升到能做主观题的程度。

（2）提高阶段

本阶段的主要目标有二：①梳理思路、总结考点，形成专属于您自己的"葵花宝典"；②进行主观题演练。经过本阶段的复习，考生形成了自己对考点的独立理解和思路，逐步脱离教材、教辅和老师的讲解，达到应对闭卷考试的要求。

（3）冲刺阶段

在全面复习的基础上进一步确认各核心考点是否已经掌握，做一定量的模拟试题以查漏补缺。在最后2周左右时，对需要机械记忆的内容进行突击背诵。经济法是一个颇考验记忆力的科目，冲刺阶段的复习尤为重要。

总的来说，经济法的考试难度并不大，如果考生能认真落实上述3个复习阶段，完全可以一次性通过经济法科目的考试。本书第2、3、4篇分别对应基础阶段、提高阶段和冲刺阶段的复习。另外，针对上述3个阶段，"东奥会计在线"配置有基础班、习题班、冲刺串讲班和模考精讲班等课程可供考生选择。在最后冲刺复习时，考生还可以根据需要选购轻松过关4（最后6套模拟题）以补充模拟训练量。

4. 有关做题

（1）历年考题

历年考题是考生在上考场之前与命题专家最亲密的接触。请务必重视历年考题的演练，不仅要做，还要深入研究命题思路与命题手法，充分培养自己的"题感"。本书收录了大量的历年考题，并严格按照2017年教材收录的内容对这些历年考题进行修订、调整，请考生充分利用。

（2）税法部分要格外重视习题演练

习题演练对经济法部分和税法部分的意义不同，复习经济法部分时，主要任务在于看懂法条、找准关键词并精确记忆，习题只是辅助考生理解法条而已；而复习税法部分时，必须进行充分的习题演练，要敢做题、敢做大题，只有在具体习题的操练中考生才能真正理解税法规定并准确应用，不至于出现"考虑了这个，忘掉了那个"的情况。

（3）有关本书提供的各层次题目

本书第2、3篇的题目可以区分为考题、经典题目和习题3个层次，每道考题我们都标识了考试年份，没有标识考试年份的"【例题】"属于经典题目。如果复习时间有限，考生应优先、深入研究考题和经典题目。

（4）做题的目的

做考题和经典题目的目的在于辅助理解考点、体会命题思路。做习题的目的在于检验复习效果、查漏补缺。请不要为了做题而做题，每做一个题目都要探究题目背后的知识点、命题人的"挖坑"手段。尤其是做模拟试题时，请不要把时间浪费在统计分数和懊恼成绩上，而应该针对错题回顾讲义，只要能不断地查漏补缺，您的成绩自然会不断提高，10月底查到的成绩也必定会令您满意。

5. 记不住、记不住，总是记不住

从基础阶段复习开始，就要注意区分应用性考点和纯记忆性考点。对于应用性考点，一定要立足于理解，要真正读懂法条、看懂案例，这样的考点如果您"囫囵吞枣"肯定是记不住的，但如果真正理解，基本不存在记忆背诵的问题（在理解的时候直接消化为自己的常识了）。对于纯记忆性考点，复习时要注意归纳、整理，方便冲刺阶段突击。

为了帮助考生更好地发掘法条关键词、更好地理解性记忆和纯死记硬背，本书提供了各种框架图、表格、口诀、"【案例】"、"【提示】"，请充分利用。

6. 没时间、没时间，就是没时间

"我没时间，我要上班"、"我没时间，我还要考财管"……面对经济法这个"副科"，考生总有各种各样的理由不复习、把它放在最后。其实，对于您取得中级会计资格证书而言，经济法和其

他 2 个考试科目同等重要（经济法不及格，证书无法到手），而经济法又是一个只要肯付出就能够收获成功的科目。所以，只要您决定考经济法，请坚持复习，不要给自己找任何借口。时间是海绵里的水，只要挤总会有的。本书为了监督广大考生"挤海绵"，设置了严格的复习计划表，请您充分利用。

此文乃本书开篇，组编者谓之"攻略"，而吾以为全书皆为攻略，且核心攻略蕴含于第 2 篇中。闲话少叙，感谢各位看官选择了本书，请让我们一起启程，我尽心导航、您认真复习。Let's go!

攻克篇

每日一考点

第一周

本周学习计划

	章　节	单元	讲义篇幅	课件数	理解难度	完成情况
星期一		第1单元	3页	1讲	★	
星期二		第2单元	3页	2讲	★★	
星期三	第1章　总论	第3单元	3页	1讲	★★	
星期四		第4单元	5页	2讲	★★	
星期五		第5单元	3页	2讲	★★★	
本周自测						

本周攻克内容

【星期一·第1章第1单元】 经济法基础

【第1章单元框架】

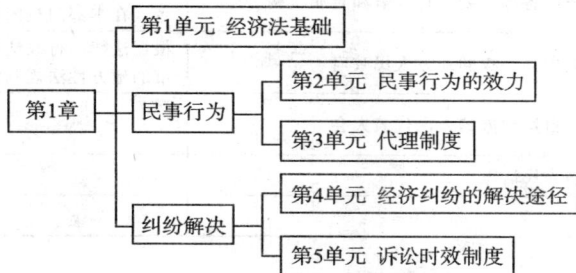

【本单元考点清单】

考点名称	考点地位	二维码
经济法的渊源	★	

注：

续表

考点名称	考点地位	二维码
经济法主体的分类	★	
法律行为	★	

（第一周）

注：考点星级的具体含义如下：（1）★级，意味着该考点偶有客观题；（2）★★级，意味着该考点常有客观题；（3）★★☆级，意味着该考点主要在客观题中考查，但偶有主观题；（4）★★★级，意味着该考点经常在主观题中考查。

考点1：经济法的渊源（★）

种　类		制定机关	效力层级
宪法		全国人民代表大会	具有最高的法律效力
法律		全国人民代表大会及其常委会	效力仅次于宪法
法规	行政法规	国务院	效力仅次于宪法和法律
	地方性法规	有地方立法权的地方人民代表大会及其常务委员会	不得与宪法、法律和行政法规相抵触
规章	部门规章	国务院各部、委、行、署和直属机构	根据法律和国务院的行政法规、决定、命令，在本部门权限范围内制定
	地方政府规章	有地方立法权的地方人民政府	根据法律、行政法规和本省、自治区、直辖市的地方性法规制定
民族自治地方的自治条例和单行条例		民族自治地方的人民代表大会	—
司法解释		最高人民法院	—
国际条约、协定		—	—

【例题·单选题】下列各项中，属于行政法规的是（　　）。（2011年）

A. 财政部制定的《会计从业资格管理办法》

B. 国务院制定的《中华人民共和国外汇管理条例》

C. 全国人民代表大会常务委员会制定的《中华人民共和国矿产资源法》

D. 河南省人民代表大会常务委员会制定的《河南省消费者权益保护条例》

【解析】（1）行政法规由我国最高行政机关国务院制定。（2）选项A：属于部门规章；选项C：属于法律；选项D：属于地方性法规。

【答案】B

考点2：经济法主体的分类（★）

分类标准	分　类	
主体在经济运行中的客观形态	（1）国家机关（或者国家作为整体）、企业、事业单位、社会团体 （2）个体工商户、农村承包经营户 （3）公民	
经济法调整领域不同	宏观调控法主体	调控主体
		受控主体
	市场规制法主体	规制主体
		受制主体

【例题·多选题】下列各项中，可以成为经济法主体的有（　）。（2010年）

A. 政府　　　　　B. 各类企业

C. 非营利组织　　D. 公民

【答案】ABCD

考点3：法律行为（★）

（一）概念

民事法律行为（在中级经济法考试中也简称"法律行为"），是指公民或法人以设立、变更、终止民事权利和民事义务为目的，以意思表示为要素，依法产生民事法律效力的合法行为。其主要特征有：

1. 民事法律行为是以达到一定的民事法律后果为目的的行为；

【提示】纯粹的事务性行为（例如，在宴会上致辞），不以达到一定法律后果为目的，不属于法律行为。

2. 民事法律行为以意思表示为要素；

【提示】事实行为（例如，侵权行为、创作行为），由于不需要意思表示、直接从事即可，且其法律后果直接由法律规定（而非由意思表示的内容决定），不属于法律行为。

3. 民事法律行为是具有法律约束力的合法行为。

【提示】某些行为，虽然并不违法，但无法律约束力（例如，山盟海誓），不属于法律行为。

【例题·多选题】甲、乙均为完全民事行为能力人。甲、乙之间的下列行为中，属于法律行为的有（　）。

A. 甲将房屋出租给乙

B. 二人约定此生不离不弃

C. 二人共进晚餐

D. 甲送给乙一部手机

【解析】（1）选项B：该约定不违法，但属于道德规范调整范围，不产生法律约束力，不属于法律行为；（2）选项C：纯粹共进晚餐只是事务性行为，不以达到一定法律后果为目的，不属于法律行为。

【答案】AD

（二）法律行为的分类

分类标准	分类
法律行为的成立需要几方意思表示	单方法律行为
	双方法律行为
当事人是否互负给付义务（第5章）	单务合同
	双务合同
除当事人意思表示一致外，是否还需交付标的物，合同方能成立（第5章）	诺成合同
	实践合同
法律行为是否存在对待给付	有偿法律行为
	无偿法律行为
法律行为的成立是否需要具备法律规定的形式	要式法律行为
	非要式法律行为
法律行为之间的依存关系	主法律行为
	从法律行为

【例题·多选题】下列各项中，属于民事法律行为的有（　）。（2013年）

A. 甲商场与某电视生产企业签订购买一批彩电的合同

B. 乙捡到一台电脑

C. 丙放弃一项债权

D. 丁完成一项发明创造

【解析】（1）选项A：属于双方法律行为；（2）选项C：属于单方法律行为；（3）选项BD：均不以意思表示为要素，属于事实行为。

【答案】AC

【星期二·第1章第2单元】民事行为的效力

【本单元考点清单】

考点名称	考点地位	二维码
法律行为的有效要件	★	扫码免费听课
自然人的民事行为能力	★	扫码免费听课
附条件与附期限民事行为	★	扫码免费听课
无效民事行为	★★	扫码免费听课
可撤销民事行为	★★	扫码免费听课
效力待定的合同	★★	扫码免费听课

考点1：法律行为的有效要件（★）

形式要件	书面形式	分为一般书面形式和特殊书面形式，特殊书面形式主要包括公证形式、鉴证形式、审核批准形式、登记形式、公告形式等
		口头形式
	其他形式	视听资料形式
		默示，包括以行为表示接受和不作为的默示，不作为的默示只有在"法律有规定或当事人双方有约定"的情况下才能视为意思表示
实质要件	行为人具有"相应的"民事行为能力	
	意思表示真实	
	不违反法律和社会公共利益	

考点2：自然人的民事行为能力（★）

种 类	划分标准
完全民事行为能力人	18 周岁以上（≥18 周岁）
	16 周岁以上（≥16 周岁）不满 18 周岁（<18 周岁），以自己的劳动收入为主要生活来源
限制民事行为能力人	10 周岁以上（≥10 周岁）的未成年人
	不能完全辨认自己行为的精神病人

续表

种　类	划分标准
无民事行为能力人	不满 10 周岁 （＜10 周岁）的未成年人
	完全不能辨认自己行为的精神病人

【提示】自然人民事行为能力的判定主要看两个因素：（1）年龄；（2）精神状态。两个因素中有"一个"触及相关标准，就要考虑该自然人是否属于限制民事行为能力或无民事行为能力人。

【案例1】小张今年 3 周岁，智力超常。在本案中：只要年龄不满 10 周岁，即属于无民事行为能力人，与智力是否超常无关，因此，小张属于无民事行为能力人。

【案例2】小王今年 20 周岁，先天腿部残疾，但精神状态正常。在本案中：（1）年龄已经超过 18 周岁；（2）精神状态正常；因此，小王属于完全民事行为能力人；"先天腿部残疾"并不影响小王的行为能力。

【案例3】小李今年 17 周岁，仍依靠父母供养在大学就读。在本案中：由于小李不能以自己的劳动收入为主要生活来源，虽然年龄处于 16 周岁以上不满 18 周岁的区间，但仍属于限制民事行为能力人。

【案例4】小赵今年 17 周岁，已经在汽车修理厂工作，以自己的工资收入为主要生活来源。在本案中：（1）年龄处于 16 周岁以上不满 18 周岁的区间；（2）可以自己的劳动收入为主要生活来源；因此，小赵属于完全民事行为能力人。

【案例5】小钱今年 10 周岁，精神状态无异常。在本案中：正好等于 10 周岁的未成年人，只要精神状态无异常，应界定为限制民事行为能力人；同理，正好等于 18 周岁的成年人，只要精神状态无异常，应界定为完全民事行为能力人。

【解释】民事权利能力和民事行为能力是两个相对应的概念。民事权利能力是指法律赋予公民、法人或者其他组织享有民事权利、承担民事义务的资格。（1）对自然人而言，有权利能力，不一定有行为能力；（2）对法人而言，权利能力与行为能力是统一的，均随法人的成立而产生，随其终止而消灭。

考点3：附条件与附期限民事行为（★）

1. 一定会届至的是"期限"，不一定会成就的是"条件"。

2. 当事人可以附生效条件/期限，也可以附解除条件/期限。

3. "当事人"为自己的利益"不正当"地阻止条件成就的，视为条件已成就；"不正当"地促成条件成就的，视为条件不成就。

【例题1·单选题】下列民事法律行为中，属于附期限法律行为的是（　）。

A. 甲对乙承诺，下次下雨时送给乙一把折叠雨伞

B. 甲、乙约定，如果明天下雨，则甲将其雨伞借给乙

C. 甲对乙承诺，如果明年乙获得博士学位，甲即赠予乙房屋一套

D. 甲、乙在房屋租赁合同中约定，若甲的儿子明年大学毕业回到本市工作，则房屋租赁合同终止

【解析】（1）选项AB：天总会下雨的（选项A属于附期限），但明天不一定会下雨（选项B属于附条件）；（2）选项C：博士学位不一定能取得，何况还限定明年，属于附条件；（3）选项D：儿大不由娘，回不回来实在难说，属于附条件。

【答案】A

【例题2·单选题】甲对乙承诺，如果明年乙获得博士学位，甲即赠予乙房屋一套。下列各项情形中，乙有权要求甲履行赠予房屋的承诺的是（　）。

A. 乙假造博士学位证书

B. 乙贿赂有关人士获得博士学位

C. 甲贿赂有关人士阻止乙取得博士学位

D. 乙的仇人丙贿赂有关人士阻止乙取得博士学位

【解析】（1）选项AB：当事人为自己的利益不正当地促成条件成就的，视为条件不成就，甲不必赠予房屋；（2）选项C：当事人为自己的利益不正当地阻止条件成就的，视为条件已成就，甲应赠予房屋；（3）选项D：并非"当事人"所为，作条件不成就处理。

【答案】C

考点4：无效民事行为（★★）

1. 法律后果

无效的民事行为，从"行为开始"起就没有法律约束力。

2. 种类

（1）主体的行为能力有欠缺

①无民事行为能力人

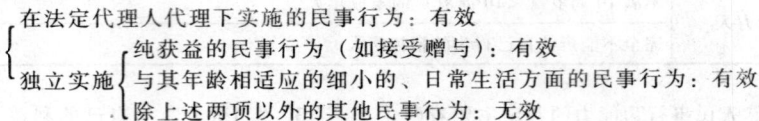

在法定代理人代理下实施的民事行为：有效

独立实施：
- 纯获益的民事行为（如接受赠与）：有效
- 与其年龄相适应的细小的、日常生活方面的民事行为：有效
- 除上述两项以外的其他民事行为：无效

图 1 - 1

②限制民事行为能力人

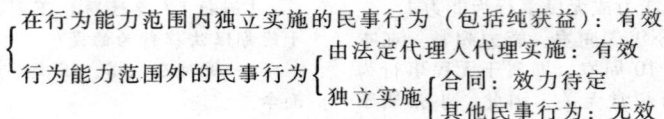

在行为能力范围内独立实施的民事行为（包括纯获益）：有效

行为能力范围外的民事行为：
- 由法定代理人代理实施：有效
- 独立实施：
  - 合同：效力待定
  - 其他民事行为：无效

图 1 - 2

（2）主体的意思表示不真实

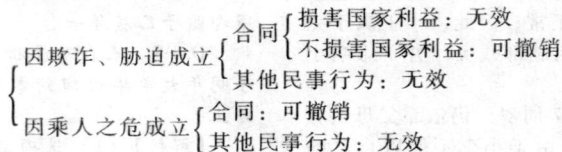

因欺诈、胁迫成立：
- 合同：
  - 损害国家利益：无效
  - 不损害国家利益：可撤销
- 其他民事行为：无效

因乘人之危成立：
- 合同：可撤销
- 其他民事行为：无效

图 1 - 3

（3）恶意串通损害国家、集体或者第三人利益的民事行为无效。

（4）违反法律或者社会公共利益的民事行为无效。

（5）以合法形式掩盖非法目的的民事行为无效。

考点 5：可撤销民事行为（★★）

1. 可撤销民事行为的法律后果

（1）一旦依法撤销，自始无效

可撤销民事行为，在该行为被依法撤销前，其效力已经发生，未经依法撤销，其效力不消灭；该行为一经依法撤销，其效力溯及到行为的开始，即"自始无效"。

（2）可撤销，也可不撤销

可撤销民事行为的撤销，应由享有撤销权的当事人行使，且法院或仲裁机关对之采取不告不理的态度。

2. 种类

（1）因重大误解而为的民事行为；

（2）显失公平的民事行为；

（3）受欺诈、胁迫而订立的不损害国家利益的合同；

（4）乘人之危而订立的合同。

考点 6：效力待定的合同（第 5 章）（★★）

1. 限制民事行为能力人独立订立的与其行为能力不相适应的合同

（1）经法定代理人追认后，该合同有效；

（2）"相对人"也可以催告法定代理人在"1 个月内"予以追认；法定代理人未作表示的，视为拒绝追认（合同归于无效）；

（3）合同被追认之前，"善意相对人"有撤销的权利（一旦撤销，合同归于无效）。

【提示 1】任何相对人均享有催告权，但只有善意相对人享有撤销权。

【提示 2】撤销应在追认之前，追认应在撤销之前。即不论追认权还是撤销权的行使，均应在合同效力处于待定状态时行使。

2. 无权代理人订立的合同，但构成表见代理的除外（详见本章第 3 单元）

【例题 1·单选题】16 岁的小林参加中学生科技创意大赛，其作品"厨房定时器"获得组委会奖励。张某对此非常感兴趣，现场支付给小林 5 万元，买下该作品的制作方法。下列关于该合同效力的表述中，符合合同法律制度规定的是（　　）。（2014 年）

A. 该合同可撤销，因小林是限制民事行为能力人

B. 该合同无效，因小林是限制民事行为能力人

C. 该合同有效，因该合同对小林而言是纯获利益的

D. 该合同效力待定，因需要由小林的法定代理人决定是否追认

【解析】限制民事行为能力人订立的合同，经法定代理人追认后，该合同有效；但纯获利益的

合同或者是与其年龄、智力、精神健康状况相适应而订立的合同，不必经法定代理人追认，合同当然有效。

【答案】D

【例题2·多选题】根据合同法律制度的规定，下列合同中，属于效力待定合同的有(   )。(2006年)

A. 甲、乙恶意串通订立的损害第三人丙利益的合同

B. 某公司法定代表人超越权限与善意第三

丁订立的买卖合同

C. 代理人甲超越代理权限与第三人丙订立的买卖合同

D. 限制民事行为能力人甲与他人订立的买卖合同

【解析】（1）选项A：属于无效合同；（2）选项B：属于有效合同（代表与代理不同，除另有规定的外，法定代表人的行为直接视为该公司的行为，合同对该公司直接有效）。

【答案】CD

第 一 周

【星期三·第1章第3单元】代理制度

【本单元考点清单】

考点名称	考点地位	二维码
代理的特征	★	
代理权	★	
无权代理	★★☆	
代理关系的终止	★★	

考点1：代理的特征（★）

1. 代理人必须"以被代理人的名义"实施"法律行为"。

2. 代理人在代理权限内"独立地"向第三人进行意思表示。

3. 代理行为的法律后果直接归属于被代理人。

4. 依照法律规定或者按照双方当事人约定，应当由本人实施的民事法律行为（如订立遗嘱、婚姻登记、收养子女等），不得代理（此类行为如本人未亲自实施，认定无效）。

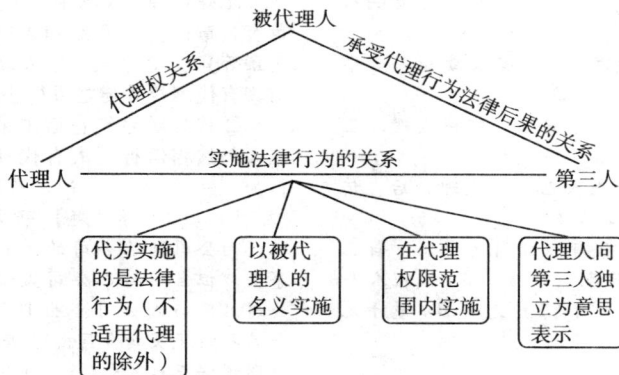

【例题1·单选题】在当事人没有约定的情况下，下列行为中，可以由他人代理完成的是（   ）。（2015年）

A．订立遗嘱　　　B．登记结婚

C．租赁房屋　　　D．收养子女

【答案】C

【例题2·单选题】下列行为中，不构成代理的是（   ）。

A．甲受公司委托，代为处理公司的民事诉讼纠纷

B．乙受公司委托，以该公司名义与他人签订买卖合同

C．丙受公司委托，代为申请专利

D．丁受公司委托，代表公司在宴会上致辞

【解析】选项D中的"致辞"行为并非一种法律行为，属于委托受托人从事一般的事务性行为，不属于代理。

【答案】D

考点2：代理权（★）

1．代理可以分为委托代理、法定代理和指定代理；委托代理是指基于被代理人的授权委托而发生的代理。

2．委托书授权不明的，被代理人应当向第三人承担民事责任，代理人负"连带责任"。

3．代理权滥用

（1）委托代理人应按照被代理人的（书面或口头）委托授权行使代理权；代理人不得滥用代理权。

（2）代理权滥用的种类

①自己代理：代理人以被代理人的名义与自己进行民事活动；

②双方代理：同一代理人代理双方当事人进行同一项民事活动；

③恶意串通：代理人与第三人恶意串通损害被代理人的利益。

【例题·多选题】根据民事法律制度的规定，下列行为中，属于滥用代理权的有（   ）。

A．代理人甲以被代理人乙的名义将乙的一台塔吊卖给自己

B．代理人甲以被代理人乙的名义卖出一台塔吊，该塔吊由甲以丙的名义买入

C．代理人甲与买受人丁串通，将被代理人乙的一台塔吊低价卖给丁

D．代理人甲在被代理人乙收回代理权后，仍以乙的名义将乙的塔吊卖给戊

【解析】（1）滥用代理权的行为包括：自己代理（选项A）、双方代理（选项B）、代理人与第三人恶意串通（选项C）；（2）选项D：属于无权代理。

【答案】ABC

（3）代理权滥用的后果

①代理人滥用代理权的，给被代理人及他人造成损失的，应当承担相应的赔偿责任；

②代理人和第三人串通，损害被代理人的利益的，由代理人和第三人负"连带责任"。

考点3：无权代理（★★☆）

1．种类

（1）没有代理权而实施的代理；

（2）超越代理权而实施的代理；

（3）代理权终止后而实施的代理。

2．无权代理人订立的合同——效力待定（构成表见代理除外）（结合第5章）

（1）经被代理人追认：合同有效

①在无权代理的情况下，只有经过被代理人的追认，被代理人才承担民事责任。

②被代理人知道他人以本人名义实施民事行为而不作否认表示的，视为同意。

（2）被代理人拒绝追认：合同无效

（3）催告——不直接产生法律后果，应等待被代理人的回应

在被代理人追认前，相对人（不论是否善意）可以催告，请求被代理人对是否追认代理权作出明确的意思表示；经相对人催告，被代理人在1个月内未作表示的，视为"拒绝"追认。

（4）撤销权

"善意"相对人在被代理人"行使追认权之前"，有权撤销其对无权代理人已经作出的意思表示。

（5）恶意第三人

第三人知道行为人无代理权还与行为人实施民事行为给他人造成损害的，由第三人和行为人负"连带责任"。

3．表见代理

（1）无权代理人的代理行为，客观上使"善意相对人""有理由相信"其有代理权的，被代理人应当承担代理的法律后果。

（2）表见代理的情形主要有：

①被代理人将某种有代理权的证明文件（如盖有公章的空白介绍信、空白合同文本、合同专用章等）交给他人，他人以该种文件使第三人相信其有代理权并与之进行法律行为；

②代理关系终止后未采取必要的措施而使第三人仍然相信行为人有代理权，并与之进行法律行为。

【例题1·单选题】甲是乙公司采购员，已离职。丙公司是乙公司的客户，已被告知甲离职的事实，但当甲持乙公司盖章的空白合同书，以乙公司名义与丙公司洽购100吨白糖时，丙公司仍与其签订了买卖合同。根据民事法律制度的规定，下列说法正确的是（   ）。

A. 甲的行为构成无权代理，合同效力待定

B. 甲的行为构成表见代理，丙公司有权主张合同有效

C. 丙公司有权在乙公司追认合同之前，行使撤销权

D. 丙公司可以催告乙公司追认合同，如乙公司在一个月内未作表示，合同有效

【解析】（1）选项AB：甲的行为构成无权代理，由于丙公司已知甲离职的事实，不能构成表见代理，该买卖合同效力待定；（2）选项C：只有"善意"相对人才享有撤销权，丙公司并非善意相对人；（3）选项D：相对人有权催告被代理人在1个月内予以追认，被代理人未作表示的，视为拒绝追认。

【答案】A

【例题2·单选题】甲为乙公司业务员，负责某小区的订奶业务多年，每月月底在小区摆摊，更新订奶户并收取下月订奶款。2013年5月29日，甲从乙公司辞职。5月30日，甲仍照常前往小区摆摊收取订奶款，订奶户不知内情，照例交款，甲亦如常开出盖有乙公司公章的订奶款收据，之后甲下落不明。根据民事法律制度的规定，下列表述中，正确的是（　　）。

A. 甲的行为构成无权处分，应由乙公司向订奶户承担损害赔偿责任后，再向甲追偿

B. 甲的行为构成无权代理，应由甲向订奶户承担损害赔偿责任

C. 甲的行为与乙公司无关，应由甲向订奶户承担合同履行义务

D. 甲的行为构成表见代理，应由乙公司向订奶户承担合同履行义务

【解析】行为人没有代理权、超越代理权或者代理权终止后以被代理人名义订立合同，相对人有理由相信行为人有代理权的，该代理行为有效。

【答案】D

考点4：代理关系的终止（★★）

	委托代理终止的情形	法（指）定代理终止的情形
共同原因	（1）代理人死亡 （2）代理人丧失民事行为能力	
特别原因	（1）代理期间届满或者代理事务完成 （2）被代理人取消委托或代理人辞去委托 （3）作为被代理人或代理人的法人终止	（1）被代理人取得或恢复民事行为能力 （2）被代理人死亡 （3）指定代理的人民法院或指定单位取消指定 （4）由其他原因引起的被代理人和代理人之间的监护关系消灭

【例题1·多选题】下列选项中，属于委托代理终止的法定情形的有（　　）。（2016年）

A. 代理事务完成

B. 代理人死亡

C. 代理人辞去委托

D. 代理期间届满

【答案】ABCD

【例题2·单选题】下列各项中，不属于委托代理终止的法定情形是（　　）。（2013年）

A. 代理期间届满

B. 代理人辞去委托

C. 被代理人恢复民事行为能力

D. 被代理人取消委托

【解析】在委托代理中，被代理人（自然人）死亡或者恢复民事行为能力，不属于委托代理的终止情形。

【答案】C

【星期四·第1章第4单元】经济纠纷的解决途径

【本单元考点清单】

考点名称	考点地位	二维码
仲裁	★★☆	

续表

考点名称	考点地位	二维码
民事诉讼的地域管辖	★★	
民事诉讼程序	★★	

考点 1：仲裁（★★☆）

（一）自愿仲裁

1. 适用范围

（1）平等主体的公民、法人和其他组织之间发生的"合同纠纷和其他财产纠纷"，可以仲裁。

（2）不属于《仲裁法》适用范围的纠纷

①与人身有关的婚姻、收养、监护、扶养、继承纠纷不能仲裁；

②行政争议不能仲裁；

③劳动争议、农业集体经济组织内部的农业承包合同纠纷，适用专门的仲裁程序，不适用《仲裁法》。

2. 仲裁协议

（1）书面协议

当事人如果采取仲裁方式解决纠纷，必须首先由双方自愿达成"书面"仲裁协议；没有仲裁协议，一方申请仲裁的，仲裁组织不予受理。

（2）隐瞒仲裁协议起诉（2016 年综合题）

当事人达成仲裁协议，一方向人民法院起诉未声明有仲裁协议，人民法院受理后，另一方在"首次开庭前"提交仲裁协议的，人民法院应当驳回起诉，但仲裁协议无效的除外；另一方在首次开庭前未对人民法院受理该起诉提出异议的，"视为放弃"仲裁协议，人民法院应当继续审理。

（3）仲裁协议独立于主合同

仲裁协议具有独立性，合同的变更、解除、终止或无效，不影响仲裁协议的效力。（2013 年简答题）

（4）效力争议的解决

当事人对仲裁协议的效力有异议的，应当在仲裁庭"首次开庭前"请求仲裁委员会作出决定，"或"请求人民法院作出裁定；一方请求仲裁委员会作出决定，另一方请求人民法院作出裁定的，由"人民法院"裁定。

（5）有下列情形之一的，仲裁协议无效：

①约定的仲裁事项超过法律规定的仲裁范围的；

②无民事行为能力人或限制民事行为能力人订立的仲裁协议；

③一方采取胁迫手段，迫使对方订立仲裁协议的；

【解释】仲裁协议不属于《合同法》调整的范围，订立仲裁协议应界定为合同以外的其他民事行为。根据图 1 - 1、图 1 - 2 和图 1 - 3 可知，此类仲裁协议无效。

④仲裁协议对"仲裁事项或仲裁委员会"没有约定或者约定不明确的，当事人可以"补充协议"；达不成补充协议的，仲裁协议"无效"。

（二）独立仲裁

【相关链接】仲裁协议具有独立性，合同的变更、解除、终止或无效，不影响仲裁协议的效力。

1. 仲裁组织独立

仲裁组织是民间组织，其依法独立行使仲裁权，不隶属于任何国家机关。

2. 仲裁庭独立

（1）仲裁庭可以由 1 名仲裁员或 3 名仲裁员组成，由 3 名仲裁员组成的，设首席仲裁员。

（2）裁决应按多数仲裁员的意见作出，仲裁庭不能形成多数意见时，裁决应当按"首席仲裁员"的意见作出。

3. 仲裁员独立

仲裁员有下列情况之一的，必须回避，当事人也有权在首次开庭前提出回避申请，回避事由在首次开庭后知道的，可以在最后一次开庭终结前提出：

（1）是本案当事人，或者当事人、代理人的近亲属；

（2）与本案有利害关系；

（3）与本案当事人、代理人有其他关系，可能影响公正仲裁的；

（4）私自会见当事人、代理人或者接受当事人、代理人的请客送礼的。

（三）一裁终局

1. 裁决书"自作出之日起"发生法律效力。

2. 仲裁裁决作出后，当事人就同一纠纷，不能再申请仲裁或向人民法院起诉。

3. 撤销裁决

（1）当事人提出证据证明裁决有依法应撤销情形的，可在"收到裁决书之日起 6 个月内"，向仲裁委员会所在地的"中级人民法院"申请撤销裁决。

（2）裁决被人民法院依法裁定撤销或者不予

执行的，当事人可以"重新达成仲裁协议"申请仲裁，也可以向人民法院起诉。

4. 一方当事人不履行仲裁裁决，另一方当事人可以按照民事诉讼法的有关规定向"人民法院"申请执行。

（四）仲裁程序的特殊规定

1. 开庭 VS 公开

（1）仲裁应当开庭进行；当事人协议不开庭的，仲裁庭可以根据仲裁申请书、答辩书以及其他材料作出裁决。

（2）仲裁一般不公开进行。

2. 和解

（1）申请仲裁后，当事人可以自行和解。

（2）达成和解协议的，可以请求仲裁庭根据和解协议作出裁决书，也可以撤回仲裁申请。

（3）达成和解协议，撤回仲裁申请后反悔的，也可以根据（原）仲裁协议申请仲裁。

3. 调解

（1）仲裁庭在作出裁决前，可以先行调解，当事人自愿调解的，仲裁庭应当调解；调解不成的，应当及时作出裁决。

（2）调解达成协议的，应当制作调解书或根据协议的结果制作裁决书，调解书经双方当事人"签收"后，即与裁决书具有同等的法律效力。

（3）当事人在调解书签收前反悔的，仲裁庭应当及时作出裁决。

【例题1·判断题】当事人提出证据证明仲裁裁决有依法应撤销情形的，可在收到裁决书之日起1年内，向仲裁委员会所在地的基层人民法院申请撤销仲裁裁决。（ ）（2016年）

【解析】当事人提出证据证明仲裁裁决有依法应撤销情形的，可在收到裁决书之日起"6个月内"，向仲裁委员会所在地的"中级"人民法院申请撤销裁决。

【答案】×

【例题2·单选题】根据仲裁法律制度的规定，当事人提出证据证明裁决有依法应撤销情形的，可以在收到裁决书之日起一定期间内，向仲裁委员会所在地的中级人民法院申请撤销裁决，该期间为（ ）。（2015年）

A. 10 日　　　　B. 15 日
C. 6 个月　　　　D. 2 年

【解析】当事人提出证据证明裁决有依法应撤销情形的，可以在收到裁决书之日起"6个月"内，向仲裁委员会所在地的中级人民法院申请撤销裁决。

【答案】C

【例题3·判断题】仲裁庭不能形成多数意见时，按首席仲裁员的意见作出裁决。（ ）（2016年）

【答案】√

【例题4·多选题】下列关于仲裁协议效力的表述中，符合仲裁法律制度规定的有（ ）。（2015年）

A. 仲裁协议具有独立性，合同的变更、解除，不影响仲裁协议的效力

B. 仲裁协议具有排除诉讼管辖权的效力

C. 当事人对协议的效力有异议的，只能请求人民法院裁定

D. 仲裁协议对仲裁事项没有约定且达不成补充协议的，仲裁协议无效

【解析】选项C：当事人对仲裁协议的效力有异议的，可以请求仲裁委员会作出决定或者请求人民法院作出裁定。

【答案】ABD

【例题5·单选题】下列各项中，属于《仲裁法》适用范围的是（ ）。（2014年）

A. 自然人之间因继承财产发生的纠纷

B. 农户之间因土地承包经营发生的纠纷

C. 纳税企业与税务机关因纳税发生的争议

D. 公司之间因买卖合同发生的纠纷

【解析】不属于《仲裁法》调整的争议有：（1）与人身有关的婚姻、收养、监护、扶养、继承纠纷（选项A）；（2）行政争议（选项C）；（3）劳动争议；（4）农业承包合同纠纷（选项B）。

【答案】D

【例题6·多选题】根据《仲裁法》的规定，下列情形中，属于仲裁员审理案件时必须回避的有（ ）。（2014年）

A. 是本案的当事人

B. 与本案有利害关系

C. 是本案当事人的近亲属

D. 接受当事人的礼物

【解析】仲裁员有下列情况之一的，必须回避，当事人也有权提出回避申请：（1）是本案当事人，或者当事人、代理人的近亲属（选项AC）；（2）与本案有利害关系（选项B）；（3）与本案当事人、代理人有其他关系，可能影响公正仲裁的；（4）私自会见当事人、代理人，或者接受当事人、代理人的请客送礼的（选项D）。

【答案】ABCD

【例题7·单选题】甲乙签订的买卖合同中订有有效的仲裁条款，后因合同履行发生纠纷，乙未声明有仲裁条款而向法院起诉，法院受理了该案。首次开庭后，甲提出应依合同中的仲裁条款解决纠纷，法院对该案没有管辖权。下列对该案的处理方式中，正确的是（ ）。（2013年）

A. 法院与仲裁机构协商解决该案管辖权事宜

B. 法院继续审理该案

C. 法院中止审理，待确定仲裁条款效力后再决定是否继续审理

D. 法院终止审理，由仲裁机构审理该案

【解析】甲于"首次开庭后"方提出异议，不影响人民法院继续审理此案。

【答案】B

考点2：民事诉讼的地域管辖（★★）

1. 一般地域管辖："原告就被告"

（1）对公民提起的民事诉讼，由被告住所地人民法院管辖，被告住所地与经常居住地不一致的，由经常居住地人民法院管辖。

（2）对法人或其他组织提起的民事诉讼，由被告住所地人民法院管辖。

（3）同一诉讼的几个被告住所地、经常居住地在两个以上人民法院辖区的，各该人民法院都有管辖权。

（4）对没有办事机构的个人合伙、合伙型联营体提起的诉讼，由被告注册登记地人民法院管辖；没有注册登记，几个被告又不在同一辖区的，被告住所地的人民法院都有管辖权。

（5）双方当事人都被监禁或者被采取强制性教育措施的，由"被告原住所地"人民法院管辖。

2. 协议管辖

合同纠纷、其他财产权益纠纷（包括因物权、知识产权中的财产权而产生的民事纠纷）可以依法协议管辖。

【案例】A县的甲向B县的乙购买货物，双方订立了买卖合同，并在合同中约定"一旦发生纠纷，任何一方只能向B县人民法院起诉"。

【评析】由于本案是合同纠纷，甲乙之间的管辖协议有效。如果双方真的因该合同产生纠纷，只能向B县人民法院起诉。假定发生纠纷后甲向A县人民法院起诉，A县人民法院将裁定不予受理该案。

3. 特殊地域管辖

（1）因合同纠纷引起的诉讼，由被告住所地或合同履行地人民法院管辖。

【案例】A县的甲向B县的乙购买货物，双方订立了买卖合同，合同中约定合同履行地为C县，但未就纠纷的管辖法院作出约定。

【评析】虽然本案也是合同纠纷，但当事人未协议管辖，应当按照特殊地域管辖的规定来确定向哪个人民法院起诉。假定甲拟起诉，则甲为原告，乙为被告，甲可以选择向B县人民法院（被告乙住所地人民法院）或者C县人民法院（合同履行地人民法院）起诉。

（2）因保险合同纠纷提起的诉讼

①原则上，由被告住所地或保险标的物所在地人民法院管辖；

②因财产保险合同纠纷提起的诉讼，如果保险标的物是运输工具或者运输中的货物，可以由被告住所地、运输工具登记注册地、运输目的地、保险事故发生地人民法院管辖；

③因人身保险合同纠纷提起的诉讼，可以由被告住所地、被保险人住所地人民法院管辖。

（3）因票据纠纷提起的诉讼，由票据支付地或被告住所地人民法院管辖。

（4）因铁路、公路、水上和航空事故请求损害赔偿提起的诉讼，由事故发生地或者车辆、船舶最先到达地、航空器最先降落地或者被告住所地人民法院管辖。

（5）专利纠纷案件由知识产权法院、最高人民法院确定的中级人民法院和基层人民法院管辖。

（6）海事、海商案件由海事法院管辖。

4. 共同管辖与选择管辖

（1）两个以上人民法院都有管辖权的诉讼，原告可以向其中一个人民法院起诉；原告向两个以上有管辖权的人民法院起诉的，由"最先立案"的人民法院管辖。

（2）先立案的人民法院不得将案件移送给另一个有管辖权的人民法院。

（3）人民法院在立案前发现其他有管辖权的人民法院已先立案的，不得重复立案；立案后发现其他有管辖权的人民法院已先立案的，裁定将案件移送给先立案的人民法院。

【例题1·单选题】根据民事诉讼法律制度的规定，下列民事纠纷中，当事人不得约定纠纷管辖法院的是（　　）。（2016年）

A. 收养协议纠纷

B. 赠与合同纠纷

C. 物权变动纠纷

D. 商标权纠纷

【解析】（1）选项BCD：只有合同纠纷（选项B）或者其他财产权益纠纷（选项CD）可以协议管辖，由当事人以协议的方式选择解决他们之间纠纷的管辖法院。（2）选项A：属于人身关系纠纷，不能协议管辖。

【答案】A

【例题2·判断题】原告向两个以上有管辖权的人民法院起诉的，其中一个人民法院立案后发现其他有管辖权的人民法院已先立案的，应当裁定将案件移送给先立案的人民法院。（　　）（2015年）

【答案】√

【例题3·单选题】下列关于地域管辖的表述中，符合民事诉讼法律制度规定的是（　　）。（2014年）

A. 双方当事人都被监禁的，由被告被监禁地人民法院管辖

B. 因公路事故请求损害赔偿提起的诉讼，可由事故发生地人民法院管辖

C. 因保险合同纠纷提起的诉讼，当事人对管辖法院未约定的，可由合同履行地人民法院管辖

D. 因票据纠纷提起的诉讼，当事人对管辖法院未约定的，可由出票地人民法院管辖

【解析】（1）选项A：双方当事人都被监禁或者被采取强制性教育措施的，由被告原住所地人民法院管辖。（2）选项C：因保险合同纠纷提起的诉讼，由被告住所地或者保险标的物所在地的人民法院管辖；因财产保险合同纠纷提起的诉讼，如果保险标的物是运输工具或者运输中的货物，可以由运输工具登记注册地、运输目的地、保险事故发生地人民法院管辖；因人身保险合同纠纷提起的诉讼，可以由被保险人住所地人民法院管辖。（3）选项D：因票据纠纷提起的诉讼，由票据支付地或者被告住所地的人民法院管辖。

【答案】B

【例题4·多选题】因票据纠纷提起的诉讼，应由特定地域的人民法院管辖。对该类纠纷享有管辖权的法院有（　　）。（2013年）

A. 原告住所地法院
B. 被告住所地法院
C. 票据出票地法院
D. 票据支付地法院

【答案】BD

考点3：民事诉讼程序（★★）

1. 民事诉讼参加人

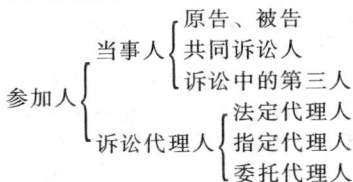

$$
参加人
\begin{cases}
当事人
\begin{cases}
原告、被告 \\
共同诉讼人 \\
诉讼中的第三人
\end{cases} \\
诉讼代理人
\begin{cases}
法定代理人 \\
指定代理人 \\
委托代理人
\end{cases}
\end{cases}
$$

2. 起诉条件
（1）原告是与本案有直接利害关系的公民、法人和其他组织；
（2）有明确的被告；
（3）有具体的诉讼请求和事实、理由；
（4）属于人民法院受理民事诉讼的范围和管辖范围，同时还必须办理法定手续。

3. 立案
人民法院接到起诉状或口头起诉后，经审查认为符合起诉条件的，应当在7日内立案，并通知当事人。

4. 公开审理原则
人民法院审理民事案件，除涉及国家秘密、个人隐私或法律另有规定的以外，应当公开进行。"离婚案件、涉及商业秘密的案件"，当事人申请不公开审理的，可以不公开。

5. 简易程序
（1）"基层人民法院和它派出的法庭"审理事实清楚、权利义务关系明确、争议不大的简单民事案件，适用简易程序。

（2）不适用简易程序的案件
①起诉时被告下落不明的；
②发回重审的；
③当事人一方人数众多的；
④适用审判监督程序的；
⑤涉及国家利益、社会公共利益的；
⑥第三人起诉请求改变或者撤销生效判决、裁定、调解书的；
⑦其他不宜适用简易程序的案件。

（3）简易之处
①开庭方式便利
当事人双方可就开庭方式向人民法院提出申请，由人民法院决定是否准许。经当事人"双方同意"，可以采用视听传输技术等方式开庭。

②送达方式简便
（A）人民法院可以采取捎口信、电话、短信、传真、电子邮件等简便方式传唤双方当事人、通知证人和送达"裁判文书以外"的诉讼文书。

（B）以简便方式送达的开庭通知，未经当事人确认或者没有其他证据证明当事人已经收到的，人民法院不得缺席判决。

③耗费人力少
适用简易程序审理案件，由审判员"独任审判"，书记员担任记录。

（4）程序转换
①人民法院发现案情复杂，需要转为普通程序审理的，应当在审理期限届满前作出裁定并将合议庭组成人员及相关事项书面通知双方当事人。

②案件转为普通程序审理的，审理期限自人民法院"立案之日"计算。

③已经按照普通程序审理的案件，在"开庭后"不得转为简易程序审理。

6. 上诉——"两审终审"
（1）当事人不服地方人民法院第一审判决的，有权在判决书"送达之日起15日内"向上一级人民法院提起上诉。

（2）当事人不服地方人民法院第一审裁定的，有权在裁定书"送达之日起10日内"向上一级人民法院提起上诉。

（3）第二审人民法院的判决、裁定是终审的判决、裁定。

7. 再审（审判监督程序）
（1）决定再审
①各级人民法院院长对本院已经发生法律效力的"判决、裁定、调解书"，发现确有错误，认为需要再审的，提交审判委员会讨论决定。

②最高人民法院对地方各级人民法院、上级人民法院对下级人民法院已经发生法律效力的判决、裁定、调解书，发现确有错误的，有权提审或指令下级人民法院再审。

（2）申请再审

①当事人对已经发生法律效力的判决、裁定、调解书，认为有错误的，可以向原审人民法院或上一级人民法院申请再审，但"不停止"判决、裁定的执行。

②当事人申请再审，原则上应当在判决、裁定、调解书发生法律效力后"6个月内"提出。

（3）当事人申请再审，有下列情形之一的，人民法院不予受理：

①再审申请被驳回后再次提出申请的；

②对再审判决、裁定提出申请的；

③在人民检察院对当事人的申请作出不予提出再审检察建议或者抗诉决定后又提出申请的。

8. 执行

（1）申请执行的期间

①申请执行的期间为"2年"

②起算时点

法律文书规定了履行期间的，从法律文书规定履行期间的最后一日起计算；法律文书规定分期履行的，从规定的每次分期履行期间的最后一日起计算；法律文书未规定履行期间的，从法律文书生效之日起计算。

（2）超期申请执行

①申请执行人超过申请执行时效期间向人民法院申请强制执行的，人民法院"应予受理"。

②被执行人对申请执行时效期间提出异议，人民法院经审查异议成立的，裁定不予执行。

③被执行人履行全部或者部分义务后，又以不知道申请执行时效期间届满为由请求执行回转的，人民法院不予支持。

【例题1·单选题】下列关于适用简易程序审理民事案件具体方式的表述中，不符合民事诉讼法律制度规定的是（   ）。（2015年）

A. 双方当事人可以就开庭方式向人民法院提出申请

B. 人民法院可以电话传唤双方当事人

C. 审理案件时由审判员独任审判

D. 已经按普通程序审理的案件在开庭后可以转为简易程序审理

【解析】选项D：已经按照普通程序审理的案件，在开庭后"不得"转为简易程序审理。

【答案】D

【例题2·多选题】根据《民事诉讼法》的规定，提起民事诉讼必须符合的法定条件有（   ）。（2014年）

A. 有书面诉状

B. 有明确的被告

C. 有具体的诉讼请求和事实、理由

D. 原告与本案有直接利害关系

【答案】BCD

【例题3·单选题】根据民事诉讼法律制度的规定，下列当事人申请再审的情形中，人民法院可以受理的是（   ）。（2015年）

A. 再审申请被驳回后再次提出申请的

B. 对再审判决提出申请的

C. 对再审裁定提出申请的

D. 在调解书发生法律效力后6个月内提出申请的

【解析】（1）选项ABC：当事人申请再审，有下列情形之一的，人民法院不予受理：①再审申请被驳回后再次提出申请的；②对再审判决、裁定提出申请的；③在人民检察院对当事人的申请作出不予提出再审检察建议或者抗诉决定后又提出申请的。（2）选项D：在调解书发生法律效力后6个月内提出再审申请，在符合条件的情况下，人民法院应予受理。

【答案】D

【例题4·判断题】当事人对已经发生法律效力的判决，认为有错误的，只要向原审人民法院申请再审，该判决就应停止执行。（   ）（2014年）

【解析】当事人对已经发生法律效力的判决、裁定，认为有错误的，可以向原审人民法院或者上一级人民法院申请再审，但不停止判决、裁定的执行。

【答案】×

【例题5·判断题】上级人民法院对下级人民法院已发生法律效力的判决，发现确有错误的，有权指令下级人民法院再审。（   ）（2013年）

【答案】√

【星期五·第1章第5单元】诉讼时效制度

【本单元考点清单】

考点名称	考点地位	二维码
诉讼时效基本理论	★★	

续表

考点名称	考点地位	二维码
诉讼时效期间的确定	★★	
诉讼时效的中止和中断	★★	

考点1：诉讼时效基本理论（★★）

1. 诉讼时效期间届满消灭的是胜诉权，并不消灭实体权利、起诉权。

（1）当事人超过诉讼时效后起诉的，人民法院应当受理（起诉权未丧失）。

（2）主动提出抗辩

①受理后，当事人未提出诉讼时效抗辩，人民法院不应对诉讼时效问题进行释明及主动适用诉讼时效的规定进行裁判（实体权利并不丧失，人民法院不得"狗拿耗子"）。

②受理后，被告提出诉讼时效抗辩，人民法院查明无中止、中断、延长事由的，判决驳回原告诉讼请求（胜诉权丧失）。

（3）及时提出抗辩

①当事人在一审期间未提出诉讼时效抗辩，在二审期间提出的，人民法院不予支持，但其基于新的证据能够证明对方当事人的请求权已过诉讼时效期间的情形除外。

②当事人未按照规定提出诉讼时效抗辩，却以诉讼时效期间届满为由申请再审或者提出再审抗辩的，人民法院不予支持。

（4）禁止反悔

诉讼时效期间届满后，当事人自愿履行义务的，不受诉讼时效限制；义务人履行了义务后，又以诉讼时效期间届满为由抗辩的，法院不予支持。

2. 诉讼时效期间是法定期间

当事人违反法律规定，约定延长或者缩短诉讼时效期间、预先放弃诉讼时效利益的，人民法院不予认可。

3. 诉讼时效的适用范围

诉讼时效只适用于"债权请求权"，但对下列债权请求权提出诉讼时效抗辩的，人民法院不予支持：

（1）支付存款本金及利息请求权；

（2）兑付国债、金融债券以及向不特定对象发行的企业债券本息请求权；

（3）基于投资关系产生的缴付出资请求权；

（4）其他依法不适用诉讼时效规定的债权请求权。

【例题1·单选题】根据诉讼时效法律制度的规定，下列表述中，不正确的是（　　）。（2016年）

A. 当事人不可以约定延长或缩短诉讼时效期间

B. 诉讼时效期间届满后，当事人自愿履行义务的，不受诉讼时效限制

C. 当事人未按照规定提出诉讼时效抗辩，却以诉讼时效期间届满为由申请再审的，人民法院不予支持

D. 当事人未提出诉讼时效抗辩，人民法院可以主动适用诉讼时效规定进行裁判

【解析】选项D：当事人未提出诉讼时效抗辩，人民法院不应对诉讼时效问题进行释明及主动适用诉讼时效的规定进行裁判。

【答案】D

【例题2·单选题】下列关于诉讼时效期间届满的法律后果的表述中，符合法律规定的是（　　）。（2013年）

A. 当事人在诉讼时效期间届满后起诉的，人民法院不予受理

B. 诉讼时效期间届满，义务人自愿履行了义务后，可以以诉讼时效期间届满为由主张恢复原状

C. 诉讼时效期间届满后，当事人自愿履行义务的，不受诉讼时效限制

D. 诉讼时效期间届满后，权利人的实体权利消灭

【解析】（1）选项A：诉讼时效期间的经过，债权人的"起诉权"并不消灭；当事人超过诉讼时效后起诉的，人民法院应当受理；当事人未提出诉讼时效抗辩，人民法院不应对诉讼时效问题进行释明及主动适用诉讼时效的规定进行裁判。（2）选项BCD：诉讼时效期间届满并不消灭实体权利（债权人的债权并不消灭）；诉讼时效期间届满后，当事人自愿履行义务的，不受诉讼时效的限制；义务人履行了义务后，又以诉讼时效期间届满为由抗辩的，人民法院不予支持。

【答案】C

【例题3·多选题】根据诉讼时效法律制度的规定，当事人对下列债权请求权提出诉讼时效抗

辩，人民法院不予支持的有( )。(2016 年)

C. 兑付金融债券本息请求权

A. 支付存款本息请求权

D. 基于投资关系产生的缴付出资请求权

B. 兑付国债本息请求权

【答案】ABCD

考点 2：诉讼时效期间的确定（★★）

1. 基本规定

种 类	期间长度	起算时点	适用纠纷
普通诉讼时效	2 年	自当事人知道或者应当知道权利被侵害时起算	一般纠纷
短期诉讼时效	1 年		(1) 身体受到伤害要求赔偿的 (2) 出售质量不合格的商品未声明的 (3) 延付或拒付（经营租赁）租金的 (4) 寄存财物被丢失或毁损的
长期诉讼时效	4 年		(1) 国际货物买卖合同 (2) 技术进出口合同
	5 年	自知道或应知道保险事故发生之日起算	人寿保险合同的被保险人或受益人请求给付保险金
保护时效 （最长诉讼时效）	20 年	自权利被侵害时起算	所有纠纷；解题时，一般在权利人过晚知道或应当知道权利被侵害或者权利人始终不知道权利被侵害时考虑

【案例 1】张某与房东薛某商定租其一套二居室住房，租期 1 年，时间从 2007 年 9 月 1 日至 2008 年 8 月 31 日。2007 年 9 月 1 日先付半年租金，2008 年 3 月 1 日支付其余租金。期满是否续租再协商。经履行法定程序后，张某按期搬入住房。2008 年 8 月底，张某在未支付其余租金，也未打招呼的情况下搬出薛某的房屋，不知去向。薛某从未向张某要过其余租金。在本案中，薛某应自知道或应当知道张某未按期支付租金之日起 1 年内主张自己的权利，否则将丧失胜诉权；即诉讼时效期间自 2008 年 3 月 1 日起至 2009 年 3 月 1 日，薛某应在这一期间内主张自己的权利，才能有效地保护自己的合法权益。

【案例 2】1995 年 2 月 8 日夜，赵某回家路上被人用木棍从背后击伤。经过长时间的访查，赵某于 2014 年 10 月 31 日掌握确凿证据证明将其打伤的是钱某。在本案中：（1）本案属于身体受到伤害要求赔偿的纠纷，适用短期诉讼时效，即自知道或应当知道权利受到侵害时起 1 年；1995 年 2 月 8 日赵某仅得知伤害事实，不知道加害人，尚不构成"知道或应当知道"，诉讼时效暂未起算；至 2014 年 10 月 31 日赵某得知加害人为钱某时，诉讼时效期间方可起算，按短期诉讼时效的有关规定，确定诉讼时效期间的截止时间点为 2015 年 10 月 31 日。（2）根据最长诉讼时效期间的规定，从权利被侵害之日（1995 年 2 月 8 日）起超过 20 年的，人民法院不予保护，因此，赵某最晚应于 2015 年 2 月 8 日起诉。（参考下图）

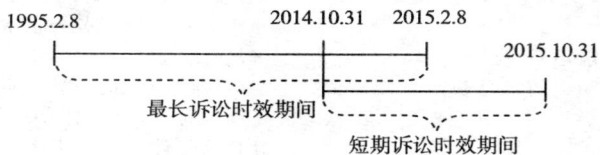

2. 有关起算点的细化规定

（1）侵权行为所生之债的诉讼时效

①何谓"知道或应当知道"：权利人知道或应当知道权利"被侵害事实和加害人"。

②人身损害赔偿的诉讼时效期间，伤势明显的，从"受伤之日"起算；伤害当时未曾发现，后经检查确诊并能证明是由侵害引起的，从伤势确诊之日起算。

（2）定有履行期限之债的诉讼时效

①约定履行期限之债的诉讼时效，自履行期限届满之日开始计算。

②未约定履行期限之债的诉讼时效，自权利人提出履行要求之日开始计算；债权人给予对方宽限期的，自该宽限期届满之日起开始计算。

（3）以不作为为义务内容之债的诉讼时效

以不作为为义务内容之债的诉讼时效，自债权人得知或应当知道债务人作为之时开始计算。

（4）附条件之债的诉讼时效，自该条件成就之日起计算。

（5）附期限之债的诉讼时效，自该期限到达之日起计算。

（6）国家赔偿的诉讼时效，自国家机关及其工作人员行使职权时的行为被依法确认为违法之日起计算。

考点3：诉讼时效的中止和中断（★★）

	发生原因（事由）	发生时间	对诉讼时效期间的影响
中止	（1）不可抗力 （2）其他障碍	诉讼时效期间的最后6个月内	暂停，中止事由消失后"继续"计算
中断	（1）当事人提起诉讼 （2）当事人一方提出要求 （3）当事人一方同意履行义务	诉讼时效进行中	清零，从中断时起"重新"计算

【提示1】"其他障碍"，指除不可抗力外使权利人无法行使请求权的客观情况，如权利被侵害的无民事行为能力人、限制民事行为能力人没有法定代理人，或者法定代理人死亡，或者法定代理人本人丧失行为能力。

【提示2】只有在诉讼时效期间的最后6个月内发生中止事由的，才能中止诉讼时效；如果在诉讼时效期间的最后6个月前发生中止事由：（1）到最后6个月开始时中止事由已消除的，则不能发生诉讼时效的中止；（2）到最后6个月开始时，

中止事由仍然继续存在的，则应自最后6个月开始时中止诉讼时效，直到该障碍消除。

【案例】2013年5月5日，甲拒绝向乙支付到期租金，乙忙于事务一直未向甲主张权利。2013年8月，乙因遇不可抗力无法行使请求权的时间为20天。在本案中，由于中止事由未发生在诉讼时效期间最后6个月内，不发生诉讼时效中止的法律效果，乙应当于2014年5月5日前请求人民法院保护其权利。（参考下图）

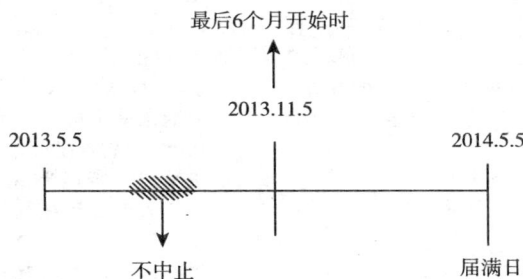

【例题1·单选题】根据诉讼时效法律制度的规定，在诉讼时效期间最后6个月内发生的下列情形中，能够引起诉讼时效中止的是（   ）。（2016年）

A. 权利人提起诉讼

B. 发生不可抗力致使权利人无法行使请求权

C. 义务人同意履行义务

D. 权利人向义务人提出履行义务的要求

【解析】选项ACD：属于引起诉讼时效中断的事由。

【答案】B

【例题2·单选题】根据民事诉讼法律制度的

规定，在一定期间内，债权人因不可抗力不能行使请求权的，诉讼时效中止，该期间为（   ）。（2014年）

A. 诉讼时效期间的最后6个月

B. 诉讼时效期间的最后9个月

C. 诉讼时效期间届满后6个月

D. 诉讼时效期间届满后9个月

【解析】在诉讼时效进行期间的"最后6个月"，因不可抗力或其他障碍不能行使请求权的，诉讼时效中止。

【答案】A

第一周

本周自测

一、单项选择题

1. 下列各项中，法律效力最高的是（　　）。
   A. 财政部制定的《会计从业资格管理办法》
   B. 国务院制定的《中华人民共和国外汇管理条例》
   C. 全国人民代表大会常务委员会制定的《中华人民共和国矿产资源法》
   D. 河南省人民代表大会常务委员会制定的《河南省消费者权益保护条例》

2. 下列各项中，属于民事法律行为的是（　　）。
   A. 王某和李某约定本周五晚8点一起看电影
   B. 甲公司和乙公司签订买卖合同
   C. 张某创作一部长篇小说
   D. 刘某将其任职单位的办公用电脑据为己有

3. 甲欠乙10万元未还。乙索债时，甲对乙称：若不免除债务，必以硫酸毁乙容貌。乙恐惧，遂表示免除其债务。根据民事法律制度的规定，下列关于该债务免除行为效力的表述中，正确的是（　　）。
   A. 有效　　　　　　B. 无效
   C. 可撤销　　　　　D. 效力待定

4. 下列各项中，属于代理的是（　　）。
   A. 刘某代王某招待其朋友
   B. 彩票代售点向彩民销售彩票
   C. 公司法定代表人以公司的名义对外签约
   D. 仓储公司代客户保管货物

5. 下列各项中，适用《仲裁法》进行仲裁的事项是（　　）。
   A. 李甲和李乙间发生的继承纠纷
   B. 王某不服工商局作出的罚款决定引发的纠纷
   C. A公司和B公司有关买卖合同的纠纷
   D. 张某与C公司之间有关工资报酬的纠纷

6. 甲、乙因买卖货物发生合同纠纷，甲向法院提起诉讼。开庭审理时，乙提出双方签有仲裁协议，应通过仲裁方式解决。对该案件的下列处理方式中，符合法律规定的是（　　）。
   A. 仲裁协议有效，法院驳回甲的起诉
   B. 仲裁协议无效，法院继续审理
   C. 由甲、乙协商确定纠纷的解决方式

   D. 视为甲、乙已放弃仲裁协议，法院继续审理

7. 甲公司与乙公司签订一份包含仲裁条款的不锈钢零件的加工合同。合同履行一部分后因甲公司内部结构发生重大调整，甲公司向乙公司提出终止合同的要求，乙公司同意，但就终止合同给乙公司造成损失的赔偿问题双方发生争议。有关该合同仲裁条款的效力，下列说法正确的是（　　）。
   A. 仲裁条款自合同终止时无效
   B. 仲裁条款继续有效
   C. 由仲裁庭决定仲裁条款的效力
   D. 由人民法院裁定仲裁条款的效力

8. 甲、乙发生合同纠纷，继而对双方事先签订的仲裁协议效力发生争议。甲提请丙仲裁委员会确认仲裁协议有效，乙提请丁法院确认仲裁协议无效。有关确定该仲裁协议效力的下列说法中，正确的是（　　）。
   A. 应由丙仲裁委员会对仲裁协议的效力作出决定
   B. 应由丁法院对仲裁协议的效力作出裁定
   C. 应根据甲、乙提请确认仲裁协议效力的时间先后来确定由丙仲裁委员会决定或丁法院裁定
   D. 该仲裁协议自然失效

9. 王某，住所地为A地；李某，住所地为B地；现二人因贪污被判处刑罚，依次分别被监禁于C地和D地。2015年5月，王某拟向人民法院提起诉讼，要求李某偿还欠款18万元。下列人民法院中，有权管辖本案的是（　　）。
   A. A地人民法院　　　B. B地人民法院
   C. C地人民法院　　　D. D地人民法院

10. 甲公司与乙公司因买卖合同发生纠纷，甲公司拟起诉乙公司。有关甲公司的起诉，下列说法正确的是（　　）。
    A. 为了照顾乙公司的面子，甲公司可以不将乙公司明确列为被告
    B. 甲公司只能向乙公司住所地人民法院提起诉讼
    C. 如果乙公司不服甲公司的起诉，可以在人民法院的判决作出前向上一级人民法院提起上诉
    D. 甲公司起诉时应当提出具体的诉讼请求和事实、理由

11. 甲、乙公司因技术转让合同的履行产生纠纷，

甲公司向某人民法院提起诉讼，法院受理该案件。已知该案件涉及商业秘密，下列有关该案件是否公开审理的说法中，正确的是（　　）。

A. 该案件应当公开审理

B. 该案件不应当公开审理

C. 由双方当事人协商后决定是否公开审理

D. 当事人申请不公开审理的，可以不公开审理

12. 下列关于诉讼时效期间届满的法律后果的表述中，符合法律规定的是（　　）。

A. 当事人在诉讼时效期间届满后起诉的，人民法院不予受理

B. 诉讼时效期间届满，义务人自愿履行了义务后，可以以诉讼时效期间届满为由主张恢复原状

C. 诉讼时效期间届满后，当事人自愿履行义务的，不受诉讼时效限制

D. 当事人约定延长诉讼时效期间的，人民法院不予认可，但当事人约定缩短诉讼时效期间的，人民法院应予支持

13. 王某租赁张某一套住房，租赁期间为 2015 年 1 月 1 日至 12 月 31 日，约定 2015 年 6 月 30 日之前支付房租，但王某一直未付房租，张某也未催要。张某可以向法院提起诉讼、主张其民事权利的法定期间届满日为（　　）。

A. 2016 年 6 月 30 日

B. 2016 年 12 月 31 日

C. 2017 年 6 月 30 日

D. 2018 年 12 月 31 日

14. 下列有关诉讼时效的表述中，正确的是（　　）。

A. 诉讼时效期间从权利人的权利被侵害之日起计算

B. 权利人提起诉讼是诉讼时效中止的法定事由之一

C. 只有在诉讼时效期间的最后 6 个月内发生诉讼时效中止的法定事由，才能中止时效的进行

D. 诉讼时效中止之前已经经过的期间统归无效

二、多项选择题

1. 下列规范性文件中，属于部门规章的有（　　）。

A. 全国人民代表大会常务委员会制定的《中华人民共和国公司法》

B. 国务院制定的《中华人民共和国外汇管理条例》

C. 中国证券监督管理委员会制定的《上市公司信息披露管理办法》

D. 中国人民银行制定的《人民币银行结算账户管理办法》

2. 下列各项中，可以成为经济法主体的有（　　）。

A. 国家机关　　　　B. 事业单位

C. 个体工商户　　　D. 企业内部组织

3. 年仅 10 周岁的姐姐背着父母用压岁钱买了一部手机。下列说法正确的有（　　）。

A. 姐姐是无民事行为能力人

B. 姐姐买手机的行为无效

C. 如果姐姐的父母表示同意，该行为有效

D. 如果姐姐在父母的带领下购买手机，行为有效

4. 下列合同，属于可撤销合同的有（　　）。

A. 15 周岁的赵某独立与甲公司签订了专利权转让合同

B. 钱某因受乙公司欺诈，向乙公司转让其祖传的砚台

C. 丙公司为了增加进项税额，与丁公司签订的虚假原材料采购合同

D. 孙某从李某手中购入项链一条，双方签订合同时均认为是 24K 金项链，后发现该项链仅为 18K 金

5. 甲授权乙以甲的名义将甲的一台笔记本电脑出售，价格不得低于 8000 元。乙的好友丙欲以 6000 元的价格购买。乙遂对丙说："大家都是好朋友，甲说最低要 8000 元，但我想 6000 元卖给你，他肯定也会同意的。"乙遂以甲的名义以 6000 元的价格将笔记本电脑卖给丙。根据合同法律制度的规定，下列说法中，正确的有（　　）。

A. 该买卖行为无效

B. 乙是无权代理行为

C. 丙可以撤销该行为

D. 甲可以追认该行为

6. 根据《仲裁法》的规定，下列仲裁协议无效的有（　　）。

A. 甲公司和乙公司订立买卖合同，并在合同中约定仲裁条款，但该买卖合同签订后不久被确认无效

B. 丙和丁订立遗赠扶养协议，并在协议中约定将有关该协议的纠纷提交 A 仲裁委员会仲裁

C. 戊和己订立仲裁协议，称无论发生何种纠纷，任何一方有权向京津冀地区的任何一家仲裁委员会申请仲裁；后双方发生纠纷并无法达成补充协议

D. 15 周岁的庚和 12 周岁的寅订立借款合同，并约定有关该合同的纠纷应向 B 仲裁委员会申请仲裁

7. 根据《仲裁法》的规定，下列有关仲裁的表述中，正确的有（　　）。

A. 仲裁不实行回避制度

B. 仲裁一般应当开庭进行

C. 仲裁一般不公开进行

D. 仲裁不适用和解制度

8. 根据《仲裁法》的规定，下列有关仲裁裁决的表述中，正确的有(　　)。

A. 仲裁庭不能形成多数意见时，裁决应当按照首席仲裁员的意见作出

B. 仲裁裁决书自当事人签收之日起发生法律效力

C. 仲裁裁决作出后，当事人就同一纠纷再申请仲裁或者向人民法院起诉的，仲裁委员会或者人民法院不予受理

D. 生效仲裁调解书与生效仲裁裁决书具有同等的法律效力

9. 甲县 A 公司与乙县 B 公司在丙县签订了买卖合同，合同约定履行地点为丁县；后双方发生纠纷，A 公司拟提起民事诉讼。已知合同中未约定纠纷管辖法院，对该案有管辖权的法院有(　　)。

A. 甲县人民法院　　　B. 乙县人民法院

C. 丙县人民法院　　　D. 丁县人民法院

10. 甲运输公司与乙保险公司签订财产保险合同，为其在用的 20 辆货车投保，合同中未约定纠纷管辖法院；在保险期间，其中 5 辆货车在执行从 A 地至 B 地的运输任务时在 C 地发生保险事故。因与乙保险公司就赔偿问题争执不下，甲运输公司拟提起诉讼，下列法院中，对本案有管辖权的有(　　)。

A. 乙保险公司住所地人民法院

B. A 地人民法院

C. B 地人民法院

D. C 地人民法院

11. 甲公司和乙公司签订合同，由甲公司向乙公司出售设备一批，双方约定合同的履行地点为卖方所在地，甲公司向乙公司交付设备后，双方因设备质量问题产生纠纷。甲公司先向乙公司住所地人民法院提起诉讼，乙公司住所地人民法院立案后，甲公司又向自己住所地人民法院提起诉讼。人民法院的下列做法中，正确的有(　　)。

A. 乙公司住所地人民法院以自己案件积压过多且甲公司自愿向其住所地人民法院起诉为由，将本案移送甲公司住所地人民法院管辖

B. 甲公司住所地人民法院以自己管辖本案对当事人更为便利为由立案，并要求乙公司住所地人民法院移送本案

C. 甲公司住所地人民法院在审查中发现本案乙公司住所地人民法院已经立案，遂裁定不予受理

D. 甲公司住所地人民法院裁定受理本案后发现本案乙公司住所地人民法院已经立案，遂将本案移送乙公司住所地人民法院

12. 下列人民法院受理的民事诉讼案件中，不适用简易程序审理的有(　　)。

A. 甲县人民法院受理的王某诉李某借款纠纷案，王某起诉时李某下落不明

B. 乙市中级人民法院受理的 A 公司诉 B 公司租赁合同纠纷案，案件事实清楚、权利义务关系明确、争议不大

C. 丙县人民法院适用审判监督程序审理的张某诉李某名誉权侵权纠纷案

D. 丁县人民法院受理的 C 公司诉 D 公司房屋产权纠纷案，案件事实清楚、权利义务关系明确、争议不大

13. 有关民事再审程序，下列表述不正确的有(　　)。

A. 各级人民法院院长对本院已经发生法律效力的判决、裁定、调解书，发现确有错误，认为需要再审的，可以自行决定再审

B. 当事人对已经发生法律效力的判决、裁定、调解书，认为有错误的，可以向原审人民法院或上一级人民法院申请再审

C. 上级人民法院对下级人民法院已经发生法律效力的判决、裁定、调解书，发现确有错误的，应当提审或指令下级人民法院再审

D. 当事人向人民法院申请再审的，收到再审申请书的人民法院应当立即决定停止原判决、裁定、调解书的执行

14. 债务人对下列债权请求权提出诉讼时效抗辩，人民法院不予支持的有(　　)。

A. 支付存款本金及利息请求权

B. 兑付国债本息请求权

C. 人身损害赔偿请求权

D. 基于投资关系产生的缴付出资请求权

15. 根据《民法通则》的规定，下列情形中，诉讼时效期间为 1 年的有(　　)。

A. 身体受到伤害要求赔偿的

B. 延付或者拒付租金的

C. 出售质量不合格商品未声明的

D. 寄存财物被丢失或者损毁的

16. 下列各项中，可导致诉讼时效中止的情形有(　　)。

A. 权利人所在地发生不可抗力

B. 当事人提起诉讼

C. 权利被侵害的无民事行为能力人没有法定代理人

D. 当事人一方提出要求

三、判断题

1. 从事民事法律行为，应当采用书面形式。

(　　)

2. 2014 年 12 月 1 日，甲和乙签订了买卖合同；2015 年 1 月 15 日，甲以合同系受乙欺诈而订立

为由向人民法院提起诉讼，请求撤销该合同；2015 年 2 月 15 日，人民法院判决生效，支持甲撤销合同的请求。甲、乙之间的买卖合同自 2015 年 2 月 15 日起失去效力。 （ ）

3. 本科生王某与甲公司签订劳动合同，双方约定如果王某考不上研究生则合同生效；该合同属于附生效条件的劳动合同。 （ ）

4. 被代理人知道他人以本人名义实施民事行为而不作否认表示的，视为同意，由被代理人承担民事责任。 （ ）

5. 王某委托某律师代为申请专利，后王某不幸遇交通事故死亡，王某与该律师之间的委托代理关系随即终止。 （ ）

6. 根据《仲裁法》的规定，申请仲裁后，当事人可以自行和解；达成和解协议的，仲裁庭应当制作裁决书，终结仲裁程序。 （ ）

7. 如果一方当事人不履行仲裁裁决的，另一方当事人可以按照《民事诉讼法》的有关规定向人民法院申请执行。 （ ）

8. 当事人提出证据证明裁决有依法应撤销情形的，可在裁决书生效之日起 3 个月内，向仲裁委员会所在地的基层人民法院申请撤销裁决。 （ ）

9. 两个以上法院都有管辖权的民事诉讼，原告可以向其中一个法院起诉；原告向两个以上有管辖权的法院起诉的，由最先收到起诉状的法院管辖。 （ ）

10. 专利纠纷案件只能由知识产权法院管辖。 （ ）

11. 当事人不服地方人民法院第一审判决的，有权在判决书送达之日起 15 日内向上一级人民法院提起上诉。 （ ）

12. 申请执行人超过申请执行时效期间向人民法院申请强制执行的，人民法院不予受理。 （ ）

本周自测参考答案及解析

一、单项选择题

1.【答案】C
【解析】（1）选项 A：属于部门规章，根据法律和国务院的行政法规、决定、命令，在本部门的权限范围内制定；（2）选项 B：属于行政法规，其效力次于宪法和法律；（3）选项 C：属于法律，其法律地位和效力仅次于宪法；（4）选项 D：属于地方性法规，不得与宪法、法律、行政法规相抵触。

2.【答案】B
【解析】（1）选项 A：民事法律行为以达到一定的民事法律后果为目的，相约看电影并不追

求什么权利义务，不产生一定的民事法律后果，不属于民事法律行为；（2）选项 C：民事法律行为以意思表示为要素，创作行为属于事实行为，因为著作权的取得亦不以意思表示为要素，不属于法律行为；（3）选项 D：民事法律行为是具有法律约束力的合法行为，侵占他人财产是非法行为，不属于民事法律行为。

3.【答案】B
【解析】因胁迫而实施的单方民事行为（如债务的免除），属于无效民事行为。

4.【答案】B
【解析】（1）选项 A：不属于法律行为，不构成代理；（2）选项 C：属于代表行为，法定代表人的行为直接视为该公司的行为，不存在法律效果归属的问题；（3）选项 D：不涉及第三人，只是双方之间的仓储合同关系，不构成代理。

5.【答案】C
【解析】（1）选项 A：与人身有关的婚姻、收养、监护、扶养、继承纠纷不能仲裁；（2）选项 B：行政争议不能仲裁；（3）选项 D：适用专门的仲裁程序，不适用《仲裁法》。

6.【答案】D
【解析】由于乙未在"首次开庭前"对人民法院受理该诉讼提出异议，视为放弃仲裁协议，人民法院应当继续审理。

7.【答案】B
【解析】仲裁条款具有独立性，不因主合同的无效、被撤销而失效。

8.【答案】B
【解析】当事人对仲裁协议的效力有异议的，应当在仲裁庭首次开庭前请求仲裁委员会作出决定，或请求人民法院作出裁定；一方请求仲裁委员会作出决定，另一方请求人民法院作出裁定的，由"人民法院"裁定。

9.【答案】B
【解析】双方当事人都被监禁或者被采取强制性教育措施的，由被告（李某）原住所地（B 地）人民法院管辖。

10.【答案】D
【解析】（1）选项 A：提起民事诉讼应当有明确的被告；（2）选项 B：因合同纠纷引起的诉讼，由被告住所地或合同履行地人民法院管辖；（3）选项 C：当事人不服地方人民法院第一审判决的，有权在判决书送达之日起 15 日内向上一级人民法院提起上诉。

11.【答案】D
【解析】本案是涉及商业秘密的案件，属于经当事人申请可以不公开审理的民事案件；如果改为涉及国家秘密，则"应当"不公开审理。

12.【答案】C
【解析】（1）选项 A：诉讼时效期间经过，债

权人的"起诉权"并不消灭；当事人超过诉讼时效后起诉的，人民法院应当受理；当事人未提出诉讼时效抗辩，人民法院不应对诉讼时效问题进行释明及主动适用诉讼时效的规定进行裁判。（2）选项 BC：诉讼时效期间届满并不消灭实体权利（债权人的债权并不消灭）；诉讼时效期间届满后，当事人自愿履行义务的，不受诉讼时效的限制；义务人履行了义务后，又以诉讼时效期间届满为由抗辩的，人民法院不予支持。（3）选项 D：当事人违反法律规定，约定延长或者缩短诉讼时效期间、预先放弃诉讼时效利益的，人民法院不予认可。

13.【答案】A
【解析】延付或者拒付租金适用 1 年的诉讼时效期间，自知道或者应当知道权利被侵害时起计算。在本题中，租金到期日为 2015 年 6 月 30 日，王某一直未支付房租，张某也未催要（无中断事由），诉讼时效期间至 2016 年 6 月 30 日届满。

14.【答案】C
【解析】（1）选项 A：诉讼时效期间一般自当事人知道或应当知道权利被侵害时起算，只有少数（如最长诉讼时效）诉讼时效期间自权利被侵害之日起计算；（2）选项 B：权利人提起诉讼是诉讼时效期间"中断"的法定事由之一；（3）选项 D：诉讼时效中止之前已经经过的期间与中止时效的事由消失之后继续进行的期间合并计算，而中止的时间则不计入时效期间（中止是"暂停"）。

二、多项选择题

1.【答案】CD
【解析】（1）选项 A：属于法律；（2）选项 B：属于行政法规。

2.【答案】ABCD
【解析】（1）根据主体在经济运行中的客观形态划分，经济法主体包括国家机关、企业、事业单位、社会团体、个体工商户、农村承包经营户和公民；（2）企业内部组织（如分公司、分厂、车间等），虽无独立法律人格，但在一定条件下也是经济法律关系的主体（如与企业订立承包或租赁等责任制合同，分公司、分店等作为纳税人参加税收法律关系）。

3.【答案】CD
【解析】（1）选项 A：恰好 10 周岁的未成年人是限制民事行为能力人；（2）选项 BC：限制民事行为能力人独立订立的民事行为能力范围外的合同效力待定，如果法定代理人追认则有效；（3）选项 D：限制民事行为能力人在法定代理人的代理下（非独立）实施行为能力范围外的行为有效。

4.【答案】BD
【解析】（1）选项 A：限制民事行为能力人依法不能独立实施的合同属于效力待定的合同；（2）选项 B：一方以欺诈、胁迫的手段订立合同，如不损害国家利益，属于可撤销合同；（3）选项 C：违反法律的合同，属于无效合同；（4）选项 D：行为人对行为内容有重大误解而订立的合同，属于可撤销合同。

5.【答案】BD
【解析】（1）选项 AB：乙的行为属于越权代理，所订立的买卖合同效力待定；（2）选项 C：合同被追认之前，"善意"相对人有撤销的权利，但丙对乙超越代理权一事是知情的；（3）选项 D：无权代理人订立的合同，被代理人享有追认权。

6.【答案】BCD
【解析】（1）选项 A：合同无效、被撤销或者终止的，不影响合同中独立存在的有关解决争议方法的条款的效力。（2）选项 B：约定的仲裁事项超过法律规定的仲裁范围的，仲裁协议无效；与人身有关的婚姻、收养、监护、扶养、继承纠纷不能申请仲裁。（3）选项 C：仲裁协议对仲裁事项或者仲裁委员会没有约定或者约定不明确的，当事人可以补充协议；达不成补充协议的，仲裁协议无效。（4）选项 D：无民事行为能力人或限制民事行为能力人订立的仲裁协议无效。

7.【答案】BC
【解析】（1）选项 A：仲裁员出现法定情况时（如是本案当事人、与本案有利害关系、私自会见当事人等），必须回避，当事人也有权提出回避申请；（2）选项 D：申请仲裁后，当事人可以自行和解。

8.【答案】ACD
【解析】选项 B：仲裁裁决书自作出之日起发生法律效力。

9.【答案】BD
【解析】因合同纠纷提起的诉讼，由被告住所地（乙县）或者合同履行地（丁县）的法院管辖。

10.【答案】ACD
【解析】因财产保险合同纠纷提起的诉讼，如果保险标的物是运输工具或者运输中的货物，可以由被告住所地（选项 A）、运输工具登记注册地、运输目的地（选项 C）、保险事故发生地（选项 D）人民法院管辖。

11.【答案】CD
【解析】（1）选项 A：先立案的人民法院不得将案件移送另一个有管辖权的人民法院；（2）选项 B：人民法院在立案前发现其他有管辖权的人民法院已先立案的，不得重复立案。

12.【答案】ABC

【解析】（1）选项A：起诉时被告下落不明的，不适用简易程序。（2）选项B：只有基层人民法院和它的派出法庭审理的民事案件才可能适用简易程序；中级人民法院不论审理一审民事案件，还是二审民事案件，均不得适用简易程序。（3）选项C：适用审判监督程序审理的案件，不适用简易程序。

13.【答案】AD

【解析】（1）选项A：各级人民法院院长对本院已经发生法律效力的判决、裁定、调解书，发现确有错误，认为需要再审的，"提交"审判委员会讨论决定（而非由院长直接决定再审）；（2）选项BD：当事人对已经发生法律效力的判决、裁定、调解书，认为有错误的，可以向原审人民法院或上一级人民法院申请再审，但"不停止"判决、裁定的执行。

14.【答案】ABD

【解析】对下列债权请求权提出诉讼时效抗辩的，人民法院不予支持：（1）支付存款本金及利息请求权；（2）兑付国债、金融债券以及向不特定对象发行的企业债券本息请求权；（3）基于投资关系产生的缴付出资请求权。

15.【答案】ABCD

【解析】适用于1年的短期诉讼时效期间的情形包括：（1）身体受到伤害要求赔偿的；（2）出售质量不合格商品未声明的；（3）延付或者拒付租金的；（4）寄存财物被丢失或者损毁的。

16.【答案】AC

【解析】选项BD：属于中断事由。

三、判断题

1.【答案】×

【解析】民事法律行为可以分为要式法律行为和非要式法律行为，要式法律行为必须采取一定形式或履行一定程序才能成立，但非要式法

律行为可由当事人自由选择形式（书面形式、口头形式或其他形式）。

2.【答案】×

【解析】可撤销民事行为一经依法撤销，自始无效。在本题中，法院依法撤销了甲与乙之间订立的买卖合同，该合同自始（2014年12月1日）无效。

3.【答案】√

4.【答案】√

5.【答案】×

【解析】代理人死亡，委托代理关系终止；作为自然人的被代理人死亡，委托代理关系并不当然终止。

6.【答案】×

【解析】达成和解协议的，可以请求仲裁庭根据和解协议作出裁决书，也可以撤回仲裁申请。

7.【答案】√

8.【答案】×

【解析】当事人提出证据证明裁决有依法应撤销情形的，可在"收到"裁决书之日起"6个月内"，向仲裁委员会所在地的"中级人民法院"申请撤销裁决。

9.【答案】×

【解析】两个以上法院都有管辖权的诉讼，原告可以向其中一个法院起诉；原告向两个以上有管辖权的法院起诉的，由"最先立案"的法院管辖。

10.【答案】×

【解析】专利纠纷案件由知识产权法院、最高人民法院确定的中级人民法院和基层人民法院管辖。

11.【答案】√

12.【答案】×

【解析】申请执行人超过申请执行时效期间向人民法院申请强制执行的，人民法院"应予受理"。

第二周

本周学习计划

	章　节	单　元	讲义篇幅	课件数	理解难度	完成情况
星期一		第1单元	3 页	1 讲	★	
星期二		第2单元	4 页	1 讲	★★	
星期三	第2章　公司法律制度	第3单元	4 页	1 讲	★	
星期四		第4单元	3 页	2 讲	★★	
星期五		第5单元	3 页	2 讲	★	
本周自测						

本周攻克内容

【星期一·第2章第1单元】公司的主体资格

【第2章单元框架】

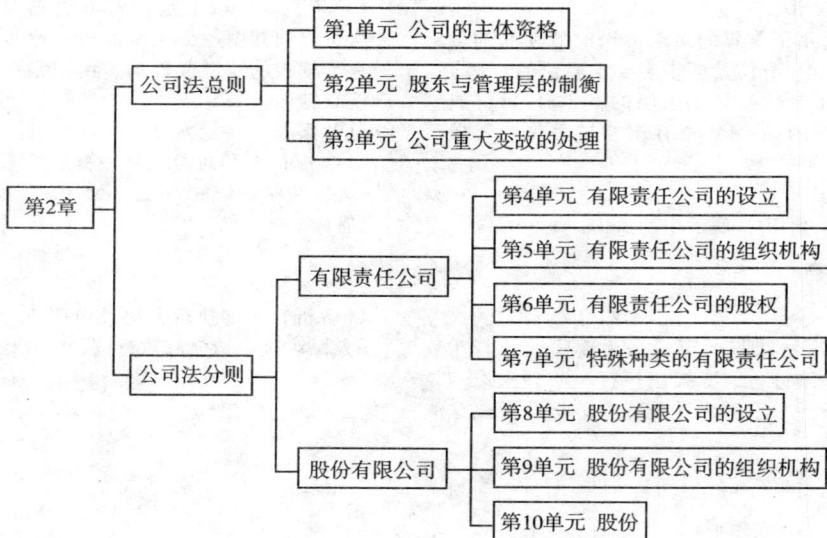

【本单元考点清单】

考点名称	考点地位	二维码
母子公司和总分公司	★	

续表

考点名称	考点地位	二维码
公司法人财产权及其限制	★★★	
公司的登记管理	★	

考点1：母子公司和总分公司（★）

1. 母子公司

母公司和子公司都具有法人资格，在法律上是彼此独立的企业，子公司依法独立承担民事责任。

2. 总分公司

分公司不具有法人资格，没有独立的公司名称、章程，没有独立的财产，但可领取营业执照，进行经营活动，其民事责任由总公司承担。（2011年简答题）

【例题·多选题】根据公司法律制度的规定，下列关于分公司的表述中，正确的有（　　）。（2016年）

A. 分公司没有独立的财产
B. 分公司有独立的公司名称
C. 分公司不独立承担责任
D. 分公司可领取营业执照

【答案】ACD

考点2：公司法人财产权及其限制（★★★）

（一）公司法人财产权

公司拥有由股东投资形成的法人财产，并依法对该财产行使占有、使用、受益、处分的权利。

（二）转投资

1. 公司向其他企业投资，按照公司"章程"的规定由董事会或者股东（大）会决议；

【提示1】有限责任公司由全体股东组成的权力机构，称为"股东会"；股份有限公司由全体股东组成的权力机构，称为"股东大会"。当某一规定，既适用于有限责任公司股东会，又适用于股份有限公司股东大会时，人们习惯统称"股东（大）会"或者"股东会或者股东大会"。

【提示2】公司向其他企业投资，具体由董事会还是由股东（大）会决定，关键看章程的选择；但章程不能任意选择，只能在董事会、股东（大）会中2选1（有限自由）。

2. 公司章程对投资的总额或者单项投资的数额有限额规定的，不得超过规定的限额。

【提示】公司章程可以"完全自由"地规定投资总额或单项投资限额，法律并没有划定上下限。

（三）公司担保

1.《公司法》的基本规定

（1）公司章程对担保的总额或者单项担保的数额有限额规定（完全自由）的，不得超过规定的限额。

（2）为公司股东或者实际控制人以外的"他人"提供担保，按照公司章程的规定由董事会或者股东（大）会决议（有限自由）。

（3）为公司"股东或者实际控制人"提供担保（2015年简答题）

①公司为公司股东或者实际控制人提供担保的，"必须"经股东（大）会决议。

【提示1】此处必须严格按照法律规定，只能由股东（大）会决议，章程不能作出不同的规定（例如，规定由董事会决议），即章程对该事项无自由。

【提示2】在公司法律制度、合伙企业法律制度学习的过程中，要充分关注章程/合伙协议对各个事项是"完全自由"、"有限自由"还是"无自由"。

②接受担保的股东或者受实际控制人支配的股东，不得参加上述规定事项的表决（关联表决权排除），该项表决由"出席"会议的"其他"股东所持"表决权"的"过半数"通过。

【提示1】该决议规则有4个关键词：（1）出席，即并非以全体表决权为分母计算。（2）其他，即要实行关联表决权排除，接受担保的股东或者受实际控制人支配的股东所持表决权既不应计入分母，也不应计入分子。（3）表决权，而非出资比例或股权等；表决权不一定等同于人数，也不一定等同于出资比例；例如，董事会的表决权计算规则是一人一票，不论董事代表的是大股东还是小股东亦或是职工，都享有一个表决权，董事之间是平等的；又如，有限责任公司股东会表决权的计算规则由章程自由规定，章程可以规定为一人一票，也可以规定为各股东按出资比例行使表决权。（4）过半数，是指 >1/2，而非 ≥1/2。

【提示2】在公司法律制度、合伙企业法律制度学习的过程中，对各项决议规则的关键词要充分关注，复习初期建议作一定的背诵。

【例题·单选题】某有限责任公司的股东会拟对公司为股东甲提供担保事项进行表决。下列有关该事项表决通过的表述中，符合公司法律制度规定的是(   )。

A. 该项表决由公司全体股东所持表决权的过半数通过

B. 该项表决由出席会议的股东所持表决权的过半数通过

C. 该项表决由除甲以外的股东所持表决权的过半数通过

D. 该项表决由出席会议的除甲以外的股东所持表决权的过半数通过

【解析】本题针对为股东提供担保的决议规则出题，掌握好决议规则中的四个关键词，此题迎刃而解；选项AC针对关键词"出席会议的"设计；选项B针对关键词"其他股东"设计。

【答案】D

2. 上市公司的下列担保行为应当经股东大会审议批准：

（1）本公司及本公司控股子公司的对外担保总额，达到或超过最近一期经审计"净资产的50%"以后提供的任何担保；

（2）公司的对外担保总额，达到或超过最近一期经审计"总资产的30%"以后提供的任何担保；（2016年简答题）

（3）为"资产负债率超过70%"的担保对象提供的担保；

（4）单笔担保额超过最近一期经审计"净资产10%"的担保；

（5）对股东、实际控制人及其关联方提供的担保；

（6）上市公司董事会拟决议公司担保事项，而出席董事会的无关联关系董事人数不足3人，应将该事项提交上市公司股东大会审议；

（7）章程规定的其他事项。

【提示1】10%、50%是以"净资产"为基数计算，而30%是以"总资产"为基数计算。

【提示2】触及"总资产的30%"红线时，相关担保事项不仅应由股东大会作出决议，而且应当以特殊决议规则通过（即经出席会议的股东所持表决权的2/3以上通过）。

【提示3】除上述应当经股东大会决议的担保事项外，上市公司的其他担保事项应当由董事会决议。

考点3：公司的登记管理（★）

1. 住所

（1）公司的住所是公司主要办事机构所在地；经公司登记机关登记的公司的住所只能有一个。

（2）公司变更住所的，应当在"迁入新住所前"申请变更登记，并提交新住所使用证明。

2. 法定代表人

公司的法定代表人依照公司章程的规定，由"董事长、执行董事或者经理"担任，并依法登记。（有限自由）

3. 公司名称的预先核准

预先核准的公司名称保留期为6个月；预先核准的公司名称在保留期内，不得用于从事经营活动，不得转让。

4. 公司营业执照的签发日期（而非领取日期）为公司的成立日期。

5. 年度报告公示

公司应当于每年1月1日至6月30日，通过企业信用信息公示系统向公司登记机关报送上一年度年度报告，并向社会公示。

6. 变更登记

（1）作出之日起30日内

公司变更名称、法定代表人、经营范围的，应当自变更决议或者决定作出之日起30日内申请变更登记。

（2）公告之日起45日后

①公司减少注册资本的，应当自公告之日起45日后申请变更登记。

②公司合并、分立的，应当自公告之日起45日后申请变更登记。

7. 备案事项

（1）公司章程修改未涉及登记事项的，公司应当将修改后的公司章程或者公司章程修正案送原公司登记机关备案。

（2）公司董事、监事、经理（而非全体高级管理人员）发生变动的，应当向原公司登记机构备案。

【例题·单选题】根据公司法律制度的规定，有限责任公司的成立日期为(   )。（2015年）

A. 公司登记机关受理设立申请之日

B. 公司企业法人营业执照签发之日

C. 公司企业法人营业执照领取之日

D. 公司股东缴足出资之日

【解析】个人独资企业、合伙企业、有限责任公司、股份有限公司的成立日期均为"营业执照的签发日期"。

【答案】B

【星期二·第2章第2单元】股东与管理层的制衡

【本单元考点清单】

考点名称	考点地位	二维码
公司的董事、监事、高级管理人员	★★	
股东代表诉讼与股东直接诉讼	★★★	
公司财务与会计	★★	

第　二　周

考点1：公司的董事、监事、高级管理人员（★★）

1. 高级管理人员

高级管理人员，是指公司的（总）经理、副（总）经理、财务负责人、上市公司董事会秘书和公司章程规定的其他人员。

【例题·多选题】根据《公司法》的规定，下列各项中，属于上市公司高级管理人员的有（　　）。（2013年）

A. 副经理　　　　　B. 监事会主席
C. 董事　　　　　　D. 董事会秘书

【答案】AD

2. 任职资格

有下列情形之一的，不得担任公司的董事、监事、高级管理人员：

（1）无民事行为能力或者限制民事行为能力。

（2）因贪污、贿赂、侵占财产、挪用财产或者破坏社会主义市场经济秩序，被判处刑罚，执行期满未逾"5年"；或者因犯罪被剥夺政治权利，执行期满未逾5年。

（3）担任破产清算的公司、企业的董事或者厂长、经理，对该公司、企业的破产"负有个人责任"的，自该公司、企业破产清算完结之日起未逾"3年"。

（4）担任因违法被吊销营业执照、责令关闭的公司、企业的法定代表人，并负有个人责任的，自该公司、企业被吊销营业执照之日起未逾3年。

（5）"个人"所负"数额较大"的债务"到期"未清偿。

【相关链接】公司董事、高级管理人员不得兼任监事。

【例题1·单选题】根据公司法律制度的规定，下列人员中，符合公司董事、监事、高级管理人员任职资格的是（　　）。（2016年）

A. 张某，曾为甲大学教授，现已退休

B. 王某，曾为乙企业董事长，因其决策失误导致乙企业破产清算，自乙企业破产清算完结之日起未逾3年

C. 李某，曾为丙公司董事，因贷款炒股，个人负有到期债务1000万元尚未偿还

D. 赵某，曾担任丁国有企业总会计师，因贪污罪被判处有期徒刑，执行期满未逾5年

【解析】（1）选项B：破产！"因其决策失误导致"（负有个人责任）、未逾3年，不得担任公司的董事、监事、高级管理人员；（2）选项C：欠债不还！个人、到期、1000万元（数额较大），不得担任公司的董事、监事、高级管理人员；（3）选项D：被判刑！因贪污、未逾5年，不得担任公司的董事、监事、高级管理人员。

【答案】A

【例题2·单选题】甲股份有限公司2014年6月召开股东大会，选举公司董事。根据公司法律制度的规定，下列人员中，不得担任该公司董事的是（　　）。（2014年）

A. 张某，因挪用财产被判处刑罚，执行期满已逾6年

B. 吴某，原系乙有限责任公司董事长，因其个人责任导致该公司破产，清算完结已逾5年

C. 储某，系丙有限责任公司控股股东，该公司股东会决策失误，导致公司负有300万元到期不能清偿的债务

D. 杨某，原系丁有限责任公司法定代表人，因其个人责任导致该公司被吊销营业执照未逾2年

【解析】（1）选项A：被判刑！虽"因挪用财产"，但"已逾6年"；（2）选项B：破产！虽"因其个人责任导致"，但"已逾5年"；（3）选项C：欠债不还！虽"300万元（数额较大）"、"到期"，但并非"个人"债务。

【答案】D

3. 忠实义务

公司董事、高级管理人员不得有下列行为：

（1）挪用公司资金；

（2）将公司资金以其个人名义或者以其他个人名义开立账户存储；

（3）违反公司章程的规定，未经股东（大）会或者董事会同意，将公司资金借贷给他人或者以公司财产为他人提供担保；

（4）与本公司交易

违反公司章程的规定（完全自由）或者未经股东（大）会同意，与本公司订立合同或者进行交易；

（5）从事相竞争业务

未经股东（大）会同意，利用职务便利为自己或者他人谋取属于公司的商业机会，自营或者为他人经营与所任职公司同类的业务；（无自由）

（6）接受他人与公司交易的佣金归为己有；

（7）擅自披露公司秘密；

（8）违反对公司忠实义务的其他行为。

公司董事、高级管理人员违反上述规定所得的收入应当归公司所有。

4. 勤勉义务

公司股东（大）会要求董事、监事、高级管理人员列席会议的，董事、监事、高级管理人员应当列席并接受股东质询。

【例题1·单选题】甲有限责任公司的董事张某拟自营与所任职公司同类的业务。根据公司法律制度的规定，张某自营该类业务须满足的条件是（   ）。（2015年）

A. 经股东会同意

B. 经董事会同意

C. 经监事会同意

D. 经总经理同意

【解析】董事、高级管理人员，未经股东会同意，不得利用职务便利为自己或者他人谋取属于公司的商业机会，自营或者为他人经营与所任职公司同类的业务。

【答案】A

【例题2·单选题】甲有限责任公司董事陈某拟出售一辆轿车给本公司，公司章程对董事、高级管理人员与本公司交易事项未作规定。根据《公司法》的规定，陈某与本公司进行交易须满足的条件是（   ）。（2013年）

A. 经股东会同意

B. 经董事会同意

C. 经监事会同意

D. 经经理同意

【解析】董事、高级管理人员不得违反公司章程的规定或者未经股东会、股东大会同意，与本公司订立合同或者进行交易。

【答案】A

考点2：股东代表诉讼与股东直接诉讼（★★★）

（一）概览

	侵害对象	侵权人	程　序	起诉股东资格	名　义
股东代表诉讼	公司利益	董事、高级管理人员	监事会——股东	（1）有限责任公司：股东 （2）股份有限公司：连续180日以上单独或合计持有公司1%以上股份的股东	以股东自己的名义起诉
		监事	董事会——股东		
		董事、监事、高级管理人员以外的他人	董事会或者监事会——股东		
股东直接诉讼	股东个人利益	董事、高级管理人员	股东直接提起	股东	

（二）具体法条表述

1. 股东代表诉讼

（1）内部人员给公司造成损失

① "董事、高级管理人员"侵犯公司利益

股东（有限责任公司的股东、股份有限公司连续180日以上单独或者合计持有公司1%以上股份的股东）可以"书面"请求"监事会"或者不设监事会的有限责任公司的监事向人民法院提起诉讼。如果监事会或者不设监事会的有限责任公司的监事收到股东的书面请求后拒绝提起诉讼，或者自收到请求之日起30日内未提起诉讼，或者情况紧急、不立即提起诉讼将会使公司利益受到难以弥补的损害的，股东有权为了公司的利益以自己的名义直接向人民法院提起诉讼。

② "监事"侵犯公司利益

股东（有限责任公司的股东、股份有限公司连续180日以上单独或者合计持有公司1%以上股份的股东）可以"书面"请求"董事会"或者不设董事会的有限责任公司的执行董事向人民法院提起诉讼。如果董事会或者执行董事收到股东的书面请求后拒绝提起诉讼，或者自收到请求之日起30日内未提起诉讼，或者情况紧急、不立即提起诉讼将会使公司利益受到难以弥补的损害的，股东有权为了公司的利益以自己的名义直接向人民法院提起诉讼。

（2）公司以外的他人侵犯公司利益

股东（有限责任公司的股东、股份有限公司连续180日以上单独或者合计持有公司1%以上股份的股东），可以书面请求董事会或者执行董事、监事会或者不设监事会的有限责任公司的监事向人民法院提起诉讼。如果董事会或者执行董事、监事会或者不设监事会的有限责任公司的监事收到股东的书面请求后拒绝提起诉讼，或者自收到请求之日起30日内未提起诉讼，或者情况紧急、不立即提起诉讼将会使公司利益受到难以弥补的损害的，股东有权为了公司的利益以自己的名义直接向人民法院提起诉讼。

2. 股东直接诉讼

公司董事、高级管理人员违反法律、行政法规或者公司章程的规定，损害"股东"利益的，"股东"可以（直接作为原告）依法向人民法院提起诉讼。

【例题1·多选题】根据公司法律制度的规定，有限责任公司董事、高级管理人员执行公司职务时因违法给公司造成损失的，在一定情形下，股东可以为了公司利益，以自己的名义直接向人民法院提起诉讼。下列各项中，属于该情形的有（　）。（2015年）

A. 股东书面请求公司董事会向人民法院提起诉讼遭到拒绝

B. 股东书面请求公司董事会向人民法院提起诉讼，董事会自收到请求之日起30日内未提起诉讼

C. 股东书面请求公司监事会向人民法院提起诉讼遭到拒绝

D. 股东书面请求公司监事会向人民法院提起诉讼，监事会自收到请求之日起30日内未提起诉讼

【解析】（1）"董事、高级管理人员"侵犯公司利益：找监事会；（2）"监事"侵犯公司利益：找董事会。

【答案】CD

【例题2·单选题】甲公司、乙公司均为有限责任公司。甲公司经理张某违反公司章程的规定将公司业务发包给不知情的乙公司，致使甲公司

遭受损失。李某是甲公司股东，甲公司设董事会和监事会。下列关于李某保护甲公司利益和股东整体利益的途径的表述中，符合《公司法》规定的是（　）。（2012年）

A. 李某可以书面请求甲公司监事会起诉张某

B. 李某可以书面请求甲公司董事会起诉张某

C. 李某可以书面请求甲公司监事会起诉乙公司

D. 李某可以书面请求甲公司董事会起诉乙公司

【解析】（1）选项AB："董事、高级管理人员"侵犯公司利益：找监事会；（2）选项CD：乙公司为"不知情"的第三人，不应承担责任。

【答案】A

【例题3·多选题】根据公司法律制度的规定，股份有限公司董事、高级管理人员执行公司职务时因违法给公司造成损失的，在一定情形下，连续180日以上单独或合计持有公司1%以上股份的股东可以为了公司利益，以自己的名义直接向人民法院提起诉讼。下列各项中，属于该情形的有（　）。（2009年）

A. 股东书面请求公司董事会向人民法院提起诉讼遭到拒绝

B. 股东书面请求公司董事会向人民法院提起诉讼，董事会自收到请求之日起30日内未提起诉讼

C. 股东书面请求公司监事会向人民法院提起诉讼遭到拒绝

D. 股东书面请求公司监事会向人民法院提起诉讼，监事会自收到请求之日起30日内未提起诉讼

【解析】（1）"董事、高级管理人员"侵犯公司利益：找监事会；（2）"监事"侵犯公司利益：找董事会。

【答案】CD

【例题4·单选题】王某是甲有限责任公司的总经理，任职期间，多次利用职务之便，将公司财产据为己有；对此，持有公司股份0.5%的股东李某认为甲有限责任公司应当就王某的行为向人民法院提起诉讼。根据规定，下列各项说法中，正确的是（　）。

A. 李某持有的股份不足1%，不具有提起股东代表诉讼的资格

B. 李某应当先要求董事会针对王某的行为提起诉讼

C. 李某如果提起股东代表诉讼，应当以甲有限责任公司的名义提出

D. 如果情况紧急不立即提起诉讼将会使公司利益受到难以弥补的损害的，李某可以以自己的名义直接向人民法院提起诉讼

【解析】（1）选项A：对有限责任公司股东没

有"1%"的要求；（2）选项B：董事、高级管理人员侵犯公司利益的，应当先要求"监事会"起诉；（3）选项C：股东诉讼（不论是股东代表诉讼还是股东直接诉讼），股东均直接以自己名义起诉即可。

【答案】D

考点3：公司财务与会计（★★）

1. 公司应当在每一个会计年度终了时编制财务会计报告，并"依法"经会计师事务所审计。

【相关链接】一人有限责任公司应当在每一个会计年度终了时编制财务会计报告，并经会计师事务所审计。

2. 有限责任公司应当按照公司章程规定的期限将财务会计报告送交各股东；股份有限公司的财务会计报告应当在召开股东大会年会的"20日前"置备于本公司。

3. 公司聘用、解聘承办公司审计业务的会计师事务所，依照公司"章程"的规定，由股东会、股东大会或者董事会决定。（有限自由）

【相关链接】上市公司应当由"股东大会"对公司聘用、解聘会计师事务所作出决议。（无自由）

4. 分红权（2012年简答题）

（1）公司弥补亏损和提取公积金后所余税后利润，有限责任公司按照股东实缴的出资比例分配，但全体股东约定不按照出资比例分配的除外。

（2）公司弥补亏损和提取公积金后所余税后利润，股份有限公司按照股东持有的股份比例分配，但股份有限公司章程规定不按持股比例分配的除外。

（3）公司持有的本公司股份不得分配利润。

【相关链接】公司持有的本公司股份不享有表决权。

5. 公积金

（1）公积金的用途主要在于弥补公司亏损（资本公积金除外）、扩大公司生产经营和转增公司资本。

（2）法定公积金

①法定公积金按照税后利润的"10%"提取，当法定公积金累计额为注册资本的"50%以上"时可以不再提取。

②用法定公积金转增资本时，转增后留存的法定公积金不得少于"转增前注册资本的25%"。

（3）任意公积金

任意公积金的提取比例没有限制，用任意公积金转增资本时，不受25%的限制。

（4）资本公积金

①资本公积金"不得"用于弥补亏损。

②股份有限公司以超过股票票面金额的发行价格发行股份所得的溢价款，以及国务院财政部门规定列入资本公积金的其他收入，应当列为公司资本公积金。

【例题1·单选题】某公司注册资本为6000万元。2015年，该公司提取的法定公积金累计额为4000万元，该公司拟用法定公积金转增公司资本。根据公司法律制度的规定，该公司法定公积金转增资本的最高额为（　）万元。（2016年）

A. 1000　　　　B. 2500
C. 3000　　　　D. 4000

【解析】（1）法定公积金起码留存1500万元（6000×25%）；（2）可用于转增资本的最高额=4000-1500=2500（万元）。

【答案】B

【例题2·单选题】下列关于股份有限公司公积金的表述中，不符合《公司法》规定的是（　）。（2013年）

A. 法定公积金按照公司税后利润的10%提取

B. 当法定公积金累计额为公司注册资本的50%以上时，可以不再提取

C. 资本公积金可用于弥补公司的亏损

D. 公司以超过股票票面金额的发行价格发行股份所得的溢价款，应列为资本公积金

【解析】选项C：资本公积金不得用于弥补公司的亏损。

【答案】C

【例题3·单选题】下列关于法定公积金的表述中，符合公司法律制度规定的是（　）。（2012年）

A. 法定公积金按照公司股东会或者股东大会决议，从公司税后利润中提取

B. 法定公积金按照公司税后利润的10%提取，当公司法定公积金累计额为公司注册资本的50%以上时可以不再提取

C. 股份有限公司以超过股票票面金额的发行价格发行股份所得的溢价款，应当列为公司法定公积金

D. 对用法定公积金转增资本的，法律没有限制

【解析】（1）选项A：法定公积金依法强制提取，股东会或者股东大会决议无权决定是否提取；（2）选项C：股票发行溢价款应当列为"资本公积金"，而非法定公积金；（3）选项D：用法定公积金转增资本的，转增后所留存的该项公积金不得少于转增前公司注册资本的25%。

【答案】B

【例题4·多选题】下列关于公司利润分配的表述中，符合公司法律制度规定的有（　）。（2010年）

A. 公司持有的本公司股份不得分配利润

B. 公司发生重大亏损，税后利润不足弥补的，可用公司的资本公积金弥补

C. 公司的任意公积金可转增为公司资本

D. 公司章程可以规定股东对公司可分配利润的分配比例

【解析】（1）选项 B：资本公积金不得用于弥补亏损；（2）选项 D：公司弥补亏损和提取公积金后所余税后利润，有限责任公司按照股东实缴的出资比例分配，但全体股东约定不按照出资比例分配的除外；股份有限公司按照股东持有的股份比例分配，但股份有限公司章程规定不按持股比例分配的除外。

【答案】ACD

【星期三·第2章第3单元】公司重大变故的处理

【本单元考点清单】

第 二 周

考点名称	考点地位	二维码
公司合并、分立、增资、减资	★	
公司的解散和清算	★★	

考点1：公司合并、分立、增资、减资（★）

（一）公司合并

1. 公司合并包括吸收合并和新设合并两种形式。

2. 公司合并时，合并各方的债权、债务，应当由合并后存续的公司或者新设的公司承继。

【案例】（1）A + B = A，属于吸收合并，B 的债务由 A 承继；（2）A + B = C，属于新设合并，AB 的债务由 C 承继。

（二）公司分立

1. 公司分立包括派生分立和新设分立两种形式。

2. 公司分立前的债务由分立后的公司承担连带责任。但是，公司在分立前与"债权人"就债务清偿达成的书面协议另有约定的除外。

【提示】如果是分立后的公司私下达成的内部约定，不能约束债权人；债权人依然有权要求分立后的公司承担连带责任。

【案例】（1）A 分立为 A 和 B，属于派生分立，除非与债权人有约定，否则 AB 对分立前的债务承担连带责任。（2）A 分立为 C 和 D，属于新设分立，除非与债权人有约定，否则 CD 对 A 的债务承担连带责任。（3）A 分立为 A 和 B，分立决议规定分立前产生的所有债务由 A 承担，B 不带走任何债务，该决议的规定对债权人并无约束力，债权人仍可要求 AB 承担连带责任；如果 B 清偿了债务，则可以根据分立决议全额向 A 追偿。

（三）基本程序

1. 签订协议；

2. 编制资产负债表及财产清单；

3. 作出决议

（1）合并、分立、增资、减资均是股东（大）会的特别决议事项，有限责任公司应当经代表 2/3 以上表决权的股东通过；股份有限公司应当经出席会议的股东所持表决权 2/3 以上通过。

（2）国有独资公司的合并、分立、增资、减资，由国有资产监督管理机构决定；重要的国有独资公司的合并、分立，应当由国有资产监督管理机构审核后，报本级人民政府批准。

4. 通知、公告债权人

公司应当自作出合并、减资决议之日起 10 日内通知债权人，并于 30 日内在报纸上公告；债权人自接到通知书之日起 30 日内，未接到通知书的自公告之日起 45 日内，可以要求公司清偿债务或者提供相应的担保。

【提示1】公司应当自作出分立决议之日起 10 日内通知债权人，并于 30 日内在报纸上公告，但公司分立时，债权人无权要求清偿债务或者提供担保。

【提示2】公司增资，无须通知、公告债权人。

【提示3】（1）公司减资、合并、分立的，应当"自公告之日起 45 日后"申请工商变更登记。（2）公司增资的，根据《公司登记管理条例》第 31 条的规定，应当自变更决议或者决定作出之日起 30 日内申请变更登记。

【例题1·多选题】根据公司法律制度的规定，下列各项中，属于公司减少注册资本时应当执行的程序有（　）。（2016 年）

A. 办理工商变更登记

B. 通知债权人并公告

C. 编制资产负债表

D. 编制财产清单

【答案】ABCD

【例题2·单选题】下列关于公司减少注册资本的表述中，不符合公司法律制度规定的是（　　）。（2012年）

A. 公司需要减少注册资本时，必须编制资产负债表和财产清单

B. 公司减少注册资本时，应当自作出减少注册资本决议之日起10日内通知债权人，并于30日内在报纸上公告

C. 公司减少注册资本的，应当自作出减少注册资本决议之日起45日后申请变更登记

D. 公司减少注册资本的，应当自公告之日起45日后申请变更登记

【解析】公司减少注册资本的，应当自"公告"（而非作出减少注册资本决议）之日起45日后申请变更登记。

【答案】C

考点2：公司的解散和清算（★★）

（一）公司的解散

1. 公司解散的原因

（1）公司章程规定的营业期限届满或者公司章程规定的其他解散事由出现；

【提示1】出现该情形时，公司可以通过修改公司章程而存续。

【提示2】修改公司章程，有限责任公司须经持有2/3以上表决权的股东通过，股份有限公司应当经出席股东大会会议的股东所持表决权的2/3以上通过。

【提示3】对股东会该项决议投了反对票的有限责任公司股东，可以请求公司按照合理价格收购其股权，退出公司。

（2）股东会或者股东大会决议解散；

（3）因公司合并、分立需要解散；

（4）依法被吊销营业执照、责令关闭或者被撤销；

（5）人民法院依法予以解散。

2. 解散公司诉讼

（1）适用情形

单独或者合计持有公司全部股东表决权"10%以上"的股东，以公司有下列"事由"之一，公司继续存续会使股东利益受到重大损失，通过其他途径"不能解决"为由提起解散公司诉讼的，人民法院应当受理：

①公司持续2年以上无法召开股东会或者股东大会，公司经营管理发生严重困难的；

②股东表决时无法达到法定或者公司章程规定的比例，持续2年以上不能作出有效的股东会或者股东大会决议，公司经营管理发生严重困难的；

③公司董事长期冲突，并且无法通过股东会或者股东大会解决，公司经营管理发生严重困难的；

④经营管理发生其他严重困难，公司继续存续会使股东利益受到重大损失的情形。

（2）股东以知情权、利润分配请求权等权益受到损害，或者公司亏损、财产不足以偿还全部债务，以及公司被吊销企业法人营业执照未进行清算等为由，提起解散公司诉讼的，人民法院"不予受理"。

（3）股东提起解散公司诉讼应当以公司为被告。

（4）经人民法院调解公司收购原告股份的，公司应当自调解书生效之日起6个月内将股份转让或者注销；股份转让或者注销之前，原告不得以公司收购其股份为由对抗公司债权人。

【例题1·多选题】根据公司法律制度的规定，持有有限责任公司全部股东表决权10%以上的股东，在发生某些法定事由时，可以提起解散公司的诉讼，人民法院应予受理。下列各项中，属于该法定事由的有（　　）。（2015年）

A. 公司持续2年以上无法召开股东会，公司经营管理发生严重困难的

B. 股东表决时无法达到法定比例，持续2年以上不能作出有效股东会决议，公司经营管理发生严重困难的

C. 公司严重侵害股东知情权，股东会无法解决的

D. 公司严重侵害利润分配请求权，股东利益遭受重大损失的

【解析】股东以知情权、利润分配请求权等权益受到损害，或者公司亏损、财产不足以偿还全部债务，以及公司被吊销企业法人营业执照未进行清算等为由，提起解散公司诉讼的，人民法院不予受理。

【答案】AB

【例题2·判断题】甲持有某有限责任公司全部股东表决权的9%，因公司管理人员拒绝向其提供公司账本，甲以其知情权受到损害为由，提起解散公司的诉讼。为此，人民法院不予受理。（　　）（2014年）

【解析】（1）9%不够；（2）以知情权受损请求解散公司不行（直接提知情权诉讼）。

【答案】√

（二）公司解散的清算

1. 公司解散是否需要清算？

（1）不需要清算——债权债务有人承继

因合并、分立而解散的公司，因其债权债务

由合并、分立后继续存续的公司承继，不需要清算。

（2）应当清算——公司债权债务无人承继

公司解散，债权债务无人承继的，应当清算。

2. 清算组的组成

（1）自行清算

①公司应当在解散事由出现之日起15日内成立清算组，开始清算。

②有限责任公司的清算组由股东组成。

③股份有限公司的清算组由董事或者股东大会确定的人员组成。

（2）指定清算

①有下列情形之一，"债权人"申请人民法院指定清算组进行清算的，人民法院应予受理：

（A）公司解散逾期（解散事由出现之日起15日）不成立清算组进行清算的；

（B）虽然成立清算组但故意拖延清算的；

（C）违法清算可能严重损害债权人或者股东利益的。

【提示】债权人未提起清算申请，公司"股东"申请人民法院指定清算组对公司进行清算的，人民法院应予受理。

②人民法院受理公司清算案件，指定的清算组成员可以从下列人员或者机构中产生：

（A）公司股东、董事、监事、高级管理人员；

（B）依法设立的会计师事务所、律师事务所、破产清算事务所等社会中介机构；

（C）依法设立的会计师事务所、律师事务所、破产清算事务所等社会中介机构中具备相关专业知识并取得执业资格的人员。

3. 清算组在清算期间的职权

（1）清理公司财产，分别编制资产负债表和财产清单；

（2）通知、公告债权人；

（3）处理与清算有关的公司未了结的业务；

（4）清缴所欠税款以及清算过程中产生的税款；

（5）清理债权、债务；

（6）处理公司清偿债务后的剩余财产；

（7）代表公司参与民事诉讼活动。

【提示】清算期间，公司存续，但不得开展与清算无关的经营活动。清算组在公司清算期间代表公司进行一系列民事活动，全权处理公司经济事务和民事诉讼活动。

4. 清算义务人的职责（2017年新增）

（1）有限责任公司的股东、股份有限公司的董事和控股股东未在法定期限内成立清算组开始清算，导致公司财产贬值、流失、毁损或者灭失，债权人主张其在造成损失范围内对公司债务承担赔偿责任的，人民法院应依法予以支持。

（2）有限责任公司的股东、股份有限公司的董事和控股股东因怠于履行义务，导致公司主要财产、账册、重要文件等灭失，无法进行清算，债权人主张其对公司债务承担连带清偿责任的，人民法院应依法予以支持。

（3）上述两项情形系实际控制人原因造成，债权人主张实际控制人对公司债务承担相应民事责任的，人民法院应予以支持。

（4）有限责任公司的股东、股份有限公司的董事和控股股东，以及公司的实际控制人在公司解散后，恶意处置公司财产给债权人造成损失，或者未经依法清算，以虚假的清算报告骗取公司登记机关办理法人注销登记，债权人主张其对公司债务承担相应赔偿责任的，人民法院依法予以支持。

5. 清算工作程序

（1）登记债权

①清算组应当自成立之日起10日内通知债权人，并于"60日内"（而非30日内）在报纸上公告。债权人自接到通知书之日起30日内，未接到通知书的自公告之日起45日内，向清算组申报债权。

②债权人在规定的期限内未申报债权，在公司清算程序终结前补充申报的，清算组应予登记。债权人补充申报的债权，可以在公司"尚未分配"的财产中依法清偿。公司清算程序终结，是指清算报告经股东（大）会或者人民法院确认完毕。

③清算组未按照规定履行通知和公告义务，导致债权人未及时申报债权而未获清偿，清算组成员对因此造成的损失承担赔偿责任。

（2）清理公司财产，制定清算方案

①公司解散时，股东尚未缴纳的出资（包括到期应缴未缴的出资，以及依法分期缴纳尚未届满缴纳期限的出资）均应作为清算财产。

②清算组在清理公司财产，编制资产负债表和财产清单后，发现公司财产不足清偿债务的，应当依法向人民法院申请宣告破产。人民法院指定的清算组在清理公司财产、编制资产负债表和财产清单时，发现公司财产不足清偿债务的，可以与债权人协商制订有关债务清偿方案。债务清偿方案经全体债权人确认且不损害其他利害关系人利益的，人民法院可依清算组的申请裁定予以认可。

（3）清算方案的确认与执行

①公司自行清算的，清算方案应当报股东会或者股东大会决议确认；人民法院组织清算的，清算方案应当报人民法院确认。

②未经确认的清算方案，清算组不得执行。清算组执行未经确认的清算方案给公司或者债权人造成损失，公司、股东或者债权人有权要求清算组成员承担赔偿责任。

（4）剩余财产分配

公司财产在分别支付清算费用、职工的工资、社会保险费用和法定补偿金，缴纳所欠税款，清偿公司债务后的剩余财产，有限责任公司按照股东的出资比例分配，股份有限公司按照股东持有的股份比例分配。

【提示】章程无权作出相悖规定。注意与分红权相区别。

【相关链接】①公司弥补亏损和提取公积金后所余税后利润，有限责任公司按照股东实缴的出资比例分配，但全体股东约定不按照出资比例分配的除外。②公司弥补亏损和提取公积金后所余税后利润，股份有限公司按照股东持有的股份比例分配，但股份有限公司章程规定不按持股比例分配的除外。

（5）公告公司终止

（6）人民法院组织清算的，清算组应当自成立之日起6个月内清算完毕。因特殊情况无法在6个月内完成清算的，清算组应当向人民法院申请延长。（2017年新增）

6. 未经清算注销公司

公司未经清算即办理注销登记，导致公司无法进行清算，债权人有权要求有限责任公司的股东、股份有限公司的董事和控股股东，以及公司的实际控制人对公司债务承担清偿责任。

【例题1·单选题】根据公司法律制度的规定，有限责任公司自行清算的，其清算组（　　）。（2016年）

A. 由董事组成
B. 由债权人组成
C. 由股东组成
D. 由股东会确定的人员组成

【解析】公司组成清算组自行清算的，有限责任公司的清算组由股东组成，股份有限公司的清算组由董事或者股东大会确定的人员组成。

【答案】C

【例题2·单选题】公司解散逾期不成立清算组进行清算，且债权人未提起清算申请的，根据公司法律制度的规定，相关人员可以申请人民法院指定清算组对公司进行清算。下列各项中，属于该相关人员的是（　　）。（2011年）

A. 公司股东 　　　B. 公司董事
C. 公司监事 　　　D. 公司经理

【解析】公司解散逾期不成立清算组进行清算，且债权人未提起清算申请，公司股东申请人民法院指定清算组对公司进行清算的，人民法院应予受理。

【答案】A

【例题3·多选题】根据公司法律制度的规定，下列各项中，属于清算组在清算期间可以行使的职权有（　　）。（2016年）

A. 清理公司财产
B. 处理与清算有关的公司未了结的业务
C. 清缴所欠税款以及清算过程中产生的税款
D. 代表公司参与民事诉讼活动

【答案】ABCD

【星期四·第2章第4单元】有限责任公司的设立

【本单元考点清单】

考点名称	考点地位	二维码
有限责任公司的设立条件	★★	
有限责任公司的设立程序	★	
股东未尽出资义务	★★☆	
股东抽逃出资	★	

考点1：有限责任公司的设立条件（★★）

1. 有限责任公司由 50 个以下股东（1～50 名股东）出资设立。

2. 有符合公司章程规定的全体股东认缴的出资额。

（1）有限责任公司的注册资本为在公司登记机关登记的全体股东"认缴"的出资额；法律、行政法规以及国务院决定对有限责任公司注册资本实缴、注册资本最低限额另有规定的，从其规定。

【例题·多选题】下列关于有限责任公司注册资本的表述中，不符合《公司法》规定的有（　　）。（2014 年）

A. 注册资本的最低限额为人民币 3 万元

B. 公司登记机关登记的全体股东认缴的出资额即为注册资本

C. 全体股东的货币出资额不得低于注册资本的 30%

D. 一人有限责任公司的注册资本最低限额为人民币 10 万元

【解析】除对公司注册资本最低限额另行规定的以外，《公司法（2013 年修正）》取消了"有限责任公司、一人有限责任公司、股份有限公司最低注册资本分别应达 3 万元、10 万元、500 万元"的规定；取消了"全体股东的货币出资金额不得低于公司注册资本的 30%"的规定。

【答案】ACD

【提示】①有限责任公司的注册资本最低限额：除非所在行业（例如商业银行、保险公司）有特别规定，否则法律不作限制，由公司章程自由拟定，但拟定的注册资本数额应当为全体股东认缴数额的总和；②有限责任公司股东的出资期限：除非有特别规定，否则由公司章程自由规定一次出资或分期出资。分期出资的，首期出资、出资总期限也由公司章程规定；③有限责任公司股东的货币出资：除非有特别规定，否则由公司章程自由确定，可以完全没有货币出资。

（2）股东的出资方式

①股东可以用货币出资，也可以用实物、知识产权、土地使用权等可以用货币估价并可以依法转让的非货币财产作价出资；但是，法律、行政法规规定不得作为出资的财产除外。

②股东不得以劳务、信用、自然人姓名、商誉、特许经营权或者设定担保的财产等作价出资。

【例题1·单选题】下列关于有限责任公司股东出资方式的表述中，符合公司法律制度规定的是（　　）。（2015 年）

A. 以商誉作价出资

B. 以劳务作价出资

C. 以特许经营权作价出资

D. 以土地使用权作价出资

【答案】D

【例题2·单选题】甲、乙、丙、丁四家公司与杨某、张某拟共同出资设立一注册资本为 400 万元的有限责任公司。除杨某与张某拟以 120 万元货币出资外，四家公司的下列非货币财产出资中，符合公司法律制度规定的是（　　）。（2013 年）

A. 甲公司以其商誉作价 50 万元出资

B. 乙公司以其特许经营权作价 50 万元出资

C. 丙公司以其非专利技术作价 60 万元出资

D. 丁公司以其设定了抵押担保的房屋作价 120 万元出资

【答案】C

【例题3·单选题】下列关于公司股东出资方式的表述中，不符合公司法律制度规定的是（　　）。（2009 年）

A. 股东可以用债权出资

B. 股东可以用股权出资

C. 股东可以用非专利技术出资

D. 股东可以用劳务出资

【答案】D

【例题4·单选题】甲、乙两公司与郑某、张某欲共同设立一个有限责任公司，并在拟订公司章程时约定了各自的出资方式。下列有关各股东的部分出资方式中，符合公司法律制度规定的是（　　）。（2008 年）

A. 甲公司以其获得的某知名品牌特许经营权评估作价 20 万元出资

B. 乙公司以其企业商誉评估作价 30 万元出资

C. 郑某以其享有的某项专利权评估作价 40 万元出资

D. 张某以其设定了抵押权的某房产作价 50 万元出资

【答案】C

3. 公司章程

（1）股东共同依法制定公司章程；

（2）公司章程对公司、股东、董事、监事、高级管理人员具有约束力。

【例题·多选题】根据公司法律制度的规定，公司章程对特定的人员或机构具有约束力。下列各项中，属于该特定人员或机构的有（　　）。（2010 年）

A. 公司财务负责人

B. 公司股东

C. 上市公司董事会秘书

D. 公司实际控制人

【解析】公司章程对公司、股东、董事、监事、高级管理人员具有约束力。

【答案】ABC

4. 有公司名称，建立符合有限责任公司要求的组织机构。

5. 有公司住所。

考点2：有限责任公司的设立程序（★）

1. 订立公司章程

2. 股东缴纳出资

（1）股东应当按期足额缴纳公司章程中规定的各自所认缴的出资额。

（2）股东以货币出资的，应当将货币出资足额存入为设立有限责任公司而在银行开设的账户。

（3）股东以非货币财产出资的，应当评估作价，依法办理其财产权的转移手续。

3. 申请设立登记、领取营业执照

股东"认足"公司章程规定的出资后，由全体股东指定的代表或者共同委托的代理人向公司登记机关报送公司登记申请书、公司章程等文件，申请设立登记。

【提示】申请设立登记时，股东认足出资即可，不必缴足；对股东的出资，除另有规定外，不再要求经过验资。需要验资的情形，在中级经济法考试中主要包括2处：（1）募集设立的股份有限公司，发行股份的股款缴足后，必须经依法设立的验资机构验资并出具证明；（2）其他实行资本实缴制的公司（如保险公司、商业银行）。

4. 其他事项

（1）有限责任公司成立后，应当向股东签发出资证明书；出资证明书是确认股东出资的凭证。

（2）有限责任公司应当置备股东名册；记载于股东名册的股东，可以依股东名册主张行使股东权利。

（3）公司应当将股东的姓名或名称向公司登记机关登记，登记事项发生变更的，应当办理变更登记；未经登记或者变更登记的，不得对抗第三人。

考点3：股东未尽出资义务（★★☆）

（一）股东未尽出资义务的认定

1. 作价出资的非货币财产未经依法评估

（1）先评估，后认定

出资人以非货币财产出资，未依法评估作价，公司、其他股东或者公司债权人请求认定出资人未履行出资义务的，人民法院应当委托具有合法资格的评估机构对该财产评估作价；评估确定的价额显著低于公司章程所定价额的，人民法院应当认定出资人未依法全面履行出资义务。

（2）事后贬值

出资人以符合法定条件的非货币财产出资后，因市场变化或者其他客观因素导致出资财产贬值，公司、其他股东或者公司债权人请求该出资人承担补足出资责任的，人民法院不予支持；但当事

人另有约定的除外。

2. 以划拨土地使用权或以设定权利负担的土地使用权出资：先补正，后认定

出资人以划拨土地使用权出资，或者以设定权利负担的土地使用权出资，公司、其他股东或者公司债权人主张认定出资人未履行出资义务的，人民法院应当责令当事人在指定的合理期间内办理土地变更手续或者解除权利负担；逾期未办理或者未解除的，人民法院应当认定出资人未依法全面履行出资义务。

3. 已交付，未办理权属变更：如补正，自实际交付时享有股东权利

（1）出资人以房屋、土地使用权或者需要办理权属登记的知识产权等财产出资，已经交付公司使用但未办理权属变更手续，公司、其他股东或者公司债权人主张认定出资人未履行出资义务的，人民法院应当责令当事人在指定的合理期间内办理权属变更手续；在前述期间内办理了权属变更手续的，人民法院应当认定其已经履行了出资义务。

（2）出资人主张"自其实际交付财产给公司使用时"享有相应股东权利的，人民法院应予支持。

4. 已办理权属变更，但未交付：应交付，实际交付后方可享有股东权利

出资人以房屋、土地使用权或者需要办理权属登记的知识产权等财产出资，已经办理权属变更手续但未交付给公司使用，公司或者其他股东主张其向公司交付，并在实际交付之前不享有相应股东权利的，人民法院应予支持。

（二）股东未尽出资义务的法律责任

1. 补足责任（2012年简答题）

（1）该股东

①股东未履行或者未全面履行出资义务，公司或者其他股东请求其向公司依法全面履行出资义务的，人民法院应予支持。

②公司债权人有权请求未履行或者未全面履行出资义务的股东在未出资本息范围内对公司债务不能清偿的部分承担"补充赔偿责任"。（教材未收录）

（2）其他责任人

①连带责任

股东在公司"设立时"未履行或者未全面履行出资义务，"发起人"（与后加入的股东无关、与公司董事、高管无关）与该股东承担连带责任，但公司发起人承担责任后，可以向该股东追偿。

②相应责任

股东在公司"增资时"未履行或者未全面履行出资义务，公司、其他股东或者公司债权人有权请求未尽忠实和勤勉义务的董事、高级管理人员（与发起人无关、与监事无关）承担相应的责

任；董事、高级管理人员承担责任后，可以向被告股东追偿。

2. 违约责任

股东不按照规定缴纳出资的，除应当向公司足额缴纳外，还应当向已按期足额缴纳出资的股东承担违约责任。

3. 股东权利的限制

（1）股东未履行或者未全面履行出资义务，公司可以根据公司章程或者股东会决议对其利润分配请求权、新股优先认购权、剩余财产分配请求权等股东权利作出"相应的"合理限制。

（2）有限责任公司股东的除名

有限责任公司的股东"（完全）未履行出资义务"，经公司催告缴纳，其在合理期间内仍未缴纳出资，公司以股东会决议解除该股东的股东资格，该股东请求确认该解除行为无效的，人民法院不予支持。

4. 诉讼时效抗辩

（1）公司股东未履行或者未全面履行出资义务，公司或者其他股东请求其向公司全面履行出资义务，被告股东以诉讼时效为由进行抗辩的，人民法院不予支持。

（2）公司债权人的债权"未过诉讼时效期间"，依照规定请求未履行或者未全面履行出资义务的股东承担赔偿责任，被告股东以出资义务超过诉讼时效期间为由进行抗辩的，人民法院不予支持。

【相关链接】公司债权人以登记于公司登记机关的股东未履行出资义务为由，请求其对公司债务不能清偿的部分在未出资本息范围内承担补充赔偿责任，股东不得以其仅为名义股东而非实际出资人为由进行抗辩。

5. 有限责任公司股东未尽出资义务即转让股权

有限责任公司的股东未履行或者未全面履行出资义务即转让股权，受让人对此"知道或者应当知道的"：

（1）公司有权请求该股东履行出资义务、受让人对此承担"连带责任"。

（2）公司债权人依照规定对该股东提起承担补充赔偿责任的诉讼，有权同时请求该受让人对此承担连带责任。

（3）受让人承担连带责任后，向该未履行或者未全面履行出资义务的股东追偿的，人民法院应予支持；当事人另有约定的除外。

【例题1·判断题】甲、乙、丙共同投资设立一家有限责任公司，甲以房屋作价100万元出资，并自公司设立时办理了产权转移手续，但直至公司成立半年后才将房屋实际交付给公司使用，乙、丙主张甲在实际交付房屋之前不享有相应股东权利。乙、丙的主张是合法的。（　　）（2013年）

【解析】出资人以房屋、土地使用权或者需要办理权属登记的知识产权等财产出资，已经办理权属变更手续但未交付给公司使用的，公司或者其他股东主张其向公司交付、并在实际交付之前不享有相应股东权利的，人民法院应予支持。

【答案】√

【例题2·多选题】甲、乙、丙、丁共同投资设立A有限责任公司（简称A公司），A公司成立2年后发现，股东甲作价500万元出资的房产出资时实际价值仅为300万元。A公司对甲作出的下列行为中，符合公司法律制度规定的有（　　）。

A. 要求甲补足差额200万元并支付相应的利息

B. 经股东会决议，在甲补足出资前，对甲仅按300万元出资额分配红利

C. 经其他股东一致同意，将甲除名并没收其已缴纳的出资

D. 对甲提出的出资缴纳时间已经超过2年，A公司无权要求补足的主张予以否定

【解析】（1）选项A：股东未全面履行出资义务，公司有权要求其补足未尽出资义务的本息；（2）选项B：股东未全面履行出资义务，公司可以根据公司章程或者股东会决议对其利润分配请求权等股东权利作出相应的合理限制；（3）选项C：甲并非"（完全）未履行出资义务"，不适用除名；（4）选项D：基于投资关系的缴付出资请求权不适用诉讼时效制度。

【答案】ABD

【例题3·多选题】2014年12月1日，甲、乙、丙、丁共同投资设立A有限责任公司（简称A公司）；2014年12月25日，戊受让丁部分股权加入A公司；2015年2月1日，债权人B公司要求A公司清偿欠款1000万元，A公司无力清偿，B公司遂对A公司股东展开调查，发现甲作价500万元出资的房产出资时实际价值仅为300万元，遂向人民法院提起诉讼，要求甲补足出资并承担相应的利息责任。根据公司法律制度的规定，B公司起诉时还可以请求（　　）承担连带责任。

A. 乙　　　　　　　B. 丙
C. 丁　　　　　　　D. 戊

【解析】股东在公司设立时未尽出资义务的，发起人（乙、丙、丁）与该股东承担连带责任。

【答案】ABC

考点4：股东抽逃出资（★）

1. 抽逃出资的认定

公司成立后，公司、股东或公司债权人以相关股东的行为符合下列情形之一且损害公司权益为由，请求认定该股东抽逃出资的，人民法院应予支持：

（1）将出资款项转入公司账户验资后又转出；

（2）通过虚构债权债务关系将其出资转出；

（3）制作虚假财务会计报表虚增利润进行分配；

（4）利用关联交易将出资转出；

（5）其他未经法定程序将出资抽回的行为。

2. 抽逃出资的法律责任

（1）股东抽逃出资，公司或者其他股东有权请求其向公司返还出资本息，协助抽逃出资的其他股东、董事、高级管理人员或者实际控制人对此承担连带责任。

（2）公司债权人有权请求抽逃出资的股东在抽逃出资本息范围内对公司债务不能清偿的部分承担补充赔偿责任、协助抽逃出资的其他股东、董事、高级管理人员或者实际控制人对此承担连带责任。（2016 年综合题）

【提示】（1）抽逃出资的股东需要承担的法律责任与未尽出资义务的股东需要承担的法律责任基本相同：①向公司返还抽逃出资的本息（债权人有权要求其在抽逃出资的本息范围内对公司债务不能清偿的部分承担补充赔偿责任）；②公司可以依法对抽逃出资股东的股东权利进行相应的合理限制；③抽逃出资的股东不得以诉讼时效期间经过为由提出抗辩。（2）与抽逃出资的股东承担连带责任的主体则如上所述，主要看是否"协助抽逃出资"。

3. 以贪污、受贿、侵占、挪用等违法犯罪所得的货币出资后取得股权的，对违法犯罪行为予以追究、处罚时，应当采取拍卖或者变卖的方式处置其股权（而不能直接将出资财产从公司抽出）。

【星期五·第 2 章第 5 单元】有限责任公司的组织机构

【本单元考点清单】

考点名称	考点地位	二维码
有限责任公司的股东会	★★☆	
有限责任公司的董事会	★★☆	
有限责任公司的监事会	★	

【提示】有限责任公司通常应建立股东会、董事会和监事会，但也存在允许"三会"不健全的特殊情况：（1）一人有限责任公司、国有独资公司不设股东会。（2）股东人数较少或者规模较小的有限责任公司，可以不设董事会，设 1 名执行董事；可以不设监事会，设 1~2 名监事。

考点 1：有限责任公司的股东会（★★☆）

1. 性质：权力机构

2. 组成：全体股东（不论持股多少）

3. 职权

（1）决定公司的经营方针和投资计划（而非"经营计划和投资方案"）。

（2）选举和更换由"非职工代表"担任的董事、监事，决定有关董事、监事的报酬事项。

（3）审议批准

①审议批准董事会的报告；

②审议批准监事会或者监事的报告；

③审议批准公司的年度财务预算方案、决算方案；

④审议批准公司的利润分配方案和弥补亏损方案。

（4）决议重大事项

①对公司增加或者减少注册资本作出决议；

②对发行公司债券作出决议；

③对公司合并、分立、变更公司形式、解散和清算等事项作出决议；

④修改公司章程。

（5）公司章程规定的其他职权。

4. 会议类型及频率

（1）定期会议：应当按照公司章程的规定按时召开。

（2）临时会议的提议召开主体（2015年简答题）

①代表1/10以上表决权的股东；

②1/3以上的董事；

③监事会或者不设监事会的公司的监事。

5. 召集和主持

（1）首次股东会会议：由出资最多的股东召集和主持。

（2）以后的股东会会议

①公司设立董事会的，由董事会召集，董事长主持；董事长不能履行职务或者不履行职务的，由副董事长主持；副董事长不能履行职务或者不履行职务的，由半数以上（≥1/2）董事共同推举一名董事主持。公司不设立董事会的，股东会会议由执行董事召集和主持。

②董事会或执行董事不能履行或不履行职责的，由监事会或者不设监事会的公司监事召集和主持。

③监事会或监事不召集和主持的，代表1/10以上表决权的股东可以自行召集和主持。

6. 通知

召开股东会会议，应当于会议召开"15日以前"通知全体股东，但公司章程另有规定或者全体股东另有约定的除外。

7. 决议规则

（1）表决权的计算

股东会会议由股东按照出资比例行使表决权，但公司章程另有规定的除外。

（2）特别决议（2015年简答题）

①事项（4项）

（A）修改公司章程；

（B）增加或者减少注册资本；

（C）公司合并、分立、解散；

（D）变更公司形式。

②股东会对特别事项作出决议时，必须经代表（全体）2/3以上表决权的股东通过。

【相关链接】有限责任公司为股东、实际控制人提供担保：经出席股东会会议的其他股东所持表决权过半数通过。

8. 记录签名：出席会议的股东应当在会议记录上签名。

【例题1·单选题】某有限责任公司股东甲、乙、丙、丁分别持有公司5%、20%、35%和40%的股权，该公司章程未对股东行使表决权及股东会决议方式作出规定。下列关于该公司股东会会议召开及决议作出的表述中，符合《公司法》规定的是（　　）。（2014年）

A. 甲可以提议召开股东会临时会议

B. 只有丁可以提议召开股东会临时会议

C. 只要丙和丁表示同意，股东会即可作出增加公司注册资本的决议

D. 只要乙和丁表示同意，股东会即可作出变更公司形式的决议

【解析】（1）选项AB：本题公司章程未对股东表决权作出约定，直接按出资比例确定表决权，甲的表决权未达到1/10，无权提议召开临时股东会；乙、丙、丁各自享有的表决权均已达到1/10以上，均有权单独提议召开临时股东会。（2）选项CD：修改公司章程，增加或者减少注册资本，公司合并、分立、解散以及变更公司形式，属于股东会特别决议事项，应当经代表全体2/3以上表决权的股东通过；在本题中，丙和丁的表决权已经超过全体表决权的2/3，而乙和丁的表决权合计仅60%。

【答案】C

【例题2·多选题】根据公司法律制度的规定，有限责任公司股东会会议对下列事项作出的决议中，必须经代表2/3以上表决权的股东通过的有（　　）。（2006年）

A. 修改公司章程

B. 减少注册资本

C. 更换公司董事

D. 变更公司形式

【解析】除了选项ABD以外，有限责任公司股东会必须经代表2/3以上表决权的股东通过的事项还有：公司合并、分立、解散、增加注册资本。

【答案】ABD

考点2：有限责任公司的董事会（★★☆）

1. 性质：股东会的执行机构

2. 组成

（1）人数：3~13人

（2）职工代表

①两个以上的国有企业或者其他两个以上的国有投资主体投资设立的有限责任公司，其董事会成员中应当有公司职工代表。

②董事会（和监事会）中的职工代表由公司职工通过职工代表大会、职工大会或者其他形式民主选举产生。（2011年简答题）

（3）董事长的产生

有限责任公司董事会设董事长1人，可以设副董事长；董事长、副董事长的产生办法由公司章程规定。

（4）董事任期

①董事任期由公司章程规定，每届任期不得超过3年（≤3年）；董事任期届满，连选可以连任。

②董事任期届满未及时改选，或者董事在任期内辞职导致董事会成员低于法定人数的，在改选出的董事就任前，原董事仍应当依照法律、行政法规和公司章程的规定，履行董事职务。

（5）小公司可以不设董事会

股东人数较少或者规模较小的有限责任公司，可以设1名执行董事，不设董事会。

3. 职权

（1）4项独立职权

①决定公司的经营计划和投资方案（而非经营"方针"和投资"计划"）；

②决定公司内部管理机构的设置；

③决定聘任或者解聘公司经理及其报酬事项，并根据经理的提名决定聘任或者解聘公司副经理、财务负责人及其报酬事项；

④制定公司的基本管理制度。

（2）6项附属职权

①召集股东会会议，并向股东会报告工作；

②执行股东会的决议；

③制订公司的年度财务预算方案、决算方案；

④制订公司的利润分配方案和弥补亏损方案；

⑤制订公司增加或者减少注册资本以及发行公司债券的方案；

⑥制订公司合并、分立、变更公司形式、解散的方案。

（3）公司章程规定的其他职权

4. 召集和主持

董事会会议由"董事长"召集和主持；董事长不能或者不履行职务的，由"副董事长"召集和主持；副董事长不能或者不履行职务的，由半数以上董事共同"推举"一名董事召集和主持。

5. 决议规则

（1）表决权的计算：一人一票。

（2）董事会的议事方式和表决程序，除《公司法》有规定的外，由公司章程规定。

6. 记录签名：出席会议的董事应当在会议记录上签名。

7. 经理

（1）有限责任公司"可以"设经理（选设），由董事会决定聘任或者解聘，对董事会负责。

（2）经理的职权，包括但不限于：

①"拟定"公司的基本管理制度；

②"制定"公司的具体规章；

③"提请聘任或者解聘"公司副经理、财务负责人；

④"决定聘任或者解聘"除应由董事会决定聘任或者解聘以外的负责管理人员。

（3）经理列席董事会会议。

【例题·单选题】王某、刘某共同出资设立了甲有限责任公司，注册资本为10万元，下列关于甲公司组织机构设置的表述中，不符合公司法律制度规定的是（ ）。（2012年）

A. 甲公司决定不设董事会，由王某担任执行董事

B. 甲公司决定不设监事会，由刘某担任监事

C. 甲公司决定由执行董事王某兼任经理

D. 甲公司决定由执行董事王某兼任监事

【解析】（1）选项AC：股东人数较少或者规模较小的有限责任公司，可以设1名执行董事，不设立董事会，执行董事可以兼任公司经理；（2）选项B：股东人数较少或规模较小的有限责任公司，可以设1~2名监事，不设立监事会，小公司不设立监事会的，可以不考虑职工代表的问题；（3）选项D：公司董事、高级管理人员不得兼任监事。

【答案】D

考点3：有限责任公司的监事会（★）

1. 性质：监督机构

2. 组成

（1）人数：成员不得少于3人（≥3人）。

（2）监事会应当包括职工代表，其中职工代表的比例"不得低于1/3"，具体比例由公司章程规定。

（3）主席的产生：监事会设主席一人，由全体监事过半数选举产生。

（4）董事、高级管理人员不得兼任监事。

（5）监事的任期每届为3年（=3年）。

（6）不设监事会

股东人数较少或者规模较小的有限责任公司，可以设1~2名监事，不设立监事会。

3. 主要职权

（1）监督职权

①检查公司财务；

②对董事、高级管理人员执行公司职务的行为进行监督，对违反法律、行政法规、公司章程或者股东会决议的董事、高级管理人员提出罢免的"建议"；

③当董事、高级管理人员的行为损害公司的利益时，要求董事、高级管理人员予以纠正；

④依照《公司法》的规定，对董事、高级管理人员提起诉讼。

（2）提议权

①提议召开临时股东会会议，在董事会不履行规定的召集和主持股东会会议职责时召集和主持股东会会议。

②向股东会会议提出提案。

（3）监事可以列席董事会会议，并对董事会决议事项提出质询或者建议。

（4）监事会、不设监事会的公司监事发现公司经营情况异常，可以进行调查；必要时，可以聘请会计师事务所等协助其工作，费用由公司承担。

（5）监事会、不设监事会的公司监事行使职权所必需的费用，由公司承担。

4. 会议类型及频率

（1）有限责任公司监事会每年度至少召开一次会议，监事可以提议召开临时监事会会议。

（2）股份有限公司监事会每6个月至少召开一次会议。

【解释】股份有限公司监事会的绝大部分规定和有限责任公司监事会相同，主要区别有两点：（1）股份有限公司必须设监事会，而股东人数较少、规模较小的有限责任公司可以不设监事会，设1~2名监事；（2）会议召开的法定最低频率不同（每6个月至少一次 VS 每年度至少一次）。

5. 决议规则：监事会决议应当经"半数以上"（≥1/2）监事通过

6. 记录签名：出席会议的监事应当在会议记录上签名

【例题1·单选题】根据《公司法》的规定，下列各项中，不属于有限责任公司监事会职权的是（　）。（2013年）

A. 检查公司财务

B. 解聘公司财务负责人

C. 提议召开临时股东会会议

D. 建议罢免违反公司章程的经理

【解析】选项B："董事会"有权决定聘任或者解聘公司经理及其报酬事项，根据经理的提名，决定聘任或者解聘公司副经理、财务负责人及其报酬事项。

【答案】B

【例题2·单选题】甲、乙两个国有企业出资设立丙有限责任公司。下列关于丙有限责任公司组织机构的表述中，不符合公司法律制度规定的是（　）。（2011年）

A. 丙公司监事会成员中应当有公司职工代表

B. 丙公司董事会成员中应当有公司职工代表

C. 丙公司董事长须由国有资产监督管理机构从董事会成员中指定

D. 丙公司监事会主席由全体监事过半数选举产生

【解析】（1）丙公司是一个由两个国有企业投资设立的有限责任公司，并非国有独资公司；（2）选项A：所有公司监事会中均应有职工代表；（3）选项B：两个以上的国有企业或者其他两个以上的国有投资主体投资设立的有限责任公司，其董事会成员中应当有公司职工代表；（4）选项C：有限责任公司董事长、副董事长的产生办法由公司章程规定；（5）选项D：一般有限责任公司监事会主席由全体监事过半数选举产生，国有独资公司的监事会主席由国有资产监督管理机构从监事会成员中指定。

【答案】C

本周自测

一、单项选择题

1. 甲公司是乙公司的实际控制人，甲公司由于资金紧张向A银行借款，要求乙公司为其提供保证担保。有关该事项的审批，下列说法符合公司法律制度规定的是（　）。

   A. 该事项应当经乙公司董事会批准

   B. 该事项应当经乙公司股东会批准

   C. 如果乙公司章程允许，该事项可以由董事会直接审批

   D. 如果乙公司章程允许，该事项可以由总经理直接决定

2. 甲上市公司拟为乙公司（非关联方）向A银行借款提供保证担保，由于乙公司最近一期经审计财务会计报表显示其资产负债率已高达80%，甲上市公司高层就该担保事项慎重审议。会议上发表的下列意见中，符合公司法律制度规定的是（　）。

   A. 由于乙公司的资产负债率已经超过70%，该事项应当经股东大会审议批准

   B. 虽然乙公司的资产负债率较高，但乙公司并非关联方，该事项只须提交董事会审议通过

   C. 虽然乙公司的资产负债率较高，但该担保额度占甲上市公司净资产的比率极低，该事项只须经高层会议集体慎重决策即可

   D. 虽然乙公司的资产负债率较高，但该担保额度占甲上市公司总资产的比率极低，该事项直接由总经理决定即可

3. 某有限责任公司的总经理李某拟以该公司名义与其妻子开办的公司签订原材料采购合同。根据公司法律制度的规定，下列说法不正确的是（　）。

   A. 该交易在获得公司股东会批准后可以进行

   B. 该交易在获得公司董事会批准后可以进行

   C. 如果公司章程中规定允许此种交易，该交易可以进行

D. 如果李某未经批准从事该交易，损害公司利益的，股东可以依法提起股东代表诉讼

4. A有限责任公司于2006年2月份设立，公司共6名股东，其中甲股东持有20%表决权，乙股东持有5%表决权；自2012年以来，该公司一直无法召开股东会，公司经营管理发生严重困难，通过其他途径无法解决。2016年2月1日，甲股东和乙股东分别向法院提起申请要求解散公司。对此，下列说法正确的是(   )。
   A. 法院应当受理甲股东的申请
   B. 法院应当受理乙股东的申请
   C. 法院应当受理甲股东和乙股东的申请
   D. 法院对甲股东和乙股东的申请均应不予受理

5. 下列人员中，不受公司章程约束的是(   )。
   A. 名义股东
   B. 独立董事
   C. 高级管理人员
   D. 公司债权人

6. 甲以实际价值为50万元的房屋作价100万元投资A有限责任公司，为了逃避补足出资的义务，甲与知情的乙私下达成协议，由乙购入甲在A有限责任公司的股权。根据公司法律制度的规定，下列说法正确的是(   )。
   A. 公司可以要求甲继续履行出资义务，乙承担连带责任
   B. 公司可以要求甲继续履行出资义务，乙承担补充责任
   C. 公司不得要求甲继续履行出资义务，只能要求乙补足该差额
   D. 公司既不得要求甲继续履行出资义务，也不得要求乙补足该差额

7. 下列各项中，有权提议召开有限责任公司临时股东会的是(   )。
   A. 代表1/10以上表决权的股东
   B. 董事长
   C. 监事会主席
   D. 1/3以上的监事

8. 根据公司法律制度的规定，下列属于有限责任公司股东会职权的是(   )。
   A. 决定公司的经营计划和投资方案
   B. 选举和更换由股东代表担任的监事
   C. 聘任或者解聘公司副经理
   D. 对股东向股东以外的人转让股权作出决议

9. 甲有限责任公司共有股东4人，股东刘某为公司执行董事。在公司章程无特别规定的情形下，刘某可以行使的职权是(   )。
   A. 决定公司的投资计划
   B. 否决其他股东对外转让股权行为的效力
   C. 决定聘任公司经理
   D. 决定公司的利润分配方案

10. 某有限责任公司董事会由11名董事组成，董事长王某召集并主持召开某次董事会会议。有关此次会议召开及讨论决议事项的下列做法中，符合公司法律制度规定的是(   )。
   A. 制订公司的利润分配方案
   B. 确定公司对外投资计划，经表决，有6名董事同意，决议获得通过
   C. 根据公司经营情况，会议决定从9月起每位董事提高30%的报酬
   D. 鉴于监事会成员中的职工代表张某生病短时间内不能正常履行职责，会议决定将监事张某更换为本公司王某

11. 甲、乙、丙拟共同投资设立一有限责任公司，其拟定的公司章程中有下列事项，其中，不符合公司法律制度规定的是(   )。
   A. 甲、乙、丙不按照出资比例分配红利
   B. 甲、乙、丙不按照出资比例行使股东会表决权
   C. 由董事会独立决定公司的对外投资事项
   D. 由董事会独立决定公司的一切担保事项

12. 根据公司法律制度的规定，下列各项中，不属于公司监事会的职权的是(   )。
   A. 检查公司财务
   B. 向股东（大）会提出提案
   C. 执行股东（大）会的决议
   D. 对董事会决议事项提出质询或者建议

二、多项选择题

1. 下列各项中，能够依照公司章程的规定担任公司法定代表人的有(   )。
   A. 董事长
   B. 监事会主席
   C. 执行董事
   D. 经理

2. 王某是甲有限责任公司的总经理，任职期间，多次利用职务之便，将公司财产据为己有。根据公司法律制度的规定，下列情形中，股东李某有权以自己名义向人民法院就王某的行为提起股东代表诉讼的有(   )。
   A. 李某口头向监事会主席请求向人民法院提起诉讼，监事会主席未予答复
   B. 李某书面请求监事会提起诉讼，而监事会表示不会提起诉讼
   C. 李某书面请求监事会提起诉讼，监事会自收到请求之日起30日内未提起诉讼
   D. 情况紧急，不立即提起诉讼将使公司利益受到难以弥补的损害

3. 根据公司法律制度的规定，下列各项中，应当在提取法定公积金之前实施的有(   )。
   A. 向股东分配利润
   B. 缴纳企业所得税
   C. 提取任意公积金

D. 弥补以前年度亏损

4. 有关公司的财务行为，下列表述正确的有（　　）。

A. 在会计年度终了时，公司须编制财务会计报告，并自行审计

B. 公司的法定公积金不足以弥补以前年度亏损时，在提取本年度法定公积金之前，应先用当年利润弥补亏损

C. 公司可用其资本公积金来弥补公司的亏损

D. 公司可将法定公积金转为公司资本，但所留存的该项公积金不得少于转增前公司注册资本的25%

5. 甲公司拟吸收合并乙公司，两公司均为有限责任公司；有关该项合并的下列说法中，符合公司法律制度规定的有（　　）。

A. 甲公司和乙公司应当分别召开股东会，并经代表2/3以上表决权的股东决议通过合并事项

B. 甲公司和乙公司应当分别自合并决议作出之日起10日内通知债权人，并于60日内在报纸上公告

C. 乙公司的债权、债务，应当由合并后继续存续的甲公司承继

D. 乙公司办理注销登记前应当进行公司解散清算

6. 王某持有甲股份有限公司全部股份表决权的20%。根据公司法律制度的规定，王某提起的下列解散公司诉讼，人民法院不予受理的有（　　）。

A. 王某以要求查阅会计账簿被拒绝为由提起的解散公司诉讼

B. 王某以甲股份有限公司应当分配利润而不分配为由提起的解散公司诉讼

C. 王某以工商行政管理机关已经吊销甲股份有限公司的营业执照为由提起的解散公司诉讼

D. 王某以甲股份有限公司已经资不抵债为由提起的解散公司诉讼

7. 因公司章程所规定的营业期限届满，甲有限责任公司进入清算程序。根据公司法律制度的规定，下列有关该公司清算的说法中，不正确的有（　　）。

A. 在公司逾期不成立清算组时，公司股东可直接申请法院指定组成清算组

B. 公司在清算期间，由清算组代表公司参加民事诉讼

C. 债权人未在规定期限内申报债权的，则不再清偿

D. 法院指定清算的，清算方案报法院备案后，清算组即可执行

8. 甲、乙、丙、丁四人共同设立一家有限责任公司，并在拟订公司章程时约定了各自的出资方式。股东的下列出资中，符合公司法律制度规定的有（　　）。

A. 甲以其取得的商标专用权评估作价100万元出资

B. 乙以其设定了抵押权的某房产评估作价200万元出资

C. 丙以其劳务评估作价50万元出资

D. 丁以其对应收A公司的债权150万元出资

9. 甲、乙、丙共同投资设立A有限责任公司（简称A公司），A公司成立后，丁受让丙部分股权加入A公司；丁加入A公司后发现，甲串通A公司总经理戊虚构债权债务关系将出资悄悄转出。A公司提出的下列主张中，不符合公司法律制度规定的有（　　）。

A. 甲应当返还抽逃出资的本息，戊承担连带责任

B. 甲应当返还抽逃出资的本息，乙、丙承担连带责任

C. 甲应当返还抽逃出资的本息，乙、丙、丁承担连带责任

D. 甲应当返还抽逃出资的本息，乙、丙、丁、戊承担连带责任

10. 甲有限责任公司股东会拟对下列事项作出决议，其中应当经代表2/3以上表决权的股东同意的有（　　）。

A. 修改公司章程

B. 发行公司债券

C. 增加注册资本

D. 变更公司形式

11. 甲、乙、丙三人共同出资20万元设立一家有限责任公司，其中甲出资10万元，乙出资6万元，丙出资4万元。2014年6月公司成立后，召开了第一次股东会会议。有关这次会议的下列情况中，符合公司法律制度规定的有（　　）。

A. 会议由甲召集和主持

B. 会议决定不设董事会，由甲担任执行董事，任期2年

C. 会议决定不设监事会，由乙担任监事，任期4年

D. 会议决定了公司2015年度的投资计划

12. 甲有限责任公司董事会作出的下列人员聘任决定中，符合规定的有（　　）。

A. 决定续聘王某继续担任公司总经理

B. 决定聘任现任公司监事李某担任公司副总经理

C. 决定聘任刘某为产品研发部经理

D. 决定聘任赵某为财务负责人

13. 下列有关股东人数较少或者规模较小的有限责任公司的表述中，符合公司法律制度规定的有（　　）。

A. 股东人数较少或者规模较小的有限责任公司可以不设董事会，设1名执行董事

B. 股东人数较少或者规模较小的有限责任公司可以不设监事会，设1~2名监事

C. 股东人数较少或者规模较小的有限责任公司无须办理公司登记

D. 股东人数较少或者规模较小的有限责任公司应当经登记机关批准方可设立

14. 甲商贸有限责任公司董事会正在讨论设置总经理的有关事项，各董事的下列观点中，符合公司法律制度规定的有（　　）。

A. 董事A认为，公司可以不设总经理

B. 董事B认为，总经理应当由股东会选聘

C. 董事C认为，总经理应当负责制定公司的基本管理制度

D. 董事D认为，总经理有列席董事会会议的义务

15. 下列有关有限责任公司监事会的表述中，正确的有（　　）。

A. 有限责任公司监事会设主席一人，由全体监事过半数选举产生

B. 有限责任公司监事每届任期不得超过3年

C. 有限责任公司监事会决议应当经过半数监事通过

D. 股东人数较少或者规模较小的有限责任公司，可以设1~2名监事，不设监事会

三、判断题

1. 分公司不具有法人资格，但有独立的财产，可以其财产独立承担法律责任。（　　）

2. 预先核准的公司名称保留期为6个月；在保留期内，预先核准的公司名称属于无形资产，可以依法转让。（　　）

3. 公司董事、监事、经理发生变动的，应当及时向原公司登记机关申请办理变更登记手续。（　　）

4. 公司应当于每年4月1日至6月30日，通过企业信用信息公示系统向公司登记机关报送上一年度年度报告，并向社会公示。（　　）

5. 甲有限责任公司股东会对为其控股股东A公司提供担保的事项作出决议时，应当经除A公司以外其他股东所持表决权过半数通过。（　　）

6. 未经股东会、股东大会或者董事会同意，公司董事、高级管理人员不得自营或者为他人经营与所任职公司同类的业务。（　　）

7. 股东大会召开前20日内或者公司决定分配股利的基准日前5日内，不得进行股东名册的变更登记；但法律对上市公司股东名册变更登记另有规定的，从其规定。（　　）

8. 人民法院组织清算的，清算组应当自成立之日起3个月内清算完毕。（　　）

9. 有限责任公司的股东、股份有限公司的董事和控股股东未在法定期限内成立清算组开始清算，

导致公司财产贬值、流失、毁损或者灭失，债权人主张其在造成损失范围内对公司债务承担赔偿责任的，人民法院应依法予以支持。（　　）

10. 除另有规定外，有限责任公司股东缴纳公司章程规定的首次出资额，经依法设立的验资机构验资后，由全体股东指定的代表或者共同委托的代理人向公司登记机关申请设立登记。（　　）

11. 2014年1月1日，甲以其持有的A上市公司股权10万股作价500万元出资，与乙共同投资设立B公司；2015年12月1日，B公司以A上市公司股权严重缩水为由，请求人民法院判令甲补足出资；经查，投资各方并未对A上市公司股权保值问题作出约定。根据公司法律制度的规定，人民法院应当认定甲未全面履行出资义务，支持B公司的诉讼请求。（　　）

12. 甲有限责任公司的章程中规定，股东会会议全体股东一人一票行使表决权。甲有限责任公司章程中的该规定符合公司法律制度的规定。（　　）

13. 甲商贸有限责任公司的章程中规定，由出资额最大的股东委派人员担任公司董事长，公司董事长为公司的法定代表人。该公司章程的规定符合公司法律制度的规定。（　　）

14. 有限责任公司监事会决议应当经全体监事过半数通过。（　　）

15. 甲商贸有限责任公司的公司章程中规定，公司设监事会，由5名监事组成，且应当有半数以上监事为职工代表。该公司章程的规定符合公司法律制度的规定。（　　）

本周自测参考答案及解析

一、单项选择题

1. 【答案】B
【解析】有限责任公司为股东或者实际控制人提供担保的，必须经股东会决议；这是一个法定要求，不允许公司章程予以变更。

2. 【答案】A
【解析】上市公司为资产负债率超过70%的担保对象提供的担保，应当经股东大会审议批准。

3. 【答案】B
【解析】（1）选项ABC：董事、高级管理人员不得违反公司章程的规定或者未经股东（大）会同意，与本公司订立合同或者进行交易；（2）选项D：公司董事、高管损害公司利益的，股东有权依法提起股东代表诉讼。

4. 【答案】A

【解析】公司持续 2 年以上无法召开股东会，公司经营管理发生严重困难，公司继续存续会使股东利益受到重大损失，通过其他途径不能解决的，单独或者合计持有公司全部股东表决权 10% 以上的股东，提起解散公司诉讼，人民法院应予受理。

5.【答案】D
【解析】公司章程对公司、股东（代持股的情况下，指名义股东）、董事（包括独立董事）、监事、高级管理人员均有约束力。

6.【答案】A
【解析】有限责任公司的股东未履行或者未全面履行出资义务即转让股权，受让人对此"知道或者应当知道的"，公司请求该股东履行出资义务、受让人对此承担连带责任的，人民法院应予支持。

7.【答案】A
【解析】有限责任公司临时股东会的提议召开主体包括：（1）代表 1/10 以上表决权的股东；（2）1/3 以上的董事；（3）监事会或者不设监事会的公司监事。

8.【答案】B
【解析】（1）选项 AC：属于董事会职权；（2）选项 D：有限责任公司股东向股东以外的人转让股权的，除公司章程另有规定外，应当书面征求其他股东过半数同意，无需召开股东会。

9.【答案】C
【解析】（1）选项 AD：属于股东会的职权，作为执行董事，刘某行使的应相当于董事会职权；（2）选项 B：《公司法》并未赋予有限责任公司董事会或执行董事否决其他股东对外转让股权行为效力的权利。

10.【答案】A
【解析】（1）选项 BC：属于股东会职权；（2）选项 D：由职工代表担任的董事、监事，由职工代表大会、职工大会或者其他形式民主选举产生。

11.【答案】D
【解析】（1）选项 A：有限责任公司的股东按照实缴的出资比例分取红利，但全体股东约定不按照出资比例分取红利的除外；（2）选项 B：有限责任公司股东会会议由股东按照出资比例行使表决权，但公司章程另有规定的除外；（3）选项 C：公司向其他企业投资，按照公司章程的规定由董事会或者股东会、股东大会决议；（4）选项 D：公司为公司股东或者实际控制人提供担保的，必须经股东会或股东大会决议。

12.【答案】C
【解析】选项 C：属于董事会的职权。

二、多项选择题

1.【答案】ACD
【解析】公司法定代表人依照公司章程的规定，可以由董事长、执行董事或者经理担任。

2.【答案】BCD
【解析】选项 A：董事、高级管理人员侵犯公司利益的，有限责任公司的股东可以"书面请求"监事会或者不设监事会的公司监事向人民法院提起诉讼。

3.【答案】BD
【解析】根据《公司法》以及有关规定，公司应当按照如下顺序进行利润分配：（1）弥补以前年度的亏损，但不得超过税法规定的弥补期限；（2）缴纳所得税；（3）弥补在税前利润弥补亏损之后仍存在的亏损；（4）提取法定公积金；（5）提取任意公积金；（6）向股东分配利润。

4.【答案】BD
【解析】（1）选项 A：公司应当在每一会计年度终了时编制财务会计报告，并依法经会计师事务所审计。（2）选项 B：公司应当按照如下顺序进行利润分配：①弥补以前年度的亏损，但不得超过税法规定的弥补期限；②缴纳所得税；③弥补在税前利润弥补亏损之后仍存在的亏损；④提取法定公积金；⑤提取任意公积金；⑥向股东分配利润。（3）选项 C：资本公积金不得用于弥补公司的亏损。（4）选项 D：法定公积金转为资本时，所留存的该项公积金不得少于转增前公司注册资本的 25%。

5.【答案】AC
【解析】（1）选项 B：公司应当自作出合并决议之日起 10 日内通知债权人，并于"30 日内"在报纸上公告；（2）选项 D：因合并、分立而解散的公司，因其债权债务由合并、分立后继续存续的公司承继，不需要清算。

6.【答案】ABCD
【解析】（1）选项 A：直接提起知情权诉讼即可；（2）选项 B：直接提起分红权诉讼即可；（3）选项 C：甲股份有限公司主体资格已经消灭，直接申请清算即可；（4）选项 D：应当申请破产。

7.【答案】ACD
【解析】（1）选项 A：公司解散逾期不成立清算组进行清算的，债权人有权申请人民法院指定清算组进行清算；债权人未提起清算申请，公司股东（方可）申请人民法院指定清算组对公司进行清算。（2）选项 B：代表公司参与民事诉讼活动，是清算组在清算期间的职权之一。（3）选项 C：债权人在规定的期限内未申报债权，在公司清算程序终结前补充申报的，清算

第二周

组应予登记；债权人补充申报的债权，可以在公司尚未分配财产中依法清偿。（4）选项 D：清算方案应当报股东（大）会或者人民法院确认（而非备案）；清算组执行未经确认的清算方案给公司或者债权人造成损失，公司、股东或者债权人有权要求清算组人员承担赔偿责任。

8.【答案】AD
【解析】股东不得以劳务（选项 C）、信用、自然人姓名、商誉、特许经营权或者设定担保的财产（选项 B）等作价出资。

9.【答案】BCD
【解析】股东抽逃出资，公司或者其他股东有权请求其向公司返还出资本息，协助抽逃出资的其他股东、董事、高级管理人员或者实际控制人对此承担连带责任；在本题中，乙、丙、丁均无协助抽逃出资的行为，无须承担连带责任。

10.【答案】ACD
【解析】发行公司债券应当经股东会决议，但《公司法》并未要求以绝对多数（2/3 以上表决权）同意通过。

11.【答案】ABD
【解析】（1）选项 A：首次股东会会议由出资最多的股东召集和主持，依法行使职权。（2）选项 B：有限责任公司股东人数较少或者规模较小的，可以设 1 名执行董事，不设董事会；董事每届任期不得超过 3 年。（3）选项 C：股东人数较少或者规模较小的有限责任公司，可以设 1~2 名监事，不设监事会；监事每届任期为 3 年。（4）选项 D：决定公司的经营方针和投资计划属于股东会的职权，决定公司的经营计划和投资方案属于董事会或执行董事的职权。

12.【答案】AD
【解析】（1）选项 B：董事、高管不得兼任监事；（2）选项 C：应当由公司经理决定聘任或解聘。

13.【答案】AB
【解析】股东人数较少或者规模较小的有限责任公司也应当办理公司登记，但是其设立只要符合公司法律制度规定的有限责任公司设立条件和程序即可，无须经过特别审批。

14.【答案】AD
【解析】（1）选项 A：有限责任公司"可以"设经理；（2）选项 B：非由职工代表担任的董事、监事由股东会选举产生，总经理、副总经理、财务负责人由董事会选聘和解聘；（3）选项 C：制定公司的基本管理制度是董事会的职权，拟订公司的基本管理制度是总经理的职权；（4）选项 D：经理列席董事会会议。

15.【答案】AD

【解析】（1）选项 B：有限责任公司监事每届任期 3 年；（2）选项 C：有限责任公司监事会决议应当经半数以上监事通过。

三、判断题

1.【答案】×
【解析】分公司不具有法人资格，没有独立的公司名称、章程，没有独立的财产，但可领取营业执照，进行经营活动，其民事责任由总公司承担。

2.【答案】×
【解析】预先核准的公司名称保留期为 6 个月；预先核准的公司名称在保留期内，不得用于从事经营活动，不得转让。

3.【答案】×
【解析】公司董事、监事、经理发生变动的，应当向原公司登记机关备案。

4.【答案】×
【解析】公司应当于每年 1 月 1 日至 6 月 30 日，通过企业信用信息公示系统向公司登记机关报送上一年度年度报告，并向社会公示。

5.【答案】×
【解析】有限责任公司股东会为股东、实际控制人提供担保事项的决议，应当经"出席会议"的其他股东所持表决权过半数通过。

6.【答案】×
【解析】未经股东会、股东大会同意，公司董事、高级管理人员不得自营或者为他人经营与所任职公司同类的业务（即使经董事会同意也不行）。

7.【答案】√

8.【答案】×
【解析】人民法院组织清算的，清算组应当自成立之日起 6 个月内清算完毕。因特殊情况无法在 6 个月内完成清算的，清算组应当向人民法院申请延长。

9.【答案】√

10.【答案】×
【解析】有限责任公司股东"认足"公司章程规定的出资后，由全体股东指定的代表或者共同委托的代理人向公司登记机关报送公司登记申请书、公司章程等文件，（直接）申请设立登记；除另有规定外，对股东的出资不再要求经过验资。

11.【答案】×
【解析】出资人以符合法定条件的非货币财产出资后，因市场变化或者其他客观因素导致出资财产贬值，公司、其他股东或者公司债权人请求该出资人承担补足出资责任的，人民法院不予支持；但当事人另有约定的除外。

12.【答案】√

【解析】有限责任公司股东会会议由股东按照出资比例行使表决权，但公司章程另有规定的除外。

13.【答案】√

【解析】（1）有限责任公司董事长、副董事长的产生办法由公司章程规定；（2）公司的法定代表人依照公司章程的规定，由董事长、执行董事或者经理担任，并依法登记。

14.【答案】×

【解析】有限责任公司监事会决议应当经"半数以上"（而非"过半数"）监事通过。

15.【答案】√

【解析】（1）有限责任公司监事会成员不得少于3人；（2）监事会应当包括职工代表，其中职工代表的比例不得低于1/3，具体比例由公司章程规定（章程的规定可以比1/3更严格）。

第三周

本周学习计划

	章　节	单　元	讲义篇幅	课件数	理解难度	完成情况
星期一		第 6 单元	3 页	1 讲	★★	
星期二		第 7 单元	2 页	1 讲	★	
星期三	第 2 章　公司法律制度	第 8 单元	3 页	1 讲	★★	
星期四		第 9 单元	6 页	2 讲	★★	
星期五		第 10 单元	3 页	1 讲	★★	
本周自测						

本周攻克内容

【星期一·第 2 章第 6 单元】有限责任公司的股权

【本单元考点清单】

考点名称	考点地位	二维码
名义股东与实际出资人	★★☆	
滥用股东权利的责任	★	
有限责任公司股权转让	★★★	
有限责任公司异议股权回购	★★	

考点 1：名义股东与实际出资人（★★☆）

1. 冒用他人名义出资

冒用他人名义出资并将该他人作为股东在公司登记机关登记的，冒名登记行为人应当承担相应责任；公司、其他股东或者公司债权人以未履行出资义务为由，请求被冒名登记为股东的承担补足出资责任或者对公司债务不能清偿部分的赔偿责任的，人民法院不予支持。

【提示】以他人名义出资，可能形成名义股东与实际出资人的关系，也可能只构成冒名出资，

应注意辨别。辨别的关键在于双方是否自愿达成代持股协议。例如，甲乙签订代持股协议，甲实际出资，但以乙的名义登记为股东，甲为实际出资人，乙为名义股东；又如，丙偷出丁的身份证，以丁的名义设立某公司，由于未取得丁的同意，丙的行为属于冒名出资，冒名出资情况下，与所设立公司有关的各种责任应由冒名登记行为人（丙）承担。

2. 法律承认代持股协议的效力

有限责任公司的实际出资人与名义出资人订立合同，约定由实际出资人出资并享有投资权益，

以名义出资人为名义股东，实际出资人与名义股东对该合同效力发生争议的，如无导致合同无效的情形（如一方以欺诈、胁迫的手段订立合同，损害国家利益），人民法院应当认定该合同有效。

3. 实际出资人与名义股东之间：按约定

当实际出资人与名义股东因投资权益的归属发生争议，实际出资人有权以其实际履行了出资义务为由向名义股东主张权利。名义股东不得以公司股东名册记载、公司登记机关登记为由否认实际出资人权利。

4. 对其他人而言：认登记

（1）实际出资人"显名"的程序

实际出资人未经公司其他股东半数以上同意，请求公司变更股东、签发出资证明书、记载于股东名册、记载于公司章程并办理公司登记机关登记的，人民法院不予支持。

（2）名义股东对股权的无权处分与受让人的善意取得

①名义股东将登记于其名下的股权转让、质押或者以其他方式处分，实际出资人以其对于股权享有实际权利为由，请求认定处分股权行为无效的，受让人如果符合善意取得的条件，可以善意取得该股权。

【提示】判断受让人是否符合善意取得的条件时，主要考虑以下3点：（1）受让人受让该股权时对名义股东无权处分一事"不知情"；（2）受让人是"有对价"取得该股权的（不论该对价是否已经支付）；（3）名义股东与受让人之间的"股权变更登记"手续已经办理。

②名义股东处分股权造成实际出资人损失，实际出资人有权请求名义股东承担赔偿责任。

（3）未尽出资义务时的责任承担

①公司债权人以登记于公司登记机关的股东未履行出资义务为由，请求其对公司债务不能清偿的部分在未出资本息范围内承担补充赔偿责任，股东不得以其仅为名义股东而非实际出资人为由进行抗辩。

②名义股东根据上述规定承担赔偿责任后，向实际出资人追偿的，人民法院应予支持。

5. "一股二卖"

（1）股权转让后尚未向公司登记机关办理变更登记，原股东将仍登记于其名下的股权转让、质押或者以其他方式处分，受让股东以其对于股权享有实际权利为由，请求认定处分股权行为无效的，如果受让人构成善意取得，可以获得该股权；否则，原股东处分股权的行为无效。

（2）原股东处分股权造成受让股东损失，受让股东有权请求原股东承担赔偿责任，对于未及时办理变更登记有过错的董事、高级管理人员或者实际控制人承担"相应责任"；受让股东对于未及时办理变更登记也有过错的，可以适当减轻上述董事、高级管理人员或者实际控制人的责任。

【例题1·判断题】公司债权人可以登记于公司登记机关的股东未履行出资义务为由，请求该股东对公司债务不能清偿的部分在未出资本息范围内承担连带赔偿责任。（ ）（2013年）

【解析】公司债权人以登记于公司登记机关的股东未履行出资义务为由，请求其对公司债务不能清偿的部分在未出资本息范围内承担"补充赔偿责任"，股东以其仅为名义股东而非实际出资人为由进行抗辩的，人民法院不予支持。

【答案】×

【例题2·多选题】甲、乙双方订立协议，由甲作为名义股东，代为持有乙在丙有限责任公司的股权，但投资收益由实际投资人乙享有。协议并无其他违法情形。后甲未经乙同意，将其代持的部分股权，以合理价格转让给丙公司的股东丁。丁对甲只是名义股东的事实不知情。根据公司法律制度的规定，下列表述中，正确的有（ ）。

A. 甲、乙之间的股权代持协议无效

B. 甲、乙之间的股权代持协议有效

C. 若乙反对甲、丁之间的股权转让，则丁不能取得甲所转让的股权

D. 即使乙反对甲、丁之间的股权转让，丁亦合法取得甲所转让的股权

【解析】（1）选项AB：实际出资人与名义出资人订立合同，约定由实际出资人出资并享有投资权益，以名义出资人为名义股东，实际出资人与名义股东对该合同效力发生争议的，如无《合同法》第52条规定的无效情形，人民法院应当认定该合同有效。（2）选项CD：名义股东将登记于其名下的股权转让、质押或者以其他方式处分，只要受让方构成善意取得，交易的股权可以最终为其所有；但名义股东处分股权造成实际出资人损失，实际出资人请求名义股东承担赔偿责任的，人民法院应予支持。

【答案】BD

考点2：滥用股东权利的责任（★）

1. 公司股东滥用股东权利给公司或者其他股东造成损失的，应依法承担赔偿责任。

2. 法人人格否认

公司股东滥用公司法人独立地位和股东有限责任，逃避债务，严重损害公司债权人利益的，应当对公司债务承担连带责任。

3. 公司的控股股东、实际控制人、董事、监事、高级管理人员不得利用其关联关系损害公司利益，违反规定给公司造成损失的，应当承担赔偿责任。

【例题·判断题】公司股东滥用公司法人独立地位和股东有限责任，逃避债务，严重损害公司债权人利益的，应当对公司债务承担连带责任。（ ）（2016年）

【答案】√

考点3：有限责任公司股权转让（★★★）

1. 内部转让

除公司章程另有规定（完全自由）外，有限责任公司的股东之间可以相互转让其全部或者部分股权。

【提示】公司章程可以任意规定，例如规定应当经全体股东一致同意方可转让、经其他股东过半数同意方可转让等；但如果公司章程没有规定，股东之间内部转让股权自由，不需要征得公司或其他股东的同意。

2. 外部转让

（1）有限责任公司股东向股东之外的人转让股权，除公司章程另有规定（完全自由）外，应当经其他股东过半数同意；股东应就其股权转让事项书面通知其他股东征求同意。

（2）同意

①明确表示同意；

②其他股东自接到书面通知之日起满"30日"未答复的，视为同意转让；

③其他股东半数以上"不同意"转让的，不同意的股东应当购买该转让的股权，"不购买"的，视为同意转让。

（3）优先购买权

经股东同意转让的股权，在"同等条件"下，其他股东有优先购买权；两个以上股东主张行使优先购买权的，"协商"确定各自的购买比例；协商不成的，按照"转让时各自的出资比例"行使优先购买权。

（4）人民法院强制执行

人民法院依照法律规定的强制执行程序转让股东的股权时，应当通知公司及全体股东，其他股东在同等条件下有优先购买权；其他股东自人民法院通知之日起满"20日"不行使优先购买权的，视为放弃优先购买权。

（5）股权对外转让的程序

股东转让股权后，公司应当"注销"原股东的出资证明书，向新股东"签发"出资证明书，并相应"修改"公司章程和股东名册中有关股东及其出资额的记载。对公司章程的该项修改不需要再由股东会表决。

【例题1·判断题】有限责任公司的股东之间相互转让其全部或部分股权，应当经其他股东过半数同意。（ ）（2012年）

【解析】公司章程有规定的，从其规定；公司章程无规定的，自由转让，无需经其他股东同意。

【答案】×

【例题2·单选题】某有限责任公司的股东甲拟向公司股东以外的人W转让其出资，公司章程对股东转让股权的程序未进行规定。下列关于甲转让股权的表述中，符合公司法律制度规定的是（ ）。

A. 甲可以将其股权转让给W，无须经其他股东同意

B. 甲可以将其股权转让给W，但须通知其他股东

C. 甲可以将其股权转让给W，但须经其他股东的过半数同意

D. 甲可以将其股权转让给W，但须经其他股东的2/3以上同意

【解析】有限责任公司的股东向股东以外的人转让股权时，应当书面征得其他股东过半数同意，公司章程另有约定除外。

【答案】C

【例题3·单选题】某有限责任公司共有甲、乙、丙三名股东。因甲无法偿还个人到期债务，人民法院拟依据强制执行程序变卖其股权偿债。根据公司法律制度的规定，下列表述中，正确的是（ ）。

A. 人民法院应当征得乙、丙同意，乙、丙在同等条件下有优先购买权

B. 人民法院应当通知乙、丙，乙、丙在同等条件下有优先购买权

C. 人民法院应当征得公司及乙、丙同意，乙、丙在同等条件下有优先购买权

D. 人民法院应当通知公司及全体股东，乙、丙在同等条件下有优先购买权

【解析】人民法院依照强制执行程序转让股东的股权时，应当通知公司及全体股东，其他股东在同等条件下有优先购买权。

【答案】D

考点4：有限责任公司异议股权回购（★★）

1. 情形

有下列"情形"之一的，对股东会该项决议"投反对票"的股东可以请求公司按照合理的价格收购其股权，退出公司：

（1）公司连续5年不向股东分配利润，而公司该5年连续盈利，并且符合法律规定的分配利润条件的；

（2）公司合并、分立、转让主要财产的；

（3）公司章程规定的营业期限届满或者章程规定的其他解散事由出现，股东会会议通过决议修改章程使公司存续的。

2. 程序

自股东会会议决议通过之日起60日内，股东与公司不能达成股权收购协议的，股东可以自股东会会议决议通过之日起90日内向人民法院提起诉讼。

【例题1·多选题】根据公司法律制度的规定，有限责任公司股东对股东会特定事项作出的决议投反对票的，可以请求公司按照合理的价格收购其股权，退出公司。下列属于该特定事项的有（ ）。（2014年）

A. 公司转让主要财产的

B. 公司合并、分立的

C. 公司增加注册资本的

D. 公司章程规定的营业期限届满，股东会通过决议修改章程使公司存续的

【答案】ABD

【例题2·多选题】根据公司法律制度的规定，对有限责任公司股东会的有关决议投反对票

的股东，可以请求公司按照合理的价格收购其股权。下列各项中，属于该有关决议的有（   ）。（2012年）

A. 公司合并的决议

B. 公司分立的决议

C. 公司转让主要财产的决议

D. 公司增加注册资本的决议

【答案】ABC

【星期二·第2章第7单元】特殊种类的有限责任公司

【本单元考点清单】

考点名称	考点地位	二维码
一人有限责任公司的特别规定	★★	
国有独资公司的特别规定	★★	

考点1：一人有限责任公司的特别规定（★★）

1. 股东资格

（1）一人有限责任公司的股东是一个"自然人"或者一个"法人"。

（2）一人有限责任公司应当在公司登记中注明自然人独资或者法人独资，并在公司营业执照中载明。

（3）一个"自然人"只能投资设立一个一人有限责任公司，禁止其设立多个一人有限责任公司，而且该一人有限责任公司不能投资设立新的一人有限责任公司。

【提示】一个法人可以投资设立多个一人有限责任公司，由法人投资设立的一人有限责任公司也可以进一步投资设立新的一人有限责任公司。

【案例1】王某投资设立了甲一人有限责任公司：（1）王某不得再投资设立其他一人有限责任公司；王某可以与他人共同投资设立一般的有限责任公司或股份有限公司。（2）甲一人有限责任公司，由于是自然人独资设立，不得再投资设立一人有限责任公司，但可以与他人共同投资设立一般的有限责任公司或股份有限公司。

【案例2】A公司投资设立了乙一人有限责任公司：（1）A公司可以继续投资设立丙一人有限责任公司；（2）乙一人有限责任公司属于法人独资设立，它可以继续投资设立丁一人有限责任公司。

2. 组织机构

一人有限责任公司不设股东会；法律规定的股东会职权由股东行使，当股东行使相应职权作出决定时，应当采用书面形式，并由股东签字后置备于公司。

3. 审计

一人有限责任公司应当在每一会计年度终了时编制财务会计报告，并经会计师事务所审计。

【相关链接】公司应当在每一会计年度终了时编制财务会计报告，并依法经会计师事务所审计。

4. 法人人格否认

一人有限责任公司的"股东"不能证明公司财产独立于股东自己财产的，应当对公司债务承担"连带"责任。

【提示】股东财产与公司财产是否独立的证明责任，由股东承担，而非由债权人承担。

【例题1·单选题】下列关于一人有限责任公司的表述中，不符合公司法律制度规定的是（   ）。（2015年）

A. 股东只能是一个自然人

B. 一个自然人只能投资设立一个一人有限责任公司

C. 财务会计报告应当经会计师事务所审计

D. 股东不能证明公司财产独立于自己财产的，应当对公司债务承担连带责任

【解析】选项A：一人有限责任公司的股东可以是自然人，也可以是法人。

【答案】A

【例题2·判断题】一人有限责任公司的股东不能证明公司财产独立于股东自己财产的，应当

对公司债务承担连带责任。（   ）（2014年）

【答案】√

【例题3·多选题】下列关于一人有限责任公司的表述中，不符合《公司法》规定的有（   ）。（2009年）

A. 一人有限责任公司的股东只能是自然人

B. 一人有限责任公司的股东应当对公司债务承担无限连带责任

C. 一人有限责任公司的注册资本最低限额为3万元

D. 一人有限责任公司的股东不得分期缴付出资

【解析】（1）选项A：一人有限责任公司的股东可以是一个自然人或者一个法人；（2）选项B：一人有限责任公司属于法人型企业，股东一般情况下只承担有限责任，只有股东"不能证明公司财产独立于股东自己财产的"，股东才对公司债务承担连带责任；（3）选项CD：《公司法（2013年修正）》已经取消了要求一人有限责任公司一次足额缴纳出资、注册资本最低10万元的规定。

【答案】ABCD

考点2：国有独资公司的特别规定（★★）

1. 国有独资公司是指国家单独出资、由国务院或者地方人民政府委托本级人民政府国有资产监督管理机构履行出资人职责的有限责任公司。

【提示】甲国有独资公司和乙国有独资公司共同投资设立A有限责任公司，A公司不属于国有独资公司，因为其股东并非国有资产监督管理机构。A公司属于由"两个以上的国有企业或者其他两个以上的国有投资主体投资设立的有限责任公司"（董事会中应当有职工代表）。

2. 章程

国有独资公司章程由国有资产监督管理机构制定，或者由董事会制订报国有资产监督管理机构批准。

3. 机构设置与重大事项管理

（1）国有独资公司不设股东会，由国有资产监督管理机构行使股东会职权；国有资产监督管理机构可以授权公司董事会行使股东会的部分职权。

（2）国有独资公司的合并、分立、增减注册资本、发行公司债券、分配利润以及解散、申请破产、改制，必须由国有资产监督管理机构决定。

（3）"重要的"国有独资公司"合并、分立、申请破产、解散、改制"的，应当由国有资产监督管理机构审核后，报本级人民政府批准。

4. 董事会

（1）国有独资公司的董事会成员中"应当"有公司职工代表。

（2）国有独资公司董事会成员由国有资产监

督管理机构"委派"；董事会成员中的职工代表由公司职工代表大会"选举"产生。

（3）董事长、副董事长由国有资产监督管理机构从董事会成员中"指定"。

（4）经理

①国有独资公司设经理，由董事会聘任或者解聘。

②经国有资产监督管理机构同意，董事会成员可以兼任经理。

（5）国有独资公司的董事长、副董事长、董事、高级管理人员，未经国有资产监督管理机构同意，不得在其他公司或经济组织兼职。

5. 监事会

（1）监事会成员不得少于"5人"，其中职工代表的比例不得低于1/3。

（2）监事会成员由国有资产监督管理机构"委派"，但监事会中的职工代表由职工代表大会"选举"产生。

（3）监事会主席由国有资产监督管理机构从监事会成员中"指定"。

【例题1·单选题】下列关于国有独资公司组织机构的表述中，符合公司法律制度规定的是（   ）。（2016年）

A. 国有独资公司应当设股东会

B. 国有独资公司董事长由董事会选举产生

C. 经国有资产监督管理机构同意，国有独资公司董事可以兼任经理

D. 国有独资公司监事会主席由监事会选举产生

【解析】（1）选项A：国有独资公司不设股东会，由国有资产监督管理机构行使股东会职权；（2）选项BD：国有独资公司的董事长、副董事长、监事会主席是由国有资产监督管理机构"指定"的。

【答案】C

【例题2·单选题】下列关于国有独资公司组织机构的表述中，符合《公司法》规定的是（   ）。（2014年）

A. 经理由国有资产监督管理机构聘任

B. 董事长、副董事长由董事会选举产生

C. 经国有资产监督管理机构同意，董事会成员可以兼任经理

D. 监事会成员不得少于3人

【解析】（1）选项A：国有独资公司设经理，由董事会聘任或者解聘；（2）选项D：国有独资公司监事会成员不得少于5人，其中职工代表的比例不得低于1/3。

【答案】C

【例题3·单选题】甲公司为国有独资公司，其董事会作出的下列决议中，符合《公司法》规定的是（   ）。（2011年）

A. 聘任张某为公司经理

B. 增选王某为公司董事

C. 批准董事林某兼任乙有限责任公司经理

D. 决定发行公司债券 500 万元

【解析】（1）选项 A：国有独资公司设经理，由董事会聘任或者解聘；（2）选项 B：国有独资公司非由职工代表担任的董事由国有资产监督管理机构委派，职工代表担任的董事由公司职工代表大会选举产生；（3）选项 C：国有独资公司的董事长、副董事长、董事、高级管理人员，未经国有资产监督管理机构同意，不得在其他公司或经济组织兼职；（4）选项 D：国有独资公司的合并、分立、增减注册资本、发行公司债券、分配利润以及解散、申请破产、改制，必须由国有资产监督管理机构决定。

【答案】A

【例题 4·单选题】根据公司法律制度的规定，国有独资公司的设立和组织机构适用特别规定，没有特别规定的，适用有限责任公司的相关规定。下列各项中，符合国有独资公司特别规定的是（　）。（2010 年）

A. 国有独资公司的章程可由董事会制订并报国有资产监督管理机构批准

B. 国有独资公司合并事项由董事会决定

C. 董事会成员中可以有公司职工代表

D. 监事会主席由全体监事过半数选举产生

【解析】（1）选项 B：国有独资公司的合并事项由国有资产监督管理机构（而非董事会）决定，其中重要的国有独资公司的合并事项，应当由国有资产监督管理机构审核后，报本级人民政府批准；（2）选项 C：国有独资公司的董事会成员中"应当"（而非可以）有公司职工代表；（3）选项 D：国有独资公司的监事会主席由国有资产监督管理机构从监事会成员中"指定"。

【答案】A

【星期三·第2章第8单元】股份有限公司的设立

【本单元考点清单】

考点名称	考点地位	二维码
股份有限公司的设立方式、条件和程序	★	
发起人的责任	★★☆	

考点 1：股份有限公司的设立方式、条件和程序（★）

（一）设立方式

股份有限公司可以采取发起设立或者募集设立的方式设立：

1. 以发起设立方式设立的股份有限公司，在其发行新股之前，其全部股份都由发起人持有，公司的全部股东都是设立公司的发起人。

2. 以募集设立方式设立股份有限公司的，在公司设立时，认购公司应发行股份的人不仅有发起人，而且还有发起人以外的人。

【提示】有限责任公司均为发起设立。

（二）设立条件

1. 设立股份有限公司，应当有 2 人以上 200 人以下为发起人，其中，须有半数以上的发起人在中国境内有住所。

2. 注册资本

（1）发起设立的股份有限公司

①股份有限公司采取发起设立方式设立的，注册资本为在公司登记机关登记的全体发起人"认购"的股本总额；法律、行政法规以及国务院决定对股份有限公司注册资本实缴、注册资本最低限额另有规定的，从其规定。

②在发起人认购的股份缴足前，不得向他人募集股份。

（2）募集设立的股份有限公司

①股份有限公司采取募集方式设立的，注册资本为在公司登记机关登记的"实收"股本总额。

②发起人认购的股份不得少于公司股份总数的 35%，但法律、行政法规另有规定的，从其规定。

【提示】①股份有限公司的注册资本最低限额：除非有特别规定（例如上市公司、商业银行、保险公司），否则法律不作限制，由公司章程自由拟定。②股份有限公司股东的出资期限：募集设立的股份有限公司不得分期出资，其注册资本为"实收"股本总额；而发起设立的股份有限公司，则除非所在行业有特别规定，否则由公司章程自由规定一次出资或分期出资，分期出资的，首期出资、出资总期限也由公司章程规定；③股份有限公司股东的货币出资：除非有特别规定，否则由公司章程自由确定，可以完全没有货币出资。

股东的出资方式、期限和注册资本最低限额

	出资方式	注册资本最低限额	能否分期出资
一般有限责任公司	（1）允许的方式： ①货币 ②实物、知识产权、土地使用权等可以用货币估价并可以依法转让的非货币财产 （2）禁止的方式：劳务、信用、自然人姓名、商誉、特许经营权或者设定担保的财产等	×	由章程规定
一人有限责任公司		×	由章程规定
发起设立的股份有限公司		×	由章程规定
募集设立的股份有限公司		×	不得分期出资
全国性商业银行		10 亿元人民币	不得分期出资
城市商业银行		1 亿元人民币	
农村商业银行		5000 万元人民币	
保险公司	只能以货币出资	2 亿元人民币，另有规定除外	不得分期出资

3. 股份发行、筹办事项符合法律规定。

4. 公司章程

（1）以发起设立方式设立的股份有限公司，由全体发起人共同制订公司章程；

（2）以募集设立方式设立的股份有限公司，发起人制订的公司章程，还应当经出席创立大会的认股人所持表决权过半数通过。

5. 有公司名称，建立符合股份有限公司要求的组织机构。

【提示】股份有限公司应当"三会"（股东大会、董事会和监事会）俱全，不存在不设股东大会、董事会或监事会的情形。

6. 有公司住所。

（三）募集设立股份有限公司的程序

1. 发起人认购股份（≥35%）

2. 向社会公开募集股份

（1）发起人向社会公开募集股份，应当依法报国务院证券监督管理机构核准；

（2）发起人向社会公开募集股份，必须公告招股说明书，并制作认股书；

（3）发起人向社会公开募集股份，应当由依法设立的证券公司承销，签订承销协议；

（4）发起人向社会公开募集股份，应当同银行签订代收股款协议；

（5）认股人未按期缴纳所认股份的股款，经公司发起人催缴后在合理期间内仍未缴纳，公司发起人有权对该股份另行募集；认股人延期缴纳股款给公司造成损失的，公司有权请求该认股人承担赔偿责任。

【例题·多选题】下列关于以募集方式设立的股份有限公司股份募集的表述中，符合《公司法》规定的有（   ）。（2011 年）

A. 发起人向社会公开募集股份，必须报经国务院证券监督管理机构核准

B. 发起人向社会公开募集股份，必须公告招股说明书，并制作认股书

C. 发起人向社会公开募集股份，应当由依法设立的证券公司承销，签订承销协议

D. 发起人向社会公开募集股份，应当同银行签订代收股款协议

【答案】ABCD

3. 召开创立大会

（1）发行股份的股款缴足后，必须经依法设立的验资机构"验资"并出具证明。

【提示】现行公司法已经取消对一般公司股东出资的验资要求，但募集设立的股份有限公司仍需验资。

（2）发起人应当在股款缴足之日起 30 日内主持召开公司创立大会。

（3）创立大会应有代表股份总数过半数的发起人、认股人出席，方可举行。

（4）必须经出席创立大会的"认股人"所持表决权过半数通过的事项，包括但不限于：

①通过公司章程；

②选举董事会、监事会成员；

③发生不可抗力或者经营条件发生重大变化直接影响公司设立的，可以作出不设立公司的决议。

4. 董事会应于创立大会结束后 30 日内，依法向公司登记机关申请设立登记。

5. 设立失败

（1）情形

①发行的股份超过招股说明书规定的截止期限尚未募足的；

②发行股份的股款缴足后，发起人在 30 日内未召开创立大会的；

③创立大会作出不设立公司决议的。

（2）后果

股份有限公司募集设立失败的，认股人可以按照所缴股款并加算银行同期存款利息，要求发起人返还。

考点 2：发起人的责任（★★☆）

（一）公司设立失败时发起人的责任

1. 对认股人的责任

公司不能成立时，对认股人已缴纳的股款，负返还股款并加算银行同期存款利息的连带责任。

2. 对筹办阶段产生的费用和债务的责任

（1）外部责任

公司因故未成立，债权人请求全体或者部分发起人对设立公司行为所产生的费用和债务承担"连带"清偿责任的，人民法院应予支持。

（2）发起人内部的责任

①部分发起人对外承担责任后，请求其他发起人分担的，人民法院应当判令其他发起人按照"约定的责任承担比例"分担责任；没有约定责任承担比例的，按照"约定的出资比例"分担责任；没有约定出资比例的，按照"均等份额"分担责任。

②因部分发起人的过错导致公司未成立，其他发起人主张其承担设立行为所产生的费用和债务的，人民法院应当根据过错情况，确定过错一方的责任范围。

（二）公司成功设立后，对筹办阶段订立的合同如何承担责任？

1. 以发起人名义订立的合同

（1）发起人为设立公司以自己名义订立的合同，合同相对人请求该"发起人"承担合同责任的，人民法院应予支持。

（2）发起人为设立公司以自己名义订立合同的，公司成立后对该合同予以"确认"，或者公司已经"实际"享有合同权利或者履行合同义务，合同相对人请求"公司"承担责任的，人民法院应予支持。

2. 以设立中公司名义订立的合同

（1）发起人以设立中公司名义对外签订合同，公司成立后合同相对人请求"公司"承担合同责任的，人民法院应予支持。

（2）发起人以设立中公司名义对外签订合同，公司成立后有证据证明发起人利用设立中公司的名义"为自己的利益"与相对人签订合同，公司以此为由主张不承担合同责任的，人民法院应予支持，但相对人为"善意的除外"。

【例题 1 · 多选题】 甲乙丙丁拟设立一家贸易公司，委派丙负责租赁仓库供公司使用，因公司尚未成立，丙以自己的名义与戊签订仓库租赁合同。根据公司法律制度的规定，下列关于仓库租赁合同义务承担的表述中，正确的有（　　）。

A. 若贸易公司未能成立，戊可请求丙承担合同义务

B. 贸易公司成立后，戊仍可请求丙承担合同义务

C. 贸易公司成立后，对租赁合同明确表示承认的，戊可请求贸易公司承担合同义务

D. 贸易公司一经成立，戊即可请求该公司承担合同义务

【解析】（1）选项 AB：发起人为设立公司以自己名义对外签订合同，对相对人而言，合同中载明的主体是发起人，所以原则上应当由发起人承担合同责任（不论公司最终成立与否）。（2）选项 CD：公司成立后，对以发起人名义订立的合同予以确认，或者已经实际享有合同权利或者履行合同义务，合同相对人请求公司承担合同责任的，人民法院应予支持。

【答案】 ABC

【例题 2 · 单选题】 在乙有限责任公司设立过程中，出资人甲以设立中的乙公司名义与他人签订一份房屋租赁合同，所租房屋供筹建乙公司之用。乙公司成立后，将该房屋作为公司办公用房，但始终未确认该房屋租赁合同。下列关于房屋租赁合同责任承担的表述中，符合公司法律制度规定的是（　　）。

A. 甲承担

B. 乙公司承担

C. 甲、乙公司连带承担

D. 先由甲承担，乙公司承担补充责任

【解析】 甲以乙公司的名义订立合同，所租房屋供乙公司使用（并非为自己利益订立），应由乙公司承担合同责任。

【答案】 B

（三）发起人因履行公司设立职责造成他人损害的责任

1. 外部责任

（1）公司成立后受害人请求公司承担侵权赔偿责任的，人民法院应予支持。

（2）公司未成立，受害人请求全体发起人承担连带赔偿责任的，人民法院应予支持。

2. 内部责任

公司或者无过错的发起人承担赔偿责任后，可以向有过错的发起人追偿。

【星期四 · 第 2 章第 9 单元】股份有限公司的组织机构

【本单元考点清单】

考点名称	考点地位	二维码
股份有限公司股东大会的特别规定	★★★	
股份有限公司董事会的特别规定	★★★	
上市公司独立董事制度	★★★	

第三周

考点 1：股份有限公司股东大会的特别规定（★★★）

1. 上市公司股东大会的特别职权（包括但不限于）

（1）对公司聘用、解聘会计师事务所作出决议。

（2）审议公司在 1 年内"购买、出售重大资产"超过公司最近一期经审计总资产 30% 的事项。

（3）审议批准变更募集资金用途事项。

（4）审议股权激励计划。

（5）审议批准下列担保行为：

①本公司及本公司控股子公司的对外担保总额，达到或超过最近一期经审计净资产的 50% 以后提供的任何担保；

②公司的"对外担保总额"，达到或超过最近一期经审计总资产的 30% 以后提供的任何担保；

③为资产负债率超过 70% 的担保对象提供的担保；

④单笔担保额超过最近一期经审计净资产 10% 的担保；

⑤对股东、实际控制人及其关联方提供的担保。

2. 会议类型及频率

（1）年会

①每年召开一次；

②上市公司的年度股东大会应当于上一会计年度结束后的 6 个月内举行。

（2）临时股东大会

有下列情形之一的，应当在 2 个月内召开临时股东大会：

①董事人数不足 5 人或者公司章程所定人数的 2/3 时；

②公司未弥补的亏损达实收股本总额的 1/3 时；

③单独或者合计持有公司 10% 以上股份的股东请求时；

④董事会认为必要时；

⑤监事会提议召开时；

⑥公司章程规定的其他情形。

3. 召集和主持

股东大会会议由董事会召集，董事会不能履行或者不履行召集股东大会会议职责的，监事会应当及时召集和主持；监事会不召集和主持的，连续 90 日以上单独或者合计持有公司 10% 以上股份的股东可以自行召集和主持。

4. 通知

（1）年会：会议召开"20 日前"通知各股东。

（2）临时股东大会：会议召开"15 日前"通知各股东。

（3）发行无记名股票的公司：会议召开"30 日前"公告会议召开的时间、地点和审议事项。

（4）临时提案权

单独或者合计持有公司"3% 以上"股份的股东，可以在股东大会召开"10 日前"提出临时提案并书面提交董事会；董事会应当在收到提案后 2 日内通知其他股东，并将该临时提案提交股东大会审议。

【提示】只要同时满足"3% 以上"和"至少提前 10 日"两个要求，董事会无权拒绝。

（5）股东大会不得对向股东通知中未列明的事项作出决议。

5. 决议规则

（1）表决权的计算：股东出席股东大会会议，所持每一股份有一表决权；但公司持有的本公司股份不享有表决权。

（2）普通决议：必须经出席会议的股东所持表决权过半数通过。

（3）特别决议（2010年综合题）

股东大会对下列事项作出决议，必须经"出席会议"的股东所持表决权的2/3以上通过：

①修改公司章程；

②增加或减少注册资本；

③公司合并、分立、解散；

④变更公司形式；

⑤上市公司在1年内购买、出售重大资产或者担保金额超过公司资产总额30%的，应当由股东大会作出决议，并经出席会议的股东所持表决权的2/3以上通过。

（4）累积投票制

股东大会"选举董事或者监事"，"可以"依照公司章程的规定或者股东大会的决议，实行累积投票制。

【相关链接】公司（不论有限责任公司，还是股份有限公司）为股东或者实际控制人提供担保的，接受担保的股东或者受实际控制人支配的股东，不得参加表决，该项表决由出席会议的其他股东所持表决权的过半数通过。

6. 会议记录签名

股东大会应当对所议事项的决定作成会议记录，"主持人、出席会议的董事"应当在会议记录上签名。

股东会 VS 股东大会

		股东会	股东大会
组成		全体股东	
性质		权力机构	
一般职权		（1）决定公司的经营方针和投资计划 （2）选举和更换非由职工代表担任的董事、监事 （3）审议相关报告、方案 （4）决议重大事项 【上市公司】多加5项特殊职权	
会议	定期会议	由公司章程规定	每年召开一次 【上市公司】应当于上一会计年度结束后的6个月内召开
	临时会议	（1）代表1/10以上表决权的股东提议 （2）1/3以上的董事提议 （3）监事会或者不设监事会的公司的监事提议	（1）董事人数不足《公司法》规定人数或者公司章程所定人数的2/3时 （2）公司未弥补的亏损达实收股本总额的1/3时 （3）单独或者合计持有公司10%以上股份的股东请求时 （4）董事会认为必需时 （5）监事会提议召开时 （6）公司章程规定的其他情形
召集和主持		（1）董事会 （2）监事会 （3）代表1/10以上表决权的股东	（1）董事会 （2）监事会 （3）连续90日以上单独或者合计持有公司10%以上股份的股东
通知		会议召开15日以前通知全体股东，但公司章程另有规定或者全体股东另有约定的除外	（1）年会：会议召开20日前通知各股东 （2）临时股东大会：会议召开15日前通知各股东 （3）发行无记名股票的公司：会议召开30日前公告会议召开的时间、地点和审议事项

续表

			股东会	股东大会
决议规则	表决权的计算		股东会会议由股东按照出资比例行使表决权，但公司章程另有规定的除外	股东出席股东大会会议，所持每一股份有一表决权（优先股、公司持有的本公司股份除外）
	普通决议规则		由公司章程规定	必须经出席会议的股东所持表决权过半数通过
	特别决议	事项	（1）修改公司章程 （2）增加或减少注册资本 （3）公司合并、分立、解散 （4）变更公司形式 【上市公司】1 年内购买、出售重大资产或者担保金额达到或超过公司资产总额 30% 【优先股】2/3 + 2/3：①修改公司章程中与优先股相关的内容；②一次或累计减少公司注册资本超过 10%；③公司合并、分立、解散或变更公司形式；④发行优先股；⑤公司章程规定的其他情形（见第 10 单元考点 2）	
		规则	必须经代表（全体）2/3 以上表决权的股东通过	必须经出席会议的股东所持表决权的 2/3 以上通过
	为股东、实际控制人提供担保的决议		出席会议的其他股东所持表决权过半数通过	
	累积投票制		×	√
会议记录的签名			出席会议的股东	主持人、出席会议的董事

第三周

【例题 1·多选题】根据公司法律制度的规定，下列事项中，属于上市公司股东大会决议应经出席会议的股东所持表决权 2/3 以上通过的有（　　）。（2011 年）

A. 修改公司章程
B. 增加公司注册资本
C. 公司的内部管理机构设置
D. 公司在 1 年内担保金额超过公司资产总额 30% 的事项

【解析】（1）选项 C：属于董事会的职权；（2）选项 D：属于上市公司股东大会独有的特别决议事项。

【答案】ABD

【例题 2·多选题】甲公司是一家以募集方式设立的股份有限公司，其注册资本为人民币 6000 万元。董事会有 7 名成员。最大股东李某持有公司 12% 的股份。根据公司法律制度的规定，下列各项中，属于甲公司应当在两个月内召开临时股东大会的情形有（　　）。（2007 年）

A. 董事人数减至 4 人
B. 监事陈某提议召开
C. 最大股东李某请求召开
D. 公司未弥补亏损达人民币 1600 万元

【解析】（1）选项 B：监事会有权提议召开临时股东大会（单个监事不行）；（2）选项 D：公司未弥补的亏损达实收股本总额的 1/3 应当召开临时股东大会（1600÷6000＜1/3）。

【答案】AC

【例题 3·多选题】甲有限责任公司注册资本

为 120 万元，股东人数为 9 人，董事会成员 5 人，监事会成员为 5 人。股东一次缴清出资，该公司章程对股东表决权行使事项未作特别规定。根据《公司法》的规定，该公司出现的下列情形中，属于应当召开临时股东会的有（　　）。（2013 年）

A. 出资 20 万元的某股东提议召开
B. 公司未弥补的亏损达到 40 万元
C. 2 名董事提议召开
D. 2 名监事提议召开

【解析】（1）股东会会议由股东按照出资比例行使表决权，但公司章程另有规定的除外；在本题中，公司章程未对股东表决权行使事项作出特别规定，应按出资比例确定股东表决权。（2）代表 1/10 以上表决权的股东、1/3 以上的董事、监事会或者不设监事会的公司监事，有权提议召开临时股东会会议；在选项 A 中，该股东表决权已达公司全部表决权的 1/6；在选项 C 中，提议董事人数已经超过 1/3；在选项 D 中，2 名监事不能直接代表监事会，无权提议召开临时股东会。（3）选项 B："股份有限公司"未弥补的亏损达实收股本总额 1/3 时，应当及时召开临时股东大会。

【答案】AC

考点 2：股份有限公司董事会的特别规定（★★★）

1. 组成
（1）人数：5～19 人
（2）董事会成员中"可以有"公司职工代表。

董事会和监事会中的职工代表

	董事会	监事会
有限责任公司	（1）应当有职工代表的情形： ①两个以上的国有企业或者其他两个以上的国有投资主体投资设立的有限责任公司董事会 ②国有独资公司董事会 （2）其他有限责任公司董事会：可以有	（1）应当有 （2）职工代表的比例不得低于1/3，具体比例由公司章程规定
股份有限公司	可以有	

（3）股份有限公司董事会设董事长一人，可以设副董事长；董事长和副董事长由董事会以全体董事的过半数选举产生。

2. 会议类型及频率
（1）定期会议：每年度至少召开2次会议。
（2）临时董事会会议
①代表1/10以上表决权的股东提议；
②1/3以上董事提议；
③监事会提议。

3. 通知
（1）定期会议：会议召开"10日前"通知全体董事和监事。
（2）临时会议：董事长应当自接到提议后10日内，召集和主持董事会会议。

4. 召开条件
（1）董事会会议应有"过半数"的董事出席方可举行；
（2）董事会会议应当由董事本人出席，董事因故不能出席的，可以"书面"委托"其他董事"代为出席，委托书中应载明授权范围。

5. 决议规则
（1）表决权的计算：一人一票
（2）决议规则：必须经"全体"董事的"过半数"通过。
（3）上市公司董事会关联表决权排除制度（2016年简答题）
①上市公司董事与董事会会议决议事项所涉及的企业有关联关系的，不得对该项决议行使表决权，也不得代理其他董事行使表决权。
②该董事会会议由"过半数的无关联关系董事"出席即可举行，董事会会议所作决议须经"无关联关系董事过半数"通过。
③出席董事会的无关联关系董事人数不足3人的，应将该事项提交上市公司股东大会审议。

6. 记录签名：出席会议的董事应当在会议记录上签名。

7. 董事的赔偿责任（2011年简答题）
董事会的决议违反法律、行政法规或者公司章程、股东大会决议，致使公司遭受严重损失的，"参与决议"的董事对公司负赔偿责任；但经证明

在表决时曾"表明异议"并"记载于会议记录"的，该董事可以免除责任。

8. 股份有限公司（应当）设经理。

9. 上市公司董事会秘书
（1）上市公司设立董事会秘书，负责公司股东大会和董事会会议的筹备、文件保管以及公司股权管理，办理信息披露事务等事宜。
（2）上市公司董事会秘书是公司的高级管理人员。
（3）上市公司董事会秘书是董事会设置的服务席位，既不能代表董事会，也不能代表董事长。

【例题1·单选题】某上市公司董事会成员共9名，监事会成员共3名。下列关于该公司董事会召开的情形中，符合公司法律制度规定的是（　　）。（2010年）
A. 经2名董事提议可召开董事会临时会议
B. 公司董事长、副董事长不能履行职务时，可由4名董事共同推举1名董事履行职务
C. 经2名监事提议可召开董事会临时会议
D. 董事会每年召开2次会议，并在会议召开10日前通知全体董事和监事

【解析】（1）选项AC：经代表1/10以上表决权的股东、1/3以上的董事（至少3名董事）或者监事会（2名监事不行）提议，可以召开股份有限公司临时董事会。（2）选项B：董事长、副董事长不能履行职务或者不履行职务的，由"半数以上"董事共同推举一名董事履行职务；在本题中，4名董事不足董事会人数的半数。

【答案】D

【例题2·单选题】某股份有限公司共有甲、乙、丙、丁、戊、己、庚七位董事。某次董事会会议，董事甲、乙、丙、丁、戊、己参加，庚因故未能出席，也未书面委托其他董事代为出席。该次会议通过一项违反法律规定的决议，给公司造成严重损失。该次会议的会议记录记载，董事戊在该项决议表决时表明了异议。根据公司法律制度的规定，应对公司负赔偿责任的董事是（　　）。（2008年）
A. 董事甲、乙、丙、丁、戊、己、庚
B. 董事甲、乙、丙、丁、戊、己

C. 董事甲、乙、丙、丁、己、庚

D. 董事甲、乙、丙、丁、己

【解析】（1）庚根本未参与，免除责任；（2）

戊表明了异议并记载于会议记录中，免除责任。

【答案】D

董事会

		有限责任公司	股份有限公司
	人数	3~13 人或 1 名执行董事	5~19 人
	任期	≤3 年	
组成	董事长产生办法	章程规定	由全体董事过半数选举产生
	职工代表	（1）应当有： ①国有独资公司 ②两个以上的国有企业或者其他两个以上的国有投资主体投资设立的有限责任公司 （2）可以有：其他	可以有
	职权	4 项独立职权	
	形式	章程规定	（1）定：≥2 次/年 （2）临： ①代表 1/10 以上表决权的股东 ②1/3 以上董事 ③监事会
	召集和主持	董事长——副董事长——半数以上董事共同推举 1 名董事	
	通知	章程规定	会议召开前 10 日通知
	召开条件	无要求	过半数的董事出席
	表决权	一人一票	
	议决规则	章程规定	（1）全体董事过半数通过 （2）上市公司董事会实行关联表决权排除制度

考点 3：上市公司独立董事制度（★★★）

1. 基本任职条件（包括但不限于）

（1）具备担任上市公司董事的资格；

（2）具有"5 年以上"法律、经济或者其他履行独立董事职责所必需的工作经验。

2. 下列人员不得担任独立董事

（1）在上市公司或者其附属企业任职的人员及其"直系亲属、主要社会关系"；

【提示】直系亲属是指配偶、父母、子女等；主要社会关系是指兄弟姐妹、岳父母、儿媳女婿、兄弟姐妹的配偶、配偶的兄弟姐妹等。

（2）直接或间接持有上市公司已发行股份 1% 以上或者是上市公司前 10 名股东中的自然人股东及其"直系亲属"；

（3）在直接或间接持有上市公司已发行股份 5% 以上的股东单位或者在上市公司前 5 名股东单位任职的人员及其"直系亲属"；（2016 年简答题）

（4）最近 1 年内曾经具有前三项所列举情形的人员；

（5）为上市公司或者其附属企业提供财务、法律、咨询等服务的人员；

（6）公司章程规定的其他人员；

（7）中国证监会认定的其他人员。

3. 独立意见

（1）独立董事除依法行使股份有限公司董事的职权外，有权对以下事项发表独立意见：

①公司关联交易；

②聘用或者解聘会计师事务所；

③上市公司董事、高级管理人员的提名、任免、报酬、考核；

④其认为可能损害中小股东权益的事项。

（2）独立董事发表的独立意见应当作成记录，并经独立董事书面签订确认。

（3）股东有权查阅独立董事发表的独立意见。

【例题 1·多选题】甲上市公司拟聘请独立董事。根据公司法律制度的规定，下列候选人中，

第三周

没有资格担任该公司独立董事的有( )。(2013年)

A. 王某,因侵占财产被判刑,3年有期徒刑刑满刚刚释放

B. 张某,甲上市公司投资的某全资子公司的法律顾问

C. 赵某,个人负债100万元到期未清偿

D. 李某,甲上市公司某监事的弟弟

【解析】(1)选项AC:连一般董事都不能担任,更别提独立董事了。(2)选项B:为上市公司或者其附属企业提供财务、法律、咨询等服务的人员,不能担任该公司的独立董事。(3)选项D:在上市公司或者其附属企业任职的人员及其直系亲属、主要社会关系,不能担任该公司的独立董事。

【答案】ABCD

【例题2·多选题】某上市公司拟聘请独立董事。根据公司法律制度的规定,下列人员中,不得担任该上市公司独立董事的有( )。(2011年)

A. 该上市公司的分公司的经理

B. 该上市公司董事会秘书配偶的弟弟

C. 持有该上市公司已发行股份2%的股东郑某的岳父

D. 持有该上市公司已发行股份10%的甲公司的某董事的配偶

【解析】(1)选项AB:在上市公司或者其附属企业任职的人员及其直系亲属、主要社会关系不得担任该上市公司的独立董事;(2)选项C:直接或者间接持有上市公司已发行股份1%以上的自然人股东及其直系亲属不得担任该上市公司的独立董事,岳父属于主要社会关系,不在限制的范围内;(3)选项D:在直接或者间接持有上市公司已发行股份5%以上的股东单位任职的人员及其直系亲属不得担任该上市公司的独立董事。

【答案】ABD

【例题3·单选题】甲、乙、丙、丁拟任A上市公司独立董事。根据《上市公司独立董事制度》的规定,下列选项中,不影响当事人担任独立董事的情形是( )。

A. 甲之妻半年前卸任A上市公司之附属企业B公司总经理之职

B. 乙于1年前卸任C公司副董事长之职,C公司持有A上市公司已发行股份的7%

C. 丙正在担任A上市公司之附属企业B公司的法律顾问

D. 丁是持有A上市公司已发行股份2%的自然人股东

【解析】(1)选项A:现在或者最近1年内曾经在上市公司或者其附属企业任职的人员及其直系亲属、主要社会关系,不得担任独立董事。甲的配偶最近1年内在该上市公司的附属企业中任职,故不得担任A上市公司独立董事。(2)选项B:现在或者最近1年内曾经在直接或间接持有上市公司已发行股份5%以上的股东单位或者在上市公司前5名股东单位任职的人员及其直系亲属,不得担任独立董事。乙在1年前已经卸任,可以担任A上市公司的独立董事。(3)选项C:正在为上市公司或者其附属企业提供财务、法律、咨询等服务的人员,不得担任上市公司的独立董事。(4)选项D:现在或者最近1年内曾经是直接或间接持有上市公司已发行股份1%以上或者是上市公司前10名股东中的自然人股东及其直系亲属,不得担任上市公司独立董事。丁持有的股份已经超过1%,不得担任A上市公司的独立董事。

【答案】B

【星期五·第2章第10单元】股份

【本单元考点清单】

考点名称	考点地位	二维码
股票发行的基本规定	★	
优先股	★★☆	
股份转让	★★☆	

续表

考点名称	考点地位	二维码
股份回购	★★☆	

考点1：股票发行的基本规定（★）

1. 公司向发起人、法人发行的股票，应当为记名股票。

2. 同股同价

同次发行的同种类的股票，每股的发行条件和价格应当是相同的，任何单位或者个人所认购的股份，每股应当支付相同的份额。

3. 股票发行价格可以按票面金额（平价发行），也可以超过票面金额（溢价发行），但不得低于票面金额（折价发行）。

【例题1·单选题】下列关于股份有限公司股票发行的表述中，不符合《公司法》规定的是（　）。（2013年）

A. 股票发行必须同股同价

B. 股票发行价格可以低于票面金额

C. 向发起人发行的股票，应当为记名股票

D. 向法人发行的股票，应当为记名股票

【答案】B

【例题2·多选题】某股份有限公司发行新股，其实施的下列行为中，不符合公司法律制度关于股票发行规定的有（　）。（2007年）

A. 以低于其他投资者的价格向公司原股东发行股票

B. 以超过股票票面金额的价格发行股票

C. 向公司发起人发行无记名股票

D. 向某法人股东发行记名股票，并将该法人法定代表人的姓名记载于股东名册

【答案】ACD

考点2：优先股（★★☆）

（一）优先股股东的权利

1. 优先分配股利

（1）优先股股东优先于普通股股东分配公司利润。

（2）公司对优先股的股利须按约定的股利率支付，有特别约定时，当年可供分配股利的利润不足以按约定的股利率支付优先股股利的，还可由以后年度可供分配股利的利润补足。

【解释1】约定的股利率，可以是固定股利率，也可以是浮动股利率；据此，优先股可以分为固定股利率优先股和浮动股利率优先股。

【解释2】如按约定当年可供分配股利的利润不足以按约定的股利率支付优先股股利的，还可

由以后年度可供分配股利的利润补足的，该优先股为可累积优先股；相反为非累积优先股。

【解释3】优先股还可以分为强制分红优先股和非强制分红优先股；如果发行强制分红优先股，公司在有可分配利润的情况下，必须向优先股股东分配股息。

2. 优先分配剩余财产

在公司进行清算时，优先股股东先于普通股股东取得公司剩余财产。

3. 参与公司决策管理等权利受到限制

（1）优先股股东一般不参与公司决策，不出席股东大会，不享有股东大会表决权。

（2）表决权恢复

公司"累计"3个会计年度或"连续"2个会计年度未按约定支付优先股股息的，股东大会批准当年不按约定分配利润的方案次日起，优先股股东有权出席股东大会与普通股股东共同表决，每股优先股股份享有公司章程规定的一定比例表决权；公司章程可规定优先股表决权恢复的其他情形。

（3）优先股股东出席股东大会、行使表决权的特殊情形

出现以下情况之一的，公司召开股东大会会议应通知优先股股东，并遵循《公司法》及公司章程通知普通股股东的规定程序。优先股股东有权出席股东大会会议，就以下事项与普通股股东分类表决，其所持每一优先股有一表决权，但公司持有的本公司优先股没有表决权：

①修改公司章程中与优先股相关的内容；

②一次或累计减少公司注册资本超过10%；

③公司合并、分立、解散或变更公司形式；

④发行优先股；

⑤公司章程规定的其他情形。

上述事项的决议，除须经出席会议的普通股股东（含表决权恢复的优先股股东）所持表决权的2/3以上通过之外，还须经出席会议的优先股股东（不含表决权恢复的优先股股东）所持表决权的2/3以上通过。

（二）优先股的发行

1. 同次发行的相同条款优先股，每股发行的条件、价格和票面股息率应当相同；任何单位或者个人认购的股份，每股应当支付相同价额。

2. 上市公司可以采取"公开或非公开"方式发行优先股，非上市公众公司可以"非公开"发行优先股。

第三周

3. 公司已发行的优先股不得超过公司普通股股份总数的50%，且筹资金额不得超过发行前净资产的50%，已回购、转换的优先股不纳入计算。

【例题1·多选题】根据公司法律制度的规定，上市公司的优先股股东有权出席股东大会会议，就相关事项与普通股股东分类表决，该相关事项有（   ）。（2015年）

A. 修改公司章程中与优先股相关的内容
B. 一次减少公司注册资本达5%
C. 变更公司形式
D. 发行优先股

【答案】ACD

【考题2·判断题】上市公司同次发行的相同条款优先股，每股发行的条件、价格和票面股息率应当相同。（   ）（2015年）

【答案】√

考点3：股份转让（★★☆）

股份有限公司股东转让股份以自由为原则，在特定情况下也受到一定限制：

1. 记名股票

（1）记名股票，由股东以背书方式或者法律、行政法规规定的其他方式转让，转让后由公司将受让人的姓名或者名称及住所记载于股东名册。无记名股票的转让，由股东将该股票交付给受让人后即发生转让的效力。

（2）股东大会召开前20日内或者公司决定分配股利的基准日前5日内，不得进行股东名册的变更登记；法律另有规定的，从其规定。

2. 对发起人转让股份的限制

（1）发起人持有的本公司股份，自公司成立之日起1年内不得转让。

（2）公司公开发行股份前已发行的股份，自公司股票在证券交易所上市交易之日起1年内不得转让。

3. 对董事、监事、高级管理人员转让股份的限制

（1）董事、监事、高级管理人员所持本公司股份，自公司股票上市交易之日起1年内不得转让。

（2）董事、监事、高级管理人员在任职期间每年转让的股份不得超过其所持有本公司股份总数的25%（≤25%）；但下列两种情形不受该规定限制：（2010年综合题）

①因司法强制执行、继承、遗赠、依法分割财产等导致股份变动的；

②上市公司董事、监事和高级管理人员所持股份不超过1000股的，可一次全部转让。

（3）董事、监事、高级管理人员离职后6个月内，不得转让其所持有的本公司股份。

（4）上市公司董事、监事和高级管理人员在下列期间不得买卖本公司股票：

①上市公司定期报告公告前30日内；

②上市公司业绩预告、业绩快报公告前10日内；

③自可能对本公司股票交易价格产生重大影响的重大事件发生之日或在决策过程中，至依法披露后2个交易日内；

④证券交易所规定的其他期间。

4. 对公司股票质押的限制

公司不得接受本公司的股票作为质押权的标的。

【例题1·单选题】某股份有限公司于2013年8月在上海证券交易所上市，公司章程对股份转让的限制未作特别规定。该公司有关人员的下列股份转让行为中，符合公司法律制度规定的是（   ）。（2016年）

A. 发起人王某于2014年4月转让了其所持本公司公开发行股份前已发行的股份总数的25%
B. 董事郑某于2014年9月将其所持本公司全部股份800股一次性转让
C. 董事张某共持有本公司股份10000股，2014年9月通过协议转让了其中的2600股
D. 总经理李某于2015年1月离职，2015年3月转让了其所持本公司股份总数的25%

【解析】（1）选项A：公司公开发行股份前已发行的股份，自公司股票在证券交易所上市交易之日起1年内不得转让；（2）选项BC：上市公司董事、监事和高级管理人员在任职期间每年转让的股份不得超过其所持有股份总数的25%，所持股份不超过1000股的，可以一次全部转让，不受"25%"转让比例的限制；（3）选项D：董事、监事、高级管理人员离职后半年内，不得转让其所持有的本公司股份。

【答案】B

【例题2·单选题】根据公司法律制度的规定，下列关于股份有限公司的发起人转让其持有的本公司股份限制的表述中，正确的是（   ）。（2015年）

A. 自公司成立之日起1年内不得转让
B. 自公司成立之日起2年内不得转让
C. 自公司成立之日起3年内不得转让
D. 自公司成立之日起5年内不得转让

【答案】A

【例题3·单选题】某股份有限公司于2011年6月在上海证券交易所上市。该公司有关人员的下列股份转让行为中，不符合公司法律制度规定的是（   ）。（2014年）

A. 监事张某2012年3月将其所持有的本公司股份总数的25%转让
B. 董事吴某2012年8月将其所持有的本公司全部股份500股一次性转让

C. 董事罗某2013年将其所持有的本公司股份总数的25%转让

D. 经理王某2014年1月离职，8月转让其所持有的本公司所有股份

【解析】（1）选项A：董事、监事、高级管理人员所持本公司股份，自公司股票上市交易之日起1年内不得转让；（2）选项BC：董事、监事、高级管理人员在任职期间每年转让的股份不得超过（≤）其所持有本公司股份总数的25%；上市公司董事、监事和高级管理人员所持股份不超过1000股的，可以一次性全部转让，不受25%的比例限制；（3）选项D：董事、监事、高级管理人员离职后6个月内，不得转让其所持有的本公司股份。

【答案】A

【例题4·多选题】下列关于股份有限公司股份转让限制的表述中，符合公司法律制度规定的有（　　）。（2012年）

A. 公司发起人持有的本公司股份，自公司成立之日起1年内不得转让

B. 公司董事持有的本公司股份，自公司股票上市交易之日起1年内不得转让

C. 公司监事离职后1年内，不得转让其所持有的本公司股份

D. 公司经理在任职期间每年转让的股份不得超过其所持有本公司股份总数的25%

【解析】选项C：董事、监事、高级管理人员"离职后半年内"，不得转让其所持有的本公司股份。

【答案】ABD

【例题5·单选题】根据公司法律制度的规定，下列关于股份有限公司股份转让的表述中，不正确的是（　　）。（2008年）

A. 公司可以接受以本公司的股票作为质押权的标的

B. 无记名股票的转让，由股东在依法设立的证券交易场所将股票交付给受让人后即发生转让效力

C. 发起人持有的本公司股份，自公司成立之日起1年内不得转让

D. 公司董事在任职期间每年转让的本公司股份不得超过其所持有本公司股份总数的25%

【解析】（1）选项A：股份有限公司不得接受本公司的股票作为质押权的标的。（2）选项B：记名股票，由股东以背书方式转让的，转让后由公司将受让人的姓名或者名称及其住所记载于股东名册；无记名股票的转让，由股东将该股票交付给受让人后即发生转让的效力。

【答案】A

考点4：股份回购（★★☆）

情　形	程　序
减少公司注册资本	（1）经股东大会决议 （2）公司收购本公司股份后，应当自收购之日起10日内注销
与持有本公司股份的其他公司合并	（1）经股东大会决议 （2）公司收购本公司股份后，应当在6个月内转让或者注销
将股份奖励给本公司职工	（1）经股东大会决议 （2）收购的本公司股份，不得超过本公司已发行股份总额的5% （3）用于收购的资金应当从公司税后利润中支出 （4）所收购的股份应当在1年内转让给职工 （5）上市公司董事会股权激励方案形成相关决议的，构成重大事件，上市公司应当及时履行信息披露义务
股东因对股东大会作出的公司"合并、分立"决议持有异议，要求公司收购其股份的	公司收购本公司股份后，应当在6个月内转让或者注销

【相关链接】解散公司诉讼中，经人民法院调解公司收购原告股份的，公司应当自调解书生效之日起6个月内将股份转让或者注销。

【提示】除上述情形外，股份有限公司不得收购本公司股份。

【例题1·多选题】根据公司法律制度的规定，下列情形中，属于股份有限公司可以收购本公司股份的有（　　）。（2016年、2012年）

A. 接受本公司股票作为质权标的

B. 减少公司注册资本

C. 与持有本公司股份的其他公司合并

D. 将股份奖励给本公司职工

【解析】选项A：股份有限公司不得接受本公司的股票作为质押权的标的。

【答案】BCD

【例题2·单选题】2008年5月15日，某股份有限公司依股东大会决议收购了本公司部分股份用于奖励公司职工。该公司现有已发行股份总额8000万股。下列关于该公司收购本公司部分股份奖励职工的表述中，符合公司法律制度规定的是（　　）。（2010年）

A. 公司可以收购的本公司股份不得超过400万股

B. 公司可以收购的本公司股份不得超过800万股

C. 公司用于收购本公司股份的资金可以从公司的税前利润中支出

D. 公司收购的本公司股份应在2010年5月15日之前转让给职工

【解析】（1）选项AB：公司收购的本公司股份不得超过本公司已发行股份总额的5%；（2）选项C：公司用于收购的资金应当从公司的"税后利润"中支出；（3）选项D：公司所收购的股份应当在1年内转让给职工。

【答案】A

扫一扫，阅读解题思路

　　本书中各部分试题均配备二维码，下载安装"东奥题库宝典"移动客户端，扫一扫左侧二维码，即可在线做题，并获得详尽的答案解析、解题思路等超值服务，解决您做题时的一切疑惑。

【移动客户端安装二维码详见封底】

第 三 周

本周自测

一、单项选择题

1. 根据公司法律制度的规定，在名义股东与实际出资人之间确定投资权益的归属时，应当依据（　　）。
   A. 股东名册的记载
   B. 其他股东的过半数意见
   C. 名义股东与实际出资人之间的合同约定
   D. 公司登记机关的登记

2. A有限责任公司有甲、乙、丙、丁、戊五名股东，甲拟将其股权转让给戊；已知A有限责任公司章程未对股权转让事项作出规定。根据公司法律制度的规定，下列说法中，正确的是（　　）。
   A. 只要甲、戊达成协议即可转让
   B. 应当经乙、丙、丁一致同意方可转让
   C. 应当经股东会审议批准方可转让
   D. 如果能够取得乙、丙、丁中两人以上同意即可转让

3. A有限责任公司有甲、乙、丙、丁、戊五名股东，甲拟将其股权以100万元的价格转让给庚，遂于2015年11月1日向其他股东发出书面通知征求意见；乙接到通知后第二日复函表示同意，丙接到通知后一直未予答复，丁接到通知后当即复函表示反对但又不愿意购买甲的股权，戊接到通知一周后复函表示反对并要求购买甲

的股权。根据公司法律制度的规定，下列说法不正确的是（　　）。
   A. 如果至2015年12月1日丙仍未答复，应视为丙同意甲转让股权
   B. 如果至2015年12月1日丙仍未答复，同意和视为同意甲转让股权的股东人数为3人
   C. 如果戊出价100万元要求购买，甲应当将股权转让给戊
   D. 不论戊出价多少，甲均应将股权转让给戊

4. 甲、乙等六位股东各出资30万元于2009年2月设立一有限责任公司，5年来公司效益一直不错，但为了扩大再生产一直未向股东分配利润；2015年股东会上，乙提议进行利润分配，但股东会仍然作出不分配利润的决议；乙遂觉得继续投资于该公司没有什么意义。乙拟采取的下列措施中，符合公司法律制度规定的是（　　）。
   A. 请求法院撤销该股东会决议
   B. 请求法院解散该公司
   C. 请求公司以合理价格收购其股权
   D. 不经其他股东同意而将其股份转让给第三人

5. 张某依法投资设立了一家一人有限责任公司。在公司存续期间，张某实施的下列行为中，不符合公司法律制度规定的是（　　）。
   A. 决定公司增资20万元，自增资决定作出之日起2年内缴清
   B. 决定公司每2年编制一次财务会计报告，聘请会计师事务所审计
   C. 决定公司不设立监事会，由其好友赵某担任公司监事

D. 决定以公司名义与他人共同投资另一有限责任公司

6. 有关国有独资企业监事会，下列表述不符合公司法律制度规定的是（ ）。
   A. 国有独资公司监事会成员不得少于5人
   B. 国有独资公司监事会中职工代表的比例不得低于1/3
   C. 国有独资公司的监事会主席由国有资产监督管理机构从监事会成员中指定
   D. 国有独资公司所有监事会成员由国有资产监督管理机构委派

7. 有关募集设立的股份有限公司，下列表述不符合公司法律制度规定的是（ ）。
   A. 募集设立的股份有限公司，注册资本为在公司登记机关登记的实收股本总额
   B. 除法律、行政法规另有规定外，募集设立股份有限公司，发起人应当至少认购公司股份总数的35%
   C. 募集设立股份有限公司的，发起人应当在股款缴足之日起30日内主持召开公司创立大会
   D. 募集设立股份有限公司的，发起人应当于创立大会结束后30日内，向公司登记机关申请设立登记

8. 在乙公司设立过程中，出资人甲以自己的名义与他人签订一份房屋租赁合同，所租房屋供筹建乙公司之用，乙公司成立后，将该房屋作为公司办公用房。下列有关该房屋租赁合同责任承担的说法中，符合公司法律制度规定的是（ ）。
   A. 出租方有权要求甲承担合同责任
   B. 出租方有权要求甲和乙公司连带承担合同责任
   C. 除非乙公司确认该合同，否则出租方无权要求其承担合同责任
   D. 由于该合同以甲个人名义签订，出租方只能要求甲承担合同责任

9. 王某和刘某共同出资设立了甲股份有限公司，注册资本为10万元，聘任赵某担任总经理。下列有关甲股份有限公司组织机构设置的表述中，符合公司法律制度规定的是（ ）。
   A. 甲股份有限公司决定不设董事会，由王某担任执行董事
   B. 甲股份有限公司决定不设监事会，由刘某担任监事
   C. 甲股份有限公司决定由公司总经理赵某担任法定代表人
   D. 甲股份有限公司决定由监事刘某兼任财务经理

10. 下列有关会议记录签名的表述中，不符合公司法律制度规定的是（ ）。
    A. 股东会的会议记录应当由出席会议的股东签名
    B. 董事会的会议记录应当由全体董事签名
    C. 股东大会的会议记录应当由主持人和出席会议的董事签名
    D. 监事会的会议记录应当由出席会议的监事签名

11. 甲上市公司发生的下列事项中，可以按照公司章程的规定，由董事会决议的是（ ）。
    A. 与乙公司共同投资设立丙项目公司
    B. 解聘原承办公司年报审计的会计师事务所
    C. 为资产负债率高达85%的丁公司提供担保
    D. 为持股仅为0.1%的小股东刘某提供担保

12. 下列公司中，有权公开发行优先股的是（ ）。
    A. 甲商贸有限责任公司
    B. 乙国有独资公司
    C. 丙上市公司
    D. 丁非上市公众公司

13. 发行了优先股的甲公司拟召开股东大会，对下列事项作出决议，假定公司章程并无特殊约定，其中优先股股东有权出席股东大会会议，享有表决权的是（ ）。
    A. 发行公司债券
    B. 审议批准利润分配方案
    C. 审议批准董事会报告
    D. 与乙公司合并

14. 甲股份有限公司依股东大会决议收购了本公司部分股份用于奖励职工。该公司现有已发行股份总额5000万股。根据公司法律制度的规定，下列说法不正确的是（ ）。
    A. 甲股份有限公司可以收购的本公司股份不得超过250万股
    B. 甲股份有限公司收购本公司股份的资金可以从资本公积金中支出
    C. 甲股份有限公司收购的本公司股份在甲股份有限公司持有期间不得享有表决权
    D. 甲股份有限公司收购的本公司股份应当在1年内转让给职工

二、多项选择题

1. 甲、乙共同出资设立一有限责任公司；乙与丙订立合同，约定由乙实际出资并享有投资权益，丙为名义股东。下列表述中，符合公司法律制度规定的有（ ）。
   A. 乙不得要求公司变更股东
   B. 乙有权要求丙将公司分配所得的利润转交给自己
   C. 丙应对公司债务承担连带责任
   D. 丙向不知情的银行借款时，以持有的该公司股权设定质押的，该质押有效

2. 根据公司法律制度的规定，有限责任公司股东会作出的下列决议中，投反对票的股东可以要求公司按照合理价格收购其股权的有（　　）。
   A. 公司合并
   B. 公司增加注册资本
   C. 公司修改章程
   D. 公司转让主要财产

3. 下列有关国有独资公司董事会的表述中，符合公司法律制度的有（　　）。
   A. 国有独资公司董事会中必须包括职工代表，其中职工代表的比例不得低于1/3
   B. 国有独资公司董事长由全体董事过半数选举产生
   C. 国有独资公司董事会中，除职工代表以外的其他董事由国有资产监督管理机构委派
   D. 国有独资公司的董事长、副董事长、董事、高级管理人员，未经国有资产监督管理机构同意，不得在其他公司兼职

4. 下列各项情形中，认股人有权要求发起人返还所缴股款并加算银行同期存款利息的有（　　）。
   A. 发行的股份超过招股说明书规定的截止期限尚未募足的
   B. 发行股份的股款缴足后，发起人在30日内未召开创立大会的
   C. 创立大会作出不设立公司决议的
   D. 发起人因履行公司设立职责造成他人损害的

5. 张某和王某共同筹建A公司，张某负责宣传事务，王某负责其他日常筹建事务；张某在某批宣传单中擅自使用了B公司的注册商标，给B公司造成了一定损害。有关B公司的权利主张，下列说法符合公司法律制度规定的有（　　）。
   A. A公司成立后，B公司有权要求A公司承担侵权赔偿责任
   B. A公司未成立的，B公司只能要求张某承担侵权赔偿责任
   C. A公司成立的，B公司有权要求王某承担侵权赔偿责任
   D. A公司未成立的，B公司有权要求王某和张某承担连带赔偿责任

6. 甲股份有限公司出现的下列情形中，应当在2个月内召开临时股东大会的有（　　）。
   A. 按章程规定的董事人数为5人，其中1人辞职时
   B. 2名董事认为必要时
   C. 监事会提议召开时
   D. 公司未弥补亏损已经为实收股本总额的1/3时

7. 甲上市公司董事会正在讨论从乙公司大宗采购原材料，乙公司由甲上市公司董事长赵某实际控制；董事A、B、C、D、E出席会议，董事长赵某及董事会其余2名成员未出席会议；决议

时E投了反对票，但董事会仍然通过决议，且未将E的反对意见记入会议记录。根据公司法律制度的规定，下列说法正确的有（　　）。
   A. 赞同的董事人数占全体董事人数未过半数，该董事会决议不能通过
   B. 赞同的董事人数占无关联关系的董事人数已过半数，该董事会决议通过
   C. 如果日后发现，该关联交易违法，给甲上市公司造成重大损失，出席会议的董事A、B、C、D、E应对公司承担赔偿责任
   D. 如果日后发现，该关联交易违法，给甲上市公司造成重大损失，出席会议且表示赞同的董事A、B、C、D应对公司承担赔偿责任

8. 下列各项当事人中，不得担任A上市公司的独立董事的有（　　）。
   A. 甲受雇担任A上市公司全资子公司的技术指导人员
   B. 乙的弟弟担任A上市公司的财务负责人
   C. 丙半年前为A上市公司高级管理人员讲授养生课程一天
   D. 丁自己创办的B公司为A上市公司原材料供应商之一

9. 甲上市公司2011年在上海证券交易所上市，2015年度发生了下列股份买卖事项，其中符合公司法律制度规定的有（　　）。
   A. 董事赵某因个人欠付巨额款项未能清偿，人民法院启动民事强制执行程序，将其所持上市公司的股份一次全部拍卖抵偿债务
   B. 董事钱某在甲上市公司年报公告前一周，购入甲上市公司股票2万股
   C. 监事孙某因故辞职，辞职后第8个月将其所持甲上市公司股份一次全部售出
   D. 监事李某不幸去世，李某持有的甲上市公司5%的股份全部由其子小李继承

三、判断题

1. 人民法院依照法律规定的强制执行程序转让有限责任公司股东的股权时，应当通知公司及全体股东，其他股东在同等条件下有优先购买权；其他股东自人民法院通知之日起满30日不行使优先购买权的，视为放弃优先购买权。（　）

2. 债权人拟要求一人有限责任公司股东对一人有限责任公司债务承担连带责任的，应当举证证明该一人有限责任公司的财产与股东财产混同。（　）

3. 国有独资公司章程由国有资产监督管理机构制定，或者由董事会制订报国有资产监督管理机构批准。（　）

4. 上市公司增加注册资本的，应当由股东大会作出决议，经出席股东大会的股东所持表决权的2/3以上通过。（　）

5. 股东大会选举董事或者监事，应当实行累积投票制。（　　）
6. 上市公司董事会秘书是公司的高级管理人员，代表董事会对外发布各种决定。（　　）
7. 独立董事有权就上市公司董事、高级管理人员的提名、任免、报酬、考核事项发表独立意见。（　　）
8. 在同次股份发行中，相同种类的股份，每股的发行条件和发行价格应当相同。（　　）
9. 股份有限公司以超过股票票面金额的发行价格发行股份所得的溢价款，应当列为公司资本公积金。（　　）
10. 甲公司向 A 银行借款，并以其持有的 A 银行 5 万股股票为 A 银行设定质押，A 银行接受该项质押并提供借款。甲公司和 A 银行之间的质押借款行为符合有关法律制度。（　　）

本周自测参考答案及解析

一、单项选择题

1.【答案】C
【解析】有效的隐名投资协议对实际出资人与名义股东具有约束力，名义股东不得以公司股东名册记载、公司登记机关登记等为由否认实际出资人权利。

2.【答案】A
【解析】除公司章程另有规定外，有限责任公司的股东之间可以相互转让其全部或者部分股权。

3.【答案】D
【解析】（1）选项A：其他股东自接到书面通知之日起满 30 日未答复的，视为同意转让；（2）选项B：乙明确表示同意，丙视为同意转让，丁既不同意亦不购买，也视为同意转让，因此，同意和视为同意转让的股东人数为 3 人；（3）选项CD：经股东同意转让的股权，在同等条件下，其他股东有优先购买权，戊的出价应当至少为 100 万元，才能优先购得甲的股权。

4.【答案】C
【解析】（1）选项A：股东会有权作出不分配利润的决议；（2）选项B：请求人民法院依法解散公司应当有法定的情形（如公司持续 2 年以上无法召开股东会或者股东大会，公司经营管理发生严重困难等），本案并未出现相关情形；（3）选项D：有限责任公司股东向股东以外的人转让股权的，应当书面征得其他股东过半数同意。

5.【答案】B
【解析】（1）选项A：一人有限责任公司可以依法增资，股东认缴新增资本的出资，依照

《公司法》设立有限责任公司缴纳出资的有关规定执行；（2）选项B：一人有限责任公司应当在每一会计年度终了时编制财务会计报告，并经会计师事务所审计；（3）选项C：股东人数较少、规模较小的有限责任公司可以不设监事会，设 1～2 名监事；（4）选项D：一个自然人投资设立的一人有限责任公司，不得投资设立新的一人有限责任公司（但完全可以和他人共同投资设立一般的有限责任公司）。

6.【答案】D
【解析】选项D：国有独资公司监事会成员由国有资产监督管理机构"委派"，但监事会中的职工代表由职工代表大会选举产生。

7.【答案】D
【解析】选项D：募集设立股份有限公司的，"董事会"应当于创立大会结束后 30 日内，依法向公司登记机关申请设立登记。

8.【答案】A
【解析】（1）选项A：发起人为设立公司以自己名义订立的合同，合同相对人请求该发起人承担合同责任的，人民法院应予支持；（2）选项CD：发起人为设立公司以自己名义订立合同的，公司成立后对该合同予以确认或者公司已经实际享有合同权利或者履行合同义务，合同相对人请求公司承担责任的，人民法院应予支持；在本题中，乙公司自筹办阶段一直使用该房屋，属于实际享有合同权利的情形，出租方有权要求其承担合同责任；（3）选项B：按照上述解析，出租方要么找甲，要么找乙公司，并不存在连带承担合同责任的规定。

9.【答案】C
【解析】（1）选项AB：有限责任公司才存在不设股东会、董事会或者监事会的情形，股份有限公司应当"三会"健全；（2）选项C：公司法定代表人根据公司章程规定由董事长、执行董事或者经理担任；（3）选项D：董事、高级管理人员不得兼任监事。

10.【答案】B
【解析】选项B：董事会的会议记录应当由"出席会议"的董事签名。

11.【答案】A
【解析】（1）选项A：公司向其他企业投资，按照公司章程的规定由董事会或者股东（大）会决议；（2）选项B：上市公司聘用、解聘会计师事务所应经股东大会决议；（3）选项C：上市公司为资产负债率超过 70% 的担保对象提供担保，应当经股东大会决议；（4）选项D：为股东（不论持股多少）、实际控制人及其关联方提供的担保，应当经股东（大）会决议。

12.【答案】C

【解析】上市公司可以采取"公开或非公开"方式发行优先股，非上市公众公司可以"非公开"发行优先股。

13.【答案】D
【解析】股东大会决议下列事项时，除须经出席会议的普通股股东（含表决权恢复的优先股股东）所持表决权的 2/3 以上通过之外，还须经出席会议的优先股股东（不含表决权恢复的优先股股东）所持表决权的 2/3 以上通过：（1）修改公司章程中与优先股相关的内容；（2）一次或累计减少公司注册资本超过 10%；（3）公司合并、分立、解散或变更公司形式；（4）发行优先股；（5）公司章程规定的其他情形。

14.【答案】B
【解析】（1）选项 B：用于收购的资金应当从公司税后利润中支出；（2）选项 C：公司持有的本公司股份不享有表决权。

二、多项选择题

1.【答案】BD
【解析】（1）选项 A：实际出资人未经公司其他股东半数以上同意，请求公司变更股东、签发出资证明书、记载于股东名册、记载于公司章程并办理公司登记机关登记的，人民法院不予支持。（2）选项 B：有限责任公司的实际出资人与名义出资人订立合同，约定由实际出资人出资并享有投资权益，以名义出资人为名义股东，实际出资人与名义股东对该合同效力发生争议的，如无导致合同无效的情形，人民法院应当认定该合同有效。（3）选项 C：除有特殊规定外，公司股东对公司债务承担有限责任。（4）选项 D：名义股东将登记于其名下的股权转让、质押或者以其他方式处分，实际出资人以其对于股权享有实际权利为由，请求认定处分股权行为无效的，第三人有权依法主张善意取得该股权。

2.【答案】AD
【解析】有限责任公司的异议股权回购适用于：（1）公司连续 5 年不向股东分配利润，而公司该 5 年连续盈利，并且符合法律规定的分配利润条件的；（2）公司合并、分立、转让主要财产的；（3）公司章程规定的营业期限届满或者章程规定的其他解散事由出现，股东会会议通过决议修改章程使公司存续的。

3.【答案】CD
【解析】（1）选项 A：国有独资公司董事会中必须包括职工代表，但是对职工代表的比例没有进行限定；（2）选项 B：国有独资公司董事长、副董事长由国有资产监督管理机构从董事会成员中指定。

4.【答案】ABC
【解析】选项 D：发起人因履行公司设立职责造成他人损害时，公司或全体发起人承担赔偿责任后，可以向有过错的发起人追偿，并不直接导致公司设立失败。

5.【答案】ACD
【解析】（1）选项 A：发起人因履行公司设立职责造成他人损害，公司成立后受害人请求公司承担侵权赔偿责任的，人民法院应予支持；（2）选项 BCD：发起人因履行公司设立职责造成他人损害，公司未成立，受害人请求全体发起人承担连带赔偿责任的，人民法院应予支持。

6.【答案】ACD
【解析】（1）选项 A：董事人数总数为 5 人，只要有 1 人辞职，即不足法定人数（5 人），应当召开临时股东大会；（2）选项 B：董事会认为必要时，应当召开临时股东大会（仅 2 名董事认为必要不行）。

7.【答案】BC
【解析】（1）选项 AB：上市公司董事与董事会会议决议事项所涉及的企业有关联关系的，该董事会会议由过半数的无关联关系董事出席即可举行，董事会会议所作决议须经无关联关系董事过半数通过；在本题中，无关联关系董事共 7 人，4 人表示同意，该决议可以通过。（2）选项 CD：董事会的决议违反法律、行政法规或者公司章程、股东大会决议，致使公司遭受严重损失的，"参与决议"的董事对公司负赔偿责任，但经证明在表决时曾表明异议并"记载于会议记录"的，该董事可以免除责任；在本题中，董事长赵某及其余 2 名成员因未参与决议，无须承担赔偿责任，董事 E 虽在表决时表明异议，但其反对意见未被记入会议记录，不能免责。

8.【答案】AB
【解析】选项 AB：现在或最近 1 年内在上市公司或者其附属企业任职的人员及其直系亲属、主要社会关系，不得担任该上市公司的独立董事。

9.【答案】ACD
【解析】（1）选项 AD：因司法强制执行、继承、遗赠、依法分割财产等导致股份变动的，不受"25%"的限制；（2）选项 B：上市公司定期报告公告前 30 日内，上市公司董事、监事和高级管理人员不得买卖本公司股票；（3）选项 C：董事、监事、高级管理人员离职后 6 个月内，不得转让其所持有的本公司股份。

三、判断题

1.【答案】×
【解析】人民法院依照法律规定的强制执行程

序转让有限责任公司股东的股权时，应当通知公司及全体股东，其他股东在同等条件下有优先购买权；其他股东自人民法院通知之日起满20日不行使优先购买权的，视为放弃优先购买权。

2.【答案】×

【解析】一人有限责任公司的"股东不能证明"公司财产独立于股东自己财产的，应当对公司债务承担连带责任。

3.【答案】√

4.【答案】√

5.【答案】×

【解析】股东大会选举董事或者监事，可以依

照公司章程的规定或者股东大会的决议，实行累积投票制。

6.【答案】×

【解析】上市公司董事会秘书是公司的高级管理人员，但其仅为董事会设置的服务席位，既不能代表董事会，也不能代表董事长。

7.【答案】√

8.【答案】√

9.【答案】√

10.【答案】×

【解析】公司不得接受本公司的股票作为质押权的标的。

第四周

本周学习计划

	章　节	单　元	讲义篇幅	课件数	理解难度	完成情况
星期一	第3章　其他主体法律制度	第1单元	4页	1讲	★	
星期二		第2单元	8页	2讲	★★	
星期三		第3单元	1页	1讲	★	
星期四		第4单元	7页	1讲	★★	
星期五	第4章　金融法律制度	第1单元	4页	1讲	★	
本周自测						

本周攻克内容

【星期一·第3章第1单元】个人独资企业

【第3章单元框架】

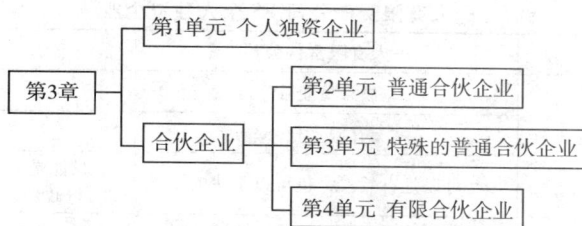

第3章　
第1单元　个人独资企业
合伙企业　
第2单元　普通合伙企业
第3单元　特殊的普通合伙企业
第4单元　有限合伙企业

【本单元考点清单】

考点名称	考点地位	二维码
个人独资企业的法律特征	★	
个人独资企业的设立	★	
个人独资企业的事务管理	★	
个人独资企业的解散和清算	★	

考点 1：个人独资企业的法律特征（★）

个人独资企业"不具有法人资格"，投资人对企业的债务承担无限责任；但个人独资企业却是"独立的民事主体"，可以自己的名义从事民事活动。

考点 2：个人独资企业的设立（★）

（一）设立条件

1. 投资人

（1）投资人为一个自然人，且只能是中国公民（不包括港、澳、台同胞）。

（2）国家公务员、党政机关领导干部、警官、法官、检察官、商业银行工作人员等法律、行政法规禁止从事营利性活动的人，不得作为投资人申请设立个人独资企业。

2. 有合法的企业名称

（1）可以使用厂、店、部、中心、工作室等。

（2）不得使用"有限"、"有限责任"或者"公司"字样。

3. 有投资人"申报"的出资

（1）设立个人独资企业可以用货币出资，也

可以用实物、土地使用权、知识产权或者其他财产权利出资。

（2）投资人可以个人财产出资，也可以家庭共有财产作为个人出资；以家庭共有财产作为个人出资的，投资人应当在设立（变更）登记申请书上予以注明。

【提示】个人独资企业投资人在申请企业设立登记时，明确以其家庭共有财产作为个人出资的，应当依法以家庭共有财产对企业债务承担无限责任；否则，仅以个人财产承担责任。

4. 有固定的生产经营场所和必要的生产经营条件。

5. 有必要的从业人员。

（二）工商登记

1. 个人独资企业营业执照的签发日期，为个人独资企业成立日期；在领取个人独资企业营业执照前，投资人不得以个人独资企业名义从事经营活动。

2. 分支机构

（1）个人独资企业可以设立分支机构；

（2）分支机构的民事责任由设立该分支机构的个人独资企业承担。

一人有限责任公司 VS 个人独资企业

	一人有限责任公司	个人独资企业
企业性质	法人型企业	非法人型企业
投资人对企业债务承担的责任	有限责任	无限责任
投资人的资格	可以是自然人，也可以是法人	只能是中国公民，且不得是法律、行政法规禁止从事营利活动的人
出资	需要按照法律或章程规定缴纳出资	有投资人申报的出资即可
是否为企业所得税纳税人	√	×

【例题 1·单选题】下列中国公民中，依法可以投资设立个人独资企业的是（   ）。（2014 年）

A. 某市中级法院法官李某

B. 某商业银行支行部门经理张某

C. 某大学在校本科生袁某

D. 某县政府办公室主任金某

【解析】国家公务员、党政机关领导干部、警官、法官、检察官、商业银行工作人员等，不得作为投资人申请设立个人独资企业。

【答案】C

【例题 2·多选题】根据《个人独资企业法》的规定，下列各项中，可以用作个人独资企业名称的有（   ）。（2011 年）

A. 云滇针织品有限公司

B. 昆海化妆品经销公司

C. 樱园服装设计中心

D. 霞光婚纱摄影工作室

【解析】个人独资企业的名称可以叫厂、店、部、中心、工作室等（选项 CD 正确）；个人独资企业名称中不得使用"有限"、"有限责任"或者"公司"字样（选项 AB 错误）。

【答案】CD

【例题 3·多选题】根据个人独资企业法律制度的规定，下列关于个人独资企业法律特征的表述中，正确的有（   ）。（2009 年）

A. 个人独资企业虽然不具有法人资格，但具有独立承担民事责任的能力

B. 个人独资企业是由一个自然人投资的企业，并且自然人只能是中国公民

C. 个人独资企业的投资人对企业的债务承担无限责任

D. 个人独资企业是独立的民事主体，可以自己的名义从事民事活动

【解析】个人独资企业不能独立承担民事责

任，由投资者依法对企业债务承担无限责任。

【答案】BCD

【例题4·判断题】个人独资企业的投资人在申请企业设立登记时，未明确以其家庭共有财产作为个人出资的，在个人独资企业财产不足以清偿债务时，可不以其家庭共有财产对企业债务承担无限责任。（　　）（2009年）

【解析】个人独资企业的投资人能否以家庭共有财产对企业债务承担无限责任，关键看"登记"；如果投资人在企业设立登记申请书中注明"以家庭共有财产出资"，则以家庭共有财产承担责任；未注明的，视为以个人财产出资，以个人财产承担责任。

【答案】√

【例题5·单选题】根据个人独资企业法律制度的规定，下列关于个人独资企业投资人的表述中，正确的是（　　）。（2008年）

A. 投资人只能以个人财产出资

B. 投资人可以是自然人、法人或其他组织

C. 投资人对企业债务承担无限责任

D. 投资人不得以土地使用权出资

【解析】（1）选项A：投资人可以个人财产出资，也可以家庭共有财产作为个人出资；（2）选项B：投资人只能是自然人，不包括法人或其他组织；（3）选项C：个人独资企业不具有法人资格，也无独立承担民事责任的能力，投资人应当对企业债务承担无限责任；（4）选项D：投资人可以用货币出资，也可以用实物、土地使用权、知识产权或者其他财产权利出资。

【答案】C

【例题6·多选题】下列有关个人独资企业设立条件的表述中，符合个人独资企业法律制度规定的有（　　）。（2007年）

A. 投资人可以是中国公民，也可以是外国公民

B. 投资人可以家庭共有财产作为个人出资

C. 企业名称中不得使用"公司"字样

D. 企业必须有符合规定的最低注册资本

【解析】（1）选项A：投资人只能是一个自然人且为中国公民；（2）选项B：投资人可以以个人财产出资，也可以家庭共有财产作为个人出资；（3）选项C：个人独资企业的名称中不能出现"有限"、"有限责任"或者"公司"字样；（4）选项D：个人独资企业有投资人"申报"的出资即可，连"缴"都不必，更谈不上注册资本最低限额。

【答案】BC

考点3：个人独资企业的事务管理　（★）

个人独资企业的投资人可以自行管理企业事务，也可以委托或者聘用其他具有民事行为能力

的人负责企业的事务管理。

1. 任意限制

投资人对受托人或者被聘用的人员职权的限制，不得对抗善意第三人。

2. 法定限制

投资人委托或者聘用的管理个人独资企业事务的人员不得有下列行为：

（1）利用职务上的便利，索取或者收受贿赂；

（2）利用职务或者工作上的便利侵占企业财产；

（3）挪用企业的资金归个人使用或者借贷给他人；

（4）擅自将企业资金以个人名义或者以他人名义开立账户储存；

（5）擅自以企业财产提供担保；

（6）未经投资人同意，从事与本企业相竞争的业务；

（7）未经投资人同意，同本企业订立合同或者进行交易；

（8）未经投资人同意，擅自将企业商标或者其他知识产权转让给他人使用；

（9）泄露本企业的商业秘密；

（10）法律、行政法规禁止的其他行为。

【相关链接1】未经股东（大）会同意，公司董事、高级管理人员不得利用职务便利为自己或者他人谋取属于公司的商业机会，自营或者为他人经营与所任职公司同类的业务。

【相关链接2】公司董事、高级管理人员不得违反公司章程的规定或者未经股东会、股东大会同意，与本公司订立合同或者进行交易。

【例题·多选题】下列关于个人独资企业事务管理的表述中，正确的有（　　）。（2005年）

A. 投资人不能聘用他人管理企业事务

B. 投资人可以聘用他人管理企业事务

C. 投资人对受托人职权的限制不得对抗善意第三人

D. 投资人对受托人职权的限制不得对抗恶意第三人

【解析】（1）个人独资企业的投资人可以委托或者聘用他人管理企业事务；（2）投资人对受托人职权的限制，不得对抗善意第三人。

【答案】BC

考点4：个人独资企业的解散和清算　（★）

1. 原因

（1）投资人决定解散；

（2）投资人死亡或者被宣告死亡，且无继承人或者继承人决定放弃继承；

（3）被依法吊销营业执照；

（4）法律、行政法规规定的其他情形。

第四周

2. 清算人

个人独资企业解散，由投资人自行清算或者由债权人申请人民法院指定清算人清算。

3. 通知、公告及债权申报时间

投资人自行清算的，应当在清算前 15 日内书面通知债权人，无法通知的，应当予以公告；债权人应当在接到通知之日起 30 日内，未接到通知的应当在公告之日起"60 日内"，向投资人申报其债权。

【相关链接】公司清算组应当自成立之日起 10 日内通知债权人，并于 60 日内在报纸上公告。债权人应当自接到通知书之日起 30 日内，未接到通知书的自公告之日起"45 日内"，向清算组申报其债权。

4. 清偿顺序

（1）所欠职工工资和社会保险费用；

（2）所欠税款；

（3）其他债务。

5. 投资人的偿债责任

（1）个人独资企业财产不足以清偿债务的，投资人应当以其个人的其他财产予以清偿；如果个人独资企业投资人在申请企业设立登记时明确以家庭共有财产作为个人出资的，应当依法以家庭共有财产对企业债务承担无限责任。

（2）个人独资企业解散后，原投资人对个人独资企业存续期间的债务仍应承担偿还责任，但债权人在"5 年内"未向债务人提出偿债请求的，该责任消灭。

6. 注销登记

个人独资企业清算结束后，投资人或者人民法院指定的清算人应当编制清算报告，并于清算结束之日起 15 日内到原登记机关申请注销登记。

【例题 1·判断题】个人独资企业解散后，其债权人在 2 年内未向原投资人提出偿债请求的，原投资人的偿还责任消失。（　　）(2014 年)

【解析】个人独资企业解散后，原投资人对个人独资企业存续期间的债务仍应承担偿还责任，但债权人在"5 年内"未向债务人提出偿债请求的，该责任消灭。

【答案】×

【例题 2·单选题】下列关于个人独资企业解散后原投资人责任的表述中，符合《个人独资企业法》规定的是（　　）。(2012 年)

A. 原投资人对个人独资企业存续期间的债务不再承担责任

B. 原投资人对个人独资企业存续期间的债务承担责任，但债权人在 1 年内未向债务人提出偿债请求的，该责任消灭

C. 原投资人对个人独资企业存续期间的债务承担责任，但债权人在 2 年内未向债务人提出偿债请求的，该责任消灭

D. 原投资人对个人独资企业存续期间的债务承担责任，但债权人在 5 年内未向债务人提出偿债请求的，该责任消灭

【解析】个人独资企业解散后，原投资人对个人独资企业存续期间的债务仍应承担偿还责任，但债权人在 5 年内未向债务人提出偿债请求的，该责任消灭。

【答案】D

【例题 3·多选题】根据《个人独资企业法》的规定，下列各项中，属于个人独资企业应当解散的情形有（　　）。(2008 年)

A. 投资人死亡，继承人决定继承

B. 投资人决定解散

C. 投资人被宣告死亡，无继承人

D. 被依法吊销营业执照

【解析】（1）选项 A：投资人死亡或者被宣告死亡，且无继承人或者继承人决定放弃继承时，才应当解散；（2）解题时可以适当观察选项，选项 A 和选项 C 显然矛盾，必有一错。

【答案】BCD

【星期二·第 3 章第 2 单元】普通合伙企业

【本单元考点清单】

考点名称	考点地位	二维码
普通合伙企业的设立	★★	
合伙企业的财产	★	

续表

考点名称	考点地位	二维码
普通合伙人财产份额的转让与出质	★★★	
合伙事务的执行	★★★	
合伙企业和合伙人的债务清偿	★★★	
普通合伙人的入伙	★	
普通合伙人的退伙	★★★	
合伙企业的解散与清算	★	

普通合伙企业，是指由"普通"合伙人组成，合伙人对合伙企业债务依法承担"无限连带责任"（法律另有规定除外）的一种合伙企业。

【提示】广义的普通合伙企业包括狭义普通合伙企业和特殊普通合伙企业。习惯上把狭义的普通合伙企业直接称为"普通合伙企业"；如欲特指特殊普通合伙企业，必须明确称为"特殊的普通合伙企业"

考点1：普通合伙企业的设立（★★）

1. 有符合规定的合伙人。

（1）数量：2个以上

（2）资格

①合伙人可以是具有完全民事行为能力的自然人，也可以是法人或者其他组织；

②国有独资公司、国有企业、上市公司以及公益性的事业单位、社会团体不得成为普通合伙人。

2. 有书面合伙协议。

（1）合伙协议应当依法由全体合伙人协商一致，以书面形式订立。

（2）修改或者补充合伙协议，应当经全体合伙人一致同意；但合伙协议另有约定的除外。

3. 有合伙人认缴或者实际缴付的出资。

（1）合伙人可以用货币、实物、知识产权、土地使用权或者其他财产权利出资，"普通合伙人"也可以用劳务出资。

【相关链接】公司股东不得以劳务、信用、自然人姓名、商誉、特许经营权或者设定担保的财产等作价出资。

（2）评估

①合伙人以实物、知识产权、土地使用权或者其他财产权利出资，需要评估作价的，可以由全体合伙人"协商确定"，也可以由全体合伙人"委托法定评估机构评估"。

②普通合伙人以劳务出资，其评估办法由全体合伙人协商确定，并在合伙协议中载明。

（3）以非货币财产出资的，依照法律、行政法规的规定，需要办理财产权转移手续的，应当依法办理。

4. 有合伙企业的名称（应当标明"普通合伙"）和生产经营场所。

5. 办理设立登记；合伙企业的营业执照签发日期，为合伙企业成立日期。

【例题·多选题】根据《合伙企业法》的规定，下列关于合伙企业合伙人出资形式的表述中，正确的有（　　）。（2012年）

A. 普通合伙人可以以知识产权出资

B. 有限合伙人可以以实物出资

C. 普通合伙人可以以土地使用权出资

D. 有限合伙人可以以劳务出资

第四周

【解析】（1）选项 ABC：合伙人（不论是普通合伙人，还是有限合伙人）均可以货币、实物、知识产权、土地使用权或者其他财产权利出资；（2）选项 D：只有"普通合伙人"可以劳务出资。

【答案】ABC

考点 2：合伙企业的财产（★）

1. 合伙企业财产的构成

（1）全体合伙人"认缴"的出资；

（2）以合伙企业名义取得的收益；

（3）合伙企业依法取得的其他财产。

2. 合伙企业的财产具有独立性和完整性

（1）合伙企业的财产独立于合伙人，合伙人对合伙企业财产权益的表现形式，仅是依照合伙协议所确定的财产收益份额或者比例。

（2）合伙人在合伙企业清算前，不得请求分割合伙企业的财产；但法律另有规定的除外。合伙人在合伙企业清算前私自转移或者处分合伙企业财产的，合伙企业不得以此对抗善意第三人。

【例题·单选题】根据合伙企业法律制度的规定，下列各项中，不属于合伙企业财产的是（　）。（2015 年）

A. 合伙人的出资

B. 合伙企业取得的专利权

C. 合伙企业接受的捐赠

D. 合伙企业承租的设备

【解析】选项 D：合伙企业承租的设备因未取得所有权，不属于合伙企业财产。

【答案】D

考点 3：普通合伙人财产份额的转让与出质（★★★）

1. 普通合伙人财产份额对外转让

（1）除合伙协议另有"约定"外，普通合伙人向合伙人以外的人转让其在合伙企业中的全部或者部分财产份额时，须经其他合伙人"一致"同意。（2016 年简答题）

（2）普通合伙人向合伙人以外的人转让其在合伙企业中的财产份额的，在同等条件下，其他合伙人有优先购买权，但合伙协议另有约定的除外。

（3）合伙人以外的人依法受让合伙人在合伙企业中的财产份额的，经修改合伙协议方成为合伙企业的合伙人。

2. 内部转让

普通合伙人之间转让在合伙企业中的全部或者部分财产份额时，应当"通知"其他合伙人。

3. 出质

普通合伙人以其在合伙企业中的财产份额出质的，须经其他合伙人"一致"同意；未经其他合伙人一致同意，其行为无效，由此给善意第三人造成损失的，由行为人依法承担赔偿责任。（2016 年简答题）

【提示】复习合伙企业法律制度，应当全程关注各事项是否需要经过同意，是必须一致同意，还是先看合伙协议的约定等，例如本考点，考生需要仔细区分为：

事　项	手续要点
普通合伙人财产份额对外转让	先看约定（自由约定），没有约定才须经其他合伙人一致同意
普通合伙人财产份额出质	不看约定，必须经其他合伙人一致同意
普通合伙人之间转让财产份额	通知即可，不须同意

（相关汇总，见本书第 100 页【总结 3】）

考点 4：合伙事务的执行（★★★）

（一）合伙事务执行的形式

1. 合伙事务可以由全体普通合伙人共同执行。

2. 委托一个或者数个普通合伙人执行

（1）按照合伙协议的"约定"或者经全体合伙人"决定"，也可以委托一个或者数个普通合伙人对外代表合伙企业，执行合伙事务。

（2）委托一个或者数个合伙人执行合伙事务的，其他合伙人不再执行合伙事务。

（3）法定限制

并非所有的合伙事务都可以委托给部分合伙人决定。除合伙协议另有约定外，合伙企业的下列事项应当经全体普通合伙人一致同意：

①改变合伙企业的名称；

②改变合伙企业的经营范围、主要经营场所的地点；

③处分合伙企业的不动产；

④转让或者处分合伙企业的知识产权和其他财产权利；

⑤以合伙企业名义为他人提供担保；（2016 年简答题）

⑥聘任合伙人以外的人担任合伙企业的经营管理人员。

（二）合伙人在执行合伙事务中的权利

1. 普通合伙人对执行合伙事务享有同等的权利。

2. 执行合伙事务的合伙人对外代表合伙企业。

（1）代表 VS 代理

作为合伙人的法人、其他组织执行合伙企业事务的，由其委托的代表执行。

【案例】甲企业和乙企业共同投资设立了 A 普通合伙企业，合伙协议约定由甲企业执行合伙事务。甲企业的法定代表人王某委派产品部经理李某具体负责执行 A 普通合伙企业的事务。在本案中：（1）A 普通合伙企业的事务执行人为甲企业，乙企业不能代表 A 普通合伙企业；（2）李某是甲企业为了履行其事务执行权而派到 A 普通合伙企业的代表。

（2）由全体合伙人共同执行合伙企业事务的，全体合伙人都有权对外代表合伙企业；由部分合伙人执行合伙企业事务的，只有受委托执行合伙企业事务的那一部分合伙人有权对外代表合伙企业；由于特别授权在单项合伙事务上有执行权的合伙人，依照授权范围可以对外代表合伙企业。

（3）任意限制

合伙企业对合伙人执行合伙事务以及对外代表合伙企业权利的限制，不得对抗善意第三人。（2016 年简答题）

3. 不执行合伙事务的合伙人有权监督执行事务合伙人执行合伙事务的情况。

4. 合伙人有查阅合伙企业会计账簿等财务资料的权利。

5. 异议权

（1）普通合伙人分别执行合伙事务的，执行事务合伙人可以对其他合伙人执行的事务提出异议。

（2）提出异议时，应当暂停该项事务的执行；如果发生争议，依照合伙企业法律制度规定的决议办法作出决定。

（3）受委托执行合伙事务的合伙人不按照合伙协议或者全体合伙人的决定执行事务的，其他合伙人可以决定撤销该委托。（2016 年简答题）

（三）合伙人在执行合伙事务中的义务

1. 报告

由一个或者数个合伙人执行合伙事务的，执行事务合伙人应当定期向其他合伙人报告事务执行情况以及合伙企业的经营和财务状况，其执行合伙事务所产生的收益归合伙企业，所产生的费用和亏损由合伙企业承担。

2. 禁止从事相竞争的业务

普通合伙人"不得"（绝对不得，没有例外）自营或者同他人合作经营与本合伙企业相竞争的业务。

3. 限制与本企业交易

除合伙协议另有"约定"或者经全体合伙人"一致"同意外，普通合伙人不得同本合伙企业进行交易。

4. 合伙人在执行合伙事务过程中，不得为了自己的私利，损害其他合伙人的利益，也不得与其他人恶意串通，损害合伙企业的利益。

（四）合伙事务执行的决议办法

1. 《合伙企业法》对合伙企业的表决办法另有规定的，按规定执行。（参考【总结3】，见本书第100页）

2. 没有法定要求的情况

（1）按照合伙协议"约定的表决办法"办理；

（2）合伙协议未约定或者约定不明确的，实行合伙人"一人一票"并经全体合伙人"过半数"通过的表决办法。

（五）合伙企业的损益分配

1. 合伙企业的利润分配、亏损分担，按照合伙协议的"约定"办理；合伙协议未约定或者约定不明确的，由合伙人"协商"决定；协商不成的，由合伙人按照"实缴"出资比例分配、分担；无法确定出资比例的，由合伙人"平均"分配、分担。

【提示】必须严格按照以下顺序确定：约定——协商——实缴——平均。

2. 合伙协议不得约定将全部利润分配给部分普通合伙人或者由部分普通合伙人承担全部亏损。

（六）非合伙人参与经营管理

1. 除合伙协议另有"约定"外，经全体合伙人"一致"同意，可以聘任合伙人以外的人担任合伙企业的经营管理人员。

2. 被聘任的经营管理人员，不具有合伙人的资格。

【提示】区别于合伙事务的执行人，必须为合伙人，且为普通合伙人；相应的，被聘任的经营管理人员不必对企业债务承担无限连带责任。

3. 被聘任的合伙企业的经营管理人员应当在合伙企业授权范围内履行职务；被聘任的合伙企业的经营管理人员，超越合伙企业授权范围履行职务，或者在履行职务过程中因故意或者重大过失给合伙企业造成损失的，依法承担赔偿责任。

【例题1·单选题】张某等 3 人共同出资设立一普通合伙企业，实缴出资比例为 1：2：3。张某在执行合伙事务时因重大过失造成合伙企业负债。已知合伙协议未约定合伙企业亏损分担比例，合伙人之间也不能通过协商达成一致。关于合伙企业不能清偿的剩余债务的承担方式，下列表述正确的是（　　）。（2016 年）

A. 平均分配

B. 由张某自己承担

C. 按实缴出资比例 1：2：3 承担

D. 按协议出资比例承担

【解析】普通合伙企业的利润分配、亏损分担，按照合伙协议的约定办理；合伙协议未约定或者约定不明确的，由合伙人协商决定；协商不成的，由合伙人按照"实缴出资"比例分配、分担；无法确定出资比例的，由合伙人平均分配、分担。

【答案】C

【例题2·单选题】某普通合伙企业委托合伙人杨某执行合伙事务，根据《合伙企业法》的规定，下列关于杨某执行合伙事务的权利义务的表述中，正确的是（　　）。（2013年）

A. 只能由杨某对外代表该合伙企业

B. 除合伙协议另有约定外，杨某可以自行决定改变该合伙企业主要经营场所的地点

C. 除合伙协议另有约定外，杨某可以自行处分该合伙企业的不动产

D. 杨某可以自营与该合伙企业竞争的业务

【解析】（1）选项A：合伙企业委托一个或者数个普通合伙人执行合伙事务的，其他普通合伙人不再执行合伙事务；执行合伙事务的人对外代表合伙企业；在本题中，由杨某一人执行合伙事务，只有杨某可以对外代表合伙企业。（2）选项BC：除合伙协议另有约定外，改变主要经营场所的地点、处分合伙企业的不动产，应当经全体合伙人一致同意。（3）选项D：普通合伙人不得自营或者同他人合作经营与本合伙企业相竞争的业务。

【答案】A

【例题3·判断题】普通合伙企业的合伙人在合伙协议中未对该合伙企业的利润分配、亏损分担进行约定的，应由合伙人平均分配、分担。（　　）（2013年）

【解析】合伙企业的利润分配、亏损分担，按照合伙协议的约定办理；合伙协议未约定或者约定不明确的，由"合伙人协商决定"；协商不成的，由合伙人按照实缴出资比例分配、分担；无法确定出资比例的，由合伙人平均分配、分担。

【答案】×

【例题4·单选题】甲为某普通合伙企业的合伙人，该合伙企业经营手机销售业务。甲拟再设立一家经营手机销售业务的个人独资企业。下列关于甲能否设立该个人独资企业的表述中，符合《合伙企业法》规定的是（　　）。（2012年）

A. 甲经其他合伙人一致同意，可以设立该个人独资企业

B. 甲可以设立该个人独资企业，除非合伙协议另有约定

C. 甲如不执行合伙企业事务，就可以设立该个人独资企业

D. 甲只要具有该合伙人的身份，就不可以设立该个人独资企业

【解析】普通合伙人（绝对）不得自营或者同他人合作经营与本合伙企业相竞争的业务。

【答案】D

【例题5·判断题】甲是某普通合伙企业的合伙人，该合伙企业需要购买一批生产用原材料，甲正好有同样一批原材料想要出售，甲在其他合伙人一致同意的情况下，可以进行该笔交易。（　　）（2011年）

【解析】除合伙协议另有约定或者经全体合伙人一致同意外，普通合伙人不得同本合伙企业进行交易；在本题中，甲已经取得了其他合伙人的一致同意，可以与本企业进行交易。

【答案】√

【例题6·多选题】下列关于普通合伙企业事务执行的表述中，符合《合伙企业法》规定的有（　　）。（2010年）

A. 除合伙协议另有约定外，处分合伙企业的不动产须经全体合伙人一致同意

B. 除合伙协议另有约定外，合伙人不得自营与本企业相竞争的业务

C. 除合伙协议另有约定外，改变合伙企业的名称须经全体合伙人一致同意

D. 除合伙协议另有约定或者经全体合伙人一致同意外，合伙人不得同本企业进行交易

【解析】选项B：普通合伙人（绝对）不得自营或者同他人合作经营与本合伙企业相竞争的业务。

【答案】ACD

【例题7·单选题】下列有关普通合伙企业合伙事务执行的表述中，符合《合伙企业法》规定的是（　　）。（2009年）

A. 合伙人执行合伙企业事务享有同等的权利

B. 合伙人可以自营与合伙企业相竞争的业务

C. 不执行合伙企业事务的合伙人无权查阅合伙企业会计账簿

D. 聘用非合伙人担任经营管理人员的，其在被聘用期间具有合伙人资格

【解析】（1）选项A：在普通合伙企业中，各合伙人无论其出资多少，都有权平等享有执行合伙企业事务的权利；（2）选项B：普通合伙人（绝对）不得自营或者同他人合作经营与本合伙企业相竞争的业务；（3）选项C：合伙人有权查阅合伙企业会计账簿等财务资料；（4）选项D：合伙企业聘用的合伙人以外的经营管理人员属于"非合伙人"，无需对企业债务承担无限连带责任。

【答案】A

【例题8·单选题】根据合伙企业法律制度的规定，普通合伙企业的下列事务中，在合伙协议没有约定的情况下，不必经全体合伙人一致同意即可执行的是（　　）。（2008年）

A. 改变合伙企业主要经营场所的地点

B. 合伙人之间转让在合伙企业中的部分财产份额

第四周

C. 改变合伙企业的名称

D. 转让合伙企业的商标权

【解析】普通合伙人之间转让在合伙企业中的全部或者部分财产份额时，只需"通知"其他合伙人。

【答案】B

【例题9·多选题】根据《合伙企业法》的规定，下列关于普通合伙企业合伙人权利的表述中，正确的有（　　）。（2007年）

A. 合伙人对执行合伙事务享有同等的权利

B. 合伙人可以查阅企业会计账簿

C. 合伙人可以自营与本企业相竞争的业务

D. 执行企业事务的合伙人可以自行决定是否向其他合伙人报告企业经营状况

【解析】（1）选项A：合伙人无论出资多少，都有权平等享有执行合伙企业事务的权利；（2）选项B：合伙人有权查阅合伙企业会计账簿等财务资料；（3）选项C：普通合伙人（绝对）不得自营或者同他人合作经营与本合伙企业相竞争的业务；（4）选项D：合伙事务执行人"有义务"（而非自行决定）向不参加执行事务的合伙人报告企业经营状况和财务状况。

【答案】AB

【例题10·多选题】根据合伙企业法律制度的规定，下列关于普通合伙企业合伙事务执行的表述中，正确的有（　　）。（2008年）

A. 合伙人为法人的，由其委派的代表执行合伙企业的事务

B. 合伙人可以同他人合作经营与本合伙企业相竞争的事务

C. 合伙人不得自营与本合伙企业相竞争的业务

D. 经全体合伙人一致同意，合伙人可同本合伙企业进行交易

【解析】（1）选项BC：普通合伙人（绝对）不得自营或者同他人合作经营与本合伙企业相竞争的业务；（2）选项D：除合伙协议另有约定或者经全体合伙人一致同意外，普通合伙人不得同本合伙企业进行交易。

【答案】ACD

【例题11·判断题】甲、乙等6人设立了一个普通合伙企业，并委托甲和乙执行合伙企业事务，甲对乙执行的事务提出异议，其他合伙人对如何解决此问题也产生了争议，由于合伙协议未约定争议解决的表决办法，合伙人实行了一人一票的表决办法，后经全体合伙人表决过半数通过了同意甲意见的决定。上述解决争议的做法不符合法律规定。（　　）（2008年）

【解析】本题所述事项既不属于严格按照法定要求处理的事项，也不属于除合伙协议另有约定外，应当经全体（其他）合伙人一致同意的事项，

在合伙协议没有约定的情况下，应当实行合伙人一人一票并经全体合伙人过半数通过的决议办法。

【答案】×

考点5：合伙企业和合伙人的债务清偿（★★★）

（一）普通合伙企业的债务清偿

1. 合伙企业对其债务，应先以其全部财产进行清偿。

2. 合伙企业不能清偿到期债务的，普通合伙人承担无限连带责任。

（1）当合伙企业的全部财产不足以偿付到期债务时，债权人可以根据自己的清偿利益，请求全体普通合伙人中的一人或数人承担全部清偿责任，也可以按照自己确定的清偿比例向各合伙人分别追索。

（2）合伙人之间的分担比例对债权人没有约束力。普通合伙人不得以其出资份额大小、合伙协议有特别约定、合伙企业债务另有担保人或者自己已偿付所承担的份额等理由，拒绝向债权人承担该责任。

3. 普通合伙人由于承担无限连带责任，清偿数额超过规定的亏损分担比例（约定——协商——实缴——平均）的，有权按照合伙企业的亏损分担规则向其他普通合伙人追偿。

【例题1·多选题】甲、乙、丙设立普通合伙企业，约定损益的分配和分担比例为4：3：3。该企业欠丁5万元，无力清偿。根据合伙企业法律制度的规定，债权人丁的下列做法中，正确的有（　　）。（2006年）

A. 要求甲、乙、丙分别清偿2万元、1.5万元、1.5万元

B. 要求甲、乙、丙分别清偿2万元、2万元、1万元

C. 要求甲、乙分别清偿2万元、3万元

D. 要求甲清偿5万元

【解析】普通合伙人之间的分担比例（4：3：3）对债权人没有约束力，债权人丁可以随心所欲地要求甲、乙、丙中的一人、数人或者全体承担全部或者部分债务（连带责任）。

【答案】ABCD

【例题2·单选题】根据合伙企业法律制度的规定，下列关于普通合伙企业债务清偿的表述中，正确的是（　　）。

A. 债权人应当首先向合伙企业求偿

B. 债权人应当首先向合伙人求偿

C. 债权人应当同时向合伙企业及其合伙人求偿

D. 债权人可以选择向合伙企业或其合伙人求偿

【解析】合伙企业（不论普通合伙企业，还是

有限合伙企业）的债权人应首先从合伙企业的全部财产中求偿，而不应当向合伙企业个人直接请求债权。

【答案】A

【相关链接1】新入伙的普通合伙人，对入伙前合伙企业的债务承担无限连带责任。

【相关链接2】退伙的普通合伙人，对基于其退伙前原因发生的合伙企业债务，承担无限连带责任。

【相关链接3】合伙企业注销后，原普通合伙人对合伙企业存续期间的债务仍应承担无限连带责任。

【相关链接4】合伙企业被依法宣告破产的，普通合伙人对合伙企业债务仍应承担无限连带责任。

（二）普通合伙人个人债务的清偿

1. 不得"代位"，不得"抵销"

合伙人发生与合伙企业无关的债务，相关债权人不得以其债权抵销其对合伙企业的债务，也不得代位行使合伙人在合伙企业中的权利。（2016年简答题）

2. 可以"收益"，可以"强执"

（1）合伙人的自有财产不足清偿其与合伙企业无关的债务的，该合伙人可以其从合伙企业分取的收益用于清偿。

（2）强制执行财产份额

①债权人也可以依法请求人民法院强制执行该合伙人在合伙企业中的财产份额用于清偿；

②人民法院强制执行普通合伙人的财产份额时，应当通知全体合伙人，其他合伙人有优先购买权；其他合伙人未购买，又不同意将该财产份额转让给他人的，依法为该合伙人办理退伙结算，或者削减该合伙人相应财产份额的结算。

【例题1·判断题】普通合伙企业的合伙人发生的与合伙企业无关的债务，相关债权人可以其债权抵销其对合伙企业的债务。（　）（2016年）

【解析】"不得抵销，不得代位"。

【答案】×

【例题2·单选题】甲普通合伙企业的合伙人赵某欠个体工商户王某10万元债务，王某欠甲合伙企业5万元债务已到期。赵某的债务到期后一直未清偿。王某的下列做法中，符合《合伙企业法》规定的是（　）。（2011年）

A. 代位行使赵某在甲合伙企业中的权利

B. 自行接管赵某在甲合伙企业中的财产份额

C. 请求人民法院强制执行赵某在甲合伙企业中的财产份额用于清偿

D. 主张以其债权抵销其对甲合伙企业的债务

【解析】（1）"不得代位，不得抵销"，排除选项AD；（2）可以收益清偿，可以请求强制执

行，选项C正确；（3）剩下选项B，判断一下以巩固胜利果实："自行接管"，即不经过人民法院，类似于直接代位行使权利，显然错误。

【答案】C

【例题3·多选题】下列有关普通合伙企业及其合伙人债务清偿的表述中，符合《合伙企业法》规定的有（　）。（2009年）

A. 合伙企业对其债务，应先以其全部财产进行清偿

B. 合伙企业不能清偿到期债务的，合伙人承担无限连带责任

C. 合伙人发生与合伙企业无关的债务，债权人可代位行使该合伙人在合伙企业中的权利

D. 人民法院强制执行合伙人的财产份额时，应经全体合伙人同意

【解析】（1）选项C：合伙人发生与合伙企业无关的债务，相关债权人不得以其债权抵销其对合伙企业的债务；也不得代位行使合伙人在合伙企业中的权利；（2）选项D：人民法院强制执行合伙人的财产份额时，应当"通知"全体合伙人，无须经全体合伙人同意。

【答案】AB

【例题4·单选题】下列有关普通合伙企业和合伙人进行债务清偿的表述中，不符合《合伙企业法》规定的是（　）。（2007年）

A. 合伙企业应先以其全部财产清偿企业债务

B. 合伙企业不能清偿到期债务的，合伙人对企业债务承担无限连带责任

C. 合伙人的自有财产不足清偿个人债务的，债权人可自行接管该合伙人在合伙企业中的财产份额用于清偿

D. 合伙人之间约定的亏损分担比例对债权人没有约束力

【解析】选项C：合伙人的自有财产不足清偿其与合伙企业无关的债务的，该合伙人可以以其从合伙企业中分取的收益用于清偿；债权人也可以依法请求人民法院强制执行该合伙人在合伙企业中的财产份额用于清偿（而非"自行接管"）。

【答案】C

考点6：普通合伙人的入伙（★）

1. 新普通合伙人入伙，除合伙协议另有"约定"外，应当经全体合伙人"一致"同意，并依法订立书面入伙协议。

2. 新入伙的普通合伙人与原合伙人享有同等权利，承担同等责任。如果原合伙人愿意以更优越的条件吸引新合伙人入伙，或者新合伙人愿意以较为不利的条件入伙，也可以在入伙协议中另行约定。

3. 新入伙的普通合伙人对入伙前合伙企业的债务承担无限连带责任。

第四周

考点7：普通合伙人的退伙（★★★）

（一）退伙的原因

类　型		具体情形
自愿退伙（主动）	协议退伙	合伙协议"约定合伙期限"的，在合伙企业存续期间，有下列情形之一的，合伙人可以退伙： （1）合伙协议约定的退伙事由出现 （2）经全体合伙人一致同意 （3）发生合伙人难以继续参加合伙的事由 （4）其他合伙人严重违反合伙协议约定的义务
	通知退伙	同时满足下列条件： （1）合伙协议未约定合伙企业的经营期限 （2）合伙人的退伙不给合伙企业的事务执行造成不利影响 （3）提前30天通知其他合伙人
法定退伙（被动）	当然退伙	（1）作为合伙人的自然人死亡或者被依法宣告死亡 （2）普通合伙人个人丧失偿债能力 （3）作为合伙人的法人或者其他组织依法被吊销营业执照、责令关闭、撤销，或者被宣告破产 （4）法律规定或者合伙协议约定合伙人必须具有相关资格而丧失该资格 （5）合伙人在合伙企业中的全部财产份额被人民法院强制执行 （6）普通合伙人被依法认定为无民事行为能力人或者限制民事行为能力人的，经其他合伙人一致同意，可以依法转为有限合伙人，普通合伙企业依法转为有限合伙企业；其他合伙人未能一致同意的，该无民事行为能力或者限制民事行为能力的合伙人退伙 【提示】普通合伙人丧失民事行为能力不一定导致当然退伙，还需要看能否经其他合伙人一致同意转为有限合伙人
	除名	合伙人有下列情形之一的，经其他合伙人一致同意，可以决议将其除名： （1）未履行出资义务 （2）因故意或者重大过失给合伙企业造成损失 （3）执行合伙事务时有不正当行为 （4）发生合伙协议约定的事由

【例题1·单选题】根据合伙企业法律制度的规定，下列属于普通合伙企业合伙人当然退伙的情形是(　　)。(2016年)

A. 合伙人执行合伙事务时有不当行为

B. 合伙人个人丧失偿债能力

C. 合伙人因故意或重大过失给合伙企业造成损失

D. 合伙人未履行出资义务

【解析】选项ACD：属于除名的情形。

【答案】B

【例题2·单选题】根据合伙企业法律制度的规定，下列各项中，不属于普通合伙人当然退伙的情形是(　　)。(2009年)

A. 作为合伙人的法人被宣告破产

B. 合伙人未履行出资义务

C. 合伙人个人丧失偿债能力

D. 合伙人在合伙企业中的全部财产份额被人民法院强制执行

【解析】选项B：属于可以将该合伙人"除名"的情形。

【答案】B

【例题3·单选题】根据合伙企业法律制度的规定，普通合伙企业协议未约定合伙企业合伙期限的，合伙人在不给合伙企业事务执行造成不利影响的情况下，可以退伙，但应当提前一定期间通知其他合伙人。该期间是(　　)。(2008年)

A. 10日　　　　　B. 15日

C. 30日　　　　　D. 60日

【解析】合伙协议未约定合伙期限的，合伙人在不给合伙企业事务执行造成不利影响的情况下，可以退伙，但应当提前30日通知其他合伙人。

【答案】C

【例题4·单选题】根据合伙企业法律制度的规定，下列各项中，属于普通合伙人当然退伙的情形是(　　)。(2006年)

A. 合伙人在执行合伙企业事务中有侵占合伙企业财产的行为

B. 合伙人未履行出资义务

C. 合伙人被法院强制执行其在合伙企业中的全部财产份额

D. 合伙人因重大过失给合伙企业造成损失

【解析】选项 ABD：属于可以将该合伙人"除名"的情形。

【答案】C

（二）退伙的生效

1. 当然退伙，以退伙事由实际发生之日为退伙生效日。

2. 除名

（1）对合伙人的除名决议应当书面通知被除名人，被除名人接到除名通知之日，除名生效，被除名人退伙。

（2）被除名人对除名决议有异议的，可以自接到除名通知之日起 30 日内，向人民法院起诉。

（三）退伙的效果

1. 继承

（1）普通合伙人死亡或者被依法宣告死亡的，对该合伙人在合伙企业中的财产份额享有合法继承权的继承人，要取得该合伙企业普通合伙人的资格，应当满足下列条件：

①合法继承人愿意；

②除非合伙协议另有约定，否则应当经全体合伙人一致同意；

③满足相应的资格要求（法定/约定、积极/消极）。

（2）普通合伙人的继承人为无民事行为能力人或者限制民事行为能力人的，经全体合伙人一致同意，可以依法成为有限合伙人，普通合伙企业依法转为有限合伙企业；全体合伙人未能一致同意的，合伙企业应当将被继承合伙人的财产份额退还该继承人。

2. 退伙结算

（1）合伙人退伙，除财产份额被依法继承外，其他合伙人应当与该退伙人按照退伙时的合伙企业财产状况进行结算，退还退伙人的财产份额。

（2）退伙人对给合伙企业造成的损失负有赔偿责任的，相应扣减其应当赔偿的数额。

（3）普通合伙人退伙时，合伙企业财产少于合伙企业债务的，退伙人应当依法分担亏损（约定——协商——实缴——平均）。

3. 退伙的普通合伙人对基于其退伙前的原因发生的合伙企业债务，应当承担无限连带责任。

【例题1·单选题】赵某、钱某、孙某各出资 5 万元开办一家经营餐饮的甲普通合伙企业（下称甲企业），合伙期限为 5 年。甲企业经营期间，孙某提出退伙，赵某、钱某表示同意，并约定孙某放弃一切合伙权利，也不承担合伙债务。后甲企业经营管理不善造成亏损，甲企业财产不足以清偿债务，合伙人对于孙某是否承担退伙前甲企业形成的债务发生争议。下列关于孙某对于该债务是否承担责任的表述中，符合合伙企业法律制度规定的是（　　）。（2016 年）

A. 孙某不承担责任

B. 孙某承担无限连带责任

C. 孙某承担补充责任

D. 孙某以其出资额为限承担责任

【解析】退伙的普通合伙人，对基于其退伙前的原因发生的合伙企业债务，承担无限连带责任（该责任不因合伙人之间的内部约定而免除）。

【答案】B

【例题2·多选题】甲是普通合伙企业的合伙人，因病身亡，其继承人只有乙（具备完全民事行为能力）。关于乙继承甲的合伙财产份额的下列表述中，符合《合伙企业法》规定的有（　　）。（2006 年）

A. 乙可以要求退还甲在合伙企业的财产份额

B. 乙只能要求退还甲在合伙企业的财产份额

C. 乙因继承而当然成为合伙企业的合伙人

D. 经其他合伙人同意，乙因继承而成为合伙企业的合伙人

【解析】普通合伙人死亡或者被依法宣告死亡的，对该合伙人在合伙企业中的财产份额享有合法继承权的继承人，要取得该合伙企业普通合伙人的资格，应当满足下列条件：（1）继承人愿意；（2）除非合伙协议另有约定，否则应当经全体合伙人一致同意；（3）满足相应的资格要求：法定/约定、积极/消极。

【答案】AD

考点8：合伙企业的解散与清算（★）

1. 原因

（1）合伙期限届满，合伙人决定不再经营；

（2）合伙协议约定的解散事由出现；

（3）全体合伙人决定解散；

（4）合伙人已不具备法定人数满 30 天；

（5）合伙协议约定的合伙目的已经实现或者无法实现；

（6）依法被吊销营业执照、责令关闭或者被撤销；

（7）法律、行政法规规定的其他原因（如有限合伙企业仅剩有限合伙人的，应当解散）。

【例题·多选题】根据合伙企业法律制度的规定，下列各项中，属于合伙企业应当解散的情形有（　　）。（2008 年）

A. 合伙人因决策失误给合伙企业造成重大损失

B. 合伙企业被依法吊销营业执照

C. 合伙企业的合伙人已有 2 个月低于法定人数

D. 合伙协议约定的合伙目的无法实现

【解析】选项 A：属于可以将该合伙人"除名"的情形。

【答案】BCD

2. 清算人

（1）清算人由全体合伙人担任。

（2）经全体合伙人"过半数"同意，可以自合伙企业解散事由出现后 15 日内指定一个或者数个合伙人，或者委托第三人担任清算人。

（3）自合伙企业解散事由出现之日起 15 日内未确定清算人的，合伙人或者其他利害关系人可以申请人民法院指定清算人。

3. 通知、公告以及申报债权的时间

（1）清算人自被确定之日起 10 日内将合伙企业解散事项通知债权人，并于 60 日内在报纸上公告。

（2）债权人应当自接到通知书之日起 30 日内，未接到通知书的自公告之日起 45 日内，向清算人申报债权。

4. 清偿顺序

（1）清算费用；

（2）合伙企业职工工资、社会保险费用和法定补偿金；

（3）缴纳所欠税款；

（4）清偿债务；

（5）分配剩余财产（约定——协商——实缴——平均）。

5. 清算期间，合伙企业存续，但不得开展与清算无关的经营活动。

6. 合伙企业注销后，原"普通合伙人"对合伙企业存续期间的债务仍应承担无限连带责任。

7. 合伙企业依法被宣告破产的，"普通合伙人"对合伙企业债务仍应承担无限连带责任。

【星期三·第 3 章第 3 单元】 特殊的普通合伙企业

【本单元考点清单】

考点名称	考点地位	二维码
特殊的责任承担规则	★★★	
其他特殊之处	★	

【提示】特殊的普通合伙企业，属于广义普通合伙企业中的一种，法律对特殊普通合伙企业未作出特殊规定之处，适用对一般普通合伙企业的规定。

考点 1：特殊的责任承担规则（★★★）

1. 一个合伙人或者数个合伙人在执业活动中因"故意或者重大过失"造成合伙企业债务的，应当承担无限责任或者无限连带责任，其他合伙人以其在合伙企业中的财产份额为限承担责任。

2. 合伙人在执业活动中因故意或者重大过失造成的合伙企业债务，以合伙企业财产对外承担责任后，该合伙人应当按照合伙协议的约定对给合伙企业造成的损失承担赔偿责任。

【例题 1·多选题】甲、乙、丙三人成立一特殊普通合伙制会计师事务所。甲在为一客户提供审计业务服务过程中，因重大过失给客户造成损失 200 万元。下列关于对该损失承担责任的表述中，符合《合伙企业法》规定的有（ ）。（2011 年）

A. 甲、乙、丙对此损失承担无限连带责任

B. 甲对此损失承担无限责任

C. 乙、丙对此损失不承担责任

D. 乙、丙以其在会计师事务所中的财产份额为限承担责任

【解析】特殊普通合伙企业在债务承担问题上是"因债而分"的：（1）首先看好是什么债，在本题中，是因"重大过失"引起的债务。（2）其次区分清楚"肇事者"和"非肇事者"，在本题中，甲是肇事者，承担无限责任；乙、丙是非肇事者，承担有限责任。

【答案】BD

【例题 2·多选题】根据合伙企业法律制度的规定，下列关于特殊的普通合伙企业中的某个合伙人在执业活动中因故意造成合伙企业债务时合伙人承担责任的表述中，正确的有（ ）。（2015 年）

A. 该合伙人承担无限责任

B. 其他合伙人承担无限连带责任

C. 其他合伙人不承担责任

D. 其他合伙人以其在合伙企业中的财产份额为限承担责任

【答案】AD

【例题3·判断题】特殊的普通合伙企业的合伙人在执业活动中非因故意或者重大过失造成的合伙企业债务,全体合伙人可以以其在合伙企业中的财产份额为限承担责任。( )(2012年)

【答案】×

考点2:其他特殊之处(★)

1. 特殊的领域

特殊的普通合伙企业,是指以专业知识和专门技能为客户提供有偿服务的专业服务机构。

2. 特殊的名称

特殊的普通合伙企业名称中应当标明"特殊普通合伙"字样。

3. 特殊的风险

特殊的普通合伙企业应当建立执业风险基金、办理职业保险;执业风险基金用于偿付合伙人执业活动造成的债务;执业风险基金应当单独立户管理。

【星期四·第3章第4单元】有限合伙企业

【本单元考点清单】

考点名称	考点地位	二维码
有限合伙企业的设立	★★	
有限合伙企业的运营	★★★	
有限合伙企业重大变化的处理	★★★	

有限合伙企业,是指由有限合伙人和普通合伙人共同组成,普通合伙人对合伙企业债务承担无限连带责任,有限合伙人以其认缴的出资额为限对合伙企业债务承担责任的合伙组织。在法律适用时,如果法律对有限合伙企业有特殊规定,适用特殊规定;没有特殊规定的,适用有关普通合伙企业及其合伙人的一般规定。

考点1:有限合伙企业的设立(★★)

1. 人

(1)有限合伙企业由2个以上50个以下合伙人设立;但法律另有规定的除外。

(2)有限合伙企业至少应当有1个普通合伙人;有限合伙企业仅剩有限合伙人的应当解散;有限合伙企业仅剩普通合伙人的,应当转为普通合伙企业。

(3)国有独资公司、国有企业、上市公司以及公益性的事业单位、社会团体不得成为普通合伙人,但可以成为有限合伙人。

2. 名称

有限合伙企业名称中应当标明"有限合伙"字样。

3. 出资

普通合伙人可以劳务出资,但有限合伙人不得以劳务出资。

4. 强制补缴

有限合伙人应当按照合伙协议的约定按期足额缴纳出资;未按期足额缴纳的,应当承担补缴义务,并对其他合伙人承担违约责任。

5. 特殊的登记事项

有限合伙企业登记事项中应当载明有限合伙人的姓名或者名称及认缴的出资额。

【例题1·多选题】根据合伙企业法律制度的规定,下列关于有限合伙企业设立的表述中,正确的有( )。(2016年)

A. 国有企业可以成为有限合伙人

B. 有限合伙企业名称中应当标明"有限合伙"字样

C. 有限合伙企业至少应当有一个普通合伙人

D. 有限合伙人可以以劳务出资

【解析】选项D:有限合伙人不得以劳务出资,普通合伙人可以劳务出资。

【答案】ABC

【例题2·多选题】某公益性社会团体与某私立学校共同出资设立一合伙企业,经营文具用品。

两年后，因经营亏损，该合伙企业财产不足以清偿全部债务。下列关于各合伙人承担责任的表述中，符合合伙企业法律制度规定的有（　　）。（2012年）

A. 该公益性社会团体以其认缴的出资额为限对合伙企业债务承担责任

B. 该私立学校以其认缴的出资额为限对合伙企业债务承担责任

C. 该社会团体对合伙企业债务承担无限责任

D. 该私立学校对合伙企业债务承担无限责任

【解析】（1）选项AC：国有独资公司、国有企业、上市公司以及公益性的事业单位、社会团体不得成为普通合伙人，在本题中，"某公益性社会团体"只能作为有限合伙人，该合伙企业只能为有限合伙企业；（2）选项BD：有限合伙企业应当至少有一名普通合伙人，在本题中，"某私立学校"只能作为普通合伙人，应对该有限合伙企业的债务承担无限责任。

【答案】AD

【例题3·单选题】国有企业甲、合伙企业乙、自然人丙拟共同投资设立一合伙企业。根据《合伙企业法》的规定，下列关于该合伙企业设立及相关事项的表述中，不正确的是（　　）。（2011年）

A. 拟设立的合伙企业可以是普通合伙企业，也可以是有限合伙企业

B. 乙既可以是有限合伙人，也可以是普通合伙人

C. 三方可以约定由丙执行合伙企业事务

D. 三方可以约定不经全体合伙人一致同意而吸收新的合伙人

【解析】选项A：国有独资公司、国有企业、上市公司以及公益性的事业单位、社会团体不得成为普通合伙人；在本题中，甲为国有企业，只能成为有限合伙人，因此，该合伙企业只能是有限合伙企业。

【答案】A

【例题4·单选题】下列有关有限合伙企业设立条件的表述中，不符合《合伙企业法》规定的是（　　）。（2007年）

A. 有限合伙企业至少应当有一个普通合伙人

B. 有限合伙企业名称中应当标明"特殊普通合伙"字样

C. 有限合伙人可以用知识产权作价出资

D. 有限合伙企业登记事项中应载明有限合伙人的姓名或名称

【解析】选项B：有限合伙企业名称中应当标明"有限合伙"字样。

【答案】B

考点2：有限合伙企业的运营（★★★）

1. 合伙事务的执行

（1）有限合伙企业由普通合伙人执行事务，有限合伙人"不得"执行事务；有限合伙企业执行事务合伙人可以要求在合伙协议中确定执行事务的报酬及报酬提取方式。（2010年简答题）

（2）有限合伙人的下列行为，不视为执行合伙事务：

①参与决定普通合伙人入伙、退伙；

②对企业的经营管理提出建议；

③参与选择承办有限合伙企业审计业务的会计师事务所；（2010年简答题）

④获取经审计的有限合伙企业财务会计报告；

⑤对涉及自身利益的情况，查阅有限合伙企业财务会计账簿等财务资料；

⑥在有限合伙企业中的利益受到侵害时，向有责任的合伙人主张权利或者提起诉讼；

⑦执行事务合伙人怠于行使权利时，督促其行使权利或者为了本企业的利益以自己的名义提起诉讼；

⑧依法为本企业提供担保。

【口诀】入退提议会计所，获报查账诉担保。

【例题1·多选题】根据《合伙企业法》的规定，有限合伙人的下列行为，不视为执行合伙事务的有（　　）。（2014年）

A. 参与决定普通合伙人入伙事宜

B. 参与选择承办有限合伙企业审计业务的会计师事务所

C. 就有限合伙企业中的特定事项对外代表本合伙企业

D. 对合伙企业的经营管理提出建议

【解析】选项C：有限合伙企业由"普通合伙人"执行合伙事务，"有限合伙人"不执行合伙事务，不得对外代表有限合伙企业。

【答案】ABD

【例题2·单选题】李某为一有限合伙企业中的有限合伙人。根据《合伙企业法》的规定，李某的下列行为中，不符合规定的是（　　）。（2007年）

A. 对企业的经营管理提出建议

B. 对外代表有限合伙企业

C. 参与决定普通合伙人入伙

D. 依法为本企业提供担保

【解析】（1）选项ACD：不视为执行合伙事务；（2）选项B：有限合伙人不执行合伙事务，不得对外代表有限合伙企业。

【答案】B

（3）第三人有理由相信有限合伙人为普通合伙人并与其交易的，该有限合伙人对该笔交易承担与普通合伙人同样的责任。有限合伙人未经授权以有限合伙企业名义与他人进行交易，给有限

合伙企业或者其他合伙人造成损失的，该有限合伙人应当承担赔偿责任。

【例题·多选题】甲原来是A有限合伙企业的普通合伙人，于2015年1月1日转为有限合伙人，合伙企业未就该事项通知其客户乙，原来与乙进行的交易一直由甲在负责，甲转为有限合伙人后又以A有限合伙企业的名义与乙订立了一个10万元的合同。有关本案的下列说法正确的有（ ）。

A. A有限合伙企业应当履行该合同

B. A有限合伙企业可以以甲是有限合伙人主张该合同对其不产生效力

C. 甲应对该笔债务承担无限连带责任

D. 甲因该行为给合伙企业或其他合伙人造成损失的，应当承担赔偿责任

【解析】第三人有理由相信有限合伙人为普通合伙人并与其交易的，该有限合伙人对该笔交易承担与普通合伙人同样的责任；有限合伙人未经授权以有限合伙企业名义与他人进行交易，给有限合伙企业或者其他合伙人造成损失的，该有限合伙人应当承担赔偿责任。

【答案】ACD

2. 利润分配

有限合伙企业不得将全部利润分配给部分合伙人，但合伙协议另有"约定"的除外。（2010年简答题）

3. 与本企业交易

有限合伙人"可以"同本有限合伙企业进行交易，但合伙协议另有"约定"除外。

4. 从事相竞争业务

有限合伙人"可以"自营或者同他人合作经营与本有限合伙企业相竞争的业务，但合伙协议另有"约定"的除外。

5. 财产份额

（1）出质

有限合伙人"可以"将其在有限合伙企业中的财产份额出质，但合伙协议另有"约定"的除外。（2014年简答题）

（2）转让

有限合伙人"可以"按照合伙协议的约定向合伙人以外的人转让其在有限合伙企业中的财产份额，但应当提前30日"通知"其他合伙人。

（3）强制执行

人民法院强制执行有限合伙人的财产份额时，应当"通知"全体合伙人；在同等条件下，其他合伙人有优先购买权。

【例题·判断题】有限合伙人可以按照合伙协议的约定向合伙人以外的人转让其在有限合伙企业中的财产份额，但应当提前30日通知其他合伙人。（ ）（2010年）

【答案】√

考点3：有限合伙企业重大变化的处理（★★★）

1. 当然退伙

有限合伙人出现下列情形之一时当然退伙：

（1）作为有限合伙人的自然人死亡或者被依法宣告死亡；

（2）作为有限合伙人的法人或者其他组织依法被吊销营业执照、责令关闭、撤销，或者被宣告破产；

（3）法律规定或者合伙协议约定有限合伙人必须具有相关资格而丧失该资格；

（4）有限合伙人在合伙企业中的全部财产份额被人民法院强制执行。

2. 丧失民事行为能力

作为有限合伙人的自然人在有限合伙企业存续期间丧失民事行为能力的，其他合伙人不得因此要求其退伙。

【例题1·单选题】根据《合伙企业法》的规定，有限合伙人出现一定情形时当然退伙，下列不属于有限合伙人当然退伙情形的是（ ）。（2013年）

A. 有限合伙人丧失民事行为能力

B. 有限合伙人死亡

C. 有限合伙人被宣告破产

D. 有限合伙人在合伙企业中的全部财产份额被人民法院强制执行

【解析】选项A：作为有限合伙人的自然人在有限合伙企业存续期间丧失民事行为能力的，其他合伙人不得因此要求其退伙。

【答案】A

【例题2·单选题】根据合伙企业法律制度的规定，有限合伙人在出现一定情形时当然退伙。下列各项中，不属于当然退伙情形的是（ ）。（2010年）

A. 作为有限合伙人的自然人被依法宣告死亡

B. 有限合伙人在合伙企业中的全部财产份额被人民法院强制执行

C. 作为有限合伙人的自然人丧失民事行为能力

D. 作为有限合伙人的法人被责令关闭

【解析】作为有限合伙人的自然人在有限合伙企业存续期间丧失民事行为能力的，其他合伙人不得因此要求其退伙。

【答案】C

3. 继承

作为有限合伙人的自然人死亡、被依法宣告死亡或者作为有限合伙人的法人及其他组织终止时，其继承人或者权利承受人可以依法取得该有限合伙人在有限合伙企业中的资格。

第四周

4. 责任

(1) 普通合伙人对有限合伙企业债务承担无限连带责任，有限合伙人以其"认缴"的出资额为限对合伙企业债务承担责任。

(2) 新入伙的有限合伙人对入伙前有限合伙企业的债务，以其认缴的出资额为限承担责任。

(3) 有限合伙人退伙后，对基于其退伙前原因发生的有限合伙企业债务，以其退伙时从有限合伙企业中"取回的财产"承担责任。（2014年简答题）

【例题1·单选题】根据合伙企业法律制度的规定，有限合伙人退伙后，以特定的财产对基于其退伙前的原因发生的有限合伙企业的债务承担责任。该特定财产是（　　）。（2015年）

A. 该合伙人退伙时从有限合伙企业中取回的财产

B. 该合伙人入伙时认缴的出资

C. 该合伙人入伙时实缴的出资

D. 该合伙人的合伙财产

【解析】有限合伙人退伙后，对基于其退伙前的原因发生的有限合伙企业债务，以其退伙时从有限合伙企业中取回的财产承担责任。

【答案】A

【例题2·判断题】新入伙的有限合伙人对入伙前有限合伙企业的债务，承担无限连带责任。（　　）（2016年）

【解析】新入伙的有限合伙人对入伙前有限合伙企业的债务，以其认缴的出资额为限承担责任（有限责任）。

【答案】×

【例题3·判断题】新入伙的有限合伙人对入伙前有限合伙企业的债务，以其实缴的出资额为限承担责任。（　　）（2015年）

【解析】新入伙的有限合伙人对入伙前有限合伙企业的债务，以其"认缴的出资额"（而非实缴）为限承担责任。

【答案】×

【例题4·单选题】下列关于有限合伙企业中有限合伙人入伙与退伙的表述中，符合《合伙企业法》规定的是（　　）。（2011年）

A. 新入伙的有限合伙人对入伙前有限合伙企业的债务，以其实缴的出资额为限承担责任

B. 作为有限合伙人的自然人，在有限合伙企业存续期间丧失民事行为能力的，该有限合伙人当然退伙

C. 退伙后的有限合伙人对基于其退伙前的原因发生的有限合伙企业的债务，以其退伙时从有限合伙企业中取回的财产为限承担责任

D. 退伙后的有限合伙人对基于其退伙前的原因发生的有限合伙企业的债务，以其认缴的出资额为限承担责任

【解析】（1）选项A：新入伙的有限合伙人对入伙前有限合伙企业的债务，以其"认缴的"出资额为限承担责任；（2）选项B：作为有限合伙人的自然人在有限合伙企业存续期间丧失民事行为能力的，其他合伙人不得因此要求其退伙；（3）选项CD：有限合伙人退伙后，对基于其退伙前的原因发生的有限合伙企业债务，以其退伙时从有限合伙企业中取回的财产为限承担责任。

【答案】C

【例题5·多选题】某普通合伙企业经营期间，吸收甲入伙。甲入伙前合伙企业已负债20万元。甲入伙1年后退伙，在此期间合伙企业新增负债10万元。甲退伙后半年，合伙企业解散，以企业全部财产清偿债务后，尚有80万元债务不能清偿。根据合伙企业法律制度的规定，下列关于甲承担清偿责任的表述中，正确的有（　　）。

A. 甲对入伙前合伙企业的20万元债务承担无限连带责任

B. 甲对入伙后至合伙企业解散时新增的60万元债务承担无限连带责任

C. 甲对合伙企业解散后尚未清偿的全部80万元债务承担无限连带责任

D. 甲对担任合伙人期间合伙企业新增的10万元债务承担无限连带责任

【解析】（1）选项A：新入伙的普通合伙人对入伙前合伙企业的债务承担无限连带责任。（2）选项BCD：退伙的普通合伙人对基于其退伙前的原因发生的合伙企业债务，承担无限连带责任；在本题中，甲担任合伙人期间新增的10万元债务属于基于退伙前原因发生的合伙企业债务，甲应承担无限连带责任。而甲退伙后，合伙企业进一步发生的50万元债务，甲不承担责任。

【答案】AD

【例题6·多选题】甲、乙、丙共同出资设立一特殊的普通合伙制的律师事务所。2010年5月，乙从事务所退出，丁加入事务所成为新合伙人。2010年8月，法院认定甲在2009年的某项律师业务中存在重大过失，判决事务所向客户赔偿损失。根据合伙企业法律制度的规定，下列关于赔偿责任承担的表述中，正确的有（　　）。

A. 甲应以其全部个人财产承担无限责任

B. 乙应以其退出时在事务所中的实际财产份额为限承担赔偿责任

C. 丙应以其在事务所中的财产份额为限承担赔偿责任

D. 丁无需承担赔偿责任

【解析】在特殊的普通合伙企业中，一个合伙人或者数个合伙人在执业活动中因故意或者重大过失造成合伙企业债务的，应当承担无限责任或者无限连带责任（选项A：甲应以其全部个人财产承担无限责任），其他合伙人以其在合伙企业中

的财产份额为限承担责任（选项B：乙应以其退出时在事务所中的实际财产份额为限承担赔偿责任；选项CD：丙和丁应以其在事务所中的财产份额为限承担赔偿责任）。

【答案】ABC

5. 转变（2014年简答题）

（1）除合伙协议另有约定外，普通合伙人转变为有限合伙人，或者有限合伙人转变为普通合伙人，应当经全体合伙人一致同意。

（2）有限合伙人转变为普通合伙人的，对其作为有限合伙人期间有限合伙企业发生的债务承担无限连带责任。普通合伙人转变为有限合伙人的，对其作为普通合伙人期间合伙企业发生的债务承担无限连带责任。

【例题1·单选题】甲为有限合伙企业的有限合伙人，经全体合伙人一致同意，甲转为普通合伙人。下列关于甲对其作为有限合伙人期间有限合伙企业发生的债务责任的表述中，符合合伙企业法律制度规定的是（　　）。（2015年）

A. 以其认缴的出资额为限承担责任

B. 以其实缴的出资额为限承担责任

C. 承担无限连带责任

D. 不承担责任

【解析】有限合伙人转变为普通合伙人的，对其作为有限合伙人期间有限合伙企业发生的债务承担"无限连带责任"。

【答案】C

【例题2·单选题】2010年3月，甲、乙、丙、丁成立一有限合伙企业，甲为普通合伙人，乙、丙、丁为有限合伙人。2011年3月丙转为普

通合伙人，2010年8月该合伙企业欠银行30万元，直至2012年3月合伙企业被宣告破产仍未偿还。下列关于甲、乙、丙、丁对30万元银行债务承担责任的表述中，符合合伙企业法律制度规定的是（　　）。（2012年）

A. 乙、丁应以其认缴的出资额为限对30万元债务承担清偿责任，甲、丙承担无限连带责任

B. 乙、丙、丁应以其认缴的出资额为限对30万元债务承担清偿责任，甲承担无限责任

C. 乙、丁应以其实缴的出资额为限对30万元债务承担清偿责任，甲、丙承担无限连带责任

D. 乙、丙、丁应以实缴的出资额为限对30万元债务承担清偿责任，甲承担无限责任

【解析】（1）有限合伙人（乙、丁）对有限合伙企业的债务，以其"认缴"（而非实缴）的出资额为限承担责任；（2）有限合伙人转变为普通合伙人的，对其作为有限合伙人期间有限合伙企业发生的债务承担无限连带责任；在本题中，丙由有限合伙人转为普通合伙人，对其转变性质前发生的合伙企业债务应与普通合伙人甲一起承担无限连带责任。

【答案】A

【例题3·判断题】有限合伙人转变为普通合伙人的，对其作为有限合伙人期间有限合伙企业发生的债务，以其认缴的出资额为限承担责任。（　　）（2009年）

【解析】有限合伙人转变为普通合伙人的，对其作为有限合伙人期间有限合伙企业发生的债务承担无限连带责任。

【答案】×

【总结1】普通合伙人 VS 有限合伙人

	普通合伙人	有限合伙人
劳务出资	√	×
国有独资公司、国有企业、上市公司以及公益性的事业单位、社会团体	×	√
事务执行	（1）可以依法执行合伙企业事务，对外代表合伙企业 （2）合伙企业对合伙人执行合伙事务以及对外代表合伙企业权利的限制，不得对抗善意第三人	（1）不执行合伙事务，不得对外代表有限合伙企业 （2）"入退提议会计所，获报查账诉担保"不视为执行事务 （3）第三人有理由相信有限合伙人为普通合伙人并与其交易的，该有限合伙人对该笔交易承担与普通合伙人同样的责任
对外转让财产份额	除合伙协议另有约定外，须经其他合伙人一致同意	可以按照合伙协议的约定对外转让财产份额，但应当提前30日通知其他合伙人
财产份额出质	普通合伙人以其在合伙企业中的财产额出质的，须经其他合伙人一致同意	有限合伙人可以将其在有限合伙企业中的财产份额出质；但是，合伙协议另有约定的除外

第四周

续表

	普通合伙人	有限合伙人
与本企业交易	除合伙协议另有约定或者经全体合伙人一致同意外，普通合伙人不得同本合伙企业进行交易	有限合伙人可以同本有限合伙企业进行交易；但是，合伙协议另有约定的除外
从事相竞争的业务	普通合伙人不得自营或者同他人合作经营与本合伙企业相竞争的业务	有限合伙人可以自营或者同他人合作经营与本有限合伙企业相竞争的业务；但是，合伙协议另有约定的除外
利润分配	合伙协议不得约定将全部利润分配给部分普通合伙人	有限合伙企业不得将全部利润分配给部分合伙人；但是，合伙协议另有约定的除外
个人丧失偿债能力	当然退伙	无须退伙
丧失民事行为能力	经其他合伙人一致同意，可以依法转为有限合伙人，普通合伙企业依法转为有限合伙企业；其他合伙人未能一致同意的，该无民事行为能力或者限制民事行为能力的合伙人只能退伙	无须退伙
继承	继承人要继承普通合伙人资格应当满足下列条件：（1）继承人愿意；（2）除非合伙协议另有约定，否则应当经全体合伙人一致同意；（3）满足相应的资格要求	无论其继承人是否具备完全民事行为能力，都可以依法取得有限合伙人的资格
新入伙人的责任	对入伙前合伙企业的债务承担无限连带责任	对入伙前有限合伙企业的债务，以其认缴的出资额为限承担责任
退伙人的责任	对基于其退伙前原因发生的合伙企业债务，承担无限连带责任	对基于其退伙前原因发生的有限合伙企业债务，以其退伙时从有限合伙企业中取回的财产承担责任
合伙人的性质转变	普通合伙人转变为有限合伙人的，对其作为普通合伙人期间合伙企业发生的债务承担无限连带责任	有限合伙人转变为普通合伙人的，对其作为有限合伙人期间有限合伙企业发生的债务承担无限连带责任

【总结2】合伙人对合伙企业债务的责任

1. 从企业类型角度

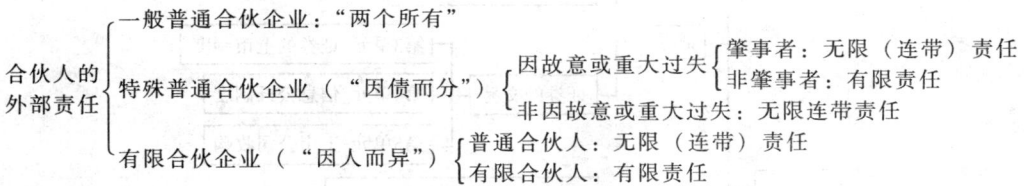

合伙人的外部责任
- 一般普通合伙企业："两个所有"
- 特殊普通合伙企业（"因债而分"）
  - 因故意或重大过失
    - 肇事者：无限（连带）责任
    - 非肇事者：有限责任
  - 非因故意或重大过失：无限连带责任
- 有限合伙企业（"因人而异"）
  - 普通合伙人：无限（连带）责任
  - 有限合伙人：有限责任

2. 从合伙人性质角度

（1）普通合伙人承担无限责任或无限连带责任（新入伙、退伙、转为普通合伙人、企业被注销、企业被宣告破产）；有限合伙人以其认缴的出资额（或退伙时取回的财产）为限承担有限责任（新入伙、退伙转为有限合伙人）。

（2）普通合伙人承担有限责任

一个合伙人或者数个合伙人在执业活动中

"因故意或者重大过失"造成合伙企业债务的：引起该债务的合伙人（"肇事者"）应当承担无限责任或者无限连带责任；其他合伙人（"非肇事者"）以其在合伙企业中的财产份额为限承担责任。

（3）有限合伙人承担无限连带责任

①第三人有理由相信有限合伙人为普通合伙人并与其交易的，该有限合伙人对该笔交易承担

与普通合伙人同样的责任（无限连带责任）。

②普通合伙人转变为有限合伙人的，对其作为普通合伙人期间的债务仍应承担无限连带责任。

【总结 3】各种法定决议规则

1. 一致同意

（1）普通合伙人以其财产份额出质必须经其他合伙人一致同意；

（2）将合伙人除名必须经其他合伙人一致同意；

（3）普通合伙人死亡，继承人为无民事行为能力或者限制民事行为能力人的，经全体合伙人一致同意，可以依法成为有限合伙人；

（4）普通合伙人被依法认定为无民事行为能力人或者限制民事行为能力人的，经其他合伙人一致同意，可以依法转为有限合伙人；

（5）合伙协议应当依法由全体合伙人协商一致，以书面形式订立。

2. 过半数同意

合伙企业解散时如指定一个或者数个合伙人，或者委托第三人担任清算人的，应当经全体合伙人过半数同意。

3. 先约定，后一致同意

（1）按照合伙协议的约定或者经全体合伙人决定，也可以委托一个或者数个普通合伙人对外代表合伙企业，执行合伙事务。合伙企业委托一个或者数个合伙人执行企业事务的，除合伙协议

另有约定外，合伙企业的下列事项应当经全体合伙人一致同意：

①改变合伙企业的名称；

②改变合伙企业的经营范围、主要经营场所的地点；

③处分合伙企业的不动产；

④转让或者处分合伙企业的知识产权和其他财产权利；

⑤以合伙企业名义为他人提供担保；

⑥聘任合伙人以外的人担任合伙企业的经营管理人员。

（2）除合伙协议另有约定外，修改或者补充合伙协议，应当经全体合伙人一致同意。

（3）除合伙协议另有约定外，普通合伙人向合伙人以外的人转让其在合伙企业中的全部或部分财产份额时，须经其他合伙人一致同意。

（4）新合伙人入伙，除合伙协议另有约定外，应当经全体合伙人一致同意。

（5）除合伙协议另有约定外，普通合伙人转变为有限合伙人，或者有限合伙人转变为普通合伙人，应当经全体合伙人一致同意。

（6）按照合伙协议的约定或者经全体合伙人一致同意，普通合伙人可以同本企业进行交易。

（7）普通合伙人死亡，继承人具备完全民事行为能力的，按照合伙协议的约定或者经全体合伙人一致同意，可以取得普通合伙人资格。

【星期五·第 4 章第 1 单元】商业银行法律制度

【第 4 章单元框架】

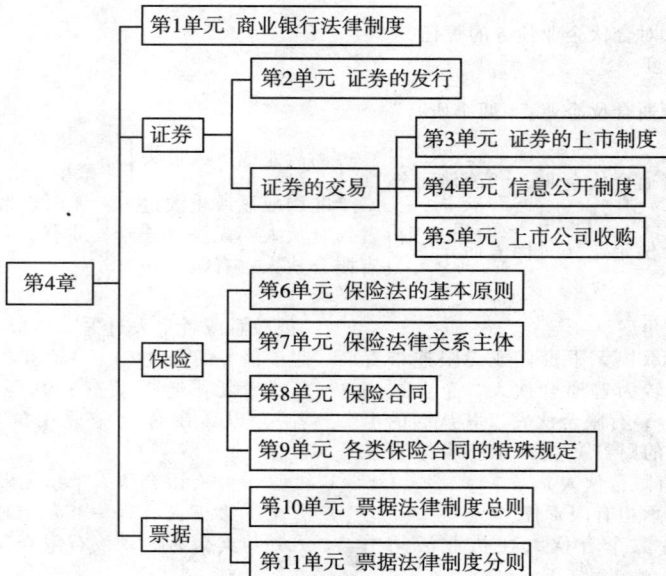

```
                    ┌─ 第1单元 商业银行法律制度
                    │
                    │           ┌─ 第2单元 证券的发行
                    │           │
                    ├─ 证券 ────┤            ┌─ 第3单元 证券的上市制度
                    │           │            │
                    │           └─ 证券的交易 ┼─ 第4单元 信息公开制度
                    │                        │
                    │                        └─ 第5单元 上市公司收购
                    │
                    │           ┌─ 第6单元 保险法的基本原则
     第4章 ─────────┤           │
                    ├─ 保险 ────┼─ 第7单元 保险法律关系主体
                    │           │
                    │           ├─ 第8单元 保险合同
                    │           │
                    │           └─ 第9单元 各类保险合同的特殊规定
                    │
                    │           ┌─ 第10单元 票据法律制度总则
                    └─ 票据 ────┤
                                └─ 第11单元 票据法律制度分则
```

第四周

【本单元考点清单】

考点名称		考点地位	二维码
商业银行的组织规则		★	
商业银行的存款业务规则	个人储蓄存款	★	
	单位存款	★★	
商业银行的贷款业务规则		★★	

考点1：商业银行的组织规则（★）

1. 商业银行的设立

（1）商业银行的注册资本应当为实缴资本，法定最低限额为：

①设立全国性商业银行的注册资本最低限额为10亿元人民币；

②设立城市商业银行的注册资本最低限额为1亿元人民币；

③设立农村商业银行的注册资本最低限额为5000万元人民币。

（2）未经国务院银行业监督管理机构批准，任何单位和个人不得从事吸收公众存款等商业银行业务，任何单位不得在名称中使用"银行"字样。

2. 商业银行的分支机构

（1）商业银行根据业务需要可以在中国境内外设立分支机构，设立分支机构必须经国务院银行业监督管理机构审查批准。

（2）分支机构的营运资金数额

商业银行在中国境内设立分支机构，应当按照规定拨付与其经营规模相适应的营运资金数额；拨付各分支机构营运资金数额的总和，不得超过"总行资本金总额的60%"。

【例题·单选题】2015年在P市成立的甲农村商业银行（下称甲银行），资本金为6000万元人民币。2016年甲银行拟在Q市设立第一家分支机构。根据商业银行法律制度的规定，甲银行拨付该分支机构的营运资金额最高为（　　）万元。（2016年）

A. 2400　　　　　　B. 3000

C. 3600　　　　　　D. 4200

【解析】商业银行在中国境内设立分支机构，应当按照规定拨付与其经营规模相适应的营运资金数额。拨付各分支机构营运资金额的总和，不得超过总行资本金总额的60%（6000万元×60%＝3600万元）。

【答案】C

（3）商业银行分支机构不具有法人资格，在总行授权范围内依法开展业务，其民事责任由总行承担。

3. 商业银行的接管

（1）接管的条件

商业银行"已经或者可能"发生信用危机，严重影响存款人的利益时，国务院银行业监督管理机构可以对该银行实行接管。

（2）接管的效果

①接管组织对商业银行依法实施接管，实质是终止被接管商业银行的所有者和经营者对银行行使的经营管理权，被接管银行的法律主体资格并不因接管而丧失。

②被接管的商业银行的债权债务关系不因接管而变化。

（3）接管由国务院银行业监督管理机构决定，并组织实施。

（4）接管期限届满，国务院银行业监督管理机构可以决定延期，但接管期限最长不得超过2年。

（5）接管终止的情形

①接管决定规定的期限届满或者国务院银行业监督管理机构决定的接管延期届满；

②接管期限届满前，该商业银行已恢复正常经营能力；

③接管期限届满前，该商业银行被合并或被依法宣告破产。

4. 商业银行的终止

（1）商业银行终止的原因包括3种：解散、被撤销和被宣告破产（不包括被接管）。

第四周

（2）商业银行被宣告破产

①商业银行不能支付到期债务，经国务院银行业监督管理机构同意，由人民法院依法宣告其破产。

②商业银行被宣告破产的，由人民法院组织国务院银行业监督管理机构等有关部门和有关人员成立清算组，进行清算。

③商业银行破产清算时，在支付清算费用、所欠职工工资和劳动保险费用后，应当优先支付个人储蓄存款的本金和利息。

5. 商业银行应当经国务院银行业监督管理机构批准的事项（包括但不限于）

（1）变更名称；

（2）变更注册资本；

（3）变更总行或者分支行所在地；

（4）调整业务范围；

（5）变更持有资本总额或者股份总额5%以上的股东；

（6）修改章程；

（7）合并、分立；

（8）解散。

考点2：商业银行的个人储蓄存款业务规则（★）

1. 定期储蓄存款

（1）未到期的定期储蓄存款，全部提前支取的，按"支取日"挂牌公告的活期储蓄存款利率计付利息；部分提前支取的，提前支取的部分按"支取日"挂牌公告的活期储蓄存款利率计付利息，其余部分到期时按存单"开户日"挂牌公告的定期储蓄存款利率计付利息。

（2）逾期支取的定期储蓄存款，其超过原定存期的部分，除约定自动转存的外，按"支取日"挂牌公告的活期储蓄存款利率计付利息。

（3）定期储蓄存款在存期内遇有利率调整，按存单"开户日"挂牌公告的相应的定期储蓄存款利率计付利息。

（4）定期存款的支取日为结息日。

2. 活期储蓄存款

个人活期存款按季结息，按结息日挂牌活期利率计息，每季末月的20日为结息日。未到结息日清户时，按"清户日"挂牌公告的活期利率计息到清户前一日止。

3. 个人储蓄存款的查询、冻结、扣划

（1）查询、冻结和扣划

根据现行法律的规定，有权依法采取查询、冻结和扣划措施的只有人民法院、税务机关和海关。

（2）查询和冻结

人民检察院、公安机关、国家安全机关、军队保卫部门、证监会、反洗钱行政主管部门、监狱、走私犯罪侦查机关有权查询和冻结个人储蓄存款。

（3）查询

审计机关、监察机关、价格主管部门、反垄断执法机构、银监会、保监会、财政部门、外汇管理机关、期货监督管理机构、工商行政管理部门有权查询个人储蓄存款。

【例题·单选题】根据商业银行法律制度的规定，下列机关中，有权对个人储蓄存款采取扣划措施的是（　　）。（2014年）

A. 检察机关　　　　B. 税务机关

C. 公安机关　　　　D. 审计机关

【解析】有权对个人储蓄存款依法采取查询、冻结和扣划措施的只有人民法院、税务机关和海关。

【答案】B

考点3：商业银行的单位存款业务规则（★★）

1. 强制存入、禁止坐支

（1）开户单位的现金收入，除核定的库存现金"限额"外，必须存入开户银行，不得自行保存。

（2）开户单位支付现金，可以从本单位库存现金限额中支付或从开户银行提取，不得从本单位的现金收入中直接支付（即坐支）。

2. 单位定期存款

（1）单位定期存款的期限分3个月、半年、1年三个档次；起存金额1万元，多存不限。

（2）单位定期存款在存期内按"存入日"挂牌公告的定期存款利率计付利息，遇利率调整，不分段计息。单位定期存款到期不取，逾期部分按"支取日"挂牌公告的"活期"存款利率计付利息。

（3）存款单位支取定期存款只能以转账方式将存款转入其基本存款账户，不得将定期存款用于结算或从定期存款账户中提取现金。

（4）单位定期存款可以全部或部分提前支取，但只能提前支取一次。

（5）财政拨款、预算内资金及银行贷款不得作为单位定期存款存入金融机构。

（6）存款单位迁移时，其定期存款如未到期转移，应办理提前支取手续，按"支取日"挂牌公告的活期利率一次性结清。

3. 单位活期存款

单位活期存款按日计息，按季结息，计息期间遇利率调整分段计息，每季度末月的20日为结息日。

【例题1·多选题】下列关于开户单位现金管理的表述中，符合《现金管理条例》规定的有（　　）。（2014年）

A. 开户单位可从其现金收入中直接支付现金开支

B. 开户单位可以自行保存经核定的库存现金限额

C. 开户单位的全部现金收入必须存入开户银行

D. 开户单位支付现金可从开户银行提取

【解析】(1) 选项AD：开户单位支付现金，可以从本单位库存现金限额中支付或者从开户银行提取，不得从本单位的现金收入中直接支付；(2) 选项BC：开户单位的现金收入，除核定的库存现金限额外，必须存入开户银行，不得自行保存。

【答案】BD

【例题2·单选题】根据商业银行法律制度的规定，单位定期存款到期不取，逾期部分支取的计息规则是(　　)。(2013年)

A. 按存款存入日挂牌公告的定期存款利率计息

B. 按存款存入日挂牌公告的活期存款利率计息

C. 按存款支取日挂牌公告的定期存款利率计息

D. 按存款支取日挂牌公告的活期存款利率计息

【解析】(1) 单位定期存款在存期内按存款"存入日"挂牌公告的"定期"存款利率计付利息，遇利率调整，不分段计息；(2) 单位定期存款到期不取，逾期部分按"支取日"挂牌公告的"活期"存款利率计付利息。

【答案】D

【例题3·多选题】限制支出原则是单位存款的基本原则，下列关于单位定期存款限制支出行为的表述中，符合商业银行法律制度规定的有(　　)。(2013年)

A. 单位支付定期存款应以转账方式将存款转入其一般存款账户

B. 定期存款不得用于结算

C. 定期存款账户不得提取现金

D. 定期存款可以全部或部分提前支取，但只能提前支取一次

【解析】(1) 选项ABC：存款单位支取定期存款只能以转账方式将存款转入其"基本存款账户"（而非一般存款账户），不得将定期存款用于结算或从定期存款账户中提取现金；(2) 选项D：单位定期存款可以全部或部分提前支取，但只能提前支取一次。

【答案】BCD

考点4：商业银行的贷款业务规则（★★）

1. 委托贷款

(1) 贷款，按照贷款人是否承担风险划分，可分为自营贷款、委托贷款和特定贷款。

(2) 委托贷款，是指由政府部门、企事业单位及个人等委托人提供资金，由贷款人（即受托人）根据委托人确定的贷款对象、用途、金额期限、利率等代为发放、监督使用并协助收回的贷款；贷款人（受托人）只收取手续费，"不承担"贷款风险。

2. 信用贷款、担保贷款和票据贴现

(1) 信用贷款，是指以借款人的信誉发放的贷款；

(2) 担保贷款，是指保证贷款、抵押贷款、质押贷款；

(3) 票据贴现，是指贷款人以购买借款人未到期商业票据的方式发放的贷款。

3. 贷款人的资格

在我国，经国务院银行业监督管理机构批准，持有其颁发的经营金融业务许可证，并经工商行政管理部门核准登记，同时，金融机构的许可证和营业执照中，必须要有贷款业务范围，才能经营贷款业务。

4. 贷款的发放方式

(1) 贷款的发放方式包括贷款人受托支付和借款人自主支付两种。

(2) 应当采用贷款人受托支付方式发放贷款的情形

①个人贷款

个人贷款用途应符合法律、法规规定和国家有关政策，贷款人不得发放无指定用途的个人贷款；除特殊情形外，个人贷款资金应当采用贷款人受托支付给借款人的交易对象的方式，即由贷款人根据借款人的提取申请和支付委托，将贷款资金支付给符合合同约定用途的借款人交易对象。

②单笔金额超过项目总投资5%或者超过500万元人民币的贷款资金支付，应采用贷款人受托支付方式。

5. 向关系人发放贷款

(1) "关系人"是指，商业银行的董事、监事、管理人员、信贷人员及其近亲属；上述人员投资或者担任高级管理职务的公司、企业和其他经济组织。

(2) 商业银行不得向关系人发放"信用贷款"。

(3) 商业银行向关系人发放担保贷款的条件不得优于其他借款人同类贷款的条件。

【例题1·单选题】根据商业银行法律制度的规定，商业银行不得向关系人发放信用贷款。下列各项中，不属于某商业银行关系人的是(　　)。(2016年)

A. 该银行的董事长

B. 该银行董事长的配偶

C. 该银行董事长投资的甲公司

D. 该银行董事长的同学

【解析】商业银行不得向关系人发放信用贷款；向关系人发放担保贷款的条件不得优于其他借款人同类贷款的条件。"关系人"是指：商业银行的董事、监事、管理人员、信贷人员及其近亲属（选项AB）以及上述人员投资或者担任高级管理职务的公司、企业和其他经济组织（选项C）。

【答案】D

【例题2·多选题】甲是A有限责任公司（下称A公司）的董事，同时又是B银行的董事。A公司因生产经营需要向B银行申请贷款300万元。下列关于B银行能否向A公司发放贷款的表述中，符合商业银行法律制度规定的有（ ）。（2015年）

A. 不得向A公司发放信用贷款

B. 可以向A公司发放信用贷款，但发放信用贷款的条件不得优于其他借款人同类贷款的条件

C. 可以向A公司发放担保贷款，但发放担保贷款的条件不得优于其他借款人同类贷款的条件

D. 可以向A公司发放担保贷款，发放担保贷款的条件可以优于其他借款人同类贷款的条件

【解析】（1）A公司属于B银行的关系人（商业银行的董事、监事、管理人员、信贷人员及其近亲属以及上述人员投资或者担任高级管理职务的公司、企业和其他经济组织）；（2）选项AB：商业银行不得向关系人发放"信用贷款"；选项CD：向关系人发放"担保贷款"的条件不得优于其他借款人同类贷款的条件。

【答案】AC

【例题3·判断题】商业银行可以向符合发放信用贷款条件的关系人发放信用贷款，但发放信用贷款的条件不得优于其他借款人同类贷款的条件。（ ）（2013年）

【解析】（1）商业银行"不得"向关系人发放"信用贷款"；（2）商业银行向关系人发放"担保贷款"的条件不得优于其他借款人同类贷款的条件。

【答案】×

本周自测

一、单项选择题

1. 中国公民王某拟设立个人独资企业从事儿童艺术摄影。根据个人独资企业法律制度的规定，下列说法中，正确的是（ ）。

A. 该个人独资企业名称可以定为"蓝天儿童艺术摄影工作室"

B. 王某可以以劳务出资

C. 王某只能以个人财产出资，不能以家庭共有财产出资

D. 如果王某日后想扩大经营，只能设立新的个人独资企业，不能设立该个人独资企业的分支机构

2. 甲、乙、丙、丁拟设立一个普通合伙企业，其合伙协议约定的下列条款中，不符合规定的是（ ）。

A. 合伙人可以劳务出资

B. 经全体合伙人一致同意，可以吸收上市公司作为普通合伙人

C. 修改合伙协议应当经全体合伙人2/3以上同意

D. 合伙人不得分期出资

3. 甲、乙、丙、丁设立一个普通合伙企业，合伙协议中约定，当企业财产不足以清偿全部合伙企业债务时，对不足清偿部分，甲最多负责清偿10万元，乙最多负责清偿5万元，其余款项债权人应当向丙、丁进行追偿，合伙企业设立后不久，欠付A公司100万元货款到期无法清偿。有关本案的下列说法中，正确的是（ ）。

A. 甲仅负有向A公司偿还10万元的义务

B. 乙仅负有向A公司偿还5万元的义务

C. A公司只能要求丙、丁承担连带责任

D. A公司可以要求甲、乙、丙、丁承担连带责任

4. 某普通合伙企业为内部管理与拓展市场的需要，决定聘请陈东为企业经营管理人；已知，合伙协议未对该事项作出约定。根据合伙企业法律制度的规定，下列说法正确的是（ ）。

A. 陈东应当同时具有合伙人身份

B. 对陈东的聘任须经全体合伙人的一致同意

C. 陈东作为经营管理人，有权以合伙企业的名义对外签订合同

D. 合伙企业对陈东对外代表合伙企业权利的限制，不得对抗第三人

5. 张、王、李、赵各出资 1/4，设立通程酒吧（普通合伙企业），合伙协议未对相关事项的决议办法作出约定；酒吧开业 1 年后，经营环境急剧变化，全体合伙人开会，协商对策。根据合伙企业法律制度的规定，合伙企业通过的下列决议中，有效的是（　　）。

A. 张某认为"通程"二字没有吸引力，提议改为"同升"；王某、赵某同意，但李某表示反对

B. 鉴于生意清淡，王某提议暂停营业 1 个月，装修整顿；张某、赵某同意，但李某表示反对

C. 鉴于酒吧急需咖啡机，赵某提议将其自有的一批咖啡机卖给酒吧；张某、王某同意，但李某表示反对

D. 鉴于 4 人缺乏酒吧经营之道，李某提议聘任其友汪某为合伙经营管理人；张某、王某同意，但赵某反对

6. 张、王、李、赵各出资 1/4，设立通程酒吧（普通合伙企业），合伙协议未约定合伙期限，也未对合伙人财产份额转让有关的事项作出约定。酒吧开业半年后，张某在经营理念上与其他合伙人冲突，遂产生退出的想法。根据合伙企业法律制度的规定，下列说法正确的是（　　）。

A. 张某可将其财产份额转让给王某，且不必事先告知赵某、李某

B. 张某可经王某、赵某同意后，将其财产份额转让给刘某

C. 张某可主张发生了难以继续参加合伙的事由，向其他合伙人要求立即退伙

D. 张某可在不给合伙事务造成不利影响的前提下，提前 30 日通知其他合伙人退伙

7. 某普通合伙企业合伙人甲因执行合伙事务有不正当行为，经合伙人会议决议一致同意将其除名，甲接到除名通知后不服，诉至人民法院。根据合伙企业法律制度的规定，该合伙企业对甲除名的生效日期为（　　）。

A. 甲的不正当行为作出之日

B. 除名决议作出之日

C. 甲接到除名通知之日

D. 甲的诉讼请求被人民法院驳回之日

8. 2011 年 5 月，贾某以一套房屋作为投资，与几位朋友设立一家普通合伙企业，从事软件开发。2015 年 6 月，贾某举家移民海外，故打算退出合伙企业。根据合伙企业法律制度的规定，下列说法正确的是（　　）。

A. 在合伙协议未约定合伙期限时，贾某向其他合伙人发出退伙通知后，即发生退伙效力

B. 因贾某的退伙，合伙企业须进行清算

C. 退伙后贾某可向合伙企业要求返还该房屋

D. 贾某对基于退伙前原因发生的合伙企业的债务仍须承担无限连带责任

9. 某普通合伙企业的合伙人包括有限责任公司甲、乙，自然人丙、丁。根据合伙企业法律制度的规定，下列情形中，属于当然退伙事由的是（　　）。

A. 甲被债权人申请破产

B. 丁因斗殴被公安机关拘留

C. 丙被依法宣告失踪

D. 乙被吊销营业执照

10. 下列各项中，不属于商业银行终止原因的是（　　）。

A. 解散

B. 被撤销

C. 被宣告破产

D. 被接管

11. 有关单位的现金使用，下列表述不正确的是（　　）。

A. 单位在核定库存现金限额内的现金，可以自行保存

B. 单位超出核定库存现金限额的现金，应当存入开户银行

C. 单位支付现金可以从本单位库存现金限额中支付

D. 单位支付现金可以从本单位的现金收入中直接支付

12. 个人独资企业业主王某因业务开展急需资金，拟向商业银行贷款；考虑到其配偶刘某是甲商业银行在当地分支机构的信贷员，遂向该分支机构申请贷款。根据商业银行法律制度的规定，下列说法正确的是（　　）。

A. 该分支机构可以向王某发放信用贷款

B. 该分支机构可以向王某发放担保贷款

C. 该分支机构不得向王某发放贷款

D. 该分支机构可以采用内部优惠利率向王某发放贷款

二、多项选择题

1. 根据个人独资企业法律制度的规定，下列行为中，个人独资企业的事务管理人不得从事的有（　　）。

A. 利用职务上的便利，索取或者收受贿赂

B. 擅自将企业资金以个人名义或者以他人名义开立账户储蓄

C. 未经投资人同意，从事与本企业相竞争的业务

D. 未经投资人同意，同本企业订立合同或者进行交易

2. 根据合伙企业法律制度的规定，下列各项中，属于合伙企业财产的有（　　）。

A. 合伙人缴纳的实物出资

B. 合伙企业对某公司的债权

C. 合伙企业合法接受的赠与财产

D. 合伙企业借用的某合伙人的电脑

3. 甲、乙、丙、丁四个合伙人成立 A 普通合伙企业（简称"A 企业"），A 企业欠 B 企业货款 100 万元，债权到期 B 企业要求 A 企业清偿时，A 企业财产仅剩 60 万元；对未能得到清偿的 40 万元债权，B 企业有权（　　）。

A. 要求甲清偿 10 万元，乙清偿 20 万元，丙清偿 10 万元，不要求丁清偿

B. 要求甲一人清偿全部 40 万元

C. 要求甲、乙共同清偿 40 万元

D. 要求甲、乙、丙、丁四人各清偿 10 万元

4. 甲、乙、丙、丁四个合伙人成立一个特殊普通合伙制的会计师事务所——A 会计师事务所，甲、乙在执业过程中与客户串通，为客户出具了虚假的审计报告，并私下收取客户好处费 100 万元；该审计报告为投资者造成了损失，法院判决 A 会计师事务所负责赔偿 1000 万元。有关本案的下列说法中，正确的有（　　）。

A. 甲、乙二人的个人财产不足以清偿该 1000 万元的赔偿款项时，A 会计师事务所才以其财产为限承担责任

B. A 会计师事务所应当先以其财产清偿该 1000 万元的赔偿款项

C. A 会计师事务所的财产不足清偿的部分，投资者有权要求甲、乙、丙、丁四人承担无限连带责任

D. A 会计师事务所的财产不足清偿的部分，投资者无权要求丙、丁承担责任

5. 甲、乙出资设立普通合伙企业，双方订立的书面合伙协议约定：甲以 10 万元出资，乙以劳务出资；乙执行合伙企业事务；合伙企业利润由甲、乙分别按 80% 和 20% 的比例分配，亏损由甲、乙分别按 20% 和 80% 的比例分担。有关本案的下列说法中，正确的有（　　）。

A. 乙不得单独以劳务出资

B. 乙以劳务出资，不得执行合伙企业事务

C. 合伙企业的利润分配比例合法

D. 合伙企业的亏损分担比例合法

6. 王某、张某、田某、朱某共同出资 180 万元，于 2013 年 8 月成立绿园商贸中心（普通合伙）。2014 年 4 月，朱某因抄底买房，向刘某借款 50 万元，约定借期 4 个月。4 个月后，因房地产市场不景气，朱某亏损不能还债。根据合伙企业法律制度的规定，关于刘某行使权利的表述中，正确的有（　　）。

A. 可代位行使朱某在合伙企业中的权利

B. 可就朱某在合伙企业中分得的收益主张清偿

C. 可申请对朱某的合伙财产份额进行强制执行

D. 就朱某的合伙份额享有优先受偿权

7. 普通合伙人出现下列情形，经其他合伙人一致同意，可以决议将其除名的有（　　）。

A. 未履行出资义务

B. 因故意或者重大过失给合伙企业造成损失

C. 个人丧失偿债能力

D. 执行合伙事务时有不正当行为

8. 甲、乙、丙、丁成立一家有限合伙企业，甲是普通合伙人，负责合伙事务执行，乙、丙、丁为有限合伙人；在合伙协议没有约定的情况下，下列行为中，不违反合伙企业法律制度的有（　　）。

A. 甲以合伙企业的名义向 A 公司订购一批原材料

B. 乙代表合伙企业与 B 公司签订了一份代销合同

C. 丙将自有房屋租给合伙企业使用

D. 丁设立的一人有限公司经营与合伙企业相同的业务

9. 有关商业银行接管的法律效果，下列表述正确的有（　　）。

A. 被接管的商业银行的债权债务关系不因接管而变化

B. 接管期限届满，国务院银行业监督管理机构应当决定终止接管

C. 国务院银行业监督管理机构只能对已经发生信用危机的商业银行进行接管

D. 接管期限届满前，该商业银行被合并的，接管终止

10. 根据现行法律的规定，下列各项中，有权查询、冻结和扣划个人储蓄存款账户的有（　　）。

A. 人民法院

B. 人民检察院

C. 税务机关

D. 海关

11. 下列有关单位定期存款的表述中，正确的有（　　）。

A. 单位定期存款的起存金额为 1 万元，多存不限

B. 单位定期存款可以全部或部分提前支取，但只能提前支取一次

C. 单位定期存款到期不取，逾期部分不计付利息

D. 存款单位支取定期存款只能以转账方式将存款转入其基本存款账户，不得将定期存款用于结算或从定期存款账户中提取现金

三、判断题

1. 王某投资设立一个人独资企业，在企业登记中载明以家庭共有财产作为个人出资；当该个人独资企业财产不足清偿企业债务时，债权人有

权要求王某以家庭共有财产清偿相关债务。
（　　）

2. 张某于 2011 年 3 月成立一家个人独资企业；同年 5 月，该企业与甲公司签订一份买卖合同，根据合同，该企业应于同年 8 月支付给甲公司货款 15 万元，后该企业一直未支付该款项。2014 年 1 月，该企业因故解散。2015 年 4 月，甲公司起诉张某，要求张某偿还上述 15 万元债务。对甲公司的诉讼请求，人民法院可予以支持。
（　　）

3. A 普通合伙企业的合伙协议中约定，经全体合伙人过半数同意，可以修改或者补充合伙协议。根据合伙企业法律制度的规定，A 普通合伙企业的该约定符合规定。
（　　）

4. 合伙人在合伙企业清算前，不得请求分割合伙企业的财产；但是，法律另有规定的除外。
（　　）

5. 合伙人分别执行合伙事务的，执行事务的合伙人可以对其他合伙人执行的事务提出异议；但是异议不停止合伙事务的执行。
（　　）

6. 参与经营管理的非合伙人，对企业债务无须承担无限连带责任。
（　　）

7. 特殊的普通合伙企业应当建立执业风险基金，办理职业保险。
（　　）

8. 除合伙协议另有约定外，合伙企业解散时如指定一个或者数个合伙人，或者委托第三人担任清算人的，应当经全体合伙人过半数同意。
（　　）

9. 商业银行在境内设立分支机构，应当按照规定拨付与其经营规模相适应的营运资金数额；拨付各分支机构营运资金数额的总和，不得超过总行资本金总额的 80%。
（　　）

10. 商业银行对个人贷款，由商业银行和借款人协商采用贷款人受托支付或者借款人自主支付方式发放贷款。
（　　）

本周自测参考答案及解析

一、单项选择题

1.【答案】A
【解析】（1）选项 B：设立个人独资企业可以用货币出资，也可以用实物、土地使用权、知识产权或者其他财产权利出资，但不得以劳务出资；（2）选项 C：个人独资企业投资人可以以个人财产出资，也可以以家庭共有财产作为个人出资；（3）选项 D：个人独资企业可以设立分支机构。

2.【答案】B
【解析】（1）选项 A：普通合伙人可以以劳务出资；（2）选项 B：国有独资公司、国有企业、

上市公司以及公益性事业单位、社会团体不得成为普通合伙人（这是法定要求）；（3）选项 C：修改或者补充合伙协议，应当经全体合伙人一致同意，但是合伙协议另有约定的除外；（4）选项 D：合伙人可以（也可以不）约定分期出资；出资期限在合伙协议中载明。

3.【答案】D
【解析】合伙人的内部亏损分担比例对债权人没有约束力，普通合伙人就合伙企业财产不足清偿部分向企业债权人承担的是连带责任。

4.【答案】B
【解析】（1）选项 A：合伙企业可以聘请非合伙人参与经营管理；（2）选项 B：除合伙协议另有约定外，聘任合伙人以外的人担任合伙企业的经营管理人员，应经全体合伙人一致同意；（3）选项 CD：执行事务的合伙人（而非参与经营管理的非合伙人）有权对外代表合伙企业。

5.【答案】B
【解析】（1）选项 A：除合伙协议另有约定外，改变合伙企业名称，应当经全体普通合伙人一致同意；（2）选项 B：合伙企业对法律未作规定的事项作出决议时，按照合伙协议约定的表决办法办理，合伙协议未约定或者约定不明确的，实行合伙人一人一票并经全体合伙人过半数通过的表决办法；（3）选项 C：除合伙协议另有约定或者经全体合伙人一致同意外，合伙人不得同本合伙企业进行交易；（4）选项 D：除合伙协议另有约定外，经全体合伙人一致同意，可以聘任合伙人以外的人担任合伙企业的经营管理人员。

6.【答案】D
【解析】（1）选项 A：普通合伙人之间转让其在合伙企业中的全部或者部分财产份额时，应当"通知"其他合伙人；（2）选项 B：除合伙协议另有约定外，普通合伙人向合伙人以外的人转让其在合伙企业中的全部或者部分财产份额时，须经其他合伙人一致同意；（3）选项 C："发生合伙人难以继续参加合伙的事由"是协议退伙的情形之一。在本题中，合伙协议未约定合伙期限，不适用协议退伙；（4）选项 D：合伙协议未约定合伙期限的，合伙人在不给合伙企业事务执行造成不利影响的情况下，可以退伙，但应当提前 30 日通知其他合伙人。

7.【答案】C
【解析】被除名人"接到除名通知之日"，除名生效，被除名人退伙；被除名人对除名决议有异议的，可以自接到除名通知之日起 30 日内，向人民法院起诉（先生效，确有异议起诉解决，如果除名确有错误，法院可以判决除名决议无效）。

8.【答案】D

【解析】（1）选项A：合伙协议未约定合伙期限的，合伙人在不给合伙企业事务执行造成不利影响的情况下，可以退伙，但应当提前30日通知其他合伙人；（2）选项B：贾某退伙，为贾某办理退伙结算即可，不必对企业进行清算；（3）选项C：贾某退伙，应当退还其财产份额，而非出资的财产本身；（4）选项D：退伙的普通合伙人对基于退伙前原因发生的合伙企业债务，应当承担无限连带责任。

9.**【答案】**D

【解析】（1）选项AD：作为合伙人的法人或者其他组织依法被吊销营业执照、责令关闭、撤销，或者"被宣告破产"（而非被申请破产），当然退伙；（2）选项BC：作为合伙人的自然人死亡或者被依法宣告死亡（而非失踪、被拘留），当然退伙。

10.**【答案】**D

【解析】（1）选项D：被接管银行的法律主体资格并不因接管而丧失；（2）选项ABC：商业银行终止的原因限于解散、被撤销和被宣告破产。

11.**【答案】**D

【解析】（1）选项AB：开户单位的现金收入，除核定的库存现金限额外，必须存入开户银行，不得自行保存；（2）选项CD：开户单位支付现金，可以从本单位库存现金限额中支付或从开户银行提取，不得从本单位的现金收入中直接支付。

12.**【答案】**B

【解析】商业银行不得向关系人发放"信用贷款"；商业银行向关系人发放担保贷款的条件不得优于其他借款人同类贷款的条件。关系人是指：商业银行的董事、监事、管理人员、信贷人员及其近亲属以及上述人员投资或者担任高级管理职务的公司、企业和其他经济组织。

二、多项选择题

1.**【答案】**ABCD

【解析】投资人委托或者聘用的管理个人独资企业事务的人员不得从事下列行为：（1）利用职务上的便利，索取或者收受贿赂（选项A）；（2）利用职务或者工作上的便利侵占企业财产；（3）挪用企业的资金归个人使用或者借贷给他人；（4）擅自将企业资金以个人名义或者以他人名义开立账户储蓄（选项B）；（5）擅自以企业财产提供担保；（6）未经投资人同意，从事与本企业相竞争的业务（选项C）；（7）未经投资人同意，同本企业订立合同或者进行交易（选项D）；（8）未经投资人同意，擅自将企业商标或者其他知识产权转让给他人使用；（9）泄露本企业的商业秘密。

2.**【答案】**ABC

【解析】合伙企业财产包括：（1）合伙人的出资（选项A）；（2）以合伙企业名义取得的收益（包括但不限于合伙企业债权）（选项B）；（3）依法取得的其它财产（如合法接受的赠与财产）（选项C）。

3.**【答案】**ABCD

【解析】普通合伙人对合伙企业债务承担无限连带责任，对合伙企业财产不足清偿部分，债权人有权要求普通合伙人中的一人、数人、全体承担全部或部分债务（要求谁清偿，清偿多少，由债权人说了算）。

4.**【答案】**BD

【解析】（1）选项AB：会计师事务所承接业务是以事务所的名义（而非注册会计师个人名义）承接，因此，不论是否故意或重大过失引起的债务，都属于企业债务（而非合伙人个人债务），应当先以企业财产承担责任；（2）选项CD：特殊普通合伙企业中，一个或数个合伙人在执业活动中因故意或者重大过失造成合伙企业债务的，应当承担无限责任或者无限连带责任，其他合伙人以其在合伙企业中的财产份额为限承担责任。

5.**【答案】**CD

【解析】（1）选项A：普通合伙人可以以劳务出资；（2）选项B：合伙事务可以委托一个或数个普通合伙人执行（不论该合伙人以何种形式出资）；（3）选项CD：合伙企业的利润分配、亏损分担，按照合伙协议的约定办理，但不得约定将全部利润分配给部分合伙人或者由部分合伙人承担全部亏损。

6.**【答案】**BC

【解析】（1）选项A：合伙人发生与合伙企业无关的债务，相关债权人不得以其债权抵销其对合伙企业的债务，也不得代位行使合伙人在合伙企业中的权利。（2）选项BC：合伙人的自有财产不足清偿其与合伙企业无关的债务的，该合伙人可以以其从合伙企业中分取的收益用于清偿；债权人也可以依法请求人民法院强制执行该合伙人在合伙企业中的财产份额用于清偿。（3）选项D：朱某并未将其财产份额质押给刘某，刘某不享有优先受偿权。

7.**【答案】**ABD

【解析】选项C：属于普通合伙人当然退伙的事由。

8.**【答案】**ACD

【解析】（1）选项A：甲是合伙事务执行人，订购原材料是正常的合伙事务执行行为；（2）选项B：有限合伙人不得执行合伙企业事务；（3）选项C：有限合伙人可以同本有限合伙企业进行交易，但是合伙协议另有约定的除外；

（4）选项 D：有限合伙人可以自营或者同他人合作经营与本有限合伙企业相竞争的业务，但是，合伙协议另有约定的除外。

9.【答案】AD

【解析】（1）选项 B：接管期限届满，国务院银行业监督管理机构可以决定延期，但接管期限最长不得超过 2 年；（2）选项 C：商业银行"已经或者可能"发生信用危机，严重影响存款人的利益时，国务院银行业监督管理机构可以对该银行实行接管。

10.【答案】ACD

【解析】根据现行法律的规定，有权依法采取查询、冻结和扣划措施的只有人民法院、税务机关和海关。

11.【答案】ABD

【解析】选项 C：单位定期存款到期不取，逾期部分按"支取日"挂牌公告的活期存款利率计付利息。

三、判断题

1.【答案】√

【解析】个人独资企业财产不足以清偿债务的，投资人应当以其个人的其他财产予以清偿；如果个人独资企业投资人在申请企业设立登记时明确以家庭共有财产作为个人出资的，应当依法以家庭共有财产对企业债务承担无限责任。

2.【答案】√

【解析】个人独资企业解散后，原投资人对个人独资企业存续期间的债务仍应承担偿还责任，但债权人在 5 年内未向债务人提出偿债请求的，该责任消灭。

3.【答案】√

【解析】修改或者补充合伙协议，应当经全体合伙人一致同意；但是，合伙协议另有约定的除外。

4.【答案】√

5.【答案】×

【解析】提出异议时，应当暂停该项事务的执行；如果发生争议，依照合伙事务执行的决议办法办理。

6.【答案】√

7.【答案】√

8.【答案】×

【解析】合伙企业解散时如指定一个或者数个合伙人，或者委托第三人担任清算人的，应当经全体合伙人过半数同意（合伙协议不得作出例外约定）。

9.【答案】×

【解析】商业银行在境内设立分支机构，应当按照规定拨付与其经营规模相适应的营运资金数额；拨付各分支机构营运资金数额的总和，不得超过总行资本金额的"60%"。

10.【答案】×

【解析】除特殊情形外，个人贷款资金"应当"采用贷款人受托支付给借款人的交易对象的方式。

第五周

本周学习计划

	章　节	单元	讲义篇幅	课件数	理解难度	完成情况
星期一		第2单元	6页	2讲	★★	
星期二		第3单元	2页	1讲	★	
星期三	第4章　金融法律制度	第4单元	4页	1讲	★★	
星期四		第5单元	5页	1讲	★★★	
星期五		第6单元	2页	1讲	★★	
本周自测						

本周攻克内容

【星期一·第4章第2单元】证券的发行

【本单元考点清单】

考点名称		考点地位	二维码
证券市场的结构		★	16510
公开发行行为的界定		★	16511
股票	上市公司公开发行新股的条件	★	16512
	上市公司非公开发行新股的条件	★★☆	16513
公司债券的发行		★★☆	16514
股票和债券的承销		★★☆	
证券投资基金的发行		★	16516

第五周

考点1：证券市场的结构（★）

1. 交易所市场

交易所	板块	适用范围	上市条件及监管规则
上海证券交易所	主板市场	为资质较高的企业股票提供交易服务	（1）发行人应当是持续经营3年以上的股份有限公司 （2）发行人已经依法建立健全股东大会、董事会、监事会、独立董事、董事会秘书制度，相关机构和人员能够依法履行职责 （3）发行人资产质量良好，资产负债结构合理，盈利能力较强，现金流量正常
深圳证券交易所	主板市场（已不再接受新上市公司）		
	中小企业板	业绩突出、具有较好成长性和较高科技含量的中小企业	"两不变" （1）中小企业板块运行所遵循的法律、法规和部门规章，与主板市场相同 （2）中小企业板块的上市公司符合主板市场的发行上市条件和信息披露要求 "四独立"：运行独立、监察独立、代码独立、指数独立
	创业板	中小高新技术企业	与主板市场和中小企业板上市标准有所不同，主要体现为盈利要求有所放松等方面

2. 全国中小企业股份转让系统（俗称"新三板"）

（1）性质

在场所性质和法律定位上，全国中小企业股份转让系统与证券交易所是相同的，都是多层次资本市场体系的重要组成部分。

（2）服务对象

全国中小企业股份转让系统主要是为创新型、创业型、成长型中小微企业发展服务。

（3）挂牌条件

在准入条件上，不设财务门槛，申请挂牌的公司可以尚未盈利，只要股权结构清晰、经营合法规范、公司治理健全、业务明确的股份公司均可以经主办券商推荐申请在全国中小企业股份转让系统挂牌。

（4）主要监管规则

①挂牌公司必须履行信息披露义务，所披露的信息应当真实、准确、完整。

②全国中小企业股份转让系统实行了较为严格的投资者适当性制度，未来的发展方向将是一个以机构投资者为主的市场。

3. 产权交易所：主要服务于企业兼并活动。

考点2：公开发行行为的界定（★）

1. 有下列情形之一的，为公开发行：
（1）向不特定对象发行证券；
（2）向累计超过200人的特定对象发行证券；
（3）法律、行政法规规定的其他发行行为。
2. 非公开发行证券，不得采用广告、公开劝诱和变相公开方式。

3. 公开发行证券，必须符合法律、行政法规规定的条件，并依法报经国务院证券监督管理机构或者国务院授权的部门核准；未经依法核准，任何单位和个人不得公开发行证券。

【例题·多选题】根据证券法律制度的规定，下列属于证券公开发行情形的有（　　）。（2015年）

A. 向不特定对象发行证券的
B. 向累计不超过200人的不特定对象发行证券的
C. 向累计不超过200人的特定对象发行证券的
D. 采取电视广告方式发行证券的

【解析】（1）选项AB：向不特定对象发行证券（无论是否超过200人）的，构成公开发行；（2）选项C：向累计超过200人的特定对象发行证券的，才构成公开发行；（3）选项D：非公开发行证券，不得采用广告、公开劝诱和变相公开方式；反而言之，如果采用了广告、公开劝诱等方式宣传证券发行活动，即可认定其构成了公开发行。

【答案】ABD

考点3：上市公司公开发行新股的条件（★）

1. 上市公司公开发行新股的一般条件
（1）上市公司的组织机构健全、运行良好；
（2）上市公司的盈利能力具有可持续性；
（3）上市公司的财务状况良好；
（4）上市公司最近36个月内财务会计文件无虚假记载，且不存在重大违法行为；

（5）上市公司募集资金的数额和使用应当符合规定；

（6）上市公司不存在不得公开发行证券的情形。

2. 配股的特殊条件

上市公司向原股东配售股份的，除符合公开发行新股的"一般条件"外，还应当符合下列条件：

（1）拟配售股份数量不超过本次配售股份前股本总额的 30%；（2010 年综合题）

【案例】某上市公司股本总额为 2 亿元，如果该公司拟增资 1 亿元，则其向原股东最多可配售 6000 万元（2 亿元×30%），其余数量应考虑向不特定对象增发新股或者非公开发行股份等途径解决。

（2）控股股东应当在股东大会召开前公开承诺认配股份的数量；

（3）采用代销方式发行。

控股股东不履行认配股份的承诺，或者代销期限届满，原股东认购股票的数量未达到拟配售数量 70% 的，发行人应当按照发行价并加算银行同期存款利息返还已经认购的股东。

3. 增发的特殊条件

上市公司向不特定对象公开募集股份的，除符合公开发行新股的"一般条件"外，还应当符合下列条件：

（1）最近 3 个会计年度加权平均净资产收益率平均不低于 6%，扣除非经常性损益后的净利润与扣除前的净利润相比，以低者作为加权平均净资产收益率的计算依据；

（2）除金融类企业外，最近一期期末不存在持有金额较大的交易性金融资产和可供出售的金融资产、借予他人款项、委托理财等财务性投资的情形；

（3）发行价格应不低于公告招股意向书前 20 个交易日公司股票均价"或"前 1 个交易日的均价。

【提示】假定公告招股意向书前 20 个交易日公司股票均价为 15 元，公告招股意向书前 1 个交易日股票均价为 20 元，则发行价格应不低于 15 元；即不低于"孰低价"。

考点 4：上市公司非公开发行新股的条件（★★☆）

1. 发行对象不得超过 10 名；发行对象为境外战略投资者的，应当经国务院相关部门事先批准。

2. 发行价格不低于定价基准日前 20 个交易日公司股票均价的"90%"。

【相关链接】上市公司增发股票时，发行价格应不低于公告招股意向书前 20 个交易日公司股票均价或前 1 个交易日的均价。

3. 本次发行的股份自发行结束之日起，12 个月内不得转让；控股股东、实际控制人及其控制的企业认购的股份，36 个月内不得转让。

4. 不得非公开发行股票的情形

（1）本次发行申请文件有虚假记载、误导性陈述或重大遗漏；

（2）上市公司的权益被控股股东或实际控制人严重损害且尚未消除；

（3）上市公司及其附属公司违规对外提供担保且尚未解除；

（4）现任董事、高级管理人员（不包括监事）最近 36 个月内受到过中国证监会的行政处罚，或者最近 12 个月内受到过证券交易所公开谴责；

（5）上市公司或其现任董事、高级管理人员（不包括监事）因涉嫌犯罪正被司法机关立案侦查或涉嫌违法违规正被中国证监会立案调查；

（6）最近 1 年及 1 期财务报表被注册会计师出具保留意见、否定意见或无法表示意见的审计报告。保留意见、否定意见或无法表示意见所涉及事项的重大影响已经消除或者本次发行涉及重大重组的除外；

（7）严重损害投资者合法权益和社会公共利益的其他情形。

【例题 1·单选题】下列关于上市公司非公开发行股票的条件和方式的表述中，符合证券法律制度规定的是（　　）。（2014 年）

A. 发行对象不得超过 200 人

B. 发行价格不得低于定价基准日前一个交易日公司股票的均价

C. 自本次股份发行结束之日起，控股股东认购的股份 36 个月内不得转让

D. 可采用广告方式发行

【解析】（1）选项 A：上市公司非公开发行中，发行对象不得超过 10 名；（2）选项 B：发行价格不低于定价基准日前 20 个交易日公司股票均价的"90%"；（3）选项 D：非公开发行证券，不得采用广告、公开劝诱和变相公开方式。

【答案】C

【例题 2·多选题】根据证券法律制度的规定，下列情形中，属于上市公司不得非公开发行股票的有（　　）。（2012 年）

A. 上市公司及其附属公司曾违规对外提供担保，但已消除

B. 上市公司现任董事最近 36 个月内受到过中国证监会的行政处罚

C. 上市公司最近 1 年及 1 期财务报表被注册会计师出具保留意见的审计报告，但保留意见所涉及事项的重大影响已消除

D. 上市公司的权益被控股股东或实际控制人严重损害且尚未消除

【解析】（1）选项A：上市公司及其附属公司违规对外提供担保"且尚未消除"的，不得非公开发行股票；（2）选项C：虽然被出具了保留意见的审计报告，但重大影响已消除，不影响本次非公开发行股票。

【答案】BD

考点5：公司债券的发行（★★☆）

（一）合格投资者

合格投资者，应当具备相应的风险识别和承担能力，知悉并自行承担公司债券的投资风险，并符合下列资质条件：

1. 经有关金融监管部门批准设立的金融机构，包括证券公司、基金管理公司及其子公司、期货公司、商业银行、保险公司和信托公司等，以及经中国证券投资基金业协会登记的私募基金管理人；

2. 上述金融机构面向投资者发行的理财产品，包括但不限于证券公司资产管理产品、基金及基金子公司产品、期货公司资产管理产品、银行理财产品、保险产品、信托产品以及经中国证券投资基金业协会备案的私募基金；

3. 净资产不低于人民币1000万元的企事业单位法人、合伙企业；

4. 合格境外机构投资者（QFII）、人民币合格境外机构投资者（RQFII）；

5. 社会保障基金、企业年金等养老基金，慈善基金等社会公益基金；

6. 名下金融资产不低于人民币300万元的个人投资者；

7. 经中国证监会认可的其他合格投资者。

（二）非公开发行

1. 发行对象

（1）非公开发行的公司债券应当仅向合格投资者发行，不得采用广告、公开劝诱和变相公开方式，每次发行对象不得超过200人。

（2）非公开发行的公司债券仅限于合格投资者范围内转让。转让后，持有同次发行债券的合格投资者合计不得超过200人。

（3）发行人的董事、监事、高级管理人员及持股比例超过5%的股东，可以参与本公司非公开发行公司债券的认购与转让，不受合格投资者资质条件的限制。

2. 信用评级

非公开发行公司债券是否进行信用评级由发行人确定，并在债券募集说明书中披露。

（三）公开发行公司债券

1. 发行条件

	向合格投资者（>200人）公开发行公司债券的条件	向社会公众公开发行公司债券的条件
净资产	（1）股份有限公司的净资产不低于3000万元 （2）有限责任公司的净资产不低于6000万元	
累计债券余额	本次发行后累计债券余额不超过最近一期期末公司净资产的40%	
年均可分配利润	最近3个会计年度实现的年均可分配利润足以支付公司债券1年的利息	最近3个会计年度实现的年均可分配利润不少于债券1年利息的1.5倍
债券信用评级	—	债券信用评级达到AAA级
不得存在的情形	最近36个月内公司财务会计文件存在虚假记载，或公司存在其他重大违法行为	
	本次发行申请文件存在虚假记载、误导性陈述或者重大遗漏	
	对已发行的公司债券或者其他债务有违约或者迟延支付本息的事实，仍处于继续状态	最近3年有债务违约或者迟延支付本息的事实
	严重侵害投资者合法权益和社会公共利益的其他情形（例如，前一次公开发行的债券尚未募足；又如，公开发行公司债券筹集的资金，未用于核准的用途，用于弥补亏损和非生产性支出）	

2. 信用评级

公开发行公司债券，应当委托具有从事证券服务业务资格的资信评级机构进行信用评级。

3. 一次核准、分期发行

公开发行公司债券，可以申请一次核准、分期发行。自中国证监会核准发行之日起，发行人应当在12个月内完成首期发行，剩余数量应当在24个月内发行完毕。

【例题1·判断题】公开发行公司债券，可以

申请一次核准，分期发行。（　）（2016年）

【答案】√

【例题2·多选题】根据证券法律制度的规定，下列关于公司债券非公开发行及转让的表述中，正确的有（　）。（2016年）

A. 发行人的董事不得参与本公司非公开发行公司债券的认购

B. 非公开发行公司债券应当向合格投资者发行

C. 每次发行对象不得超过200人

D. 非公开发行的公司债券可以公开转让

【解析】（1）选项A：发行人的董事、监事、高级管理人员及持股比例超过5%的股东，可以参与本公司非公开发行公司债券的认购与转让，不受合格投资者资质条件的限制；（2）选项D：非公开发行的公司债券仅限于在合格投资者范围内转让。

【答案】BC

【例题3·多选题】根据《公司债券发行与交易管理办法》的规定，合格投资者应当具备相应的风险识别和承担能力，能够自行承担公司债券的投资风险，并符合一定资质条件。下列投资者中，符合该资质条件的有（　　）。（2015年）

A. 净资产达到1100万元的合伙企业

B. 名下金融资产达到280万元的自然人

C. 社会保障基金

D. 企业年金

【解析】选项B：名下金融资产不低于人民币300万元的个人投资者，才属于合格投资者。

【答案】ACD

【例题4·多选题】某股份有限公司净资产为1亿元，该公司拟再次向合格投资者公开发行公司债券。根据《证券法》的规定，下列选项中，导致该公司不得再次向合格投资者公开发行公司债券的情形有（　　）。（2012年）

A. 该公司累计债券余额已达3000万元

B. 前一次公开发行的公司债券尚未募足

C. 筹集的资金拟用于清偿公司即将到期的债券利息

D. 对已公开发行的公司债券的延迟支付本息的事实，仍处于继续状态

【解析】（1）选项A：累计债券余额不超过公司净资产的40%即可（该公司本次可发行债券1000万元）；（2）选项C：公开发行公司债券筹集的资金，必须用于核准的用途，不得用于弥补亏损和非生产性支出（如用于清偿公司即将到期的债券利息）。

【答案】BCD

【例题5·单选题】某股份有限公司申请向合格投资者公开发行公司债券。下列有关该公司向合格投资者公开发行公司债券条件的表述中，不符合证券法律制度规定的是（　　）。（2010年）

A. 净资产为人民币5000万元

B. 累计债券余额是公司净资产的50%

C. 最近3年平均可分配利润足以支付公司债券1年的利息

D. 筹集的资金投向符合国家产业政策

【解析】（1）选项A：股份有限公司的净资产不低于人民币3000万元；（2）选项B：本次发行后累计债券余额不超过公司净资产的40%。

【答案】B

【例题6·单选题】某股份有限公司现有净资产5000万元。该公司于2007年1月公开发行一年期公司债券500万元。2007年11月，该公司又公开发行三年期公司债券600万元。2008年7月，该公司拟再次公开发行公司债券。根据证券法律制度的规定，该公司此次发行公司债券的最高限额为（　　）万元。（2008年）

A. 2000　　　　　　B. 1500

C. 1400　　　　　　D. 900

【解析】本次发行后累计债券余额不超过公司净资产的40%；在本题中，2007年1月发行的1年期公司债券截至2008年7月已经偿还完毕，而2007年11月公开发行的3年期公司债券到2008年7月尚未到期，应计入累计债券余额，因此，该公司此次发行公司债券的最高限额＝5000×40% － 600＝1400（万元）。

【答案】C

考点6：股票和债券的承销（★★☆）

1. 证券承销业务采取代销或者包销方式。

【解释1】证券代销，是指证券公司代发行人发售证券，在承销期结束时，将未售出的证券全部退还给发行人的承销方式。

【解释2】证券包销，是指证券公司将发行人的证券按照协议全部购入再进行发售（"先包后销"）或者在承销期结束时将售后剩余证券全部自行购入的承销方式（"先销后包"）。

2. 承销方式的选择

（1）上市公司非公开发行股票未采用自行销售方式或者上市公司配股的，应当采用代销方式。

（2）"向不特定对象公开"发行的证券"票面总值"超过人民币5000万元的，应当由承销团承销；承销团应当由主承销商和参与承销的证券公司组成。

3. 证券的代销、包销期限最长不得超过90日。

4. 证券公司在代销、包销期内，对所代销、包销的证券应当保证先行出售给认购人，证券公司不得为本公司预留所代销的证券和预先购入并留存所包销的证券。

5. 股票发行失败

（1）股票发行采用代销方式，代销期限届满，向投资者出售的股票数量未达到拟公开发行股票数量"70%"的，为发行失败。

（2）股票发行失败后，主承销商应当协助发行人按照发行价并加算银行同期存款利息返还股票认购人。

【例题·单选题】下列关于证券发行承销团承销证券的表述中，不符合证券法律制度规定的是（　　）。（2011年）

A. 承销团承销适用于向不特定对象公开发行的证券

B. 发行证券的票面总值必须超过人民币 1 亿元

C. 承销团由主承销和参与承销的证券公司组成

D. 承销团代销、包销期限最长不得超过 90 日

【解析】选项 B：向不特定对象公开发行的证券票面总值超过人民币 5000 万元的，应当由承销团承销。

【答案】B

考点 7：证券投资基金的发行（★）

（一）公开募集基金

1. 公开募集基金，应当经国务院证券监督管理机构注册，未经注册，不得公开或者变相公开募集基金。

2. 基金管理人（基金管理公司或者经国务院证券监督管理机构按照规定核准的其他机构）应当自收到准予注册文件之日起"6 个月内"进行基金募集；超过 6 个月开始募集的，原注册的事项未发生实质性变化的，应当报国务院证券监督管理机构"备案"；发生实质性变化的，应当向国务院证券监督管理机构重新提交注册申请。

3. 公开募集的基金份额持有人"按其所持基金份额"享受收益和承担风险。

4. 基金募集期限届满，封闭式基金募集的基金份额总额达到核准规模的"80% 以上"，开放式基金募集的基金份额总额超过核准的"最低募集份额总额"，并且基金份额持有人人数符合国务院证券监督管理机构规定的，基金管理人应当自募集期限届满之日起 10 日内聘请法定验资机构"验资"。

【解释 1】封闭式基金，是指基金份额总额在基金合同期限内固定不变，基金份额持有人不得申请赎回的基金。

【解释 2】开放式基金，是指基金份额总额不固定，基金份额可以在基金合同约定的时间和场所申购或者赎回的基金。

【相关链接】股票发行采用代销方式，代销期限届满，向投资者出售的股票数量未达到拟公开发行股票数量 70% 的，为发行失败。

（二）非公开募集基金（私募基金）（2017 年调整）

1. 收益分配

通过非公开募集方式设立的基金的收益分配和风险承担由基金合同约定。

2. 登记备案

各类私募基金管理人均应当向基金业协会申请登记，各类私募基金募集完毕，均应当向基金业协会办理备案手续。

3. 合格投资者

（1）人数

私募基金应当向合格投资者募集，单只私募基金的投资者人数累计不得超过《证券投资基金法》、《公司法》、《合伙企业法》等法律规定的特定数量。

（2）合格投资者是指具备相应风险识别能力和风险承担能力，投资于单只私募基金的金额不低于 100 万元且符合下列相关标准的单位和个人：

①净资产不低于 1000 万元的单位；

②金融资产不低于 300 万元或者最近 3 年个人年均收入不低于 50 万元的个人。

【提示】以合伙企业、契约等非法人形式，通过汇集多数投资者的资金直接或间接投资于私募基金的，私募基金管理人或者私募基金销售机构应当穿透核查最终投资者是否为合格投资者，并合并计算投资者人数。

（3）下列投资者视为合格投资者：

①社会保障基金、企业年金等养老基金，慈善基金等社会公益基金；

②依法设立并在基金业协会备案的投资计划；

③投资于所管理私募基金的私募基金管理人及其从业人员；

④中国证监会规定的其他投资者。

【提示】符合上述第①、②、③、④项规定的投资者投资私募基金的，不再穿透核查最终投资者是否为合格投资者和合并计算投资者人数。

4. 私募基金的募资规则

（1）不得向合格投资者之外的单位和个人募集资金，不得通过报刊、电台、电视、互联网等公众传播媒体或者讲座、报告会、分析会和布告、传单、手机短信、微信、微博、博客和电子邮件等方式，向不特定对象宣传推介。

（2）不得向投资者承诺投资本金不受损失或者承诺最低收益。

（3）私募基金管理人或者私募基金销售机构要对投资者的风险识别能力和风险承担能力进行评估，并由投资者书面承诺符合合格投资者条件。

（4）私募基金管理人自行销售或者委托销售机构销售私募基金，应当自行或者委托第三方机构对私募基金进行风险评级，向风险识别能力和风险承担能力相匹配的投资者推介私募基金。

（5）投资者应当如实填写风险识别能力和风险承担能力问卷，如实承诺资产或者收入情况，并对其真实性、准确性和完整性负责。

（6）投资者应当确保投资资金来源合法，不得非法汇集他人资金投资私募基金。

5. 私募资金的投资运作规则

（1）募集私募基金，应当根据或者参照《证券投资基金法》制定并签订基金合同。

（2）除基金合同另有约定外，私募基金应当由基金托管人托管。

（3）同一私募基金管理人管理不同类别私募基金的，应当坚持专业化管理原则。

（4）私募基金管理人、私募基金托管人、私募基金销售机构及其他私募服务机构及其从业人员从事私募基金业务，不得从事将其固有财产或者他人财产混同于基金财产从事投资活动、不公平的对待其管理的不同基金财产等法律、行政法规和中国证监会规定禁止的其他行为。

（5）私募基金管理人、私募基金托管人应当按照合同约定，如实向投资者披露基金投资、资产负债、投资收益分配、基金承担的费用和业绩报酬、可能存在的利益冲突情况以及可能影响投资者合法权益的其他重大信息，不得隐瞒或者提供虚假信息。

【星期二·第 4 章第 3 单元】证券的上市制度

【本单元考点清单】

考点名称	考点地位	二维码
股票的上市、暂停上市和终止上市	★★	
公司债券的上市、暂停上市和终止上市	★	
证券投资基金上市	★	

考点 1：股票的上市、暂停上市和终止上市（★★）

1. 股票上市

（1）条件

①股票经国务院证券监督管理机构核准已公开发行；

②公司股本总额不少于人民币 3000 万元；

③公开发行的股份达到公司股份总数的 25% 以上；公司股本总额超过人民币 4 亿元的，公开发行股份的比例为 10% 以上；

④公司最近 3 年无重大违法行为，财务会计报告无虚假记载。

（2）股票上市交易，应当向"证券交易所"（而非中国证监会）提出申请。

2. 股票暂停上市的情形

上市公司有下列情形之一的，由证券交易所决定暂停其股票上市交易：

（1）上市公司股本总额、股权分布等发生变化不再具备上市条件；

（2）上市公司不按照规定公开其财务状况，或者对财务会计报告作虚假记载，可能误导投资者；

（3）上市公司有重大违法行为；

（4）上市公司"最近 3 年"连续亏损；

（5）证券交易所上市规则规定的其他情形。

3. 股票终止上市的情形

上市公司有下列情形之一的，由证券交易所决定终止其股票上市交易：

（1）上市公司股本总额、股权分布等发生变化不再具备上市条件，在证券交易所规定的期限内仍不能达到上市条件；

（2）上市公司不按照规定公开其财务状况，或者对财务会计报告作虚假记载，且拒绝纠正；

（3）上市公司最近 3 年连续亏损，在其后 1 个年度内未能恢复盈利；

（4）上市公司解散或者被宣告破产；

（5）证券交易所上市规则规定的其他情形。

【例题 1·多选题】根据证券法律制度的规定，上市公司发生的下列情形中，证券交易所可以决定暂停其股票上市的有（　　）。（2016 年）

A. 公司对财务会计报告作虚假记载，可能误导投资者

B. 公司最近 3 年连续亏损

C. 公司的股票被收购人收购达到该公司股本总额的 70%

D. 公司董事长辞职

【解析】（1）选项 C：收购期限届满，被收购

公司股权分布不符合上市条件的，该上市公司股票应当由证券交易所依法"终止"上市交易（见第4章第5单元考点3）。(2) 选项D：董事长辞职，构成重大事件，上市公司应当及时提交临时报告并依法披露，但不会直接导致公司股票被暂停上市。

【答案】AB

【例题2·判断题】上市公司最近3年连续亏损，在其后1个年度内未能恢复盈利的，由证券交易所决定终止其股票上市交易。(　　)(2010年)

【答案】√

【例题3·多选题】根据证券法律制度的规定，上市公司的下列情形中，属于应当由证券交易所决定终止其股票上市交易的有(　　)。(2008年)

A. 不按规定公开其财务状况，且拒绝纠正

B. 股本总额减至人民币5000万元

C. 最近3年连续亏损，在其后1个年度内未能恢复盈利

D. 对财务会计报告作虚假记载，且拒绝纠正

【解析】(1) 选项AD："且拒绝纠正"；(2) 选项C："在其后1个年度内未能恢复盈利"。

【答案】ACD

考点2：公司债券的上市、暂停上市和终止上市（★）

1. 公司债券上市交易的条件

(1) 公司债券的期限为1年以上；

(2) 公司债券实际发行额不少于人民币5000万元；

(3) 公司申请债券上市时应符合法定的公司债券发行条件。

2. 公司债券暂停上市交易的情形

(1) 公司有重大违法行为；

(2) 公司情况发生重大变化不符合公司债券上市条件；

(3) 公司债券所募集资金不按照核准的用途使用；

(4) 未按照公司债券募集办法履行义务；

(5) 公司"最近2年"连续亏损。

3. 公司债券终止上市交易的情形

(1) 公司有重大违法行为，经查实后果严重的；

(2) 公司情况发生重大变化不符合公司债券上市条件，在限期内未能消除的；

(3) 公司债券所募集资金不按照核准的用途使用，在限期内未能消除的；

(4) 未按照公司债券募集办法履行义务，经查实后果严重的；

(5) 公司最近2年连续亏损，在限期内未能消除的；

(6) 公司解散或者被宣告破产的。

考点3：证券投资基金上市（★）

(一) 公募基金

1. 封闭式基金上市交易的条件

(1) 基金的募集符合规定；

(2) 基金合同期限为5年以上；

(3) 基金募集金额不低于人民币2亿元；

(4) 基金份额持有人不少于1000人；

(5) 基金份额上市交易规则规定的其他条件。

2. 开放式基金的申购、赎回

(1) 开放式基金的基金份额的申购、赎回和登记，由基金管理人或者其委托的基金服务机构办理。

(2) 基金管理人应当在每个工作日办理基金份额的申购、赎回业务；基金合同另有约定的，按照其约定办理。

(3) 成立VS生效

①投资人"交付"申购款项，申购成立；基金份额登记机构"确认"基金份额时，申购生效。

②基金份额持有人"递交"赎回申请，赎回成立；基金份额登记机构"确认"赎回的，赎回生效。

(二) 私募基金的基金份额转让（2017年调整）

投资者转让基金份额的，受让人应当为合格投资者且基金份额受让后投资者人数应当符合有关规定，即单只私募基金的投资者人数累计不得超过《证券投资基金法》、《公司法》、《合伙企业法》等法律规定的特定数量。

第五周

【星期三·第4章第4单元】信息公开制度

【本单元考点清单】

考点名称		考点地位	二维码
持续信息公开	定期报告	★	
	临时报告	★★★	
禁止的交易行为	内幕交易行为	★★★	
	其他禁止的交易行为	★	

考点1：定期报告（★）

1. 披露时间

（1）常规披露

报告类型	披露时限
年度报告	每一个会计年度结束之日起4个月内
中期报告	每一个会计年度的上半年结束之日起2个月内
季度报告	每个会计年度第3个月、第9个月结束后的1个月内

（2）提前披露

定期报告披露前出现业绩泄露，或者出现业绩传闻且公司证券及其衍生品种交易出现异常波动的，上市公司应当及时披露本报告期相关财务数据。

2. 业绩预告

上市公司预计经营业绩发生亏损或者发生大幅变动的，应当及时进行业绩预告。

3. 审计

年度报告中的财务会计报告应当经具有证券、期货相关业务资格的会计师事务所审计。

4. 定期报告的编制、审议和披露

公司高级管理人员应当及时"编制"定期报告草案，提请董事会"审"议；监事会负责审"核"董事会编制的定期报告；董事会秘书负责组织定期报告的披露工作。

考点2：临时报告（★★★）

（一）重大事件的界定

1. 核心特征——对证券交易价格有较大影响

凡发生可能对上市公司证券及其衍生品种"交易价格产生较大影响"的重大事件，投资者尚未得知时，上市公司应当立即提出临时报告，披露事件内容，说明事件的起因、目前的状态和可能产生的影响。

2. 重大事件——重点掌握项目

（1）公司的重大投资行为和重大的购置财产的决定（如重大资产重组）；

（2）公司的董事、1/3以上监事或者（总）经理（而非高级管理人员）发生变动；董事长或者经理无法履行职责；

（3）持有公司5%以上（不计优先股）股份的股东或者实际控制人，其持有股份或者控制公司的情况发生较大变化；

（4）涉及公司的重大诉讼、仲裁，股东大会、董事会决议被依法撤销或者宣告无效；

（5）董事会就发行新股或者其他再融资方案、股权激励方案形成相关决议；

（6）法院裁决禁止控股股东转让其所持股份；任一个股东所持公司5%以上股份被质押、冻结、司法拍卖、托管、设定信托或者被依法限制表决权；

（7）对外提供重大担保。

3. 重大事件——了解、熟悉项目

（1）公司的经营方针和经营范围的重大变化；

（2）公司订立重要合同，可能对公司的资产、负债、权益和经营成果产生重要影响；

（3）公司发生重大债务和未能清偿到期重大债务的违约情况，或者发生大额赔偿责任；

（4）公司发生重大亏损或者重大损失；

（5）公司生产经营的外部条件发生重大变化；

（6）公司减资、合并、分立、解散及申请破产的决定；或者依法进入破产程序、被责令关闭；

（7）公司涉嫌违法违规被有权机关调查，或者受到刑事处罚、重大行政处罚；公司董事、监事、高级管理人员涉嫌违法违纪被有权机关调查或者采取强制措施；

（8）新公布的法律、法规、规章、行业政策可能对公司产生重大影响；

（9）主要资产被查封、扣押、冻结或者被抵押、质押；

（10）主要或者全部业务陷入停顿；

（11）获得大额政府补贴等可能对公司资产、负债、权益或者经营成果产生重大影响的额外收益；

（12）变更会计政策、会计估计；

（13）因前期已披露的信息存在差错、未按规定披露或者虚假记载，被有关机关责令改正或者经董事会决定进行更正；

（14）中国证监会规定的其他情形。

（二）披露时间

1. 上市公司应当在"最先发生"的以下任一时点起"2个交易日内"，履行重大事件的信息披露义务：

（1）董事会或者监事会就该重大事件形成决议时；

（2）有关各方就该重大事件签署意向书或者协议时；

（3）董事、监事或者高级管理人员知悉该重大事件发生并报告时。

2. 提前披露

在上述规定的时点之前出现下列情形之一的，上市公司应当及时披露相关事项的现状、可能影响事件进展的风险因素：

（1）该重大事件难以保密；

（2）该重大事件已经泄露或者市场出现传闻；

（3）公司证券及其衍生品种出现异常交易情况。

3. 后续披露

上市公司披露重大事件后，已披露的重大事件出现可能对上市公司证券及其衍生品种交易价格产生较大影响的进展或者变化的，应当及时披露进展或者变化情况及可能产生的影响。

【例题1·多选题】根据证券法律制度的规定，凡发生可能对上市公司证券及其衍生品种交易价格产生较大影响的重大事件，投资者尚未得知时，上市公司应当立即提出临时报告。下列各

项中，属于重大事件的有（　　）。（2013年）

A. 甲上市公司董事会就股权激励方案形成相关决议

B. 乙上市公司的股东王某持有公司10%的股份被司法冻结

C. 丙上市公司因国家产业政策调整致使该公司主要业务陷入停顿

D. 丁上市公司变更会计政策

【解析】（1）选项A：属于"董事会就发行新股或者其他再融资方案、股权激励方案形成相关决议"；（2）选项B：属于"任一个股东所持公司5%以上股份被质押、冻结、司法拍卖、托管、设定信托或者依法限制表决权"；（3）选项C：属于"主要或者全部业务陷入停顿"；（4）选项D：属于"变更会计政策、会计估计"。

【答案】ABCD

【例题2·单选题】某上市公司监事会有5名监事，其中监事赵某、张某为职工代表，监事任期届满，该公司职工代表大会在选举监事时，认为赵某、张某未能认真履行职责，故一致决议改选陈某、王某为监事会成员。按照《证券法》的规定，该上市公司应通过一定的方式将该信息予以披露，该信息披露的方式是（　　）。（2012年）

A. 中期报告　　　　B. 季度报告

C. 年度报告　　　　D. 临时报告

【解析】公司董事、1/3以上监事或者经理发生变动属于重大事件，应提交临时报告。

【答案】D

考点3：内幕交易行为（★★★）

（一）基本规定

1. 谁是内幕信息知情人员？

（1）发行人的董事、监事、高级管理人员；

（2）持有公司5%以上股份的股东及其董事、监事、高级管理人员。公司的实际控制人及其董事、监事、高级管理人员；

（3）发行人控股的公司及其董事、监事、高级管理人员；

（4）由于所任公司职务可以获取公司有关内幕信息的人员；

（5）中国证监会工作人员以及由于法定职责对证券的发行、交易进行管理的其他人员；

（6）保荐人、承销的证券公司、证券交易所、证券登记结算机构、证券服务机构的有关人员；

（7）国务院证券监督管理机构规定的其他人。

2. 什么是内幕信息？

在证券交易活动中，涉及上市公司的经营、财务或者对公司证券及其衍生品种交易价格有重大影响的尚未公开的信息，为内幕信息。下列信息均属于内幕信息：

（1）应提交临时报告的重大事件；

第五周

（2）公司分配股利或者增资的计划；

（3）公司股权结构的重大变化；

（4）公司债务担保的重大变更；

（5）公司营业用主要资产的抵押、出售或者报废一次超过"该资产"的30%；

（6）公司董事、监事、高级管理人员的行为可能依法承担重大损害赔偿责任；

（7）上市公司收购的有关方案；

（8）中国证监会认定的对证券交易价格有显著影响的其他重要信息。

3. 什么是内幕交易行为？（2010年综合题）

证券交易内幕信息的知情人和非法获取内幕信息的人，在内幕信息公开前，不得买卖该公司的证券，或者泄露该信息，或者建议他人买卖该证券。

【提示】内幕交易行为包括三种行为形态：（1）自行买卖；（2）泄露信息，接受内幕信息的人依此买卖证券；（3）建议他人买卖。

（二）周边制度

1. 短线交易

上市公司董事、监事、高级管理人员、持有上市公司股份5%以上的股东，将其持有的该公司的股票在买入后6个月内卖出，或者在卖出后6个月内又买入，由此所得收益归上市公司所有，上市公司董事会应当收回其所得收益。

【提示1】证券公司因包销购入售后剩余股票而持有5%以上股份的，卖出该股票不受6个月时间限制。

【提示2】公司董事会不依法收回该收益的，股东有权要求董事会在30日内执行，董事会未在规定期限内执行的，股东有权为了公司的利益以自己的名义直接向人民法院提起诉讼；公司董事会不按照上述规定执行，致使公司遭受损害的，负有责任的董事依法承担连带责任。

2. 证券业从业人员

证券交易所、证券公司和证券登记结算机构的从业人员、证券监督管理机构的工作人员以及法律、行政法规禁止参与股票交易的其他人员，在任期或者法定限期内，不得直接或者以化名、借用他人名义持有、买卖股票，也不得收受他人赠送的股票。任何人在成为前款所列人员时，其原已持有的股票，必须依法转让。

3. 证券服务机构和人员

（1）为"股票发行"出具审计报告、资产评估报告或者法律意见书等文件的证券服务机构和人员，在该股票承销期内和期满后6个月内，不得买卖该种股票。

（2）除股票发行事项外，为上市公司出具审计报告、资产评估报告或者法律意见书等文件的证券服务机构和人员，自接受上市公司委托之日起至上述文件公开后5日内，不得买卖该种股票。

【例题1·多选题】根据证券法律制度的规定，下列各项中，属于内幕信息的有（　　）。（2016年）

A. 董事辞职

B. 持有公司10%股份的股东，其持有股份的情况发生较大变化

C. 监事涉嫌违法，被有权机关调查

D. 董事会秘书王某被撤职

【解析】（1）应报送临时报告的重大事件，属于内幕信息。（2）①选项AD：公司的董事、1/3以上监事或者经理（不包括董事会秘书）发生变动，属于重大事件、内幕信息；②选项B：持有公司5%以上股份的股东或者实际控制人，其持有股份或者控制公司的情况发生较大变化，属于重大事件、内幕信息；③选项C：公司董事、监事和高级管理人员涉嫌违法违纪，被有权机关调查或者采取强制措施，属于重大事件、内幕信息。

【答案】ABC

【例题2·单选题】根据《证券法》的规定，某上市公司的下列事项中，不属于证券交易内幕信息的是（　　）。（2011年）

A. 增加注册资本的计划

B. 股权结构的重大变化

C. 财务总监发生变动

D. 监事会共5名监事，其中2名发生变动

【解析】选项C：公司的董事、1/3以上监事或者"（总）经理"发生变动属于重大事件，财务总监发生变动不属于重大事件，也不属于内幕信息。

【答案】C

【例题3·多选题】根据证券法律制度的规定，下列尚未公开的信息中，属于内幕信息的有（　　）。（2008年）

A. 公司营业用主要资产的抵押一次达到该资产的20%

B. 公司经理的行为可能依法承担重大损害赔偿责任

C. 上市公司董事长发生变动

D. 公司债务担保的重大变更

【解析】选项A：公司营业用主要资产的抵押、出售或者报废一次超过该资产的30%，才属于内幕信息。

【答案】BCD

【例题4·单选题】根据证券法律制度的规定，下列人员中，不属于证券交易内幕信息的知情人员的是（　　）。（2010年）

A. 上市公司的总会计师

B. 持有上市公司3%股份的股东

C. 上市公司控股的公司的董事

D. 上市公司的监事

【解析】（1）选项AD：上市公司的董事、监

事、高级管理人员（包括总会计师），属于内幕信息知情人员；（2）选项B：持有上市公司"5%以上"股份的股东，才属于内幕信息知情人员；（3）选项C：上市公司控股的公司及其董事、监事、高级管理人员，属于内幕信息知情人员。

【答案】B

【例题5·判断题】为股票发行出具审计报告、资产评估报告或者法律意见书等文件的证券服务机构人员，在该股票承销期内和期满后6个月内，不得买卖该种股票。此说法符合法律规定。（　　）（2008年）

【答案】√

【例题6·多选题】根据证券法律制度的规定，某上市公司的下列人员中，不得将其持有的该公司的股票在买入后6个月内卖出，或者在卖出后6个月内又买入的有（　　）。（2007年）

A. 董事会秘书　　　　B. 监事会主席

C. 财务负责人　　　　D. 副总经理

【解析】上市公司董事、监事、高级管理人员（经理、副经理、财务负责人、董事会秘书以及公司章程规定的其他人员），以及持有上市公司股份5%以上的股东，不得将其持有的该公司的股票买入后6个月内卖出，或者在卖出后6个月内买入，否则由此所得收益归该公司所有。

【答案】ABCD

【例题7·判断题】为上市公司年度会计报表出具审计报告的人员，自接受上市公司委托之日起至审计报告公开后5日内，不得买卖该上市公司股票。（　　）（2005年）

【答案】√

考点4：其他禁止的交易行为（★）

1. 操纵证券市场

（1）单独或者通过合谋，集中资金优势、持股优势或者利用信息优势联合或者连续买卖，操纵证券交易价格或者证券交易量；

（2）与他人串通，以事先约定的时间、价格和方式相互进行证券交易，影响证券交易价格或者证券交易量；

（3）在自己实际控制的账户之间进行证券交易，影响证券交易价格或者证券交易量；

（4）以其他手段操纵证券市场。

2. 虚假陈述行为，包括虚假记载、误导性陈述、重大遗漏和不正当披露。

3. 欺诈客户行为

（1）违背客户的委托为其买卖证券；

（2）不在规定时间内向客户提供交易的书面确认文件；

（3）挪用客户所委托买卖的证券或者客户账户上的资金；

（4）未经客户的委托，擅自为客户买卖证券，

或者假借客户的名义买卖证券；

（5）为牟取佣金收入，诱使客户进行不必要的证券买卖；

（6）利用传播媒介或者通过其他方式提供、传播虚假或者误导投资者的信息；

（7）其他违背客户真实意思表示，损害客户利益的行为。

4. 其他禁止的交易行为

（1）禁止法人非法利用他人账户从事证券交易；

（2）禁止法人出借自己或他人的证券账户，禁止任何人挪用公款买卖证券；

（3）禁止国家工作人员、传播媒介从业人员和有关人员编造、传播虚假信息，扰乱证券市场；

（4）禁止证券交易所、证券公司、证券登记结算机构、证券服务机构及其从业人员、证券业协会、证券监督管理机构及其工作人员，在证券交易活动中作出虚假陈述或者信息误导。

【例题1·单选题】某证券公司利用资金优势，在3个交易日内连续对某一上市公司的股票进行买卖，使该股票从每股10元上升至13元，然后在此价位大量卖出获利。根据证券法律制度的规定，下列关于该证券公司行为效力的表述中，正确的是（　　）。（2010年）

A. 合法，因该行为不违反平等自愿、等价有偿的原则

B. 合法，因该行为不违反交易自由、风险自担的原则

C. 不合法，因该行为属于操纵市场的行为

D. 不合法，因该行为属于欺诈客户的行为

【解析】单独或者通过合谋，集中资金优势、持股优势或者利用信息优势联合或者连续买卖，操纵证券交易价格或者证券交易量的行为，属于"操纵证券市场"。

【答案】C

【例题2·多选题】根据证券法律制度的规定，下列各项中，属于禁止的证券交易行为的有（　　）。（2006年）

A. 甲证券公司在证券交易活动中编造并传播虚假信息，严重影响证券交易

B. 乙证券公司不在规定的时间内向客户提供交易的书面确认文件

C. 丙证券公司利用资金优势，连续买卖某上市公司股票，操纵该股票交易价格

D. 上市公司董事王某知悉该公司近期未能清偿到期重大债务，在该信息公开前将自己所持有的股份全部转让给他人

【解析】（1）选项A：属于虚假陈述；（2）选项B：属于欺诈客户；（3）选项C：属于操纵市场；（4）选项D：属于内幕交易。

【答案】ABCD

第 五 周

【星期四·第 4 章第 5 单元】上市公司收购

【本单元考点清单】

考点名称	考点地位	二维码
上市公司的收购人	★★☆	
上市公司收购的权益披露	★★☆	
上市公司的要约收购	★★☆	

考点 1：上市公司的收购人（★★☆）

上市公司的收购，是指收购人通过在证券交易所的股份转让活动持有一个上市公司的股份达到一定比例或者通过证券交易所股份转让活动以外的其他合法方式控制一个上市公司的股份达到一定程度，导致其获得或者可能获得对该公司的实际控制权的行为。

（一）实际控制权

1. 投资者为上市公司持股 50% 以上的控股股东；

2. 投资者可以实际支配上市公司股份表决权超过 30%；

3. 投资者通过实际支配上市公司股份表决权能够决定公司董事会半数以上（≥1/2）成员选任；

4. 投资者依其可实际支配的上市公司股份表决权足以对公司股东大会的决议产生重大影响；

5. 中国证监会认定的其他情形。

（二）一致行动人

1. 一致行动

一致行动，是指投资者通过协议、其他安排，与其他投资者共同扩大其所能够支配的一个上市公司股份表决权数量的行为或者事实。

2. 一致行动人的推定

如果没有相反的证据，投资者有下列情形之一的，为一致行动人：

（1）投资者之间有股权控制关系；

（2）投资者受同一主体控制；

（3）投资者的董事、监事或者高级管理人员中的主要成员，同时在另一个投资者担任董事、监事或者高级管理人员；

（4）投资者参股另一投资者，可以对参股公司的重大决策产生重大影响；

（5）银行以外的其他法人、其他组织和自然人为投资者取得相关股份提供融资安排；

（6）投资者之间存在合伙、合作、联营等其他经济利益关系；

（7）持有投资者 30% 以上股份的自然人，与投资者持有同一上市公司股份；

（8）在投资者任职的董事、监事及高级管理人员，与投资者持有同一上市公司股份；

（9）持有投资者 30% 以上股份的自然人和在投资者任职的董事、监事及高级管理人员，其父母、配偶、子女及其配偶、配偶的父母、兄弟姐妹及其配偶、配偶的兄弟姐妹及其配偶等亲属，与投资者持有同一上市公司股份；

（10）在上市公司任职的董事、监事、高级管理人员及其前项所述亲属，同时持有本公司股份的，或者与其自己或者其前项所述亲属直接或者间接控制的企业同时持有本公司股份；

（11）上市公司董事、监事、高级管理人员和员工与其所控制或者委托的法人或者其他组织持有本公司股份；

（12）投资者之间具有其他关联关系。

3. 一致行动人应当合并计算其所持有的股份；投资者认为自己与他人不应被视为一致行动人的，可以向中国证监会提供相反证据。

（三）收购人

1. 有下列情形之一的，不得收购上市公司：

（1）收购人负有数额较大债务，到期未清偿，且处于持续状态；

（2）收购人最近 3 年有重大违法行为或者涉嫌有重大违法行为；

（3）收购人最近 3 年有严重的证券市场失信行为；

（4）收购人为自然人的，存在《公司法》规定的依法不得担任公司董事、监事、高级管理人员的情形；

（5）法律、行政法规规定以及中国证监会认定的不得收购上市公司的其他情形。

2. 公告义务

（1）实施要约收购的收购人应当编制要约收购报告书，聘请财务顾问，通知被收购公司，同时对要约收购报告书摘要作出提示性公告。

（2）要约收购完成后，收购人应当在15日内向证券交易所提交关于收购情况的书面报告，并予以公告。

3. 停止其他交易义务

收购人在要约收购期内，不得卖出被收购公司的股票，也不得采取要约规定以外的形式和超出要约的条件买入被收购公司的股票。

4. 锁定义务

（1）收购人持有的被收购上市公司的股票，在收购行为完成后的12个月内不得转让。但是，收购人在被收购公司中拥有权益的股份在同一实际控制人控制的不同主体之间进行转让不受前述12个月的限制，但应当遵守《上市公司收购管理办法》有关豁免申请的有关规定。

（2）在一个上市公司中拥有权益的股份达到或者超过该公司已发行股份的30%的，自上述事实发生之日起一年后，每12个月内增持不超过该公司已发行的2%的股份，该增持不超过2%的股份锁定期为增持行为完成之日起6个月。

【例题1·单选题】根据证券法律制度的规定，下列关于上市公司收购人义务的表述中，不正确的是（　　）。（2016年）

A. 要约收购期间，收购人不得以超出要约的条件买入被收购公司的股票

B. 收购人持有的被收购上市公司的股票，在收购行为完成后的12个月内不得转让

C. 收购人应当在收购完成后的15日内，向证券交易所提交关于收购情况的书面报告，并予以公告

D. 收购人在被收购公司中拥有权益的股份，不得在同一实际控制人控制的不同主体之间进行转让

【解析】（1）选项A：收购人在要约收购期内，不得卖出被收购公司的股票，也不得采取要约规定以外的形式和超出要约的条件买入被收购公司的股票；（2）选项BD：收购人持有的被收购的上市公司的股票，在收购行为完成后的12个月内不得转让。但是，收购人在被收购公司中拥有权益的股份在同一实际控制人控制的不同主体之间进行转让不受前述12个月的限制，但应当遵守《上市公司收购管理办法》有关豁免申请的有关规定；（3）选项C：收购行为完成后，收购人应当

在15日内向证券交易所提交关于收购情况的书面报告，并予以公告。

【答案】D

【例题2·多选题】甲公司收购乙上市公司时，下列投资者同时也在购买乙上市公司的股票。根据证券法律制度的规定，如无相反证据，与甲公司为一致行动人的投资者有（　　）。（2014年）

A. 甲公司董事杨某

B. 甲公司董事长张某多年未联系的同学

C. 甲公司某监事的母亲

D. 甲公司总经理的配偶

【解析】在投资者任职的董事、监事及高级管理人员，其父母、配偶、子女及其配偶、配偶的父母、兄弟姐妹及其配偶、配偶的兄弟姐妹及其配偶等亲属，与投资者持有同一上市公司股份，与投资者属于一致行动人。

【答案】ACD

【例题3·多选题】根据证券法律制度的规定，在特定情形下，如无相反证据，投资者将会被视为一致行动人，下列各项中，属于该特定情形的有（　　）。（2010年）

A. 投资者之间存在股权控制关系

B. 投资者之间为同学、战友关系

C. 投资者之间存在合伙关系

D. 投资者之间存在联营关系

【解析】投资者之间存在股权控制关系，投资者之间存在合伙、合作、联营等其他经济利益关系的，如无相反证据，均可视为一致行动人。

【答案】ACD

【例题4·多选题】根据上市公司收购法律制度的规定，下列情形中，属于表明投资者获得或拥有上市公司控制权的有（　　）。（2011年）

A. 投资者为上市公司持股50%以上的控股股东

B. 投资者可实际支配上市公司股份表决权超过30%

C. 投资者通过实际支配上市公司股份表决权能够决定公司董事会1/3成员选任

D. 投资者依其可实际支配的上市公司股份表决权足以对公司股东大会的决议产生重大影响

【解析】选项C：投资者通过实际支配上市公司股份表决权能够决定公司董事会半数以上成员选任，表明投资者获得上市公司控制权。

【答案】ABD

【例题5·多选题】根据证券法律制度的规定，下列各项中，属于不得收购上市公司的情形有（　　）。（2008年）

A. 收购人负有数额较大债务，到期未清偿，且处于持续状态

B. 收购人最近3年涉嫌有重大违法行为

C. 收购人最近 3 年有严重的证券市场失信行为

D. 收购人为限制民事行为能力人

【答案】ABCD

考点 2：上市公司收购的权益披露（★★☆）

1. 通过证券交易所的交易

（1）投资者及其一致行动人拥有权益的股份达到一个上市公司已发行股份的 5% 时，应当在该事实发生之日起 3 日内编制权益变动报告书，向中国证监会、证券交易所提交书面报告，通知该上市公司，并予公告；在上述期限内，不得再行买卖该上市公司的股票。

（2）投资者及其一致行动人拥有权益的股份达到一个上市公司已发行股份的 5% 后，通过证券交易所的证券交易，其拥有权益的股份占该上市公司已发行股份的比例每增加或者减少 5%，应当依照前款规定进行报告和公告。在报告期限内和作出报告、公告后 2 日内，不得再行买卖该上市公司的股票。

2. 协议转让

（1）投资者及其一致行动人在一个上市公司中拥有权益的股份拟达到或者超过一个上市公司已发行股份的 5% 时，应当在该事实发生之日起 3 日内编制权益变动报告书，向中国证监会、证券交易所提交书面报告，通知该上市公司，并予公告。

（2）投资者及其一致行动人拥有权益的股份达到一个上市公司已发行股份的 5% 后，其拥有的股份占该上市公司已发行股份的比例每增加或者减少达到或者超过 5% 的，应当在该事实发生之日起 3 日内编制权益变动报告书，向中国证监会、证券交易所提交书面报告，通知该上市公司，并予公告。投资者及其一致行动人在作出报告、公告前，不得再行买卖该上市公司的股票。

【例题·简答题（节选）】（2007 年）甲、乙同为丙公司的子公司。甲、乙通过证券交易所的证券交易分别持有丁上市公司……2%、3% 的股份。甲、乙在法定期间内向中国证监会和证券交易所报告并公告其持股比例后，继续在证券交易所进行交易。当分别持有丁上市公司股份 10%、20% 时，甲、乙决定继续对丁上市公司进行收购，遂向丁上市公司的所有股东发出并公告收购该公司全部股份的要约，收购要约约定的收购期限为 60 天。……

【问题】甲、乙是否为一致行动人？并说明理由。

【答案】甲、乙是一致行动人。根据规定，如果没有相反的证据，投资者受同一主体控制的，应推定为一致行动人。在本题中，甲、乙同为丙

公司的子公司，推定为一致行动人。

【解析】由于甲、乙被推定为一致行动人，二人所持股份应合并计算，因此：（1）当他们通过证券交易所的交易分别持有丁上市公司 2%、3% 股份（即共计持股 5%）时应履行权益披露义务；（2）当他们通过证券交易所的交易分别持有丁上市公司 10%、20% 股份（即共计持股 30%），仍拟继续增持时，触发强制要约收购义务（见本单元考点 3）。

考点 3：上市公司的要约收购（★★☆）

1. 强制要约收购义务的触发

（1）通过证券交易所的证券交易，投资者持有或者通过协议、其他安排与他人共同持有一个上市公司已发行的股份达到 30% 时，继续进行收购的，应当依法向该上市公司所有股东发出收购上市公司"全部或者部分"股份的要约。

（2）采取协议收购方式的，收购人拥有权益的股份达到该公司已发行股份的 30% 时，继续进行收购的，应当依法向该上市公司的股东发出"全面要约或者部分要约"。

【提示 1】触及强制要约收购义务时，收购人必须通过要约的方式进行收购（除非取得中国证监会的豁免）；未触及强制要约收购义务时，要约收购可以由收购人自愿发出。

【提示 2】（1）全面要约，是指投资者选择向被收购公司的"所有"股东发出收购其所持有的"全部"股份的要约；部分要约，是指投资者选择向被收购公司"所有"股东发出收购其所持有的"部分"股份的要约。（2）可见，不论全面要约，还是部分要约，均是向被收购公司的所有股东发出，区别只在于拟收购股份数量的多少。

2. 收购要约

（1）支付方式

上市公司收购可以采用现金、依法可以转让的证券以及法律、行政法规规定的其他支付方式进行。

（2）收购人应当公平对待被收购公司的所有股东，持有同一种类股份的股东应当得到同等对待。

（3）期限

收购要约约定的收购期限不得少于 30 日，并不得超过 60 日，但出现竞争要约的除外。

（4）撤销

在收购要约确定的承诺期限内，收购人"不得撤销"其收购要约。

（5）变更

①收购人需要变更收购要约的，必须及时公告，载明具体变更事项，并通知被收购公司（无须再取得中国证监会的事前行政许可）。

②收购要约期限届满前 15 日内，收购人不得

变更收购要约,但是出现竞争要约的除外。

(6)在要约收购期间,被收购公司董事不得辞职。

3.上市公司收购的法律后果

(1)收购期限届满,被收购公司股权分布不符合上市条件的,该上市公司的股票应当由证券交易所依法"终止"上市交易(无须先暂停上市,直接终止上市)。其余仍持有被收购公司股票的股东,有权向收购人以收购要约的同等条件出售其股票,收购人应当收购。

【相关链接】股票上市的核心条件:①公司股本总额不少于人民币3000万元。②公开发行的股份达到公司股份总数的25%以上;公司股本总额超过人民币4亿元的,公开发行股份的比例为10%以上。

(2)收购行为完成后,收购人与被收购公司合并,并将该公司解散的,被解散公司的原有股票由收购人依法更换。

(3)收购行为完成后,被收购公司不再具备股份有限公司条件的,应当依法变更企业形式。

【例题1·单选题】下列关于上市公司收购人权利义务的表述中,不符合上市公司收购法律制度规定的是( )。(2013年)

A.收购人在要约收购期内,可以卖出被收购公司的股票

B.收购人持有的被收购上市公司的股票,在收购行为完成后的12个月内不得转让,但收购人在被收购公司中拥有权益的股份在同一实际控制人控制的不同主体之间进行转让的除外

C.收购人在收购要约期限届满前15日内,不得变更其收购要约,除非出现竞争要约

D.收购人在收购要约确定的承诺期限内,不得撤销其收购要约

【解析】(1)选项A:收购人在要约收购期内,不得卖出被收购公司的股票;(2)选项B:收购人持有的被收购上市公司的股票,在收购行为完成后的12个月内不得转让;但是,收购人在被收购公司中拥有权益的股份在同一实际控制人控制的不同主体之间进行转让不受前述12个月的限制,但应当遵守《上市公司收购管理办法》有关豁免申请的有关规定。

【答案】A

【例题2·多选题】甲投资者收购一家股本总额为4.5亿元人民币的上市公司。下列关于该上市公司收购的法律后果的表述中,符合证券法律制度规定的有( )。(2012年)

A.收购期限届满,该上市公司公开发行的股份占公司股份总数的8%,该上市公司的股票应由证券交易所终止上市交易

B.收购期限届满,该上市公司的股票被证券交易所终止上市交易后,持有该上市公司股份2%

的股东,要求以收购要约的同等条件向甲投资者出售其股票的,甲投资者可拒绝收购

C.甲投资者持有该上市公司股票,在收购完成后的36个月内不得转让

D.收购行为完成后,甲投资者应当在15日内将收购情况报告证券交易所,并予公告

【解析】(1)选项A:收购期限届满,被收购公司股权分布不符合上市条件的(公司股本总额超过人民币4亿元的,公开发行股份的比例应为10%以上),该上市公司的股票应当由证券交易所依法终止上市交易;(2)选项B:该上市公司的股票被依法终止上市交易的,其余仍持有被收购公司股票的股东,有权向收购人以收购要约的同等条件出售其股票,收购人应当收购;(3)选项C:收购人持有的被收购上市公司的股票,在收购行为完成后"12个月内"不得转让,特殊情形除外;(4)选项D:收购行为完成后,收购人应当在15日内将收购情况报告证券交易所,并予公告。

【答案】AD

【总结】股票转让的限制

1.发起人

(1)发起人持有的本公司股份,自公司成立之日起1年内不得转让。

(2)公司公开发行股份前已发行的股份,自公司股票在证券交易所上市交易之日起1年内不得转让。

2.董事、监事、高级管理人员

(1)董事、监事、高级管理人员所持本公司股份,自公司股票上市交易之日起1年内不得转让。

(2)董事、监事、高级管理人员在任职期间每年转让的股份不得超过其所持有本公司股份总数的25%(≤25%);但下列两种情形不受该规定限制:

①因司法强制执行、继承、遗赠、依法分割财产等导致股份变动的;

②上市公司董事、监事和高级管理人员所持股份不超过1000股的,可一次全部转让。

(3)董事、监事、高级管理人员离职后6个月内,不得转让其所持有的本公司股份。

(4)上市公司董事、监事和高级管理人员在下列期间不得买卖本公司股票:

①上市公司定期报告公告前30日内;

②上市公司业绩预告、业绩快报公告前10日内;

③自可能对本公司股票交易价格产生重大影响的重大事件发生之日或在决策过程中,至依法披露后2个交易日内;

④证券交易所规定的其他期间。

(5)上市公司董事、监事、高级管理人员、

持有上市公司股份 5% 以上的股东，将其持有的该公司的股票在买入后 6 个月内卖出，或者在卖出后 6 个月内又买入，由此所得收益归上市公司所有，上市公司董事会应当收回其所得收益。但证券公司因包销购入售后剩余股票而持有 5% 以上股份的，卖出该股票不受 6 个月时间限制。

3. 证券业从业人员

证券交易所、证券公司和证券登记结算机构的从业人员、证券监督管理机构的工作人员以及法律、行政法规禁止参与股票交易的其他人员，在任期或者法定期限内，不得直接或者以化名、借用他人名义持有、买卖股票，也不得收受他人赠送的股票。任何人在成为前款所列人员时，其原已持有的股票，必须依法转让。

4. 证券服务机构和人员

（1）为"股票发行"出具审计报告、资产评估报告或者法律意见书等文件的证券服务机构和人员，在该股票承销期内和期满后 6 个月内，不得买卖该种股票。

（2）除股票发行事项外，为上市公司出具审计报告、资产评估报告或者法律意见书等文件的证券服务机构和人员，自接受上市公司委托之日起至上述文件公开后 5 日内，不得买卖该种股票。

5. 通过证券交易所 ±5%

（1）通过证券交易所的证券交易，投资者持有一个上市公司已发行的股份达到 5% 时，应当在该事实发生之日起 3 日内，向中国证监会、证券交易所作出书面报告，通知该上市公司，并予以公告。在上述期限内，不得再行买卖该上市公司的股票。

（2）投资者持有一个上市公司已发行的股份达到 5% 后，通过证券交易所的证券交易导致其所持该上市公司已发行的股份比例每增加或者减少 5%，应当依照（1）规定进行报告和公告。在报告期限内和作出报告、公告后 2 日内，不得再行买卖该上市公司的股票。

6. 协议转让 ±5%

（1）投资者及其一致行动人在一个上市公司中拥有权益的股份拟达到或者超过一个上市公司已发行股份的 5% 时，应当在该事实发生之日起 3 日内编制权益变动报告书，向中国证监会、证券交易所提交书面报告，通知该上市公司，并予公告。

（2）投资者及其一致行动人拥有权益的股份达到一个上市公司已发行股份的 5% 后，其拥有权益的股份占该上市公司已发行股份的比例每增加或者减少达到或者超过 5% 的，应当在该事实发生之日起 3 日内编制权益变动报告书，向中国证监会、证券交易所提交书面报告，通知该上市公司，并予公告。投资者及其一致行动人在作出报告、公告前，不得再行买卖该上市公司的股票。

7. 内幕信息知情人员

证券交易内幕信息的知情人和非法获取内幕信息的人，在内幕信息公开前，不得买卖该公司的证券，或者泄露该信息，或者建议他人买卖该证券。

8. 上市公司非公开发行股票

上市公司非公开发行股票，本次发行的股份自发行结束之日起，12 个月内不得转让；控股股东、实际控制人及其控制的企业认购的股份，36 个月内不得转让。

9. 收购

（1）收购人在要约收购期内，不得卖出被收购公司的股票，也不得采取要约规定以外的形式和超出要约的条件买入被收购公司的股票。

（2）收购人持有的被收购上市公司的股票，在收购行为完成后的 12 个月内不得转让。但是，收购人在被收购公司中拥有权益的股份在同一实际控制人控制的不同主体之间进行转让不受前述 12 个月的限制，但应当遵守《上市公司收购管理办法》有关豁免申请的有关规定。

（3）在一个上市公司中拥有权益的股份达到或者超过该公司已发行股份的 30% 的，自上述事实发生之日起一年后，每 12 个月内增持不超过该公司已发行的 2% 的股份，该增持不超过 2% 的股份锁定期为增持行为完成之日起 6 个月。

【星期五·第 4 章第 6 单元】保险法的基本原则

【本单元考点清单】

考点名称	考点地位	二维码
保险法的最大诚信原则	★	

考点名称	考点地位	二维码
保险利益原则	★★	
损失补偿原则	★	

考点 1：保险法的最大诚信原则（★）

1. 是否如实告知？

订立保险合同，保险人（保险公司）就保险标的或者被保险人有关情况提出询问的，投保人应当如实告知。

（1）投保人的告知义务限于保险人询问的范围和内容。

（2）当事人对询问范围及内容有争议的，保险人负举证责任。

（3）保险人以投保人违反了对投保单询问表中所列概括性条款的如实告知义务为由请求解除合同的，人民法院不予支持；但该概括性条款有具体内容的除外。

2. 违反最大诚信原则的后果

（1）能否解除合同？

①投保人故意或者因重大过失未履行如实告知义务，足以影响保险人决定是否同意承保或者提高保险费率的，保险人有权解除合同。

②保险人在保险合同成立后知道或者应当知道投保人未履行如实告知义务，仍然收取保险费，又依照最大诚信原则主张解除合同的，人民法院不予支持。

③保险人的解除合同权，自保险人知道有解除事由之日起，超过 30 日不行使而消灭；自合同成立之日起超过 2 年的，保险人不得解除合同。

（2）如果保险合同解除，已交纳的保险费能退吗？

①不赔不退

对投保人故意不履行如实告知义务的，保险人对于解除合同前发生的保险事故，不承担赔偿或给付保险金的责任，并不退还保费。

②不赔但退

对投保人因重大过失未履行如实告知义务的，对保险事故的发生有严重影响，保险人对于合同解除前发生的保险事故，不承担赔偿或给付保险金的责任，但应当退还保险费。

3. 人身保险年龄申报不真实的特殊规定（误告）

（1）投保人申报的被保险人年龄不真实，并且其真实年龄不符合合同约定的年龄限制的，保险人可以解除合同，并按照合同约定退还保险单的现金价值；保险人在合同订立时已经知道投保人未如实告知的情况的，保险人不得解除合同；自保险人知道有解除事由之日起超过 30 日，或者自合同成立之日起超过 2 年的，保险人不得解除合同。

（2）投保人申报的被保险人的年龄不真实，致使投保人支付的保险费少于应付保险费的，保险人（无权要求解除合同）有权更正并要求投保人补交保险费，或者在给付保险金时按照实付保险费与应付保险费的比例支付；但若投保人为此支付的保险费多于应交的保险费，保险人应当将多收的保险费退还投保人。

考点 2：保险利益原则（★★）

1. 何谓保险利益？

（1）在人身保险中，投保人对下列人员具有保险利益：

①本人；

②配偶、子女、父母；

③上述人员以外的与投保人有抚养、赡养或者扶养关系的家庭其他成员、近亲属；

④与投保人有劳动关系的劳动者；

⑤与投保人之间不具有上述关系，但被保险人同意投保人为其订立合同的。

【例题·多选题】根据《保险法》的规定，人身保险的投保人在订立保险合同时，对某些人员具有保险利益。该人员包括（　　）。（2014 年）

A. 投保人的父亲

B. 投保人赡养的伯父

C. 投保人抚养的外甥女

D. 投保人的孩子

【答案】ABCD

（2）在财产保险中享有保险利益的人员范围主要有：

①对财产享有法律上权利的人，如所有人、抵押权人、留置权人等；

②财产保管人；

③合法占有财产的人，如承租人、承包人等。

2. 保险利益原则与保险合同效力

（1）人身保险合同

①人身保险的投保人在保险合同订立时，对被保险人应当具有保险利益。

②保险合同订立后，因投保人丧失对被保险人的保险利益，当事人主张保险合同无效的，人民法院不予支持。

③投保人对被保险人不具有保险利益的，保险合同无效，但投保人主张保险人退还扣减相应手续费后的保险费的，人民法院应予支持。

（2）财产保险合同

①财产保险的被保险人在保险事故发生时，对保险标的应当具有保险利益。

②如果保险事故发生时，被保险人对保险标的不具有保险利益，不得对保险人行使请求赔偿或给付保险金的权利。

考点3：损失补偿原则（★）

1. 损失补偿原则是财产保险合同所特有的一项原则。

2. 足额保险合同

保险金额等于保险价值的保险合同中，如果保险标的遭受全部损失，保险人即按保险金额赔偿；如为部分损失，则按实际损失赔偿。

3. 不足额保险合同（低额保险）

保险金额小于保险价值的，除合同另有约定外，保险人按照保险金额与保险价值的比例承担赔偿保险金的责任。

4. 超额保险合同

保险金额不得超过保险价值；超过保险价值的，超过部分无效，保险人应当退还相应的保险费。

【案例】甲企业为其企业财产投保，保险合同约定所保企业财产的保险价值为1000万元；除已交待情况外，相关保险合同无特殊约定。

【评析】

保险金额	因保险事故损失	赔偿额
1000万元	800万元	800万元
500万元	400万元	400×500/1000 = 200（万元）
500万元	800万元	800×500/1000 = 400（万元）
1200万元	800万元	（1）赔偿800万元 （2）退还超过保险价值部分200万元相应的保费

第五周

本周自测

一、单项选择题

1. 在我国，主要为创新型、创业型、成长型中小微企业发展服务的证券市场为（   ）。
   A. 上海证券交易所主板市场
   B. 深圳证券交易所中小企业板市场
   C. 深圳证券交易所创业板市场
   D. 全国中小企业股份转让系统

2. 某上市公司拟向特定对象非公开发行股票，已知定价基准日前20个交易日公司股票均价为20元/股。根据规定，该公司拟定的下列发行价格中，不符合规定的是（   ）。
   A. 15元/股   B. 18元/股
   C. 20元/股   D. 22元/股

3. 下列关于上市公司非公开发行股票的表述中，符合证券法律制度规定的是（   ）。
   A. 本次发行的股份自发行结束之日起，36个月内不得转让
   B. 发行价格应不低于定价基准日前20个交易日公司股票的均价
   C. 发行对象不得超过200名
   D. 本次发行申请文件有虚假记载、误导性陈述或重大遗漏的，不得非公开发行股票

4. 2015年3月某股份有限公司成功发行了3年期公司债券3600万元，1年期公司债券2400万元；该公司截至2016年9月30日的净资产额为24000万元，计划于2016年10月再次发行公司债券。根据证券法律制度的规定，本次发行的债券数额不得超过（   ）万元。
   A. 9600   B. 6000
   C. 3600   D. 3000

5. 下列各项中，不符合股份有限公司申请股票上市条件的是（　　）。
 A. 公司股本总额为人民币 2000 万元
 B. 公司股本总额为 3 亿元，公开发行股份的比例为 30%
 C. 公司最近 3 年无重大违法行为，财务会计报告无虚假记载
 D. 股票经国务院证券监督管理机构核准已公开发行

6. 甲基金管理公司管理的 A 基金拟申请上市交易，该基金的具体情况如下，其中将导致该基金无法上市交易的是（　　）。
 A. 该基金的基金合同期限为 5 年
 B. 该基金的基金份额持有人为 1500 人
 C. 该基金募集金额为 1.5 亿元
 D. 该基金预期收益率为 4.75%

7. 根据我国《保险法》的规定，人身保险的投保人在（　　）应对被保险人具有保险利益，财产保险的被保险人在（　　）应对保险标的具有保险利益。
 A. 保险合同订立时　保险合同订立时
 B. 保险事故发生时　保险事故发生时
 C. 保险事故发生时　保险合同订立时
 D. 保险合同订立时　保险事故发生时

8. 根据保险法律制度的规定，下列各项中，人身保险的投保人对其具有保险利益的是（　　）。
 A. 与投保人关系密切的邻居
 B. 与投保人已经离婚但仍一起生活的前妻
 C. 与投保人有劳动关系的劳动者
 D. 与投保人合伙经营的合伙人

9. 王某为其房屋投保火灾险，保险合同约定的保险价值为 200 万元，保险金额为 100 万元；在保险期间，王某的房屋发生火灾，发生属于保险责任范围内的实际损失额 150 万元；除已交待情况外，保险合同不存在其他特别约定。根据保险法律制度的规定，王某可以从保险公司处获得的赔偿额为（　　）。
 A. 75 万元　　　　　B. 100 万元
 C. 150 万元　　　　D. 200 万元

二、多项选择题

1. 有关上市公司向原股东配售股份的条件，下列表述正确的有（　　）。
 A. 采用代销或者包销方式发行
 B. 上市公司最近 36 个月内财务会计文件无虚假记载
 C. 拟配售股份数量不超过本次配售股份前股本总额的 30%
 D. 控股股东应当在股东大会召开前公开承诺认配股份的数量

2. 甲上市公司，主要从事洗衣机的生产和销售，2016 年 3 月拟向不特定对象公开发行新股。下列各项情形中，构成其发行障碍的有（　　）。
 A. 甲上市公司最近 3 个会计年度加权平均净资产收益率平均为 8%
 B. 甲上市公司 2014 年将一笔闲置资金借予他人，至今仍未收回
 C. 2014 年年度财务会计报告未按时披露
 D. 本次发行的价格按照公告招股意向书前 1 个交易日的均价的 90% 确定

3. 某有限责任公司拟向合格投资者公开发行公司债券，募集资金 10 亿元，拟定债券年利率为 6%。下列各项中，构成其发行障碍的有（　　）。
 A. 发行前，该公司净资产为 5000 万元
 B. 该公司最近 3 年平均可分配利润为 8000 万元
 C. 拟分期发行公司债券，首期在 6 个月内完成，其余数量在 36 个月内完成
 D. 债券信用评级达到 AAA 级

4. 某股份有限公司拟向社会公众公开发行公司债券，募集资金 10 亿元，拟定债券年利率为 6%。下列各项中，构成其发行障碍的有（　　）。
 A. 发行前，该公司净资产为 5000 万元
 B. 该公司最近 3 年平均可分配利润为 8000 万元
 C. 拟分期发行公司债券，首期在 6 个月内完成，其余数量在 36 个月内完成
 D. 债券信用评级达到 AAA 级

5. 下列有关股票承销的表述中，正确的有（　　）。
 A. 发行人发售股票，均应当由证券公司进行承销
 B. 证券公司在代销、包销期内，对所代销、包销的证券应当保证先行出售给认购人
 C. 向不特定对象公开发行证券募集的资金总额超过人民币 5000 万元的，应当由承销团承销
 D. 证券的代销、包销期限最长不得超过 90 日

6. 下列有关基金募集的表述中，不符合证券法律制度规定的有（　　）。
 A. 公开募集基金和非公开募集基金均可向公众投资者募集
 B. 公开募集基金和非公开募集基金均可按照约定由基金份额持有人担任基金管理人
 C. 公开募集基金和非公开募集基金均应经国务院证券监督管理机构注册
 D. 公开募集基金和非公开募集基金的收益均由基金份额持有人按其所持基金份额享有

7. 下列各项中，属于私募基金合格投资者的有（　　）。
 A. 净资产为 800 万元的甲公司

B. 名下金融资产 200 万元，年均收入 30 万元的王某

C. 社会保障基金

D. 投资于所管理私募基金的私募基金管理人

8. 定期报告是上市公司进行持续信息披露的主要形式之一。甲上市公司的下列做法中，符合证券法律制度规定的有（ ）。

A. 该公司的第 1 季度报告在该会计年度的第 5 个月披露

B. 该公司的中期报告在该会计年度的第 7 个月披露

C. 该公司的第 3 季度报告在该会计年度的第 11 个月披露

D. 该公司的年度报告在该会计年度结束之日后的第 3 个月披露

9. 根据证券法律制度的规定，上市公司发生的下列事件中，应当立即公告的有（ ）。

A. 公司总经理发生变动

B. 公司 40% 的监事发生变动

C. 公司财务负责人发生变动

D. 人民法院依法撤销董事会决议

10. 根据证券法律制度的规定，下列信息中，属于内幕信息的有（ ）。

A. 公司董事的行为可能依法承担重大损害赔偿责任

B. 公司营业用主要资产的抵押、出售或者报废一次超过该资产的 20%

C. 公司生产经营的外部条件发生重大变化

D. 公司董事长发生变动

11. 甲公司是一家上市公司。下列股票交易行为中，为证券法律制度所禁止的有（ ）。

A. 财会专业学生张某利用所学专业知识，研究了甲公司去年公布的一系列数据后认为甲公司去年盈利状况将超出市场预期，在甲公司公布年报前购入甲公司 1% 的股权

B. 甲公司董事王某在董事会会议上，得知了甲公司去年盈利超出市场预期的消息，在年报公告前买入了本公司股票 5 万股

C. 甲公司董事李某在偶然得知持有甲公司 3% 股权的股东赵某已将其所持全部股权转让给他人，在该消息为公众所知悉前将其持有的甲公司股票（共计 900 股）全部卖出

D. 甲公司的保洁员钱某在打扫卫生时看到了中国证监会寄来的公司因涉嫌证券违法行为被立案调查的通知，在该消息公告前卖出了其持有的本公司股票

12. 甲公司持有 A 上市公司 3% 的股份，乙公司持有 A 上市公司 1% 的股份，甲公司是乙公司的控股股东。2016 年 12 月份，乙公司通过证券交易系统购入 A 上市公司 1% 的股份。根据规定，下列各项中正确的有（ ）。

A. 甲公司和乙公司构成一致行动人

B. 甲公司和乙公司不构成一致行动人

C. 乙公司购入 A 上市公司 1% 的股份后共计仅持有 2% 的股份，未触发权益披露义务

D. 乙公司通过证券交易系统购入 A 上市公司 1% 的股份后，甲公司和乙公司应当在 3 日内编制权益变动报告书，履行相关的权益披露义务

13. 下列关于上市公司要约收购的表述中，符合证券法律制度规定的有（ ）。

A. 收购要约约定的收购期限不得少于 30 日，并不得超过 60 日，但出现竞争要约的除外

B. 在收购要约确定的承诺期限内，收购人不得变更其收购要约

C. 收购要约期限届满前 15 日内，收购人不得变更收购要约，但出现竞争要约的除外

D. 在要约收购期间，被收购公司董事不得辞职

14. 根据证券法律制度的规定，上市公司从事下列的事项中，应当事先经中国证监会核准的有（ ）。

A. 向原股东配股

B. 向不特定对象公开募集股份

C. 非公开发行股票

D. 实施要约收购

15. 某股份有限公司于 2012 年 9 月份在上海证券交易所上市，该公司发生的下列事项中，符合规定的有（ ）。

A. 2013 年 5 月，董事赵某将所持公司股份 20 万股中的 2 万股卖出

B. 2014 年 3 月，董事钱某将所持公司股份 10 万股中的 25000 股卖出

C. 董事孙某因异国定居，于 2013 年 7 月辞去董事职务，并于 2014 年 3 月将其所持公司股份 5 万股全部卖出

D. 监事李某于 2013 年 4 月 9 日以均价每股 8 元价格购买 5 万股公司股票，并于 2013 年 9 月 10 日以均价每股 16 元的价格将上述股票全部卖出

16. 下列保险合同的投保人均违反了最大诚信原则，其中保险公司不得要求解除保险合同的有（ ）。

A. 保险公司在保险合同成立后知道投保人未履行如实告知义务，但仍然收取保险费

B. 保险公司知道有解除事由已经超过 3 个月仍未行使合同解除权

C. 保险合同已经成立 5 年

D. 投保人在保险合同成立后主动向保险公司告知真实情况

三、判断题

1. 申请在全国中小企业股份转让系统挂牌的公司应当满足最近 3 年连续盈利的准入要求。（ ）
2. 全国中小企业股份转让系统挂牌公司必须履行信息披露义务，所披露的信息应当真实、准确、完整。（ ）
3. 向不特定对象发行证券，属于公开发行；向特定对象发行证券，属于非公开发行。（ ）
4. 不论股票发行，还是股票上市交易，均应当向中国证监会提出申请。（ ）
5. 申购开放式基金的，投资人成功交付申购款项时，申购成立。（ ）
6. 私募基金管理人及其从业人员不得投资于所管理私募基金。（ ）
7. 除基金合同另有约定外，私募基金应当由基金托管人托管。（ ）
8. 定期报告披露前出现业绩泄露，或者出现业绩传闻且公司证券及其衍生品种交易出现异常波动的，上市公司应当及时披露本报告期相关财务数据。（ ）
9. 甲上市公司正在与乙公司商谈合并事项。根据证券法律制度的规定，当市场出现甲公司与乙公司合并的传闻，并导致甲公司股价出现异常波动时，甲公司应当公告披露合并事项。（ ）
10. 持有甲公司 3% 股份的股东李某已将其所持全部股份转让于他人，甲公司董事张某在获悉该消息后，告知其朋友王某，王某在该消息为公众所知悉前将其持有的甲公司股票全部卖出；张某的行为属于内幕交易行为。（ ）
11. 未经客户的委托，擅自为客户买卖证券，属于虚假陈述行为，是证券法律制度禁止的交易行为。（ ）
12. 收购期限届满，被收购公司股权分布不符合上市条件的，该上市公司的股票应当由证券交易所依法暂停上市交易，限期仍无法恢复，终止上市交易。（ ）
13. 对投保人故意不履行如实告知义务的，保险人对于合同解除前发生的保险事故，不承担赔偿或给付保险金的责任，但应当退还保险费。（ ）

本周自测参考答案及解析

一、单项选择题

1.【答案】D
【解析】（1）选项A：为资质较高的企业服务；（2）选项B：为业绩突出、具有较好成长性和较高科技含量的中小企业服务；（3）选项C：为中小高新技术企业服务。
2.【答案】A
【解析】上市公司向特定对象非公开发行股票的，发行价格应不低于定价基准日前 20 个交易日公司股票均价的 90%。
3.【答案】D
【解析】（1）选项A：本次发行的股份自发行结束之日起，12 个月内不得转让；控股股东、实际控制人及其控制的企业认购的股份，36 个月内不得转让；（2）选项B：发行价格不低于定价基准日前 20 个交易日公司股票均价的 90%；（3）选项C：上市公司非公开发行股票的，发行对象不得超过 10 名。
4.【答案】B
【解析】公开发行公司债券的，本次发行后累计公司债券余额不超过最近一期期末净资产额的 40%；在本题中，2015 年 3 月发行的 1 年期公司债券已经到期清偿，而 3 年期债券未到期，仍应计入余额，因此，本次发行的债券的最高额 = 24000 × 40% − 3600 = 6000（万元）。
5.【答案】A
【解析】选项A：申请上市的公司股本总额应不少于人民币 3000 万元。
6.【答案】C
【解析】（1）选项C：申请上市交易的基金，基金募集金额不低于人民币 2 亿元；（2）选项D：法律未对基金预期收益率作出强制性规定。
7.【答案】D
【解析】（1）人身保险的投保人在"保险合同订立时"，对被保险人应当具有保险利益；投保人对被保险人不具有保险利益的，保险合同"无效"。（2）财产保险的被保险人在"保险事故发生时"，对保险标的应当具有保险利益；否则，不得对保险人行使请求赔偿或给付保险金的权利。
8.【答案】C
【解析】在人身保险中，投保人对下列人员具有保险利益：（1）本人；（2）配偶、子女、父母；（3）上述人员以外的与投保人有抚养、赡养或者扶养关系的家庭其他成员、近亲属；（4）与投保人有劳动关系的劳动者；（5）与投保人不具有上述关系，但被保险人同意投保人为其订立合同的。
9.【答案】A
【解析】保险金额 < 保险价值，属于不足额保险合同，除合同另有约定外，保险人应当按照保险金额与保险价值的比例承担赔偿保险金的责任；即王某可获赔偿额 = 150 × 100/200 = 75（万元）。

二、多项选择题

1.【答案】BCD

【解析】选项 A：配股只能采用代销方式。

2.【答案】BCD

【解析】（1）选项 B：除金融类企业外，最近一期期末不存在持有金额较大的交易性金融资产和可供出售的金融资产、借予他人款项、委托理财等财务性投资的情形；（2）选项 C：上市公司最近 36 个月内财务会计文件无虚假记载，且不存在重大违法行为；（3）选项 D：发行价格应不低于公告招股意向书前 20 个交易日公司股票均价或前 1 个交易日的均价。

3.【答案】AC

【解析】（1）选项 A：本题发行人为"有限责任公司"，其净资产应不低于人民币 6000 万元；（2）选项 C：公开发行公司债券，可以申请一次核准、分期发行，自中国证监会核准发行之日起，发行人应当在 12 个月内完成首期发行，剩余数量应当在 24 个月内发行完毕。

4.【答案】BC

【解析】（1）选项 A：本题发行人为"股份有限公司"，其净资产不低于人民币 3000 万元即可；（2）选项 B：向社会公众公开发行公司债券的，发行人最近 3 个会计年度实现的年均可分配利润应不少于债券一年利息的 1.5 倍。

5.【答案】BD

【解析】（1）选项 A：发行人向不特定对象公开发行的证券，法律、行政法规规定应当由证券公司承销的，发行人应当同证券公司签订承销协议。发行人发售的证券并非均须由证券公司进行承销；（2）选项 C：向不特定对象公开发行的证券"票面总值"超过人民币 5000 万元的，应当由承销团承销。

6.【答案】ABCD

【解析】（1）选项 A：非公开募集基金应当向合格投资者募集。（2）选项 B：公开募集基金的基金管理人，由基金管理公司或者国务院证券监督管理机构按照规定核准的其他机构担任。（3）选项 C：公开募集基金，应当经国务院证券监督管理机构注册，未经注册，不得公开或者变相公开募集基金；各类私募基金管理人均应当向基金业协会申请登记，各类私募基金募集完毕，均应当向基金业协会办理备案手续。（4）选项 D：非公开募集基金的收益分配和风险承担由基金合同约定。

7.【答案】CD

【解析】合格投资者是指具备相应风险识别能力和风险承担能力，投资于单只私募基金的金额不低于 100 万元且符合下列相关标准的单位和个人：①净资产不低于 1000 万元的单位（选项 A 仅为 800 万元）；②金融资产不低于 300 万元或者最近 3 年个人年均收入不低于 50 万元的个人（在选项 B 中，王某名下金融资产和个人年均收入均达不到上述要求）。

8.【答案】BD

【解析】（1）选项 A：第 1 季度报告应当在第 1 季度结束后的 1 个月内编制完成并披露；（2）选项 C：第 3 季度报告应当在每个会计年度的第 9 个月结束后的 1 个月内编制完成并披露。

9.【答案】ABD

【解析】选项 C：公司财务负责人发生变动不属于重大事件。

10.【答案】ACD

【解析】选项 B：公司营业用主要资产的抵押、出售或者报废一次超过该资产的 30%，才属于内幕信息。

11.【答案】BD

【解析】（1）选项 A：张某系经研究得出的结论，并非利用内幕信息进行交易；（2）选项 C：持有公司 5% 以上股份的股东或者实际控制人，其持有股份或者控制公司的情况发生较大变化才构成重大事件（内幕信息）。股东赵某仅持股 3%，其持股情况发生变动不属于内幕信息，也就不存在内幕交易。

12.【答案】AD

【解析】甲公司和乙公司之间有股权控制关系，构成一致行动人；甲、乙公司所持 A 上市公司股份应当合并计算，当乙公司再购入 1% 的股份时，两公司合并持有 A 上市公司的股份为 5%，已经达到披露的限额，应当履行相应的权益披露义务。

13.【答案】ACD

【解析】选项 B：在收购要约确定的承诺期限内，收购人不得"撤销"其收购要约；收购人需要变更收购要约的，必须及时公告，载明具体变更事项，并通知被收购公司。

14.【答案】ABC

【解析】（1）选项 ABC：上市公司发行新股（不论公开发行，还是非公开发行），均应经中国证监会核准；（2）选项 D：实施要约收购、变更收购要约均无需取得中国证监会的事前行政许可。

15.【答案】BC

【解析】（1）选项 A：董事、监事、高级管理人员所持本公司股份，自公司股票上市交易之日起 1 年内不得转让；（2）选项 B：董事、监事、高级管理人员在任职期间每年转让的股份不得超过其所持有本公司股份总数的 25%；（3）选项 C：董事、监事、高级管理人员离职后 6 个月内，不得转让其所持有的本公司股份；（4）选项 D：上市公司董事、监事、高级

第五周

管理人员、持有上市公司股份5%以上的股东，将其持有的该公司的股票在买入后6个月内卖出，或者在卖出后6个月内又买入，由此所得收益归该公司所有，公司董事会应当收回其所得收益。

16.【答案】ABC

【解析】（1）选项A：保险人在保险合同成立后知道或者应当知道投保人未履行如实告知义务，仍然收取保险费，又依照最大诚信原则主张解除合同的，人民法院不予支持；（2）选项BC：保险人的解除合同权，自保险人知道有解除事由之日起，超过30日不行使而消灭；自合同成立之日起超过2年的，保险人不得解除合同；（3）选项D：投保人主动告知并不直接消灭保险公司的合同解除权，但如果保险公司仍然收取保费，或者超过30日不行使解除权的，解除权消灭。

三、判断题

1.【答案】×

【解析】全国中小企业股份转让系统，在准入条件上，不设财务门槛，申请挂牌的公司可以尚未盈利。

2.【答案】√

3.【答案】×

【解析】向累计超过200人的特定对象发行证券的，也属于公开发行。

4.【答案】×

【解析】股票上市交易，应当向证券交易所提出申请。

5.【答案】√

【解析】投资人交付申购款项，申购"成立"；基金份额登记机构确认基金份额时，申购"生效"。

6.【答案】×

【解析】投资于所管理私募基金的私募基金管理人及其从业人员，视为合格投资者。

7.【答案】√

8.【答案】√

9.【答案】√

10.【答案】×

【解析】持有公司5%以上股份的股东或者实际控制人，其持有股份或者控制公司的情况发生较大变化才构成内幕信息（重大事件）。股东李某仅持股3%，其持有股份情况的变化，尚不构成内幕信息。

11.【答案】×

【解析】"未经客户的委托，擅自为客户买卖证券，或者假借客户的名义买卖证券"，属于欺诈客户行为。

12.【答案】×

【解析】收购期限届满，被收购公司股权分布不符合上市条件的，该上市公司的股票应当由证券交易所依法"终止"（直接终止）上市交易。

13.【答案】×

【解析】对投保人故意不履行如实告知义务的，保险人对于解除合同前发生的保险事故，不承担赔偿或给付保险金的责任，并不退还保费。

第五周

第六周

本周学习计划

	章 节	单元	讲义篇幅	课件数	理解难度	完成情况
星期一	第4章 金融法律制度	第7单元	3页	1讲	★★	
星期二		第8单元	3页	1讲	★★★	
星期三		第9单元	2页	1讲	★★★	
星期四		第10单元	6页	2讲	★★	
星期五		第11单元	9页	2讲	★★	
本周自测						

本周攻克内容

【星期一·第4章第7单元】保险法律关系主体

【本单元考点清单】

考点名称	考点地位	二维码
保险公司	★	
保险代理人与保险经纪人	★	
保险合同的当事人和关系人	★★	

考点1：保险公司（★）

1. 注册资本

（1）主要股东具有持续盈利能力，信誉良好，最近3年内无重大违法违规记录，净资产不低于人民币2亿元；

（2）设立保险公司，其注册资本的最低限额为人民币2亿元；国务院保险监督管理机构根据保险公司的业务范围、经营规模，可以调整其注册资本的最低限额，但不得低于2亿元人民币；

（3）保险公司的注册资本必须为实缴货币资本。

2. 对寿险的特殊保障

（1）经营有人寿保险业务的保险公司，除因合并、分立或者被依法撤销外，不得解散。

（2）经营有人寿保险业务的保险公司被依法撤销或者被依法宣告破产的，其持有的人寿保险合同及责任准备金，必须转让给其他经营有人寿保险业务的保险公司；不能同其他保险公司达成转让协议的，由国务院保险监督管理机构指定经营有人寿保险业务的保险公司接受转让。

（3）保险人不得兼营人身保险业务和财产保险业务；但经营财产保险业务的保险公司经国务院保险监督管理机构批准，可以经营短期健康保险业务和意外伤害保险业务。

3. 再保险

（1）原保险人将其承担的保险业务，以分保形式部分转移给其他保险人的，为再保险。

（2）保险公司对每一危险单位，即对一次保险事故可能造成的最大损失范围所承担的责任，不得超过其实有资本金加公积金总和的10%；超过部分应当办理再保险。

考点2：保险代理人与保险经纪人（★）

1. 保险代理人

（1）保险代理人是保险人的委托代理人；向保险人收取佣金；以保险人的名义，在保险人授权范围内代为办理保险业务；由保险人承担责任。

（2）保险代理人可以是单位，也可以是个人。

（3）个人保险代理人代为办理人寿保险业务时，不得同时接受两个以上保险人的委托。

2. 保险经纪人

（1）保险经纪人是以自己的名义独立实施保险经纪行为；保险经纪人既不是保险合同的当事人，也不是任何一方的代理人。

（2）保险经纪人代表投保人的利益从事保险经纪行为；在选择保险人并与保险人进行洽谈时，应当按照投保人的指示和要求行事，维护投保人、被保险人的利益。

（3）佣金

①保险经纪人的佣金一般由保险人支付；

②如果保险经纪人与投保人约定，投保人应当为保险经纪人的中介服务提供佣金的，投保人应当按照合同约定予以支付；

③保险经纪机构不得同时向投保人和保险人双方收取佣金。

（4）保险经纪人是专门从事保险经纪活动的单位，不能是个人。

保险代理人 VS 保险经纪人

	保险代理人	保险经纪人
地位	保险人的代理人	（1）既非保险合同当事人，亦非任何一方的代理人 （2）代表投保人的利益
名义	以保险人的名义	以自己名义
性质	可以是单位，也可以是个人	只能是单位
佣金	由保险人支付	一般由保险人支付，可以依合同约定由投保人支付，但不得同时向投保人和保险人双方收取佣金

考点3：保险合同的当事人和关系人（★★）

（一）被保险人

1. 与投保人的关系

（1）投保人和保险人是保险合同的"当事人"，被保险人和受益人是保险合同的"关系人"。

（2）投保人可以同时为被保险人、受益人。

2. 财产保险中自然人和法人均可以作为被保险人，但人身保险的被保险人只能是自然人。

3. 以死亡为给付保险金条件的人身保险

（1）投保人不得为无民事行为能力人投保以死亡为给付保险金条件的人身保险，保险人也不得承保；父母为其未成年子女投保的人身保险，不受此限。

（2）以死亡为给付保险金条件的合同，未经被保险人同意并认可保险金额的，保险合同无效；父母为其未成年子女投保的人身保险，不受此限。

①当事人订立以死亡为给付保险金条件的合同，根据保险法的规定，"被保险人同意并认可保险金额"可以采取书面形式、口头形式或者其他形式；可以在合同订立时作出，也可以在合同订立后追认。

②有下列情形之一的，应认定为被保险人同意投保人为其订立保险合同并认可保险金额：

（A）被保险人明知他人代其签名同意而未表示异议的；

（B）被保险人同意投保人指定的受益人的；

（C）有证据足以认定被保险人同意投保人为其投保的其他情形。

（3）按照以死亡为给付保险金条件的合同所签发的保险单，未经被保险人书面同意，不得转让或质押。

（二）受益人

1. 受益人的指定

（1）人身保险合同的受益人由被保险人或者投保人指定；投保人指定受益人时必须经被保险人同意，投保人变更受益人时也必须经被保险人同意。

【提示】投保人指定受益人未经被保险人同意的，人民法院应认定指定行为无效。

【相关链接】财产保险合同的索赔权利人是被保险人，且其在保险事故发生时对保险标的应具有保险利益。

（2）当事人对保险合同约定的受益人存在争议，除投保人、被保险人在保险合同之外另有约定的，按照以下情形分别处理：（2017年新增）

①受益人约定为"法定"或者"法定继承人"的，以继承法规定的法定继承人为受益人；

②受益人仅约定为身份关系，投保人与被保险人为同一主体的，根据"保险事故发生时"与被保险人的身份关系确定受益人；投保人与被保险人为不同主体的，根据"保险合同成立时"与

被保险人的身份关系确定受益人；

【案例1】王某为自己投保人寿保险，保险合同约定"以被保险人配偶为受益人"；此后，王某与原配偶李某离婚，与张某结婚。一旦发生保险事故，应以张某为受益人。

【案例2】王某为配偶李某投保人寿保险，保险合同约定"被保险人配偶为受益人"；此后，李某与王某离婚，与张某结婚。一旦发生保险事故，应仍以王某为受益人。

③受益人的约定包括姓名和身份关系，"保险事故发生时"身份关系发生变化的，认定为未指定受益人。

【案例】王某为配偶李某投保人寿保险，合同约定"被保险人配偶王某"为受益人；此后，李某与王某离婚。一旦发生保险事故，应认定未指定受益人，将保险金作为被保险人的遗产处理。

2. 受益人的资格

（1）投保人、被保险人可以为受益人。

（2）自然人、法人均可作为受益人。

（3）已经死亡的人不得作为受益人，胎儿作为受益人应以活着出生为限。

3. 受益人的顺序与份额

（1）受益人为数人的，被保险人或者投保人可以确定受益顺序和受益份额；未确定受益份额的，受益人按照相等份额享有受益权。

（2）投保人或者被保险人指定数人为受益人，部分受益人在保险事故发生前死亡、放弃受益权或者依法丧失受益权的，该受益人应得的受益份额按照保险合同的约定处理；保险合同没有约定或者约定不明的，该受益人应得的受益份额按照以下情形分别处理：

①未约定受益顺序及受益份额的，由其他受益人平均享有。

②未约定受益顺序但约定受益份额的，由其他受益人按照相应比例享有。

③约定受益顺序但未约定受益份额的，由同顺序的其他受益人平均享有；同一顺序没有其他受益人的，由后一顺序的受益人平均享有。

④约定受益顺序和受益份额的，由同顺序的其他受益人按照相应比例享有；同一顺序没有其他受益人的，由后一顺序的受益人按照相应比例享有。

4. 保险金的继承

被保险人死亡后，有下列情形之一的，保险金作为被保险人的遗产，由保险人依照《继承法》的规定履行给付保险金的义务：

①没有指定受益人，或者受益人指定不明无法确定的；

②受益人先于被保险人死亡，没有其他受益人的（受益人与被保险人在同一事件中死亡，且不能确定死亡先后顺序的，推定受益人死亡在先）；

③受益人依法丧失受益权或者放弃受益权，没有其他受益人的。

【例题·单选题】投保人甲与保险公司订立人身保险合同，甲为被保险人，并指定其妻子和儿子为受益人。保险期间内，甲与妻子因交通事故意外身亡，且不能确定死亡时间的先后顺序。根据保险法律制度的规定，关于保险金的处理，下列表述正确的是（　　）。（2016年）

A. 不作为遗产，全部由甲的儿子作为受益人享有

B. 作为遗产，继承人为甲的妻子和儿子

C. 作为遗产，继承人为甲的妻子

D. 保险公司无需支付保险金

【解析】（1）受益人与被保险人在同一事件中死亡，且不能确定死亡先后顺序的，推定受益人死亡在先；（2）受益人先于被保险人死亡，没有其他受益人的，保险金作为被保险人的遗产，由保险人依照《继承法》的规定履行给付保险金的义务；（3）部分受益人在保险事故发生前死亡，未约定受益顺序和受益份额的，由其他受益人平均享有。

【答案】A

5. 变更受益

（1）谁有权变更受益人？

①被保险人或者投保人可以变更受益人并书面通知保险人。

②投保人变更受益人未经被保险人同意，人民法院应认定变更行为无效。

（2）何时变更？

投保人或者被保险人在保险事故发生后变更受益人，变更后的受益人请求保险人给付保险金的，人民法院不予支持。

（3）变更何时生效？

①投保人或者被保险人变更受益人，当事人主张变更行为自变更意思表示发出时生效的，人民法院应予支持。

②投保人或者被保险人变更受益人未通知保险人，保险人主张变更对其不发生效力的，人民法院应予支持。

【例题·判断题】投保人或者被保险人变更受益人未通知保险人，保险人主张变更对其不发生效力的，人民法院应予支持。（　　）（2016年）

【答案】√

【星期二·第4章第8单元】保险合同

【本单元考点清单】

考点名称	考点地位	二维码
保险合同的订立	★★	
保险合同的履行	★	
保险合同的变更	★	
保险合同的解除	★★	

考点1：保险合同的订立（★★）

（一）保险合同的成立

1. 保险合同是诺成合同，投保人提出保险要求（投保、要约），经保险人同意承保（承诺），保险合同成立。

2. 投保人或者投保人的代理人订立保险合同时没有亲自签字或者盖章，而由保险人或者保险人的代理人代为签字或者盖章的，对投保人不生效；但投保人已经交纳保险费的，视为其对代签字或者盖章行为的追认。

【例题·判断题】某保险公司的代理人周某向刘某推介一款保险产品，刘某认为不错，于是双方约定了签订合同的时间。订立保险合同时，刘某无法亲自到场签字，就由周某代为签字。后刘某交纳了保险费。此时，应视为刘某对周某代签字行为的追认。（   ）（2016年）

【答案】√

3. 保险人接受了投保人提交的投保单并收取了保险费，尚未作出是否承保的意思表示，发生保险事故，被保险人或者受益人请求保险人按照保险合同承担赔偿或者给付保险金责任：

（1）符合承保条件的，人民法院应予支持；

（2）不符合承保条件的，保险人不承担保险责任，但应当退还已经收取的保险费；保险人主张不符合承保条件的，应承担举证责任。

（二）保险合同的免责条款

1. 未说明，不生效

对保险人的免责条款，保险人在订立合同时应以书面或口头形式向投保人说明，未作提示或

未明确说明的，该条款不产生效力。

2. 提示、说明的方式

（1）保险合同订立时，保险人在投保单或者保险单等其他保险凭证上，对保险合同中免除保险人责任的条款，以足以引起投保人注意的文字、字体、符号或者其他明显标志作出提示的，人民法院应当认定其履行了《保险法》规定的提示义务。

（2）保险人对保险合同中有关免除保险人责任条款的概念、内容及其法律后果以书面或者口头形式向投保人作出常人能够理解的解释说明的，人民法院应当认定保险人履行了《保险法》规定的明确说明义务。

（3）通过网络、电话等方式订立的保险合同，保险人以网页、音频、视频等形式对免除保险人责任条款予以提示和明确说明的，人民法院可以认定其履行了提示和明确说明义务。

3. 举证责任

（1）保险人对其履行了明确说明义务负举证责任。

（2）投保人对保险人履行了符合《保险法》及其司法解释要求的明确说明义务在相关文书上签字、盖章或者以其他形式予以确认的，应当认定保险人履行了该项义务，但另有证据证明保险人未履行明确说明义务的除外。

（三）保险合同的形式

1. 保险合同的表现形式包括保险单、保险凭证、暂保单、投保单、当事人约定的其他书面形式。

2. 保险合同中记载的内容不一致的，按照下

第六周

列规则认定：

（1）投保单与保险单或者其他保险凭证不一致的，以投保单为准，但不一致的情形系经保险人说明并经投保人同意的，以投保人签收的保险单或者其他保险凭证载明的内容为准；

（2）非格式条款与格式条款不一致的，以非格式条款为准；

（3）保险凭证记载的时间不同的，以形成时间在后的为准；

（4）保险凭证存在手写和打印两种方式的，以双方签字、盖章的手写部分的内容为准。

【例题1·单选题】根据《保险法》的规定，保险人对保险合同中的免责条款未作提示或者未明确说明的，该免责条款（ ）。（2014年）

A. 不产生效力　　　　B. 效力待定

C. 可撤销　　　　　　D. 可变更

【解析】对保险人的免责条款，保险人在订立合同时应以书面或者口头形式向投保人说明，未作提示或者未明确说明的，该条款不产生效力。

【答案】A

【例题2·单选题】根据《保险法》的规定，下列关于保险合同成立时间的表述中，正确的是（ ）。（2013年）

A. 投保人支付保险费时，保险合同成立

B. 保险人签发保险单时，保险合同成立

C. 保险代理人签发暂保单时，保险合同成立

D. 投保人提出保险要求，保险人同意承保时，保险合同成立

【解析】投保人提出保险要求，经保险人同意承保，保险合同成立。

【答案】D

考点2：保险合同的履行（★）

1. 投保人一方的义务

（1）支付保险费的义务

①当事人以被保险人、受益人或者他人已经代为支付保险费为由，主张投保人对应的交费义务已经履行的，人民法院应予支持。

②合同约定分期支付保险费，投保人支付首期保险费后，除合同另有约定外，投保人自保险人催告之日起超过30日未支付当期保险费，或者超过约定的期限60日未支付当期保险费的，合同"效力中止"，或者由保险人按照合同约定的条件"减少保险金额"。

③因投保人未按照规定支付保险费而导致合同效力中止的，经保险人与投保人协商并达成协议，在投保人补交保险费后，合同效力恢复。但自合同效力中止之日起满2年未达成协议的，保险人有权解除合同。

（2）危险增加的通知义务

①在合同有效期内，保险标的的危险显著增加的，被保险人应当按照合同约定及时通知保险人，保险人可以按照合同约定增加保险费或者解除合同；

②保险人解除合同的，应当将已收取的保险费，按照合同约定扣除自保险责任开始之日起至合同解除之日止应收的部分后，退还投保人；

③被保险人未履行危险增加的通知义务的，因保险标的的危险显著增加而发生的保险事故，保险人不承担赔偿保险金的责任。

（3）保险事故发生后的通知义务（"通知出险"）

投保人、被保险人或者受益人知道保险事故发生后，应当及时通知保险人；故意或者因重大过失未及时通知，致使保险事故的性质、原因、损失程度等难以确定的部分，不承担赔偿或者给付保险金的责任，但保险人通过其他途径已经及时知道或者应当及时知道保险事故发生的除外。

（4）接受保险人检查，维护保险标的的安全义务

投保人、被保险人未按照约定履行其对保险标的的安全应尽责任的，保险人有权要求增加保险费或者解除合同。

（5）积极施救义务

保险事故发生时，被保险人应当尽力采取必要的措施，防止或者减少损失。

2. 保险人的义务

（1）给付保险赔偿金或保险金的义务

保险人自收到赔偿或者给付保险金的请求和有关证明、资料之日起60日内，对其赔偿或者给付保险金的数额不能确定的，应当根据已有证明和资料可以确定的数额先予支付；保险人最终确定赔偿或者给付保险金的数额后，应当支付相应的差额。

（2）支付其他合理、必要费用的义务

①保险事故发生后，被保险人为防止或者减少保险标的的损失所支付的必要的、合理的费用，由保险人承担；保险人所承担的费用数额"在保险标的的损失赔偿金额以外"另行计算，最高不超过保险金额的数额。

【例题·单选题】甲公司购进一台价值120万元的机器设备，向保险公司投保。保险合同约定保险金额为60万元，但未约定保险金的计算方法。后保险期间发生了保险事故，造成该设备实际损失80万元；甲公司为防止损失的扩大，花费了6万元施救费。根据保险法律制度的规定，保险公司应当支付给甲公司的保险金数额是（ ）。（2015年）

A. 46万元　　　　　　B. 60万元

C. 80万元　　　　　　D. 86万元

【解析】（1）设备价值120万元，但保险金额为60万元，属于不足额保险，原本保险公司应赔

第六周

偿 $80 \times 60/120 = 40$（万元）；（2）保险事故发生后被保险人又支付了合理、必要的费用，保险公司应赔，且应在原本的损失赔偿额之外另赔，共计保险公应向甲公司的赔付额 $= 40 + 6 = 46$（万元）。

【答案】A

②保险人、被保险人为查明和确定保险事故的性质、原因和保险标的的损失程度所支付的必要的、合理的费用，由保险人承担。

③责任保险中被保险人因给第三者造成损失的保险事故而被提起仲裁或者诉讼的，被保险人支付的仲裁或者诉讼费用以及其他必要的、合理的费用，除合同另有约定外，由保险人承担。

3. 索赔

（1）财产保险合同的索赔权利人是被保险人，且其在保险事故发生时对保险标的应具有保险利益；人身保险合同的索赔权利人是被保险人或受益人。

（2）人寿保险的被保险人或者受益人向保险人请求给付保险金的诉讼时效期间为 5 年，自其知道或者应当知道保险事故发生之日起计算。

（3）人寿保险以外的其他保险的被保险人或者受益人，向保险人请求赔偿或者给付保险金的诉讼时效期间为 2 年，自其知道或者应当知道保险事故发生之日起计算。

【相关链接】因保险合同纠纷提起的诉讼，由被告住所地或者保险标的物所在地人民法院管辖。

考点 3：保险合同的变更（★）

1. 财产保险标的的转让

在财产保险合同中，保险标的转让的，保险标的的受让人承继被保险人的权利和义务；保险标的的转让，被保险人或者受让人应当及时通知保险人，但货物运输保险合同和另有约定的合同除外。

【提示】货物运输合同允许保险单随货物所有权的转移而转移，只须投保方背书即可转让。

2. 一般情况下，变更保险合同的内容需要取得保险人的同意，但在人身保险合同中，被保险人或者投保人可以变更受益人并书面通知保险人即可。

考点 4：保险合同的解除（★★）

1. 投保人单方解除合同的权利

（1）投保人的任意解除权（无理由解除）

除《保险法》另有规定或者保险合同另有约定外，保险合同成立后，投保人可以解除合同，保险人不得解除合同。

（2）后果

①在人身保险合同中，投保人解除合同的，保险人应当自收到解除通知之日起 30 日内，按照合同约定退还保险单的现金价值。

②在财产保险合同中，保险责任开始前，投保人要求解除合同的，应当按照合同约定向保险人支付手续费，保险人应当退还保险费；保险责任开始后，投保人要求解除合同的，保险人应当将已收取的保险费，按照合同约定扣除自保险责任开始之日起至合同解除之日止应收的部分后，退还投保人。

2. 保险人单方解除合同权——出现法定事由方可解除

（1）投保人故意或者因重大过失未履行如实告知义务，足以影响保险人决定是否同意承保或者提高保险费率的，保险人有权解除合同。

（2）投保人申报的被保险人年龄不真实，并且其真实年龄不符合合同约定的年龄限制的，保险人可以解除合同。

（3）骗保

①被保险人或者受益人未发生保险事故，谎称发生了保险事故，向保险人提出赔偿或者给付保险金请求的，保险人有权解除合同，并不退还保险费。

②投保人、被保险人故意制造保险事故的，保险人有权解除合同，不承担赔偿或者给付保险金的责任。

（4）投保人、被保险人未按照合同约定履行其对保险标的的安全应尽责任的，保险人有权解除合同。

（5）在合同有效期内，保险标的的危险程度显著增加，被保险人未按合同约定及时通知保险人的或者保险人要求增加保险费被拒绝的，保险人有权解除合同。

（6）人身保险合同效力中止后 2 年保险合同双方当事人未达成协议恢复合同效力的，保险人有权解除合同。

3. 投保人、保险人均可解除合同（针对财产保险合同）

（1）情形

保险标的发生部分损失的，自保险人赔偿之日起 30 日内，投保人可以解除合同；除合同另有约定外，保险人也可以解除合同，但应当提前 15 日通知投保人。

（2）后果

合同解除的，保险人应将保险标的的未受损失部分的保险费，按照合同约定扣除自保险责任开始之日起至合同解除之日止应收的部分后，退还投保人。

【例题·多选题】根据保险法律制度的规定，下列情形中，保险人可以单方解除合同的有（　　）。（2015 年）

A. 投保人故意隐瞒与保险标的有关的重要事实，未履行如实告知义务的

B. 被保险人谎称发生保险事故，向保险人提出赔偿请求的

C. 被保险人在保险标的的危险程度显著增加时未按照合同约定及时通知保险人的

D. 投保人对保险事故的发生有重大过失的

【解析】（1）选项A：投保人故意或者因重大过失未履行如实告知义务，足以影响保险人决定是否同意承保或者提高保险费率的，保险人有权解除合同；（2）选项B：被保险人或者受益人谎称发生了保险事故，向保险人提出赔偿或者给付保险金请求的，保险人有权解除合同；（3）选项C：在合同有效期内，保险标的的危险程度显著增加，被保险人未按合同约定及时通知保险人的或者保险人要求增加保险费被拒绝的，保险人可以解除合同；（4）选项D：不属于保险人单方解除合同的法定事由。

【答案】ABC

【星期三·第4章第9单元】各类保险合同的特殊规定

【本单元考点清单】

考点名称	考点地位	二维码
财产保险合同中的代位求偿制度	★★	
人身保险合同的特殊条款	★	

考点1：财产保险合同中的代位求偿制度（★★）

1. 何谓代位求偿制度？

（1）因第三者对保险标的的损害而造成保险事故的，保险人自向被保险人赔偿保险金之日起，在赔偿金额范围内代位行使被保险人对第三者请求赔偿的权利。

（2）不承担赔偿责任

因第三者对保险标的的损害而造成的保险事故发生后，保险人未赔偿保险金之前，被保险人放弃对第三者请求赔偿的权利的，保险人不承担赔偿保险金的责任。

（3）放弃无效

保险人向被保险人赔偿保险金后，被保险人未经保险人同意放弃对第三者请求赔偿权利的，该行为无效。

（4）如果因被保险人故意或者重大过失致使保险人不能行使代位求偿权利的，保险人可以扣减或者要求返还相应的保险金。

2. 保险人代位求偿权的诉讼时效期间应自其取得代位求偿权（向被保险人赔偿保险金）之日起算。

3. 保险人应以"自己"的名义行使保险代位求偿权。

4. 除被保险人的家庭成员或者其组成人员（例如保姆）"故意"对保险标的的损害而造成保险事故外，保险人不得对被保险人的家庭成员或者其组成人员行使代位请求赔偿的权利。

【提示】（1）故意，可以代位求偿；（2）非故意，哪怕是重大过失，不可代位求偿。

【例题1·判断题】因第三者对保险标的的损害而造成的保险事故发生后，保险人未赔偿保险金之前，即使被保险人放弃对第三者请求赔偿的权利，保险人仍应承担赔偿保险金的责任。（ ）（2015年）

【解析】因第三者对保险标的的损害而造成的保险事故发生后，保险人未赔偿保险金之前，被保险人放弃对第三者请求赔偿的权利的，保险人"不承担"赔偿保险金的责任。

【答案】×

【例题2·多选题】下列关于保险代位求偿权的表述中，符合《保险法》规定的有（ ）。（2013年）

A. 保险人未赔偿保险金之前，被保险人放弃对第三人请求赔偿的权利的，保险人不承担赔偿保险金的责任

B. 保险人向被保险人赔偿保险金后，被保险人未经保险人同意放弃对第三人请求赔偿的权利的，该放弃行为无效

C. 因被保险人故意致使保险人不能行使代位请求赔偿的权利的，保险人可以扣减或者要求返还相应的保险金

D. 即使被保险人的家庭成员故意损害保险标

的而造成保险事故，保险人也不得对被保险人的家庭成员行使代位求偿权

【解析】选项D：除被保险人的家庭成员或者其组成人员"故意"对保险标的损害而造成保险事故外，保险人不得对被保险人的家庭成员或者其组成人员行使代位请求赔偿的权利。

【答案】ABC

考点2：人身保险合同的特殊条款（★）

1. 不丧失价值条款

由于人身保险具有储蓄性质，投保人缴纳保险费达到一定年限后，保险单就具有相当的现金价值。如果投保人不愿意继续投保而要求退保时，保险金所具有的现金价值并不因此而丧失。

（1）投保人申报的被保险人年龄不真实，并且其真实年龄不符合合同约定的年龄限制的，保险人可以解除合同，并按照合同约定退还保险单的现金价值。

（2）即使投保人故意造成被保险人死亡、伤残或者疾病的，保险人虽不承担给付保险金的责任，但若投保人已交足2年以上保险费的，保险人就应当按照合同约定向其他权利人退还保险单的现金价值。

（3）因被保险人故意犯罪或者抗拒依法采取的刑事强制措施导致其伤残或者死亡的，保险人不承担给付保险金的责任；投保人已交足2年以上保险费的，保险人应当按照合同约定退还保险单的现金价值。

2. 自杀条款

以被保险人死亡为给付保险金条件的合同，自合同成立或者合同效力恢复之日起2年内，被保险人自杀的，保险人不承担给付保险金的责任，但被保险人自杀时为无民事行为能力人的除外。也就是说，如果保险合同届满2年后，被保险人自杀的，保险人应按合同约定给付保险金。

【例题·单选题】2013年刘某为自己投保人寿保险，并指定其妻宋某为受益人。2015年刘某实施抢劫时被他人捅死。事后，宋某请求保险公司支付保险金遭到拒绝。经查，刘某已缴纳3年保险费。下列关于保险公司是否承担支付保险金责任的表述中，符合保险法律制度规定的是（　　）。（2016年）

A. 保险公司应承担支付保险金的责任

B. 保险公司不承担支付保险金的责任，也不退还保险单的现金价值

C. 保险公司不承担支付保险金的责任，但应退还保险单的现金价值

D. 保险公司不承担支付保险金的责任，但应退还保险费

【解析】因被保险人故意犯罪或者抗拒依法采取的刑事强制措施导致其伤残或者死亡的，保险人不承担给付保险金的责任。投保人已交足2年以上保险费的，保险人应当按照合同约定退还保险单的现金价值。

【答案】C

【星期四·第4章第10单元】票据法律制度总则

【本单元考点清单】

考点名称	考点地位	二维码
票据的种类	★	
票据关系、票据基础关系与票据法上的非票据关系	★★☆	
票据行为	★★★	

第六周

续表

考点名称		考点地位	二维码
票据权利与票据责任	票据权利的取得	★★★	
	票据丧失后的补救措施	★★	
	票据权利的消灭时效	★★	
	票据抗辩	★★☆	
	票据的伪造和变造	★★★	

考点 1：票据的种类（★）

（一）从票据当事人角度分类

$$汇票\begin{cases}出票人为银行：银行汇票\\出票人为企业：商业汇票\begin{cases}以银行为付款（承兑）人：银行承兑汇票\\以企业为付款（承兑）人：商业承兑汇票\end{cases}\\本票：以出票银行为付款人\\支票：以企业或个人为出票人，出票人开户行为付款人\end{cases}$$

【解释】实务中，您收到的票据是一张什么票，在票据正面上方正中有明确的标示。考试中，题目涉及支票、本票一般会直接言明，但涉及汇票时可能并不说明具体是哪种汇票，此时考生需要借助上图内容自行判断：（1）"甲企业申请 A 银行签发一张汇票给乙企业"，此票出票人为 A 银行，以银行为出票人的汇票只可能是银行汇票。（2）"甲企业签发一张汇票给乙企业，A 银行承兑（或 A 银行为付款人）"，此票出票人为甲企业、付款人（承兑人）为 A 银行，企业出票则属于商业汇票，银行付款（承兑）则属于银行承兑汇票。

（二）从付款期限角度分类

$$\begin{cases}见票即付的票据\begin{cases}银行汇票\\本票\\支票\\见票即付或被视为见票即付的商业汇票\end{cases}\\远期票据——绝大多数的商业汇票\begin{cases}定日付款的商业汇票\\出票后定期付款的商业汇票\\见票后定期付款的商业汇票\end{cases}\end{cases}$$

【提示】纸制商业汇票的付款期限，最长不得超过 6 个月。

【解释 1】定日付款，是指在汇票上明确记载特定日期为到期日。例如，记载到期日为 2017 年 3 月 1 日。

【解释 2】出票后定期付款，是指出票后一定的期间经过后的日期为到期日。例如，记载到期日为出票后 3 个月或者记载出票后 3 个月付款（由于出票日是票据上必须记载的事项，此种到期日的记载方式与定日付款并无区别，只是需要一定的计算）。

【解释 3】见票后定期付款，是指汇票的持票人向付款人提示承兑，付款人予以承兑或者拒绝承兑后，以承兑日或拒绝承兑证书作成之日为基础，经计算而确定到期日。这种付款日期，无法直接依照票面记载而确定到期日。

考点2：票据关系、票据基础关系与票据法上的非票据关系（★★☆）

1. 票据关系与票据的基础关系

（1）票据的签发、取得和转让，应当遵循诚实信用的原则，具有真实的交易关系和债权债务关系。

（2）票据关系一经形成，就与基础关系相分离，基础关系是否存在，是否有效，对票据关系都不起影响作用。

（3）票据关系因一定原因失效，亦不影响基础关系的效力。

2. 票据法上的非票据关系

（1）票据法上的非票据关系，是指由票据法直接规定的，不基于票据行为而发生的票据当事人之间与票据有关的法律关系。例如，票据上的正当权利人对于因恶意而取得票据的人行使票据返还请求权而发生的关系，票据付款人付款后请求持票人交还票据而发生的关系，利益返还请求权等。

（2）利益返还请求权

持票人因超过票据权利时效或者因票据记载事项欠缺而丧失票据权利的，仍享有民事权利，可以请求出票人或者承兑人返还其与未支付的票据金额相当的利益。

【案例】1月10日，甲公司与乙公司签订买卖合同，约定价款为50万元，甲公司应在收货后10日内签发转账支票完成支付。1月15日，乙公司交货；1月20日，甲公司签发以丙银行为付款人的转账支票交付给乙公司。但乙公司没有请求丙银行付款，也没有向甲公司提出任何请求，直至10月：（1）从票据关系角度上看，甲公司是出票人、乙公司是收款人、丙银行是付款人；本来乙公司作为票据权利人有权按照票据法律制度的规定在1月30日前（出票日起10日内）向丙银行提示付款，如果丙银行无理拒付，乙公司可以在7月20日前（出票日起6个月内）向甲公司追索，要求甲公司支付票款；现上述两个期限均已经过，乙公司的票据权利消灭。（2）从票据基础关系角度看，甲公司向乙公司签发转账支票的原因是二者之间存在买卖合同，该买卖合同关系就是该转账支票的基础关系；合同卖方已经履行完货物交付义务，而买方的付款义务也已经完成（转账支票已经依法签发，只要乙公司依法行使票据权利，完全可以拿到货款；换言之，甲公司并不存在违约行为，乙公司不能要求其承担违约责任）。（3）票据权利已经消灭、买卖合同已经履行

完毕，可是卖方乙公司并未实际收到款项，乙公司怎么办？此时，"利益返还请求权"提供了帮助，乙公司可以依此请求甲公司返还其与未支付的票据金额相当的利益，该利益返还关系即为票据法上的非票据关系。

【例题·单选题】付款人付款后请求持票人交出票据的权利义务关系，属于（　）。

A. 票据关系
B. 票据法上的非票据关系
C. 民法上的票据关系
D. 民法上的非票据关系
【答案】B

考点3：票据行为（★★★）

（一）票据行为的有效要件

1. 行为人必须具有从事票据行为的能力。

无民事行为能力人或者限制民事行为能力人在票据上签章的，其签章无效。

【案例】A对B签发转账支票，B取得票据后患精神病而丧失民事行为能力，但仍将支票背书转让给C。C又将支票背书转让给不知情的D以支付购货款。在本案中，如果D依法提示付款被拒绝，D有权要求A和C承担票据责任，但无权要求已经丧失民事行为能力的B承担票据责任。

2. 行为人的意思表示必须真实或无缺陷。

以欺诈、偷盗或者胁迫等手段取得票据的，或者明知有前列情形，出于恶意取得票据的，不得享有票据权利。

【案例】A公司以B公司为收款人而签发支票，B公司受C公司的欺诈而背书转让给C公司。在本案中，C公司是恶意取得票据，不能享有票据权利，如果付款银行知悉C公司为恶意持票人，有权拒付；如果C公司向B公司行使票据追索权，B公司有权拒绝承担票据责任；如果C公司向A公司行使票据追索权，而A公司又已知悉C公司为恶意持票人，A公司亦可拒绝承担票据责任。

3. 票据行为的内容必须符合法律、法规的规定。

4. 票据行为必须符合法定的形式。

（二）票据上的签章

1. 签章人 VS 票据债务人

（1）票据签发时，由出票人签章；票据转让时，由背书人签章；票据承兑时，由承兑人签章；票据保证时，由保证人签章。

【提示】上述签章均使得签章人承担票据债务。

（2）票据代理时，由代理人签章。

【提示】代理人签章，但有效代理情境下，被代理人承担票据责任。

（3）持票人行使票据权利时，由持票人签章。

【提示】持票人签章表明其票据权利已经得到

第六周

满足，全体票据债务人的票据责任消灭。

2. 如何正确签章？

（1）自然人的签章

①自然人在票据上的签章为该自然人的签名"或"盖章。

②自然人在票据上的签名为该当事人的本名（合法身份证件上的姓名）。

（2）单位的签章

①单位在票据上的签章，应为该单位的财务专用章或者公章"加"其法定代表人或其授权的代理人的签名或者盖章。

②银行汇票的出票人在票据上的签章和银行承兑汇票的承兑人的签章，应为经中国人民银行批准使用的该银行汇票专用章加其法定代表人或其授权的代理人的签名或者盖章。

③商业汇票的出票人在票据上的签章，为该法人的财务专用章或者公章加其法定代表人或者其授权的代理人的签名或者盖章。

④银行本票的出票人在票据上的签章，应为经中国人民银行批准使用的该银行本票专用章加其法定代表人或其授权的代理人的签名或者盖章。

⑤支票的出票人和商业承兑汇票的承兑人在票据上的签章，应为其预留银行的签章。

【提示】支票的出票人在票据上未加盖与该单位在银行预留签章一致的财务专用章而加盖该出票人公章的，签章人应当承担票据责任。

3. 签章不符合规定的后果

①出票人在票据上的签章不符合规定的，票据无效。

【案例】甲公司签发一张票据给乙公司以支付货款，由于甲公司的财务人员疏忽未在票据上加盖公司印章，只由法定代表人签字后便交给了乙公司，乙公司取得票据后又将该票据背书转让给丙公司。在本案中，由于出票人甲公司的签章不符合规定，票据无效，该票据上谁也不享有票据权利，谁也无需承担票据责任。

②承兑人、保证人在票据上的签章不符合规定的，其签章无效，但不影响其他符合规定签章的效力。

【案例】甲公司向乙公司签发一张支票以支付货款，乙公司又将该支票背书转让给丙公司，丁公司为乙公司提供了保证，丙公司取得支票后又背书转让给戊公司，后发现丁公司在票据上加盖了合同专用章，而非公章或财务章。在本案中，保证人丁公司因在票据上无符合规定签章，不承担票据责任，但该票据的效力并未受到影响；而且由于是保证行为无效，并不影响票据背书连续性，因此不影响票据上其他票据行为的效力，甲公司、乙公司、丙公司仍应向戊公司承担票据责任。

③背书人在票据上的签章不符合规定的，其签章无效，但不影响其前手符合规定签章的效力。

（三）票据行为的代理

1. 票据代理的行为形态

代理人在行使代理权时，必须在票据上以"自己"（而不是被代理人）的名字或名称作签章，且应在票据上表明代理关系。

2. 无权代理

没有代理权而以代理人名义在票据上签章的，应当由签章人承担票据责任。

3. 越权代理

代理人超越代理权限的，应当就其超越权限的部分承担票据责任。

考点4：票据权利的取得（★★★）

1. 票据权利包括付款请求权和追索权。一般情况下，持票人应当首先行使付款请求权，得不到付款时，方可行使追索权；持票人不先行使付款请求权而先行使追索权遭到拒绝而起诉的，人民法院不予受理。

2. 票据权利的取得方式

（1）出票取得；

（2）转让取得；

（3）通过税收、继承、赠与、企业合并等方式获得票据。

3. 当事人能否取得票据权利的判断

（1）对价

①票据的取得，必须给付对价。

②因税收、继承、赠与可以依法无偿取得票据的，不受给付对价之限制；但其所享有的票据权利不得优于前手。

（2）因欺诈、偷盗、胁迫、恶意或者重大过失而取得票据的，不得享有票据权利。

【案例】A公司以B公司为收款人而签发汇票，B公司受C公司的欺诈而背书转让，C公司又将汇票赠送给D公司：（1）C公司以欺诈手段取得票据，不能取得票据权利。（2）D公司是无对价取得票据，是否享有票据权利关键看C公司，C公司有票据权利则D公司有票据权利，C公司无票据权利则D公司无票据权利；显然，本案D公司受C公司影响，不享有票据权利。

考点5：票据丧失后的补救措施（★★）

（一）挂失止付

1. 可以挂失止付的票据

（1）已承兑的商业汇票；

（2）支票；

（3）填明"现金"字样和代理付款人的银行汇票；

（4）填明"现金"字样的银行本票。

2. 暂时的预防措施

（1）挂失止付并不是票据丧失后票据权利补

救的必经程序，而只是一种暂时的预防措施，最终要通过申请公示催告或提起普通诉讼来补救票据权利。

（2）付款人或者代理付款人"自收到挂失止付通知书之日起12日内"未收到人民法院的止付通知书的，自第13日起，挂失止付通知书失效。

3. 非必经程序

失票人应当在通知挂失止付后3日内，依法向人民法院申请公示催告或者提起普通诉讼，也可以在票据丧失后（不挂失止付）"直接"向人民法院申请公示催告或者提起普通诉讼。

（二）公示催告

1. 哪些票据丧失可以申请公示催告？

"可以背书转让的"票据丧失的，失票人可以申请公示催告。

【提示】填明"现金"字样的银行汇票、银行本票和现金支票不得背书转让，这些票据不能申请公示催告。

2. 谁可以申请公示催告？

（1）可以申请公示催告的失票人，是指在丧失票据占有以前的最后合法持票人，也就是票据所记载的票据权利人。

（2）出票人已经签章的授权补记的支票丧失后，持票人（虽其名称未记载于票面）也可以申请公示催告。

3. 公示催告的程序

（1）人民法院受理公示催告申请的，同时通知支付人停止支付。

【相关链接】付款人或者代理付款人自收到挂失止付通知之日起12日内没有收到人民法院的止付通知书的，自第13日起，挂失止付通知书失效。

（2）发出公告

①法院在受理后的3日内发出公告，催促利害关系人申报权利。

②公示期间不得少于60日，且公示期间届满日不得早于票据付款日后15日。

（3）申报权利

①在除权判决作出前，利害关系人申报权利，法院应当通知其向法院出示票据，并通知公示催告申请人在指定的期间查看该票据。

②公示催告申请人申请公示催告的票据与利害关系人出示的票据不一致的，应当裁定驳回利害关系人的申报。

③如果有利害关系人前来就同一票据申报权利，法院并不在该程序之下对申请人与申报权利人之间的争议进行实体审理，而是会裁定终结该程序。申请人如欲主张票据权利，可以向对方提起普通民事诉讼。

④如果没有人在指定期限内申报权利，则可以推定申请人的主张成立。

（4）除权判决

在申报权利的期间无人申报权利，或者申报被驳回的，申请人应当自公示催告期间届满之日起1个月内申请作出判决；逾期不申请判决的，终结公示催告程序。

【提示】申请人应当主动、及时申请法院作出除权判决。申请人不申请，法院并不主动作出除权判决，而是裁定终结公示催告程序。

4. 除权判决"公告之日起"，公示催告申请人有权依据判决向付款人请求付款。

（三）普通诉讼

1. 普通诉讼，是指丧失票据的失票人向人民法院提起民事诉讼，要求法院判定付款人于票据到期日或判决生效后支付或清偿票据金额的活动。

2. 失票人向法院起诉时，应当提供担保；担保数额相当于票据载明的金额。

3. 在判决前，丧失的票据出现时，付款人应以该票据正处于诉讼阶段为由暂不付款，并将情况迅速通知失票人和人民法院，人民法院应终结诉讼程序。

考点6：票据权利的消灭时效（★★）

（1）对出票人或承兑人的权利

①持票人对远期汇票的出票人、承兑人的权利自票据到期日起2年；见票即付的汇票、本票自出票日起2年。

②持票人对支票出票人的权利，自出票日起6个月。

（2）对一般前手（除出票人、承兑人以外的其他前手）的权利

①持票人对一般前手的首次追索权，自被拒绝承兑或者被拒绝付款之日起6个月；

②持票人对一般前手的再追索权，自清偿日或者被提起诉讼之日起3个月。

【例题1·判断题】持票人对票据承兑人的追索权，自票据到期日起2年不行使而消灭。（　）（2016年）

【答案】√

【例题2·单选题】甲公司于2012年2月10日签发一张汇票给乙公司，付款日期为同年3月20日。乙公司将该汇票提示承兑后背书转让给丙公司，丙公司又将该汇票背书转让给丁公司。丁公司于同年3月23日向承兑人请求付款时遭到拒绝。根据《票据法》的规定，丁公司向甲公司行使追索权的期限是（　）。（2014年）

A. 自2012年2月10日至2014年2月10日

B. 自2012年3月20日至2014年3月20日

C. 自2012年3月23日至2012年9月23日

D. 自2012年3月23日至2012年6月23日

【解析】远期汇票的持票人对"出票人、承兑人"的追索权，消灭时效期间为2年，自票据到

期日（2012 年 3 月 20 日）起算。

【答案】B

考点 7：票据抗辩（★★☆）

1. 对物抗辩，是指基于票据本身存在的事由而发生的抗辩，这一抗辩可以对任何持票人提出。其主要包括下列情形：

（1）票据行为不成立而为的抗辩（如票据应记载的内容有欠缺、票据债务人无行为能力）；

（2）依票据记载不能提出请求而为的抗辩（如票据未到期）；

（3）票据载明的权利已经消灭或者已失效而为的抗辩（如票据债权因付款、抵销、提存、免除、除权判决、时效届满而消灭）；

（4）票据权利的保全措施欠缺而为的抗辩（如应作成拒绝证明而未作）；

（5）票据上有伪造、变造情形而为的抗辩。

2. 对人抗辩，是指票据债务人对抗特定债权人的抗辩

票据债务人可以对不履行约定义务的与自己有"直接债权债务关系"的持票人进行抗辩。（2015 年简答题）

【案例】甲公司签发一张支票给乙公司以支付货款，乙公司向付款银行提示付款被拒绝后向甲公司行使票据追索权，此时，甲公司以乙公司交付的货款不符合质量要求为由提出抗辩、拒绝承担票据责任。在本案中，由于甲公司和乙公司之间存在直接债权债务关系，甲公司的抗辩成立。

3. 票据抗辩的限制

（1）凡是善意的，已付相当对价的正当持票人可以向票据上的一切债务人请求付款，不受前手权利瑕疵和前手相互间抗辩的影响。

（2）票据债务人不得以自己与持票人的前手之间的抗辩事由对抗持票人。

【案例】A 公司以 B 公司为收款人而签发支票，B 公司受 C 公司的欺诈而背书转让，C 公司又背书转让给不知情的 D 公司以支付购货款。在本案中：（1）C 公司因欺诈取得票据，不享有票据权利；（2）D 公司为善意持票人，且取得票据支付相当对价，D 公司享有票据权利，即当 D 公司要求付款银行付款时，付款银行不得以 C 公司欺诈取得票据为由拒绝付款；D 公司要求 A 公司、B 公司承担票据责任时，A 公司和 B 公司也不得以 C 公司欺诈取得票据为由拒绝承担票据责任；当然，C 公司就更不能以此为由拒绝承担票据责任了（C 公司不享有票据权利，但票据责任还是要承担的）。总之，D 公司属于善意且已付相当对价的正当持票人，其享有的票据权利不受其前手 C 公司的权利瑕疵的影响，付款银行、A 公司、B 公司不能以对抗 C 公司的事由对抗 D 公司。

（3）票据债务人不得以自己与出票人之间的抗辩事由对抗持票人。（2013 年简答题）

【案例】A 公司向 B 公司订购一台机床，以银行承兑汇票支付价款（银行已承兑），B 公司取得汇票后背书转让给 C 公司支付货款。C 公司依法向承兑银行提示付款时，承兑银行以出票人 A 公司尚未存足票款为由拒绝付款。在本案中，承兑银行的拒付理由不成立。C 公司是善意且已付相当对价的正当持票人，"A 公司未存足票款"是承兑银行与 A 公司之间的抗辩事由，不能用来对抗 C 公司；即承兑银行应当日足额向 C 公司付款，A 公司未存足的票款视作承兑银行对 A 公司的逾期贷款处理。

（4）持票人取得的票据是无对价或无相当对价的，由于其享有的权利不能优于其前手的权利，故票据债务人可以对抗持票人前手的抗辩事由对抗该持票人。

【例题·多选题】根据票据法律制度的规定，票据债务人基于票据本身存在的一定事由发生的抗辩，可以对抗任何持票人。该类事由有（　　）。（2016 年）

A. 票据债务人为无行为能力人

B. 票据债务人的签章被他人假冒

C. 票据背书不连续

D. 票据上未记载出票地

【解析】（1）对物抗辩，是指基于票据本身存在的事由而发生的抗辩。这一抗辩可以对任何持票人提出。选项 ABC 均属于对物抗辩。（2）选项 D：出票地属于票据的相对应记载事项，票据上未记载出票地的，以出票人的营业场所、住所或者经常居住地为出票地。票据债务人无权以出票地未记载为由提出抗辩。

【答案】ABC

考点 8：票据的伪造和变造（★★★）

1. 伪造

（1）票据的伪造是指假冒他人名义或虚构他人的名义而进行的票据行为。

【提示】票据伪造行为是针对票据上的"签章"（而非其他记载事项）造假；而"票据上的签章不符合规定"则是签章真实，只是形式上不符合票据法律制度的要求。

（2）持票人即使是善意取得，对被伪造人也不能行使票据权利。

（3）由于伪造人没有以自己的名义签章，因此不承担票据责任。但是，如果伪造人的行为给他人造成损失的，必须承担民事责任；构成犯罪的，还应承担刑事责任。

（4）票据上有伪造签章的，不影响票据上其他真实签章的效力；票据债权人在依法提示承兑、提示付款或者行使追索权时，在票据上真正签章人不能以伪造为由进行抗辩。

【例题1·单选题】甲私刻乙公司的财务专用章，假冒乙公司名义签发一张转账支票交给收款人丙，丙将该支票背书转让给丁，丁又背书转让给戊。当戊主张票据权利时，下列说法正确的是（　　）。

A. 甲不承担票据责任

B. 乙公司承担票据责任

C. 丙不承担票据责任

D. 丁不承担票据责任

【解析】（1）选项A：伪造人甲在票据上根本没有以自己名义签章，不承担票据责任；（2）选项B：被伪造人乙公司在票据上没有真实签章，不承担票据责任；（3）选项CD：丙和丁属于在票据上真实签章的人，仍应承担票据责任。

【答案】A

【例题2·单选题】根据《票据法》的规定，下列关于票据伪造的表述中，正确的是（　　）。（2014年）

A. 票据伪造是指无权更改票据的人变更票据金额的行为

B. 被伪造人应向善意且支付了对价的持票人承担票据责任

C. 票据上有伪造签章的，不影响票据上其他真实签章的效力

D. 伪造人因未在票据上以自己的名义签章，故不承担票据责任之外的民事责任

【解析】（1）选项A：票据的变造，是指无权更改票据内容的人，对票据上"签章以外"的记载事项加以变更的行为；（2）选项B：持票人即使是善意取得，对被伪造人也不能行使票据权利；（3）选项D：由于伪造人没有以自己的名义在票据上签章，因此不承担"票据责任"；但如果伪造人的行为给他人造成损失的，应承担"民事责任"，构成犯罪的，还应承担"刑事责任"。

【答案】C

2. 变造

（1）界定

票据的变造，是指无权更改票据内容的人，对票据上"签章以外的记载事项"加以变更的行为。

【提示】票据的伪造，是针对签章造假；票据的变造是针对签章以外的记载事项造假。

（2）责任

①如果当事人的签章在变造之前，应当按照原记载的内容负责。

②如果当事人的签章在变造之后，则应当按照变造后的记载内容负责。

③如果无法辨别签章发生在变造之前还是之后，视同在变造之前签章。

【例题1·单选题】甲签发一张票面金额为2万元的转账支票给乙，乙将该支票背书转让给丙，丙将票面金额变造为5万元后背书转让给丁，丁又背书转让给戊。下列关于票据责任承担的表述中，正确的是（　　）。

A. 甲、乙、丁对2万元负责，丙对5万元负责

B. 乙、丙、丁对5万元负责，甲对2万元负责

C. 甲、乙对2万元负责，丙、丁对5万元负责

D. 甲、乙对5万元负责，丙、丁对2万元负责

【解析】甲、乙的签章在变造之前，应当对变造前的金额（2万元）承担票据责任；丙、丁的签章在变造之后，应当对变造后的金额（5万元）承担票据责任。

【答案】C

【例题2·判断题】无法辨别当事人在票据被变造之前还是之后签章的，视同在变造之后签章。（　　）（2016年）

【解析】如果无法辨别是在票据被变造之前还是之后签章的，视同在"变造之前"签章。

【答案】×

【星期五·第4章第11单元】票据法律制度分则

【本单元考点清单】

考点名称		考点地位	二维码
票据行为	出票	★★	
	转让背书	★★★	
	非转让背书	★★	
	承兑	★	
	保证	★★☆	
票据权利	付款请求权	★★	
	追索权	★★★	
特殊规定	银行汇票的特殊规定	★	
	本票的特殊规定	★	
	支票的特殊规定	★★★	

第 六 周

考点1：出票（★★）

1. 出票实际包括两个行为，一是出票人依照票据法的规定作成票据（记载法定事项并签章），二是交付票据。

【提示】不论是出票，还是转让背书、非转让背书、承兑均是按照规定记载法定事项并签章，交付票据后，相应票据行为方告成立。

2. 绝对应记载事项：如未记载，票据无效

记载事项	汇 票	本 票	支 票
表明"××"的字样	√	√	√
无条件支付的委托或承诺	√	√	√

续表

记载事项	汇票	本票	支票
确定的金额	√	√	√ （授权补记）
付款人名称	√	×	√
收款人名称	√	√	× （授权补记）
出票日期	√	√	√
出票人签章	√	√	√

【提示】（1）支票上的金额，可以授权补记，且为出票行为的绝对应记载事项，这表明：出票人可以授权收款人就支票金额补记，收款人以外的其他人不得补记；在支票金额未补记之前，收款人不得背书转让、提示付款。（2）支票上的收款人名称，可以授权补记，但并不属于出票行为的绝对应记载事项，这表明：出票人既可以授权收取支票的相对人补记，也可以由相对人再授权他人补记；也就是说，就支票而言，我国《票据法》承认了转让背书之外的这种（直接交付支票）票据权利转让方式。（3）结合例子消化：甲签发支票给乙，乙背书转让给丙，如果丙发现该支票"金额栏"空白，丙不应收取该支票，因为乙无权授权丙补记金额，发生纠纷时，只要有证据证明丙收取支票时票面"金额栏"空白，则该支票

属于无效支票，丙将无法取得票据权利；而如果是该支票"收款人栏"空白，丙可以受让该支票，由乙授权丙补记收款人名称即可，不影响丙取得票据权利，甚至，丙也可以再将该支票转让给丁并授权丁补记收款人名称。

3. 对票据金额的特殊要求

（1）票据金额以中文大写和数码同时记载，两者必须一致，两者不一致的，票据无效。

（2）票据"金额、日期、收款人名称"不得更改，更改的票据无效。

（3）汇票上记载的金额必须是确定的数额；汇票上记载的金额不确定的，汇票无效。

4. 相对应记载事项：未记载，适用法律的有关推定

票据	事项	法律推定
汇票	付款日期	视为见票即付（2015年简答题）
	付款地	以付款人的营业场所、住所或者经常居住地为付款地
	出票地	以出票人的营业场所、住所或者经常居住地为出票地
本票	付款地	以出票人的营业场所为付款地
	出票地	以出票人的营业场所为出票地
支票	付款地	以付款人的营业场所为付款地
	出票地	以出票人的营业场所、住所或者经常居住地为出票地

5. 非法定记载事项，如签发票据的原因或用途、该票据项下交易的合同号码等。

6. 出票的效力

（1）对收款人：取得票据权利（包括付款请求权和追索权）。

（2）对付款人：出票行为是单方行为，付款人并不因此而有付款义务。

【提示】正因为出票行为并不使得付款人负有付款义务，所以，支票上的付款人、未经承兑的汇票的付款人，只是票据关系人，并不承担票据债务。商业汇票上的付款人，只有对汇票进行承兑后，才成为该商业汇票上的主债务人，承担付款义务。

（3）对出票人：出票人签发汇票后，即承担保证该汇票承兑和付款的责任；出票人在汇票得不到承兑或者付款时，应当依法向持票人清偿票据金额、相关的利息和费用。

【例题1·单选题】根据票据法律制度的规定，在票据上更改特定记载事项的，将导致票据无效。下列各项中，属于该记载事项的是（　　）。（2016年）

A. 付款人名称　　　　B. 收款人名称
C. 付款地　　　　　　D. 出票地

【解析】票据金额、日期、收款人名称不得更改，更改的票据无效。

【答案】B

【例题2·单选题】根据票据法律制度的规定，下列有关汇票未记载事项的表述中，正确的是（　　）。

A. 汇票上未记载付款日期的，为出票后3个月内付款

B. 汇票上未记载付款地的，出票人的营业场所、住所或者经常居住地为付款地

C. 汇票上未记载收款人名称的，经出票人授权可以补记

D. 汇票上未记载出票日期的，该汇票无效

【解析】（1）选项A：汇票上未记载付款日期的，视为见票即付。（2）选项B：汇票上未记载付款地的，以"付款人"的营业场所、住所或者经常居住地为付款地。（3）选项CD：收款人名称、出票日期属于汇票的绝对应记载事项，未记载则汇票无效。

【答案】D

收款人：乙公司
出票人：甲公司签章
承兑人：A银行签章

票据正面

从上图中，我们可以看到，在票据上签章的只有甲公司、A银行和乙公司，丙公司并未在票据上签章。也就是说，虽然丁公司补记被背书人名称的行为是有效的，但同时承担着一个风险：如果丁公司依法提示付款被拒绝，丁公司只能向A银行、甲公司和乙公司追索，不能向丙公司追索。

（3）背书日期

背书由背书人签章并记载背书日期，背书未记载日期的，视为在汇票到期日前背书。

2. 禁止背书

背书人在汇票上记载"不得转让"字样，其后手再背书转让的，原背书人对后手的被背书人不承担保证责任。（2013年简答题）

【案例】甲公司向乙公司签发一张由A银行承兑的汇票，乙公司将该汇票背书转让给丙公司以支付购货款，丙公司背书转让给丁公司以支付购货款时在汇票上记载了"不得转让"字样，丁公司依然将该汇票背书转让给戊公司以支付购货款，戊公司依法提示付款被拒绝。在本案中：（1）戊公司不能向丙公司进行追索，丙公司是作了禁止背书的背书人，对后手（丁公司）的被背书人（戊公司）不承担票据责任；（2）戊公司可以向A银行、甲公司、乙公司和丁公司行使票据追索权；（3）如果丁公司承担了票据责任，丁公司可以向丙公司追索（丙公司只对丁公司承担保证票据得

考点2：转让背书（★★★）

1. 记载事项

（1）背书签章

背书人背书时，必须在票据上签章，背书才能成立，否则，背书行为无效。

（2）被背书人名称——可补记

①汇票以背书转让或者以背书将一定的汇票权利授予他人行使时，必须记载被背书人名称；

②背书人未记载被背书人名称即将票据交付他人的，持票人在票据被背书人栏内记载自己的名称与背书人记载具有同等的法律效力。

【案例】甲公司签发一张由A银行承兑的汇票给乙公司，乙公司作成背书人签章后直接将汇票交给丙公司以支付购货款，丙公司将汇票又直接交付丁公司以支付购货款，丁公司将自己的名称填入"被背书人"栏。票据的状态见下图：

被背书人：丁公司
背书人：乙公司签章

票据背面

到支付的责任）。

3. 粘单

（1）票据凭证不能满足背书人记载事项的需要，可以加附粘单，粘附于票据凭证上。

（2）粘单上的第一记载人，应当在汇票和粘单的粘接处签章。

【案例】甲公司向乙公司签发汇票，乙公司背书转让给丙公司，丙公司背书转让给丁公司，丁公司拟背书转让给戊公司时发现票据凭证背面的两个背书栏均已经填满，那么，丁公司可以加贴粘单后继续背书，但丁公司除了作背书人签章外，还应当在票据凭证和粘单的粘接处签章。

【例题·单选题】根据支付结算法律制度的规定，票据凭证不能满足背书人记载事项的需要，可以加附粘单；粘单上的第一记载人，应当在票据和粘单的粘接处签章。该第一记载人是（　　）。

A. 粘单上的第一手背书的被背书人

B. 票据上最后一手背书的背书人

C. 票据持票人

D. 粘单上第一手背书的背书人

【解析】粘单上的第一记载人为粘单上第一手背书的背书人。

【答案】D

4. 附条件背书

背书不得附条件，背书时附有条件的，所附条件不具有汇票上的效力。

【例题·单选题】甲公司为购买货物而将所持有的汇票背书转让给乙公司，但因担心以此方式付款后对方不交货，因此在背书栏中记载了"乙公司必须按期保质交货，否则不付款"的字样。乙公司在收到票据后没有按期交货。根据票据法律制度的规定，下列表述中，正确的是（　　）。

A. 背书无效

B. 背书有效，乙公司的后手持票人应受上述记载约束

C. 背书有效，上述记载没有汇票上的效力

D. 票据无效

【解析】背书不得附条件，背书时附有条件的，所附条件不具有汇票上的效力。

【答案】C

5. 部分背书

部分背书是指背书人在背书时，将汇票金额的一部分或者将汇票金额分别转让给两人以上的背书；部分背书无效。

6. 背书连续

（1）背书连续是指在票据转让中，转让汇票的背书人与受让汇票的被背书人在汇票上的签章依次前后衔接。

【案例】

被背书人： 乙公司	被背书人： 丙公司	被背书人： 丁公司	被背书人： 丁公司开户银行
甲公司签章	乙公司签章	丙公司签章	丁公司签章 委托收款

从以上票据背书反映的内容看，该票据的收款人是甲公司，甲公司将票据背书转让给乙公司，乙公司又将票据转让给丙公司，丙公司又将票据转让给丁公司，丁公司是该票据的最后持票人。该票据背书连续，最后由持票人丁公司委托自己的开户银行收款，实现票据权利。

（2）背书连续主要是指背书在形式上连续，如果背书在实质上不连续，付款人仍应对持票人付款；但是，如果付款人明知持票人不是真正的票据权利人，则不得向持票人付款，否则应自行承担责任。

【案例】甲公司签发银行承兑汇票（银行已承兑）给乙公司，乙公司受丙公司欺诈背书转让给丙公司，丙公司又将该汇票背书转让给不知情的丁公司支付货款。在本案中：（1）由于丙公司恶意取得票据，并不享有票据权利，该票据背书在实质上不连续；（2）但丁公司是善意且已付相当对价的持票人，其票据权利不受前手权利瑕疵的影响，因此，即使承兑银行明知该票据实际不连续，也不得以此为由拒绝向丁公司付款；（3）如果丁公司被承兑银行拒付后向丙公司追索，丙公司清偿了票款，但由于丙公司并不享有票据权利，甲公司、乙公司、承兑银行均不必向其承担票据责任。

（3）对于非经背书转让，而以其他合法方式（如税收、继承、赠与等）取得汇票的，不涉及背书连续的问题；只要取得票据的人依法举证，证明其汇票权利，就可以享有票据上的权利。

考点3：非转让背书（★★）

1. 委托收款背书

背书记载"委托收款"字样的，被背书人有权代背书人行使被委托的汇票权利（可以代为行使付款请求权和追索权）；但是，被背书人不得再以背书转让汇票权利。

2. 质押背书

（1）质押背书成立后，背书人仍然是票据权利人，被背书人并不因此而取得票据权利；但是，被背书人取得质权人地位后，在背书人不履行其债务的情况下，可以行使票据权利，并从票据金额中按担保债权的数额优先得到偿还；如果背书人履行了所担保的债务，被背书人则必须将票据返还背书人。

（2）以票据质押，应当背书记载"质押"字样，但如果在票据上记载质押文句表明了质押意思的（如"为担保"、"为设质"等），也应视为其有效。

（3）记载"质押"文句后，其后手再背书转让或者质押的，原背书人对后手的被背书人不承担票据责任，但不影响出票人、承兑人以及原背书人的前手的票据责任。

（4）以汇票设定质押时，出质人在汇票上只记载了"质押"字样而未在票据上签章的，或者出质人未在汇票、粘单上记载"质押"字样而另行签订质押合同、质押条款的，不构成票据质押。

【例题·单选题】甲公司在向乙银行申请贷款时以一张银行承兑汇票作质押担保。下列关于甲公司汇票质押生效要件的表述中，符合票据法律制度规定的是（　　）。（2013年）

A. 甲公司只须和乙银行签订该汇票的质押合同即可生效

B. 甲公司只须将该汇票交付乙银行占有即可生效

C. 甲公司只须向乙银行作该汇票的转让背书即可生效

第 六 周

D. 甲公司应当在该汇票上记载"质押"字样、乙银行名称、签章，并将汇票交付给乙银行后方可生效

【解析】（1）票据质押的，质押时应当以背书记载"质押"（或者"为担保"、"为设质"等）字样；（2）质押背书与其他背书一样，也必须依照法定的形式作成背书（至少应记载被背书人名称且由背书人签章）并交付。

【答案】D

考点4：承兑（★）

1. 承兑制度是远期商业汇票特有的制度。

【解释】见票即付的票据不需要承兑，在付款提示期限内直接提示付款，如被拒付可及时行使票据追索权。远期商业汇票，则需要先提示承兑（承兑到期将予兑付），而后在到期日到来后10天内提示付款（先要到一个承诺，到期日后才能见到真金白银）；不论被拒绝承兑，还是最终被拒绝付款，都可以依法行使票据追索权。

2. 提示承兑期限

（1）见票即付的票据（包括支票、本票以及见票即付的汇票）：无需提示承兑；

（2）定日付款或者出票后定期付款的汇票："到期日前"提示承兑；

（3）见票后定期付款的汇票："自出票之日起1个月内"提示承兑。

3. 如果持票人超过法定期限提示承兑的，即丧失对除出票人以外其他前手的追索权。

4. 付款人对向其提示承兑的汇票，应当自收到提示承兑的汇票之日起3日内承兑或者拒绝承兑。如果付款人在3日内不作承兑与否表示的，则应视为"拒绝"承兑。

5. 付款人承兑汇票的，应当在汇票正面记载"承兑"字样和承兑日期并签章。见票后定期付款的汇票，应当在承兑时记载付款日期。汇票上未记载承兑日期的，以持票人提示承兑之日起的第3日为承兑日期。

6. 付款人依承兑格式填写完毕应记载事项后，并不意味着承兑生效，只有在其将已承兑的汇票"退回"持票人时才产生承兑的效力。

7. 付款人承兑汇票，不得附有条件；承兑附有条件的，视为拒绝承兑。

8. 承兑的法律效力——付款人承兑汇票后，作为汇票承兑人，成为汇票的主债务人：

（1）承兑人应于汇票到期日必须向持票人无条件地支付汇票上的金额，否则其必须承担延迟付款责任。

（2）承兑人必须对汇票上的一切权利人承担责任，包括付款请求权人和追索权人。

（3）承兑人不得以其与出票人之间的资金关系来对抗持票人，拒绝支付汇票金额。

（4）承兑人的票据责任不因持票人未在法定期限（到期日起10日）内提示付款而解除，承兑人仍要对持票人承担票据责任。

【相关链接】远期汇票持票人对承兑人的权利，自到期日起2年。

【提示】在远期汇票上，付款人和承兑人实际上指的同一人。在考试时，如果称呼为承兑人，说明该付款人已经承兑，票据上已经存在其承兑签章；如果只称呼为付款人，考生则需要仔细看清案情是否交待该付款已承兑，如果尚未承兑或拒绝承兑，票面上并不存在其签章，该付款人只是票据关系人，而非票据责任人，不承担票据责任。

考点5：保证（★★☆）

1. 记载事项

（1）绝对应记载事项："保证"字样＋签章

（2）相对应记载事项

①被保证人名称

未记载被保证人名称的，已承兑的汇票，承兑人为被保证人；未承兑的汇票，出票人为被保证人。（2014年简答题）

②保证日期

未记载保证日期的，出票日期为保证日期。（2014年简答题）

（3）保证人为出票人、承兑人保证的，应将保证事项记载于汇票的正面；保证人为背书人保证的，应将保证事项记载于汇票的背面或粘单上。

【提示】保证应当作成于汇票或粘单之上，如果另行签订保证合同或者保证条款的，不属于票据保证。

2. 附条件保证

保证不得附有条件；附有条件的，不影响对汇票的保证责任。

【相关链接1】背书不得附条件，附有条件的，所附条件无效，背书有效。

【相关链接2】承兑不得附条件，附有条件的，视为拒绝承兑。

【相关链接3】无条件支付的委托或承诺，是出票行为的绝对应记载事项。

3. 保证的效力

（1）保证人对合法取得汇票的持票人所享有的汇票权利，承担保证责任；但被保证人的债务因票据记载事项欠缺而无效的除外。

（2）保证人应当与被保证人对持票人承担连带责任。

（3）保证人为2人以上的，保证人之间承担连带责任。

（4）保证人清偿汇票债务后，可以对被保证人及其前手行使追索权。

【案例】甲公司向乙公司签发汇票，A银行承

兑，票据背书栏显示乙公司将票据背书给丙公司，B银行为乙公司提供票据保证，丙公司将票据进一步转让给丁公司：（1）如果丁公司依法提示付款被拒绝，通常情况下，丁公司可以向甲公司、A银行、乙公司、B银行和丙公司进行追索；如果B银行向丁公司清偿了票款、承担了票据责任，则B银行可以向乙公司、甲公司、A银行行使再追索权。（2）如果乙公司的签章系被无关联关系的拾得人伪造（实质原因），乙公司不承担票据责任，但保证人B银行仍应承担票据保证责任；即此种情形下，丁公司依法提示付款被拒绝后，只能向甲公司、A银行、B银行和丙公司进行追索，不能向乙公司追索；如果B银行向丁公司清偿了票款、承担了票据责任，则B银行可以向甲公司、A银行行使再追索权。（3）如果乙公司的签章真实，但仅由法定代表人签字，公司未盖章（签章不符

合规定，形式原因），则乙公司不承担票据责任，B银行也不承担票据责任，丁公司依法提示付款被拒绝后，只能向甲公司、A银行和丙公司进行追索。

考点6：付款请求权（★★）

1. 提示付款的期限

（1）见票即付的汇票（包括银行汇票和见票即付的商业汇票），自出票日起1个月内向付款人提示付款；

（2）定日付款、出票后定期付款或者见票后定期付款的汇票，自到期日起10日内向承兑人提示付款；

（3）银行本票自出票之日起，付款期限最长不得超过2个月；

（4）支票应当自出票日起10日内提示付款。

提示承兑、付款的期限和票据权利消灭时效

		提示承兑期限	提示付款期限	对出票人、承兑人票据权利的消灭时效	对一般前手的追索权	
					首次追索	再追索
银行汇票、见票即付的商业汇票		×	自出票日起1个月内	出票日起2年	被拒绝承兑或者被拒绝付款之日起6个月	清偿日或者被提起诉讼之日起3个月
商业汇票	定日付款或者出票后定期付款的商业汇票	到期日前	到期日起10日内	到期日起2年		
	见票后定期付款的商业汇票	自出票之日起1个月内				
银行本票		×	自出票日起不得超过2个月	出票日起2年		
支票		×	自出票日起10日内	出票日起6个月		

2. 逾期提示付款的后果

持票人未在法定期限内提示付款的，在作出说明后，承兑人或者付款人仍应当继续对持票人承担付款责任。

3. 持票人在以下情形下可以不为付款提示：

（1）付款人拒绝承兑；

（2）票据丧失；

（3）因不可抗力不能在规定期限提示；

（4）付款人或承兑人主体资格消灭。

4. 持票人依法提示付款的，付款人必须当日足额付款。

5. 形式审查义务

付款人及其代理付款人付款时，应当审查汇票背书的连续，并审查提示付款人的合法身份证明或者有效证件。

【提示1】该审查义务仅限于汇票格式是否合法，即汇票形式上的审查，而不负责实质上的审查。

【提示2】如果付款人及其代理付款人以恶意

（例如，明知持票人恶意取得票据）或者有重大过失（例如，对远期票据在到期日前支付、票面有影响持票人权利的形式瑕疵而未审查出来）付款的，应当自行承担责任。

6. 付款人依法足额付款后，全体汇票债务人的责任解除。

【提示】如果付款人未尽审查义务而对不符合法定形式的票据付款，或其存在恶意或重大过失而付款的，则付款人的义务不能免除，其他债务人也不能免除责任（即真正的票据权利人仍可照常行使票据权利）。

【例题·多选题】甲公司为了支付货款，签发了一张以本市的乙银行为付款人、以丙公司为收款人的转账支票。丙公司在出票日之后的第14天向乙银行提示付款。根据票据法律制度的规定，下列表述中，正确的有（　　）。

A. 如果甲公司在乙银行的存款足以支付支票金额，乙银行应当足额付款

B. 乙银行可以拒绝付款

C. 乙银行应当无条件付款

D. 如果乙银行拒绝付款，甲公司仍应承担票据责任

【解析】支票的持票人应当自出票日起10日内提示付款，超过提示付款期限的，付款人可以不予付款；但出票人仍应当对持票人承担票据责任。

【答案】BD

考点7：追索权（★★★）

1. 行使追索权的条件

（1）实质条件

①汇票到期被拒绝付款的；

②汇票在到期日前被拒绝承兑；

③在汇票到期日前，承兑人或者付款人死亡、逃匿的；

④在汇票到期日前，承兑人或者付款人被依法宣告破产或因违法被责令终止业务活动的。

（2）形式条件

①在法定期限内提示承兑、提示付款；

②在不获承兑或不获付款时，在法定期限内作成拒绝证明。

【提示1】拒绝证明主要有：拒绝证书，退票理由书，承兑人、付款人或者代理付款银行直接在汇票上记载提示日期、拒绝事由、拒绝日期并盖章，人民法院的有关司法文件，有关行政主管部门的处罚决定，死亡证明，失踪证明书等。

【提示2】如果持票人不能出示相关证明（如退票理由书、人民法院的有关司法文件等）的，将丧失对其前手（不包括出票人）的追索权，但承兑人或者付款人仍应当对持票人承担责任。

2. 确定追索对象（被追索人）

（1）出票人、背书人、承兑人和保证人均为被追索人。（2014年简答题）

【提示1】在确定追索对象时，应当综合考虑多方面的因素，只有按照票据法律制度的规定，该当事人应当承担票据责任的，才能列为被追索人；如果该当事人依法享有特定的抗辩权（对物抗辩或对人抗辩），则持票人不得将其列为被追索人。

【提示2】银行能否作为追索对象，要区分具体的情况来看：①银行汇票、本票的出票银行是"出票人"，持票人被拒绝付款后，仍然可以向出票银行进行追索。②银行承兑汇票上的银行，能否列为追索对象关键看票据是否已经承兑，如果该银行已经承兑，则直接可以称为承兑银行，如果尚未承兑则只能称为付款银行；如果银行承兑汇票未经承兑的，银行不得列为追索对象，因为此时的银行尚未成为票据上的债务人；如果银行承兑汇票已经承兑的，可以将该承兑银行列为追索对象。③支票上的付款银行，是支票的付款人，往往是支票出票人的开户银行，由于我国的支票限于见票即付，无须承兑，因此支票上的银行并非支票上的债务人，银行拒绝支付票款的，持票人只能向出票人、前手、保证人进行追索，而不能将付款银行列为追索对象。④商业承兑汇票中，承兑人的开户银行并非汇票上的债务人，不能列为追索对象，持票人应直接将承兑人列为追索对象（当然，也可以依法向该商业承兑汇票的出票人、前手、保证人进行追索）。

【例题·多选题】甲公司为了支付货款，签发了一张以本市的乙银行为付款人、以丙公司为收款人的转账支票，丙公司随即将支票背书转让给丁公司，丁公司又将支票背书转让给戊公司。戊公司在出票日之后的第14天向乙银行提示付款。根据票据法律制度的规定，下列选项中，戊公司不得行使追索权的有（　　）。

A. 甲公司　　　　　B. 乙银行

C. 丙公司　　　　　D. 丁公司

【解析】（1）选项B：支票的付款人不是票据债务人，不被列为追索对象；（2）选项CD：由于戊公司逾期提示付款，丧失对一般前手（乙公司和丙公司）的追索权。

【答案】BCD

（2）被追索人对持票人承担连带责任；即持票人可以不按照汇票债务人的先后顺序，对其中任何一人、数人或者全体行使追索权。

（3）持票人对汇票债务人中的一人或者数人已经进行追索的，对其他汇票债务人仍可以行使追索权；被追索人清偿债务后，与持票人享有同一权利。

3. 确定追索金额

（1）首次追索权的追索金额

①被拒绝付款的汇票金额；

②汇票金额从到期日或者提示付款日起至清偿日止，按照中国人民银行规定的利率计算的利息；

③取得有关拒绝证明和发出通知书的费用。

（2）再追索权的追索金额

①已经清偿的全部金额及其利息；

②发出通知书的费用。

4. 发出追索通知

（1）持票人应当自收到被拒绝承兑或者被拒绝付款的有关证明之日起3日内，将被拒绝事由书面通知其前手；其前手应当自收到通知之日起3日内书面通知其再前手；持票人也可以同时向各汇票债务人发出书面通知。

（2）如果持票人未按法定期限发出追索通知或其前手收到通知未按规定期限再通知其前手，持票人仍可以行使追索权，因延期通知给其前手或者出票人造成损失的，由没有按照规定期限通知的汇票当事人，承担对该损失的赔偿责任，但

是所赔偿的金额以汇票金额为限。

考点 8：银行汇票的特殊规定（★）

1. 银行汇票是出票银行签发的，由其在见票时按照实际结算金额无条件支付给收款人或者持票人的票据。

①如果 A 银行将甲公司填为收款人，由甲公司进一步将银行汇票背书转让给乙公司：

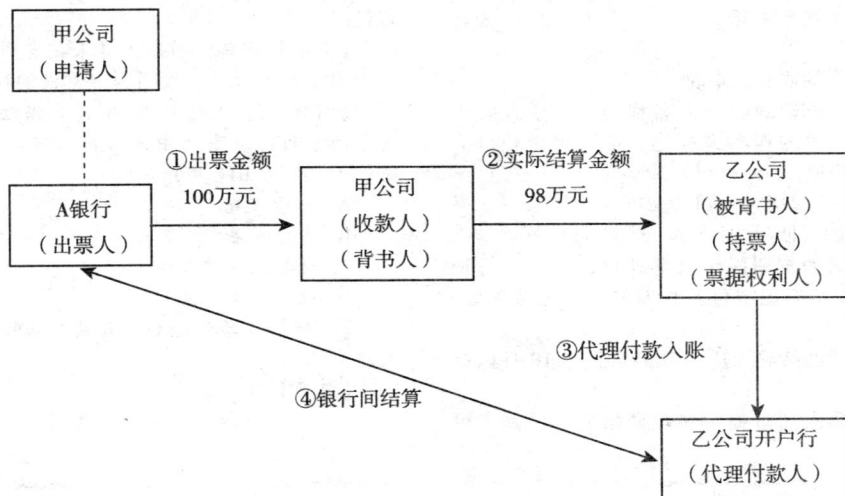

在这种签发方式下，甲公司不仅仅是该银行汇票的申请人，而且是该银行汇票的收款人（前票据权利人，因票据已经背书转让，不再享有票据权利）。当甲公司将该银行汇票背书转让给乙公司时，又成为了背书人（因其背书签章而成为票据债务人，如果乙公司依法提示付款被拒绝，可以向甲公司追索）。

②如果 A 银行根据甲公司的要求直接将乙公司填写为收款人：

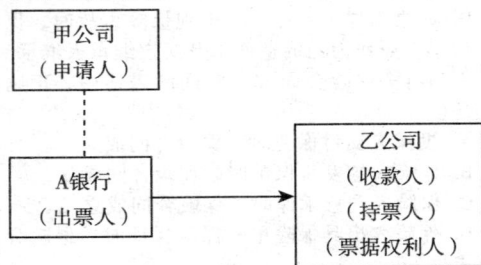

在这种签发方式下，甲公司仅仅是该银行汇票的申请人，该银行汇票上并无甲公司的签章，如果乙公司依法提示付款被拒绝，不能要求甲公司承担票据责任，只能根据双方签订的买卖合同追究甲公司的合同责任。

2. 单位和个人需要使用各种款项，均可使用银行汇票。

3. 银行汇票可以用于转账，填明"现金"字

【案例】 甲公司因向乙公司购买原材料需要向乙公司支付一笔不超过 100 万元的款项，甲公司向其开户银行 A 银行申请开立银行汇票。A 银行向甲公司收妥 100 万元后签发银行汇票。

样的银行汇票也可以用于支取现金。

4. 银行汇票限于见票即付，提示付款期限自出票日起 1 个月。

5. 实际结算金额

（1）银行汇票记载的金额有汇票金额和实际结算金额；汇票金额是指出票时汇票上应该记载的确定金额；实际结算金额是指不超过汇票金额，而另外记载的具体结算的金额。

（2）实际结算金额只能小于或等于汇票金额，汇票上记载有实际结算金额的，以实际结算金额为汇票金额。

（3）如果银行汇票记载汇票金额而未记载实际结算金额，并不影响该汇票的效力，而以汇票金额为实际结算金额。

（4）未填明实际结算金额和多余金额或者实际结算金额超过出票金额的，银行不予受理。

考点 9：本票的特殊规定（★）

1. 我国的本票仅限于银行本票、见票即付。

2. 本票的出票人即为付款人，因此，本票出票时的绝对应记载事项不包括"付款人名称"。

3. 付款提示期限

（1）银行本票自出票之日起，付款期限最长不得超过 2 个月。

（2）本票的持票人未按照法定期限提示本票的，丧失对出票人以外的前手的追索权。

考点10：支票的特殊规定〔★★★〕

1. 授权补记

（1）支票的金额

支票上的金额可以由出票人授权补记，未补记前的支票，不得使用。即出票人可以授权收款人就支票金额补记，收款人以外的其他人不得补记；在支票金额未补记之前，收款人不得背书转让、提示付款。

（2）支票的收款人名称

①支票上未记载收款人名称的，出票人既可以授权收取支票的相对人补记，也可以由相对人再授权他人补记。

②出票人可以在支票上记载自己为收款人。

2. 付款提示期限

（1）我国的支票限于见票即付，不得另行记载付款日期；另行记载付款日期的，该记载无效，支票有效。

（2）支票的持票人应当自出票日起10日内提示付款。

（3）持票人超过提示付款期限的，付款人可

以不予付款，但付款人不予付款的，出票人仍应当对持票人承担票据责任。

3. 禁止签发空头支票。

【解释】出票人签发的支票金额超过其"付款时"在付款人处实有的存款金额的，为空头支票。

4. 付款人对支票拒绝付款或者超过支票付款提示期限的，"出票人"应向持票人承担付款责任。

【提示】支票的付款人并未在支票上签章，不属于票据债务人，不被列为追索权的行使对象。

【例题·单选题】根据《票据法》的规定，支票的下列记载事项中，出票人可以授权补记的是（　）。（2014年）

A. 出票日期

B. 出票人签章

C. 付款人名称

D. 收款人名称

【解析】支票的金额、收款人名称可以由出票人授权补记。

【答案】D

扫一扫，阅读解题思路

　　本书中各部分试题均配备二维码，下载安装"东奥题库宝典"移动客户端，扫一扫左侧二维码，即可在线做题，并获得详尽的答案解析、解题思路等超值服务，解决您做题时的一切疑惑。

【移动客户端安装二维码详见封底】

本周自测

第六周

一、单项选择题

1. 根据保险法律制度的规定，下列各项中，属于保险合同当事人的是（　）。
   A. 保险人　　　　　B. 保险代理人
   C. 保险经纪人　　　D. 受益人

2. 投保人不得为无民事行为能力人投保以死亡为给付保险金条件的人身保险，但法律规定的特殊情形除外。根据保险法律制度的规定，下列各项中，属于不受前款规定限制的特殊情形的是（　）。
   A. 雇主为雇员投保
   B. 丈夫为妻子投保
   C. 成年子女为父母投保
   D. 父母为其未成年子女投保

3. 甲为其妻乙投保意外伤害保险，指定其独子丙为唯一受益人。根据保险法律制度的规定，下列说法不符合法律规定的是（　）。
   A. 甲指定受益人须经乙同意

B. 甲变更受益人须经乙同意

C. 如果乙和丙在同一事件中死亡，不能确定死亡先后顺序，推定乙死亡在先

D. 如果丙先于乙死亡，出现保险事故时，保险赔偿金应作为乙的遗产由其法定继承人继承

4. 下列有关保险合同成立时间的表述中，正确的是（　）。
   A. 投保人支付保费时，保险合同成立
   B. 保险人签发暂保单时，保险合同成立
   C. 保险人同意承保时，保险合同成立
   D. 保险人出具保险单和保险凭证时，保险合同成立

5. 根据保险法律制度的规定，人寿保险的被保险人或者受益人向保险人请求给付保险金的诉讼时效期间为自其知道或者应当知道保险事故发生之日起计算（　）年。
   A. 1　　　　　　　B. 2
   C. 4　　　　　　　D. 5

6. 王某为其自有的价值30万元的小轿车投保了自燃险，保险合同约定保险金额为40万元。保险期间，王某的小轿车发生自燃，造成车辆损失

25 万元,王某为防止损失扩大支出了 8 万元施救费。根据保险法律制度的规定,保险公司应当支付给王某的保险金数额为( )。

A. 33 万元   B. 38 万元

C. 40 万元   D. 48 万元

7. 王某将自己居住的房屋向保险公司投保家庭财产保险。保险合同有效期内,该房屋因邻居家的小孩玩火而被部分烧毁,损失 10 万元。根据保险法律制度的规定,下列说法正确的是( )。

A. 王某应当先向邻居索赔,在邻居无力赔偿时方可向保险公司索赔

B. 王某可以放弃对邻居的赔偿请求权,单独向保险公司索赔

C. 王某从邻居处得到了 8 万元的赔偿,其余 2 万元仍可向保险公司索赔

D. 王某从保险公司处得到了 10 万元的赔偿后,可以免除其邻居的赔偿义务

8. 甲、乙签订了买卖合同,甲以乙为收款人开出一张票面金额为 5 万元的银行承兑汇票,作为预付款交付于乙,乙接受汇票后将其背书转让给丙。后当事人因不可抗力解除该合同。下列关于甲的权利主张的表述中,符合《票据法》规定的是( )。

A. 甲有权要求乙返还汇票

B. 甲有权要求丙返还汇票

C. 甲有权请求付款银行停止支付

D. 甲有权要求乙返还 5 万元预付款

9. 根据票据法律制度的规定,下列票据当事人的签章中,不符合规定的是( )。

A. 出票人甲公司的签章为甲公司盖章

B. 承兑人乙银行的签章为乙银行盖章加其法定代表人签字

C. 背书人王某的签章为王某的签字

D. 保证人刘某的签章为刘某的私章

10. 甲公司向乙公司签发一张票据,由于甲公司的财务人员疏忽未在票据上盖章,只由法定代表人签字后便交给了乙公司,乙公司取得票据后未加检查即将票据背书转让给丙公司。根据票据法律制度的规定,下列说法正确的是( )。

A. 丙公司有权要求付款人支付票款

B. 丙公司有权向乙公司进行追索

C. 丙公司有权向甲公司进行追索

D. 丙公司可以要求乙公司更换其他的支付方式

11. 根据票据法律制度的规定,下列各项取得票据的人中,可以享有票据权利的是( )。

A. 甲以欺诈手段取得票据

B. 乙以胁迫手段取得票据

C. 丙依法接受出票人签发的票据

D. 丁因重大过失取得不符合规定的票据

12. 下列各项票据丧失不得申请公示催告的是( )。

A. 划线支票

B. 银行承兑汇票

C. 商业承兑汇票

D. 填明"现金"字样的银行本票

13. 根据支付结算法律制度的规定,下列行为中,属于伪造票据的是( )。

A. 挖补票据金额

B. 覆盖票据到期日

C. 涂改票据收款人名称

D. 假冒票据签章

14. 2016 年 3 月 1 日,甲公司签发一张出票后一个月付款的银行承兑汇票给乙公司。根据票据法律制度的规定,下列说法正确的是( )。

A. 该票据不需要提示承兑

B. 该票据应当于 2016 年 3 月 11 日前提示承兑

C. 该票据应当于 2016 年 4 月 11 日前提示承兑

D. 该票据应当于 2016 年 4 月 11 日前提示付款

15. 2014 年 12 月 1 日,甲公司向乙公司签发一张支票,乙公司将该支票背书转让给丙公司,丙公司又将该支票背书转让给丁公司;2014 年 12 月 5 日,丁公司向付款银行提示付款被拒绝。有关丁公司行使票据追索权的期限,下列说法不符合票据法律制度规定的是( )。

A. 丁公司首次向乙公司行使票据追索权的最晚时间为 2015 年 6 月 5 日

B. 丁公司首次向丙公司行使票据追索权的最晚时间为 2015 年 6 月 5 日

C. 丁公司首次向甲公司行使票据追索权的最晚时间为 2015 年 6 月 5 日

D. 丁公司首次向甲公司行使票据追索权的最晚时间为 2015 年 6 月 1 日

16.

被背书人: 乙公司	被背书人: P 银行	被背书人: 丙公司	被背书人: 丙公司开户银行
甲公司签章	乙公司签章 质押	乙公司签章	丙公司签章 委托收款

以上是某票据的背书栏，根据票据法律制度的规定，下列有关说法正确的是（   ）。
A. 对该票据享有付款请求权的人是丙公司的开户银行
B. 该票据背书不连续
C. 该票据的收款人为甲公司
D. P银行可以取得票据权利

17. 甲公司将一张银行汇票背书转让给乙公司，该汇票需加附粘单，甲公司为粘单上的第一记载人，丙公司为甲公司的前手，丁公司为汇票记载的收款人。根据票据法律制度的规定，下列当事人中，有权行使该票据的付款请求权的是（   ）。
A. 甲公司   B. 乙公司
C. 丙公司   D. 丁公司

18. 甲公司出票给乙公司，乙公司将该票据背书转让给丙公司，丙公司又背书转让给丁公司，A公司为丙公司提供了票据保证，丁公司取得票据后又将票据转让给戊公司，戊公司被拒绝付款后直接要求A公司承担保证责任。根据票据法律制度的规定，下列说法正确的是（   ）。
A. 戊公司无权直接要求A公司承担保证责任
B. 戊公司应当先向丙公司进行追索，丙公司无法清偿票款的，才能要求A公司承担票据保证责任
C. 如果A公司清偿了票款，A公司只能向丙公司进行追偿
D. 如果A公司清偿了票款，A公司可以向甲公司、乙公司或者丙公司进行追偿

19. 甲公司签发一张票据给乙公司，付款人为A公司，乙公司将该票据背书转让给丙公司。根据票据法律制度的规定，下列情形中，持票人丙公司有权行使追索权的是（   ）。
A. A公司拒绝承兑
B. 甲公司被依法宣告破产
C. 乙公司被吊销营业执照
D. A公司的法定代表人死亡

20. 根据票据法律制度的规定，下列有关银行汇票的表述中，正确的是（   ）。
A. 银行汇票仅限于支取现金
B. 实际结算金额与出票金额不一致的，该银行汇票无效
C. 银行汇票的提示付款期限自出票日起1个月
D. 个人办理结算业务不得使用银行汇票

二、多项选择题

1. 有关保险合同中的免责条款，下列表述正确的有（   ）。
A. 保险人应当在订立合同时以书面形式向投保人说明
B. 保险人对其履行了免责条款的明确说明义务负举证责任
C. 保险人对保险合同免责条款未作提示或未明确说明的，该条款不产生效力
D. 通过网络、电话等方式订立的保险合同，保险人可以以网页、音频、视频等形式对免除保险人责任条款予以提示和明确说明

2. 郑某，于2009年11月29日为其妻子陈某投保了甲公司的A人寿保险，身故受益人为法定。2012年8月26日，陈某因癌症治疗无效身故。死亡时陈某未育，父母健在。郑某向甲公司申请理赔，经查询，2012年8月25日，郑某在甲公司柜台办理了受益人变更，由"法定"变更为"郑某"，变更申请书无陈某签名。根据保险法律制度的规定，下列说法正确的有（   ）。
A. 2012年8月25日郑某所办理的受益人变更有效
B. 2012年8月25日郑某所办理的受益人变更无效
C. 保险金应由郑某一人享有
D. 保险金应由郑某、陈某的父母分享

3. 有关保险合同中记载的内容不一致的处理，下列表述正确的有（   ）。
A. 非格式条款与格式条款不一致的，以非格式条款为准
B. 投保单与保险单不一致的，以保险单为准
C. 保险凭证记载的时间不同的，以形成时间在后的为准
D. 保险凭证存在手写和打印两种方式的，以双方签字、盖章的手写部分的内容为准

4. 根据保险法律制度的规定，下列情形中，保险人有权解除保险合同的有（   ）。
A. 受益人故意制造保险事故
B. 投保人未按照约定履行其对保险标的的安全应尽的责任
C. 投保人申报的被保险人年龄不真实，并且其真实年龄不符合合同约定的年龄限制
D. 被保险人在未发生保险事故的情形下，谎称发生了保险事故，向保险人提出赔偿请求

5. 根据票据法律制度的规定，下列各项中，属于即期票据的有（   ）。
A. 银行汇票   B. 商业汇票
C. 银行本票   D. 支票

6. 根据票据法律制度的规定，下列各项中，更改会导致票据无效的有（   ）。
A. 出票日期   B. 出票金额
C. 收款日期   D. 收款人名称

7. 根据票据法律制度的规定，下列有关公示催告程序的表述中，正确的有（   ）。
A. 出票人已经签章的授权补记的支票丧失的，

不得申请公示催告

B. 可以申请公示催告的失票人是票据所记载的票据权利人

C. 公示催告期间不得少于 60 日，且公示催告期间届满日不得早于票据付款日后 15 日

D. 在申报权利的期间无人申报权利，或者申报被驳回的，人民法院应当自公示催告期间届满之日起 1 个月内作出除权判决

8. 甲伪造乙的签章签发一张支票给丙，丙又背书转让给丁支付货款。当丁主张票据权利时，下列说法符合票据法律制度规定的有（ ）。

A. 丙有权以丁逾期提示付款为由拒绝承担票据责任

B. 丙有权以出票人的签章被伪造致使票据无效为由拒绝承担票据责任

C. 乙有权以自己的签章被伪造为由拒绝承担票据责任

D. 甲有权以票据上并无自己的签章为由拒绝承担票据责任

9. 根据票据法律制度的规定，下列有关汇票出票人记载事项的表述中，可以导致票据无效的有（ ）。

A. 附条件的支付委托

B. 票据不得转让

C. 票据金额仅以数码记载

D. 银行汇票上未记载实际结算金额

10. 根据票据法律制度的规定，下列各项中，取得票据的人不得享有票据权利的有（ ）。

A. 甲公司以 A 公司为被背书人，并注明"如果 A 公司交付的货物有质量问题不能取得票据权利"后，将票据交付给 A 公司

B. 乙公司分别以 B 公司和 C 公司为被背书人，将 40% 的票据金额和 60% 的票据金额分别进行转让，票据交由 B 公司持有

C. 丙公司以 D 公司为被背书人，并在票据上注明"不得转让"后，将票据交付给 D 公司

D. 丁公司以 E 银行为被背书人，在票据上注明"委托收款"并签章后，将票据交付给 E 银行

11. 根据票据法律制度的规定，下列选项中，构成票据质押的有（ ）。

A. 出质人在汇票上记载了"质押"字样而未在汇票上签章的

B. 出质人在汇票粘单上记载了"质押"字样并在汇票粘单上签章的

C. 出质人在汇票上记载了"质押"字样并在汇票上签章，但是未记载背书日期的

D. 出质人在汇票上记载了"为担保"字样并在汇票上签章的

12. 根据票据法律制度的规定，下列表述正确的有（ ）。

A. 商业汇票的出票人在票面上记载附条件支付委托的，所附条件无效，票据有效

B. 商业汇票的背书人附条件背书的，所附条件无效，背书有效

C. 商业汇票的保证人附条件保证的，所附条件无效，保证有效

D. 商业汇票的付款人附条件承兑的，所附条件无效，承兑有效

13. 根据票据法律制度的规定，票据或粘单未记载下列事项的，保证人仍需承担票据保证责任的有（ ）。

A. "保证"字样

B. 保证人签章

C. 被保证人名称

D. 保证日期

14. 根据票据法律制度的规定，持票人取得的下列票据中，无需向付款人提示承兑的有（ ）。

A. 戊公司向 Q 银行申请签发的一张银行汇票

B. 丙公司取得的由 P 银行签发的一张银行本票

C. 丁公司收到的一张见票后定期付款的商业汇票

D. 乙公司收到的由甲公司签发的一张支票

15. 甲公司签发一张由 A 银行承兑的汇票给乙公司，乙公司将该票据背书转让给丙公司，丁公司提供保证，丙公司在票据到期时向 A 银行行使付款请求权被拒绝时，可以向（ ）行使追索权。

A. 甲公司   B. A 银行

C. 乙公司   D. 丁公司

16. 根据支付结算法律制度的规定，下列各项中，票据持票人行使首次追索权时，可以请求被追索人支付的金额和费用有（ ）。

A. 因汇票资金到位不及时，给持票人造成的税收滞纳金损失

B. 取得有关拒绝证明和发出通知书的费用

C. 票据金额自到期日或者提示付款日起至清偿日止，按规定的利率计算的利息

D. 被拒绝付款的票据金额

17. 王某签发支票给李某，可以授权李某补记的事项有（ ）。

A. 付款人名称

B. 支票的金额

C. 收款人名称

D. 出票日期

三、判断题

1. 保险人不得兼营人身保险业务和财产保险业务；但经营财产保险业务的保险公司经国务院保险监督管理机构批准，可以经营短期健康保险业务和意外伤害保险业务。（ ）

2. 保险公司对每一危险单位，即对一次保险事故可能造成的最大损失范围内所承担的责任，不得超过其实有资本金加公积金总和的20%；超过部分应当办理再保险。 （　）

3. 保险代理人和保险经纪人都是以保险人的名义办理保险业务的。 （　）

4. 前配偶也可能成为保险受益人。 （　）

5. 当事人订立以死亡为给付保险金条件的合同，被保险人应当在保险合同订立时以书面形式同意并认可保险金额。 （　）

6. 保险凭证是一种内容简化了的保险单，一般不列明具体的保险条款，只记载投保人和保险人约定的主要内容，但与保险单具有同等的法律效力。 （　）

7. 保险人、被保险人为查明和确定保险事故的性质、原因和保险标的的损失程度所支付的必要的、合理的费用，由保险人和被保险人共同承担。 （　）

8. 在人身保险合同中，受益人故意造成被保险人死亡、伤残、疾病的，或者故意杀害被保险人未遂的，保险人不承担给付保险金的责任。 （　）

9. 在财产保险合同中，保险责任开始前，投保人要求解除合同的，应当按照合同约定向保险人支付手续费，保险人应当退还保险费。 （　）

10. 李某为其7周岁的儿子投保了以死亡为给付保险金条件的人身保险，期限20年，按年缴纳保险费；1年后其子模仿电视剧情节在家自杀，李某要求保险公司履行赔付义务，保险公司有权引用自杀条款拒绝给付保险金。 （　）

11. 收款人甲将票据金额由10万元变造为20万元后背书转让给乙，乙又将支票背书转让给丙支付货款。如果丙逾期提示付款被拒绝，丙有权要求支票出票人承担20万元的票据责任。 （　）

12. 票据金额以中文大写和阿拉伯数码同时记载，二者必须一致；二者不一致的，以中文大写为准。 （　）

13. 保证不得附条件，附条件的，不影响对票据的保证责任。 （　）

14. 持票人应当自收到被拒绝承兑或者被拒绝付款的有关证明之日起3日内，将被拒绝事由书面通知其前手；其前手应当自收到通知之日起3日内书面通知其再前手。持票人未按照规定期限发出追索通知的，丧失对前手的追索权。 （　）

15. 银行汇票的背书转让以不超过出票金额的实际结算金额为准；未填写实际结算金额或者实际结算金额超过出票金额的银行汇票不得背书转让。 （　）

本周自测参考答案及解析

一、单项选择题

1.【答案】A
【解析】（1）选项A：保险合同的当事人包括投保人和保险人；（2）选项BC：既非保险合同当事人，也非保险合同关系人；（3）选项D：保险合同的关系人包括被保险人和受益人。

2.【答案】D
【解析】投保人不得为无民事行为能力人投保以死亡为给付保险金条件的人身保险，保险人也不得承保；父母为其未成年子女投保的人身保险不受此限。

3.【答案】C
【解析】选项C：受益人与被保险人在同一事件中死亡，且不能确定死亡先后顺序的，推定"受益人"死亡在先。

4.【答案】C
【解析】投保人提出保险要求，经保险人同意承保，保险合同成立。

5.【答案】D
【解析】人寿保险的被保险人或者受益人向保险人请求给付保险金的诉讼时效期间为5年，自其知道或者应当知道保险事故发生之日起计算。

6.【答案】A
【解析】（1）保险价值30万元，保险金额为40万元，属于超额保险，保险金额超过保险价值的部分无效，保险人应当退还相应的保险费；在本题中，车辆损失25万元可以得到全部赔偿；（2）保险事故发生后被保险人又支付了合理、必要的费用，保险公司应赔，且应在原本的损失赔偿额之外另行赔付。因此，保险公司共计应支付给王某的保险金数额＝25＋8＝33（万元）

7.【答案】C
【解析】（1）选项A：向保险人索赔不以已向负有民事赔偿责任的第三人索赔为前提，王某有权直接向保险公司提出索赔；（2）选项B：因第三者对保险标的的损害而造成的保险事故发生后，保险人未赔偿保险金之前，被保险人放弃对第三者请求赔偿的权利的，保险人不承担赔偿保险金的责任；（3）选项D：保险人向被保险人赔偿保险金后，被保险人未经保险人同意放弃对第三者请求赔偿的权利，该行为无效。

8.【答案】D
【解析】票据关系一经形成，就与基础关系分离，基础关系是否存在、是否有效，对票据关系都不起影响作用。在本题中，甲、乙解除买卖合同，并不影响票据关系的存在，出票人甲无权要求丙返还汇票，也无权要求付款银行停止支付，只能要求乙向甲返还已经支付的预付款。

9.【答案】A
【解析】（1）选项AB：单位、银行在票据上的签章，为该单位、银行的盖章加其法定代表人或其授权代理人的签名或者盖章；（2）选项CD：个人在票据上的签章，为个人本名的签名或者盖章。

10.【答案】D
【解析】（1）出票人在票据上的签章不符合规定的，票据无效；（2）票据关系因一定原因失效，不影响基础关系的效力。

11.【答案】C
【解析】（1）选项AB：以欺诈、偷盗或者胁迫等手段取得票据的，或者明知有前列情形，出于恶意取得票据的，不享有票据权利；（2）选项D：持票人因重大过失取得不符合《票据法》规定的票据的，不享有票据权利。

12.【答案】D
【解析】选项D：属于不能背书转让的票据，不能申请公示催告。

13.【答案】D
【解析】选项ABC：属于票据的变造行为。

14.【答案】D
【解析】（1）出票后定期付款的票据应当自出票日（2016年3月1日）起1个月内向付款人提示承兑；（2）出票后定期付款的汇票，应当自到期日（2016年4月1日）起10日内提示付款。

15.【答案】C
【解析】丁公司是最后持票人，有权向丙公司追索，也有权直接向乙公司或甲公司追索。（1）选项AB：不论丁公司向乙公司，还是向丙公司追索，都属于行使首次追索权，且乙公司、丙公司均为一般前手，对一般前手的追索权自被拒绝承兑或者被拒绝付款之日（2014年12月5日）起6个月内不行使则消灭；（2）选项CD：丁公司直接向甲公司追索，行使的也属于首次追索权，但由于追索对象是出票人，应适用"对支票出票人的权利自出票日（2014年12月1日）起6个月内不行使则消灭"的规定。

16.【答案】C
【解析】（1）选项A：丙公司是最后一个转让背书的被背书人，应该向丙公司行使付款请求权，丙公司的开户银行只是代理人而已；（2）选项B：该票据背书连续，前一个"转让背书"（第一个背书栏中）的被背书人与后一个

"转让背书"（第三个背书栏中）的背书人均为乙公司；（3）选项C：票据上的第一个背书人应当为票据的收款人；（4）选项D：P银行是质权人，在质押期间是不享有票据权利的，只有质权实现时可以享有票据权利，但是该票据已经由乙公司赎回，P银行的债权已经得到清偿，无须实现质权，因此P银行从始至终均不享有票据权利。

17.【答案】B
【解析】（1）该票据的基本流转过程为：丁——丙——甲——乙；（2）乙公司是该票据上最后一个转让背书的被背书人，可以向付款人行使付款请求权。

18.【答案】D
【解析】（1）选项AB：被保证的汇票，保证人应当与被保证人对持票人承担连带责任；汇票到期后得不到付款的，持票人有权向保证人请求付款，保证人应当足额付款。（2）选项CD：保证人清偿汇票债务后，可以对被保证人及其前手行使追索权。

19.【答案】A
【解析】（1）选项B："承兑人或付款人"被依法宣告破产的，才可以行使追索权，甲公司是出票人；（2）选项C："承兑人或付款人"因违法被责令终止业务活动的，才可以行使追索权，乙公司只是一个背书人；（3）选项D："承兑人或者付款人死亡"的，才可以行使追索权，付款人的法定代表人死亡的，不影响付款人自身的存在。

20.【答案】C
【解析】（1）选项A：银行汇票可以用于转账，填明"现金"字样的银行汇票也可以用于支取现金；（2）选项B：实际结算金额不得超过出票金额，实际结算金额超过出票金额的，银行不予受理；（3）选项D：单位和个人的各种款项结算，均可使用银行汇票。

二、多项选择题

1.【答案】BCD
【解析】选项A：对保险人的免责条款，保险人在订立合同时应以"书面或口头"形式向投保人说明。

2.【答案】BD
【解析】（1）选项AB：投保人指定受益人未经被保险人同意的，人民法院应认定指定行为无效。（2）选项CD：受益人约定为"法定"或者"法定继承人"的，以继承法规定的法定继承人为受益人，投保人、被保险人在保险合同之外另有约定的除外。

3.【答案】ACD
【解析】选项B：投保单与保险单或者其他保险

凭证不一致的，以投保单为准，但不一致的情形系经保险人说明并经投保人同意的，以投保人签收的保险单或者其他保险凭证载明的内容为准。

4.【答案】BCD
【解析】选项A："投保人、被保险人"（不包括受益人）故意制造保险事故的，保险人有权解除合同，不承担赔偿或者给付保险金的责任。受益人故意造成被保险人死亡、伤残、疾病的，或者故意杀害被保险人未遂的，该受益人丧失受益权。

5.【答案】ACD
【解析】商业汇票可以是见票即付的票据，也可以是远期票据（定日付款、出票后定期付款、见票后定期付款）。

6.【答案】ABD
【解析】出票金额、出票日期、收款人名称不得更改，更改的票据无效。

7.【答案】BC
【解析】（1）选项A：出票人已经签章的授权补记的支票丧失后，持票人也可以申请公示催告；（2）选项D：在申报权利的期间无人申报权利，或者申报被驳回的，申请人应当自公示催告期间届满之日起1个月内申请作出判决，逾期不申请除权判决的，人民法院将裁定终结公示催告程序。

8.【答案】ACD
【解析】（1）选项A：如果丁逾期提示付款，将丧失对一般前手（丙）的追索权；（2）选项B：票据上有伪造签章的，不影响票据上其他真实签章的效力；（3）选项C：持票人即使是善意取得，对被伪造人也不能行使票据权利；（4）选项D：伪造人没有以自己的名义签章，因此不承担票据责任，但需要依法承担其他民事责任、行政责任，甚至是刑事责任。

9.【答案】AC
【解析】（1）选项A："无条件支付的委托"属于绝对应记载事项，否则票据无效；（2）选项B：出票人记载"不得转让"字样，汇票不得转让，并不导致票据无效；（3）选项C：票据金额以中文大写和数码同时记载，二者必须一致，否则票据无效；（4）选项D：银行汇票记载了汇票金额而未记载实际结算金额的，以汇票金额为实际结算金额，不影响该汇票的效力。

10.【答案】BD
【解析】（1）选项A：背书不得附有条件，背书时附有条件的，所附条件不具有票据上的效力；（2）选项B：将票据金额分别转让给二人以上的背书属于多头背书，多头背书无效；（3）选项C：背书人在票据上记载"不得转让"字样，其后手再背书转让的，原背书人对

后手的被背书人不承担保证责任；（4）选项D：委托收款背书为非转让背书，被背书人不能取得票据权利。

11.【答案】BCD
【解析】（1）选项A：以汇票设定质押时，出质人在汇票上只记载了"质押"字样而未在票据上签章的，或者出质人未在汇票上记载"质押"字样而另行签订质押合同、质押条款的，不构成汇票质押；（2）选项B：在粘单上作成的质押背书效力与在票据背面的背书栏中作成的质押背书效力相同；（3）选项C：背书未记载背书日期的，视同在票据到期日前背书；（4）选项D：记载"为担保"、"为设质"等，也应认定为有效。

12.【答案】BC
【解析】（1）选项A：商业汇票出票时必须记载"无条件支付的委托"，否则票据无效；（2）选项D：商业汇票的付款人附条件承兑的，视为拒绝承兑。

13.【答案】CD
【解析】（1）选项AB是必须记载事项，任何一项未记载的，票据保证行为不成立，保证人无须承担票据保证责任；（2）选项C：保证人在票据或者粘单上未记载"被保证人名称"的，已承兑的票据，承兑人为被保证人，未承兑的票据，出票人为被保证人；（3）选项D：保证人在票据或者粘单上未记载"保证日期"的，出票日期为保证日期。

14.【答案】ABD
【解析】只有远期票据需要提示承兑，银行汇票、银行本票、支票均属于见票即付的"即期票据"，无须提示承兑。

15.【答案】ABCD
【解析】可以作为追索对象的包括：出票人（甲公司）、背书人（乙公司）、承兑人（A银行）、保证人（丁公司）。

16.【答案】BCD
【解析】选项A：属于间接损失，不得列入追索金额。

17.【答案】BC
【解析】支票上可以授权补记的事项包括支票的金额、收款人名称和被背书人名称。

三、判断题

1.【答案】√
2.【答案】×
【解析】保险公司对每一危险单位，即对一次保险事故可能造成的最大损失范围所承担的责任，不得超过其"实有资本金加公积金总和的10%"；超过部分应当办理再保险。
3.【答案】×

【解析】（1）保险代理人"以保险人的名义"，在保险人授权范围内代为办理保险业务；（2）保险经纪人则是"以自己的名义"独立实施保险经纪行为。

4.【答案】√
【解析】受益人仅约定为身份关系，投保人与被保险人为不同主体的，根据"保险合同成立时"与被保险人的身份关系确定受益人。

5.【答案】×
【解析】当事人订立以死亡为给付保险金条件的合同，根据保险法的规定，"被保险人同意并认可保险金额"可以采取书面形式、口头形式或者其他形式；可以在合同订立时作出，也可以在合同订立后追认。

6.【答案】√

7.【答案】×
【解析】保险人、被保险人为查明和确定保险事故的性质、原因和保险标的的损失程度所支付的必要的、合理的费用，由"保险人"承担。

8.【答案】×
【解析】在人身保险合同中，受益人故意造成被保险人死亡、伤残、疾病的，或者故意杀害被保险人未遂的，只是受益人丧失受益权，并不能免除保险人承担给付保险金的责任。

9.【答案】√

10.【答案】×
【解析】以被保险人死亡为给付保险金条件的合同，自合同成立或者合同效力恢复之日起2年内，被保险人自杀的，保险人不承担给付保险金的责任，但被保险人自杀时为无民事行为能力人的除外。在本题中，李子自杀时为8周岁，属于无民事行为能力人。

11.【答案】×
【解析】变造人为收款人，出票人属于在收款人之前签章的人，应按原记载的内容（10万元）承担票据责任。

12.【答案】×
【解析】票据金额以中文大写和阿拉伯数码同时记载，二者必须一致；二者不一致的票据无效，结算凭证银行不予受理。

13.【答案】√

14.【答案】×
【解析】持票人未按照规定期限发出追索通知的，持票人仍可以行使追索权。因延期通知给其前手或者出票人造成损失的，由其承担该损失的赔偿责任，但所赔偿的金额以汇票金额为限。

15.【答案】√

第六周

第七周

本周学习计划

	章 节	单 元	讲义篇幅	课件数	理解难度	完成情况
星期一		第1单元	5页	2讲	★	
星期二		第2单元	3页	2讲	★	
星期三	第5章 合同法律制度	第3单元	4页	2讲	★★★	
星期四		第4单元	5页	2讲	★★★	
星期五		第5单元	5页	2讲	★★	
		本周自测				

本周攻克内容

【星期一·第5章第1单元】合同的订立

【第5章单元框架】

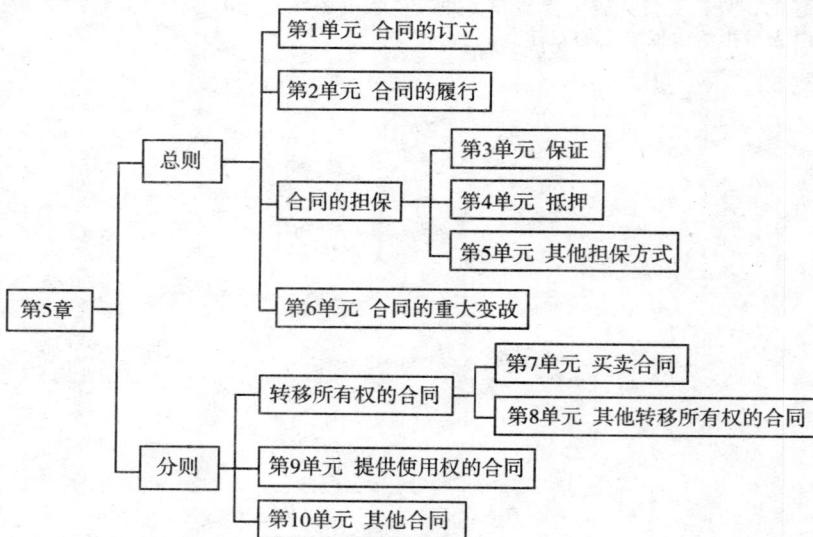

【本单元考点清单】

考点名称	考点地位	二维码
合同格式条款	★★	
要约	★★☆	

续表

考点名称	考点地位	二维码
承诺	★	
合同的成立	★	
合同的生效	★★★	

考点1：合同格式条款（★★）

1. 格式条款提供方的提示、说明义务

提供格式条款的一方应当采取合理的方式提请对方注意免除或限制其责任的条款，按照对方的要求对该条款予以说明。

【相关链接】（1）对保险合同中免除保险人责任的条款，保险人在订立合同时应当在投保单、保险单或者其他保险凭证上作出足以引起投保人注意的提示，并对该条款的内容以书面或者口头形式向投保人作出明确说明；未作提示或者明确说明的，该条款不产生效力。（2）保险合同订立时，保险人在投保单或者保险单等其他保险凭证上，对保险合同中免除保险人责任的条款以足以引起投保人注意的文字、字体、符号或者其他明显标志作出提示的，人民法院应当认定其履行了法定的提示义务。（3）通过网络、电话等方式订立的保险合同，保险人以网页、音频、视频等形式对免除保险人责任条款予以提示和明确说明的，人民法院可以认定其履行了提示和明确说明义务。

2. 格式条款无效的情形

（1）提供格式条款的一方免除其责任、加重对方责任、排除对方主要权利的条款无效；

（2）格式条款具有合同无效的情形时无效；

（3）格式条款具有免责条款无效的情形时无效。

【提示】下列免责条款无效：①造成对方人身伤害免责；②因故意或重大过失造成对方财产损失免责。

【相关链接】采用保险人提供的格式条款订立的保险合同中的下列条款无效：①免除保险人依法应承担的义务或者加重投保人、被保险人责任的；②排除投保人、被保险人或者受益人依法享有的权利的。

3. 格式条款的解释

（1）对格式条款的理解发生争议的，应当按照通常理解予以解释；

（2）对格式条款有两种以上解释的，应当作出不利于提供格式条款一方的解释；

（3）格式条款与非格式条款不一致的，应当采用非格式条款。

【相关链接】采用保险人提供的格式条款订立的保险合同，保险人与投保人、被保险人或者受益人对合同条款有争议的，应当按照通常理解予以解释。对合同条款有两种以上解释的，人民法院或仲裁机构应当作出有利于被保险人和受益人的解释。

【例题1·判断题】对格式条款有两种以上解释的，应当作出有利于提供格式条款一方的解释。（　　）（2016年）

【答案】×

【例题2·判断题】在一份保险合同履行过程中，当事人对合同所规定的"意外伤害"条款的含义产生了不同理解，投保人认为其所受伤害应属于赔付范围，保险公司则认为不属于赔付范围，双方争执不下，诉至法院。法院认为当事人的观点都有合理性，但还是采用了对投保人有利的解释。法院的做法是正确的。（　　）（2010年）

【答案】√

【例题3·多选题】根据《合同法》的规定，提供格式条款一方拟订的下列格式条款中，属于无效的有（　　）。（2012年）

A. 内容理解发生争议的格式条款

B. 排除对方主要权利的格式条款

C. 以合法形式掩盖非法目的的格式条款

D. 造成对方人身伤害得以免责的格式条款

【解析】选项A：对格式条款的理解发生争议的，应当按照通常理解予以解释；对格式条款有两种以上解释的，应当作出不利于提供格式条款一方的解释（只是需要解释，而非直接导致无效）。

【答案】BCD

第七周

考点 2：要约〔★★☆〕

1. 要约应具备的条件

（1）内容具体确定；

（2）必须是特定人所为的意思表示；

（3）要约必须向相对人（可以是特定相对人，也可以是不特定相对人）发出；

（4）表明经要约人承诺，要约人即受该意思表示的约束。

2. 要约邀请

（1）寄送的价目表、拍卖公告、招标公告、招股说明书等，性质为要约邀请；

（2）商业广告的内容符合要约的规定，视为要约。

【例题 1·单选题】甲公司以招标方式采购一套设备，向包括乙公司在内的十余家厂商发出招标书，招标书中包含设备性能、规格、品质、交货日期等内容。乙公司向甲公司发出了投标书。甲公司在接到乙公司及其他公司的投标书后，通过决标，最后决定乙公司中标，并向乙公司发出了中标通知书。根据《合同法》的规定，下列各项中，属于发出要约行为的是（　　）。（2013 年）

A. 甲公司发出招标书

B. 乙公司向甲公司发出投标书

C. 甲公司对所有标书进行决标

D. 甲公司向乙公司发出中标通知书

【解析】（1）招标公告属于要约邀请；（2）投标人投标属于要约；（3）招标人定标属于承诺；（4）中标人在接到中标通知后，在指定的期间、地点与招标人签订书面合同，买卖合同正式成立。

【答案】B

【例题 2·单选题】要约邀请是希望他人向自己发出要约的意思表示。根据《合同法》的规定，下列情形中，不属于发出要约邀请的是（　　）。（2012 年）

A. 甲公司向数家贸易公司寄送价目表

B. 乙公司通过报刊发布招标公告

C. 丙公司在其运营中的咖啡自动售货机上载明"每杯一元"

D. 丁公司向社会公众发布招股说明书

【解析】（1）寄送的价目表、拍卖公告、招标公告、招股说明书等一般应界定为要约邀请；（2）自动售货装置出售商品明码实价且正在出售，符合要约的两个条件（内容具体确定，一经接受即受约束），属于要约。

【答案】C

3. 要约的生效时间

（1）要约"到达"受要约人时生效。

（2）要约到达受要约人，并不是指要约一定实际送达受要约人或者其代理人手中，要约只要是送达受要约人通常的地址、住所或者能够控制的地方（如信箱）即为送达。

4. 要约的撤回与撤销

（1）撤回

撤回要约的通知应当在要约到达受要约人之前或者与要约同时到达受要约人。

（2）撤销

撤销要约的通知应当在受要约人"发出承诺通知之前"到达受要约人，但下列情形下的要约不得撤销：

①要约人确定了承诺期限或者以其他形式明示要约不可撤销的；

②受要约人有理由认为要约是不可撤销的，并已经为履行合同做了准备工作。

【例题 1·单选题】甲公司因生产需要，准备购入一套大型生产设备。4 月 1 日，甲公司向乙设备厂发出了一份详细的书面要约，并在要约中注明：请贵公司于 4 月 20 日前答复，否则该要约将失效。该要约到达乙设备厂后，甲公司拟撤销该要约。根据合同法律制度的规定，下列关于该要约能否撤销的表述中，正确的是（　　）。（2016 年）

A. 该要约可以撤销，只要乙设备厂尚未发出承诺

B. 该要约可以撤销，只要乙设备厂的承诺尚未到达甲公司

C. 该要约可以撤销，只要乙设备厂尚未为履行合同做准备工作

D. 该要约不得撤销，因为要约人在要约中确定了承诺期限

【解析】"请贵公司于 4 月 20 日前答复"——4 月 20 日即为承诺期限；要约中有承诺期限的，该要约不得撤销。

【答案】D

【例题 2·单选题】甲公司于 7 月 1 日向乙公司发出要约，出售一批原材料，要求乙公司在 1 个月内做出答复，该要约于 7 月 2 日到达乙公司。当月，因市场行情变化，该种原材料市场价格大幅上升，甲公司拟撤销该要约。根据《合同法》的规定，下列关于甲公司能否撤销要约的表述中，正确的是（　　）。（2014 年）

A. 不可以撤销该要约，因该要约确定了承诺期限

B. 可以撤销该要约，撤销通知在乙公司发出承诺通知之前到达乙公司即可

C. 可以撤销该要约，撤销通知在承诺期限届满前到达乙公司即可

D. 可以撤销该要约，撤销通知在乙公司发出承诺通知之前发出即可

【解析】"要求乙公司在 1 个月内做出答复"——"1 个月内"即为承诺期限，该要约不得撤销。

第七周

【答案】A

【例题3·单选题】甲公司于4月1日向乙公司发出订购一批实木沙发的要约，要求乙公司于4月8日前答复。4月2日乙公司收到该要约。4月3日，甲公司欲改向丙公司订购实木沙发，遂向乙公司发出撤销要约的信件，该信件于4月4日到达乙公司。4月5日，甲公司收到乙公司的回复，乙公司表示暂无实木沙发，问甲公司是否愿意选购布艺沙发，根据《合同法》的规定，甲公司要约失效的时间是( )。(2011年)

A. 4月3日   B. 4月4日

C. 4月5日   D. 4月8日

【解析】甲公司在要约中要求乙公司于4月8日前答复，属于不可撤销的要约，因此4月4日撤销要约的通知到达时，不产生撤销要约的效力，直到4月5日乙公司对要约的内容作出实质性变更时，原要约才失去效力。

【答案】C

5. 要约的失效

(1) 拒绝要约的通知到达要约人；

(2) 要约人依法"撤销"（而非撤回）要约；

(3) 承诺期限届满，受要约人未作出承诺；

(4) 受要约人对要约的内容作出实质性变更。

【提示】受要约人对要约的内容作出实质性变更的，视为新要约。有关合同标的、数量、质量、价款或者报酬、履行期限、履行地点和方式、违约责任和解决争议方法等内容的变更，是对要约内容的实质性变更。

【例题1·单选题】2012年10月8日，甲厂向乙厂发函称其可提供X型号设备，请乙厂报价。10月10日乙厂复函表示愿以5万元购买一台，甲厂10月12日复函称每台价格6万元，10月30日前回复有效。乙厂10月19日复函称愿以5.5万元购买一台，甲厂收到后未作回复。后乙厂反悔，于10月26日发函称同意甲厂当初6万元的报价。下列关于双方往来函件法律性质的表述中，不符合合同法律制度规定的是( )。(2014年)

A. 甲厂10月8日的发函为要约邀请

B. 乙厂10月10日的复函为要约

C. 甲厂10月12日的复函为新要约

D. 甲厂10月26日的发函为承诺

【解析】(1) 甲厂10月8日的发函中无价格，内容不具体、不确定，属于要约邀请；(2) 乙厂10月10日的复函，明确了价格使得内容具体、确定，并且表达只要甲厂同意5万元/台的价格，合同即告成立的意思表示，属于要约；(3) 甲厂10月12日的复函对乙厂10月10日的要约价格进行修改，属于对要约进行了实质性变更，构成新要约；(4) 乙厂10月19日的复函，亦是对甲厂10月12日的要约价格进行修改，构成新要约，同时也使得甲厂10月12日的要约失效；(5) 由于甲厂10月12日的要约已经失效，乙厂10月26日的发函也就不能构成承诺，而应视为新要约。

【答案】D

【例题2·多选题】根据合同法律制度的规定，下列各项中，属于要约失效的情形有( )。(2007年)

A. 要约人依法撤回要约

B. 要约人依法撤销要约

C. 承诺期限届满，受要约人未作出承诺

D. 受要约人对要约的内容作出实质性变更

【解析】选项A：要约人依法撤回要约的，该要约压根儿未生过效，谈不上失效。

【答案】BCD

考点3：承诺（★）

1. 承诺期限

(1) 承诺应当在要约确定的期限内"到达"要约人。

(2) 要约以信件或者电报作出的，承诺期限自信件载明的日期或者电报交发之日开始计算；信件未载明日期的，自投寄该信件的邮戳日期开始计算。

2. 承诺的迟延与迟到

	承诺的迟延	承诺的迟到
行为形态	受要约人超过承诺期限发出承诺	受要约人在承诺期限内发出承诺，按照通常情况能够及时到达要约人，但因其他原因致使承诺到达要约人时超过承诺期限
法律效果	除要约人及时通知受要约人该承诺有效的以外，迟延承诺应视为新要约	除要约人及时通知受要约人因承诺超过期限不接受该承诺的以外，迟到承诺为有效承诺

3. 承诺的生效

承诺自通知"到达"要约人时生效。承诺不需要通知的，根据交易习惯或者要约的要求自作出承诺的行为时生效。

【提示】要约、承诺均为"到达"生效。

4. 承诺的撤回

撤回承诺的通知应当在承诺通知到达要约人之前或者与承诺通知同时到达要约人，即在承诺生效之前到达要约人。

【提示】承诺生效，合同成立；因此，承诺不能撤销，无正当理由拒不履行合同的，属于违约。

【例题·单选题】陈某以信件发出要约，信件未载明承诺开始日期，仅规定承诺期限为10天。5月8日，陈某将信件投入邮箱；邮局将信件加盖5月9日邮戳发出；5月11日，信件送达受要约人李某的办公室；李某因外出，直至5月15日才知悉信件内容。根据合同法律制度的规定，该承诺期限的起算日为（　　）。（2007年）

A. 5月8日　　　　B. 5月9日
C. 5月11日　　　 D. 5月15日

【解析】陈某未在信件中载明承诺开始日期，承诺期限应自投寄该信件的邮戳日期（5月9日）开始计算。

【答案】B

考点4：合同的成立（★）

（一）合同订立的形式

1. 当事人订立合同有书面形式、口头形式和其他形式。

2. 书面形式是指合同书、信件和数据电文（包括电报、电传、传真、电子数据交换和电子邮件）等可以有形地表现所载内容的形式。

（二）合同成立的时间

1. 一般情况下，承诺生效时合同成立。

2. 当事人采用合同书形式订立合同的，自双方当事人签字或者盖章时合同成立。

3. 实际履行原则

当事人采用合同书形式订立合同，在签字或者盖章之前，当事人一方已经履行主要义务并且对方接受的，该合同成立。

（三）合同成立的地点

1. 原则上，承诺生效的地点为合同成立的地点。

2. 采用数据电文形式订立合同的，收件人的主营业地为合同成立的地点，没有主营业地的，其经常居住地为合同成立的地点。

3. 当事人采用合同书、确认书形式订立合同的，双方当事人签字或者盖章的地点为合同成立的地点。

【例题1·判断题】王某与吴某通过电子邮件签订的化妆品买卖合同属于书面形式的合同。（　　）（2014年）

【答案】√

【例题2·单选题】郑某和张某拟订一份书面合同。双方在甲地谈妥合同的主要条款，郑某于乙地在合同上签字，其后，张某于丙地在合同上盖章，合同的履行地为丁地。根据《合同法》的规定，该合同成立的地点是（　　）。（2011年）

A. 甲地　　　　　B. 乙地
C. 丙地　　　　　D. 丁地

【解析】张某于丙地在合同上盖章时，合同达

到了"双方当事人签字、盖章"的状态，合同相应成立。

【答案】C

【例题3·单选题】甲、乙两公司拟签订一份书面买卖合同，甲公司签字盖章后尚未将书面合同邮寄给乙公司时，即接到乙公司按照合同约定发来的货物，甲公司经清点后将该批货物入库。次日将签字盖章后的书面合同发给乙公司。乙公司收到后，即在合同上签字盖章。根据合同法律制度的规定，该买卖合同的成立时间是（　　）。（2007年）

A. 甲公司签字盖章时

B. 乙公司签字盖章时

C. 甲公司接受乙公司发来的货物时

D. 甲公司将签字盖章后的合同发给乙公司时

【解析】虽然甲、乙公司约定采用合同书形式订立合同，但是乙公司在合同上签字盖章前，已经履行了主要义务（发货），甲公司接受（清点入库），此时该合同成立。

【答案】C

考点5：合同的生效（★★★）

1. 依法成立的合同，原则上自成立时生效。

2. 法律、行政法规规定应当办理批准、登记等手续生效的，自批准、登记时生效。

3. 物权登记

法律、行政法规规定合同应当办理登记手续，但未规定登记后生效的，当事人未办理登记手续不影响合同的效力，但合同标的所有权及其他物权不能转移。

4. 无权处分

（1）当事人一方以出卖人在缔约时对标的物没有所有权或者处分权为由主张合同无效的，人民法院不予支持。

（2）出卖人因未取得所有权或者处分权致使标的物所有权不能转移，买受人要求出卖人承担违约责任或者要求解除合同并主张损害赔偿的，人民法院应予支持。

5. 一物多卖

在出卖人就同一标的物（特定物）订立多重买卖合同的情形，如果合同均不具有《合同法》规定的无效情形，买受人因不能按合同约定取得标的物所有权，可以请求追究出卖人违约责任。（教材未收录）【合同法司法解释（二）第15条】

【例题·单选题】甲拟移民国外，遂与乙订立合同出售其房屋，并约定乙应当在房屋所有权转移登记手续办理完毕后支付价款。后甲取消了移民计划，并向乙表示不再办理房屋所有权转移登记。根据合同法律制度的规定，下列表述中，正确的是（　　）

A. 合同尚未生效

B. 合同生效，但是甲有权解除合同

C. 合同生效，乙有权要求甲办理所有权转移登记并承担其他违约责任

D. 合同生效，但乙只能请求甲赔偿损失

【解析】当事人之间订立有关设立、变更、转让和消灭不动产物权的合同，除法律另有规定或者合同另有约定外，自合同成立时生效；未办理物权登记的，不影响合同效力。在本题中，合同已经生效，甲应当继续履行合同（办理所有权转移登记），并承担其他违约责任。

【答案】C

	因素	情形	合同效力
影响合同效力的因素	主体的行为能力	无行为能力人独立订立的合同（纯获益或日常生活、细小的合同除外）	无效
		限制行为能力人独立订立的与其年龄、智力、精神状况不相适应的合同	效力待定
	意思表示的真实性	受欺诈、胁迫订立的，损害国家利益的合同	无效
		受欺诈、胁迫订立的，不损害国家利益的合同	可撤销
		乘人之危订立的合同	可撤销
	内容合法性	恶意串通损害他人利益的合同	无效
		违反法律或者社会公共利益的合同	无效
		以合法形式掩盖非法目的的合同	无效
	无权代理	构成表见代理	善意第三人有权主张合同有效
		不构成表见代理	效力待定
不影响合同效力的因素	物权登记	—	—
	一物多卖	—	—
	无权处分	—	—

【星期二·第5章第2单元】合同的履行

【本单元考点清单】

考点名称		考点地位	二维码
合同约定不明的处理		★★	
抗辩权的行使		★★	
保全措施	代位权	★★	
	撤销权	★★	

考点 1：合同约定不明的处理（★★）

1. 总原则

合同生效后，当事人就质量、价款或者报酬、履行地点等内容没有约定或约定不明确的，可以协议"补充"；不能达成补充协议的，按照合同有关"条款"或者交易"习惯"确定。

2. 具体规则

（1）质量要求不明确的，按照国家标准、行业标准履行；没有国家标准、行业标准的，按照通常标准或者符合合同目的的特定标准履行。

（2）价款或者报酬不明确的，按照订立合同时履行地的市场价格履行；依法应当执行政府定价或政府指导价的，按照规定履行。

（3）履行地点不明确的，给付货币的，在接受货币一方所在地履行；交付不动产的，在不动产所在地履行；其他标的，在履行义务一方所在地履行。

（4）履行期限不明确的，债务人可以随时履行，债权人也可以随时要求履行，但应当给对方必要的准备时间。

（5）履行方式不明确的，按照有利于实现合同目的的方式履行。

（6）履行费用的负担不明确的，由履行义务一方负担。

【例题 1·多选题】X 市甲厂因购买 Y 市乙公司的一批木材与乙公司签订了一份买卖合同，但合同中未约定交货地与付款地，双方就此未达成补充协议，按照合同有关条款或者交易习惯也不能确定。根据合同法律制度的规定，下列关于交货地及付款地的表述中，正确的有（   ）。（2006 年）

A. X 市为交货地

B. Y 市为交货地

C. X 市为付款地

D. Y 市为付款地

【解析】履行地点不明确的，按"总原则"仍不能确定的，给付货币的，在接受货币的一方（卖方）所在地（Y 市）履行；其他标的，在履行义务一方（卖方）所在地（Y 市）履行。

【答案】BD

【例题 2·单选题】甲、乙两公司的住所地分别位于北京和海口。甲公司向乙公司购买一批海南产香蕉，3 个月后交货。但合同对于履行地点和价款均无明确约定，双方也未能就有关内容达成补充协议，依照合同其他条款及交易习惯也无法确定。根据合同法律制度的规定，下列关于合同履行价格的表述中，正确的是（   ）。

A. 按合同订立时海口的市场价格履行

B. 按合同订立时北京的市场价格履行

C. 按合同履行时海口的市场价格履行

D. 按合同履行时北京的市场价格履行

【解析】合同生效后，当事人就价款、履行地点等内容没有约定或者约定不明确的，可以"协议补充"；不能达成补充协议的，按照合同"有关条款或者交易习惯"确定。依照上述规则仍不能确定的：（1）价款或者报酬不明确的，一般按照订立合同时履行地的市场价格履行；（2）履行地点不明确的，给付货币的，在接受货币一方所在地履行；交付不动产的，在不动产所在地履行；其他标的，在履行义务一方所在地履行。在本题中，履行地点应推定为海口，履行价格为订立合同时海口的市场价格。

【答案】A

考点 2：抗辩权的行使（★★）

1. 同时履行抗辩权

当事人互负债务，没有先后履行顺序，应当同时履行。一方在对方履行之前有权拒绝其履行要求；一方在对方履行债务不符合约定时，有权拒绝其相应的履行要求。

【案例】2014 年 5 月 20 日，甲公司与丁公司签订买卖合同。双方约定："甲公司向丁公司出售机床 5 台，每台 21 万元；甲公司应于 2014 年 7 月 11 日前交付机床，交付机床的同时，丁支付货款。7 月 11 日，甲公司欲向丁公司交付机床，同时要求丁公司将货款支付给戊公司。丁公司拒绝向戊公司付款，甲公司遂停止交付机床。在本案中，甲公司有权停止向丁公司交付机床；因为甲公司和丁公司的买卖合同约定"交付机床的同时支付货款"，那么，丁公司拒绝支付货款时，甲公司可以行使同时履行抗辩权，停止交付机床。

2. 后履行抗辩权

合同当事人互负债务，有先后履行顺序，先履行一方未履行的，后履行一方有权拒绝其履行要求；先履行一方履行债务不符合约定的，后履行一方有权拒绝其相应的履行要求。

【例题·单选题】甲与乙签订一份买卖合同，双方约定，甲提供一批货物给乙，货到后一个月内付款。合同签订后甲迟迟没有发货，乙催问甲，甲称由于资金紧张，暂无法购买生产该批货物的原材料，要求乙先付货款，乙拒绝了甲的要求。乙拒绝先付货款的行为在法律上称为（   ）。（2008 年）

A. 行使先履行抗辩权

B. 行使后履行抗辩权

C. 行使同时履行抗辩权

D. 行使撤销权

【解析】本题当事人约定"货到后一个月内付款"，即先交货后付款，甲不交货，乙就可以拒绝付款，此为后履行抗辩权。

【答案】B

3. 不安抗辩权

（1）适用情形

应当先履行债务的当事人，有确切证据证明对方有下列情况之一的，可以行使不安抗辩权，"中止"合同履行：

①经营状况严重恶化；

②转移财产、抽逃资金，以逃避债务；

③丧失商业信誉；

④有丧失或者可能丧失履行债务能力的其他情形。

（2）行使程序

①先履行合同的当事人行使中止权时，应当及时"通知"对方。

②如果对方当事人恢复了履行能力或提供了适当担保，应当恢复履行；如果对方在合理期限内未恢复履行能力并且未提供适当担保的，中止履行合同的一方可以"解除"合同。

【例题·单选题】 甲、乙双方签订一份煤炭买卖合同，约定甲向乙购买煤炭1000吨，甲于4月1日向乙支付全部煤款，乙于收到煤款半个月后装车发煤。3月31日，甲调查发现，乙的煤炭经营许可证将于4月15日到期，目前煤炭库存仅剩700余吨，且正加紧将库存煤炭发往别处。甲遂决定暂不向乙付款，并于4月1日将暂不付款的决定及理由通知了乙。根据合同法律制度的规定，下列表述中，正确的是（　　）。

A. 甲无权暂不付款，因为在乙的履行期届至之前，无法确知乙将来是否会违约

B. 甲无权暂不付款，因为甲若怀疑乙届时不能履行合同义务，应先通知乙提供担保，只有在乙不能提供担保时，甲方可中止履行己方义务

C. 甲有权暂不付款，因为甲享有先履行抗辩权

D. 甲有权暂不付款，因为甲享有不安抗辩权

【解析】 应当先履行债务的当事人，有"确切证据"证明对方有丧失或者可能丧失履行债务能力的情形可以行使不安抗辩权，中止合同履行。

【答案】 D

【提示1】 抓住关键词，有效区分双务合同履行中的3种抗辩权：（1）合同当事人是否有先后履行顺序？没有先后履行顺序，只能是同时履行抗辩权；（2）是哪一方当事人享有的权利？先履行义务一方享有的权利是不安抗辩权，后履行义务一方享有的权利是后履行抗辩权。

【提示2】 双务合同履行中的抗辩权应当在同一双务合同的双方当事人中进行，不能跨合同进行抗辩。例如，甲欠乙房租（租赁合同），乙欠甲货款（买卖合同），甲不能以乙未付货款为由主张行使同时履行抗辩权，拒绝支付房租。

考点3：代位权（★★）

1. 因债务人怠于行使其到期债权，对债权人造成损害的，债权人可以向人民法院请求以自己的名义代位行使债务人的债权，但该债权专属于债务人自身的除外。

2. 代位权行使的条件

（1）债权人对债务人的债权合法、债务人对第三人的债权也合法。

（2）债务人的债权已到期，债权人的债权已到期。

（3）债务人怠于行使其到期债权，对债权人造成损害。

【提示】 所谓怠于行使其到期债权，必须是债务人"不以诉讼方式或者仲裁方式"向次债务人主张其享有的具有金钱给付内容的到期债权。

（4）债务人的债权不是专属于债务人自身的债权。

【提示】 所谓专属于债务人自身的债权是指基于扶养关系、抚养关系、赡养关系、继承关系产生的给付请求权和劳动报酬、退休金、养老金、抚恤金、安置费、人寿保险、人身伤害赔偿请求权等权利。

3. 代位权的行使范围以债权人的债权为限，对超出部分人民法院不予支持。

4. 债权人向次债务人提起的代位权诉讼，经人民法院审理后认定代位权成立的，由次债务人向债权人履行清偿义务（优先受偿），债权人与债务人、债务人与次债务人之间相应的债权、债务关系即予消灭。

5. 在代位权诉讼中，债权人胜诉的，诉讼费由次债务人负担，从实现的债权中优先支付。债权人行使代位权的必要费用，由债务人负担。

【例题·多选题】 甲对乙享有50000元债权，已到清偿期限，但乙一直宣称无能力清偿欠款。甲调查发现，乙对丁享有3个月后到期的7000元债权，戊因赌博欠乙8000元；另外，乙在半年前发生交通事故，因事故中的人身伤害对丙享有10000元债权，因事故中的财产损失对丙享有5000元债权。乙无其他可供执行的财产，乙对其享有的债权都怠于行使。根据《合同法》的规定，下列各项中，甲不可以代位行使的债权有（　　）。（2011年）

A. 乙对丁的7000元债权

B. 乙对戊的8000元债权

C. 乙对丙的10000元债权

D. 乙对丙的5000元债权

【解析】（1）选项A：代位权行使的条件之一是债务人对第三人的债权已到期，本题中乙对丁的债权没有到期；（2）选项B：债务人对第三人享有合法债权，债权人才能行使代位权，赌债不属于合法债权；（3）选项C：专属于债务人自身

的债权，债权人不得行使代位权。

【答案】ABC

考点 4：撤销权（★★）

1. 因债务人实施了特定的积极减少财产的行为，对债权人造成损害的，债权人可以请求人民法院撤销债务人的行为。

2. 债务人积极减少财产的行为

（1）放弃债权（到期、未到期均可）、放弃债权担保或者恶意延长到期债权的履行期，对债权人造成损害；

（2）无偿转让财产，对债权人造成损害；

（3）以明显不合理的低价转让财产或者以明显不合理的高价收购他人财产，对债权人造成损害，并且受让人"知道"该情形；

3. 撤销权行使的期限

自债权人"知道或者应当知道"撤销事由之日起 1 年内行使，自债务人的行为"发生"之日起 5 年内没有行使撤销权的，该撤销权消灭。

4. 债权人行使撤销权应当以自己的名义，向被告（债务人）住所地人民法院提起诉讼。

5. 撤销权的行使范围以债权人的债权为限，债权人行使撤销权的必要费用，由债务人承担。

【例题·多选题】根据合同法律制度的规定，债务人的下列行为中，债权人认为对自己造成损害的，可以请求人民法院予以撤销的有(　　)。

A. 放弃到期债权

B. 无偿转让财产

C. 拍卖优良资产

D. 以明显不合理的低价转让财产，且受让人知道该情形

【解析】选项 C：拍卖优良资产是债务人的合法选择，并不一定会减少债务人财产，危及债权人的债权；但是，如果债务人将优良资产"贱卖"，并且受让人知道该情形的，则属于可撤销的行为。

【答案】ABD

【星期三·第 5 章第 3 单元】保证

【本单元考点清单】

考点名称	考点地位	二维码
保证关系的设立	★★	
保证责任	★★	
保证期间与保证的诉讼时效	★	
共同保证与共同担保	★★★	

【提示】合同的担保方式共 5 种：保证、抵押、质押、留置和定金。其中，保证是"人保"；抵押、质押、留置是"物保"（物权担保）；定金属于金钱担保。

考点 1：保证关系的设立（★★）

（一）保证人的资格（包括但不限于）

1. 主债务人不得同时为保证人。

2. 学校、幼儿园、医院等以公益为目的的事业单位、社会团体不得作保证人；但从事经营活动的事业单位、社会团体，可以担任保证人。

3. 企业法人的职能部门不得担任保证人。

4. 企业法人的分支机构原则上不得担任保证人；但企业法人的分支机构有法人书面授权的，可以在授权范围内提供保证。

5. 不具有完全代偿能力的法人、其他组织或者自然人，以保证人身份订立保证合同后，又以自己没有代偿能力要求免除保证责任的，人民法院不予支持。（2016 年综合题）

第七周

（二）保证合同

1. 基本关系

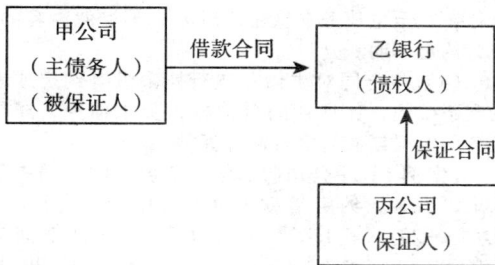

2. 保证合同应当以书面形式订立，下列情况中，保证合同也成立：（2016 年综合题）

（1）第三人单方以书面形式向债权人出具担保书，债权人接受且未提出异议的；

（2）主合同中虽然没有保证条款，但是，保证人在主合同上以保证人的身份签字或者盖章的。

（三）保证方式

1. 一般保证的保证人享有先诉抗辩权，连带责任保证的保证人则不享有先诉抗辩权。

【提示】先诉抗辩权，是指在主合同纠纷未经审判或者仲裁，并就债务人财产依法强制执行仍不能履行债务前，保证人对债权人可拒绝承担保证责任。

【案例】甲公司向乙银行借款，丙公司提供保证；后来，甲公司借款到期不能还款，乙银行拟请求保证人承担保证责任：（1）如果丙公司提供的是连带责任保证，乙银行完全可以不找甲公司，直接找丙公司请求其承担保证责任（在乙银行面前，甲公司和丙公司承担债务没有先后顺位）；（2）如果丙公司提供的是一般保证，乙银行直接找丙公司时，丙公司可以提出抗辩"请先对甲公司起诉或仲裁，把甲公司财产强制执行后仍不足清偿的部分再来找我"（乙银行必须先找甲公司，未能得到全部清偿后才能考虑找丙公司）。

2. 当事人对保证方式没有约定或者约定不明确的，按照"连带责任保证"承担保证责任。

3. 有下列情形之一的，保证人不得行使先诉抗辩权：

（1）债务人住所变更，致使债权人要求其履行债务发生重大困难的，如债务人下落不明、移居境外，且无财产可供执行；

（2）人民法院受理债务人破产案件，中止执行程序的；

（3）保证人以书面形式放弃先诉抗辩权的。

考点2：保证责任（★★）

（一）保证担保的范围

保证担保的范围包括主债权及利息、违约金、损害赔偿金和实现债权的费用；保证合同另有约定的，按照约定。

（二）主合同对保证责任的影响

1. 债权人转让债权

在保证期间内，债权人依法将主债权转让给第三人的，保证债权"同时转让"，保证人在原保证担保的范围内对受让人承担保证责任，保证人与债权人另有约定的除外。

2. 债务人转让债务

债权人许可债务人转让部分债务未经保证人书面同意的，保证人对未经其"同意"转让的部分债务，不再承担保证责任。

3. 未经保证人同意的主合同的变更

（1）如果减轻债务人的债务的，保证人仍应当对变更后的合同承担保证责任；

（2）如果加重债务人的债务的，保证人对加重的部分不承担保证责任；

（3）变更主合同履行期限，未经保证人书面同意的，保证期间为原合同约定的或者法律规定的期间；

（4）债权人与债务人协议变更主合同内容，但并未实际履行的，保证人仍应当承担保证责任。

（三）债务人破产对保证责任的影响

1. 在保证期间内，人民法院受理债务人破产案件的，债权人既可以向人民法院申报债权，也可以向保证人（不论一般保证，还是连带保证人）主张权利。

【相关链接】人民法院受理债务人破产案件、中止执行程序的，一般保证人不得行使先诉抗辩权。

2. 债权人申报债权后在破产程序中未受清偿的部分，保证人仍应当承担保证责任。债权人要求保证人承担保证责任的，应当在"破产程序终结后6个月内"提出。

3. 人民法院受理债务人破产案件后，债权人未申报债权的，各连带共同保证的保证人作为一个主体申报债权，预先行使追偿权。

4. 债权人知道或者应当知道债务人破产，既未申报债权也未通知保证人，致使保证人不能预先行使追偿权的，保证人就该债权在破产程序中可能受偿的范围内免除保证责任。

【案例】甲公司向乙银行借款，丙公司提供保证；后来，甲公司的破产申请被人民法院受理：（1）由于未约定保证方式，推定丙公司提供连带责任保证；（2）乙银行可以在甲公司的破产程序中申报债权，也可以直接要求丙公司承担保证责任：①如果乙银行先申报债权，但其债权在破产程序中仍有部分未得到清偿，则可以在破产程序终结后6个月内要求丙公司清偿；②如果乙银行先要求丙公司承担保证责任，则丙公司可以在甲公司的破产程序中申报债权预先行使追偿权，在清偿乙银行后参加甲公司的破产财产分配；③如果乙银行不申报债权，应当通知丙公司预先行使追偿权、申报债权；如果乙银行既不申报债权，也不通知丙公司，致使本来在破产程序中可以获得的分配额落入旁人之手（被甲公司的其他债权人分走），该责任由乙银行承担，丙公司承担保证责任时要扣除这部分数额。

考点3：保证期间与保证的诉讼时效（★）

（一）保证期间

1. 保证期间的意义

债权人未在保证期间主张权利的，保证人的保证责任消灭。

【提示】"主张权利"的方式在一般保证中表现为对债务人提起诉讼或者申请仲裁，在连带责任保证中表现为向保证人要求承担保证责任。

【案例1】甲公司向乙银行借款，丙公司提供连带责任保证；当事人约定借款期间为2015年1月1日（含）—2015年12月31日（含），保证期间为2016年1月1日（含）—2016年6月30日（含）；后来，借款到期，甲公司无力清偿：（1）如果乙银行从来没有向甲公司索偿，而于2016年6月30日直接请求丙公司承担保证责任，则由于丙公司提供的是连带保证，且保证期间尚未经过，丙公司应当承担保证责任；（2）如果乙银行自债权到期后一直坚持每日早晚各向甲公司索偿一次，但从来没有向丙公司提出请求，而至2016年7月1日终于对甲公司绝望，转而请求丙公司承担保证责任，则由于其未能在保证期间内依法主张权利，丙公司的保证责任已经消灭，丙公司有权拒绝承担保证责任。

【案例2】甲公司向乙银行借款，丙公司提供一般保证；当事人约定借款期间为2015年1月1日（含）—2015年12月31日（含），保证期间为2016年1月1日（含）—2016年6月30日（含）；后来，借款到期，甲公司无力清偿：（1）乙银行不能直接要求丙公司承担保证责任，因为丙公司享有先诉抗辩权；（2）如果乙银行于2016年6月30日起诉甲公司，则丙公司的保证责任一并确定，只待确定经诉讼、强制执行乙银行可从甲公司处获得多少清偿，而后不足部分由丙公司承担；（3）如果乙银行自债权到期后一直坚持每日早晚各向甲公司索偿一次，但至2016年7月1日方起诉甲公司，则由于乙银行未在保证期间内依法主张权利，丙公司的保证责任消灭，甲公司不能清偿的部分，乙银行只能自认倒霉。

2. 保证期间的确定

（1）保证人与债权人约定保证期间的，按照约定执行。

（2）没有约定的，保证期间为主债务履行期届满之日起6个月；保证合同约定的保证期间早于或者等于主债务履行期限的，视为没有约定。

（3）约定不明的，保证期间为主债务履行期届满之日起2年；保证合同约定保证人承担保证责任，直至主债务本息还清时为止等类似内容的，视为约定不明。

（4）主合同对主债务履行期限没有约定或者约定不明的，保证期间自债权人要求债务人履行义务的宽限期届满之日起计算。

【案例1】甲公司向乙银行借款，丙公司提供保证；当事人约定借款期间为2015年1月1日（含）—2015年12月31日（含），保证期间为2016年1月1日（含）—2016年6月30日（含）。本案当事人明确约定了保证期间，由于：（1）保证期间在主债务履行期间之后；（2）未涉及承担责任直至本息还清为止等内容；因此，当事人有关保证期间的约定有效，依其约定。

【案例2】甲公司向乙银行借款，丙公司提供保证；当事人约定借款期间为2015年1月1日（含）—2015年12月31日（含），保证期间为2015年1月1日（含）—2015年6月30日（含）。本案保证期间包含在主债务履行期间中，应视为没有约定，因此，本案保证期间应界定为2016年1月1日（含）—2016年6月30日（含），或者表述为2015年12月31日至2016年6月30日。

【案例3】甲公司向乙银行借款，丙公司提供保证；当事人约定借款期间为2015年1月1日（含）—2015年12月31日（含），保证人承担保证责任直至本息还清为止。本案有关保证责任的约定不明，保证期间应界定为2016年1月1日（含）—2017年12月31日（含），或者表述为2015年12月31日至2017年12月31日。

（二）保证合同的诉讼时效

1. 在保证期间内，债权人主张权利的，保证责任确定。

2. 在连带责任保证方式下，从确定保证责任时起，开始起算保证合同的诉讼时效。

3. 在一般保证方式下，则在对债务人提起诉讼或者申请仲裁的判决或者仲裁裁决生效之日起计算保证合同的诉讼时效。保证的诉讼时效期限为2年。

4. 一般保证中，主债务诉讼时效中断，保证债务诉讼时效中断；连带责任保证中，主债务诉讼时效中断，保证债务诉讼时效不中断。

5. 一般保证和连带责任保证中，主债务诉讼时效中止的，保证债务的诉讼时效同时中止。

考点4：共同保证与共同担保（★★★）

1. 共同保证（"人保+人保"）

（1）有关份额的约定

①同一债务有两个以上保证人的，保证人应当按照保证合同约定的保证份额，承担保证责任；

各保证人"与债权人没有约定"保证份额的，应当认定为连带共同保证。

②连带共同保证的保证人以其相互之间约定的各自承担的份额对抗债权人的，人民法院不予支持。

（2）连带共同保证

①连带共同保证的债务人在主合同规定的债务履行期届满没有履行债务的，债权人可以要求债务人履行债务，也可以要求任何一个保证人承担全部保证责任，保证人都负有担保全部债权实现的义务。

②连带共同保证的保证人承担保证责任后，向债务人不能追偿的部分，由各连带保证人按其内部约定的比例分担；没有约定的，平均分担。

（3）按份共同保证

按份共同保证的保证人按照保证合同约定的保证份额承担保证责任后，在其履行保证责任的范围内对债务人（不包括"其他保证人"）行使追偿权。

【共同保证案例模型】

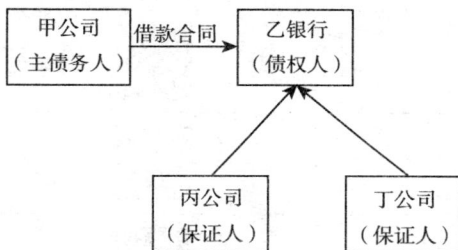

①是按份共同保证，还是连带共同保证？

一看有无约定份额：无，应为连带共同保证。

二看份额与谁约定：与乙银行约定，应为按份共同保证；丙公司与丁公司之间约定，应为连带共同保证。

②如为按份共同保证：乙银行无权要求丙公司承担全额保证责任，只能按照约定的份额要求丙公司承担责任；丙公司按照份额承担完责任后，只能向甲公司追偿，不能向丁公司追偿。

③如为连带共同保证：乙银行可以要求丙公司承担全额保证责任，丙公司承担完保证责任后，应当首先向甲公司追偿；甲公司不能清偿的部分，丙公司可以向丁公司追偿，要求丁公司按照约定的份额分担责任，如丙公司和丁公司之间未约定份额的，平均分担。

2. 共同担保（"人保＋物保"）（2016 年综合题、2012 年简答题）

被担保的债权既有物的担保又有人的担保的，债务人不履行到期债务或者发生当事人约定的实现担保物权的情形，债权人应当按照约定实现债权；没有约定或者约定不明确：

（1）债务人自己提供物的担保的，债权人应当先就该物的担保实现债权；

（2）第三人提供物的担保的，债权人可以就物的担保实现债权，也可以要求保证人承担担保责任。提供担保的第三人承担担保责任后，有权向债务人追偿。

【共同担保案例模型】

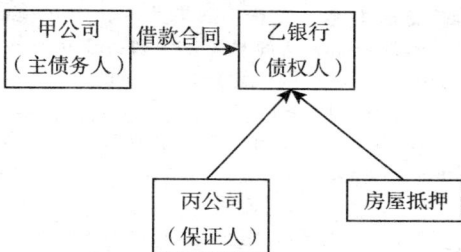

①先实现抵押权，还是先要求丙公司承担保证责任？

有约定按约定，无约定关键看抵押的房屋归谁所有：（A）如果是甲公司自己所有的房屋，应当先就房屋实现抵押权，不足清偿的部分才要求丙公司承担保证责任；（B）如果是丁公司所有的房屋，由乙银行自由选择是先行使抵押权还是先要求丙公司承担保证责任。

②追偿

向甲公司追偿：肯定可以。如果房屋是丁公司所有的房屋，丁公司承担担保责任后只能向甲公司追偿，不能向丙公司追偿；相反亦然，丙公司承担担保责任后只能向甲公司追偿，不能向丁公司追偿。

【例题 1·单选题】甲企业向乙银行申请贷款，还款日期为 2013 年 12 月 30 日。丙企业为该债务提供保证担保，但未约定保证方式和保证期间。后甲企业申请展期，与乙银行就还款期限作了变更，还款期限延至 2014 年 12 月 30 日，但未征得丙企业的书面同意。展期到期，甲企业无力还款，乙银行遂要求丙企业承担保证责任。根据担保法律制度的规定，下列关于丙企业是否承担保证责任的表述中，正确的是（　　）。（2015 年）

A. 不承担，因为保证期间已过

B. 应承担，因为保证合同有效

C. 应承担，因为丙企业为连带责任保证人

D. 不承担，因为丙企业的保证责任因还款期限的变更而消灭

【解析】（1）债权人与债务人对主合同履行期限作了变更，未经保证人书面同意，保证期间为原合同约定的或者法律规定的期间；（2）当事人未约定保证期间的，保证期间为主债务履行期届满之日起 6 个月。在本题中，丙企业按照原合同约定的期间承担保证责任。保证期间为 2013 年 12 月 30 日—2014 年 6 月 30 日。乙银行请求丙企

业承担保证责任时已经超过保证期间，故丙企业
不承担保证责任。

【答案】A

【例题2·多选题】陈某向李某借款10万元，
并签订了借款合同。张某向李某单方面提交了签
名的保证书，其中仅载明"若陈某不清偿到期借
款本息，张某将代为履行"。借款到期后，陈某未
清偿借款本息，经查，张某并不具有代偿能力。
根据担保法律制度的规定，下列关于保证合同的
效力及张某承担保证责任的表述中，不正确的有
（　）。（2012年）

A. 张某可以以自己不具有代偿能力为由主张
保证合同无效

B. 张某可以以自己未与李某签订保证合同为
由主张保证合同不成立

C. 张某须向李某承担一般保证责任

D. 张某须向李某承担连带保证责任

【解析】（1）选项A：不具有完全代偿能力的
法人、其他组织或者自然人，以保证人身份订立
保证合同后，又以自己没有代偿能力为由要求免
除保证责任的，人民法院不予支持；（2）选项B：
第三人单方以书面形式向债权人出具担保书，债
权人接受且未提出异议的，保证合同成立；（3）
选项CD：当事人对保证方式没有约定或者约定不
明确的，按照连带责任保证承担保证责任。

【答案】ABC

【星期四·第5章第4单元】抵押

【本单元考点清单】

考点名称	考点地位	二维码
抵押的设定	★★★	
抵押的效力	★★★	
抵押权的实现	★★★	
浮动抵押	★★☆	
最高额抵押	★	

考点1：抵押的设定（★★★）

1. 什么是抵押？

抵押是指为担保债务的履行，债务人或者第
三人"不转移财产的占有"，将该财产抵押给债权
人；债务人不履行到期债务或者发生当事人约定
的实现抵押权的情形时，债权人有权就该财产优
先受偿。

【案例】

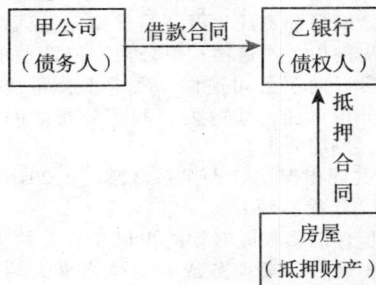

（1）VS 保证：①保证是保证人"一拍胸脯"搞定，属于"人保"；抵押要见真东西（例如房屋），属于物保。②保证人一定是主债务人以外的第三人，而抵押人有可能是主债务人，也有可能是第三人。如本例，用于抵押的房屋如果属于甲公司所有，则甲公司既是债务人，也是抵押人；如果属于丙公司所有，即丙公司以其所有的房屋为甲公司提供抵押担保，则甲公司为债务人，而丙公司为抵押人。③保证合同是债权人和保证人签订，抵押合同是债权人和抵押人签订，只不过抵押人有可能是债务人，也有可能是第三人。

（2）VS 质押：抵押不需要将抵押财产转移给债权人占有，如本例，房屋虽已设定抵押，但甲公司或第三人完全可以继续使用房屋，只是房产证上会多一个抵押登记、想卖房没有那么容易了而已。而质押则必须将财产转移给债权人占有，正因如此，不动产因无法转移占有而不能设立质押担保。

（3）抵押权人牛在哪？如果甲公司到期无力清偿欠款，乙银行可以申请人民法院将房屋拍卖。假定甲公司欠付乙银行本息共计80万元，房屋拍卖所得100万元，但甲公司还有 A 公司、B 公司两个债权人（各有100万元的债权额，无抵押担保）：此时，乙银行就房屋拍卖所得优先受偿，即先由乙银行拿走80万元，其余20万元 A 公司和 B 公司才能插手（乙银行的确牛一些吧！）。

2. 抵押财产

（1）建筑物和其他土地附着物可以抵押。

（2）土地

①土地所有权不得抵押；

②建设用地使用权可以抵押；

【提示】建设用地使用权抵押后，该土地上新增的建筑物不属于抵押财产。实现抵押权时，应当将该土地上新增的建筑物与建设用地使用权一并处分，但新增的建筑物所得的价款，抵押权人无权优先受偿。（2016年综合题）

【例题·综合题（节选）】（2016年）2014年7月10日，甲公司与 A 银行签订借款合同……甲公司将其一宗土地的建设用地使用权抵押给 A 银行，双方签订书面抵押合同，并于7月11日办理了抵押登记……2014年8月，甲公司在已设立抵押权的建设用地上，开始建造建筑物 M……2015年7月，因甲公司无法归还到期借款的本息……经评估，抵押的建设用地使用权连同建筑物 M 价值为800万元，其中建筑物 M 的价值为300万元。（不考虑评估、拍卖的税费）

【问题】建筑物 M 是否为抵押物？说明理由。

【答案】建筑物 M 不是抵押物。根据规定，建设用地使用权抵押后，该土地上新增的建筑物不属于抵押财产。

【解析】A 银行实现抵押权时，可将建筑物 M 和建设用地使用权一并拍卖，但由于建筑物 M 不属于抵押物，A 银行就拍卖所得优先受偿的数额应为500万元（800万元 - 300万元）。

③耕地、宅基地、自留地、自留山等集体所有的土地使用权不得抵押，但法律规定可以抵押的除外。

【提示1】以招标、拍卖、公开协商等方式取得的荒地等土地承包经营权可以抵押。

【提示2】乡镇、村企业的建设用地使用权不得单独抵押，以乡镇、村企业的厂房等建筑物抵押的，其占用范围内的建设用地使用权一并抵押。

【提示3】以土地承包经营权抵押的，或者以乡镇、村企业的厂房等建筑物占用范围内的建设用地使用权一并抵押的，实现抵押权后，未经法定程序，不得改变土地所有权的性质和土地用途。

【提示4】在符合条件的地区，开展农村承包土地的经营权和农民住房财产权（简称"两权"）抵押贷款试点，赋予"两权"抵押融资功能，维护农民土地权益：①农民住房财产权设立抵押的，需将宅基地使用权与住房所有权一并抵押。②因借款人不履行到期债务或者发生当事人约定的情形需要实现抵押权时，允许金融机构在保证农户承包权和基本住房权利的前提下，依法采取多种方式处置抵押物。但对农民住房财产权抵押贷款的抵押物处置，受让人原则上应限制在相关法律法规和国务院规定的范围内。

（3）其他可以抵押的财产

①生产设备、原材料、半成品、产品；

②正在建造的建筑物、船舶、航空器；

③交通运输工具；

④法律、行政法规未禁止抵押的其他财产。

（4）其他不得用于抵押的财产

①学校、幼儿园、医院等以公益为目的的事业单位、社会团体的教育设施、医疗卫生设施和其他社会公益设施；

②所有权、使用权不明或者有争议的财产；

③依法被查封、扣押、监管的财产；

④法律、行政法规规定不得抵押的其他财产。

3. 抵押合同

（1）当事人应当采取书面形式订立抵押合同。

（2）流押条款无效（2016年、2010年综合题）

①抵押权人在债务履行期届满前，不得与抵押人约定债务人不履行到期债务时抵押财产归债权人所有；

②流押条款的无效不影响抵押合同其他部分内容的效力。

【案例】甲公司向乙银行借款，双方签订的抵押合同约定：甲公司以其拥有的房屋设定抵押，若甲公司到期不能偿还借款，房屋归乙银行所有。双方办理了抵押登记。（1）上述抵押合同约定的

第七周

内容即为流押条款。由于借款时债务人处于弱势地位，不论房屋价值与借款本息差额多大，为了借到款项债务人只得接受此类条款，即此条款难逃乘人之危之嫌。如果承认此条款的效力不符合公平理念，因此法律将流押条款界定为无效条款。

（2）仅仅是认定该条款无效，但抵押合同其他内容、抵押权本身却是有效。因此，乙银行仍享有抵押权，只是需要将房屋折价或拍卖、变卖房屋而后获取相应的清偿，并非不论欠付的本息数额多少，直接取得房屋的所有权。

【相关链接】流质条款无效：质权人在债务履行期届满前，不得与出质人约定债务人不履行到期债务时质押财产归债权人所有。

（3）抵押物的折价

债务履行期届满后抵押权人未受清偿时，抵押权人和抵押人可以协议以抵押物折价取得抵押物；但是，损害顺序在后的担保权人和其他债权人利益的，人民法院可以适用有关合同保全的撤销权的规定。

【案例】甲公司向乙银行借款100万元，以办公大楼设定抵押。债务到期后，甲公司无法清偿乙银行的借款，与乙银行达成折价协议，将时价500万元的办公楼作价300万元折抵乙银行的债权，乙银行另外向甲公司支付200万元后，取得该办公大楼的所有权，甲公司和乙银行的债权债务关系消灭。甲公司的行为相当于以明显不合理的低价转让财产，损害了甲公司其他债权人的利益，如果乙银行对该办公大楼的时价是知情的，则甲公司的其他债权人丙公司可以请求人民法院撤销甲公司与乙银行的该折价协议。

4. 抵押登记

（1）以不动产抵押：登记设立抵押权

以建筑物和其他土地附着物，建设用地使用权，以招标、拍卖、公开协商等方式取得的荒地等土地承包经营权，正在建造的建筑物设定抵押的，应当办理抵押物登记，抵押权"自登记之日起"设立。（2016年综合题）

【提示】以上述财产设定抵押，如果当事人未办理登记，虽然抵押权没有设立，但是抵押合同已经生效。

【相关链接】法律、行政法规规定合同应当办理登记手续，但未规定登记后生效的，当事人未办理登记手续不影响合同的效力，但合同标的所有权及其他物权不能转移。

【案例】甲公司向乙银行借款，以自己所有的房屋设定抵押，双方于8月1日签订了抵押合同，8月20日办理抵押登记手续，则抵押合同于8月1日依法成立并生效，抵押权自8月20日设立。

（2）以动产抵押的，登记产生对抗第三人的效力；抵押权自抵押合同生效时起设立，没有登记不能对抗善意第三人。

【案例】甲公司向乙银行借款，以自己所有的小轿车设定抵押，双方于8月1日签订了抵押合同，8月20日办理抵押登记手续，则抵押合同于8月1日依法成立并生效，抵押权自8月1日设立。（1）如果甲公司未经乙银行同意，于8月15日（此时，抵押权尚未登记）将该小轿车出售给不知情的丙并完成交付，则丙可以继受取得小轿车的所有权，抵押权人乙银行的损失向甲公司进行追偿；（2）如果甲公司未经乙银行同意，于8月21日（此时，抵押权已登记）将该小轿车出售给不知情的丙，即使已经交付，丙也无法取得小轿车的所有权，因为乙银行的抵押权已经登记，可以对抗第三人丙。

（3）抵押物登记记载的内容与抵押合同约定的内容不一致的，以登记记载的内容为准。

【例题1·多选题】根据物权法律制度的规定，债务人有权处分的下列权利中，可以抵押的有（　　）。（2015年）

A. 应收账款

B. 以招标方式取得的荒地的土地承包经营权

C. 依法可以转让的股权

D. 建设用地使用权

【解析】选项AC：应收账款、依法可以转让的股权可以设定权利质押，但不能设定抵押。

【答案】BD

【例题2·判断题】甲向乙借款，将自己的房屋抵押给乙，甲、乙在抵押合同中约定，若甲到期不返还借款本息，该房屋所有权归乙，该约定条款无效。（　　）（2013年）

【解析】流押条款无效，但该条款的无效不影响抵押合同其他条款的效力。

【答案】√

【例题3·单选题】甲向乙借款50万元，约定以甲的A幢房屋抵押给乙，双方为此签订了抵押合同，但在抵押登记时，登记为以甲的B幢房屋抵押给乙。后甲未能按约还款，乙欲行使抵押权。根据《物权法》的规定，下列关于乙行使抵押权的表述中，正确的是（　　）。（2009年）

A. 乙只能对甲的A幢房屋行使抵押权

B. 乙只能对甲的B幢房屋行使抵押权

C. 乙可选择对甲的A幢房屋或者B幢房屋行使抵押权

D. 乙不能行使抵押权，因为登记机关记载的抵押物与抵押合同约定的抵押物不一致，抵押无效

【解析】抵押物登记记载的内容与抵押合同约定的内容不一致的，以登记记载的内容为准。

【答案】B

考点2：抵押的效力（★★★）

1. 抵押担保的范围

抵押担保的范围包括主债权及利息、违约金、损害赔偿金和实现抵押权的费用；抵押合同另有约定的，按照约定。

2. 抵押物的孳息

债务人不履行到期债务或者发生当事人约定的实现抵押权的情形，致使抵押财产被人民法院依法扣押的，自扣押之日起抵押权人有权收取该抵押财产的天然孳息或者法定孳息，但抵押权人未通知应当清偿法定孳息的义务人的除外。

【案例】甲向乙银行按揭贷款购下一套房屋，房屋交付使用后甲将该房屋出租给丙，月租金3000元。（1）如果甲能向乙银行正常还款，丙应当按照约定向甲支付租金；（2）如果甲还不起贷款，乙银行已经准备实现抵押权，则自该房屋被人民法院扣押之日起，乙银行有权向丙收取租金，但前提是必须要通知丙，如果乙银行不通知丙，丙继续向甲支付房租的行为是合法的，乙银行无权要求丙重复支付租金。所谓"应当清偿法定孳息的义务人"，在本案中指抵押物承租人丙。

3. 收益

（1）出租在先，抵押在后：原租赁关系不受抵押权的影响

（2）抵押在先，出租在后：租赁关系不得对抗已登记的抵押权

①抵押人未书面告知承租人该财产已抵押的，抵押人对出租抵押物造成承租人的损失承担赔偿责任；

②抵押人已书面告知承租人该财产已抵押的，抵押权实现造成承租人的损失，由承租人自己承担。

【例题·多选题】2013年9月1日甲向乙银行借款100万元，期限1年，以自己的房屋设定抵押，该房屋已于2012年12月1日出租给王某，租期1年，2013年12月1日，王某的租期届满后，甲又将该房屋出租给李某，租期1年。已知王某和李某对该房屋抵押一事均不知情，甲在借款到期后无力清偿，根据物权法律制度的规定，下列说法正确的有（　　）。

A. 甲将房屋抵押给乙银行时，王某即应腾退房屋

B. 虽然该房屋已经抵押，甲仍然有权将其出租给李某

C. 乙银行实现抵押权时，无权要求李某腾退房屋

D. 乙银行实现抵押权时，有权要求李某腾退房屋

【解析】（1）选项A：订立抵押合同前抵押财产已出租的，原租赁关系不受该抵押权的影响，抵押权实现后，租赁合同在有效期内对抵押物的受让人继续有效；（2）选项B：抵押权设定后，由于抵押物仍然归抵押人所有，因此抵押人有权将抵押物出租；（3）选项CD：抵押在先，出租在后，抵押权实现后，租赁合同对受让人不具有约束力（受让人有权要求承租人腾退房屋）。

【答案】BD

4. 抵押期间抵押物的转让

（1）经抵押权人同意

抵押期间，抵押人经抵押权人同意转让抵押财产的，应当将转让所得价款向抵押权人提前清偿或者提存；转让价款超过债权数额的部分归抵押人所有，不足部分由债务人清偿。

（2）抵押期间，抵押人未经抵押权人同意，不得转让抵押财产，但受让人代为清偿债务消灭抵押权的除外。

【例题·单选题】甲将房屋一间设定抵押向乙借款100万元，双方办理了抵押登记。抵押期间，丙向甲表示愿以120万元购买甲的房屋，甲也有意将该房屋出售，但丙不同意直接代甲清偿债务。根据物权法律制度的规定，下列各项中，正确的是（　　）。

A. 甲有权将该房屋转让给丙，但须事先告知抵押权人乙

B. 甲可以将该房屋转让给丙，不必征得抵押权人乙的同意

C. 甲可以将该房屋转让给丙，但应征得抵押权人乙的同意

D. 甲无权将该房屋转让给丙，因为房屋上已设置了抵押权

【解析】（1）如果乙同意，则甲所得房屋转让款应向乙提前清偿债务或提存相应数额；（2）如果乙不同意，甲只能自筹资金先向乙还款，涤除乙的抵押权后方可将房屋转让给丙，否则不得转让。

【答案】C

5. 抵押权转移及消灭的从属性

（1）主债权转让的，担保该债权的抵押权一并转让，但法律另有规定或者当事人另有约定的除外。

（2）第三人提供抵押的，债权人许可债务人转让债务未经抵押人书面同意的，抵押人对未经其同意转让的债务，不再承担担保责任。

6. 抵押物价值减少的处理

（1）抵押人的行为足以使抵押财产价值减少的，抵押权人有权要求抵押人停止其行为。

（2）抵押财产价值减少的，抵押权人有权要求恢复抵押财产的价值，或者提供与减少的价值相应的担保；抵押人不恢复抵押财产的价值也不提供担保的，抵押权人有权要求债务人提前清偿债务。

第七周

7. 物上代位性

在抵押物灭失、毁损或者被征用的情况下，抵押权人可以就该抵押物的保险金、赔偿金或者补偿金优先受偿。

【例题1·多选题】陈某用自己的轿车作抵押向银行借款40万元，并办理抵押登记手续。陈某驾驶该车出行时，不慎发生交通事故。经鉴定，该车的价值损失了30%。保险公司赔偿了该车损失。根据合同法律制度的规定，下列关于该抵押担保的表述中，正确的有（　　）。（2010年）

A. 该轿车不再担保银行债权

B. 该轿车应担保银行债权

C. 保险赔款不应担保银行债权

D. 保险赔款应担保银行债权

【解析】（1）选项AB：担保物部分灭失，残存部分仍担保债权全部；（2）选项CD：在抵押物灭失、毁损或者被征用的情况下，抵押权人可以就该抵押物的保险金、赔偿金或者补偿金优先受偿。

【答案】BD

【例题2·单选题】甲向乙借款，并以本人所有的一件古董花瓶设定质押担保，甲为此就该花瓶购买了一份财产意外损失险。在乙保管花瓶期间，花瓶毁于泥石流。如果甲没有按时还款，根据物权法律制度的规定，下列表述中，正确的是（　　）。

A. 乙可以就保险金优先受偿

B. 乙可以要求以保险金受偿，但是并不优先于甲的其他债权人

C. 泥石流属于不可抗力事件，甲可以不偿还乙的借款

D. 乙应当赔偿甲花瓶灭失的损失

【解析】（1）选项CD：泥石流的确属于不可抗力事件，因不可抗力的毁损不能归责于乙，甲应该正常还款，乙不必赔偿。（2）选项AB：保险金犹如花瓶本身，继续担保乙的债权。

【答案】A

考点3：抵押权的实现（★★★）

1. 债务人不履行到期债务或者发生当事人约定的实现抵押权的情形，抵押权人可以与抵押人协议以抵押财产折价或者以拍卖、变卖该抵押财产所得的价款优先受偿。

2. 抵押物折价或者拍卖、变卖所得的价款，当事人没有约定的，清偿顺序如下：

（1）实现抵押权的费用；

（2）主债权的利息；

（3）主债权。

3. 同一财产上多个抵押权并存时的清偿顺序

（1）抵押权已登记的，按照登记的先后顺序清偿；顺序相同的，按照债权比例清偿；

（2）抵押权已登记的先于未登记的受偿；

（3）抵押权未登记的，按照债权比例清偿。

【例题·单选题】同一财产向两个以上债权人抵押的，拍卖、变卖抵押财产所得价款应当依照有关担保法律制度的规定清偿。下列各项中，不符合《物权法》规定的是（　　）。（2009年）

A. 抵押权已登记的，按照登记的先后顺序清偿

B. 抵押权已登记且登记顺序相同的，按照债权比例清偿

C. 抵押权已登记的先于未登记的受偿

D. 抵押权未登记的，按照抵押合同生效时间的先后顺序清偿

【解析】同一财产向两个以上债权人抵押时，抵押权未登记的，按照"债权比例"（而非抵押合同生效时间的先后顺序）清偿。

【答案】D

4. 抵押权顺位 VS 债权的到期时间

（1）顺序在后的抵押权所担保的债权先到期的，抵押权人只能就抵押物价值超出顺序在先的抵押担保债权的部分受偿。

（2）顺序在先的抵押权所担保的债权先到期的，抵押权实现后的剩余价款应予提存，留待清偿顺序在后的抵押担保债权。

【案例】1月1日，甲公司向乙银行借款100万元，借款期限1年，以自己所有的厂房设定抵押，同日办理了抵押登记手续；同年5月1日，甲公司再次发生资金周转困难，向丙银行借款200万元，借款期限半年，同样以厂房设定抵押，同日办理了抵押登记手续。同年11月1日，丙银行的借款到期后，甲公司无力清偿。在本案中：（1）乙银行和丙银行的抵押权均办理了抵押登记手续，先登记的乙银行属于顺序在先的抵押权人；（2）丙银行的借款先到期，可以就该厂房实现抵押权，假定拍卖所得为260万元，则丙银行应当为顺序在先的乙银行预留（提存）100万元，其余的160万元丙银行才有权优先受偿，丙银行未受到清偿的40万元债权可以继续向甲公司追偿。（为了说明方便，不考虑利息）

考点4：浮动抵押（★★☆）

1. 什么是浮动抵押？

经当事人书面协议，企业、个体工商户、农业生产经营者可以将"现有的以及将有"的生产设备、原材料、半成品、产品抵押，债务人不履行到期债务或者发生当事人约定的实现抵押权的情形，债权人有权就"实现抵押权时的动产"优先受偿。

2. 登记对抗

（1）设定浮动抵押，抵押人应当向抵押人住所地的工商行政管理部门办理登记；抵押权自抵押合同

生效时设立；未经登记，不得对抗善意第三人。

（2）浮动抵押即使已经办理登记，在抵押财产确定前仍不得对抗正常经营活动中已支付合理价款并取得抵押财产的买受人。（2012年简答题）

3. 抵押财产的确定

（1）债务履行期届满，债权未实现；

（2）抵押人被宣告破产或者被撤销；

（3）当事人约定的实现抵押权的情形；

（4）严重影响债权实现的其他情形。

【例题·单选题】甲企业向乙银行贷款时，以其现有的以及将有的生产设备、原材料、半成品、成品一并抵押给乙银行，双方签订了书面抵押合同，但未办理抵押登记，抵押期间，甲企业未经乙银行同意，以合理价格将一台生产设备出卖给不知道该设备已抵押的丙公司，钱货两清。后甲企业到期无力偿还贷款，根据担保法律制度的规定，下列关于乙银行能否对已出卖的生产设备主张抵押权的表述中，正确的是（　　）。（2013年）

A. 不能主张，乙银行的抵押权不能对抗正常经营活动中已支付合理价款并取得抵押财产的买受人

B. 不能主张，乙银行的抵押权因未办理抵押登记而未设立

C. 不能主张，因甲企业未经乙银行同意处分

抵押物，属于无效行为

D. 可以主张，乙银行的抵押权虽未经登记，但已设立，只是不得对抗善意第三人

【解析】在抵押财产确定前，浮动抵押权不得对抗正常经营活动中"已支付合理价款"并"取得"抵押财产的买受人。

【答案】A

考点5：最高额抵押（★）

1. 抵押权人的债权在下列情况下确定：

（1）约定的债权确定期间届满；

（2）没有约定债权确定期间或者约定不明确，抵押权人或者抵押人自最高额抵押权设立之日起满2年后请求确定债权；

（3）新的债权不可能发生；

（4）抵押财产被查封、扣押；

（5）债务人、抵押人被宣告破产或者被撤销。

2. 最高额抵押的实现

（1）如果实际发生的债权余额高于最高限额的，以最高限额为限，超过部分不具有优先受偿的效力；

（2）如果实际发生的债权余额低于最高限额的，以实际发生的债权余额为限对抵押物优先受偿。

【星期五·第5章第5单元】其他担保方式

【本单元考点清单】

考点名称	考点地位	二维码
动产质押	★★	
权利质押	★★	
留置	★★	
定金	★★☆	

考点1：动产质押（★★）

1. 设立

（1）当事人应当采取书面形式订立质押合同，质押合同自依法"成立"时生效，质权自出质人

"交付"质押财产时设立。

【提示1】质押限于2种：动产质押和权利质押。不动产物权只能用于抵押，不能质押。

【提示2】质押合同属于诺成合同，并非自质物交付时起生效。

【提示3】抵押，没有交付抵押财产的问题，因为抵押不转移抵押物的占有；而动产质押则必须转移质物的占有，动产质权自交付质押财产时设立。

【例题1·单选题】甲从乙银行贷款200万元，双方于8月1日签订贷款合同，丙以保证人身份在贷款合同上签字。因担心丙的资信状况，乙银行又要求甲提供担保，为此双方于8月3日签订书面质押合同，质物为甲的一辆轿车，但甲未将轿车交付给乙银行。甲到期无力偿还贷款。根据担保法律制度的规定，下列乙银行主张担保权利的表述中，正确的是（　　）。（2013年）

A. 乙银行只能主张保证债权，因为甲未将该轿车交付给乙银行，质权未设立

B. 乙银行只能主张质权，因为丙与乙银行未签订保证合同，保证债权不成立

C. 乙银行应先主张保证债权，因为保证债权先于质权成立

D. 乙银行应先主张质权，因为质权担保是债务人甲自己提供的

【解析】（1）主合同中虽然没有保证条款，但保证人在主合同上以保证人的身份签字或者盖章的，保证合同成立；在本题中，丙以保证人身份在贷款合同上签字，保证合同已经成立。（2）以动产质押，质押合同自成立时生效，质权自出质人交付质押财产时设立；在本题中，甲并未将轿车交付给乙银行，质权未设立，乙银行不享有质权，更无从主张质权。

【答案】A

【例题2·单选题】甲与乙签订借款合同，并约定由乙将自己的钻戒出质给甲。但其后乙并未将钻戒如约交付给甲，而是把该钻戒卖给了丙。丙取得钻戒后，与甲因该钻戒的权利归属发生纠纷。根据合同法律制度的规定，下列关于该钻戒权利归属的表述中，正确的是（　　）。（2009年）

A. 丙不能取得该钻戒的所有权，因为该钻戒已质押给甲

B. 丙能取得该钻戒的所有权，但甲可依其质权向丙追偿

C. 丙能取得该钻戒的所有权，甲不能向丙要求返还该钻戒

D. 丙能否取得该钻戒的所有权，取决于甲同意与否

【解析】（1）动产质权自出质人"交付"质押财产时设立，在本题中，乙未向甲交付钻戒，质权并未设立；（2）标的物为动产的，所有权自标的物交付时起转移，但法律另有规定或者当事人另有约定的除外，在本题中，乙将钻戒交付给丙，丙依法取得了该钻戒的所有权。

【答案】C

（2）质押合同中对质押的财产约定不明，或者约定的出质财产与实际移交的财产不一致的，以实际交付占有的财产为准。

2. 质物的孳息

质权人有权收取质押财产的孳息，但合同另有约定的除外。

3. 擅自处分质物

（1）质权人在质权存续期间，未经出质人同意，擅自使用、处分质押财产，给出质人造成损害的，应当承担赔偿责任。

（2）质权人在质权存续期间，未经出质人同意转质，造成质押财产毁损、灭失的，应当向出质人承担赔偿责任。

4. 质物毁损、灭失

（1）因质权人保管不善

①质权人负有妥善保管质押财产的义务；因保管不善致使质押财产毁损、灭失的，应当承担赔偿责任。

②质权人的行为可能使质押财产毁损、灭失的，出质人可以要求质权人将质押财产提存，或者要求提前清偿债务并返还质押财产。

（2）因不可归责于质权人的原因

因不能归责于质权人的事由可能使质押财产毁损或者价值明显减少，足以危害质权人权利的，质权人有权要求出质人提供相应的担保；出质人不提供的，质权人可以拍卖、变卖质押财产，并与出质人通过协议将拍卖、变卖所得的价款提前清偿债务或者提存。

5. 质权的实现

出质人可以请求质权人在债务履行期届满后及时行使质权；质权人不行使的，出质人可以请求人民法院拍卖、变卖质押财产；出质人请求质权人及时行使质权，因质权人怠于行使权利造成损害的，由质权人承担赔偿责任。

考点2：权利质押（★★）

可用于质押的权利	质权的设定时间
汇票、支票、本票、债券、存款单、仓单、提单	质权自权利凭证交付质权人之日起设立；没有权利凭证的，质权自有关部门办理出质登记时设立
基金份额	质权自证券登记结算机构办理出质登记时设立

续表

可用于质押的权利		质权的设定时间
股权	证券登记结算机构登记的股权（例如上市公司股权）	质权自证券登记结算机构办理出质登记时设立
	其他股权	质权自工商行政管理部门办理出质登记时设立
知识产权（注册商标专用权、专利权、著作权等）中的财产权		质权自有关主管部门办理出质登记时设立
应收账款		质权自信贷征信机构办理出质登记时设立

【例题 1·多选题】根据物权法律制度的规定，债务人或第三人有权处分的下列权利中，可以出质的有（　　）。（2016 年、2010 年）

A. 支票

B. 土地承包经营权

C. 可以转让的基金份额

D. 应收账款

【解析】选项 B：以招标、拍卖、公开协商等方式取得的荒地等土地承包经营权可以设定抵押，但不能设定质押。

【答案】ACD

【例题 2·多选题】根据物权法律制度的规定，以下列权利出质的，质权自交付权利凭证时设立的有（　　）。（2015 年）

A. 基金份额

B. 注册商标专用权

C. 仓单

D. 存款单

【解析】选项 AB：质权自登记之日起设立。

【答案】CD

【例题 3·单选题】甲公司向乙银行借款，并以其所持有的某上市公司的股权用于质押。根据《物权法》的规定，该质权设立的时间是（　　）。（2008 年）

A. 借款合同签订之日

B. 质押合同签订之日

C. 在工商行政管理部门办理出质登记之日

D. 在证券登记结算机构办理出质登记之日

【解析】（1）以股权质押，均需要办理登记手续，只是登记机关不同而已，排除选项 AB；（2）在何处登记，关键是要看好是否为上市公司的股权，上市公司的股权在证券登记结算机构办理出质登记，非上市公司股权在工商行政管理部门办理出质登记。

【答案】D

【例题 4·多选题】根据物权法律制度的规定，下列关于质权设立时间的表述中，正确的有（　　）。（2007 年）

A. 以机器设备出质的，质权自机器设备移交质权人占有时设立

B. 以仓单出质的，质权自仓单交付时设立

C. 以非上市公司的股份出质的，质权自工商行政管理部门办理出质登记时设立

D. 以依法可转让的专利权出质的，质权自有关主管部门办理出质登记时设立

【解析】（1）选项 A：动产质权自质物移交给质权人占有时设立；（2）选项 B：以汇票、支票、本票、债券、存款单、仓单、提单出质的，质权自权利凭证交付之日起设立；（3）选项 C：以基金份额、证券登记结算机构登记的股权出质的，质权自证券登记结算机构办理出质登记时设立；以其他股权出质的，质权自工商行政管理部门办理出质登记时设立；（4）选项 D：以知识产权中的财产权出质的，质权自有关主管部门办理出质登记时设立。

【答案】ABCD

考点 3：留置（★★）

1. 留置权的行使条件

（1）留置权是指债务人不履行"到期"债务，债权人可以留置已经"合法占有"的债务人的"动产"，并有权就该动产优先受偿。

（2）债权人留置的动产，应当与债权属于"同一法律关系"，但企业之间留置的除外。

【例题 1·判断题】甲企业向乙企业购买了一批总价款 100 万元的建筑材料，甲企业支付了 60 万元，约定其余的 40 万元在 3 个月内付清。后甲企业将一台价值 30 万元的施工设备交由乙企业代为保管。3 个月后，几经催告，甲企业仍未支付乙企业 40 万元货款。则甲企业要求提取该设备时，乙企业可以将该设备留置以担保货款债权的实现。（　　）（2010 年）

【解析】本题涉及两个合同，"建筑材料买卖合同"和"施工设备保管合同"，甲企业欠付的 40 万元是"建筑材料买卖合同"的价款，施工设备是"施工设备保管合同"的标的物，二者显然不属于同一法律关系，但是由于发生在甲企业和乙企业两个企业之间，因此不必拘泥于同一法律关系，允许留置。

【答案】√

【例题 2·单选题】根据担保法律制度的规定，下列情形中，甲享有留置权的是（　　）。

A. 甲为乙修理汽车，乙拒付修理费，待乙前来提车时，甲将该汽车扣留

B. 甲为了迫使丙偿还欠款，强行将丙的一辆汽车拉走

C. 为丁有偿保管某物，保管期满，丁取走保管物却未付保管费。于是，甲谎称丁取走的保管物有误，要求丁送回调换。待丁送回该物，甲即予以扣留，要求丁支付保管费

D. 甲为了确保对戊的一项未到期债权能够顺利实现，扣留戊交其保管的某物不还

【解析】（1）选项BC：债权人非法占有（强行拉走、骗回）债务人的动产，不适用留置；（2）选项D：债权尚未到期，尚不能留置。

【答案】A

2. 当事人可以在合同中约定不得留置的物。

【例题·单选题】甲公司为开业庆典，将一块玉石交给雕刻家乙，委托乙亲自雕刻玉雕一座作为开业当天的摆件；双方约定，雕刻成果不得留置。雕刻完成后，甲公司发现玉雕效果极不理想、显失水准，经了解，玉雕为乙的徒弟完成，遂拒绝支付报酬，乙将该玉雕扣留。根据债权法律制度的规定，下列说法错误的是（　　）。

A. 甲公司有权解除合同

B. 乙对该玉雕享有留置权

C. 甲公司有权拒绝支付酬金

D. 甲公司有权请求乙承担违约责任

【解析】（1）选项A：承揽人将其承揽的主要工作交由第三人完成的，应当就该第三人完成的工作成果向定作人负责；未经定作人同意的，定作人可以解除合同。（2）选项B：当事人双方在合同中明确约定不得留置财产的，不成立留置权。（3）选项CD：乙未依约亲自完成玉雕，构成违约，甲公司有权请求乙承担违约责任，有权拒绝支付酬金。

【答案】B

3. 留置的财产为可分物的，留置物的价值应当相当于债务的金额；留置物为不可分物的，留置权人可以就其留置物的全部行使留置权。

4. 留置担保的范围包括主债权及利息、违约金、损害赔偿金、留置物保管费用和实现留置权的费用。

5. 留置权人与债务人应当约定留置财产后的债务履行期间；没有约定或者约定不明确的，留置权人应当给债务人2个月以上的履行债务期间，但鲜活易腐等不易保管的动产除外。债务人逾期未履行的，留置权人可以与债务人协议以留置财产折价，也可以就拍卖、变卖留置财产所得的价款优先受偿。

6. 债务人可以请求留置权人在债务履行期届满后行使留置权；留置权人不行使的，债务人可以请求人民法院拍卖、变卖留置财产。

7. 同一动产上已设立抵押权或者质权，该动产又被留置的，留置权人优先受偿。（2012年简答题）

【例题1·单选题】李某向陈某借款10万元，将一辆卡车抵押给陈某。抵押期间，卡车因车祸严重受损，李某将卡车送到某修理厂大修。后李某无力支付2万元修理费，修理厂遂将卡车留置。经催告，李某在约定的合理期间内仍未支付修理费。此时，李某亦无法偿还欠陈某的到期借款，陈某要求修理厂将卡车交给自己依法进行拍卖，修理厂拒绝。下列关于该争议如何处理的表述中，符合合同法律制度规定的是（　　）。（2016年）

A. 修理厂应将卡车交给陈某依法拍卖，修理费只能向李某主张

B. 陈某应当向修理厂支付修理费，其后修理厂应向陈某交付卡车

C. 修理厂应将卡车交给陈某依法拍卖，拍卖所得资金优先偿付借款，剩余部分修理厂有优先受偿权

D. 修理厂可将卡车依法拍卖，所得资金优先偿付修理费，剩余部分陈某有优先受偿权

【解析】同一动产上已设立抵押权或者质权，该动产又被留置的，留置权人优先受偿。

【答案】D

【例题2·判断题】已经设立抵押权的动产又被留置的，抵押权人优先受偿。（　　）（2014年）

【解析】同一动产上已设立抵押权或者质权，该动产又被留置的，"留置权人"优先受偿。

【答案】×

【例题3·单选题】王某向赵某借款10万元，以其卡车抵押并办理了抵押登记。后因发生交通事故，王某将该卡车送到甲修理厂修理。修理完毕，王某因无法支付1万元的维修费，该卡车被甲修理厂留置。后王某欠赵某的借款到期，赵某要求对该卡车行使抵押权，甲修理厂以王某欠修理费为由拒绝，双方发生争议。根据物权法律制度的规定，下列关于如何处理该争议的表述中，正确的是（　　）。（2010年）

A. 甲修理厂应同意赵某对该卡车行使抵押权，所欠修理费只能向王某要求清偿

B. 赵某应向甲修理厂支付修理费，之后甲修理厂向赵某交付该卡车

C. 如果经甲修理厂催告，王某2个月后仍不支付修理费，甲修理厂有权实现留置权，所得价款偿付修理费后，剩余部分赵某有优先受偿权

D. 甲修理厂应将该卡车交给赵某先行使抵押权，所得价款偿付借款后，剩余部分甲修理厂有优先受偿权

【解析】（1）选项ABD：同一动产上已设立抵押权或者质权，该动产又被留置的，留置权人优先受偿；（2）选项C：留置权人与债务人应当约定留置财产后的债务履行期间，没有约定或者约定不明确的，留置权人应当给债务人2个月以

上的履行债务期间（但鲜活易腐等不易保管的动产除外），债务人逾期未履行的，留置权人可以与债务人协议以留置财产折价，也可以就拍卖、变卖留置财产所得的价款优先受偿。

【答案】C

【例题4·判断题】个体户郑某向林某借款10万元，以自有的生产机器一台抵押于林某，且办理了抵押登记。其后，郑某因违规操作致使该机器损坏，送至甲修理厂修理，后因郑某无力向林某偿还借款和向甲修理厂支付修理费而发生纠纷，由于抵押权办理了登记且先于甲修理厂的留置权成立。所以，林某认为，抵押权应优先于留置权受偿，林某的观点是正确的。（　　）（2009年）

【解析】同一动产上已设立抵押权或质权，该动产又被留置的，留置权人优先受偿。

【答案】×

考点4：定金（★★☆）

（一）违约定金

1. 定金合同是否已经生效？

（1）定金合同是实践合同，从实际交付定金之日生效。

（2）定金数额由当事人约定，但不得超过主合同标的额的20%，超过20%的部分，人民法院不予支持。

（3）实际交付的定金数额多于或者少于约定数额，视为变更定金合同；收受定金一方提出异议并拒绝接受定金的，定金合同不生效。（2014年简答题）

2. 何谓定金罚则？

给付定金的一方不履行约定的债务的，无权要求返还定金；收受定金的一方不履行约定的债务的，应当双倍返还定金。

【例题·单选题】甲乙签订合同，合同总标的额为100万元；合同签订后，甲依照约定向乙实际支付了30万元的定金。合同履行期届至，乙拒不履行任何合同义务；已知双方未支付其他款项，也未引发其他任何损失。根据担保法律制度的规定，甲有权要求乙返还的款项金额是（　　）。

A. 30万元　　　　　B. 40万元
C. 50万元　　　　　D. 60万元

【解析】（1）乙应当首先向甲退还原来向甲收取的30万元；（2）由于定金的数额超过主合同标的额的20%，超过部分无效，即本题定金合同在20万元范围内有效，乙应当再向甲返还20万元；（3）乙应向甲返还的金额共计50万元（30＋20）。

【答案】C

3. 定金罚则的适用

（1）因当事人一方延迟履行或者有其他违约行为，致使合同目的不能实现，可以适用定金罚

则，但法律另有规定或当事人另有约定除外。

（2）因不可抗力、意外事件致使主合同不能履行的，不适用定金罚则。

（3）因合同关系以外的第三人的过错，致使主合同不能履行的，适用定金罚则；受定金处罚的一方当事人，可以向第三人追偿。

【例题·单选题】甲公司与乙公司签订一买卖合同，合同约定，甲公司须在1个月内向乙公司提供200台电视机，总价款100万元。合同签订后，乙公司按约定向甲公司交付了定金20万元。甲公司依约分两批发运电视机，不料，第一批100台电视机在运输过程中遭遇泥石流，致使电视机全部毁损；第二批100台电视机在运输过程中被甲公司的债权人丙强行扣押、变卖，最终，乙公司未能收到电视机，欲向甲公司主张定金责任。根据担保法律制度的规定，下列关于甲公司定金责任承担的表述中，正确的是（　　）。（2011年）

A. 甲公司无须承担定金责任，因为没有交付电视机是不可抗力和第三人原因导致的，甲公司没有过错

B. 甲公司须承担全部定金责任，因为甲公司违反合同约定，未将电视机交付给乙公司

C. 甲公司只须承担一半定金责任，因为不可抗力导致的第一批100台电视机未能交付，不适用定金罚则

D. 甲公司只须承担一半定金责任，因为第三人原因造成的第二批100台电视机未能交付，不适用定金罚则

【解析】（1）因不可抗力、意外事件致使主合同不能履行的，不适用定金罚则；（2）因合同关系以外第三人的过错，致使主合同不能履行的，适用定金罚则；在本题中，第一批货物因泥石流全部毁损，属于不可抗力原因，不适用定金罚则；第二批货物因甲公司的债权人丙对该批货物实行强行扣押、变卖而未能交付，属于第三人过错致使主合同不能履行，适用定金罚则。

【答案】C

（二）其他类型的定金

1. 立约定金

（1）当事人约定以交付定金作为订立主合同担保的，给付定金的一方拒绝订立主合同的，无权要求返还定金；收受定金的一方拒绝订立主合同的，应当双倍返还定金。

（2）当事人约定以交付定金作为主合同成立或者生效要件的，给付定金的一方未支付定金，但主合同已经履行或者已经履行主要部分的，不影响主合同的成立或者生效。

2. 解约定金

定金交付后，交付定金的一方可以按照合同的约定以丧失定金为代价而解除主合同，收受定金的一方可以双倍返还定金为代价而解除合同。

【例题·判断题】甲、乙签订一买卖合同。合同约定：甲将100吨大米卖给乙，合同签订后3天内交货，交货后10天内付货款；合同签订后乙应向甲交付5万元定金，合同在交付定金时生效。合同订立后，乙未交付定金，甲按期向乙交付了货物，乙收货后无异议。付款期限届满后，乙以定金未交付合同不生效为由拒绝付款。乙不付款的理由成立。（　　）（2011年）

【解析】当事人约定以交付定金作为主合同成立或者生效要件的，给付定金的一方未支付定金，但主合同已经履行或者已经履行主要部分的，不影响主合同的成立或者生效；在本题中，定金虽然未交付（定金合同未成立），但是卖方甲已经按期向乙交付了货物，乙收货后也无异议，主合同依据实际履行原则已经成立并生效，乙应当履行合同。

【答案】×

扫一扫，阅读解题思路

本书中各部分试题均配备二维码，下载安装"东奥题库宝典"移动客户端，扫一扫左侧二维码，即可在线做题，并获得详尽的答案解析、解题思路等超值服务，解决您做题时的一切疑惑。

【移动客户端安装二维码详见封底】

本周自测

一、单项选择题

1. 甲向某出版社发送电子邮件，询问该出版社是否出版了某种图书，该出版社收到电子邮件后，马上向甲寄送了一本该种图书，并按照图书标价的6折要求甲支付购书款。甲则认为出版社强人所难，不愿意支付货款。根据规定，下列说法正确的是（　　）。
   A. 甲的电子邮件属于要约
   B. 该出版社的行为属于要约
   C. 该出版社的行为属于承诺
   D. 甲应当向出版社支付货款

2. 乙公司向甲公司发出要约，随即又发出一份"要约作废"的函件，两份函件同时到达甲公司。甲公司的董事长助理一时疏忽，仅将第一份函件交给董事长；第三天，甲公司董事长发函给乙公司，提出只要将交货日期推迟2个星期，其他条件都可以接受；后甲、乙公司未能缔约。根据合同法律制度的规定，甲乙公司未能成功缔约的原因是（　　）。
   A. 要约已被撤回
   B. 要约已被撤销
   C. 甲公司对要约作了实质性改变
   D. 甲公司承诺超过了有效期间

3. 甲公司向乙公司发出一项要约，要约明确指明乙公司如欲接受应在2015年8月1日前回复；乙公司于2015年7月20日通过丙快递公司发出承诺，但由于丙公司快递员投递失误，承诺于2015年8月10日方送达甲公司；此时，甲公司已将要约所述货物全部出售给丁公司，无货供给乙公司，但甲公司未采取任何措施；乙公司久等无货，于2015年9月15日派人催货，甲公司以乙公司的承诺迟到为由予以拒绝，乙公司不服。有关本案的下列说法中，正确的是（　　）。
   A. 合同已经生效，甲公司应向乙公司承担违约责任
   B. 合同已经生效，但甲公司无须向乙公司承担违约责任
   C. 合同尚未生效，甲公司无须向乙公司承担任何责任
   D. 合同尚未生效，但甲公司应赔偿乙公司所受损失

4. 甲公司依照合同约定应于8月10日向乙公司供应一批原料，乙公司应于同年9月10日支付货款。同年7月23日，媒体曝光乙公司生产的食品添加了有毒物质，乙公司因此丧失了商业信誉。同年8月10日，甲公司通知乙公司，中止履行合同。根据合同法律制度的规定，有关甲公司行为的性质，下列说法正确的是（　　）。
   A. 甲公司的行为构成违约
   B. 甲公司的行为构成预期违约
   C. 甲公司的行为系行使不安抗辩权
   D. 甲公司的行为系行使后履行抗辩权

5. 甲、乙订立买卖面粉的合同，约定每吨3000元，由丙为乙提供保证；后来，甲、乙未经丙的同意，将面粉的价格调整为每吨3800元。根据合同法律制度的规定，下列说法正确的是（　　）。
   A. 丙不再承担保证责任
   B. 丙仍应按照调整前的价格承担保证责任
   C. 丙应当按照调整后的价格承担保证责任
   D. 未经丙的同意，甲乙对价格的调整无效

6. 甲从乙银行贷款200万元，双方于8月1日签订贷款合同，丙以保证人身份在贷款合同上签字，因担心丙的资信状况，乙银行又要求甲提

供担保，为此双方于 8 月 3 日签订书面质押合同，质物为甲的一辆轿车（价值 80 万元），当日甲将轿车交付给乙银行。现甲到期无力偿还贷款，下列有关乙银行权利的表述中，符合法律规定的是( )。

A. 乙银行只能先主张保证债权，因为质物的价值远不足以清偿债权

B. 乙银行只能先主张质权，因为物的担保优于保证担保

C. 乙银行只能先主张保证债权，因为保证债权先于质权成立

D. 乙银行只能先主张质权，因为质权担保是债务人甲自己提供的

7. 甲房地产开发公司（以下简称"甲公司"）参加竞标，取得 A 地块的建设用地使用权以开发住宅小区，国有土地使用权证颁发后，甲公司以 A 地块的建设用地使用权向乙银行抵押贷款 3000 万元，用该笔借款甲公司在 A 地块上建成 10 幢住宅楼并通过竣工验收。根据物权法律制度的规定，下列说法中，正确的是( )。

A. 根据"房地一体"原则，住宅楼当然成为抵押物的一部分

B. 该住宅楼售出前可以作为抵押物的一部分，一经售出则不能作为抵押物

C. 住宅楼不属于抵押物，抵押权实现时，乙银行仅能申请人民法院拍卖 A 地块的建设用地使用权，而不能拍卖住宅楼

D. 抵押权实现时，乙银行有权申请人民法院将 A 地块的建设用地使用权和住宅楼一同拍卖，但是对住宅楼拍卖所得，乙银行无权优先受偿

8. 个体户王某由于集中采购原材料造成资金紧张，向甲银行借款 10 万元，以自己所有的生产设备、原材料、半成品、产品一并抵押给甲银行，双方签订了抵押合同，但未办理抵押登记手续。根据物权法律制度的规定，下列说法正确的是( )。

A. 由于抵押财产不特定，抵押权不能成立

B. 由于未办理登记，抵押权未能设立

C. 抵押权已经设立，但不能对抗善意第三人

D. 一旦设定抵押，被抵押的生产设备、原材料、半成品、产品将不能继续使用

9. 下列各项权利设定质押时，应当向证券登记结算机构办理出质登记的是( )。

A. 汇票

B. 上市公司股权

C. 著作财产权

D. 应收账款

10. 下列有关留置权的表述中，不正确的是( )。

A. 企业之间留置的，留置的动产可以与债权不属于同一法律关系

B. 留置的财产为可分物的，留置物的价值应当相当于债务的金额

C. 同一动产上已设立抵押权或者质权，该动产又被留置的，抵押权人或质权人优先受偿

D. 当事人可以在合同中约定不得留置标的物

11. 甲公司将一台生产设备抵押给乙公司，以担保其所欠债务 10 万元，双方办理了抵押登记手续。后因生产设备出现故障，甲公司聘请丙公司上门修理，欠付修理费 1 万元。后因甲公司无力偿还债务，甲、乙公司将该生产设备委托拍卖，得款 8 万元。根据规定，下列说法正确的是( )。

A. 乙公司可以就该 8 万元优先受偿，丙公司的优先受偿权因顺位在后无法实现

B. 乙公司可以就该 8 万元优先受偿，丙公司没有优先受偿权

C. 丙公司可以就该 8 万元优先受偿 1 万元，其余 7 万元由乙公司优先受偿

D. 乙、丙公司就该 8 万元按照 10：1 的比例优先受偿

12. 甲向乙订购 30 万元货物，双方约定："乙收到甲的 10 万元定金后，即应交付全部货物。"合同订立后，乙在约定时间内只收到甲的 6 万元定金，但并未提出异议，而是在收到 6 万元定金当即交付全部货物。根据担保法律制度的规定，下列说法正确的是( )。

A. 实际交付的定金少于约定数额的，视为定金合同不成立

B. 实际交付的定金少于约定数额的，视为定金合同不生效

C. 实际交付的定金少于约定数额的，视为定金合同变更

D. 当事人约定的定金数额超过主合同标的额的 20%，定金合同无效

二、多项选择题

1. 要约邀请是希望他人向自己发出要约的意思表示；下列各项属于要约邀请的有( )。

A. 寄送的价目表

B. 招标公告

C. 拍卖公告

D. 招股说明书

2. 根据合同法律制度的规定，下列要约中，不得撤销的有( )。

A. 要约人确定了承诺期限的要约

B. 要约人明示不可撤销的要约

C. 已经到达受要约人但受要约人尚未承诺的要约

D. 受要约人有理由认为要约不可撤销，并且为履约作了准备的要约

3. 根据合同法律制度的规定，属于无效格式条款的有( )。

A. 有两种以上解释的格式条款

B. 恶意串通损害国家利益的格式条款

C. 损害社会公共利益的格式条款

D. 违反法律强制性规定的格式条款

4. 甲公司欠乙公司货款 900 万元不能偿还，乙公司几次催要，甲公司均以无财产可供偿还为由拒绝偿还；后乙公司得知丙公司欠甲公司 1000 万元，且因甲公司一直不催要，也不将丙公司诉至人民法院或申请仲裁，现该债权诉讼时效期间即将届满；乙公司遂向人民法院提起代位权诉讼。根据合同法律制度的规定，下列说法正确的有(　　)。

A. 在诉讼中，丙公司对甲公司的抗辩，可以向乙公司主张

B. 乙公司应当将丙公司列为代位权诉讼中的被告

C. 乙公司应当以自己的名义代位行使甲公司的债权

D. 如果乙公司胜诉，甲公司应当承担诉讼费用

5. 甲对乙享有 50000 元债权，已到清偿期限，但乙一直宣称其无力清偿欠款；甲调查后发现下列情况，乙均怠于行使债权，其中，甲可以代位行使其债权的有(　　)。

A. 个体工商户张某欠付乙的 3 个月工资，共计 12000 元

B. 刘某欠付乙的到期房屋租金 8000 元

C. 赵某欠付乙的赌债 6000 元

D. 孙某欠付乙的 3 个月前到期的借款 20000 元

6. 甲公司拖欠乙公司货款 2000 万元，乙公司多次催要无果，甲公司反而将其仅有的资产办公大楼（市场价格为 1800 万元）以 1000 万元的价格出售给知情的丙公司；乙公司得知后，再次催要，甲公司偿还 1000 万元后无法继续清偿。根据合同法律制度的规定，下列说法不正确的有(　　)。

A. 乙公司有权代位行使甲公司对丙公司的权利

B. 乙公司有权请求人民法院撤销甲公司和丙公司之间的合同

C. 乙公司提起撤销权诉讼的，应当将丙公司列为被告

D. 如果人民法院支持乙公司的撤销请求，乙公司可以就撤销权行使的结果优先受偿

7. 甲公司向乙银行贷款 100 万元，丙公司、丁公司为甲公司提供连带责任保证。丙公司、丁公司之间内部约定：丙公司承担 60% 的保证责任，丁公司承担 40% 的保证责任。但丙公司、丁公司在与债权人乙银行签订保证合同时，未约定各自的保证份额。还款期限届至，甲公司无力清偿欠款。有关本案的下列说法中，正确的有(　　)。

A. 乙银行只能要求丙公司承担 60% 的保证责任

B. 乙银行有权要求丙公司就债权本息全额承担保证责任

C. 乙银行只能要求丁公司承担 40% 的保证责任

D. 乙银行有权要求丁公司就债权本息全额承担保证责任

8. 下列财产中可以抵押的有(　　)。

A. 生产设备

B. 土地所有权

C. 建设用地使用权

D. 正在建造中的建筑物

9. 1 月 1 日，甲将自己的房屋出租给乙使用，租期 3 年。同年 9 月 1 日，因急需资金，甲将该房屋抵押给丙银行向其贷款，借款期限为 3 个月。贷款期限届满后，甲无力清偿，与丙银行达成协议，将房屋按市价折价，抵偿贷款本息 120 万元，另由丙银行向甲支付 80 万元。根据规定，下列说法正确的有(　　)。

A. 甲和丙银行之间的协议无效

B. 甲和丙银行之间的协议有效

C. 丙银行取得房屋所有权后，有权要求乙立即搬离房屋

D. 丙银行取得房屋所有权后，乙有权继续租住至租赁期满

10. 1 月 1 日，甲公司向乙银行贷款 50 万元，以一台机器设备设定抵押，当日办理了登记手续。后又因资金周转不灵，向丙银行借款 20 万元，同样以该机器设备设定抵押，双方于同年 2 月 1 日签订抵押合同，2 月 15 日办理登记手续。同年 4 月 1 日，甲公司向丁银行借款 30 万元，再次以该机器设备设定抵押，双方当日签订了书面抵押合同，但未办理登记手续。同年 4 月 15 日，甲公司向戊公司赊购原材料，又一次以该机器设备设定抵押，双方未办理任何登记手续。债务到期后，甲公司无法清偿所有债权人的债权，根据规定，下列说法正确的有(　　)。

A. 该机器设备拍卖所得价款应当优先清偿乙银行的债权

B. 该机器设备拍卖所得价款应当先由乙银行和丙银行按比例清偿

C. 该机器设备拍卖所得价款清偿了乙银行和丙银行的债权后，剩余部分应当用于优先清偿丁银行的债权

D. 该机器设备拍卖所得价款清偿了乙银行和丙银行的债权后，剩余部分应当由丁银行和戊公司按比例受偿

11. 甲将自己的房屋抵押给乙银行，借款 100 万元，在抵押期间，丙向甲表示愿意购买该房屋，甲征求乙银行的意见，乙银行表示同意。有关本案的下列说法中，正确的有(　　)。

A. 甲可以将该房屋转让给丙

第七周

B. 转让价款应当用于提前清偿乙银行的债权或者提存

C. 如果转让价款为 180 万元，超过借款本息的部分归甲所有

D. 如果转让价款为 80 万元，不足清偿的部分由丙负责清偿

12. 甲公司向乙银行借款 100 万元，双方签订质押合同，约定以甲公司持有的丙上市公司的股权设定质押。根据物权法律制度的规定，下列说法正确的有（ ）。

A. 质权自质押合同签订时设立

B. 质权自向工商行政管理部门办理出质登记时设立

C. 质权自向证券登记结算机构办理出质登记时设立

D. 经乙银行同意，甲公司可以将该股权转让

13. 根据物权法律制度的规定，下列各项中，担保物权已经设立的有（ ）。

A. 甲与乙签订机器设备抵押合同，合同已生效，但尚未办理登记

B. 甲与乙签订房屋抵押合同，合同已生效，但尚未办理登记

C. 甲与乙签订机器设备质押合同，合同已生效，机器设备已交付，但尚未办理登记

D. 甲与乙签订股权质押合同，合同已生效，质权已于股东名册上备注记载，但尚未向法定机构办理质押登记

14. 杜某拖欠谢某 100 万元。谢某请求杜某以登记在其名下的房屋抵债时，杜某称其已把房屋作价 115 万元卖给不知情的赖某，房屋钥匙已交，但产权尚未过户。该房屋市值为 120 万元。根据合同法律制度的规定，有关谢某权利的保护，下列说法不正确的有（ ）。

A. 谢某可请求法院撤销杜某、赖某的买卖合同

B. 因房屋尚未过户，杜某、赖某的买卖合同无效

C. 如谢某能举证杜某、赖某构成恶意串通，则杜某、赖某的买卖合同无效

D. 谢某可以主张留置该房屋，阻止杜某和赖某办理房屋过户登记

三、判断题

1. 受要约人超过承诺期限发出承诺，除要约人及时通知受要约人因承诺超过期限不接受该承诺的以外，视为有效承诺。 （ ）

2. 要约只要是送达受要约人通常的地址、住所或者能够控制的地方即为送达。 （ ）

3. 当事人约定采用书面形式订立合同，当事人未采用书面形式但一方已经履行主要义务并且对方接受的，该合同成立。 （ ）

4. 王某通过 Email 向张某发出要约，张某回复邮件作出承诺，已知王某的经常居住地在甲地，张某的经常居住地在乙地。该合同成立的地点为乙地。 （ ）

5. 债务人以明显不合理低价转让财产，不论受让人是否知情，只要对债权人的债权造成损害，债权人有权请求人民法院撤销债务人的行为。 （ ）

6. 企业法人的职能部门，经法人书面授权，可以在授权范围内提供保证。 （ ）

7. 抵押权人在债务履行期届满前，不得与抵押人约定债务人不履行到期债务时抵押财产归债权人所有。 （ ）

8. 农民住房财产权设立抵押的，需将宅基地使用权与住房所有权一并抵押。 （ ）

本周自测参考答案及解析

一、单项选择题

1.【答案】B

【解析】构成要约应当同时具备两个条件：（1）内容具体确定；（2）表明一经接受即受约束的意思表示。在本题中，甲只是询问是否出版，并无"一经接受即受约束的意思表示"，其行为不构成要约，出版社的行为则构成要约。

2.【答案】A

【解析】撤回要约的通知应在要约到达受要约人之前或者与要约同时到达受要约人。

3.【答案】A

【解析】受要约人乙公司在承诺期限内发出承诺，按照通常情形能够及时到达要约人甲公司，但因其他原因使承诺到达要约人时超过承诺期限的，为迟到承诺，除甲公司及时通知乙公司因承诺超过期限不接受该承诺的以外，迟到的承诺为有效承诺。

4.【答案】C

【解析】双务合同中应先履行义务的一方当事人（甲公司），有证据证明对方当事人不能或可能不能履行义务时，在对方当事人未履行合同或提供适当担保之前，可以暂时中止履行合同，该项权利为不安抗辩权。

5.【答案】B

【解析】保证期间，债权人与债务人协议变更主合同的，应当取得保证人书面同意；未经保证人书面同意的主合同变更，如果加重债务人的债务的，保证人对加重的部分不承担保证责任。

6.【答案】D

【解析】当事人对担保责任承担顺序没有约定或者约定不明的，如果保证与债务人提供的物

的担保并存，则债权人应先就债务人的物的担保求偿，保证人在物的担保不足清偿时承担补充清偿责任。

7.【答案】D

【解析】以建设用地使用权设定抵押，土地上新增的房屋不属于抵押物；抵押权实现时，可以依法将该土地上新增的房屋与建设用地使用权一同变价，但对新增房屋拍卖所得款项，抵押权人无权优先受偿。

8.【答案】C

【解析】经当事人书面协议，企业、个体工商户、农业生产经营者可以将现有的以及将有的生产设备、原材料、半成品、产品抵押（选项A），债务人不履行到期债务或者发生当事人约定的实现抵押权的情形，债权人有权就"实现抵押权时"（选项D）的动产优先受偿；动产浮动抵押的设立以合同生效为条件，不以登记为要件。但是，不登记的，抵押权不得对抗善意第三人（选项BC）。

9.【答案】B

【解析】（1）选项A：汇票质押自交付权利凭证之日起设立物权法意义上的质权；（2）选项C：知识产权中的财产权质押，自向有关主管部门办理出质登记时设立；（3）选项D：应收账款质押，自信贷征信机构办理出质登记时设立。

10.【答案】C

【解析】选项C：同一动产上已设立抵押权或者质权，该动产又被留置的，"留置权人"优先受偿。

11.【答案】B

【解析】债权人合法占有债务人的动产，是成立留置权的首要条件；在本题中，丙公司系上门修理，并未占有甲公司的生产设备，无法成立留置权，不享有优先受偿权。

12.【答案】C

【解析】（1）选项ABC：当事人双方设立定金的行为是一种实践性合同，定金合同在当事人实际交付的定金数额上成立、生效；在本题中，甲只交付了6万元定金，乙接受，应视为双方当事人变更了定金数额。（2）选项D：定金的数额不超过主合同标的额的20%，"超过部分"无效；在本题中，如果甲按原约定交付了10万元，定金合同仅在6万元范围内有效，超出部分（4万元）视为预付款处理。

二、多项选择题

1.【答案】ABCD

【解析】寄送的价目表、拍卖公告、招标公告、招股说明书等，性质为要约邀请，但若商业广告的内容符合要约的规定，视为要约。

2.【答案】ABD

【解析】选项C：要约到达受要约人后，在受要约人作出承诺之前，只要没有法定的不得撤销事由，要约人可以撤销要约。

3.【答案】BCD

【解析】（1）选项A：对格式条款有两种以上解释的，应当作出不利于提供格式条款一方的解释，不直接影响该格式条款的效力；（2）选项BCD：格式条款具有《合同法》第52条规定的合同无效的情形时无效。

4.【答案】ABC

【解析】（1）选项A：在代位权诉讼中，次债务人对债务人的抗辩，可以向债权人主张；（2）选项B：在代位权诉讼中，债权人是原告，次债务人是被告，债务人为诉讼上的第三人；（3）选项C：债务人怠于行使其对第三人（次债务人）享有的到期债权，危及债权人债权实现时，债权人为保障自己的债权，可"以自己的名义"代位行使债务人对次债务人的债权；（4）选项D：在代位权诉讼中，如果债权人胜诉的，由次债务人承担诉讼费用，其他必要费用则由债务人承担。

5.【答案】BD

【解析】（1）选项A：专属于债务人自身的债权，债权人不得行使代位权；（2）选项C：债务人对第三人享有合法债权，债权人才能行使代位权，赌债不属于合法债权。

6.【答案】ACD

【解析】（1）选项A：债务人低价处分财产是一种积极行为，不适用代位权；（2）选项B：债务人以明显不合理的低价转让财产，并且受让人知道该情形的，债权人有权要求人民法院撤销债务人的处分行为；（3）选项C：撤销诉讼中，债权人（乙公司）为原告，债务人（甲公司）为被告，受益人或者受让人（丙公司）为诉讼上的第三人；（4）选项D：撤销行使的目的是恢复债务人的责任财产，债权人就撤销权行使的结果并无优先受偿的权利。

7.【答案】BD

【解析】（1）各保证人与"债权人"未约定各自的保证份额，视为连带共同保证；（2）各保证人之间内部的份额约定不得对抗债权人。

8.【答案】ACD

【解析】在我国，土地归国家所有和集体所有，不能成为私人财产，因此土地所有权不得抵押。

9.【答案】BD

【解析】（1）选项AB：债务履行期届满后抵押权人未受清偿时，抵押权人和抵押人可以协议以抵押物折价取得抵押物；（2）选项CD：出租在先，抵押在后的，原租赁关系不受抵押权的影响。

10.【答案】AD

【解析】（1）抵押权已登记的先于未登记的受偿，乙银行和丙银行的债权优于丁银行和戊公司的债权受偿；（2）选项AB：抵押权已登记的，按照登记的先后顺序清偿，乙银行先于丙银行登记，应当优先受偿；（3）选项CD：抵押权未登记的，按照债权比例清偿，丁银行和戊公司的抵押权均未登记，按照债权比例清偿。

11.【答案】ABC

【解析】抵押期间，抵押人经抵押权人同意转让抵押财产的，应当将转让所得价款向抵押权人提前清偿或者提存；转让价款超过债权数额的部分归抵押人所有，不足部分由债务人（甲）清偿。

12.【答案】CD

【解析】（1）以证券登记结算机构登记的股权（上市公司股权）出质的，质权自证券登记结算机构办理出质登记时设立；（2）股权出质后，不得转让，但经出质人与质权人协商同意的除外。

13.【答案】AC

【解析】（1）选项A：以动产抵押的，抵押权自抵押合同生效时设立，未经登记不得对抗善意第三人；（2）选项B：以不动产抵押的，应当办理抵押登记，未经登记，抵押权未设立；（3）选项C：动产质权自质物移交质权人占有时设立；（4）选项D：以股权出质的，质权自向法定机构（工商行政管理部门或证券登记结算机构）办理出质登记时设立。

14.【答案】ABD

【解析】（1）选项A：转让价格达不到交易时交易地的指导价或者市场交易价70%的，方可视为明显不合理低价；在本题中，房屋市值120万元，杜某将其作价115万元，未低于市场价的70%（84万元），不构成明显不合理价格进行交易，债权人谢某无权请求撤销。（2）选项B：法律、行政法规规定合同应当办理登记手续，但未规定登记后生效的，当事人未办理登记手续不影响合同的效力，但合同标的所有权及其他物权不能转移。（3）选项D：不动产不适用留置制度。

三、判断题

1.【答案】×

【解析】受要约人超过承诺期限发出承诺，除要约人及时通知受要约人该承诺有效的以外，迟延承诺应视为"新要约"。

2.【答案】√

3.【答案】√

4.【答案】×

【解析】（1）采用数据电文形式订立合同的，"收件人"的主营业地为合同成立的地点，没有主营业地的，其经常居住地为合同成立的地点；（2）承诺的收件人为要约人（王某），本题合同的成立地点应当为甲地。

5.【答案】×

【解析】债务人以明显不合理低价转让财产，对债权人造成损害，并且受让人知道该情形的，债权人可以请求人民法院撤销债务人的行为。

6.【答案】×

【解析】企业法人的职能部门不能担任保证人；企业法人的分支机构有法人书面授权的，可以在授权范围内提供保证。

7.【答案】√

8.【答案】√

第八周

本周学习计划

	章　节	单　元	讲义篇幅	课件数	理解难度	完成情况
星期一		第 6 单元	6 页	2 讲	★★	
星期二		第 7 单元	6 页	2 讲	★★	
星期三	第 5 章　合同法律制度	第 8 单元	4 页	1 讲	★★	
星期四		第 9 单元	3 页	1 讲	★	
星期五		第 10 单元	4 页	1 讲	★	
本周自测						

本周攻克内容

【星期一·第 5 章第 6 单元】合同的重大变故

【本单元考点清单】

考点名称		考点地位	二维码
合同的转让		★★	
合同的终止	法定抵销	★	
	提存	★	
	合同的解除	★★☆	
违约责任		★★☆	

考点 1：合同的转让（★★）

1. 合同权利的转让

（1）债权人转让权利不需要经债务人同意，但应当"通知"债务人；未经通知，该转让"对债务人"不发生效力（在让与人和受让人之间是有效的）。（2014 年简答题）

（2）债务人接到债权转让通知后，债务人对让与人的抗辩，可以向受让人主张。

第八周

【案例】

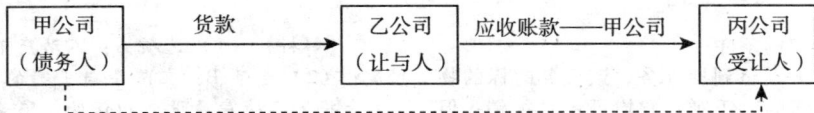

（1）乙公司和丙公司之间的债权让与协议通常自依法成立之日起生效，即使未通知甲公司，该债权让与协议在乙公司和丙公司之间也是有约束力的。

（2）有关债权让与事项的通知送达甲公司时，债权让与对甲公司生效（即对甲公司而言，债权人由乙公司更换为丙公司）。但是，如果甲公司有拒绝向乙公司支付货款的合法理由（存在对乙公司的抗辩），甲公司可以继续以该理由拒绝向丙公司清偿债务（即如果甲公司不用还乙公司钱，也就不用还丙公司）。

2. 合同义务转移

（1）债务人将合同的义务全部或者部分转移给第三人，应当经债权人"同意"；否则债务人转移合同义务的行为对债权人不发生效力，债权人有权拒绝第三人向其履行，同时有权要求债务人履行义务并承担不履行或迟延履行合同的法律责任。

（2）债务人转移义务的，新债务人可以主张原债务人对债权人的抗辩。

3. 合同权利义务的一并转让

（1）当事人一方经他方当事人"同意"，可以将自己在合同中的权利义务一并转让给第三人。

（2）当事人订立合同后合并的，由合并后的法人或者其他组织行使合同权利，履行合同义务。

（3）当事人订立合同后分立的，除"债权人"和债务人另有约定的以外，由分立的法人或者其他组织对合同的权利和义务享有连带债权，承担连带债务。

【提示】与"债权人"约定，才能实现"按份"的效果，如果只是分立的法人或者其他组织之间内部的约定，该约定对债权人并无约束力。

【例题1·单选题】甲公司欠乙公司300万元货款。后甲公司将部分优良资产分立出去另成立丙公司，甲、丙公司在分立协议中约定，该笔债务由甲、丙公司按3∶7的比例分担，但甲、丙公司未与乙公司达成债务清偿协议。债务到期后，乙公司要求甲公司清偿300万元，遭到拒绝。根据合同法律制度的规定，下列关于该笔债务清偿的表述中，正确的是（　　）。（2015年）

A. 乙公司只能向甲公司主张清偿

B. 乙公司只能向丙公司主张清偿

C. 应当由甲、丙公司按连带责任方式向乙公司清偿

D. 应当由甲、丙公司按分立协议约定的比例向乙公司清偿

【解析】虽然甲、丙公司达成了3∶7的约定，但该约定未经乙公司认可（"未与乙公司达成债务清偿协议"），对乙公司不具有拘束力，甲、丙公司应向乙公司承担连带责任。

【答案】C

【例题2·单选题】甲公司将两个业务部门分出设立乙公司和丙公司，并在公司分立决议中明确，甲公司以前所负的债务由新设的乙公司承担。分立前甲公司欠丁企业货款12万元，现丁企业要求偿还。根据《合同法》的规定，下列关于该12万元债务承担的表述中，正确的是（　　）。（2011年）

A. 由甲公司承担

B. 由乙公司承担

C. 由甲、乙、丙三个公司平均承担

D. 由甲、乙、丙三个公司连带承担

【解析】"甲公司以前所负的债务由新设的乙公司承担"并非和债权人（丁企业）达成的约定，而是公司分立决议中明确的内容，对债权人丁企业不具有约束力。

【答案】D

【例题3·多选题】甲与乙签订了一份买卖合同，约定甲将其收藏的一幅名画以20万元卖给乙。其后，甲将其对乙的20万元债权转让给丙并通知了乙。甲将名画依约交付给乙前，该画因不可抗力灭失。根据合同法律制度的规定，下列判断中，不正确的有（　　）。（2008年）

A. 乙对甲主张解除合同，并拒绝丙的给付请求

B. 乙对甲主张解除合同，但不得拒绝丙的给付请求

C. 乙不得对甲主张解除合同，但可以拒绝丙的给付请求

D. 乙不得对甲主张解除合同，也不得拒绝丙的给付请求

【解析】（1）因不可抗力致使不能实现合同目的，当事人乙可以解除合同；（2）债权人甲转让权利的，债务人乙对让与人甲的抗辩，可以向受让人丙主张。

【答案】BCD

第八周

考点2：法定抵销（★）

1. 法定抵销的条件

（1）当事人互负到期债务，该债务的标的物种类、品质相同的，任何一方均可主张抵销；但依照法律规定或者按合同性质不得抵销的除外。

（2）债权让与时，如果债务人对让与人享有债权，并且债务人的债权先于转让的债权到期或同时到期的，债务人可以向受让人主张抵销。

【提示】法定抵销通常应当符合两个核心条件：（1）双方互负到期债务；（2）标的物种类、品质相同。但在债权让与情境下，只要求债务人对让与人的债权先到期。

2. 当事人主张抵销的，应当"通知"对方，通知自到达对方时生效。

3. 抵销不得附条件或者附期限。

4. 不能抵销的债务

（1）按合同性质不能抵销（如咨询、培训、医疗合同）；

（2）按照约定应当向第三人给付的债务；

（3）因故意实施侵权行为产生的债务；

（4）法律规定不得抵销的其他情形（如被人民法院查封、扣押、冻结的财产，不能用来抵销债务）。

【例题1·多选题】根据合同法律制度的规定，下列关于法定抵销的表述中，正确的有（　　）。（2016年）

A. 抵销可以附条件或者附期限

B. 故意侵权产生的债务，债务人不得主张抵销

C. 双方抵销的债务，都应已届清偿期

D. 双方抵销的债务，标的物种类、品质应相同

【解析】（1）选项A：抵销不得附条件或者附期限；（2）选项B：按合同性质不能抵销的债务、按照约定应当向第三人给付的债务、因故意实施侵权行为产生的债务，不得抵销；（3）选项CD：当事人互负到期债务，该债务的标的物种类、品质相同的，任何一方可以将自己的债务与对方的债务抵销，但依照法律规定或者按照合同性质不得抵销的除外。

【答案】BCD

【例题2·多选题】陈某租住王某的房屋，租期至2010年8月。王某欠陈某10万元货款，应于2010年7月偿付。至2010年8月，王某尚未清偿货款，但要求收回房屋并请求陈某支付1万元租金。根据合同法律制度的规定，下列关于陈某的权利的表述中，不正确的有（　　）。（2012年）

A. 陈某可以留置该房屋作为担保

B. 陈某可以出售房屋并优先受偿

C. 陈某可以应付租金抵销1万元货款

第 八 周

D. 陈某可以行使同时履行抗辩权而不交还房屋

【解析】（1）选项A：不动产不适用留置制度；（2）选项B：在陈某与王某的货款债务中，并未将王某的房屋设为担保物，陈某不享有任何优先受偿权；（3）选项C：当事人互负到期债务，该债务的标的物种类、品质相同的，任何一方可以将自己的债务与对方的债务抵销，但依照法律规定或者按照合同性质不得抵销的除外；（4）选项D：同时履行抗辩权的行使限于"同一双务合同"，在本题中，"租金"和"货款"分属两个不同的合同。

【答案】ABD

考点3：提存（★）

1. 有下列情形之一，难以履行债务的，债务人可以将标的物提存：

（1）债权人无正当理由拒绝受领；

（2）债权人下落不明；

（3）债权人死亡未确定继承人或者丧失民事行为能力未确定监护人；

（4）法律规定的其他情形。

2. 标的物提存后，除债权人下落不明的以外，债务人应当及时通知债权人或者债权人的继承人、监护人。

3. 提存的法律效力

（1）提存期间，标的物的孳息归"债权人"所有；

（2）提存费用由"债权人"负担；

（3）标的物提存后，毁损、灭失的风险由"债权人"承担。

4. 领取提存物

（1）债权人可以随时领取提存物，但债权人对债务人负有到期债务的，在债权人未履行债务或者提供担保之前，提存部门根据债务人的要求应当拒绝其领取提存物。

（2）债权人领取提存物的权利，自提存之日起"5年内"不行使而消灭，提存物扣除提存费用后归国家所有。

【例题·单选题】债权人甲下落不明，致使债务人乙难以履行债务，乙依法将标的物提存。提存期间，该标的物发生意外毁损。根据《合同法》的规定，下列关于对该标的物损失承担的表述中，正确的是（　　）。（2011年）

A. 应由甲承担

B. 应由乙承担

C. 应由甲、乙共同承担

D. 应由提存机关承担

【解析】标的物提存后，毁损、灭失的风险由债权人承担。

【答案】A

考点4：合同的解除（★★☆）

1. 约定解除

（1）协商解除

合同生效后，未履行或未完全履行之前，当事人以解除合同为目的，经协商一致，订立一个解除原来合同的协议，使合同效力消灭的行为。

（2）约定解除权（附解除条件或期限）

解除权可以在订立合同时约定，也可以在履行合同的过程中约定，可以约定一方解除合同的权利，也可以约定双方解除合同的权利。

2. 法定解除

（1）因不可抗力致使不能实现合同目的，当事人可以单方面解除合同。

【例题·单选题】甲公司与乙公司签订建设工程合同，由乙公司承建甲公司办公大楼的建设工程，合同签订后不久，甲公司所在地发生特大地震，原拟建办公大楼的土地已经塌陷，甲公司损失惨重，拟取消办公大楼建设计划。根据合同法律制度的规定，下列说法正确的是（　）。

A. 乙公司有权要求甲公司重新选定建设地点，继续履行建设工程合同

B. 甲公司有权通知乙公司解除合同，但应当向乙公司承担违约责任

C. 只有经乙公司同意，甲公司才能解除合同

D. 甲公司有权通知乙公司解除合同，且无须承担任何违约责任

【解析】因不可抗力致使不能实现合同目的，当事人有权单方面解除合同，由此产生的违约责任均予以免除。

【答案】D

（2）预期违约

在履行期限届满之前，当事人一方明确表示或者以自己的行为表明不履行主要债务的，对方当事人可以单方面解除合同。（2013年简答题）

【例题·单选题】2014年3月，甲科研所与乙企业签订一份设备改造的技术服务合同，约定自2014年7月1日至12月1日，甲科研所负责对乙企业的自动生产线进行技术改造。合同签订后，乙企业为履行合同做了相关准备工作。5月，甲科研所通知乙企业，因负责该项目的技术人员辞职，不能履行合同。根据合同法律制度的规定，下列关于乙企业权利的表述中，正确的是（　）。（2015年）

A. 乙企业有权解除合同，并要求甲科研所赔偿损失

B. 乙企业有权主张合同无效，并要求甲科研所承担缔约过失责任

C. 乙企业有权撤销合同，并要求甲科研所承担缔约过失责任

D. 乙企业至7月1日方有权要求甲科研所承担违约责任

【解析】原定履行期为2014年7月1日至12月1日，而5月份（履行期限届满之前）甲科研所即明确表示不能履行合同，构成预期违约，乙企业可以主张解除合同。

【答案】A

（3）当事人一方延迟履行主要债务，经催告后在合理期限内仍未履行的，对方当事人可以单方面解除合同。

（4）当事人一方延迟履行债务或者有其他违约行为致使不能实现合同目的，对方当事人可以单方面解除合同。

【例题·单选题】甲小学为了"六一"儿童节学生表演节目的需要，向乙服装厂订购了100套童装，约定在"六一"儿童节前一周交付。5月28日，甲小学向乙服装厂催要童装，却被告知，因布匹供应问题6月3日才能交付童装，甲小学因此欲解除合同。根据《合同法》的规定，下列关于该合同解除的表述中，正确的是（　）。（2011年）

A. 甲小学应先催告乙服装厂履行，乙服装厂在合理期限内未履行的，甲小学才可以解除合同

B. 甲小学可以解除合同，无须催告

C. 甲小学无权解除合同，只能要求乙服装厂承担违约责任

D. 甲小学无权自行解除合同，但可以请求法院解除合同

【解析】乙服装厂未按期交货，属于主要债务迟延履行，但由于该违约行为已经致使合同目的不能实现（六一节无法表演节目），不需先经催告而后解除，而是直接解除即可。

【答案】B

（5）随时解除

①租赁物危及承租人的安全或者健康的，即使承租人订立合同时明知该租赁物质量不合格的，承租人仍然可以随时解除合同。

②定作人可以随时解除承揽合同，因此造成承揽人损失的，应当赔偿损失。

③货运合同中，在承运人将货物交付收货人之前，托运人可以要求承运人中止运输、返还货物、变更到达地或者将货物交给其他收货人，但应当赔偿承运人因此所受的损失。

④委托人或者受托人可以随时解除委托合同，因解除合同给对方造成损失的，除不可归责于该当事人的事由以外，应当赔偿损失。

【相关链接】除保险法另有规定或者保险合同另有约定外，保险合同成立后，投保人可以解除合同，保险人不得解除合同。

3. 情势变更

合同成立以后客观情况发生了当事人在订立合同时无法预见的、"非不可抗力"造成的不属于

商业风险的重大变化，继续履行合同对于一方当事人明显不公平或者不能实现合同目的，当事人请求人民法院变更或者解除合同的，人民法院应当根据公平原则，并结合案件的实际情况确定是否变更或者解除。

4. 合同解除的效力

（1）尚未履行的，终止履行。

（2）已经履行的，根据履行情况和合同性质，当事人可以要求恢复原状、采取其他补救措施，并要求赔偿损失。

（3）合同的权利义务终止，不影响合同中结算条款、清理条款以及解决争议方法条款的效力。（2013年简答题）

【例题1·判断题】合同成立以后客观情况发生了当事人在订立合同时无法预见的、非不可抗力造成的不属于商业风险的重大变化，继续履行合同对于一方当事人明显不公平或者不能实现合同目的，当事人请求人民法院变更或者解除合同的，人民法院应当根据公平原则，并结合案件的实际情况确定是否变更或者解除。（　）（2016年）

【答案】√

【例题2·多选题】根据《合同法》的规定，下列情形中，属于合同解除法定事由的有（　）。（2013年）

A. 合同当事人一方的法定代表人变更

B. 作为合同当事人一方的法人分立

C. 由于不可抗力致使合同目的不能实现

D. 合同当事人一方迟延履行债务致使合同目的不能实现

【解析】（1）选项A：合同当事人一方法定代表人变更，并不影响合同的继续履行；（2）选项B：当事人订立合同后分立的，除债权人和债务人另有约定的以外，由分立的法人或者其他组织对合同的权利和义务享有连带债权，承担连带债务。

【答案】CD

【例题3·多选题】根据《合同法》的规定，下列关于合同解除的表述中，正确的有（　）。（2011年）

A. 租赁物危及承租人安全的，无论承租人订立合同时是否知道租赁物质量不合格，承租人都可以随时解除合同

B. 承揽合同的定作人可以随时解除承揽合同

C. 委托合同的委托人可以随时解除委托合同

D. 委托合同的受托人可以随时解除委托合同

【答案】ABCD

【例题4·判断题】甲公司与乙公司签订一份买卖合同。合同约定：若发生合同纠纷，须交A市仲裁委员会仲裁。后因乙公司违约，甲公司依法解除合同，并要求乙公司赔偿损失。双方对赔偿数额发生争议，甲公司就该争议向A市仲裁委

员会申请仲裁。乙公司认为，因合同被解除，合同中的仲裁条款已失效，故甲公司不能向A市仲裁委员会申请仲裁。乙公司的观点是正确的。（　）（2010年）

【解析】合同的权利义务终止，不影响合同中结算条款、清理条款以及解决争议方法条款的效力。

【答案】×

考点5：违约责任（★★☆）

（一）是否需要承担违约责任？

1. 免责事由

（1）法定的免责事由——不可抗力

①因不可抗力不能履行合同的，根据不可抗力的影响，部分或者全部免除责任，但法律另有规定的除外。

②当事人迟延履行后发生不可抗力的，不能免除责任。

（2）约定的免责事由——免责条款

当事人可以在合同中约定免责条款，但下列免责条款无效：

①造成对方人身伤害的；

②因故意或者重大过失造成对方财产损失的。

2. 因第三人违约

（1）当事人一方因第三人原因造成违约的，应当向对方承担违约责任；当事人一方和第三人之间的纠纷，依照法律规定或者按照约定解决。

（2）当事人约定由债务人向第三人履行债务的，债务人未向第三人履行债务或者履行债务不符合约定，应当由债务人向债权人承担违约责任。

（3）当事人约定由第三人向债权人履行债务的，第三人不履行债务或者履行债务不符合约定的，应当由债务人向债权人承担违约责任。

（二）需要承担何种违约责任？

1. 继续履行

（1）当事人一方未支付价款或者报酬的，对方可以要求其支付价款或者报酬；

（2）当事人一方不履行非金钱债务或者履行非金钱债务不符合约定的，对方可以要求履行。但有下列情形之一的除外：

①法律上或者事实上不能履行；

②债务的标的不适于强制履行或者履行费用过高；

③债权人在合理期限内未要求履行。

2. 补救措施

当事人履行合同义务，质量不符合约定的，应当按照当事人的约定承担违约责任。对违约责任没有约定或者约定不明确的，受损害方根据标的性质以及损失的大小，可以合理要求对方承担修理、更换、重作、退货、减少价款或者报酬等违约责任。

3. 损害赔偿

当事人一方不履行合同义务或者履行合同义务不符合约定的，在履行义务或者采取补救措施后，对方还有其他损失的，应当承担损害赔偿责任。

（1）赔偿损失

①可期待利益损失

损失赔偿额应当相当于因违约造成的损失，包括合同履行后可以获得的利益，但不得超过违反合同一方订立合同时预见到或者应当预见到的因违反合同可能造成的损失（"可期待利益损失"）。

②损失的不必要扩大

当事人一方违约后，对方应当采取适当措施防止损失的扩大；没有采取适当措施致使损失扩大的，不得就扩大的损失要求赔偿。当事人因防止损失扩大而支出的合理费用由违约方承担。

（2）支付违约金

①约定的违约金低于造成的损失的，当事人可以请求人民法院或者仲裁机构予以增加；约定的违约金过分高于造成的损失的，当事人可以请求人民法院或者仲裁机构予以适当减少。

②当事人依法请求人民法院增加违约金以后，又请求对方赔偿损失的，人民法院不予支持。

③当事人就迟延履行约定违约金的，违约方支付违约金后，还应当履行债务。

（3）定金

①定金和违约金不能并用

在同一合同中，当事人既约定违约金，又约定定金的，一方违约时，对方可以选择适用违约金或者定金条款，二者不能并用。

②定金和赔偿损失可以并用

买卖合同约定的定金不足以弥补一方违约造成的损失，对方请求赔偿超过定金部分的损失的，人民法院可以并处，但定金和损失赔偿的数额总和不应高于因违约造成的损失。（2013年简答题）

【例题·多选题】根据《合同法》的规定，下列关于不同种类违约责任相互关系的表述中，正确的有（   ）。（2011年）

A. 当事人就迟延履行约定违约金的，违约方支付违约金后，还应当履行债务

B. 当事人依法请求人民法院增加违约金后，又请求对方赔偿损失的，人民法院不予支持

C. 当事人既约定违约金，又约定定金的，一方违约时，对方可以同时适用违约金和定金条款

D. 当事人执行定金条款后不足以弥补所受损害的，仍可以请求赔偿损失

【解析】选项C：当事人既约定违约金，又约定定金的，一方违约时，对方可以选择适用违约金或者定金条款，但二者不能并用。

【答案】ABD

【星期二·第5章第7单元】买卖合同

【本单元考点清单】

考点名称		考点地位	二维码
预约合同		★	
标的物	标的物的交付	★★	
	标的物所有权的转移	★★★	
	标的物毁损、灭失风险的承担	★★★	
	标的物的质量检验	★★	

续表

考点名称	考点地位	二维码
买卖合同解除的特殊规则	★★☆	
试用买卖合同	★	
商品房买卖合同	★★★	

考点 1：预约合同（★）

当事人签订认购书、订购书、预订书、意向书、备忘录等预约合同，约定在将来一定期限内订立买卖合同，一方不履行订立买卖合同的义务，对方请求其承担预约合同违约责任或者要求解除预约合同并主张损害赔偿的，人民法院应予支持。

考点 2：标的物的交付（★★）

1. 交付方式

（1）出卖人应当履行向买受人交付标的物或者交付提取标的物的单证，并转移标的物所有权的义务。

（2）附随交付义务

出卖人应当按照约定或者交易习惯向买受人交付提取标的物单证以外的有关单证和资料。

【解释】"提取标的物单证以外的有关单证和资料"，主要应当包括保险单、保修单、普通发票、增值税专用发票、产品合格证、质量保证书、质量鉴定书、品质检验证书、产品进出口检疫书、原产地证明书、使用说明书、装箱单等。

（3）标的物为无须以有形载体交付的电子信息产品，当事人对交付方式约定不明确，且依照法律规定仍不能确定的，买受人收到约定的电子信息产品或者权利凭证即为交付。

2. 交付期限

（1）出卖人应当按照约定的期限交付标的物；

（2）约定交付期间的，出卖人可以在该交付期间内的任何时间交付；

（3）没有约定标的物的交付期限或者约定不明确的，按照《合同法》有关规定仍不能确定的，出卖人可以"随时"履行；买受人可以随时要求出卖人履行，但应当给对方"必要的准备时间"。

3. 交付地点

出卖人应当按照约定的地点交付标的物。当事人没有约定交付地点或者约定不明确的，可以协商达成补充协议；不能达成补充协议的，按照

合同有关条款或交易习惯确定；仍不能确定的，适用下列规定：

（1）标的物需要运输的，出卖人应当将标的物交付给第一承运人以运交买受人。

（2）标的物不需要运输，出卖人和买受人订立合同时知道标的物在某一地点的，出卖人应当在该地点交付标的物；不知道标的物在某一地点的，应当在出卖人订立合同时的营业地交付标的物。

4. 多交标的物

（1）出卖人多交标的物的，买受人可以接收或者拒绝接收多交的部分。

（2）买受人接收多交部分的，按照合同的价格支付价款。

（3）买受人拒绝接收多交部分的，应当及时通知出卖人。

考点 3：标的物所有权的转移（★★★）

（一）一般规则

1. 标的物为动产的，所有权自标的物交付时起转移；标的物为不动产的，所有权自标的物登记时起转移。

2. 出卖具有知识产权的计算机软件等标的物的，除法律另有规定或者当事人另有约定的以外，该标的物的知识产权不属于买受人。

（二）一物多卖

【相关链接】在出卖人就同一标的物（特定物）订立多重买卖合同的情形，如果合同均不具有《合同法》规定的无效情形，买受人因不能按照合同约定取得标的物所有权，可以请求追究出卖人违约责任。

1. 普通动产

出卖人就同一普通动产订立多重买卖合同，在买卖合同"均有效"的情况下，买受人均要求实际履行合同的，应当按照以下情形分别处理：

（1）先行受领交付的买受人有权请求确认所有权已经转移；

（2）各买受人均未受领交付，先行支付价款的买受人有权请求出卖人履行交付标的物等合同义务；

（3）各买受人均未受领交付，也未支付价款，依法成立在先合同的买受人有权请求出卖人履行交付标的物等合同义务。

【提示】受领交付 > 支付价款 > 订立合同

2. 特殊动产

出卖人就同一船舶、航空器、机动车等特殊动产订立多重买卖合同，在买卖合同"均有效"的情况下，买受人均要求实际履行合同的，应当按照以下情形分别处理：

（1）先行受领交付的买受人有权请求出卖人履行办理所有权转移登记手续等合同义务；

（2）各买受人均未受领交付，先行办理所有权转移登记手续的买受人有权请求出卖人履行交付标的物等合同义务；

（3）各买受人均未受领交付，也未办理所有权转移登记手续，依法成立在先合同的买受人有权请求出卖人履行交付标的物和办理所有权转移登记手续等合同义务。

【提示】受领交付 > 登记手续 > 订立合同

（4）出卖人将标的物交付给买受人之一，又为其他买受人办理所有权转移登记，已受领交付的买受人有权请求将标的物所有权登记在自己名下。

（三）所有权保留

1. 当事人可以在动产买卖合同中约定，买受人未履行支付价款或者其他义务时，标的物的所有权属于出卖人。

【提示1】所有权保留的规定只适用于动产，买卖合同当事人主张将标的物所有权保留的规定适用于不动产的，人民法院不予支持。

【提示2】存在有效的所有权保留条款时，标的物的所有权不随同标的物的交付而转移。

2. 出卖人的取回权

（1）当事人约定所有权保留，在标的物所有权转移前，买受人有下列情形之一，对出卖人造成损害，出卖人主张取回标的物的，人民法院应予支持：

①未按约定支付价款的；

②未按约定完成特定条件的；

③将标的物出卖、出质或者作出其他不当处分的。

（2）取回权的限制

①买受人已经支付标的物总价款的75%以上，出卖人主张取回标的物的，人民法院不予支持。

②在将标的物出卖、出质或者作出其他不当处分的情形下，第三人已经依法善意取得标的物所有权或者其他物权，出卖人主张取回标的物的，人民法院不予支持。

（3）回赎

出卖人取回标的物后，买受人在双方约定的或者出卖人指定的回赎期间内，消除出卖人取回标的物的事由，主张回赎标的物的，人民法院应予支持。

（4）另行出卖

①买受人在回赎期间内没有回赎标的物的，出卖人可以另行出卖标的物。

②出卖人另行出卖标的物的，出卖所得价款依次扣除取回和保管费用、再交易费用、利息、未清偿的价金后仍有剩余的，应返还原买受人；如有不足，出卖人要求原买受人清偿的，人民法院应予支持，但原买受人有证据证明出卖人另行出卖的价格明显低于市场价格的除外。

【例题·单选题】甲、乙双方于2013年1月7日订立买卖1000台彩电的合同，价款200万元，双方约定：甲支付全部价款后，彩电的所有权才转移给甲。乙于2月4日交付了1000台彩电，甲于3月5日支付了100万元，5月6日支付了剩余的100万元。下列关于彩电所有权转移的表述中，符合《合同法》规定的是（　　）。（2014年）

A. 2月4日1000台彩电所有权转移

B. 3月5日1000台彩电所有权转移

C. 3月5日500台彩电所有权转移

D. 5月6日1000台彩电所有权转移

【解析】"甲支付全部价款后，彩电的所有权才转移给甲"——此为所有权保留条款，约定有效。按照约定，甲在5月6日付清全部款项后取得彩电的所有权。

【答案】D

考点4：标的物毁损、灭失风险的承担（★★★）

（一）一般规则

1. 标的物毁损、灭失的风险，在标的物交付之前由出卖人承担，交付之后由买受人承担。

【相关链接】标的物提存后，毁损、灭失风险由债权人承担。

【提示】通常情况下，标的物的风险随同标的物的"交付"而转移。

2. 货交承运人视为交付，风险随之转移

（1）在标的物由出卖人负责办理托运，承运人系独立于买卖合同当事人之外的运输业者的情况下，如买卖合同双方当事人没有约定交付地点或者约定不明确，出卖人将标的物交付给第一承运人后，标的物毁损、灭失的风险由买受人承担。当事人另有约定的除外。

（2）出卖人根据合同约定将标的物运送至买受人指定地点并交付给承运人后，标的物毁损、灭失的风险由买受人负担，但当事人另有约定的除外。

3. 路货交易，合同成立时视为交付，风险随之转移

出卖人出卖交由承运人运输的在途标的物，除当事人另有约定的以外，毁损、灭失的风险"自合同成立之日起"由买受人承担；在合同成立时知道或者应当知道标的物已经毁损、灭失却未告知买受人，买受人主张出卖人负担标的物毁损、灭失的风险的，人民法院应予支持。

【提示】"路货交易"，是合同订立时货物已经在运途中；而"由出卖人负责办理托运"等，是先订立合同，而后将货物发运以履行合同。

4. 出卖人按照约定未交付有关标的物的单证和资料的，不影响标的物毁损、灭失风险的转移。

5. 种类物应特定化后方可视为交付

当事人对风险负担没有约定，标的物为种类物，出卖人未以装运单据、加盖标记、通知买受人等可识别的方式清楚地将标的物特定于买卖合同，买受人主张不负担标的物毁损、灭失的风险的，人民法院应予支持。

（二）违约情境下，标的物风险按"不利于违约方"处理

1. 因买受人的原因致使标的物不能按照约定的期限交付的（买受方违约），买受人应当自违反约定之日起承担标的物毁损、灭失的风险。

2. 出卖人按照约定将标的物置于交付地点，买受人违反约定没有收取的（买受方违约），标的物毁损、灭失的风险自违反约定之日起由买受人承担。

3. 因标的物质量不符合要求，致使不能实现合同目的的，买受人可以拒绝接受标的物或者解除合同（出卖方违约）；买受人拒绝接受标的物或者解除合同的，标的物毁损、灭失的风险由出卖人承担。

（三）违约责任 VS 风险承担

标的物毁损、灭失的风险由买受人承担的，不影响因出卖人履行债务不符合约定，买受人要求其承担违约责任的权利。

【例题1·多选题】根据《合同法》的规定，下列情形中，买受人应承担标的物损毁、灭失风险的有（　　）。（2013年）

A. 标的物已运抵交付地点，买受人因标的物质量不合格而拒绝接受

B. 买受人已受领标的物，但出卖人按照约定未交付标的物的单证

C. 出卖人按照约定将标的物置于交付地点，约定时间已过，买受人未前往提货

D. 因买受人下落不明，出卖人无法向其交付标的物而将标的物提存

【解析】（1）选项A：系出卖人根本违约，标的物的风险继续由出卖人承担；（2）选项B：出卖人"按照约定未交付"，不存在违约行为，风险

正常在交付时转移给买受人承担；（3）选项C：属于买受人违约，风险于出卖人将标的物置于交付地点等待交付时即转移由买受人承担；（4）选项D：出卖人已经提存标的物，视为标的物已交付，风险转移给买受人承担。

【答案】BCD

【例题2·多选题】根据合同法律制度的规定，下列情形中，应由买受人承担标的物毁损、灭失风险的有（　　）。（2010年）

A. 买受人下落不明，出卖人将标的物提存的

B. 标的物已运抵交付地点，买受人因标的物质量瑕疵而拒收货物的

C. 合同约定在标的物所在地交货，买受人违反约定未前往提货的

D. 出卖人出卖交由承运人运输的在途标的物，买卖双方未就标的物损毁、灭失的风险做特别约定的

【解析】（1）选项A：提存，意味着标的物已交付，风险转移；（2）选项B："因标的物质量瑕疵"，即出卖方违约，风险不转移；（3）选项C："买受人违反约定"，即买受方违约，风险转移；（4）选项D："出卖……在途标的物"，路货交易，无特别约定时，合同成立视为交付，风险转移。

【答案】ACD

考点5：标的物的质量检验（★★）

1. 检验期间

（1）约定检验期间

当事人约定检验期间（包括约定了质保期）的，买受人应当在检验期间内将标的物的数量或者质量不符合约定的情形通知出卖人；买受人怠于通知的，视为标的物的数量或者质量符合约定。

（2）没有约定检验期间

①当事人对标的物的检验期间未作约定，买受人签收的送货单、确认单等载明标的物数量、型号、规格的，人民法院应当认定买受人已对数量和外观瑕疵进行了检验，但有相反证据足以推翻的除外。

②当事人没有约定检验期间的，买受人应当在发现或者应当发现标的物的数量或者质量不符合约定的合理期间内通知出卖人；买受人在合理期间内未通知或者自标的物收到之日起2年内未通知出卖人的，视为标的物的数量或者质量符合约定。

2. 检验标准

出卖人依照买受人的指示向第三人交付标的物，出卖人和买受人之间约定的检验标准与买受人和第三人之间约定的检验标准不一致的，人民法院应当以出卖人和买受人之间约定的检验标准为标的物的检验标准。

3. 质量瑕疵担保责任

（1）合同约定减轻或者免除出卖人对标的物的瑕疵担保责任，但出卖人故意或者因重大过失不告知买受人标的物的瑕疵，出卖人主张依约减轻或者免除瑕疵担保责任的，人民法院不予支持。

（2）买受人在缔约时知道或者应当知道标的物质量存在瑕疵，主张出卖人承担瑕疵担保责任的，人民法院不予支持，但买受人在缔约时不知道该瑕疵会导致标的物的基本效用显著降低的除外。

4. 质量保证金

出卖人应当保证标的物的价值或使用效果；买受人依约保留部分价款作为质量保证金，出卖人在质量保证期间未及时解决质量问题而影响标的物的价值或者使用效果，出卖人主张支付该部分价款的，人民法院不予支持。

5. 减价责任

标的物质量不符合约定，买受人有权依法要求减少价款的；当事人有权主张以符合约定的标的物和实际交付的标的物按交付时的市场价值计算差价；价款已经支付，买受人主张返还减价后多出部分价款的，人民法院应予支持。

【例题1·多选题】甲公司向乙公司订购了一套生产设备，双方签订的买卖合同中对设备的型号、规格、质量等做了明确约定，但未约定质量检验期间。甲公司收到设备后，因故一直未使用，亦未支付剩余货款。收到货物两年后，甲公司才开始使用该设备，却发现该设备的质量与合同约定不符。当乙公司要求甲公司支付剩余货款时，甲公司以设备质量不合格为由拒绝，并要求乙公司承担违约责任。下列关于甲公司权利义务的表达中，符合合同法律制度的规定有（ ）。（2014年）

A. 因未在法定期间内提出质量异议，甲公司应当向乙公司支付剩余货款

B. 虽未在法定期间提出质量异议，但因设备存在质量问题，甲公司有权拒付剩余货款

C. 因设备质量不合格，甲公司有权要求乙公司承担违约责任

D. 因未在法定期间内提出质量异议，甲公司无权要求乙公司承担违约责任

【解析】未约定检验期间（包括质保期），应在不超过2年的合理期间内提出质量异议，但甲公司提出异议时已是2年后，应视为质量符合要求，甲公司应当支付剩余货款。

【答案】AD

【例题2·多选题】甲公司向乙公司购买一台大型设备，由于疏忽未在合同中约定检验期。该设备运回后，甲公司即组织人员进行检验，未发现质量问题，于是投入使用。至第3年，该设备

出现故障，经反复查找，发现该设备关键部位存在隐蔽瑕疵。该设备说明书表明质量保证期为4年。根据合同法律制度的规定，下列关于乙公司是否承担责任的表述中，不正确的有（ ）。（2010年）

A. 乙公司在合理期限内，未收到甲公司有关设备质量不合格的通知，故该设备质量应视为合格，乙公司不承担责任

B. 乙公司在2年内未收到甲公司有关设备存在瑕疵的通知，故该设备质量应视为合格，乙公司不承担责任

C. 该设备说明书标明质量保证期为4年，故乙公司应承担责任

D. 甲公司与乙公司双方未约定质量检验期间，都存在过错，应分担责任

【解析】当事人约定为质保期为4年，甲公司在质保期内提出质量异议，乙公司应当承担责任。

【答案】ABD

考点6：买卖合同解除的特殊规则（★★☆）

1. 因标的物的主物不符合约定而解除合同的，解除合同的效力及于从物。因标的物的从物不符合约定被解除的，解除的效力不及于主物。

2. 标的物为数物，其中一物不符合约定的，买受人可以就该物解除合同，但该物与他物分离使标的物的价值显受损害的，当事人可以就数物解除合同。

3. 出卖人分批交付标的物的，出卖人对其中一批标的物不交付或者交付不符合约定，致使该批标的物不能实现合同目的的，买受人可以就该批标的物解除。出卖人不交付其中一批标的物或者交付不符合约定，致使今后其他各批标的物的交付不能实现合同目的的，买受人可以就该批以及今后其他各批标的物解除。买受人如果就其中一批标的物解除，该批标的物与其他各批标的物相互依存的，可以就已经交付和未交付的各批标的物解除。

4. 分期付款的买受人未支付到期价款的金额达到全部价款的1/5的，出卖人可以要求买受人支付全部价款或者解除合同。出卖人解除合同的，可以向买受人要求支付该标的物的使用费。

【例题1·单选题】甲、乙签订一买卖合同，甲向乙购买机器5台及附带的维修工具，机器编号分别为E、F、G、X、Y，拟分别用于不同厂区。乙向甲如期交付5台机器及附带的维修工具；经验收，E机器存在重大质量瑕疵而无法使用，F机器附带的维修工具亦属不合格品，其他机器及维修工具不存在质量问题。根据《合同法》的规定，下列关于甲如何解除合同的表述中，正确的是（ ）。（2011年）

A. 甲可以解除 5 台机器及维修工具的买卖合同

B. 甲只能就买卖合同中 E 机器的部分解除

C. 甲可以就买卖合同中 E 机器的部分与 F 机器的部分解除

D. 甲可以就买卖合同中 F 机器的维修工具的部分与 E 机器的部分解除

【解析】（1）选项 A：各机器可用于不同厂区，说明各台机器相互分离不会使得其他机器价值显受损失，不必"1 台出事儿，株连全族"。（2）选项 BCD：机器是主物，维修工具是从物；E 机器有重大质量瑕疵，则 E 机器连同其维修工具整体解除；而 F 机器仅仅是维修工具不合格，也无证据表明影响 F 机器本身的使用，仅可就维修工具解除。

【答案】D

【例题 2·判断题】2007 年 5 月 1 日，甲到某商场购买一台价值为 20000 元的冰箱，双方约定采取分期付款的方式；5 月 1 日由甲先支付 6000 元并提货，6 月 1 日再付 6000 元，其余 8000 元在 7 月 10 日前付清。6 月 1 日，甲未按期支付 6000 元价款。此时，该商场有权要求解除合同，并可以要求甲支付使用费。（ ）（2008 年）

【解析】6000÷20000×100%＝30%，未支付到期价款的金额已经达到全部价款的 1/5，出卖人可以主张解除合同并要求买受人支付相应的使用费。

【答案】√

考点 7：试用买卖合同（★）

1. "视为购买"

（1）试用买卖的买受人在试用期内已经支付一部分价款的，应当认定买受人已经同意购买，但合同另有约定的除外。

（2）在试用期内，买受人对标的物实施了出卖、出租、设定担保物权等非试用行为的，应当认定买受人同意购买。

2. 买卖合同存在下列约定内容之一的，不属于试用买卖：

（1）约定标的物经过试用或者检验符合一定要求时，买受人应当购买标的物；

（2）约定第三人经试验对标的物认可时，买受人应当购买标的物；

（3）约定买受人在一定期间内可以调换标的物；

（4）约定买受人在一定期间内可以退还标的物。

3. 试用买卖的当事人没有约定使用费或者约定不明的，出卖人主张买受人支付使用费的，人民法院不予支持。

考点 8：商品房买卖合同（★★★）（2017 年新增）

商品房买卖合同是指房地产开发企业将尚未建成或已竣工的房屋向社会销售并转移房屋所有权于买受人，买受人支付价款的买卖合同。包括期房买卖合同和现房买卖合同。

【提示】"商品房买卖合同"的卖方必须是房地产开发企业。如果卖方并非房地产开发企业，则属于一般的房屋买卖合同，不适用《最高人民法院关于审理商品房买卖合同纠纷案件适用法律若干问题的解释》。

1. 商品房销售广告的性质

商品房的销售广告和宣传资料为要约邀请，但是出卖人就商品房开发规划范围内的房屋及相关设施所作的说明和允诺具体确定，并对商品房买卖合同的订立以及房屋价格的确定有重大影响的，应当视为要约。该说明和允诺即使未载入商品房买卖合同，亦应当视为合同内容，当事人违反的，应当承担违约责任。

2. 商品房预售合同的效力

（1）预售许可——影响合同效力

出卖人未取得商品房预售许可证明，与买受人订立的商品房预售合同，应当认定无效，但是在起诉前取得商品房预售许可证明的，可以认定有效。

（2）登记备案——原则上不影响合同效力

①当事人以商品房预售合同未按照法律、行政法规规定办理登记备案手续为由，请求确认合同无效的，不予支持。

②当事人约定以办理登记备案手续为商品房预售合同生效条件的，从其约定，但当事人一方已经履行主要义务，对方接受的除外。

3. 被拆迁人的优先权

拆迁人与被拆迁人按照所有权调换形式订立拆迁补偿安置协议，明确约定拆迁人以位置、用途特定的房屋对被拆迁人予以补偿安置，如果拆迁人将该补偿安置房屋另行出卖给第三人，被拆迁人请求优先取得补偿安置房屋的，应予支持。

4. 解除权与惩罚性赔偿金

（1）买受人因以下原因无法取得房屋，导致商品房买卖合同目的不能实现的，可以请求解除合同、返还已付购房款及利息、赔偿损失，并可以请求出卖人承担不超过已付购房款 1 倍的赔偿责任：

①商品房买卖合同订立后，出卖人未告知买受人又将该房屋抵押给第三人；

②商品房买卖合同订立后，出卖人又将该房屋出卖给第三人。

（2）买受人因出卖人订立商品房买卖合同时具有下列情形之一，导致合同无效或者被撤销、解除的，可以请求返还已付购房款及利息、赔偿损失，并可以请求出卖人承担不超过已付购房款1倍的赔偿责任：

①故意隐瞒没有取得商品房预售许可证明的事实或者提供虚假商品房预售许可证明；

②故意隐瞒所售房屋已经抵押的事实；

③故意隐瞒所售房屋已经出卖给第三人或者为拆迁补偿安置房屋的事实。

5. 其他解除权适用情形

（1）房屋质量问题

①因房屋主体结构质量不合格不能交付使用，或者房屋交付使用后，房屋主体结构质量经核验确属不合格，买受人有权请求解除合同和赔偿损失。

②因房屋质量问题严重影响正常居住使用，买受人有权请求解除合同和赔偿损失。

（2）面积误差

出卖人交付使用的房屋套内建筑面积或者建筑面积与商品房买卖合同约定面积不符，合同有约定的，按照约定处理；合同没有约定或者约定不明确的，按照以下原则处理：

①面积误差比绝对值在3%以内（含3%），按照合同约定的价格据实结算，买受人请求解除合同的，不予支持；

②面积误差比绝对值超出3%，买受人请求解除合同、返还已付购房款及利息的，应予支持。

【提示1】买受人同意继续履行合同，房屋实际面积大于合同约定面积的，面积误差比在3%以内（含3%）部分的房价款由买受人按照约定的价格补足（买受人给钱），面积误差比超出3%部分的房价款由出卖人承担（买受人白得此部分面积），所有权归买受人。

【提示2】房屋实际面积小于合同约定面积的，面积误差比在3%以内（含3%）部分的房价款及利息由出卖人"返还"买受人，面积误差比超过3%部分的房价款由出卖人"双倍返还"买受人。

（3）迟延履行

①出卖人迟延交付房屋或者买受人迟延支付购房款，经催告后在3个月的合理期限内仍未履行，当事人一方请求解除合同的，应予支持，但当事人另有约定的除外。

②对方当事人没有催告的，解除权应当在解除权发生之日起1年内行使；逾期不行使的，解除权消灭。

6. 商品房买卖合同与贷款合同的效力关系

（1）因当事人一方原因未能订立商品房担保贷款合同并导致商品房买卖合同不能继续履行的，对方当事人可以请求解除合同和赔偿损失。

（2）因不可归责于当事人双方的事由未能订立商品房担保贷款合同并导致商品房买卖合同不能继续履行的，当事人可以请求解除合同，出卖人应当将收受的购房款本金及其利息或者定金返还买受人。

（3）因商品房买卖合同被确认无效或者被撤销、解除，致使商品房担保贷款合同的目的无法实现，当事人请求解除商品房担保贷款合同的，应予支持。出卖人应当将收受的购房贷款和购房款的本金及利息分别返还担保人和买受人。

【例题·多选题】甲房地产开发公司在预售某住宅小区的广告中，宣称其"容积率不高于1.2"、"绿地面积超过50%"，引起购房者的热烈关注，所预售的商品房一售而空，价格也比周边小区高出20%。但是，该小区商品房的预售合同中未对容积率和公共绿地面积问题作约定。甲公司交房后，购房者乙却发现小区的容积率超过2.0，绿地面积只有20%，并且在调查后得知，甲公司报经批准的规划就是如此。下列关于甲公司和乙之间的房屋预售合同的表述中，正确的有（　　）。（2010年）

A. 合同无效

B. 乙有权请求人民法院或仲裁机构撤销合同并请求甲公司赔偿损失

C. 乙有权请求甲公司承担违约责任

D. 乙有权请求甲公司支付不超过已付房款一倍的惩罚性赔偿金

【解析】（1）选项AB：开发商的行为构成欺诈，但未损害国家利益，该合同可撤销（而非直接无效）。（2）选项C：开发商就商品房开发规划范围内的房屋及相关设施所作的具体确定、对合同的订立以及房屋价格的确定有重大影响的说明和允诺，视为要约，即使未订入合同，仍属于合同的组成部分，当事人违反这些内容的，应当承担违约责任；在本题中，撤销权人乙未行使撤销权，合同依然有效，可以请求甲公司承担违约责任。（3）选项D：该情形未在可以请求出卖人承担不超过已付房款1倍的惩罚性赔偿金的范围内。

【答案】BC

【星期三·第5章第8单元】其他转移所有权的合同

【本单元考点清单】

考点名称		考点地位	二维码
赠与合同		★★	
借款合同	《合同法》对借款合同的基本规定	★★★	
	民间借贷合同	★★★	

考点1：赠与合同（★★）

（一）附义务的赠与

赠与可以附义务；赠与附义务的，受赠人应当按照约定履行义务。

（二）赠与的财产有瑕疵

1. 赠与的财产有瑕疵的，赠与人"不承担"责任。

2. 附义务的赠与，赠与的财产有瑕疵的，赠与人"在附义务的限度内"承担与出卖人相同的责任。

3. 赠与人"故意"不告知瑕疵或者"保证"无瑕疵，造成受赠人损失的，应当承担损害赔偿责任。

（三）赠与的撤销

	任意撤销	法定撤销	
撤销权人	赠与人	赠与人	赠与人的继承人、法定代理人
情形	并非具有救灾、扶贫等社会公益、道德义务性质的赠与合同或者经过公证的赠与合同（2014年简答题）	（1）受赠人严重侵害赠与人或其近亲属 （2）受赠人对赠与人有扶养义务而不履行 （3）受赠人不履行赠与合同约定的义务	因受赠人的违法行为致使赠与人死亡或者丧失民事行为能力
时间限制	赠与财产的权利转移之前	自知道或者应当知道撤销原因之日起1年内	自知道或者应当知道撤销原因之日起6个月内

【例题1·判断题】赠与人故意不告知赠与财产的瑕疵，造成受赠人损失的，应当承担损害赔偿责任。（ ）（2016年）

【答案】√

【例题2·多选题】根据合同法律制度的规定，下列情形中，赠与人不得主张撤销赠与的有（ ）。（2012年）

A. 张某将1辆小轿车赠与李某，且已交付

B. 甲公司与某地震灾区小学签订赠与合同，将赠与50万元用于修复教学楼

C. 乙公司表示将赠与某大学3辆校车，双方签订了赠与合同，且对该赠与合同进行了公证

D. 陈某将1块钟表赠与王某，且已交付，但王某不履行赠与合同约定的义务

【解析】（1）选项A：赠与人在赠与财产的"权利转移之前"可以撤销赠与，张某已将轿车交付李某，不能再行使任意撤销权；（2）选项BC：具有救灾、扶贫等社会公益、道德义务性质的赠与合同或者经过公证的赠与合同，不得撤销；（3）选项D：受赠人不履行赠与合同约定的义务的，赠与人可以撤销赠与（赠与人的法定撤销权）。

【答案】ABC

【例题3·单选题】根据《合同法》的规定，下列关于赠与人享有撤销赠与权利的表述中，不正确的是（ ）。（2010年）

A. 赠与人对经过公证的赠与合同，可以撤销赠与

B. 受赠人对赠与人有扶养义务而不履行，赠与人可以撤销赠与

C. 受赠人不履行赠与合同约定的义务，赠与人可以撤销赠与

D. 受赠人严重侵害赠与人的近亲属，赠与人可以撤销赠与

【解析】（1）选项A：赠与人在赠与财产的权利转移之前可以撤销赠与，但具有救灾、扶贫等社会公益、道德义务性质的赠与合同或者经过公证的赠与合同，不得撤销；（2）选项BCD：属于法定撤销的情形。

【答案】A

【例题4·单选题】李某为资助15岁的王某上学，与王某订立赠与合同，赠与王某10万元，并就该赠与合同办理了公证。后李某无正当理由，在交付给王某6万元后就表示不再赠与了。根据合同法律制度的规定，下列表述中，正确的是（　　）。（2009年）

A. 李某应当再给付王某4万元，因该赠与合同不可撤销

B. 李某可不再给付王某4万元，因王某属于限制行为能力人，该赠与合同效力未定

C. 李某可向王某要求返还6万元，因该赠与合同可撤销

D. 李某可不再给付王某4万元，因该赠与合同可撤销

【解析】（1）选项ACD：经过公证的赠与合同不得撤销；（2）选项B：限制民事行为能力人订立的纯获利益的合同，有效。

【答案】A

考点2：《合同法》对借款合同的基本规定（★★★）

1. 借款人未按照约定的借款用途使用借款的，贷款人可以采取的措施包括：

（1）停止发放借款；

（2）提前收回借款；

（3）解除合同。

【提示】贷款人可以采取的措施限于上述3项，并不包括加收罚息或罚款等。

2. 预扣利息

借款的利息不得预先在本金中扣除。利息预先在本金中扣除的，应当按照"实际借款数额"返还借款并计算利息。（2016年综合题）

3. 利息的支付方式

对支付利息的期限没有约定或者约定不明确的，依照《合同法》有关规定仍不能确定的：

（1）借款期间不满1年的，应当在返还借款时一并支付；

（2）借款期间1年以上的，应当在每届满1年时支付，剩余期间不满1年的，应当在返还借款时一并支付。

4. 借款利息的计算期间

（1）借款人未按照合同约定的日期、数额收取借款的，应当按照约定的借款日期、数额支付利息。

（2）借款人提前偿还借款的，除当事人另有约定的以外，应当按照"实际借款的期间"计算利息。

【例题·多选题】甲银行与乙公司签订一份借款合同，合同签订后，甲银行依约发放了部分贷款，乙公司未按照约定的用途使用借款。根据合同法律制度的规定，甲银行可以行使的权利有（　　）。（2009年）

A. 停止发放后续贷款

B. 提前收回已发放贷款

C. 解除借款合同

D. 对乙公司罚款

【解析】借款人未按约定的借款用途使用借款的，贷款人可以：（1）停止发放借款；（2）提前收回借款；（3）解除合同。

【答案】ABC

考点3：民间借贷合同（★★★）

1. 本金认定的基本规则

（1）借据、收据、欠条等债权凭证载明的借款金额，一般认定为本金。

（2）预先在本金中扣除利息的，人民法院应当将实际出借的金额认定为本金。

2. 借期内利息

（1）没有约定

借贷双方没有约定利息，出借人主张支付借期内利息的，人民法院不予支持。

（2）约定不明

①自然人之间借贷对利息约定不明，出借人主张支付利息的，人民法院不予支持。

②除自然人之间借贷的外，借贷双方对借贷利息约定不明，出借人主张利息的，人民法院应当结合民间借贷合同的内容，并根据当地或者当事人的交易方式、交易习惯、市场利率等因素确定利息。

（3）民间借贷利率上限的规定

①借贷双方约定的利率未超过年利率24%，出借人请求借款人按照约定的利率支付利息的，人民法院应予支持。

②借贷双方约定的利率超过年利率36%，超过部分的利息约定无效；借款人请求出借人返还已支付的超过年利率36%部分的利息的，人民法院应予支持。

【提示】

①年利率24%以下之民间借贷利率受法律强制力保障，可申请司法强制执行；

②超过年利率36%的部分认定为无效，超过

上限的已给付的利息应作为不当得利返还债务人；

③年利率24%～36%的民间借贷利率拥有债权保持力但无执行力（债务人给，债权人收，不

属于不当得利；债务人不给，债权人找人民法院没用）。

是否约定利率		是否支付借期内利息
完全没有约定		不支付
约定不明	自然人之间借贷	不支付
	其他民间借贷	人民法院结合具体情况确定
明确约定利率		（1）利率≤24%：有效 （2）24%＜利率≤36%：自愿支付 （3）利率＞36%：无效

3. 逾期利息

（1）借贷双方对逾期利率有约定的，从其约定，但以不超过年利率24%为限。

（2）借贷双方未约定逾期利率或者约定不明的，人民法院可以区分不同情况处理：

①既未约定借期内的利率，也未约定逾期利率，出借人主张借款人自逾期还款之日起按照年

利率6%支付资金占用期间利息的，人民法院应予支持；

②约定了借期内的利率但未约定逾期利率，出借人主张借款人自逾期还款之日起按照借期内的利率（总计不得超过24%）支付资金占用期间利息的，人民法院应予支持。

是否约定逾期利率		逾期利息的计算规则
明确约定了逾期利率		按约定，但以不超过年利率24%为限
未约定逾期利率或约定不明	既未约定借期内的利率，也未约定逾期利率	按照年利率6%支付逾期还款之日起的资金占用期间利息
	约定了借期内的利率但未约定逾期利率	按照借期内的利率（总计不得超过24%）支付逾期还款之日起的资金占用期间利息

（3）逾期利息与违约责任

出借人与借款人既约定了逾期利率，又约定了违约金或者其他费用，出借人可以选择主张逾期利息、违约金或者其他费用，也可以一并主张，但总计超过年利率24%的部分，人民法院不予支持。

（4）自愿多付的处理

没有约定利息但借款人自愿支付，或者超过约定的利率自愿支付利息或违约金，且没有损害国家、集体和第三人利益，借款人又以不当得利为由要求出借人返还的，人民法院不予支持，但借款人要求返还超过年利率36%部分的利息除外。

【例题1·单选题】陈某向张某借款5万元，没有约定利息。1年后，张某获知陈某经营个体企业获利，在陈某还款时要求其支付利息1800元，陈某表示反对。根据《合同法》的规定，下列关于陈某应否支付借期内利息的表述中，正确的是（　）。（2013年）

A. 陈某应按银行同期贷款利率支付利息

B. 陈某应按当地民间惯例支付利息

C. 陈某无需支付利息

D. 陈某应支付1800元利息

【解析】借贷双方没有约定利息，出借人主张支付借期内利息的，人民法院不予支持。

【答案】C

【例题2·多选题】甲企业向职工王某等10人借款，向王某等出具的借据载明的本金共计120万元，借据同时载明借期内年利率20%，借款期限1年。借款到期后，甲企业未偿还任何本息，王某等人向人民法院提起诉讼，其提出的下列主张中，人民法院可以支持的有（　）。

A. 返还本金120万元

B. 支付借期内利息24万元

C. 按照年利率20%支付逾期利息

D. 按照年利率36%支付逾期利息

【解析】（1）约定的借期内利率未超过年利率24%，按照约定利率计算并支付借期内利息；（2）借贷双方未约定逾期利率，但约定了借期内利率，出借人可以主张借款人自逾期还款之日起按照"借期内的利率（20%）"支付资金占用期间利息。

【答案】ABC

【例题3·多选题】甲企业向职工王某等10人借款，向王某等出具的借据载明的本金共计120万元，借据同时载明借期内年利率40%，借款期限1年。借款到期后，甲企业偿还了借款期间的利息48万元，但经王某等人多次催告仍不偿还本金，王某等人遂向人民法院提起诉讼。根据合同法律制度的规定，下列说法不正确的有( )。

A. 王某等人有权要求甲企业返还本金并按40%年利率计算并支付逾期利息

B. 王某等人有权要求甲企业返还本金并按24%年利率计算并支付逾期利息

C. 甲企业有权以借期内年利率高于24%为由要求王某等人返还多支付的借期内利息19.2万元

D. 甲企业有权以借期内年利率高于36%为由要求王某等人返还多支付的借期内利息4.8万元

【解析】（1）选项AB：约定了借期内的利率但未约定逾期利率，出借人主张借款人自逾期还款之日起按照借期内的利率（总计不得超过24%）支付资金占用期间利息的，人民法院应予支持。（2）选项CD：借贷双方约定的利率超过年利率36%，超过部分的利息约定无效；借款人请求出借人返还已支付的超过年利率36%部分的利息的，人民法院应予支持。

【答案】AC

4. 提前还款的利息计算

（1）借款人可以提前偿还借款，但当事人另有约定的除外。

（2）借款人提前偿还借款并主张按照实际借款期间计算利息的，人民法院应予支持。

5. 民间借贷复利计息且连续多次重新出具债权凭证

（1）本金的认定

借贷双方对前期借款本息结算后将利息计入后期借款本金并重新出具债权凭证：

①如果前期利率没有超过年利率24%，重新出具的债权凭证载明的金额可认定为后期借款本金；超过部分的利息不能计入后期借款本金。

②约定的利率超过年利率24%，当事人主张超过部分的利息不能计入后期借款本金的，人民法院应予支持。

（2）利息上限的认定

借款人在借款期间届满后应当支付的本息之和，不能超过最初借款本金与以最初借款本金为基数，以年利率24%计算的整个借款期间的利息之和。出借人请求借款人支付超过部分的，人民法院不予支持。

【例题·单选题】甲公司向乙公司借款100万元，约定借款期限为5年，每年为1期并复利计息，年利率各期均为20%，每期届满后重新出具债权凭证确认上期利息并明确下期本金。根据合同法律制度的规定，出借人乙公司在借款期间届满后有权请求甲公司支付的本息和上限为( )。

A. 250

B. 248

C. 220

D. 200

【解析】（1）借款人在借款期间届满后应当支付的本息之和，不能超过最初借款本金与以最初借款本金为基数，以年利率24%计算的整个借款期间的利息之和；（2）按照规定的本息和上限 = 100 + 100 × 24% × 5 = 220（万元）。

【答案】C

【星期四·第5章第9单元】提供使用权的合同

【本单元考点清单】

考点名称	考点地位	二维码
租赁合同	★★☆	
房屋租赁合同	★★★	
融资租赁合同	★	

考点 1：租赁合同（★★☆）

1. 租赁合同的期限

租赁合同的期限超过 20 年的，超过部分无效。租赁期间届满，当事人可以续订租赁合同，但约定的租赁期限自续订之日起仍不得超过 20 年。（2015 年简答题）

2. 不定期租赁

（1）租赁期限 6 个月以上的，合同应当采用书面形式。当事人未采用书面形式的，视为不定期租赁。

（2）当事人对租赁期限没有约定或者约定不明确，可以协议补充，不能达成补充协议的，按照合同有关条款或者交易习惯确定；仍不能确定的，视为不定期租赁。

（3）租赁期届满，承租人继续使用租赁物，出租人没有提出异议的，原租赁合同继续有效，但租赁期限为不定期。

【例题 1·单选题】李某与赵某口头约定，李某将其房屋出租给赵某，租期为 1 年，租金为每月 100 元，每月的第一天交付该月租金。根据合同法律制度的规定，下列关于该租赁合同效力的表述中，正确的是（　　）。（2012 年）

A. 该租赁合同无效

B. 该租赁合同为可撤销合同

C. 该租赁合同有效，租期为 1 年

D. 该租赁合同有效，但视为不定期租赁合同

【解析】租赁合同期限在 6 个月以上的，应当采用书面形式订立合同，当事人未采用书面形式的，视为不定期租赁。

【答案】D

【例题 2·单选题】根据合同法律制度的规定，下列情形中，属于定期租赁合同的是（　　）。（2007 年）

A. 甲将 1 台机器租赁给乙，双方订有书面合同，租赁期限约定为 20 年

B. 甲乙签订租赁合同，未约定租赁期限，且不能通过补充协议或根据合同条款、交易习惯确定租赁期限

C. 甲乙订立一口头租赁合同，租赁期限为 1 年

D. 甲将一私房出租给乙，租赁期限为 3 年，现租期已届满，甲未收回房屋，乙继续居住并交纳房租

【解析】（1）选项 B：当事人对租赁期限没有约定或者约定不明确，依照《合同法》有关规定仍不能确定的，视为不定期租赁；（2）选项 C：租赁期限 6 个月以上的，合同应当采用书面形式，当事人未采用书面形式的，视为不定期租赁；（3）选项 D：租赁期届满，承租人继续使用租赁物，出租人没有提出异议的，原租赁合同继续有效，

但租赁期限为不定期。

【答案】A

3. 转租

（1）承租人经出租人同意，可以将租赁物转租给第三人，承租人与出租人之间的租赁合同继续有效，第三人对租赁物造成损失的，承租人应当赔偿损失。

（2）承租人未经出租人同意转租的，出租人可以解除合同。

4. 租金的支付期限

对租金的支付期限没有约定或约定不明确的，当事人可以协议补充，不能达成补充协议的，可以根据合同的有关条款或者交易习惯确定。仍不能确定的，适用以下规则：

（1）租赁期间不满 1 年的，应当在租赁期间届满时支付；

（2）租赁期间 1 年以上的，应当在每届满 1 年时支付，剩余期间不满 1 年的，应当在租赁期间届满时支付。

5. 维修义务

（1）出租人应当履行租赁物的维修义务，但当事人另有约定的除外。

（2）承租人在租赁物需要维修时可以要求出租人在合理期限内维修。出租人未履行维修义务的，承租人可以自行维修，维修费用由出租人负担。

（3）因维修租赁物影响承租人使用的，应当相应减少租金或者延长租期。

6. 改装

承租人经出租人同意，可以对租赁物进行改善或者增设他物，如未经出租人同意，出租人可以要求承租人恢复原状或者赔偿损失。（2015 年简答题）

7. 租赁物危及承租人的安全或者健康的，即使承租人订立合同时明知该租赁物质量不合格，承租人仍然可以随时解除合同。

8. 买卖不破租赁（2015 年简答题）

租赁物在租赁期间发生所有权变动的，不影响租赁合同的效力。

【例题·单选题】甲公司将一套设备租赁给乙公司使用，租赁期间，经询问确认乙公司无购买意向后，甲公司将该设备卖给丙公司。根据合同法律制度的规定，下列关于买卖合同与租赁合同效力的表述中，正确的是（　　）。（2012 年）

A. 买卖合同无效，租赁合同继续有效

B. 买卖合同有效，租赁合同继续有效

C. 买卖合同有效，租赁合同自买卖合同生效之日起终止

D. 买卖合同有效，租赁合同须经丙公司同意后才继续有效

【解析】租赁物在租赁期间发生所有权变动

第八周

的，不影响租赁合同的效力，即"买卖不破租赁"。

【答案】B

考点 2：房屋租赁合同（★★★）
（2017 年新增）

1. 房屋租赁合同效力

（1）无效的房屋租赁合同

①出租人就未取得建设工程规划许可证或者未按照建设工程规划许可证的规定建设的房屋，与承租人订立的租赁合同无效；但在一审法庭辩论终结前取得建设工程规划许可证或者经主管部门批准建设的，人民法院应当认定有效。

②出租人就未经批准或者未按照批准内容建设的临时建筑，与承租人订立的租赁合同无效；但在一审法庭辩论终结前经主管部门批准建设的，人民法院应当认定有效。

③租赁期限超过临时建筑的使用期限，超过部分无效；但在一审法庭辩论终结前经主管部门批准延长使用期限的，人民法院应当认定延长使用期限内的租赁期间有效。

（2）当事人以房屋租赁合同未按照法律、行政法规规定办理登记备案手续为由，请求确认合同无效的，人民法院不予支持。

（3）当事人约定以办理登记备案手续为房屋租赁合同生效条件的，从其约定。但当事人一方已经履行主要义务，对方接受的除外。

（4）房屋租赁合同无效，当事人请求参照合同约定的租金标准支付房屋占有使用费的，人民法院一般应予支持。

2. "一房多租"

（1）出租人就同一房屋订立数份租赁合同，在合同均有效的情况下，承租人均主张履行合同的，人民法院按照下列顺序确定履行合同的承租人：

①已经合法占有租赁房屋的；

②已经办理登记备案手续的；

③合同成立在先的。

（2）不能取得租赁房屋的承租人有权依法请求解除合同、赔偿损失。

3. 房屋租赁合同的解除

发生下列情形之一，导致租赁房屋无法使用，承租人请求解除合同的，人民法院应予支持：

（1）租赁房屋被司法机关或者行政机关依法查封的；

（2）租赁房屋权属有争议的；

（3）租赁房屋具有违反法律、行政法规关于房屋使用条件强制性规定情况的。

4. **房屋租赁中承租人的优先权**

（1）出租人出卖出租房屋的，应当在出卖之前的合理期限内通知承租人，承租人享有以同等条件优先购买的权利。

【相关链接】租赁物（不限于房屋）在租赁期间发生所有权变动（不仅限于买卖）的，不影响租赁合同的效力，即"买卖不破租赁"。

【提示】"买卖不破租赁"适用于所有租赁物（不论动产还是不动产），但只有房屋的承租人有优先购买权。

（2）出租人出卖租赁房屋未在合理期限内通知承租人或者存在其他侵害承租人优先购买权的情形，承租人可以请求出租人承担赔偿责任的，人民法院应予支持。

（3）租赁房屋在租赁期间发生所有权变动，承租人请求房屋受让人继续履行原租赁合同的，人民法院应予支持。但租赁房屋具有下列情形或者当事人另有约定的除外：

①房屋在出租前已设立抵押权，因抵押权人实现抵押权发生所有权变动的；

②房屋在出租前已被人民法院依法查封的。

【相关链接】抵押在先，出租在后的，该租赁关系不得对抗已登记的抵押权，抵押权实现后，租赁合同对受让人不具有约束力。

（4）具有下列情形之一，承租人主张优先购买房屋的，人民法院不予支持：

①房屋共有人行使优先购买权的；

②出租人将房屋出卖给近亲属，包括配偶、父母、子女、兄弟姐妹、祖父母、外祖父母、孙子女、外孙子女的；

③出租人履行通知义务后，承租人在 15 日内未明确表示购买的；

④第三人善意购买租赁房屋并已经办理登记手续的。

【例题1·多选题】甲承租乙的住房，租期未满，乙有意将该住房出售。根据合同法律制度的规定，下列表述中，正确的有（　　）。

A. 乙应在出售之前的合理期限内通知甲，甲在同等条件下享有优先购买权

B. 如果乙对甲隐瞒情况，将房屋出售给丙，甲可以主张乙、丙之间的房屋买卖合同无效

C. 如果甲放弃优先购买权，当丙购得该住房成为新所有权人后，即使租期未满，也有权要求甲立即迁出该住房

D. 如果乙的哥哥丁想要购买该住房，则甲不得主张优先购买权

【解析】（1）选项A：出租人出卖租赁房屋的，应当在出卖之前的合理期限内通知承租人，承租人享有以同等条件优先购买的权利；（2）选项B：出租人出卖租赁房屋未在合理期限内通知承租人或者存在其他侵害承租人优先购买权的情形，承租人可以请求出租人承担赔偿责任，但不得主张出租人与第三人签订的房屋买卖合同无效；（3）选项C：租赁物在租赁期间发生所有权变动

的，不影响租赁合同的效力；（4）选项D：出租人将房屋出卖给近亲属，承租人主张优先购买权的，人民法院不予支持。

【答案】AD

【例题2·单选题】甲与乙订立租赁合同，将自己所有的一栋房屋租赁给乙使用。租赁期间，甲在征得乙同意后，将房屋卖给丙，并转移了所有权。下列有关该租赁合同效力的表述中，正确的是（　）。

A. 租赁合同在乙和丙之间继续有效

B. 租赁合同自动解除

C. 租赁合同自动解除，但是甲应当对乙承担违约责任

D. 租赁合同自动解除，但是丙应当另行与乙订立租赁合同

【解析】租赁物在租赁期间发生所有权变动的，不影响租赁合同的效力，即"买卖不破租赁"。

【答案】A

【例题3·单选题】甲公司将其所有的设备租赁给乙公司使用。租赁期间，甲公司将用于出租的设备卖给丙公司。根据合同法律制度的规定，下列表述正确的是（　）。

A. 甲公司在租赁期间不能出卖出租设备

B. 买卖合同有效，原租赁合同继续有效

C. 买卖合同有效，原租赁合同自买卖合同生效之日起终止

D. 买卖合同有效，原租赁合同须经丙公司同意后方继续有效

【解析】租赁物在租赁期间发生所有权变动的，不影响租赁合同的效力，即"买卖不破租赁"。

【答案】B

考点3：融资租赁合同（★）

（一）基本关系与本质

1. 融资租赁的三方关系

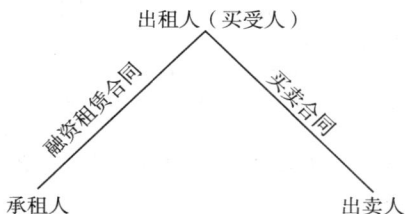

2. 租金的性质

融资租赁合同的租金，除当事人另有约定的

以外，应当根据购买租赁物的大部分或者全部成本以及出租人的合理利润确定。

（二）融资租赁关系中的买卖合同

1. 出租人根据承租人对出卖人、租赁物的选择订立的买卖合同，未经承租人同意，出租人不得变更与承租人有关的合同内容。

2. 出租人、出卖人、承租人可以约定，出卖人不履行买卖合同义务的，由承租人行使索赔的权利。

（三）融资租赁合同

1. 出租人应当保证承租人对租赁物的占有和使用。

2. 租赁物不符合约定或者不符合使用目的的，出租人不承担责任（即承租人仍应按照约定支付租金）；但承租人依赖出租人的技能确定租赁物或者出租人干预选择租赁物的除外。

3. 在融资租赁合同中，承租人承担占有租赁物期间的维修义务。

4. 承租人占有租赁物期间，租赁物造成第三人的人身伤害或者财产损害的，出租人对第三人不承担赔偿责任。

5. 承租人应当按照约定支付租金，经催告后在合理期限内仍不支付租金的，出租人可以要求支付全部租金；也可以解除合同，收回租赁物。

（四）租赁物的归属

1. 在租赁期间，承租人破产的，租赁物不属于承租人的破产财产。

2. 租赁期间届满，出租人和承租人对租赁物的归属没有约定或者约定不明确，依照《合同法》有关规定仍不能确定的，租赁物的所有权归出租人。

【例题1·判断题】甲公司根据乙公司的选择，向丙公司购买了1台大型设备，出租给乙公司使用，甲、乙公司为此签订了融资租赁合同，合同未就设备的维修事项作特别约定，该设备在使用过程中发生部件磨损，需维修。甲公司应承担维修义务。（　）（2012年）

【解析】在融资租赁合同中，"承租人"应当履行占有租赁物期间的维修义务。

【答案】×

【例题2·判断题】在融资租赁合同中，承租人占有租赁物期间，租赁物造成第三人的人身伤害或财产损害的，出租人不承担责任。（　）（2006年）

【答案】√

【星期五·第5章第10单元】其他合同

【本单元考点清单】

考点名称	考点地位	二维码
承揽合同	★	[16598]
建设工程合同	★	[16599]
运输合同	★	[16600]
技术合同	★	[16601]
保管合同和仓储合同	★	[16602]
委托合同、行纪合同和居间合同	★	[16603]

考点1：承揽合同（★）

1. 交由第三人完成

（1）承揽人将其承揽的主要工作交由第三人完成的，应当就该第三人完成的工作成果向定作人负责；未经定作人同意的，定作人可以解除合同。

（2）承揽人可以将其承揽的辅助工作交由第三人完成，并就该第三人完成的工作成果向定作人负责。

2. 材料

（1）承揽人提供材料的，承揽人应当按照约定选用材料，并接受定作人的检验。

（2）合同约定由定作人提供材料的，定作人应当按照约定提供材料。承揽人对定作人提供的材料，应当及时检验，发现不符合约定时，应当及时通知定作人更换、补齐或者采取其他补救措施。

（3）承揽人不得擅自更换定作人提供的材料，不得更换不需要修理的零部件。

3. 承揽人应当按照定作人的要求保守秘密，未经定作人许可，不得留存复制品或者技术资料。

4. 随时解除

定作人可以随时解除承揽合同，因此造成承揽人损失的，应当赔偿损失。

【例题·判断题】承揽合同的定作人可以随时解除合同，造成承揽人损失的，应当赔偿损失。（　）（2015年）

【答案】√

考点2：建设工程合同（★）

1. 经发包人同意，总承包人可以将自己承包的部分工作交由第三人完成，第三人就其完成的工作成果与总承包人向发包人承担"连带"责任。

	工作范围	是否需要经定作人或者发包人同意
承揽合同	主要工作	√
	辅助工作	×

第八周

续表

建设工程合同	工作范围	是否需要经定作人或者发包人同意
	部分工作	√
	主体结构的施工	必须承包人亲自完成

2. 承包人的优先受偿权

发包人未按照约定支付工程价款的，承包人可以催告发包人在合理期限内支付价款。发包人逾期不支付的，除按照建设工程的性质不宜折价、拍卖的外，承包人可以与发包人协议将该工程折价，也可以申请人民法院将该工程依法拍卖，建设工程的价款就该工程折价或者拍卖的价款享有优先受偿权。

【例题·单选题】2009 年 8 月 5 日，经发包人甲公司同意，总承包人乙公司将自己承包的部分建设工程分包给丙公司。因丙公司完成的工程质量出现问题，给甲公司造成 100 万元的经济损失。根据《合同法》的规定，下列关于对甲公司损失承担责任的表述中，正确的是（   ）。（2011 年）

A. 由乙公司承担赔偿责任

B. 由丙公司承担赔偿责任

C. 先由丙公司承担赔偿责任，不足部分由乙公司承担

D. 由乙公司和丙公司承担连带赔偿责任

【解析】总承包人经发包人同意，可以将自己承包的部分工作交由第三人完成。第三人就其完成的工作成果与总承包人向发包人承担连带责任。

【答案】D

考点 3：运输合同（★）

1. 客运合同

（1）承运人擅自变更运输工具而降低服务标准的，应当根据旅客的要求"退票或者减收票款"；提高服务标准的，"不应当加收"票款。

（2）承运人应当对运输过程中旅客的伤亡承担损害赔偿责任，但伤亡是旅客"自身健康原因造成"的或者承运人证明伤亡是旅客"故意、重大过失"造成的除外。

2. 货运合同

（1）在承运人将货物交付收货人之前，托运人可以要求承运人中止运输、返还货物、变更到达地或者将货物交给其他收货人，但应当赔偿承运人因此受到的损失。

（2）承运人对运输过程中货物的毁损、灭失承担损害赔偿责任。但承运人证明货物的毁损、灭失是"因不可抗力、货物本身的自然性质或者合理损耗以及托运人、收货人的过错"造成的，不承担损害赔偿责任。

（3）货物在运输过程中因不可抗力灭失，未收取运费的，承运人不得要求支付运费；已经收取运费的，托运人可以要求返还。

（4）货物毁损、灭失的赔偿额，当事人没有约定或者约定不明确，根据《合同法》的有关规定仍不能确定的，按照交付或者应当交付时货物到达地的市场价格计算。

【例题·多选题】甲委托乙用货车将一批水果运往 A 地，不料途中遭遇山洪，水果全部毁损。甲委托乙运输时已向乙支付运费。根据《合同法》的规定，下列关于水果损失与运费承担的表述中，正确的有（   ）。（2011 年）

A. 乙应当赔偿因水果毁损给甲造成的损失

B. 甲自行承担因水果毁损造成的损失

C. 甲有权要求乙返还运费

D. 甲无权要求乙返还运费

【解析】因山洪（不可抗力）导致货物全部毁损，承运人不需赔偿货物损失，由托运人自担损失（选项 B 正确），而运输费用已经支付的，托运人可以要求返还（选项 C 正确）。

【答案】BC

考点 4：技术合同（★）

1. 技术合同价款的支付方式（由当事人约定）

（1）一次总算、一次总付

（2）一次总算、分期支付

（3）提成支付

（4）提成支付附加预付入门费

2. 委托开发

（1）委托开发完成的发明创造，除当事人另有约定的外，申请专利的权利属于研究开发人。

（2）研究开发人取得专利权的，委托人可以免费实施该专利。

（3）研究开发人转让专利申请权的，委托人在同等条件下有优先受让的权利。

3. 合作开发

（1）合作开发完成的发明创造，除当事人另有约定的外，申请专利的权利属于合作开发的当事人共有。当事人一方转让其共有的专利申请权的，其他各方享有以同等条件优先受让的权利。

（2）合作开发的当事人一方"不同意"申请专利的，另一方或者其他各方不得申请专利。

（3）合作开发的当事人一方声明"放弃"其共有的专利申请权的，可以由另一方单独申请或者由其他各方共同申请，申请人取得专利权的，放弃专利申请权的一方可以免费实施该专利。

【例题1·多选题】甲、乙合作开发完成一项发明，但双方未就专利申请权相关事项作任何约定。根据《合同法》的规定，下列关于该项发明的专利申请权的表述中，正确的有(   )。(2010年)

A. 对该项发明申请专利的权利属于甲乙共有

B. 如果甲放弃其专利申请权，乙可以单独申请

C. 如果甲不同意申请专利，乙可以自行申请

D. 如果甲准备转让其专利申请权，乙在同等条件下有优先受让的权利

【解析】(1)选项A：合作开发完成的发明创造，除当事人另有约定外，申请专利的权利属于合作开发的当事人共有；(2)选项B：合作开发的当事人一方声明放弃其共有的专利申请权的，可以由另一方单独申请或者由其他各方共同申请；(3)选项C：合作开发的当事人一方不同意申请专利的，另一方或者其他各方不得申请专利；(4)选项D：合作开发的当事人一方转让其共有的专利申请权的，其他各方享有以同等条件优先受让的权利。

【答案】ABD

【例题2·单选题】甲、乙、丙三方合作研发一项新技术，合作开发合同中未约定该技术成果的权利归属。新技术研发成功后，乙、丙提出申请专利，甲不同意。根据合同法律制度的规定，下列关于专利申请的表述中，正确的是(   )。(2009年)

A. 乙、丙不得去申请专利

B. 甲应当把专利申请权转让给乙、丙

C. 乙、丙可以去申请专利，取得专利权后，归乙、丙共同享有

D. 乙、丙可以去申请专利，取得专利权后，归甲、乙、丙共同享有

【解析】合作开发的当事人一方不同意申请专利的，另一方或者其他各方不得申请专利。

【答案】A

考点5：保管合同和仓储合同（★）

（一）保管合同

1. 保管合同自保管物交付时成立，但当事人另有约定的除外。

2. 当事人对保管费没有约定或者约定不明确，依照《合同法》的规定仍不能确定的，保管是"无偿"的。

3. 因保管人保管不善造成保管物毁损、灭失的，保管人应当承担损害赔偿责任；但无偿保管的，保管人证明自己没有重大过失的，不承担损害赔偿责任。

4. 寄存人寄存货币、有价证券或者其他贵重物品的，应当向保管人声明，由保管人验收或者封存；寄存人未声明的，该物品毁损、灭失后，保管人可以按照"一般物品"予以赔偿。

5. 当事人对保管期间没有约定或者约定不明确的，保管人可以随时要求寄存人领取保管物；约定保管期间的，保管人无特别事由，不得要求寄存人提前领取保管物。

（二）仓储合同

1. 存货人或者仓单持有人在仓单上背书并经保管人签字或者盖章的，可以转让提取仓储物的权利。

2. 储存期间届满，存货人或者仓单持有人逾期提取的，应当"加收"仓储费；提前提取的，"不减收"仓储费。

【相关链接】借款人提前偿还借款的，除当事人另有约定的以外，应当按照实际的借款期间计算利息。

【例题·单选题】陈某将装有2万元现金的行李箱寄存在车站寄存处，但在寄存时未告知行李箱内有现金。陈某凭取物单取行李箱时发现该行李箱已被人取走，陈某要求寄存处赔偿。根据《合同法》的规定，下列关于寄存处承担赔偿责任的表述中，正确的是(   )。(2010年)

A. 按寄存物品的全部价值赔偿

B. 不予赔偿

C. 按一般物品的价值赔偿

D. 按寄存物品的一半价值赔偿

【解析】寄存人寄存货币、有价证券或者其他贵重物品的，应当向保管人声明，由保管人验收或者封存；寄存人未声明的，该物品毁损、灭失后，保管人可以按照"一般物品"予以赔偿。

【答案】C

考点6：委托合同、行纪合同和居间合同（★）

（一）委托合同

1. 费用和报酬

(1) 受托人为处理委托事务垫付的必要费用，委托人应当偿还该费用及其利息。

(2) 受托人完成委托事务的，委托人应当向其支付报酬。

(3) 因不可归责于受托人的事由，委托合同解除或者委托事务不能完成的，委托人应当向受托人支付相应的报酬，当事人另有约定的除外。

2. 损失赔偿

(1) 有偿的委托合同，因受托人的过错给委托人造成损失的，委托人可以要求赔偿损失。

(2) 无偿的委托合同，因受托人的故意或重大过失给委托人造成损失的，委托人可以要求赔偿损失。

3. 转委托

(1) 转委托经同意的，委托人可以就委托事务直接指示第三人，受托人仅就第三人的选任及

其对第三人的指示承担责任。

（2）转委托未经同意的，受托人应当对第三人的行为承担责任，但在紧急情况下受托人为维护委托人的利益需要转委托的除外。

4．委托人或者受托人可以随时解除委托合同，因解除合同给对方造成损失的，除不可归责于该当事人的事由以外，应当赔偿损失。

【例题1·判断题】委托合同中，委托人可以特别委托受托人处理一项或者数项事务，也可以概括委托受托人处理一切事务。（　　）（2015年）

【答案】√

【例题2·判断题】甲委托乙到A公司购买某型号机器1台，双方约定报酬为1000元。乙到A公司处协商购买机器事宜，但因A公司要价过高，尽管乙再三努力，机器价格仍超过了甲可以承受的限度，乙只好无功而返。乙向甲请求支付相应报酬，甲可以以委托事务未能完成为由拒绝支付报酬。（　　）（2011年）

【解析】有偿的委托合同，因受托人的过错给委托人造成损失的，委托人可以要求赔偿损失。在本题中，受托人乙未能完成委托事务是由于对方不降价，机器价格达不到甲的要求造成的，受托人乙自身并没有过错，委托人甲不得拒绝向乙支付相应的报酬。

【答案】×

（二）行纪合同

行纪合同是行纪人以自己的名义为委托人从事贸易活动，委托人支付报酬的合同。

1．费用

在行纪合同中，行纪人处理委托事务支出的费用，一般由行纪人自行负担。

2．报酬

（1）行纪人以低于委托人指定的价格卖出或者高于委托人指定的价格买入商品的，应当经委托人同意。未经委托人同意，行纪人补偿其差额的，该买卖对委托人发生效力。

（2）行纪人以高于委托人指定的价格卖出或者低于委托人指定的价格买入商品的，可以按照约定增加报酬。如果在行纪合同中没有约定或者约定不明确，依照《合同法》的规定仍不能确定的，该利益属于委托人。

（3）在行纪合同中，行纪人卖出或者买入具有市场定价的商品，除委托人有相反的意思表示外，行纪人自己可以作为买受人或者出卖人。在此情况下，行纪人仍然可以要求委托人支付报酬。

（4）行纪人完成或者部分完成委托事务的，委托人应当向其支付相应的报酬。

3．责任

（1）行纪人应当以自己的名义与第三人订立合同，因此，行纪人对该合同直接享有权利、承担义务。

（2）第三人不履行义务致使委托人受到损害的，行纪人应当承担损害赔偿责任，但行纪人与委托人另有约定的除外。

（三）居间合同

1．促成合同成立

（1）居间人促成合同成立的，委托人应当按照约定支付报酬。

（2）居间人促成合同成立的，居间活动的费用，由居间人负担。

2．未促成合同成立

居间人未促成合同成立的，不得要求支付报酬，但可以要求委托人支付从事居间活动支出的必要费用。

扫一扫，阅读解题思路

本书中各部分试题均配备二维码，下载安装"东奥题库宝典"移动客户端，扫一扫左侧二维码，即可在线做题，并获得详尽的答案解析、解题思路等超值服务，解决您做题时的一切疑惑。

【移动客户端安装二维码详见封底】

本周自测

一、单项选择题

1．甲公司欠乙公司300万元，乙公司欠丙公司300万元；乙公司和丙公司签订合同，乙公司将甲公司所欠的300万元转让给丙公司。根据债权法律制度的规定，该转让对甲公司发生效力的时间为（　　）。

A．乙公司和丙公司签订合同之时

B．乙公司向甲公司发出转让通知之时

C．甲公司收到乙公司的转让通知之时

D．甲公司发出同意通知之时

2．甲、乙双方约定，由丙每月代乙向甲偿还债务500元，期限2年；丙履行5个月后，以自己并不对甲负有债务为由拒绝继续履行。根据合同法律制度的规定，甲有权要求（　　）。

A. 乙承担违约责任

B. 丙承担违约责任

C. 乙、丙连带承担违约责任

D. 乙、丙按份承担违约责任

3. 王某和某服装厂签订了一份服装买卖合同，双方约定：王某为买方，预先支付全部货款；服装厂为卖方，收到货款后10天内发货。合同订立后，王某支付了全部货款。付款后不久，王某因与李某存在债务纠纷逃到外地避债，下落不明，致使服装厂无法向其交货。按照法律规定，服装厂可以采取的消灭债务关系的措施是（　　）。

A. 行使留置权

B. 将服装向有关机关提存

C. 行使不安抗辩权

D. 行使代位权

4. 甲公司与乙公司于3月份签订一份木材买卖合同，约定甲公司应于同年7月1日交货。同年5月，甲公司通知乙公司，因原木紧缺将不能履行该合同。乙公司遂于同年6月1日诉至法院。下列说法正确的是（　　）。

A. 乙公司有权解除合同，并追究甲公司违约责任

B. 乙公司有权主张合同无效，并追究甲公司缔约过失责任

C. 乙公司有权撤销合同，并追究甲公司缔约过失责任

D. 合同有效，但乙公司至7月1日才有权主张违约责任

5. 甲有件祖传名画，欲转让，与乙签订合同，约定10日后交货付款；第2天，丙见该画，愿以更高的价格购买，甲遂与丙签订合同，丙当即支付了80%的价款，约定3天后交货；第3天，甲又与丁订立合同，将该画卖予丁，并当场交付，但丁仅支付了30%的价款。后乙、丙均要求甲履行合同，诉至法院。有关本案的下列说法中，正确的是（　　）。

A. 应当认定丁取得了该画的所有权

B. 应支持丙要求甲交付该画的请求

C. 应支持乙要求甲交付该画的请求

D. 第一份合同有效，第二、三份合同均无效

6. 6月1日，甲将自有的一辆小汽车卖给乙；合同签订后，乙依约支付购车款5万元。6月2日，甲又以8万元的价格将该车卖给不知情的丙，双方签订买卖合同，丙交付定金2万元。6月5日上午，甲将该车交付给乙；6月5日下午甲将该车过户给丙。有关本案的下列说法中，正确的是（　　）。

A. 甲乙之间的买卖合同无效

B. 甲丙之间的买卖合同无效

C. 乙取得小汽车的所有权

D. 丙取得小汽车的所有权

7. 甲公司向乙公司购买汽车，总价款200万元，约定分10次付清，每次20万元，每月15日支付。甲公司按期支付6次共计120万元后，因生产经营状况不佳停止付款，现甲公司已有2个月未按期付款。根据合同法律制度的规定，下列表述中，不正确的是（　　）。

A. 乙公司有权要求甲公司一次性付清余下的80万元价款

B. 乙公司有权通知甲公司解除合同

C. 乙公司若解除合同，有权收回汽车，并且收取甲公司汽车使用费

D. 乙公司若解除合同，有权收回汽车，但不退还甲公司已经支付的120万元价款

8. 某公司在民政部门主办的大型赈灾义演会上，当众宣布向民政部门设立的救灾基金捐赠100万元。事后，该公司迟迟未支付捐款。下列说法符合合同法律制度规定的是（　　）。

A. 此项捐赠允诺没有法律约束力，但该公司背信行为应受舆论谴责

B. 此项捐赠允诺没有法律约束力，因为赠与合同属于实践合同

C. 此项捐赠允诺有法律约束力，但该公司有权在支付捐款之前予以撤销

D. 此项捐赠允诺有法律约束力，该公司无权撤销，受赠人有权要求支付捐款

9. 甲公司向乙银行借款100万元，双方于10月5日签订借款合同，约定借款期限为10月5日至次年的10月4日。后因乙银行工作人员失误，直至11月5日才将款项划入甲公司账户，且预扣利息5万元，引起纠纷。根据合同法律制度的规定，下列说法正确的是（　　）。

A. 借款合同的成立时间为11月5日

B. 甲公司有权请求乙银行承担违约责任

C. 甲公司应按照100万元本金偿还贷款

D. 甲公司应按照100万元本金支付利息

10. 甲公司向乙公司借款100万元，借款期限3年，年利率为30%，利息按年支付，双方未约定逾期利率。借款期限前2年内，甲公司均按照约定支付了利息，但借款期届满时，甲公司无力偿还借款本金，也无力支付第3年的利息，乙公司遂向人民法院提起诉讼。根据合同法律制度的规定，下列说法正确的是（　　）。

A. 由于当事人约定的利率超过24%，借款合同无效

B. 针对借款期第3年的利息，乙公司提起诉讼时只能主张按照24%计算的部分

C. 甲公司有权要求乙公司返还已收取的超过

24%计算的借款期间前2年的利息

D. 针对逾期利息，乙公司提起诉讼时只能主张按照年利率6%支付

11. 甲与乙订立租赁合同，将自己所有的一栋房屋租赁给乙使用。租赁期间，甲在征得乙同意后，将房屋卖给丙，并转移了所有权。下列有关该租赁合同效力的表述中，正确的是( )。

A. 租赁合同在乙和丙之间继续有效

B. 租赁合同自动解除

C. 租赁合同自动解除，但是甲应当对乙承担违约责任

D. 租赁合同自动解除，但是丙应当另行与乙订立租赁合同

12. 甲公司将自有房屋出租给乙，租期一年。在租赁期限内，因房屋漏水，甲公司拒不修理，乙自行修理，支付了2000元维修费。由于物价上涨，甲公司要求调高租金，遭到乙拒绝。甲公司遂准备将该房屋出卖给丙公司。已知租赁合同未就租赁期间维修费的承担、租金变更等作出特殊约定。根据合同法律制度的规定，下列有关本案的说法中，不正确的是( )。

A. 维修费应由甲公司承担

B. 甲公司无权在租赁期内单方决定调高租金

C. 甲公司在租期内将房屋出卖应征得乙的同意

D. 甲公司出卖该房屋时，同等条件下乙享有优先购买权

13. 甲拟向丙购买1台大型设备，因资金紧缺向乙融资租赁，双方签订了书面合同，甲乙之间无其他约定；甲在该设备安装完毕后，发现不能正常运行。根据合同法律制度的规定，下列表述中，不正确的是( )。

A. 甲、乙、丙可以约定，甲直接向丙索赔

B. 甲无权以标的物质量不合格为由要求乙承担违约责任

C. 甲仍应按照约定支付租金

D. 租赁期满后由甲取得该设备的所有权

14. 甲公司承建乙公司办公楼建设工程，为了如期完成任务，经乙公司同意，甲公司将部分工程分包给丙公司。后因丙公司完成的工程出现质量问题，给乙公司造成200万元的损失。根据合同法律制度的规定，下列说法正确的是( )。

A. 由丙公司承担赔偿责任

B. 由甲公司承担赔偿责任

C. 首先由丙公司承担赔偿责任，不足部分由甲公司承担

D. 由甲公司和丙公司承担连带赔偿责任

二、多项选择题

1. 2016年4月，甲公司、乙公司与丙公司签订协议，约定甲公司欠丙公司的5000万元债务由乙公司承担，且甲公司法定代表人张某以自己名义为该笔债务提供保证，但未约定保证方式。曾为该5000万元负债提供保证担保的李某对上述债务承担协议并不知情。同年5月，丙公司债权到期。根据合同法律制度的规定，如果丙公司主张债权，下列说法正确的有( )。

A. 丙公司有权向张某主张

B. 丙公司有权向李某主张

C. 丙公司有权向甲公司主张

D. 丙公司有权向乙公司主张

2. 2014年1月1日，甲公司向乙银行借款100万元，约定2015年1月1日还款；2014年7月甲公司分立为A公司、B公司，分立时A公司和B公司约定该笔债务由A公司偿还；至2015年3月，A公司仍不能偿还贷款。根据合同法律制度的规定，下列说法正确的有( )。

A. 乙银行只能向A公司主张债权

B. 乙银行有权要求A公司和B公司承担连带责任

C. A公司和B公司的内部约定不能对抗乙银行

D. 如果B公司清偿了乙银行的债权，有权向A公司全额追偿

3. 甲乙约定买卖一幅名画，乙向甲交画，甲无正当理由拒绝受领。乙将该画交当地公证机关提存。提存期间，因不可抗力致该画毁损。下列说法正确的有( )。

A. 乙已经履行了对甲的义务

B. 公证机关有权要求乙支付保管费用

C. 甲有权要求公证机关赔偿该画损失

D. 甲应自担该画损失

4. 北京的甲公司向上海的乙公司出售一批原材料，双方在合同中对履行地点没有明确约定，且双方未能达成补充协议，根据合同有关条款和交易习惯也不能确定。根据合同法律制度的规定，下列说法正确的有( )。

A. 甲公司应当在北京交货

B. 甲公司应当在上海交货

C. 乙公司应当在北京付款

D. 乙公司应当在上海付款

5. 甲乙约定卖方甲负责将所卖货物运送至买方乙指定的仓库。甲如约交货，乙验收，但甲未将产品合格证和原产地证明文件如约交付给乙；乙已经支付了80%的货款。交货当晚，因山洪暴发，乙仓库内的货物全部毁损。根据合同法律制度的规定，下列说法正确的有( )。

A. 乙应当支付剩余20%的货款

B. 因甲未交付产品合格证和原产地证明文件，

构成违约，但货物损失应由乙承担

C. 乙有权解除合同，并请求甲返还已支付的80%货款

D. 甲有权要求乙支付剩余20%的货款，但应当补交已经毁损的货物

6. 乙向甲购买10台新型计算机，双方订立了合同。根据合同法律制度的规定，下列关于该合同项下计算机所有权转移的表述中，正确的有（　　）。

A. 如果双方没有特别约定，计算机的所有权自买卖合同生效时起转移

B. 如果双方没有特别约定，计算机的所有权自甲方交付时起转移

C. 如果双方没有特别约定，计算机的所有权自乙方付清全部价款时起转移

D. 如果双方约定，甲方先行交付计算机，在乙方付清全部价款之前，其所有权仍属于甲方，该约定有效

7. 甲房产开发公司在交给购房人张某的某小区平面图和项目说明书中都标明有一个健身馆。张某看中小区健身方便，决定购买一套商品房并与甲公司签订了购房合同。张某收房时发现小区没有健身馆。下列选项中，表述正确的有（　　）。

A. 甲公司构成违约，张某有权要求其承担违约责任

B. 甲公司构成根本违约，张某有权要求退房

C. 甲公司恶意误导，张某有权请求甲公司双倍返还购房款

D. 张某不能滥用权利，在退房和要求甲公司承担违约责任之间只能选择一种

8. 下列赠与合同中，不得主张任意撤销的有（　　）。

A. 赠与财产的权利已经转移给受赠人的赠与合同

B. 与地震灾区某受损学校订立的赠与合同

C. 经过公证的赠与合同

D. 附义务的赠与合同

9. 小张向小李借款1万元，约定2年后归还，逾期不还的应当支付500元的违约金；2年期限届满后，小李多次催告小张还款，小张一直拖延不还。小李可以要求小张偿还（　　）。

A. 1万元的借款本金

B. 500元的违约金

C. 逾期利息

D. 借款期间的利息

10. 甲和乙签订了《房屋租赁合同》，下列情形中，承租人乙主张优先购买权时，人民法院不予支持的有（　　）。

A. 甲的房屋系与丙按份共有，丙亦主张优先购买权

B. 甲将房屋转让给其哥哥丁

C. 甲已于一个月前通知乙，但乙一直未表示购买

D. 甲已经将房屋转让给善意的戊，并与其办理了房屋转移登记手续

11. 甲出售一批货物给乙，双方约定由乙上门自提，乙遂与丙签订运输合同，由丙负责送货，货物在运输途中由于司机的过失造成货物灭失。根据合同法律制度的规定，下列说法正确的有（　　）。

A. 甲应当向乙承担违约责任

B. 货物灭失的风险由乙承担

C. 丙应当赔偿乙货物灭失的损失

D. 乙只能要求送货的司机承担赔偿责任

12. 张某委托某画室装裱一幅古画，约定3天内完成装裱工作，装裱费为500元。该画室在装裱过程中不小心将该画损毁。有关本案的下列说法中，正确的有（　　）。

A. 张某有权要求该画室继续履行合同，交付装裱完成的古画

B. 由于古画已经损毁，事实上履行不能，张某无权要求交付古画

C. 张某有权要求画室赔偿其损失

D. 张某除有权要求画室赔偿古画损失外，还有权要求1倍的惩罚性赔偿金

13. 王某委托李某保管一枚钻戒，双方没有约定保管费用；由于钻戒价值连城，李某将其小心翼翼地存放在保险箱中，并定期检查；某日，李某打开保险箱时，突然发现钻戒被盗。根据合同法律制度的规定，下列说法正确的有（　　）。

A. 李某有权要求王某支付保管费用

B. 李某无权要求王某支付保管费用

C. 钻戒被盗的损失应当由王某承担

D. 钻戒被盗的损失应当由李某承担

14. 甲工厂与乙公司订立委托合同，委托乙公司购买一批货物，乙公司不收取报酬。根据合同法律制度的规定，下列说法正确的有（　　）。

A. 乙公司有权请求甲工厂偿还其为处理委托事务所垫付的必要费用，但无权要求给付该必要费用的利息

B. 乙公司经甲工厂同意，转委托第三人处理委托事务的，乙公司仅就第三人的选任及其对第三人的指示承担责任

C. 乙公司因重大过失给甲工厂造成损失的，甲工厂可以要求赔偿损失

D. 甲工厂、乙公司均有权随时解除委托合同，但除不可归责于当事人的事由外，应当赔偿解除合同给对方造成的损失

15. 甲将10吨大米委托乙商行出售，双方约定，乙商行以自己名义对外销售，每公斤售价2

元，乙商行的报酬为价款的5%。根据合同法律制度的规定，下列说法中，正确的有（　　）。

A. 甲与乙商行之间成立行纪合同关系

B. 乙商行为销售大米支出的费用应由自己负担

C. 如乙商行以每公斤2.5元的价格将大米售出，双方对多出约定的价款的分配无法达成补充协议时，则应平均分配

D. 如乙商行与丙食品厂订立买卖大米的合同，则乙商行对该合同直接享有权利、承担义务

16. 甲公司拟进口一批原材料，委托王某提供媒介服务，但甲公司和有关当事人对王某提供媒介服务的费用承担问题没有约定，后又不能协商确定。根据合同法律制度的规定，下列说法不符合规定的有（　　）。

A. 甲公司应当向王某预付提供媒介服务的费用

B. 在王某促成合同成立时，甲公司应当承担其提供媒介服务的费用

C. 在王某未促成合同成立时，应当由王某自己承担提供媒介服务的费用

D. 在王某促成合同成立时，应当由王某自己承担提供媒介服务的费用

17. 甲、乙合作开发完成一项发明创造，双方对专利申请权的归属没有作出约定。根据合同法律制度的规定，下列有关说法正确的有（　　）。

A. 该项发明创造的专利申请权由甲乙共有

B. 如果甲不同意申请专利，乙可以自行申请

C. 如果甲放弃其专利申请权，乙可以单独申请，但取得专利后，甲有免费使用的权利

D. 如果甲准备转让其共有的专利申请权，乙在同等条件下有优先受让的权利

18. 甲乙两个单位共同研发出一项技术成果，甲单位声明放弃该技术成果的专利申请权，于是乙单位单独申请并获得了该项技术成果的专利权。根据合同法律制度的规定，下列说法不正确的有（　　）。

A. 甲单位有权免费实施该专利

B. 甲单位有权要求乙单位给予补偿

C. 乙单位转让该专利时应当征得甲单位同意

D. 乙单位转让该专利时，甲单位享有优先受让权

三、判断题

1. 约定的违约金低于造成的损失的，当事人可以请求人民法院或者仲裁机构予以增加；约定的违约金过分高于造成的损失的，当事人可以请求人民法院或者仲裁机构予以适当减少。（　　）

2. 合同订立后，一方当事人因第三人原因没有履行合同或者履行合同不符合约定的，可以酌情减轻其违约责任。（　　）

3. 当事人一方经他方当事人同意，可以将自己在合同中的权利义务一并转让给第三人。（　　）

4. 合同的权利义务终止，不影响合同中结算条款、清理条款以及解决争议方法条款的效力。（　　）

5. 债权人领取提存物的权利，自提存之日起5年内不行使而消灭，提存物扣除提存费用后归债务人所有。（　　）

6. 出卖人出卖交由承运人运输的在途标的物，除当事人另有约定的以外，标的物毁损、灭失的风险自合同成立之日起由买受人承担。（　　）

7. 甲和乙订立买卖合同，并约定所有权保留条款，买方甲支付了80%价款后无力继续支付，卖方乙有权要求取回标的物。（　　）

8. 当事人约定检验期间的，买受人应当在检验期间内将标的物的数量或者质量不符合约定的情形通知出卖人；买受人怠于通知的，视为标的物的数量或者质量符合约定。（　　）

9. 当事人以商品房预售合同未按照法律、行政法规规定办理登记备案手续为由，请求确认合同无效的，人民法院应予支持。（　　）

10. 出卖人交付使用的房屋实际面积大于合同约定面积的，买受人同意继续履行合同的，应当按照约定价格补足面积超出约定部分的房价款。（　　）

11. 在民间借贷中，出借人与借款人既约定了逾期利率，又约定了违约金或者其他费用，出借人应当在逾期利息、违约金或者其他费用中择一主张。（　　）

12. 借款合同当事人约定预先在本金中扣除利息的，人民法院应当将实际出借的金额认定为本金。（　　）

13. 甲公司和乙公司签订《借款合同》，双方对利息约定不明，借款合同到期后，出借人甲公司有权要求乙公司返还本金并自逾期还款之日起按年利率6%支付资金占用期间利息，但无权主张借期内利息。（　　）

14. 承租人未经出租人同意对租赁物进行改善或者增设他物的，出租人可以要求承租人恢复原状或者赔偿损失。（　　）

15. 租赁物危及承租人的安全或者健康的，即使承租人订立合同时明知该租赁物质量不合格的，承租人仍然可以随时解除合同。（　　）

16. 货运合同中，货物毁损、灭失的赔偿额，当事人没有约定或者约定不明确，根据《合同法》的有关规定仍不能确定的，按照发运时货物卖方所在地的市场价格计算。（　　）

17. 储存期间届满，仓单持有人逾期提取的，应当

加收仓储费；提前提取的，相应减收一定比例的仓储费。（　　）

18. 无偿的委托合同，因受托人的过错给委托人造成损失的，委托人可以要求赔偿损失。
（　　）

本周自测参考答案及解析

一、单项选择题

1.【答案】C
【解析】债权人转让权利的，无须债务人同意，但应当通知债务人；未经通知，该转让对债务人不发生效力。

2.【答案】A
【解析】当事人约定由第三人向债权人履行债务，第三人不履行债务或者履行债务不符合约定，债务人应当向债权人承担违约责任。

3.【答案】B
【解析】（1）选项B：债权人下落不明，难以履行债务的，债务人可以将标的物提存。（2）选项AD：留置权、代位权应当由债权人行使，而服装厂是债务人。（3）选项C：不安抗辩权应当由先履行义务一方行使，而服装厂是后履行义务一方。

4.【答案】A
【解析】（1）合同系双方真实意思表示，且不存在无效情形，合同有效，甲公司的行为构成预期违约；（2）在履行期限届满之前，当事人一方明确表示或者以自己的行为表明不履行主要债务的，对方当事人享有法定解除权。

5.【答案】A
【解析】（1）选项ABC：普通动产一物多卖：交付 > 付款 > 订合同；（2）选项D：一物多卖不影响合同效力。

6.【答案】C
【解析】（1）选项AB：一物多卖不影响合同效力；（2）选项CD：出卖人将标的物（特殊动产）交付给买受人之一，又为其他买受人办理所有权转移登记，已受领交付的买受人请求将标的物所有权登记在自己名下的，人民法院应予支持。

7.【答案】D
【解析】分期付款的买受人未支付到期价款的金额达到全部价款的20%（20×2=40（万元）；40÷200×100%＝20%）的，出卖人可以要求买受人一并支付到期与未到期的全部价款（选项A正确）或者解除合同（选项B正确）。出卖人解除合同的，双方应当互相返还财产（选项D错误），出卖人可以向买受人要求支付该标的物的使用费（选项C正确）。

8.【答案】D
【解析】具有救灾、扶贫等社会公益、道德义务性质的赠与合同或者经过公证的赠与合同，不得撤销；赠与人不交付赠与的财产的，受赠人可以要求交付。

9.【答案】B
【解析】（1）选项AB：向金融机构的借款合同属于诺成合同，甲公司和乙银行的借款合同自10月5日签订时成立并生效，乙银行未按期放款的行为构成违约。（2）选项CD：借款的利息不得预先从本金中扣除，利息预先从本金中扣除的，应当按照实际借款数额（95万元）返还借款并计算利息。

10.【答案】B
【解析】（1）选项A：即使约定的利率超过36%，也不会导致整个借款合同无效；（2）选项C：年利率24%～36%的民间借贷利率拥有债权保持力但无执行力，甲公司自愿支付的该部分利息不能再要求返还；（3）选项D：借贷双方未约定逾期利率或者约定不明，但约定了借期内的利率的，出借人主张借款人自逾期还款之日起按照借期内的利率（不得超过24%）支付资金占用期间利息的，人民法院应予支持。

11.【答案】A
【解析】租赁物在租赁期间发生所有权变动的，不影响租赁合同的效力，即"买卖不破租赁"。

12.【答案】C
【解析】（1）选项A：除当事人另有约定外，出租人应当履行租赁物的维修义务，出租人未履行维修义务的，承租人可以自行维修，维修费用由出租人负担；（2）选项B：租赁合同约定的租金在租赁期限内有效，出租人不得单方决定调高；（3）选项CD：出租人出卖租赁房屋的，应当在出卖之前的合理期限内"通知"承租人，承租人享有以同等条件优先购买的权利。

13.【答案】D
【解析】（1）选项A：出租人、出卖人、承租人可以约定，出卖人不履行买卖合同义务的，由承租人行使索赔的权利；（2）选项BC：租赁物不符合租赁合同约定或者不符合使用目的的，出租人不承担责任（不影响承租人的租金支付义务），但承租人依赖出租人的技能确定租赁物或者出租人干预选择租赁物的除外；（3）选项D：出租人和承租人可以约定租赁期间届满租赁物的归属。对租赁物的归属没有约定或者约定不明确，依照《合同法》的规定仍不能确定的，租赁物的所有权归出租人。

14.【答案】D

【解析】经发包人同意，总承包人可以将自己承包的部分工作交由第三人完成；第三人就其完成的工作成果与总承包人向发包人承担连带赔偿责任。

二、多项选择题

1.【答案】AD
【解析】（1）选项CD：债务人将合同义务的全部或者部分转移给第三人的，应当经债权人同意；在本题中，债权人丙公司参与了协议的签订，视为同意，债务承担成立，丙公司应向新债务人乙公司主张债权。（2）选项A：当事人在保证合同中对保证方式没有约定或者约定不明确的，按照连带责任保证承担保证责任；在本题中，张某是新的保证人，但未约定保证方式，应视为连带保证人，因此，丙公司既有权向乙公司主张债权，也有权直接请求张某承担保证责任。（3）选项B：保证期间，债权人许可债务人转让债务的，应当取得保证人书面同意，保证人对未经其同意转让的债务部分，不再承担保证责任；在本题中，债务承担未征得李某书面同意，李某不再承担保证责任。

2.【答案】BCD
【解析】当事人订立合同后分立的，除"债权人和债务人"另有约定的以外，由分立的法人或者其他组织对合同的权利和义务享有连带债权，承担连带债务；本案中，债务由A公司负责偿还的约定只是A公司和B公司的内部约定，不得对抗债权人乙银行，但是在A公司和B公司之间还是有效的。

3.【答案】ABD
【解析】（1）选项A：提存是债消灭的原因之一，《合同法》规定的提存是以清偿为目的的；（2）选项B：提存费用由债权人负担；（3）选项CD：标的物提存后，毁损、灭失的风险由债权人承担。

4.【答案】AC
【解析】合同生效后，当事人就履行地点约定不明确，可以协议补充；不能达成协议的，按照合同有关条款或者交易习惯确定；仍不能确定的，给付货币的，在接受货币一方所在地（卖方所在地：北京）履行，其他标的，在履行义务一方所在地（卖方所在地：北京）履行。

5.【答案】AB
【解析】（1）甲的行为是否构成违约：出卖人应当按照约定或者交易习惯向买受人交付提取标的物单证以外的有关单证和资料；在本题中，甲未按照约定时间交付产品合格证和原产地证明，构成违约。（2）风险应由哪方负担：出卖人未按照约定交付有关标的物的单证和资料的，

不影响标的物毁损、灭失风险的转移；在本题中，货物已经交付，风险应由乙承担，甲未交付产品合格证和原产地证明文件不影响标的物风险的转移，而风险由乙承担即意味着，货物虽已经毁损，乙应依约付款，甲不承担任何补交货物义务。（3）是否构成法定解除：当事人一方延迟履行债务或者有其他违约行为致使"不能实现合同目的"的，另一方当事人有权单方通知解除合同；在本题中，甲的违约行为并不导致合同目的的不能实现，尚不构成法定解除。

6.【答案】BD
【解析】（1）选项ABC：一般情况下，标的物的所有权自标的物"交付时起"转移；（2）选项D：当事人可以在买卖合同中约定，买受人未履行支付价款或者其他义务时，标的物的所有权属于出卖人（所有权保留条款）。

7.【答案】AB
【解析】（1）选项A：甲房产开发公司未履行合同承诺的内容，构成违约，张某有权要求其承担违约责任，如支付违约金、赔偿损失等。（2）选项B：当事人一方的违约行为致使不能实现合同目的（根本违约），对方当事人可以单方面解除合同；在本题中，张某有权解除合同，要求退房。（3）选项C：《商品房买卖合同解释》中可以适用惩罚性赔偿金的情形不包括本题所述情形。（4）选项D：合同解除并不影响违约责任的主张和承担。

8.【答案】ABC
【解析】（1）选项A：在赠与财产的权利转移之前，赠与人可以撤销赠与（任意撤销）；（2）选项BC：具有救灾、扶贫等社会公益、道德义务性质的赠与合同或者经过公证的赠与合同，不得撤销；（3）选项D：附义务赠与，在赠与财产的权利转移之前赠与人可以撤销赠与（任意撤销）；如果受赠人不履行赠与合同约定的义务，赠与人可以行使撤销权（法定撤销）。

9.【答案】ABC
【解析】（1）选项C：自然人之间的借款合同约定偿还期限而借款人不按期偿还，或者未约定偿还期限但经出借人催告后，借款人仍不偿还的，出借人可以要求借款人偿付逾期利息；（2）选项D：自然人之间的借款合同对支付利息没有约定或者约定不明确的，视为不支付利息。

10.【答案】ABCD
【解析】选项B：出租人将房屋出卖给近亲属（包括配偶、父母、子女、兄弟姐妹、祖父母、外祖父母、孙子女、外孙子女）的，承租人不享有优先购买权。

11.【答案】BC

【解析】（1）选项 AB：合同约定交付方式为"上门自提"，货物已经交付承运人，甲完成交付义务，不存在违约的情况，相应地，交付后货物毁损、灭失的风险由买受人承担；（2）选项 CD：承运人（丙）未将货物安全送至目的地，构成违约，且不存在免责事由，应当承担违约责任。

12.【答案】BC
【解析】（1）选项 AB：古画已经损毁，张某不能要求画室继续交付古画；（2）选项 CD：画室对古画的损毁有过错，应当赔偿损失，但画室并不存在欺诈行为，不承担双倍赔偿责任。

13.【答案】BC
【解析】（1）选项 AB：当事人对保管费用没有约定或者约定不明确，依照《合同法》有关规定仍不能确定的，保管是无偿的。（2）选项 CD：保管期间，因保管人保管不善造成保管物毁损、灭失的，保管人应当承担损害赔偿责任；但保管若是无偿的，保管人证明自己没有重大过失的，不承担损害赔偿责任。

14.【答案】BCD
【解析】（1）选项 A：受托人为处理委托事务垫付必要费用的，委托人应当偿还该费用"及其利息"；（2）选项 B：转委托经同意的，委托人可以就委托事务直接指示第三人，受托人仅就第三人的选任及其对第三人的指示承担责任；（3）选项 C：无偿的委托合同，因受托人的"故意或重大过失"给委托人造成损失的，委托人可要求赔偿损失；（4）选项 D：委托人或者受托人可以随时解除委托合同，因解除合同给对方造成损失的，除不可归责于当事人的事由外，应当赔偿损失。

15.【答案】ABD
【解析】（1）选项 B：行纪人处理委托事务支出的费用，除当事人另有约定，应自行承担；（2）选项 C：行纪人以高于委托人指定的价格卖出商品的，如果在行纪合同中没有约定或者约定不明确，依照《合同法》的有关规定仍不能确定的，该利益属于"委托人"；（3）选项 D：行纪人应当"以自己的名义"与第三人订立合同，因此，行纪人对该合同直接享有权利、承担义务。

16.【答案】ABC
【解析】（1）选项 BD：居间人促成合同成立的，委托人应当按照约定支付报酬，居间活动的费用，由居间人自己负担；（2）选项 C：居间人未促成合同成立的，不得要求支付报酬，但可以要求委托人支付必要费用。

17.【答案】ACD
【解析】除当事人另有约定外，合作开发完成

的发明创造，专利申请权属于甲乙共有，如果甲不同意申请专利，乙也不能自行申请。

18.【答案】BCD
【解析】（1）选项 ABC：合作开发的当事人一方声明放弃其共有的专利申请权的，可以由另一方单独申请；申请人取得专利权的，放弃专利权的一方可以免费实施该专利。（2）选项 D：如果转让专利"申请权"，他方享有以同等条件优先受让的权利。

三、判断题

1.【答案】√
2.【答案】×
【解析】在合同订立之后，如果一方当事人没有履行合同或者履行合同不符合约定，不论是自己的原因，还是第三人的原因，都应当向对方承担违约责任。
3.【答案】√
4.【答案】√
5.【答案】×
【解析】债权人领取提存物的权利，自提存之日起 5 年内不行使而消灭，提存物扣除提存费用后归"国家"所有。
6.【答案】√
7.【答案】×
【解析】买受人已经支付标的物总价款的 75%以上，出卖人主张取回标的物的，人民法院不予支持。
8.【答案】√
9.【答案】×
【解析】当事人以商品房预售合同未按照法律、行政法规规定办理登记备案手续为由，请求确认合同无效的，不予支持。
10.【答案】×
【解析】买受人同意继续履行合同，房屋实际面积大于合同约定面积的，面积误差比在 3%以内（含 3%）部分的房价款由买受人按照约定的价格补足，面积误差比超出 3%部分的房价款由出卖人承担，所有权归买受人。
11.【答案】×
【解析】出借人与借款人既约定了逾期利率，又约定了违约金或者其他费用，出借人可以选择主张逾期利息、违约金或者其他费用，也可以一并主张，但总计超过年利率 24%的部分，人民法院不予支持。
12.【答案】√
13.【答案】×
【解析】除自然人之间借贷的外，借贷双方对借贷利息约定不明，出借人主张利息的，人民法院应当结合民间借贷合同的内容，并根据当地或者当事人的交易方式、交易习惯、市场利

率等因素确定利息。

14.【答案】√

15.【答案】√

16.【答案】×

【解析】货物毁损、灭失的赔偿额，当事人没有约定或者约定不明确，根据《合同法》的有关规定仍不能确定的，按照"交付时或者应当交付时"货物"到达地"的市场价格计算。

17.【答案】×

【解析】储存期间届满，仓单持有人逾期提取的，应当加收仓储费；提前提取的，不减收仓储费。

18.【答案】×

【解析】无偿的委托合同，因受托人的"故意或重大过失"给委托人造成损失的，委托人可以要求赔偿损失。

第九周

本周学习计划

	章　节	单　元	讲义篇幅	课件数	理解难度	完成情况
星期一		第 1 单元	6 页	1 讲	★★	
星期二		第 2 单元	5 页	2 讲	★★★	
星期三	第 6 章　增值税法律制度	第 3 单元	5 页	2 讲	★★★	
星期四		第 4 单元	2 页	1 讲	★★	
星期五		第 5 单元	2 页	1 讲	★	
本周自测						

本周攻克内容

【星期一·第6章第1单元】增值税的征税范围

【第 6 章单元框架】

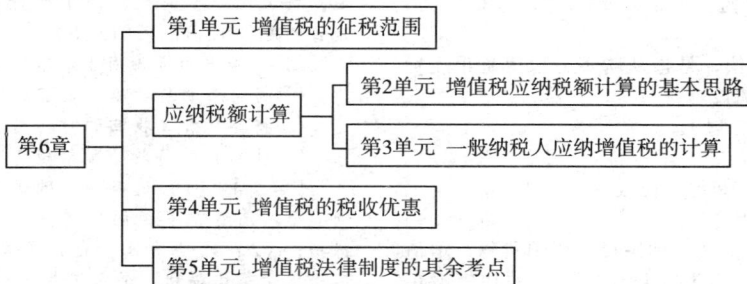

```
第6章 ─┬─ 第1单元 增值税的征税范围
       │
       ├─ 应纳税额计算 ─┬─ 第2单元 增值税应纳税额计算的基本思路
       │               │
       │               └─ 第3单元 一般纳税人应纳增值税的计算
       │
       ├─ 第4单元 增值税的税收优惠
       │
       └─ 第5单元 增值税法律制度的其余考点
```

【本单元考点清单】

考点名称	考点地位	二维码
传统增值税的征税范围	★★★	
"营改增"征税范围	★★★	
增值税的税率	★	

【解释】自 2012 年 1 月 1 日起，我国开始进行"营业税改征增值税"的改革，至 2016 年 5 月 1 日，在全国范围内全面推开营业税改征增值税试点。至此，营业税全部改征增值税，营业税成为我国税收制度发展史的组成部分，流通环节由增值税全覆盖。目前，增值税的征税范围概图如下：

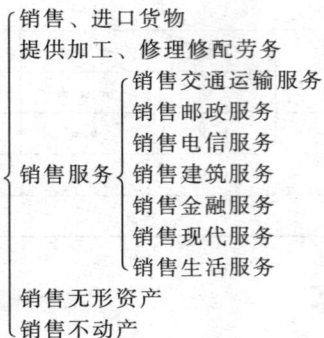

销售、进口货物
提供加工、修理修配劳务
销售服务{
　销售交通运输服务
　销售邮政服务
　销售电信服务
　销售建筑服务
　销售金融服务
　销售现代服务
　销售生活服务
}
销售无形资产
销售不动产

考点1：传统增值税的征税范围（★★★）

（一）销售货物

1. 销售货物，是指在中国境内有偿转让货物的所有权。

【提示1】货物，是指有形动产，包括电力、热力、气体在内。

【提示2】有偿，是指从购买方取得货币、货物或者其他经济利益。

2. 视同销售货物

（1）代销业务

①将货物交付其他单位或者个人代销；

②销售代销货物。

【相关链接】委托其他纳税人代销货物，增值税纳税义务发生时间为收到代销单位的代销清单或者收到全部或者部分货款的当天；未收到代销清单及货款的，为发出代销货物满 180 天的当天。

（2）货物移送

设有两个以上机构并实行统一核算的纳税人，将货物从一个机构移送其他机构用于销售，但相关机构设在同一县（市）的除外。

（3）自产、委托加工、购进货物的特殊处置

①将自产、委托加工的货物用于集体福利或个人消费；

②将自产、委托加工或购进的货物作为投资，提供给其他单位或个体工商户；

③将自产、委托加工或购进的货物分配给股东或者投资者；

④将自产、委托加工或购进的货物无偿赠送给其他单位或个人。

【提示1】（1）购进的货物用于"投分送"，视同销售货物；（2）购进货物用于"集体福利或者个人消费"的，不视同销售货物，不需要计算

增值税，对应的进项税额也不得抵扣。

【提示2】纳税人发生视同销售货物行为（委托他人代销货物、销售代销货物除外），增值税纳税义务发生时间为货物移送的当天。

【提示3】视同销售货物的行为一般不以资金形式反映出来，因而会出现无直接销售额的情况，主管税务机关有权核定其销售额。

【案例1】甲企业（一般纳税人）7 月份决定将自产的糕点作为职工福利发放，8 月份实际发放：

（1）应视同销售货物；

（2）甲企业应在 8 月份就上述业务计算增值税（核定销售额进行计算）；

（3）由于甲企业上述业务产生增值税销项税额，则制作该批糕点耗费的原材料所负担的进项税额可以依法抵扣。

【案例2】甲企业（一般纳税人）将购进的糕点作为职工福利发放：

（1）不视同销售货物，不需要计算增值税；

（2）由于甲企业上述业务不产生增值税销项税额，因此，购进该批糕点即使取得了增值税专用发票，亦不得抵扣进项税额。

【例题1·单选题】根据增值税法律制度的规定，增值税一般纳税人的下列行为中，不应视同销售的是（　　）。（2013 年）

A. 将购进的货物用于本单位职工集体福利

B. 将自产的货物捐赠给贫困地区的儿童

C. 将委托加工收回的货物用于个人消费

D. 将自产的货物分配给投资者

【解析】（1）选项 A：购进货物用于集体福利、个人消费，不视同销售，相应进项税额不得抵扣；（2）选项 BCD：自产或委托加工的货物，不论用于集体福利、个人消费（选项 C），还是用于投资、分配（选项 D）、赠送（选项 B），均视同销售货物。

【答案】A

【例题2·多选题】根据增值税法律制度的规定，企业发生的下列行为中，属于视同销售货物的有（　　）。（2011 年）

A. 将购进的货物用于个人消费

B. 将本企业生产的货物分配给投资者

C. 将委托加工的货物用于集体福利

D. 将购进的货物作为投资提供给其他单位

【解析】（1）选项 AD：将购进的货物用于集体福利、个人消费（选项 A）不视同销售，相应进项税额不得抵扣；将购进的货物用于投资（选项 D）、分配、赠送，视同销售。（2）选项 BC：将自产或委托加工的货物用于集体福利（选项 C）、个人消费，或者用于投资、分配（选项 B）、赠送，均视同销售。

【答案】BCD

（二）提供加工、修理修配劳务

提供加工、修理修配劳务，也称提供增值税的应税劳务。

1. 加工，是指受托加工货物，即委托方提供原料及主要材料，受托方按照委托方的要求，制造货物并收取加工费的业务。

2. 修理修配，是指受托对损伤和丧失功能的货物进行修复，使其恢复原状和功能的业务。

【提示1】加工、修理修配的对象应当是货物（有形动产）。

【提示2】按提供加工劳务处理，要求原料及主要材料由委托方提供，受托方只提供辅料和加工劳务；如果由受托方提供原料及主要材料，不属于加工业务，应视作受托方向委托方销售自产货物处理。

（三）进口货物

只要是报关进口的应税货物，均属于增值税的征税范围，除享受免税政策外，在进口环节缴纳增值税。

【提示】出口货物也属于增值税征收范围，不过，对出口货物一般实行零税率。

（四）特殊规定

1. 货物期货（包括商品期货和贵金属期货），在期货的实物交割环节（按照销售货物）征收增值税。

2. 银行销售金银的业务，应当（按照销售货物）征收增值税。

3. 典当业的死当物品销售业务和寄售商店代委托人销售寄售物品的业务，均应（按照销售货物）征收增值税。

4. 缝纫业务，（按照提供应税劳务）征收增值税。

5. 电力公司向发电企业收取的过网费，（按照提供应税劳务）征收增值税。

6. 供应或开采未经加工的天然水，不征收增值税。

考点2："营改增"征税范围（★★★）

（一）销售服务

销售服务，是指提供交通运输服务、邮政服务、电信服务、建筑服务、金融服务、现代服务、生活服务。

1. 交通运输服务

交通运输服务，包括陆路运输服务、水路运输服务、航空运输服务和管道运输服务。

2. 邮政服务

邮政服务，包括邮政普遍服务、邮政特殊服务和其他邮政服务（如邮册等邮品销售、邮政代理等业务活动）。

3. 电信服务

（1）基础电信服务，是指利用固网、移动网、卫星、互联网，提供语音通话服务的业务活动，以及出租或者出售带宽、波长等网络元素的业务活动。

（2）增值电信服务，是指利用固网、移动网、卫星、互联网、有线电视网络，提供短信和彩信服务、电子数据和信息的传输及应用服务、互联网接入服务等业务活动。

【提示1】卫星电视信号落地转接服务，按照增值电信服务缴纳增值税。

【提示2】纳税人通过楼宇、隧道等室内通信分布系统，为电信企业提供的语音通话和移动互联网等无线信号室分系统传输服务，分别按照基础电信服务和增值电信服务缴纳增值税。

4. 建筑服务

（1）工程服务，是指新建、改建各种建筑物、构筑物的工程作业。

（2）安装服务，是指生产设备、动力设备、起重设备、运输设备、传动设备、医疗实验设备以及其他各种设备、设施的装配、安置工程作业。

【提示】固定电话、有线电视、宽带、水、电、燃气、暖气等经营者向用户收取的安装费、初装费、开户费、扩容费以及类似收费，按照安装服务缴纳增值税。

（3）修缮服务，是指对建筑物、构筑物（而非货物）进行修补、加固、养护、改善，使之恢复原来的使用价值或者延长其使用期限的工程作业。

（4）装饰服务，是指对建筑物、构筑物进行修饰装修，使之美观或者具有特定用途的工程作业。

（5）其他建筑服务，是指上列工程作业之外的各种工程作业服务，如钻井（打井）、拆除建筑物或者构筑物、平整土地、园林绿化、疏浚（不包括航道疏浚）、建筑物平移、搭脚手架、爆破、矿山穿孔、表面附着物（包括岩层、土层、沙层等）剥离和清理等工程作业。

5. 金融服务

（1）贷款服务。

①各种占用、拆借资金取得的收入，包括金融商品持有期间（含到期）利息（保本收益、报酬、资金占用费、补偿金等）收入、信用卡透支利息收入、买入返售金融商品利息收入、融资融券收取的利息收入，以及融资性售后回租、押汇、罚息、票据贴现、转贷等业务取得的利息及利息性质的收入，按照贷款服务缴纳增值税。

②以货币资金投资收取的固定利润或者保底利润，按照贷款服务缴纳增值税。

（2）直接收费金融服务。

包括提供货币兑换、账户管理、电子银行、信用卡、信用证、财务担保、资产管理、信托管理、基金管理、金融交易场所（平台）管理、资金结算、资金清算、金融支付等服务。

（3）保险服务，包括人身保险服务和财产保险服务。

（4）金融商品转让。

金融商品转让，是指转让外汇、有价证券、非货物期货和其他金融商品（包括基金、信托、理财产品等各类资产管理产品和各种金融衍生品）所有权的业务活动。

6. 现代服务

（1）研发和技术服务。

（2）信息技术服务。

（3）文化创意服务，包括设计服务、知识产权服务、广告服务和会议展览服务。

（4）物流辅助服务，包括航空服务、港口码头服务、货运客运场站服务、打捞救助服务、装卸搬运服务、仓储服务和收派服务。

（5）租赁服务，包括融资租赁服务和经营租赁服务。

【提示1】有形动产经营租赁、不动产经营租赁，均已营改增，按"现代服务——租赁服务"征收增值税。

【提示2】有形动产融资租赁、不动产融资租赁，均已营改增，按"现代服务——租赁服务"征收增值税。但融资性售后回租按照金融服务征收增值税。

（6）鉴证咨询服务。

①包括认证服务、鉴证服务和咨询服务。

②翻译服务和市场调查服务按照咨询服务缴纳增值税。

（7）广播影视服务，包括广播影视节目（作品）的制作服务、发行服务和播映（含放映）服务。

（8）商务辅助服务，包括企业管理服务、经纪代理服务、人力资源服务、安全保护服务。

（9）其他现代服务。

7. 生活服务

（1）文化体育服务。

（2）教育医疗服务。

（3）旅游娱乐服务。

（4）餐饮住宿服务。

（5）居民日常服务（包括市容市政管理、家政、婚庆、养老、殡葬、照料和护理、救助救济、美容美发、按摩、桑拿、氧吧、足疗、沐浴、洗染、摄影扩印等服务）。

（6）其他生活服务。

（二）销售无形资产

销售无形资产，是指有偿转让无形资产所有权或者使用权的业务活动。无形资产，是指不具实物形态，但能带来经济利益的资产，包括技术、商标、著作权、商誉、自然资源使用权和其他权益性无形资产。

（三）销售不动产

销售不动产，是指有偿转让不动产所有权的业务活动。

（四）视同销售服务、无形资产或者不动产

1. 单位或者个体工商户向其他单位或者个人无偿提供服务，但用于公益事业或者以社会公众为对象的除外。

2. 单位或者个人向其他单位或者个人无偿转让无形资产或者不动产，但用于公益事业或者以社会公众为对象的除外。

3. 财政部和国家税务总局规定的其他情形。

【案例】甲公司将房屋出租给乙餐馆，不收取租金，但甲公司工作人员可以在乙餐馆免费就餐。本案看似无偿、实质有偿，甲公司的房屋出租行为应当视同销售不动产租赁服务，征收增值税；乙餐馆提供的免费就餐服务应当视同销售餐饮服务，征收增值税。

（五）不征收增值税的特殊情况

1. 非营业活动

销售服务、无形资产或者不动产，是指有偿提供服务、有偿转让无形资产或者不动产，但属于下列非经营活动的情形除外：

（1）行政单位收取的同时满足以下条件的政府性基金或者行政事业性收费。

①由国务院或者财政部批准设立的政府性基金，由国务院或者省级人民政府及其财政、价格主管部门批准设立的行政事业性收费；

②收取时开具省级以上（含省级）财政部门监（印）制的财政票据；

③所收款项全额上缴财政。

（2）单位或者个体工商户聘用的员工为本单位或者雇主提供取得工资的服务。

（3）单位或者个体工商户为聘用的员工提供服务。

（4）财政部和国家税务总局规定的其他情形。

【案例】甲公司聘用的全职司机为甲公司提供的驾驶服务，不征收增值税；甲公司为其职工提供班车服务，不征收增值税。

【提示】单位为聘用的员工提供服务，属于非营业活动，不征收增值税；但单位将自产的货物作为集体福利发放，应视同销售货物，征收增值税。

2. 不属于在境内销售的情形

下列情形不属于在境内销售服务或者无形资产：

（1）境外单位或者个人向境内单位或者个人销售完全在境外发生的服务。

（2）境外单位或者个人向境内单位或者个人销售完全在境外使用的无形资产。

（3）境外单位或者个人向境内单位或者个人出租完全在境外使用的有形动产。

（4）财政部和国家税务总局规定的其他情形。

【提示】（1）方向特定：提供方必须为境外单位或者个人；接受方必须为境内单位或者个人。（2）必须"完全在境外发生或使用"。

【案例】法国的甲航空公司将中国公民王某从法国运送到英国。在本案中，航空运输服务由法国的甲航空公司向境内公民王某提供，该航空运输服务完全发生在境外，不必向中国税务机关缴纳增值税。

【例题1·单选题】根据增值税法律制度的规定，下列行为中，应当缴纳增值税的是（　　）。（2016年）

A. 建筑公司员工接受本公司的工作任务设计建筑图纸

B. 客运公司为本公司员工提供班车服务

C. 运输公司为灾区免费提供运输救灾物资的服务

D. 母公司向子公司无偿转让商标权

【解析】（1）选项A：单位或者个体工商户聘用的员工为本单位或者雇主提供取得工资的服务，属于非经营活动，不缴纳增值税。（2）选项B：单位或者个体工商户为聘用的员工提供服务，属于非经营活动，不缴纳增值税。（3）选项CD：单位或者个人向其他单位或者个人无偿提供服务、转让无形资产或者不动产，属于视同销售行为，需要缴纳增值税，但用于公益事业或者以社会公众为对象的除外。在本题中，选项C运输公司的免费运输服务系为公益事业（灾区）提供，不视同销售；而选项D母公司的转让行为既非向公益事业也并非以社会公众为对象，应视同销售。

【答案】D

【例题2·判断题】营业税改征增值税后，提供有形动产融资租赁服务不需要缴纳增值税。（　　）（2014年）

【解析】按照最新营改增的有关规定，除融资性售后回租外，不论动产融资租赁，还是不动产融资租赁，均按"现代服务——租赁服务"征收增值税。

【答案】×

【例题3·多选题】甲公司发生的下列业务中，应按"销售货物"申报缴纳增值税的有（　　）。

A. 销售小汽车内部装饰品

B. 销售小汽车零配件

C. 提供汽车维修服务

D. 销售进口的小汽车

【解析】选项C：属于提供加工、修理修配劳务。

【答案】ABD

【例题4·多选题】根据增值税法律制度的规定，下列各项中，不属于交通运输服务的有（　　）。

A. 装卸搬运服务

B. 货运客运场站服务

C. 仓储服务

D. 收派服务

【解析】选项ABCD均与交通运输密切相关，但并不按照交通运输服务缴纳增值税，而是按照"现代服务——物流辅助服务"征收增值税。

【答案】ABCD

考点3：增值税的税率（★）

（一）17%

1. 销售或者进口货物，除税法规定适用13%税率或者零税率的外，税率为17%；

2. 提供加工、修理修配劳务，税率为17%；

3. 提供有形动产租赁服务，税率为17%。

（二）13%

销售或者进口下列货物，适用13%税率：

1. 粮食、食用植物油；

2. 自来水、暖气、冷气、热水、煤气、石油液化气、天然气、沼气、居民用煤炭制品；

3. 图书、报纸、杂志；

4. 饲料、化肥、农药、农机、农膜；

5. 农产品（各种植物、动物的"初级"产品）；

6. 音像制品；

7. 电子出版物；

8. 二甲醚；

9. 食用盐。

（三）11%

1. 提供交通运输、邮政、基础电信、建筑、不动产租赁服务；

2. 销售不动产；

3. 转让土地使用权。

（四）6%

1. 销售增值电信服务、金融服务、现代服务（租赁服务除外）、生活服务；

2. 销售无形资产（转让土地使用权除外）。

（五）零税率

纳税人出口货物及发生跨境应税行为，适用增值税零税率，但国务院另有规定的除外。

【提示】零税率不同于免税。以货物为例，出口货物免税仅指在出口环节不征收增值税；零税率是指对出口货物除了在出口环节不征增值税外，还要对该产品在出口前已经缴纳的增值税进行退税，使该出口产品在出口时完全不含增值税税款，从而以无税产品进入国际市场。

增值税的税率概表

税目（项目）		税 率
销售、进口货物		17%
		13%
出口货物、发生跨境应税行为		零税率（另有规定除外）
提供加工、修理修配劳务		17%
销售服务	提供有形动产租赁服务	17%
	提供交通运输、邮政、基础电信、建筑、不动产租赁服务	11%
	其他服务	6%（按照规定适用零税率的除外）
销售不动产		11%
转让土地使用权		11%

【例题1·单选题】甲餐饮企业为增值税一般纳税人，2016年8月，甲餐饮企业提供餐饮服务取得不含税销售额80万元。该企业当月的销项税额为（ ）万元。(2016年)

A. 4.8 　　　　　 B. 8.8
C. 10.4 　　　　　 D. 13.6

【解析】餐饮服务属于生活服务，适用增值税税率为6%。该企业当月的销项税额 = 80 × 6% = 4.8（万元）。

【答案】A

【例题2·单选题】甲公司为增值税一般纳税人，2016年5月，甲公司将一套机器设备出租给乙公司，收取了不含税租金10万元。甲公司该笔收入的销项税额为（ ）万元。(2016年)

A. 1.7 　　　　　 B. 1.3
C. 1.1 　　　　　 D. 0.6

【解析】将机器设备出租属于提供有形动产租赁服务，适用增值税税率为17%。甲公司该笔收入的销项税额 = 10 × 17% = 1.7（万元）。

【答案】A

【例题3·单选题】甲公司为增值税一般纳税人，主要提供电信服务。2016年7月，甲公司提供基础电信服务取得不含税销售额100万元，提供增值电信服务取得不含税销售额80万元。甲公司对不同种类服务的销售额分别核算。甲公司当月的销项税额为（ ）万元。(2016年)

A. 14.8 　　　　　 B. 15.8
C. 19.8 　　　　　 D. 30.6

【解析】基础电信服务适用增值税税率为11%，增值电信服务适用增值税税率为6%。甲公司当月的销项税额 = 100 × 11% + 80 × 6% = 15.8（万元）。

【答案】B

【星期二·第6章第2单元】增值税应纳税额计算的基本思路

【本单元考点清单】

考点名称	考点地位	二维码
增值税纳税义务发生时间	★★★	
增值税的纳税人	★	
增值税应纳税额的计算方法	★	

续表

考点名称	考点地位	二维码
确定销售额的基本规则	★★★	
特殊销售方式下的货物销售额	★★★	
小规模纳税人应纳增值税的计算	★	

考点1：增值税纳税义务发生时间（★★★）

纳税人销售货物或提供应税劳务，先开具发票的，为开具发票的当天。否则，按销售结算方式的不同，具体为：

1. 采取直接收款方式销售货物的，不论货物是否发出，均为收到销售款或取得索取销售款凭据的当天。

2. 采取托收承付和委托银行收款方式销售货物，为发出货物并办妥托收手续的当天。

3. 采取赊销和分期收款方式销售货物，为书面合同约定的收款日期当天，无书面合同的或者书面合同没有约定收款日期的，为货物发出的当天。

4. 采取预收货款方式销售货物，为货物发出的当天，但生产销售生产工期超过12个月的大型机械设备、船舶、飞机等货物，为收到预收款或书面合同约定的收款日期的当天。

5. 委托其他纳税人代销货物，为收到代销单位的代销清单或者收到全部或者部分货款的当天；未收到代销清单及货款的，为发出代销货物满180天的当天。

6. 销售应税劳务，为提供劳务同时收讫销售款或者取得索取销售款的凭据的当天。

7. 纳税人发生视同销售货物行为（委托他人代销货物、销售代销货物除外），为货物移送的当天。

8. 纳税人进口货物，其纳税义务发生时间为报关进口的当天。

【解释】纳税人销售服务、无形资产、不动产的纳税义务发生时间，中级教材未收录，考生不必了解。

【例题1·单选题】2014年5月8日，甲公司与乙公司签订了买卖电脑的合同，双方约定总价款为80万元。6月3日，甲公司就80万元货款全额开具了增值税专用发票，6月10日，甲公司收到乙公司第一笔货款45万元，6月25日，甲公司收到乙公司第二笔货款35万元。根据增值税法律制度的规定，甲公司增值税纳税义务发生时间为（　　）。（2014年）

A. 5月8日　　　　　　B. 6月3日
C. 6月10日　　　　　D. 6月25日

【解析】销售货物或者提供应税劳务的，其增值税纳税义务发生时间为收讫销售款或者取得索取销售款凭据的当天；先开具发票的，为开具发票的当天。

【答案】B

【例题2·多选题】根据增值税法律制度的规定，下列关于增值税纳税义务发生时间的表述中，正确的有（　　）。（2013年）

A. 将委托加工的货物无偿赠送他人的，为货物移送的当天

B. 采取直接收款方式销售货物的，为货物发出的当天

C. 委托他人销售货物的，为受托方售出货物的当天

D. 进口货物的，为报关进口的当天

【解析】（1）选项B：采取直接收款方式销售货物，不论货物是否发出，增值税纳税义务发生时间均为收到销售款或者取得索取销售款凭据的当天；（2）选项C：委托其他纳税人代销货物，增值税纳税义务发生时间为收到代销单位的代销清单或者收到全部或部分货款的当天；未收到代销清单及货款的，为发出代销货物满180天的当天。

【答案】AD

【例题3·单选题】根据增值税法律制度的规定，下列关于增值税纳税义务发生时间的表述中，不正确的是（　　）。（2011年）

A. 委托其他纳税人代销货物，为代销货物移送给受托方的当天

B. 销售应税劳务，为提供劳务同时收讫销售款或者取得索取销售款凭据的当天

C. 采取托收承付和委托银行收款方式销售货

第九周

物，为发出货物并办妥托收手续的当天

D. 采取直接收款方式销售货物，为收到销售款或者取得索取销售款凭据的当天

【解析】委托其他纳税人代销货物，为收到代销单位的代销清单或者收到全部或者部分货款的当天；未收到代销清单及货款的，为发出代销货物满 180 天的当天。

【答案】A

考点 2：增值税的纳税人（★）

1. 根据纳税人的经营规模以及会计核算健全程度的不同，增值税的纳税人可以分为一般纳税人和小规模纳税人。

2. 征税办法及发票使用

（1）小规模纳税人采用"简易办法"计算增值税应纳税额，不能自行开具增值税专用发票（税法有特别规定的除外），但可以到税务机关申请代开增值税专用发票。

（2）一般纳税人通常采用"一般计税方法"计算增值税应纳税额，可以依法使用增值税专用发票；但一般纳税人也存在按简易办法计算缴纳增值税的情形。

3. 区分标准

（1）一般标准——经营规模

情况 纳税人	生产货物或提供应税劳务，或以上述业务为主并兼营货物批发或零售业务	批发或零售货物	营改增应税行为
一般纳税人	年应税销售额 > 50 万元	年应税销售额 > 80 万元	年应税销售额 > 500 万元
小规模纳税人	年应税销售额 ≤ 50 万元	年应税销售额 ≤ 80 万元	年应税销售额 ≤ 500 万元

（2）特殊标准

①会计核算水平

小规模纳税人会计核算健全，能够提供准确税务资料的，可以成为一般纳税人。

②只能作为小规模纳税人

年应税销售额超过小规模纳税人标准的其他个人（除个体工商户以外的其他自然人）按小规模纳税人纳税。

③可选择按小规模纳税人纳税

年应税销售额超过小规模纳税人标准的非企业性单位可以选择按小规模纳税人纳税。

（3）登记管理

①年应税销售额超过规定的小规模纳税人认定标准的，应当向主管税务机关办理一般纳税人资格登记。

②除国家税务总局另有规定外，纳税人一经登记为一般纳税人后，不得转为小规模纳税人。

考点 3：增值税应纳税额的计算方法（★）

1. 一般计税方法

当期应纳税额 = 当期销项税额 − 当期准予抵扣的进项税额

当期销项税额 = 不含增值税销售额 × 适用税率

= 含增值税销售额 ÷ （1 + 适用税率）× 适用税率

2. 简易计税方法

应纳税额 = 不含税销售额 × 征收率

= 含税销售额 ÷ （1 + 征收率）× 征收率

3. 进口环节增值税

（1）进口非应税消费品

应纳税额 = 组成计税价格 × 税率 = （关税完税价格 + 关税税额）× 税率

（2）进口应税消费品

应纳税额 = 组成计税价格 × 税率

= （关税完税价格 + 关税税额 + 消费税税额）× 税率

【案例 1】甲公司为增值税一般纳税人，5 月份进口一批手机，海关核定的关税完税价格为 117 万元，缴纳关税 11.7 万元。在本案中，甲公司进口手机应缴纳的增值税税额 = （关税完税价格 + 关税）× 增值税税率 = （117 + 11.7）× 17% = 21.88（万元）。

【案例 2】甲公司为增值税一般纳税人，10 月份进口一批高档化妆品，海关核定的关税完税价格为 70 万元，甲公司缴纳进口关税 7 万元、进口消费税 13.59 万元。在本案中，甲公司进口高档化妆品应纳增值税税额 = （关税完税价格 + 关税 + 消费税）× 增值税税率 = （70 + 7 + 13.59）× 17% = 15.4（万元）。

【案例 3】甲公司是增值税一般纳税人，5 月从国外进口一批原材料，海关审定的关税完税价格为 100 万元，该批原材料分别按 10% 和 17% 的税率向海关缴纳了关税和进口环节增值税，并取得了海关进口增值税专用缴款书。该批原材料当月加工成产品后全部在国内销售，取得不含税销售收入 200 万元，同时支付运输费，取得的增值税专用发票上注明的运费金额为 8 万元。

【评析】

（1）进口原材料的应纳增值税税额 = （100 + 100 × 10%）× 17% = 18.7（万元）；

（2）允许抵扣的增值税进项税额 = 18.7 + 8 × 11% = 19.58（万元）；

（3）国内销售环节应纳增值税税额 = 200 × 17% − 19.58 = 14.42（万元）。

考点4：确定销售额的基本规则（★★★）

（一）一般规定

销售额，是指纳税人销售货物、劳务、服务、无形资产或者不动产向购买方收取的全部价款和价外费用，但不包括收取的增值税税额。

1. 增值税的计税销售额应当是不含增值税的销售额；如果题目给出的金额含增值税，应当换算成不含增值税的销售额。

（1）如何换算？

不含增值税销售额＝含增值税销售额÷（1＋适用税率/征收率）

（2）如何判断题目给出的金额是否含税？

①题目通常会明确交待是否含税，请考生认真阅读题干。

②价外费用属于含税收入。

③商业企业零售价属于含税价。

④增值税专用发票上注明的"金额"为不含税金额（仅适用于考试）。

⑤需要并入销售额一并缴纳增值税的包装物押金，属于含税收入。

【例题·单选题】某音像店是增值税一般纳税人，2014年4月销售音像制品取得含税销售额6.78万元。根据增值税法律制度的规定，该音像店此项业务的增值税销项税额为（　　）万元。（2014年）

A. 0.78　　　　　B. 0.88

C. 0.99　　　　　D. 1.15

【解析】音像制品适用的增值税税率为13%，该音像店此项业务的增值税销项税额＝6.78÷（1＋13%）×13%＝0.78（万元）。

【答案】A

2. 价外费用的识别

（1）价外费用（属于含税收入），包括价外向购买方收取的手续费、补贴、基金、集资费、返还利润、奖励费、违约金、滞纳金、延期付款利息、赔偿金、代收款项、代垫款项、包装费、包装物租金、储备费、优质费、运输装卸费以及其他各种性质的价外收费。

（2）除另有规定外，价外费用无论其会计制度如何核算，均应并入销售额计算增值税。

（3）下列项目不包括在销售额内：

①受托加工应征消费税的消费品所代收代缴的消费税。

②同时符合以下条件代为收取的政府性基金或者行政事业性收费：由国务院或者财政部批准设立的政府性基金，由国务院或者省级人民政府及其财政、价格主管部门批准设立的行政事业性收费；收取时开具省级以上财政部门印制的财政票据；所收款项全额上缴财政。

③销售货物的同时代办保险等而向购买方收

取的保险费，以及向购买方收取的代购买方缴纳的车辆购置税、车辆牌照费。

（二）核定销售额

1. 需要核定销售额的情形

（1）视同销售行为，无销售额的。

（2）纳税人销售货物，提供应税劳务或者销售服务、无形资产、不动产的价格明显偏低或者偏高且不具有合理商业目的的。

2. 核定方法

主管税务机关核定销售额时，按以下顺序进行：

（1）按纳税人最近时期销售同类货物、服务、无形资产、不动产的"平均"销售价格确定；

（2）按其他纳税人最近时期销售同类货物、服务、无形资产、不动产的"平均"销售价格确定（在题目中一般体现为市场价）；

（3）按组成计税价格确定。

【提示】核定销售额时，必须严格按照上述顺序（自己的同类平均价——市场价——组成计税价格）进行，而非直接组成计税价格进行计算。

3. 组成计税价格

（1）一般情况

组成计税价格＝成本×（1＋成本利润率）

（2）所销售的货物属于从价计征消费税的应税消费品

组成计税价格＝成本×（1＋成本利润率）÷（1－消费税税率）

考点5：特殊销售方式下的货物销售额（★★★）

1. 包装物押金

（1）非酒类产品、啤酒、黄酒

纳税人为销售货物而出租、出借包装物收取的押金，单独记账核算，且时间在1年以内，又未过期（合同约定的期限）的，不并入销售额。

【提示1】此处讲的是包装物"押金"，而非包装物"租金"。

【提示2】包装物押金属于含增值税收入，作销售处理时，应当先换算为不含税价格，再并入销售额征税。

【提示3】①未单独记账核算的包装物押金，收取时作销售处理，并入销售额。②单独记账核算的包装物押金，收取时不作销售处理；逾期没收时，再并入销售额作销售处理。③超过合同约定期限，肯定属于逾期；未超过合同约定期限，但已经超过1年的，亦属于逾期。

【案例1】甲企业为增值税一般纳税人，3月份销售黄酒，取得不含增值税售价100万元，同时收取包装物押金17万元并单独记账核算，甲企业规定包装物应当于提货之日起3个月内返还，逾期未归还者没收押金。则甲企业3月份的销项

税额 = 100 × 17% = 17（万元）。

【案例2】甲企业为增值税一般纳税人，6月份销售黄酒，取得不含增值税售价100万元，收取包装物押金17万元，没收逾期包装物押金2.34万元。已知，甲企业收取包装物押金单独记账，并规定包装物应当于提货之日起3个月内返还，逾期未归还者没收押金。在本案中，单独记账核算的黄酒的包装物押金，收取时（17万元）不作销售处理；逾期时没收的包装物押金（2.34万元），应并入销售额作销售处理；因此，甲企业6月份的销项税额 = ［100 + 2.34 ÷（1 + 17%）］× 17% = 17.34（万元）。

（2）啤酒、黄酒以外的其他酒类产品

对销售啤酒、黄酒以外的其他酒类产品而收取的包装物押金，无论是否返还以及会计上如何核算，均应在收取当期并入销售额中征税。

【案例】甲白酒厂是增值税一般纳税人，于3月份销售白酒，取得不含税销售收入10万元，收取包装物押金1万元并约定包装物应当在3个月内返还，没收逾期未归还包装物押金0.5万元。

【评析】由于销售的是白酒——啤酒、黄酒以外的其他酒：

（1）本月收取的包装物押金，不论是否单独记账核算，也不论包装物最终是否返还，一律在收取当月作销售处理；

（2）没收的逾期包装物押金早在收取当月已经作销售处理了，本月不重复处理；

（3）甲白酒厂3月份的销项税额 = ［10 + 1 ÷（1 + 17%）］× 17% = 1.85（万元）。

2. 商业折扣

（1）如果销售额和折扣额在同一张发票上的"金额"栏分别注明的，可按冲减折扣额后的销售额征收增值税；

（2）将折扣额另开发票（或者将折扣额在同一张发票的备注栏分别注明）的，不论财务上如何处理，在征收增值税时，折扣额均不得冲减销售额。

【例题·单选题】甲企业是增值税一般纳税人，向乙商场销售服装1000件，每件不含税价格为80元。由于乙商场购买量大，甲企业按原价七折优惠销售，乙商场付款后，甲企业为乙商场开具的发票金额栏上分别注明了销售额和折扣额，则甲企业此项业务的增值税销项税额是（ ）元。（2013年）

A. 8136.75　　　　B. 9520
C. 11623.94　　　D. 13600

【解析】纳税人采取折扣方式销售货物，如果销售额和折扣额在同一张发票的金额栏上分别注明的，可按折扣后的销售额征收增值税；因此，甲企业此项业务的增值税销项税额 = 1000 × 80 × 70% × 17% = 9520（元）。

【答案】B

3. 以旧换新

（1）一般货物：按"新货物"的同期销售价格确定销售额，不扣减旧货物的收购价格。

（2）金银首饰：按销售方"实际收取"的不含增值税的全部价款征收增值税。

【例题1·单选题】某家电销售企业为增值税一般纳税人。2015年6月销售H型空调80台，每台含税价款2925元；采取"以旧换新"方式销售同型号空调20台，每台旧空调作价585元，实际每台收取款项2340元。根据增值税法律制度的规定，该企业当月上述业务增值税销项税额为（ ）元。（2015年）

A. 40800　　　　B. 42500
C. 47736　　　　D. 49725

【解析】（1）纳税人采取以旧换新方式销售货物（不含金银首饰），应当按"新货物"的同期销售价格确定销售额；（2）增值税销项税额 = ［2925 × 80 ÷（1 + 17%）+（585 + 2340）× 20 ÷（1 + 17%）］× 17% = 42500（元）。

【答案】B

【例题2·单选题】某金店是增值税的一般纳税人，2012年3月采取以旧换新方式销售纯金项链10条，每条新项链的不含税销售额为4000元，收购的旧项链每条不含税作价2000元，该笔业务的销项税额为（ ）元。（2012年）

A. 6800　　　　B. 5200
C. 3400　　　　D. 2600

【解析】纳税人采用以旧换新方式销售的金银首饰，应按"实际收取"的不含增值税的全部价款确定计税依据征收增值税，该笔业务的销项税额 = （4000 - 2000）× 10 × 17% = 3400（元）。

【答案】C

4. 以物易物

（1）双方均应作购销处理，以各自发出的货物核算销售额并计算销项税额，以各自收到的货物按规定核算购货额并计算进项税额。

（2）在以物易物活动中，应分别开具合法的票据，如收到的货物不能取得相应的增值税专用发票或其他合法票据的，不能抵扣进项税额。

考点6：小规模纳税人应纳增值税的计算（★）

1. 一般业务

小规模纳税人应按照销售额和征收率计算应纳税额，且不得抵扣进项税额。

应纳税额 = 不含税销售额 × 征收率
= 含税销售额 ÷（1 + 征收率）× 征收率

【案例1】甲公司为增值税小规模纳税人，11月份销售一批货物，取得含增值税销售额206000元；假设甲公司当月没有其他业务。在本案中，甲公司当月应缴纳的增值税税额 = 206000 ÷（1 + 3%）× 3% = 6000（元）。

【案例2】甲公司为增值税小规模纳税人，11月份向乙企业提供咨询服务，取得含增值税销售额4.12万元；假设甲公司当月没有其他业务。在本案中，甲公司当月应缴纳的增值税税额=

$4.12 \div (1+3\%) \times 3\% = 0.12$（万元）。

2. 小规模纳税人销售自己使用过的物品或旧货

情　形		税务处理
其他个人销售自己使用过的物品		免征增值税
其他小规模纳税人	销售自己使用过的固定资产	应缴纳的增值税=含税售价÷（1+3%）×2%
	销售旧货	应缴纳的增值税=含税售价÷（1+3%）×2%
	销售自己使用过的固定资产以外的其他物品	应缴纳的增值税=含税售价÷（1+3%）×3%

【案例1】甲公司专营二手物品购销业务，是增值税小规模纳税人，11月份销售其收购的一批旧冰箱，取得含税收入4.12万元。在本案中，甲公司就该"销售旧货"业务应缴纳的增值税税额=$4.12 \div (1+3\%) \times 2\% = 0.08$（万元）。

【案例2】甲公司为增值税小规模纳税人，5月份销售一批下脚料，取得含税收入5150元。在本案中，甲公司就该"销售自己使用过的固定资产以外的其他物品"业务应缴纳的增值税税额=$5150 \div (1+3\%) \times 3\% = 150$（元）。

【例题·单选题】根据增值税法律制度的规定，下列关于小规模纳税人销售自己使用过的固定资产计征增值税适用征收率的表述中，正确的是（　）。（2015年）

A. 减按2%的征收率征收
B. 按3%的征收率征收
C. 按4%的征收率减半征收
D. 按6%的征收率减半征收

【解析】小规模纳税人（除其他个人外）销售自己使用过的固定资产，减按2%征收率征收增值税。

【答案】A

【星期三·第6章第3单元】一般纳税人应纳增值税的计算

【本单元考点清单】

考点名称	考点地位	二维码
当期准予抵扣的进项税额	★★★	
"一般计税方法"计算增值税应纳税额	★★★	
一般纳税人采用简易办法计税的情形	★★☆	

考点1：当期准予抵扣的进项税额（★★★）

（一）凭票直接抵扣和凭票计算抵扣

1. 增值税扣税凭证

（1）种类

①从销售方或者提供方取得的增值税专用发票（含税控机动车销售统一发票）。

②从海关取得的海关进口增值税专用缴款书。

③农产品收购发票。

④农产品销售发票。

⑤从境外单位或者个人购进服务、无形资产或者不动产，自税务机关或者扣缴义务人取得的解缴税款的完税凭证（中华人民共和国税收通用缴款书）。

【提示】纳税人购进货物、劳务、服务、无形资产或者不动产，取得的增值税扣税凭证不符合法律、行政法规或者国务院税务主管部门有关规定的，其进项税额不得从销项税额中抵扣。

【例题·多选题】根据增值税法律制度的规定，下列各项中，可以作为增值税进项税额抵扣凭证的有( )。(2011年)

A. 从销售方取得的注明增值税税额的增值税专用发票

B. 从海关取得的注明进口增值税税额的海关进口增值税专用缴款书

C. 购进农产品取得的注明买价的农产品收购发票

D. 销售货物过程中支付运输费用而取得的增值税专用发票

【解析】增值税扣税凭证，包括增值税专用发票（含税控机动车销售统一发票）、海关进口增值税专用缴款书、农产品收购发票和农产品销售发票以及税收缴款凭证。

【答案】ABCD

(2) 进项税额抵扣时限

情　形		进项税额抵扣时限
增值税专用发票		开具之日起180日内到税务机关办理认证；认证通过的次月申报期内向主管税务机关申报抵扣进项税额
海关进口增值税专用缴款书	实行"先比对后抵扣"管理办法的纳税人	开具之日起180日内向主管税务机关报送《海关完税凭证抵扣清单》申请稽核比对
	未实行"先比对后抵扣"管理办法的纳税人	开具之日起180日后的第一个纳税申报期结束以前，向主管税务机关申报抵扣进项税额

【提示】未在税法规定期限内到税务机关办理认证、申报抵扣或者申请稽核比对的，不得作为合法的增值税扣税凭证，不得计算进项税额抵扣。

2. 凭票按票面注明税额抵扣

(1) 取得的增值税专用发票上注明的增值税税额；

【提示1】纳税人购进货物、劳务、服务、无形资产或者不动产，取得的增值税专用发票上注明的增值税税额，准予依法从销项税额中抵扣。

【提示2】一般纳税人取得税务机关为小规模纳税人代开的增值税专用发票，可以将增值税专用发票上注明的税额作为进项税额抵扣。

(2) 从海关取得的海关进口增值税专用缴款书上注明的增值税税额；

(3) 解缴税款的完税凭证上注明的增值税税额。

3. 凭票计算抵扣

(1) 购进农产品，除取得增值税专用发票或者海关进口增值税专用缴款书外，按照农产品收购发票或者销售发票上注明的农产品买价（包括按规定缴纳的烟叶税）和13%的扣除率计算抵扣进项税额。计算公式为：

进项税额 = 买价 × 扣除率

【案例】甲面粉厂为增值税一般纳税人，3月份向农民收购玉米一批，开具的农产品收购发票上注明的农产品买价为60万元，并将该批玉米验收入库。甲面粉厂本月就购进的该批玉米可以计算抵扣的进项税额 = 60 × 13% = 7.8 (万元)。

(2) 核定扣除试点

自2012年7月1日起，以购进农产品为原料生产销售液体乳及乳制品、酒及酒精、植物油的增值税一般纳税人，纳入农产品增值税进项税额核定扣除试点范围。

(二) 不得抵扣的进项税额

1. 用于不产生销项税额的项目

用于简易计税方法计税项目、免征增值税项目、集体福利或者个人消费的购进货物、加工修理修配劳务、服务、无形资产和不动产，不得抵扣进项税额。其中涉及的固定资产、无形资产、不动产，仅指"专用于"上述项目的固定资产、无形资产（不包括其他权益性无形资产）、不动产。

【提示】(1) 纳税人外购的固定资产，既用于增值税应税项目，也用于简易计税方法计税项目、免征增值税项目、集体福利或者个人消费的，其进项税额可以依法抵扣。(2) 如果购进的固定资产、无形资产（不包括其他权益性无形资产）、不动产"专用于"简易计税方法计税项目、免征增值税项目、集体福利或者个人消费，其进项税额不得抵扣。

【案例】甲企业外购水泥取得合法扣税凭证用于本企业的建筑工程，外购水泥带来的进项税额能否抵扣，取决于该项建筑工程的性质：(1) 如果是修建办公楼、厂房等的，其进项税额可以抵扣；(2) 如果该建筑工程是专用于集体福利的，其进项税额不得抵扣。

2. 非正常损失

(1) 非正常损失的购进货物，以及相关的加工修理修配劳务和交通运输服务，不得抵扣进项税额；

(2) 非正常损失的在产品、产成品所耗用的购进货物（不包括固定资产）、加工修理修配劳务和交通运输服务，不得抵扣进项税额；

(3) 非正常损失的不动产，以及该不动产所

第九周

耗用的购进货物、设计服务和建筑服务，不得抵扣进项税额；

（4）非正常损失的不动产在建工程所耗用的购进货物、设计服务和建筑服务，不得抵扣进项税额。

【提示】非正常损失，是指"因管理不善造成"被盗、丢失、霉烂变质的损失，以及因违反法律法规造成货物或不动产被依法没收、毁损、拆除的情形。如果是因不可抗力毁损或者发生合理损耗，对应的进项税额可以抵扣。

3. 购进的旅客运输服务、贷款服务、餐饮服务、居民日常服务和娱乐服务，不得抵扣进项税额。

【提示1】自2009年1月1日起，增值税一般纳税人外购的用于生产经营的固定资产（作为纳税人自用消费品的汽车、摩托车、游艇除外），其进项税额可以抵扣。

【提示2】自2013年8月1日起，纳税人购进应征消费税的汽车、摩托车、游艇用于生产经营，可以抵扣购进时的增值税进项税额。

【提示3】2016年5月1日后取得并在会计制度上按固定资产核算的不动产，以及2016年5月1日后取得的不动产在建工程，其进项税额应按照有关规定分2年从销项税额中抵扣，第一年抵扣比例为60%，第二年抵扣比例为40%。（教材未收录）

【例题1·多选题】根据增值税法律制度的规定，一般纳税人购进下列服务所负担的进项税额中，不得抵扣的有（   ）。（2016年）

A. 餐饮服务

B. 贷款服务

C. 建筑服务

D. 娱乐服务

【解析】一般纳税人购进的旅客运输服务、贷款服务、餐饮服务、居民日常服务和娱乐服务产生的进项税额不得从销项税额中抵扣。

【答案】ABD

【例题2·单选题】根据增值税法律制度的规定，增值税一般纳税人的下列行为涉及的进项税额准予抵扣的是（   ）。（2014年）

A. 将购进货物用于生产免税产品

B. 将购进货物用于职工福利

C. 将购进货物用于生产应税产品

D. 将购进货物用于奖励职工

【解析】购进货物用于免征增值税项目、集体福利或者个人消费的，对应的进项税额不得抵扣。

【答案】C

【例题3·单选题】根据增值税法律制度的规定，增值税一般纳税人的下列行为中涉及的进项税额，不得从销项税额中抵扣的是（   ）。（2013年）

A. 食品厂将自产的月饼发给职工作为中秋节的福利

B. 商场将购进的服装发给职工用于运动会入场式

C. 电脑生产企业将自产的电脑分配给投资者

D. 纺织厂将自产的窗帘用于职工活动中心

【解析】（1）选项ACD：自产或者委托加工收回的货物，不论用于集体福利、个人消费，还是用于投资、分配、赠送，均视同销售，相应的进项税额准予依法抵扣。（2）选项B：购进货物用于集体福利或个人消费的，不视同销售，相应的进项税额不得抵扣。

【答案】B

（三）扣减进项税额（进项税额转出）

已抵扣进项税额的购进货物（不含固定资产）、劳务、服务，发生税法规定的不得从销项税额中抵扣情形（简易计税方法计税项目、免征增值税项目除外）的，应当将该进项税额从当期进项税额中扣减；无法确定该进项税额的，按照当期实际成本计算应扣减的进项税额。

【案例1】甲企业为增值税一般纳税人，10月份外购一批涂料拟用于销售，取得增值税专用发票注明价款100万元，增值税税额17万元，当月通过税务机关认证并抵扣了进项税额。11月份，甲企业将该批涂料中的50%用于职工食堂装修，甲企业11月份应当转出的进项税额 = $17 \times 50\%$ = 8.5（万元）。

【案例2】甲企业为增值税一般纳税人，10月份因管理不善丢失一批以往购进的免税农产品（当时开具了农产品收购发票，并已抵扣进项税额），账面成本为87万元。甲企业10月份就该批农产品应当转出的进项税额 = $87 \div (1 - 13\%) \times 13\%$ = 13（万元）。

【案例3】甲企业为增值税一般纳税人，2015年10月末盘库时发现，因管理不善，上月已经抵扣进项税额的从农业生产者手中购进的原木被盗，该批原木账面成本为179万元，其中含支付给运输企业（增值税一般纳税人）的运费5万元。甲企业就上述业务应当转出的进项税额 = $(179 - 5) \div (1 - 13\%) \times 13\% + 5 \times 11\%$ = 26.55（万元）。

（四）是否存在上期期末留抵税额？

【案例】甲企业为增值税一般纳税人，10月份销项税额为100万元，可以抵扣的进项税额为120万元，10月份甲企业应纳增值税 = $100 - 120 = -20$（万元）。当应纳税额为负数时，形成留抵税额，可以与下期进项税额一并从下期销项税额中抵扣。假定甲企业11月份销项税额为150万元，11月份新发生的可以抵扣的进项税额80万元，则甲企业11月份应纳增值税 = $150 - 80 - 20 = 50$（万元）。

考点 2："一般计税方法"计算增值税应纳税额（★★★）

增值税一般纳税人通常采用"一般计税方法"计算增值税应纳税额，计算公式为：

应纳税额 = 当期销项税额 – 当期可以抵扣的进项税额

当期销项税额 = 不含增值税销售额 × 适用税率

＝含增值税销售额 ÷（1 + 适用税率）× 适用税率

【提示 1】计算当期销项税额时：

（1）必须关注纳税义务发生时间，如果业务发生在本月，但按税法规定纳税义务是以后月份发生的，本月就不该项业务计算销项税额；

（2）必须判断题目给出的金额是否含增值税，如果含增值税应当先进行价税分离处理；

（3）必须判断具体适用的税率。

【提示 2】计算当期准予抵扣的进项税额时，应考虑：

（1）是否已经取得合法扣税凭证并经认证；

（2）是否发生不得抵扣进项税额的情形或者是否存在应当作进项税额转出的情形；

（3）是否存在上期留抵税额。

【例题 1·单选题】某服装厂为增值税一般纳税人。2015 年 2 月，销售服装开具增值税专用发票，取得含税销售额 200 万元；开具增值税普通发票，取得含税销售额 120 万元。将外购的布料用于集体福利，该布料购进价 20 万元，同类布料不含税销售价为 30 万元。根据增值税法律制度的规定，该服装厂当月增值税销项税额为（ ）万元。（2015 年）

A. 46.5   B. 49.9

C. 51.6   D. 54.4

【解析】（1）将外购的布料用于集体福利，不视同销售；（2）销售服装时不论是否开具增值税专用发票，均应计算销项税额；（3）该服装厂当月增值税销项税额 =（200 + 120）÷（1 + 17%）× 17% = 46.5（万元）。

【答案】A

【例题 2·单选题】某广告公司为增值税一般纳税人。2015 年 4 月，取得广告设计不含税价款 530 万元，奖励费收入 5.3 万元；支付设备租赁费，取得的增值税专用发票注明税额 17 万元。根据增值税法律制度的规定，该广告公司当月上述业务应缴纳增值税（ ）万元。（2015 年）

A. 14.8   B. 15.12

C. 15.1   D. 13.3

【解析】应缴纳增值税 =［530 + 5.3 ÷（1 + 6%）］× 6% – 17 = 15.1（万元）。

【答案】C

【案例】某五金制造企业为增值税一般纳税人，2016 年 11 月，该企业取得的增值税专用发票均符合规定，并已认证；购进和销售产品适用的增值税率为 17%。发生的有关经济业务如下：

（1）购进一批原材料，取得增值税专用发票注明的金额为 50 万元，增值税为 8.5 万元。支付运费，取得增值税普通发票注明的金额为 2 万元，增值税为 0.22 万元。

【评析 1】

购进原材料，取得增值税专用发票并经认证，增值税 8.5 万元可以抵扣；但支付运费取得的是增值税"普通"发票，增值税 0.22 万元不得抵扣。

（2）接受其他企业投资转入材料一批，取得增值税专用发票注明的金额为 100 万元，增值税为 17 万元。

【评析 2】接受原材料投资视同购进原材料，取得增值税专用发票并经认证，增值税 17 万元可以抵扣。

（3）购进低值易耗品，取得增值税专用发票注明的金额 6 万元，增值税为 1.02 万元。

【评析 3】购进低值易耗品，取得增值税专用发票并经认证，增值税 1.02 万元可以抵扣。

（4）销售产品一批，取得不含税销售额 200 万元，另外收取包装物租金 1.17 万元。

【评析 4】销售产品同时在外收取的包装物租金属于价外费用，销项税额 =［200 + 1.17 ÷（1 + 17%）］× 17% = 34.17（万元）。

（5）采取以旧换新方式销售产品，新产品含税售价为 8.19 万元，旧产品作价 2 万元。

【评析 5】由于该企业产品是五金，应按新货物的不含税销售额计算，销项税额 = 8.19 ÷（1 + 17%）× 17% = 1.19（万元）。

（6）因仓库管理不善，上月购进的一批工具被盗，该批工具的采购成本为 8 万元（购进工具的进项税额已抵扣）。

【评析 6】购进的工具因管理不善被盗，已经抵扣的进项税额应当转出，转出的进项税额 = 8 × 17% = 1.36（万元）。

【综上所述】

当期销项税额 = 34.17 + 1.19 = 35.36（万元）

当期准予抵扣的进项税额 = 8.5 + 17 + 1.02 – 1.36 = 25.16（万元）

应纳增值税 = 35.36 – 25.16 = 10.2（万元）。

第九周

考点3：一般纳税人采用简易办法计税的情形（★★☆）

1. 一般纳税人销售自己使用过的物品或旧货

销售对象的具体情况			计税公式
自己使用过的物品	固定资产	按规定不得抵扣且未抵扣过进项税	应缴纳的增值税 = 含税售价 ÷（1 + 3%）×2%
		按规定可以抵扣进项税	销项税额 = 含税售价 ÷（1 + 适用税率）× 适用税率
	固定资产以外的其他物品		
旧货			应缴纳的增值税 = 含税售价 ÷（1 + 3%）×2%

【解释】（1）旧货，是指进入二次流通的具有部分使用价值的货物（含旧汽车、旧摩托车和旧游艇），但不包括自己使用过的物品。（2）"自己使用过的物品"分两大类：①自己使用过的固定资产（不动产除外）；②自己使用过的除固定资产以外的其他物品。

【提示】如何在应试中判定一般纳税人所销售的固定资产，属于"按规定不得抵扣且未抵扣过进项税的固定资产"，还是属于"按规定可以抵扣进项税的固定资产"？（1）如果出售的是一般纳税人自用的应征消费税的摩托车、汽车、游艇，应看清购进时间是2013年8月1日之前还是之后：①2013年8月1日（不含）之前购进的，属于"按规定不得抵扣且未抵扣过进项税的固定资产"；②2013年8月1日之后购进的，属于"按规定可以抵扣进项税的固定资产"。（2）如果出售的是生产设备，应看清购进时间是2009年1月1日之前，还是2009年1月1日之后：①2009年1月1日（不含）之前购进的，属于"按规定不得抵扣且未抵扣过进项税的固定资产"；②2009年1月1日之后购进的，属于"按规定可以抵扣进项税的固定资产"。

【案例1】甲企业为增值税一般纳税人，2016年11月对外转让一台其使用过的作固定资产核算的生产设备；该设备为甲企业于2006年11月购进，含税转让价格为41200元。

【评析】
（1）该生产设备属于一般纳税人自己使用过的按规定不得抵扣且未抵扣过进项税的固定资产；
（2）甲企业该笔业务应缴纳的增值税 = 41200÷（1 + 3%）×2% = 800（元）。

【案例2】甲企业为增值税一般纳税人，2016年11月对外转让一台其使用过的作固定资产核算的生产设备；该设备为甲企业于2011年11月购进，含税转让价格为46800元。

【评析】
（1）该生产设备属于一般纳税人自己使用过的按规定可以抵扣进项税的固定资产；
（2）甲企业该笔业务产生的销项税额 = 46800÷（1 + 17%）×17% = 6800（元）。

【案例3】甲企业为增值税一般纳税人，2016年11月对外转让其总经理使用过的办公用小轿车一辆；该小轿车为甲企业于2011年11月购进，含税转让价格为41200元。

【评析】
（1）该小轿车按购进当时的政策不得抵扣进项税额；
（2）甲企业该笔业务应缴纳的增值税 = 41200÷（1 + 3%）×2% = 800（元）。

【案例4】甲企业为增值税一般纳税人，2016年11月对外转让其总经理使用过的办公用小轿车一辆；该小轿车为甲企业于2015年11月购进，含税转让价格为46800元。

【评析】
（1）自2013年8月1日起，一般纳税人购进应征消费税的汽车、摩托车、游艇自用，可以抵扣购进时的增值税进项税额，该小轿车属于甲企业按照规定可以抵扣进项税额的固定资产；
（2）甲企业该笔业务产生的销项税额 = 46800÷（1 + 17%）×17% = 6800（元）。

【案例5】甲企业为增值税一般纳税人，2016年11月将自己使用过的一箱打印纸（自己使用过的其他物品）出售，含税售价为80元。甲企业该笔业务应缴纳增值税 = 80÷（1 + 17%）×17% = 11.62（元）。

【案例6】甲企业专营二手物品购销业务，是增值税一般纳税人，2016年11月，甲企业将其收购的一批二手电脑转让给乙企业（销售旧货），含税转让价格为41200元。甲企业该笔业务应缴纳的增值税 = 41200÷（1 + 3%）×2% = 800（元）。

2. 可选择按照3%征收率计算缴纳增值税
（1）适用情形
一般纳税人销售自产的下列货物，可以选择按照简易办法依照3%征收率计算缴纳增值税：
①县级及县级以下小型水力发电单位生产的电力；
②建筑用和生产建筑材料所用的砂、土、石料；
③以自己采掘的砂、土、石料或其他矿物连续生产的砖、瓦、石灰（不含粘土实心砖、瓦）；

④用微生物、微生物代谢产物、动物毒素、人或动物的血液或组织制成的生物制品；

⑤自来水；

⑥商品混凝土（仅限于以水泥为原料生产的水泥混凝土）。

（2）一般纳税人针对上述业务，选择简易办法计算缴纳增值税后，36个月内不得变更。

3. 应当按照3%征收率计算缴纳增值税

一般纳税人销售货物属于下列情形之一的，暂按简易办法依照3%征收率计算缴纳增值税：

（1）寄售商店代销寄售物品（包括居民个人寄售的物品在内）；

（2）典当业销售死当物品。

4. 一般纳税人从事公共交通运输服务、电影放映服务、仓储服务、装卸搬运服务和收派服务等，适用简易办法计税。

【例题·单选题】根据增值税法律制度的规定，增值税一般纳税人提供的下列服务中，不适用简易办法计征增值税的是（　　）。（2016年）

A. 地铁公司提供的公共交通运输服务

B. 快递公司提供的收派服务

C. 搬家公司提供的搬运服务

D. 广告公司提供的广告制作服务

【解析】增值税一般纳税人提供营改增服务中公共交通运输服务、电影放映服务、仓储服务、装卸搬运服务和收派服务可以适用简易计税方法，不涉及广告制作服务。

【答案】D

【案例】北京市某公司为增值税一般纳税人，专门从事认证服务。2016年11月发生如下业务：

（1）16日，取得某项认证服务收入价税合计为106万元。

（2）18日，购进一台经营用设备，取得增值税专用发票注明金额20万元，增值税为3.4万元；支付运输费用，取得增值税专用发票注明金额为0.5万元，增值税为0.055万元。

（3）20日，支付广告服务费，取得增值税专用发票注明金额5万元，增值税为0.3万元。

（4）28日，销售2009年1月1日以前购进的一台固定资产，含税售价0.206万元。

【评析】

（1）该公司当月应纳税额由两部分组成：一部分是按"一般计税方法"计算的应纳税额；另一部分是按简易计税方法计算的应纳税额。

（2）按"一般计税方法"计算的部分：当期销项税额 = 106 ÷ （1 + 6%）×6% = 6（万元）；当期准予抵扣的进项税额 = 3.4 + 0.055 + 0.3 = 3.755（万元）；按"一般计税方法"计算部分的应纳税额 = 6 - 3.755 = 2.245（万元）。

（3）按简易计税方法计算部分的应纳税额 = 0.206 ÷ （1 + 3%）×2% = 0.004（万元）。

（4）该公司本月应纳增值税税额 = 2.245 + 0.004 = 2.249（万元）。

【星期四·第6章第4单元】 增值税的税收优惠

【本单元考点清单】

考点名称	考点地位	二维码
《增值税暂行条例》及其实施细则规定的免税项目	★★	
"营改增"税收优惠	★★	
税收优惠有关的管理规定	★	

考点1：《增值税暂行条例》及其实施细则规定的免税项目（★★）

1. 农业"生产者"销售的"自产"农产品；

2. 避孕药品和用具；

3. 古旧图书；

4. 直接用于科学研究、科学试验和教学的进口仪器、设备；

5. 外国政府、国际组织无偿援助的进口物资和设备；

6. 由残疾人的组织直接进口供残疾人专用的物品;

7. 其他个人销售的自己使用过的物品;

8. 除前述规定外, 增值税免税、减税项目由国务院规定。

【提示】根据《增值税暂行条例》的此项授权, 国务院财政、税务主管部门颁布了一系列增值税免税政策, 包括但不限于:(1)对污水处理劳务免征增值税;(2)对残疾人个人提供的加工、修理修配劳务免征增值税。

【例题·判断题】某增值税一般纳税人销售从农业生产者处购进的自产谷物, 其缴纳增值税时适用零税率。(　　)(2011年)

【解析】增值税一般纳税人销售从农业生产者处购进的自产谷物, 其缴纳增值税时适用13%的低税率。

【答案】×

考点2:"营改增"税收优惠(★★)

1. 零税率

(1)国际运输服务。

①在境内载运旅客或者货物出境;

②在境外载运旅客或者货物入境;

③在境外载运旅客或者货物。

(2)航天运输服务。

(3)向境外单位提供的完全在境外消费的下列服务:

①研发服务;

②合同能源管理服务;

③设计服务;

④广播影视节目(作品)的制作和发行服务;

⑤软件服务;

⑥电路设计及测试服务;

⑦信息系统服务;

⑧业务流程管理服务;

⑨离岸服务外包业务;

⑩转让技术。

(4)财政部和国家税务总局规定的其他服务。

2. 免税(包括但不限于下列项目)

(1)托儿所、幼儿园提供的保育和教育服务。

(2)养老机构提供的养老服务。

(3)残疾人福利机构提供的育养服务。

(4)婚姻介绍服务。

(5)殡葬服务。

(6)残疾人员本人为社会提供的服务。

(7)医疗机构提供的医疗服务。

(8)从事学历教育的学校提供的教育服务。

(9)学生勤工俭学提供的服务。

(10)农业机耕、排灌、病虫害防治、植物保护、农牧保险以及相关技术培训业务, 家禽、牲畜、水生动物的配种和疾病防治。

(11)纪念馆、博物馆、文化馆、文物保护单位管理机构、美术馆、展览馆、书画院、图书馆在自己的场所提供文化体育服务取得的第一道门票收入。

(12)寺院、宫观、清真寺和教堂举办文化、宗教活动的门票收入。

(13)行政单位之外的其他单位收取的符合规定的政府性基金和行政事业性收费。

(14)个人转让著作权。

(15)个人销售自建自用住房。

(16)个人从事金融商品转让业务。

(17)金融同业往来利息收入。

(18)纳税人提供技术转让、技术开发和与之相关的技术咨询、技术服务。

(19)2017年12月31日前, 科普单位的门票收入, 以及县级及以上党政部门和科协开展科普活动的门票收入。

(20)政府举办的从事学历教育的高等、中等和初等学校(不含下属单位), 举办进修班、培训班取得的全部归该学校所有的收入。

(21)家政服务企业由员工制家政服务员提供家政服务取得的收入。

(22)福利彩票、体育彩票的发行收入。

(23)军队空余房产租赁收入。

(24)涉及家庭财产分割的个人无偿转让不动产、土地使用权。

(25)随军家属就业。

(26)军队转业干部就业。

(27)境内的单位和个人销售的下列服务免征增值税, 但财政部和国家税务总局规定适用增值税零税率的除外:

①工程项目在境外的建筑服务;

②工程项目在境外的工程监理服务;

③工程、矿产资源在境外的工程勘察勘探服务;

④会议展览地点在境外的会议展览服务;

⑤存储地点在境外的仓储服务;

⑥标的物在境外使用的有形动产租赁服务;

⑦在境外提供的广播影视节目(作品)的播映服务;

⑧在境外提供的文化体育服务、教育医疗服务、旅游服务。

(28)境内的单位和个人为出口货物提供的邮政服务、收派服务、保险服务免征增值税。

(29)境内的单位和个人向境外单位提供的完全在境外消费的下列服务和无形资产免征增值税, 但财政部和国家税务总局规定适用增值税零税率的除外:

①电信服务;

②知识产权服务;

③物流辅助服务(仓储服务、收派服务除外);

④鉴证咨询服务;

⑤专业技术服务；

⑥商务辅助服务；

⑦广告投放地在境外的广告服务；

⑧无形资产。

（30）境内的单位和个人以无运输工具承运方式提供的国际运输服务免征增值税。

【例题·单选题】根据增值税法律制度的规定，纳税人提供的下列应税服务，适用增值税零税率的是（　）。（2015年）

A. 国际运输服务

B. 国际货物运输代理服务

C. 存储地点在境外的仓储服务

D. 标的物在境外使用的有形动产租赁服务

【解析】（1）选项A：适用零税率；（2）选项BCD：免征增值税。

【答案】A

考点3：税收优惠有关的管理规定（★）

1. 纳税人兼营免税、减税项目的，应当分别核算免税、减税项目的销售额；未分别核算销售

额的，不得免税、减税。

2. 放弃免税权

（1）纳税人提供应税服务适用免税、减税规定的，可以放弃免税、减税权，向主管税务机关提出书面申请，经主管税务机关审核确认后，按现行相关规定缴纳增值税。放弃免税、减税后，36个月内不得再申请免税、减税，主管税务机关36个月内也不得受理纳税人的免税申请。

（2）纳税人一经放弃免税权，其生产销售的全部增值税应税货物或者劳务以及应税服务均应按照适用税率征税，不得选择某一免税项目放弃免税权，也不得根据不同销售对象选择部分货物、劳务以及应税服务放弃免税权。

【例题·判断题】纳税人一经放弃免税权，其生产销售的全部增值税应税货物或者劳务均应按照适用税率征税，不得选择某一免税项目放弃免税权，也不得根据不同的销售对象选择部分货物或者劳务放弃免税权。（　）（2015年）

【答案】√

【星期五·第6章第5单元】增值税法律制度的其余考点

【本单元考点清单】

考点名称	考点地位	二维码
纳税地点	★	
纳税期限	★	
增值税专用发票管理	★	
出口退（免）税制度	★	

考点1：纳税地点（★）

1. 固定业户应当向其机构所在地或者居住地主管税务机关申报纳税。

2. 非固定业户销售货物或应税劳务，应当向销售地或者劳务发生地的主管税务机关申报纳税；未向销售地或者劳务发生地的主管税务机关申报纳税的，由其机构所在地或者居住地主管税务机关补征税款。

3. 进口货物，应当向报关地海关申报纳税。

考点2：纳税期限（★）

1. 增值税的纳税期限分别为1日、3日、5日、10日、15日、1个月或者1个季度。

2. 纳税人以1个月或者1个季度为1个纳税期的，自期满之日起15日内申报纳税。

3. 以1日、3日、5日、10日或者15日为1个纳税期的，自期满之日起5日内预缴税款，于

次月 1 日起 15 日内申报纳税并结清上月应纳税款。

考点 3：增值税专用发票管理（★）

1. 增值税一般纳税人有下列情形之一的，不得领购开具专用发票：

（1）会计核算不健全，不能向税务机关准确提供增值税销项税额、进项税额、应纳税额数据及其他有关增值税税务资料的。

（2）有《税收征管法》规定的税收违法行为，拒不接受税务机关处理的。

（3）有下列行为之一，经税务机关责令限期改正而仍未改正的：

①虚开增值税专用发票；

②私自印制专用发票；

③向税务机关以外的单位和个人购买专用发票；

④借用他人专用发票；

⑤未按规定开具专用发票；

⑥未按规定保管专用发票和专用设备；

⑦未按规定申请办理防伪税控系统变更发行；

⑧未按规定接受税务机关检查。

2. 不得开具增值税专用发票的情形：

（1）商业企业一般纳税人零售的烟、酒、食品、服装、鞋帽（不含劳保用品）、化妆品等消费品；

（2）销售货物或者应税劳务适用免税规定的（法律、法规及国家税务总局另有规定的除外）；

（3）向消费者个人销售货物或者提供应税劳务的；

（4）小规模纳税人销售货物或者提供应税劳务的（需要开具专用发票的，可向主管税务机关申请代开）。

【例题·单选题】根据增值税法律制度的规定，增值税一般纳税人从事的下列行为中，可以开具增值税专用发票的是（　　）。（2016 年）

A. 商店向一般纳税人出售办公用品

B. 书店向个人销售图书

C. 律师事务所免费为社会公众提供法律咨询服务

D. 航空公司向旅客提供有偿运输服务

【解析】（1）选项 BD：向消费者个人销售货物、应税劳务、服务、无形资产或不动产的，不得开具增值税专用发票。（2）选项 C：单位或者个人向其他单位或者个人无偿提供服务、转让无形资产或者不动产，属于视同销售行为，需要缴纳增值税，但用于公益事业或者以社会公众为对象的除外；在本题中，律师事务所为社会公众无偿提供咨询服务的行为，不视同销售，不缴纳增值税，不能开具增值税专用发票。

【答案】A

考点 4：出口退（免）税制度（★）

1. 免税并退税

下列企业出口的货物劳务，除另有规定外，给予免税并退税：

（1）出口企业出口货物；

（2）出口企业对外提供加工修理修配劳务。

2. 免税但不予退税

（1）出口企业或者其他单位出口以下货物免征增值税：

①增值税小规模纳税人出口的货物；

②避孕药品和用具，古旧图书；

③软件产品；

④含黄金、铂金成分的货物，钻石及其饰品；

⑤国家计划内出口的卷烟；

⑥非出口企业委托出口的货物；

⑦来料加工复出口的货物。

（2）出口企业或其他单位视同出口下列货物劳务免征增值税（包括但不限于）：

①国家批准设立的免税店销售的免税货物；

②特殊区域内的企业为境外的单位或者个人提供加工修理修配劳务。

（3）适用增值税免税政策的出口货物劳务，其进项税额不得抵扣和退税，应当转入成本。

3. 既不免税也不退税

（1）出口企业或者其他单位提供虚假备案单证的货物；

（2）出口企业或者其他单位增值税退（免）税凭证有伪造或者内容不实的货物。

4. 免抵退

（1）生产企业出口自产货物和视同自产货物；

（2）对外提供加工修理修配劳务；

（3）列名企业出口非自产货物。

5. 出口退税率

出口企业应将不同税率的货物分开核算和申报，凡划分不清的，一律从低适用退税率计算退免税。

【例题 1·多选题】根据增值税法律制度的规定，下列关于出口退（免）税政策的表述中，正确的有（　　）。（2015 年）

A. 生产企业出口自产货物适用免抵退税办法

B. 适用增值税免税政策的出口货物，其进项税额不得抵扣和退税

C. 出口企业应将不同退税率的货物分开核算和申报，凡划分不清的，不予退免税

D. 在征、退税率不一致的情况下，需要计算免抵退税不得免征和抵扣税额，并将其从当期进项税额中转出

【解析】选项 C：出口企业应将不同退税率的货物分开核算和申报，凡划分不清的，一律从低适用退税率计算退免税。

第九周

【答案】ABD

【例题2·多选题】根据增值税法律制度的规定，下列出口货物中，免税但不退税的有（　　）。（2013 年）

A. 国家计划内出口的石油

B. 避孕药品

C. 来料加工复出口的货物

D. 古旧图书

【解析】（1）选项 A：出口免税并退税；（2）选项 BCD：出口免税但不退税。

【答案】BCD

扫一扫，阅读解题思路

本书中各部分试题均配备二维码，下载安装"东奥题库宝典"移动客户端，扫一扫左侧二维码，即可在线做题，并获得详尽的答案解析、解题思路等超值服务，解决您做题时的一切疑惑。

【移动客户端安装二维码详见封底】

本周自测

一、简答题

【案例1】（2016 年）

甲公司为增值税一般纳税人，位于珠海，专门从事家用电器生产和销售。2016 年 6 月发生如下事项：

（1）将自产的冰箱、微波炉赠送给偏远地区的小学，该批冰箱和微波炉在市场上的含税售价共为 58.5 万元。

（2）将自产的家用电器分别移送上海和深圳的分支机构用于销售，不含税售价分别为 250 万元和 300 万元，该公司实行统一核算。

（3）为本公司职工活动中心购入健身器材，取得的增值税专用发票上注明的金额为 20 万元，增值税额为 3.4 万元。

要求：

根据上述资料和增值税法律制度的规定，回答下列问题（答案中的金额单位用"万元"表示）。

（1）事项（1）中，甲公司是否需要缴纳增值税？如果需要，简要说明理由并计算销项税额；如果不需要，简要说明理由。

（2）事项（2）中，甲公司是否需要缴纳增值税？如果需要，简要说明理由并计算销项税额；如果不需要，简要说明理由。

（3）事项（3）中，甲公司负担的进项税额是否可以抵扣？简要说明理由。

【案例2】（2016 年）

甲制药厂为增值税一般纳税人。2016 年 4 月发生如下经营业务：

（1）以折扣方式销售应税药品一批，在同一张增值税专用发票的"金额"栏注明销售额 20 万元，"备注"栏注明折扣额 4 万元。

（2）从国外进口一台设备，海关审定的完税价格为 200 万元，进口关税税率为 10%，该设备专门用于免税药品的生产。

（3）将新研制的一批应税药品赠送给某医院，该批药品的成本为 500 万元，该药品系经批准生产的新药，没有同类药品的销售价格，药品的成本利润率为 10%。

要求：

根据上述资料和增值税法律制度的规定，回答下列问题（答案中的金额单位用"万元"表示）。

（1）业务（1）中，折扣额可否从销售额中扣除？简要说明理由。

（2）计算业务（2）应缴纳的增值税额，该增值税额是否可以抵扣？简要说明理由。

（3）计算业务（3）的销项税额。

【案例3】（2013 年）

甲公司为增值税一般纳税人，主要生产电动工具，2013 年 6 月，甲公司发生如下事项：

（1）6 月 3 日，购入一批钢材，取得的增值税专用发票上注明的价款为 80 万元，增值税额 13.6 万元。

（2）6 月 11 日，处理一批下脚料，取得含税销售收入 3.51 万元。

（3）6 月 23 日，因管理不善，当月购进的钢材部分被盗，不含税金额 12 万元。

已知，甲公司取得的增值税专用发票已经主管税务机关认证并在当月抵扣，甲公司适用的增值税税率为 17%。

要求：

根据增值税法律制度的规定，回答下列问题。

（1）甲公司当期购入钢材的进项税额是否可以全额扣除？简要说明理由。

（2）甲公司销售下脚料应纳的增值税税额是多少万元？

【案例4】（2010 年）

某酒厂为增值税一般纳税人，主要生产白酒和果酒。2014 年 3 月生产经营情况如下：

（1）购进业务：从国内购进生产用原材料，取得增值税专用发票，注明价款 80 万元、增值税 13.60 万元，由于运输途中保管不善，原材料丢失 3%；从国内购进一台生产用机器设备，取得增值税专用发票，注明价款 10 万元、增值税 1.7 万元；从小规模纳税人购进劳保用品，取得税务机关代开的增值税专用发票，注明价款 2 万元、增值税 0.06 万元。

（2）材料领用情况：职工食堂领用以前月份购进的已经抵扣进项税额的材料，成本 5 万元。该材料适用的增值税税率为 17%。

（3）销售业务：采用分期收款方式销售白酒，合同规定，不含税销售额共计 200 万元，本月应收回 60% 货款，其余货款于 9 月 10 日前收回，本月实际收回货款 50 万元。销售白酒时向运输单位支付销货运费 3 万元，取得增值税专用发票注明税额为 0.33 万元。销售果酒取得不含税销售额 15 万元，另收取优质费 3.51 万元。

假定本月取得的相关票据符合税法规定并在本月认证抵扣。

该企业财务人员当月在申报增值税时计算过程如下：

准予从销项税额中抵扣的进项税额 = 13.6 + 1.7 + 0.06 = 15.36（万元）

当期销项税额 =（200 + 15）× 17% = 36.55（万元）

当期应纳增值税额 = 36.55 − 15.36 = 21.19（万元）

要求：

根据上述资料和增值税法律制度的规定，分析指出该酒厂财务人员当月申报增值税时存在哪些问题，并分别简要说明理由。

二、综合题

【案例 1】（2014 年）

甲家具厂为增值税一般纳税人，2014 年 6 月发生下列经营业务：

（1）外购一批橡木作为原材料，取得的增值税专用发票上注明金额 100 万元、增值税额 13 万元；支付给运输该批橡木的乙运输公司运费 8 万元，取得普通发票。

（2）外购一批松木作为原材料，取得的增值税专用发票上注明金额 200 万元、增值税 26 万元。因管理不善，购进的松木当月发生霉变，霉变部分占购进部分的 10%。

（3）向农民收购一批榆木作为原材料，农产品收购发票上注明买价 40 万元，委托丙运输公司（一般纳税人）运输，取得的丙运输公司开具的增值税专用发票上注明金额 3 万元。

（4）外购生产设备，取得的增值税专用发票上注明金额 250 万元。

（5）向某商贸企业销售办公家具一批，取得含税销售额 585 万元。

（6）转让一项技术，取得收入 10 万元。

已知：甲家具厂当月取得的相关票据在有效期内均经过主管税务机关认证。

要求：

根据上述资料，回答下列问题（涉及计算的，列出算式，结果保留到小数点后两位，单位：万元）。

（1）甲家具厂外购橡木负担的进项税额及支付运费负担的进项税额是否可以抵扣？分别说明理由。

（2）计算甲家具厂外购松木可以抵扣的进项税额。

（3）计算甲家具厂收购榆木可以抵扣的进项税额。

（4）计算甲家具厂外购生产设备可以抵扣的进项税额。

（5）计算甲家具厂销售办公家具的销项税额。

（6）甲家具厂转让技术的收入是否应当缴纳增值税？如果缴纳，计算销项税额；如果不缴纳，说明理由。

【案例 2】（2012 年）

甲木业制造有限责任公司（以下简称"甲公司"）是增值税一般纳税人，从事实木地板的生产、销售，同时从事木制工艺品、筷子等的生产经营。

（一）相关资料

2012 年 8 月，甲公司发生下列业务：

（1）购进油漆、修理零备件一批，取得增值税专用发票上注明的价款为 50 万元、税额 8.5 万元。

（2）购入原木，取得增值税专用发票上注明的价款为 200 万元、税额 26 万元。

（3）将橡木加工成 A 型实木地板，本月销售取得含税销售额 81.9 万元，将部分橡木做成工艺品进行销售，取得含税销售额 52.65 万元。

（4）销售自产 B 型实木地板 4.5 万平方米，不含税销售额为每平方米 280 元，开具增值税专用发票；另外收取包装费 11.7 万元，开具普通发票。

（5）将自产 C 型实木地板 0.1 万平方米用于本公司职工食堂装修，成本为 5.43 万元，C 型实木地板没有同类销售价格；将自产的 D 型实木地板 0.2 万平方米无偿提供给某房地产公司，用于装修该房地产公司的样板间供客户参观，D 型实木地板的成本为 18 万元，市场销售价为每平方米 160 元（不含增值税额）。

已知：实木地板消费税税率和成本利润率均为 5%；相关发票已经主管税务机关认证。

（二）甲公司财务人员计算申报缴纳增值税情况：

（1）当期进项税额 = 8.5 + 26 = 34.5（万元）

（2）当期销项税额 = 81.9 ÷（1 + 17%）× 17% + 52.65 ÷（1 + 17%）× 17% + 4.5 × 280 × 17% + 11.7 ÷（1 + 17%）× 17% = 235.45（万元）。

要求：

根据上述内容，分别回答下列问题（涉及计算的，列出计算过程，计算结果保留到小数点后两位；计算单位：万元）。

（1）甲公司财务人员在申报纳税时存在哪些不合法之处？并说明理由。

（2）计算甲公司当期应纳增值税额。

三、单项选择题

1. 根据增值税法律制度的规定，下列应税行为中，应按照交通运输服务缴纳增值税的是（　　）。

　　A. 管道运输服务

　　B. 货运客运场站服务

　　C. 装卸搬运服务

　　D. 收派服务

2. 根据增值税法律制度的规定，有关增值税纳税人的下列表述中，正确的是（　　）。

　　A. 年应征增值税销售额未超过小规模纳税人标准的，一律不得申请登记为一般纳税人

　　B. 从事货物生产的纳税人，年应征增值税销售额超过 30 万元的，应当申请登记为一般纳税人

　　C. 除个体经营者以外的其他个人，不得办理一般纳税人资格登记

　　D. 非企业性单位，不得办理一般纳税人资格登记

3. 某电器城是增值税一般纳税人，本月采取以旧换新方式销售电视机 10 台，新电视机每台的不含税销售额为 8000 元，旧电视机作价 400 元/台。该笔业务的增值税销项税额为（　　）元。

　　A. 11043　　　　　　B. 12920

　　C. 13019　　　　　　D. 13600

4. 某金店是增值税一般纳税人，本月采取"以旧换新"方式零售金项链共计 100 条，每条新项链的含税销售额 4680 元，旧项链含税作价 1170 元/条。该金店上述业务的增值税销项税额为（　　）元。

　　A. 19890　　　　　　B. 48110

　　C. 51000　　　　　　D. 68000

5. 甲公司与乙公司（均为一般纳税人）签订一份易货合同，合同约定甲公司以自己生产的一批 A 产品与乙公司等值交换，换取乙公司自产的 B 产品一批。根据增值税法律制度的规定，下列说法正确的是（　　）。

　　A. 双方均无货币流动，均无须进行增值税处理

　　B. 甲公司发出 A 产品不必计算销项税额，乙公司收到 A 产品也不能抵扣进项税额

　　C. 甲公司和乙公司发出各自货物时，均应作销售处理，计算增值税销项税额

　　D. 甲公司和乙公司收到对方货物入库时，一律可以核算收到货物所含增值税税额，计入进项税额抵扣

6. 某啤酒厂为增值税一般纳税人，本月销售啤酒取得不含税销售额 800 万元，已开具增值税专用发票；本月没收逾期未退还包装物押金 58.50 万元。该啤酒厂当期增值税销项税额为（　　）万元。

　　A. 116.24　　　　　　B. 136

　　C. 144.5　　　　　　D. 145.95

7. 甲商场为增值税一般纳税人，本月售出 A 产品 100 套，合计含税销售价为 11115 元；为回馈老客户，当月又无偿赠送 B 产品 80 套，B 产品在甲商场正常的零售单价为 58.5 元。甲商场上述业务应确认的销项税额为（　　）元。

　　A. 1889.55　　　　　B. 1615

　　C. 2685.15　　　　　D. 2295

8. 甲厂将自产的食用油作为福利发放给本厂职工，该批食用油账面成本为 20 万元，成本利润率为 10%；按当月甲厂同类食用油的平均售价计算，该批食用油的不含税售价为 45 万元；按其他纳税人同类食用油的平均售价计算，该批食用油的不含税售价为 42 万元。甲厂发放职工福利的该批食用油计征增值税的销售额为（　　）万元。

　　A. 20　　　　　　　　B. 22

　　C. 42　　　　　　　　D. 45

9. 某电信企业是增值税一般纳税人，本月提供基础电信服务，取得价税合计收入 666 万元；提供增值电信服务，取得价税合计收入 318 万元。该电信企业本月应确认的增值税销项税额为（　　）万元。

　　A. 56　　　　　　　　B. 69

　　C. 84　　　　　　　　D. 97

10. 增值税一般纳税人支付的下列运费均已取得增值税专用发票并经认证，其中不得抵扣进项税额的是（　　）。

　　A. 销售原材料支付的运费

　　B. 外购生产设备支付的运费

　　C. 外购用于集体福利的货物支付的运费

　　D. 购买免税农产品生产应税产品而支付的运费

11. 某食品加工厂是增值税一般纳税人，本月从农民手中收购大豆一批用于加工糕点，农产品收购发票上注明买价 20 万元；该批大豆在运回

库房途中发生了1%的损失，经查验该损失属于合理损耗。该食品加工厂就上述业务可以抵扣的增值税进项税额为（　　）万元。

A. 2.57　　　　　　B. 3.36

C. 2.6　　　　　　 D. 3.4

12. 某企业为增值税一般纳税人，2016年10月份购进原材料取得的增值税专用发票上注明的增值税税额为8.5万元，当月销售货物取得不含税销售额40万元；11月份购进原材料取得的增值税专用发票上注明的增值税税额为3.4万元，当月销售货物取得不含税销售额70万元。已知增值税税率为17%，取得的增值税专用发票已通过税务机关认证。该企业11月份应缴纳的增值税为（　　）万元。

A. 10.2　　　　　　B. 6.8

C. 8.5　　　　　　 D. 1.7

13. 甲企业为增值税一般纳税人，本月对外转让其使用过的2008年1月购进作为固定资产核算的机床一台，含税转让价格为80000元。甲企业该笔业务应缴纳的增值税为（　　）元。

A. 1538.46　　　　 B. 11623.93

C. 2330.10　　　　 D. 1553.40

14. 甲广告公司属于增值税小规模纳税人，为乙公司（一般纳税人）制作产品广告，收取乙公司含税广告费120万元，并应乙公司要求向主管税务局申请就上述业务代开增值税专用发票。乙公司收到甲广告公司主管税务局代开的增值税专用发票后，可以确认的进项税额为（　　）万元。

A. 0　　　　　　　 B. 3.5

C. 3.6　　　　　　 D. 20.4

15. 某电器修理店是增值税小规模纳税人，本月取得含税修理收入20600元，当月出售一台自己使用过的设备，收取价税合计金额123600元。该电器修理店本月应缴纳的增值税为（　　）元。

A. 3090　　　　　　B. 3072

C. 3000　　　　　　D. 3023.5

16. 某汽车制造厂为增值税一般纳税人，本月进口汽车配件一批，海关审定的关税完税价格为144万元，进口汽车配件的关税税率为10%。该汽车制造厂上述业务应缴纳的增值税为（　　）万元。

A. 26.93　　　　　 B. 27.63

C. 28.05　　　　　 D. 31.88

17. 商业企业一般纳税人零售下列货物，可以开具增值税专用发票的是（　　）。

A. 烟酒

B. 食品

C. 化妆品

D. 劳保专用鞋帽

四、多项选择题

1. 下列租赁行为，应当按照金融服务征收增值税的有（　　）。

A. 有形动产经营租赁

B. 有形动产融资性售后回租

C. 不动产融资租赁

D. 不动产融资性售后回租

2. 下列各项中，按照11%税率征收增值税的有（　　）。

A. 销售货物

B. 销售房屋

C. 转让商标专用权

D. 转让土地使用权

3. 根据增值税法律制度的规定，纳税人提供的下列服务中，适用11%增值税税率的有（　　）。

A. 建筑服务

B. 不动产租赁服务

C. 销售不动产

D. 转让土地使用权

4. 按照营改增的最新政策，纳税人发生的下列行为中，按照建筑服务征收增值税的有（　　）。

A. 汽车养护服务

B. 房屋加固服务

C. 汽车修饰服务

D. 房屋装修服务

5. 企业发生的下列行为中，应当视同销售货物缴纳增值税的有（　　）。

A. 将本企业生产的商品用于集体福利

B. 将委托加工收回的商品分配给投资者

C. 将外购的货物用于集体福利

D. 将外购的货物投资给其他单位

6. 下列各项中，可以作为增值税进项税额抵扣凭证的有（　　）。

A. 从销售方取得的注明增值税税额的增值税专用发票

B. 从海关取得的注明进口增值税税额的海关进口增值税专用缴款书

C. 从农业生产者手中购进农产品时开具的注明买价的农产品收购发票

D. 接受境外单位或者个人提供的应税服务，从税务机关或者扣缴义务人取得的解缴税款的中华人民共和国税收缴款凭证

7. 甲企业主要从事洗衣机的生产和销售，本月发生下列购进业务，准予依法抵扣进项税额的有（　　）。

A. 进口生产用设备一台，取得海关进口增值税专用缴款书

B. 购进办公用打印纸一批，取得销售方开具的增值税专用发票

C. 接受某设计公司提供的设计服务，取得服务

提供方开具的增值税普通发票

D. 从境外单位手中受让位于境内的办公室一处，取得解缴税款的完税凭证

8. 根据《增值税暂行条例》及其实施细则的规定，下列各项中，属于增值税免税项目的有（ ）。

A. 农业生产者销售自产农产品

B. 古旧图书

C. 外国企业无偿援助的进口物资和设备

D. 直接用于科学研究的进口仪器和设备

9. 根据增值税法律制度的规定，下列各项中，免征增值税的有（ ）。

A. 农技站提供的农业机耕及相关技术培训业务

B. 驾校提供的汽车驾驶培训服务

C. 学生勤工俭学提供的劳务

D. 托儿所提供的育养服务

10. 根据增值税法律制度的规定，下列项目中，免征增值税的有（ ）。

A. 托儿所提供育养服务

B. 农场提供农田灌溉业务

C. 文化馆出租房屋业务

D. 保险公司为种植业提供保险业务

11. 境内单位和个人提供的下列跨境服务免征增值税的有（ ）。

A. 存储地点在境外的仓储服务

B. 会议展览地点在境外的会议展览服务

C. 标的物在境外使用的有形动产租赁服务

D. 工程、矿产资源在境外的工程勘察勘探服务

12. 根据增值税法律制度的规定，下列有关增值税纳税义务发生时间的表述中，正确的有（ ）。

A. 纳税人采取托收承付方式销售货物的，为发出货物并办妥托收手续的当天

B. 纳税人采取赊销和分期收款方式销售货物的，为货物发出的当天

C. 纳税人采取预收货款方式销售货物的，为收到预收款的当天

D. 纳税人发生视同销售货物行为（委托他人代销、销售代销货物除外），为货物移送的当天

13. 根据增值税法律制度的规定，纳税人销售货物出现的下列情况中，不得自行开具增值税专用发票的有（ ）。

A. 销售免税药品

B. 销售电脑给消费者个人

C. 商店零售化妆品

D. 小规模纳税人提供应税劳务

14. 以下关于增值税纳税地点的表述中，正确的有（ ）。

A. 固定业户在其机构所在地主管税务机关申报纳税

B. 非固定业户在其机构所在地或居住地主管税务机关申报纳税

C. 进口货物向报关地海关申报纳税

D. 总机构和分支机构不在同一县（市）的固定业户，分别向各自所在地的主管税务机关申报纳税

五、判断题

1. 卫星电视信号落地转接服务，不征收增值税。（ ）

2. 以货币资金投资收取的固定利润或者保底利润，按照租赁服务缴纳增值税。（ ）

3. 王某是甲公司聘用的司机，其为公司提供的运输服务取得的工资收入应当按照"交通运输服务"缴纳增值税。（ ）

4. 法国甲公司将一台设备出租给境内乙公司在日本使用，上述设备租赁业务属于我国的增值税应税服务。（ ）

5. 单位向社会公众无偿提供应税服务的，视同销售应税服务，征收增值税。（ ）

6. 设有两个以上机构并实行统一核算的纳税人，将货物从一个机构移送至本县的其他机构用于销售的，应当视同销售货物。（ ）

7. 纳税人兼营不同税率的销售货物、加工修理修配劳务、服务、无形资产或者不动产，适用不同税率和征收率的，应当分别核算适用不同税率和征收率的销售额；未分别核算的，从高适用税率。（ ）

8. 增值税一般纳税人资格实行登记制，登记事项由增值税纳税人向其主管税务机关办理。（ ）

9. 出口货物适用零税率，是指在货物出口环节不征收增值税，但在国内已经缴纳的增值税不进行退还，其实际效果相当于免税。（ ）

10. 中华人民共和国境内的单位和个人提供的国际运输服务、向境外单位提供的完全在境外消费的研发服务和设计服务，免征增值税。（ ）

11. 电力公司销售电力应当缴纳增值税，电力公司向发电企业收取的过网费，不征收增值税。（ ）

12. 纳税人销售货物、提供应税劳务或者销售服务、无形资产、不动产适用免税规定的，可以放弃免税，依照有关规定缴纳增值税；纳税人放弃免税后，36个月内不得再申请免税。（ ）

13. 增值税纳税人以1个月或者1个季度为1个纳税期的，自期满之日起30日内申报纳税。（ ）

14. 出口企业或其他单位出口来料加工复出口的货物，出口时免征增值税并退税。（ ）

本周自测参考答案及解析

一、简答题

【案例1答案】

（1）甲公司需要缴纳增值税。根据规定，将自产、委托加工或购进的货物无偿赠送其他单位或者个人的，视同销售货物，缴纳增值税。事项（1）需要计算的销项税额 = 58.5 ÷ （1 + 17%）×17% = 8.5（万元）。

（2）甲公司需要缴纳增值税。根据规定，设有两个以上机构并实行统一核算的纳税人，将货物从一个机构移送其他机构用于销售的，视同销售货物，缴纳增值税，但相关机构设在同一县（市）的除外。在本题中，甲公司实行统一核算，而珠海、上海、深圳显然不属于同一县（市），相关移送行为应视同销售货物，需要计算的销项税额 = 250 × 17% + 300 × 17% = 93.5（万元）。

（3）甲公司负担的进项税额不可以抵扣。根据规定，购进货物用于简易计税项目、免征增值税项目、集体福利或者个人消费的，对应的进项税额不得从销项税额中抵扣。在本题中，甲公司购入的健身器材用于集体福利（职工活动中心），即使取得增值税专用发票，进项税额也不得抵扣。

【案例2答案】

（1）折扣额不得从销售额中扣除。根据规定，销售额和折扣额在同一张发票"金额"栏分别注明的，可按折扣后的销售额征收增值税；未在同一张发票"金额"栏注明折扣额，而仅在发票的"备注"栏注明折扣额的，折扣额不得从销售额中减除。

（2）

①应纳增值税 = 200 × （1 + 10%）×17% = 37.4（万元）。

②该增值税额不得抵扣。根据规定，购进货物用于免征增值税项目的，进项税额不得从销项税额中抵扣。在本题中，该设备专门用于免税药品的生产，进项税额不得抵扣。

（3）销项税额 = 500 × （1 + 10%）×17% = 93.5（万元）。

【案例3答案】

（1）甲公司当期购入钢材的进项税额不能全额扣除。根据规定，当月购进的钢材因管理不善被盗的部分，不得抵扣进项税额。当期购入钢材可以抵扣的进项税额 = 13.6 − 12 × 17% = 11.56（万元）。

（2）销售下脚料应纳增值税 = 3.51 ÷ （1 + 17%）×17% = 0.51（万元）。

【案例4答案】

该酒厂财务人员申报增值税时存在下列问题：

（1）运输途中因保管不善丢失3%的原材料进项税额不得抵扣。根据规定，非正常损失的购进货物及相关的应税劳务，不得抵扣进项税额。

（2）职工食堂领用以前月份购进的已经抵扣进项税额的材料未作进项税额转出处理。根据规定，购进货物用于集体福利或个人消费的，进项税额不得抵扣。

（3）销货支付的运费未作进项税额抵扣，支付运费取得增值税专用发票，可以按照取得的增值税专用发票上注明的增值税税额抵扣进项税额。

（4）分期收款方式销售货物不应按照销售额的全部价款计算销项税额。根据规定，以分期收款方式销售货物的，增值税的纳税义务发生时间为书面合同约定的收款日期的当天；无书面合同的或者书面合同没有约定收款日期的，为货物发出的当天。

（5）销售果酒取得的优质费未作为价外费用计算缴纳增值税。根据规定，优质费属于价外费用，应当并入销售额计征增值税。

综上所述：

（1）该酒厂准予从销项税额中抵扣的进项税额 = 13.6 × （1 − 3%）+ 1.7 + 0.06 − 5 × 17% + 0.33 = 14.43（万元）

（2）当期销项税额 = 200 × 60% × 17% + 15 × 17% + 3.51 ÷ （1 + 17%）×17% = 23.46（万元）

（3）当期应纳增值税 = 23.46 − 14.43 = 9.03（万元）。

二、综合题

【案例1答案】

（1）

①甲家具厂外购橡木负担的增值税进项税额可以抵扣。因为购买的橡木作为原材料，用于生产应税项目，并且取得了增值税专用发票，可以凭票抵扣进项税额。

②支付的运费负担的进项税额不得抵扣。因为甲家具厂从乙运输公司取得的是普通发票，而非增值税专用发票，所以不得抵扣进项税额。

（2）甲家具厂外购松木可以抵扣的进项税额 = 26 × （1 − 10%）= 23.4（万元）

（3）甲家具厂收购榆木可以抵扣的进项税额 = 40 × 13% + 3 × 11% = 5.53（万元）

（4）甲家具厂外购生产设备可以抵扣的进项税额 = 250 × 17% = 42.5（万元）

（5）甲家具厂销售办公家具的销项税额 = 585 ÷ （1 + 17%）×17% = 85（万元）

（6）甲家具厂转让技术的收入免征增值税。根据规定，纳税人提供技术转让、技术开发和与之相关的技术咨询、技术服务免征增值税。

【案例2答案】

（1）不符合规定之处：

①将自产的C型实木地板用于本公司职工食堂装修，应视同销售计算销项税额。根据规定，将自产、委托加工的货物用于集体福利，视同销售货物，计征增值税。

②将自产的D型实木地板无偿赠送给某房地产公司，应视同销售计算销项税额。根据规定，将自产、委托加工或购进的货物无偿赠送他人，视同销售货物，计征增值税。

（2）应纳增值税额：

①当期销项税 = （81.9 + 52.65）÷ （1 + 17%）× 17% + ［280 × 4.5 + 11.7 ÷ （1 + 17%）］× 17% + 5.43 × （1 + 5%）÷ （1 – 5%）× 17% + 0.2 × 160 × 17% = 241.91（万元）。

②当期可以抵扣的进项税额 = 8.50 + 26 = 34.50（万元）。

③当期应纳税额 = 241.91 – 34.50 = 207.41（万元）。

三、单项选择题

1.**【答案】** A

【解析】 选项BCD均属于按照"现代服务——物流辅助服务"缴纳增值税的项目。

2.**【答案】** C

【解析】 （1）选项A：年应税销售额未超过小规模纳税人标准的纳税人，会计核算健全、能够提供准确税务资料的，可以向主管税务机关申请登记为一般纳税人；（2）选项B：从事货物生产或者提供应税劳务的纳税人，以及以从事货物生产或者提供应税劳务为主，并兼营货物批发或者零售的纳税人，年应税销售额"超过50万元"的，可以向主管税务机关申请一般纳税人资格登记；（3）选项D：年应税销售额超过规定标准的非企业性单位、不经常发生应税行为的企业、不经常提供应税服务的单位和个体工商户可以选择按小规模纳税人纳税，也可以办理一般纳税人资格登记。

3.**【答案】** D

【解析】 （1）纳税人采取以旧换新方式销售除金银首饰以外的其他货物，应按"新货物"的同期销售价格确定销售额，不得扣减旧货物的收购价格。（2）该笔业务的增值税销项税额 = 8000 × 10 × 17% = 13600（元）。

4.**【答案】** C

【解析】 （1）纳税人采取以旧换新方式销售金银首饰，应按销售方"实际收取"的不含增值

税的全部价款征收增值税；（2）该金店应计算的增值税销项税额 = （4680 – 1170）÷ （1 + 17%）× 100 × 17% = 51000（元）。

5.**【答案】** C

【解析】 （1）选项ABC：以物易物双方都应作购销处理，以各自发出的货物核算销售额并计算销项税额，以各自收到的货物按规定核算购货额并计算进项税额。（2）选项D：在以物易物活动中，应分别开具合法的票据，如收到的货物不能取得相应的增值税专用发票或其他合法票据的，以及将收到的货物用于不产生销项税额项目的，不能抵扣进项税额。

6.**【答案】** C

【解析】 销售啤酒收取的包装物押金逾期才计入货物销售额中计算销项税额，增值税销项税额 = ［800 + 58.5∕（1 + 17%）］× 17% = 144.5（万元）。

7.**【答案】** D

【解析】 （1）直接售出的100套产品，以"11115元"价税分离后计税；赠送的80套产品有同类货物的销售价格，但题目交待的是零售单价，属于含税价格，亦应作价税分离处理。（2）甲商场上述业务应确认的销项税额 = （11115 + 58.5 × 80）∕ （1 + 17%）× 17% = 2295（元）。

8.**【答案】** D

【解析】 视同销售货物行为，无销售额时，应当按下列顺序核定销售额：（1）按纳税人最近时期同类货物的平均销售价格（45万元）确定；（2）按其他纳税人最近时期同类货物的平均销售价格（42万元）确定；（3）按组成计税价格（20 × 1.1 = 22万元）确定。

9.**【答案】** C

【解析】 该电信企业本月应确认的增值税销项税额 = 666 ÷ （1 + 11%）× 11% + 318 ÷ （1 + 6%）× 6% = 84（万元）。

10.**【答案】** C

【解析】 （1）选项ABD：属于外购交通运输服务用于可抵扣（能产生销项税额）的项目，且取得了增值税专用发票，可以抵扣进项税额；其中选项D是"购买"免税农产品，而非"销售"免税农产品，以外购免税农产品为原料生产的应税货物对外销售可以产生销项税额。（2）选项C：属于外购交通运输服务用于集体福利，对应的进项税额不得抵扣。

11.**【答案】** C

【解析】 （1）1%的途中合理损耗并非因管理不善造成的损失，其对应的进项税额可以抵扣；（2）购进农产品，应按农产品收购发票上注明的买价和13%的扣除率计算进项税额。因此，该食品加工厂就上述业务可以抵扣的增

值税进项税额 = 20 × 13% = 2.6（万元）。

12.【答案】B

【解析】（1）10月份增值税销项税额 = 40 × 17% = 6.8（万元），可以抵扣的进项税额为 8.5 万元，当期销项税额小于当期进项税额，不足抵扣的部分，可以结转下期继续抵扣，即 10 月份留抵税额 = 8.5 - 6.8 = 1.7（万元）；（2）11月份应纳增值税 = 70 × 17% - 3.4 - 1.7 = 6.8（万元）。

13.【答案】D

【解析】增值税一般纳税人销售自己使用过的 2008 年 12 月 31 日（含）以前购进（当时按照规定不得抵扣且未抵扣过进项税额）的固定资产，采用简易办法按照 3% 征收率减按 2% 征收增值税。

14.【答案】B

【解析】甲广告公司就本题业务应纳增值税税额 = 120 ÷（1 + 3%）× 3% = 3.5（万元），此为其申请主管税务机关代开的增值税专用发票上应当注明的税额，乙公司取得该增值税专用发票后亦应按其上注明的税额 3.5 万元确认进项税额。

15.【答案】C

【解析】小规模纳税人销售自己使用过的固定资产，应纳增值税 = 含税售价 ÷（1 + 3%）× 2%。该电器修理店本月应缴纳的增值税 = 20600 ÷（1 + 3%）× 3% + 123600 ÷（1 + 3%）× 2% = 3000（元）。

16.【答案】A

【解析】进口汽车配件应缴纳的增值税 =（144 + 144 × 10%）× 17% = 26.93（万元）。

17.【答案】D

【解析】商业企业一般纳税人零售的烟、酒、食品、服装、鞋帽（不包括劳保专用部分）、化妆品等消费品不得开具增值税专用发票。

四、多项选择题

1.【答案】BD

【解析】（1）选项BD：融资性售后回租（不论动产还是不动产），按照金融服务——贷款服务缴纳增值税；（2）选项AC：有形动产经营租赁和融资租赁、不动产经营租赁和融资租赁，均按现代服务——租赁服务征收增值税。

2.【答案】BD

【解析】（1）选项A：一般货物适用 17% 税率，符合规定的货物（如粮食、食用植物油）适用 13% 税率；（2）选项C：转让商标专用权适用 6% 税率。

3.【答案】ABCD

【解析】适用 11% 增值税税率的应税服务包括：（1）提供交通运输、邮政、基础电信、建筑、

不动产租赁服务；（2）销售不动产；（3）转让土地使用权。

4.【答案】BD

【解析】营改增建筑服务中的修缮服务，是指对"建筑物、构筑物"（不包括汽车）进行修补、加固、养护、改善，使之恢复原来的使用价值或者延长其使用期限的工程作业。

5.【答案】ABD

【解析】选项C：外购的货物用于集体福利、个人消费，不视同销售货物。

6.【答案】ABCD

【解析】增值税扣税凭证，包括增值税专用发票（含税控机动车销售统一发票）、海关进口增值税专用缴款书、农产品收购发票和农产品销售发票以及解缴税款的完税凭证（从境外单位或者个人购进服务、无形资产或者不动产，自税务机关或者扣缴义务人取得的解缴税款的完税凭证）。

7.【答案】ABD

【解析】（1）选项C：取得的是"普通发票"，其进项税额不得抵扣；（2）选项D：从境外单位或个人购进服务、无形资产或者不动产，自税务机关或者扣缴义务人取得解缴税款的完税凭证上注明的增值税税额准予抵扣。

8.【答案】ABD

【解析】选项C："外国政府、国际组织"无偿援助的进口物资和设备，免征增值税。

9.【答案】ACD

【解析】选项B：按照"生活服务——教育医疗服务"征收增值税。

10.【答案】ABD

【解析】选项C：纪念馆、博物馆、文化馆、文物保护单位管理机构、美术馆、展览馆、书画院、图书馆在自己的场所提供文化体育服务取得的第一道门票收入免征增值税；文化馆出租房屋业务，应按照现代服务——租赁服务（税率：11%）征收增值税。

11.【答案】ABCD

【解析】免征增值税的跨境服务（包括但不限于）：①向境外单位提供的完全发生在境外的电信服务；②工程、矿产资源在境外的工程勘察勘探服务；③会议展览地点在境外的会议展览服务；④存储地点在境外的仓储服务；⑤标的物在境外使用的有形动产租赁服务；⑥为出口货物提供的邮政服务和收派服务；⑦在境外提供的广播影视节目（作品）的播映服务。

12.【答案】AD

【解析】（1）选项B：采取赊销和分期收款方式销售货物，增值税纳税义务发生时间为书面合同约定的收款日期当天，无书面合同的或者书面合同没有约定收款日期的，为货物发出的

当天；（2）选项 C：采取预收货款方式销售货物，为货物发出的当天，但生产销售生产工期超过 12 个月的大型机械设备、船舶、飞机等货物，为收到预收款或书面合同约定的收款日期的当天。

13.【答案】ABCD
【解析】选项 D：小规模纳税人不能"自行"开具增值税专用发票，但可以向主管税务机关申请代开。

14.【答案】ACD
【解析】选项 B：非固定业户销售货物或提供应税劳务，应当向其销售地或劳务发生地主管税务机关申报纳税，未向销售地或劳务发生地主管税务机关申报纳税的，回机构所在地或居住地补税。

五、判断题

1.【答案】×
【解析】卫星电视信号落地转接服务，按照增值电信服务计算缴纳增值税。

2.【答案】×
【解析】以货币资金投资收取的固定利润或者保底利润，按照贷款服务缴纳增值税。

3.【答案】×
【解析】单位或者个体工商户聘用的员工为本单位或者雇主提供取得工资的服务，不属于营业活动，不需要缴纳增值税。

4.【答案】×
【解析】虽然承租人乙公司为境内单位，但设备完全在境外（日本）使用，不属于在中国境内提供应税服务的情形。

5.【答案】×
【解析】单位或个体工商户向其他单位或者个

人无偿提供服务，视同销售，但用于公益事业或者以社会公众为对象的除外。

6.【答案】×
【解析】设有两个以上机构并实行统一核算的纳税人，将货物从一个机构移送至其他机构用于销售的，视同销售货物，但相关机构设在同一县（市）的除外。

7.【答案】√

8.【答案】√

9.【答案】×
【解析】出口货物免税仅指在出口环节不征收增值税；而零税率是指对出口货物除了在出口环节不征增值税外，还要对该产品在出口前已经缴纳的增值税进行退税。

10.【答案】×
【解析】中华人民共和国境内的单位和个人提供的国际运输服务、向境外单位提供的完全在境外消费的研发服务和设计服务，适用增值税零税率。

11.【答案】×
【解析】（1）货物，指有形动产，包括电力、热力、气体在内；销售电力应当缴纳增值税。（2）电力公司向发电企业收取的过网费，征收增值税。

12.【答案】√

13.【答案】×
【解析】增值税纳税人以 1 个月或者 1 个季度为 1 个纳税期的，自期满之日起"15 日内"申报纳税。

14.【答案】×
【解析】出口企业或其他单位出口来料加工复出口的货物，出口时免征增值税但不退税。

第十周

本周学习计划

	章　节	单　元	讲义篇幅	课件数	理解难度	完成情况
星期一		第1单元	5页	1讲	★	
星期二		第2单元	5页	2讲	★★	
星期三	第7章 企业所得税法律制度	第3单元	3页	1讲	★	
星期四		第4单元	3页	2讲	★★	
星期五		第5单元	7页	1讲	★★★	
	本周自测					

本周攻克内容

【星期一·第7章第1单元】收入总额

【第7章单元框架】

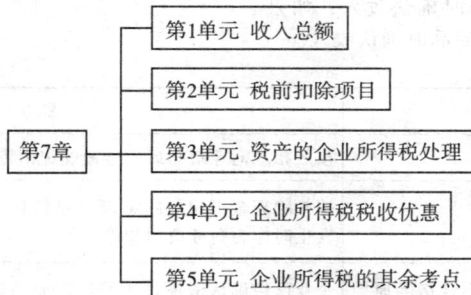

```
          ┌── 第1单元  收入总额
          │
          ├── 第2单元  税前扣除项目
          │
  第7章 ──┼── 第3单元  资产的企业所得税处理
          │
          ├── 第4单元  企业所得税税收优惠
          │
          └── 第5单元  企业所得税的其余考点
```

【本单元考点清单】

考点名称	考点地位	二维码
收入总额概述	★	
应税收入	★★	
不征税收入和免税收入	★★★	

第　十　周

考点1：收入总额概述（★）

1. 企业以货币形式和非货币形式从各种来源取得的收入，为收入总额。

2. 企业取得收入的货币形式，包括现金、存款、应收账款、应收票据、准备持有至到期的债券投资以及债务的豁免等。

3. 企业以非货币形式取得的收入，应当按照公允价值确定收入额。

考点2：应税收入（★★）

（一）销售货物收入

1. 销售货物收入，是指企业销售商品、产品、原材料、包装物、低值易耗品以及其他存货取得的收入。

【提示】考虑销售货物收入，应当注意将价外费用、视同销售收入一并计入。

2. 特殊销售方式下收入的确认时间

（1）销售商品采用托收承付方式的，在办妥托收手续时确认收入。

（2）销售商品采取预收款方式的，在发出商品时确认收入。

（3）销售商品需要安装和检验的，在购买方接受商品以及安装和检验完毕时确认收入；如果安装程序比较简单，可在发出商品时确认收入。

（4）销售商品采用支付手续费方式委托代销的，在收到代销清单时确认收入。

（5）以分期收款方式销售货物的，按照合同约定的收款日期确认收入的实现。

（6）采取产品分成方式取得收入的，按照企业分得产品的日期确认收入的实现，其收入额按照产品的公允价值确定。

3. 特殊销售方式下的收入确认规则

（1）售后回购

①符合销售收入确认条件：销售的商品按售价确认收入，回购的商品作为购进商品处理。

②有证据表明不符合销售收入确认条件（如以销售商品方式进行融资）收到的款项应确认为负债，回购价格大于原售价的，差额应在回购期间确认为利息费用。

（2）以旧换新

销售商品应当按照销售商品收入确认条件确认收入，回收的商品作为购进商品处理。

【相关链接】增值税纳税人采取以旧换新方式销售货物，应按新货物的同期销售价格确定销售额。但是，对金银首饰以旧换新业务，应按照销售方实际收取的不含增值税的全部价款征收增值税。

（3）各种"折"的税务处理

折扣类型	目　的	税务处理
商业折扣	促进商品销售	按照扣除商业折扣后的金额确定销售商品收入金额
现金折扣	鼓励尽早付款	按扣除现金折扣前的金额确定销售商品收入金额，现金折扣在实际发生时作为财务费用扣除
销售折让	因售出商品的质量不合格等原因而在售价上给予的减让	企业已经确认销售收入的售出商品发生销售折让的，应当在发生当期冲减当期销售商品收入

（4）对于企业买一赠一等方式组合销售商品的，其赠品不属于捐赠，应按各项商品的价格比例来分摊确认各项收入，其商品价格应以公允价格计算。

【案例】居民企业甲公司主要从事日化产品的生产和销售，2016年为了推广新型洗涤剂，公司推出了"买一赠一"的促销活动，凡购买一件售价40元（不含税）新型洗涤剂的，附赠一瓶原价10元（不含税）的洗洁精。假设当年甲公司销售了1万件新型洗涤剂。

【评析】

（1）在企业所得税的处理上，甲公司应当确认销售新型洗涤剂收入32万元、销售洗洁精收入8万元，共计确认销售货物收入40万元；假定不考虑成本、税金等其他因素，此次"买一赠一"促销活动应纳企业所得税＝40×25%＝10（万元）。

（2）在增值税处理上，以自产的洗洁精赠送购买新型洗涤剂的客户，应当视同销售货物、核定销售额，甲公司此次"买一赠一"促销活动的增值税销项税额＝（40＋10）×17%＝8.5（万元）。

（二）提供劳务收入

1. 一般情况——按完工进度（完工百分比）法确认

（1）企业在各个纳税期末，提供劳务交易的结果能够可靠估计的，应采用完工进度（完工百分比）法确认提供劳务收入。

（2）企业受托加工制造大型机械设备、船舶、飞机，以及从事建筑、安装、装配工程业务或者提供其他劳务等，持续时间超过 12 个月的，按照纳税年度内完工进度或者完成的工作量确认收入的实现。

2. 特殊情况

（1）对商品销售附带安装的，安装费在商品销售实现时确认收入。

（2）广告宣传费

①宣传媒介的收费，应在相关的广告或商业行为出现于公众面前时确认收入；

②广告的制作费，应根据制作广告的完工进度确认收入。

（3）包含在商品售价内可区分的服务费，在提供服务的期间分期确认收入。

（4）艺术表演、招待宴会和其他特殊活动的收费，在相关活动发生时确认收入；收费涉及几项活动的，预收的款项应合理分配给每项活动，分别确认收入。

（5）会员费

①对只取得会籍而不享受连续服务的，在取得会费时确认收入；

②一次取得会费而需提供连续服务的，其会费应在整个受益期内分期确认收入。

（6）特许权费

①属于提供设备和其他有形资产的特许权费，在交付资产或转移资产所有权时确认收入；

②属于提供初始及后续服务的特许权费，在提供服务时确认收入。

（7）长期为客户提供重复的劳务收取的劳务费，在相关劳务活动发生时确认收入。

（三）转让财产收入

1. 转让财产收入，是指企业转让固定资产、生物资产、无形资产、股权、债权等财产取得的收入。

2. 股权转让收入

（1）企业转让股权收入，应于转让协议生效，且完成股权变更手续时，确认收入的实现。

（2）转让股权收入扣除为取得该股权所发生的成本后，为股权转让所得；企业在计算股权转让所得时，不得扣除被投资企业未分配利润等股东留存收益中按该项股权所可能分配的金额。

【例题·单选题】甲公司为乙公司的股东，投资成本为 200 万元，占乙公司的股权比例为 10%。乙公司累计未分配利润和累计盈余公积为 1800 万元，甲公司转让该股权的公允价格为 500 万元。根据企业所得税法律制度的规定，甲公司应确认

股权转让所得为（　　）万元。（2015 年）

A. 120

B. 180

C. 200

D. 300

【解析】（1）企业转让股权收入扣除为取得该股权所发生的成本后，为股权转让所得；（2）企业在计算股权转让所得时，不得扣除被投资企业未分配利润等股东留存收益中按该项股权可能分配的金额；（3）甲公司应确认股权转让所得＝500 – 200 ＝300（万元）。

【答案】D

（四）股息、红利等权益性投资收益

1. 股息、红利等权益性投资收益，除国务院财政、税务主管部门另有规定外，按照被投资方作出利润分配决定的日期确认收入的实现。

2. 被投资企业将股权（票）溢价所形成的资本公积转为股本的，不作为投资方企业的股息、红利收入，投资方企业也不得增加该项长期投资的计税基础。

（五）利息收入

利息收入，按照合同约定的债务人应付利息的日期确认收入的实现。

（六）租金收入

1. 租金收入，按照合同约定的承租人应付租金的日期确认收入的实现。

2. 如果交易合同或协议中规定租赁期限跨年度，且租金提前一次性支付的，出租人可对上述已确认的收入，在租赁期内，分期均匀计入相关年度收入。

（七）特许权使用费收入

1. 特许权使用费收入，是指企业提供专利权、非专利技术、商标权、著作权以及其他特许权的使用权而取得的收入。

2. 特许权使用费收入，按照合同约定的特许权使用人应付特许权使用费的日期确认收入的实现。

（八）接受捐赠收入

接受捐赠收入，按照实际收到捐赠资产的日期确认收入的实现。

（九）其他收入

其他收入，包括企业资产溢余收入、逾期未退包装物押金收入、确实无法偿付的应付款项、已作坏账损失处理后又收回的应收款项、债务重组收入、补贴收入、违约金收入、汇兑收益等。

第十周

企业所得税重要的收入确认时间汇总

收入类型		确认时间
销售货物收入	采用托收承付方式的	办妥托收手续时确认
	采取预收款方式的	发出商品时确认
	商品需要安装和检验的	（1）一般：购买方接受商品以及安装和检验完毕时确认 （2）安装程序比较简单的：发出商品时确认
	采用支付手续费方式委托代销的	收到代销清单时确认
	采用分期收款方式的	按照合同约定的收款日期确认
	采取产品分成方式取得收入的	按照企业分得产品的日期确认
提供劳务收入		在各个纳税期末采用完工进度（完工百分比）法确认
股息、红利等权益性投资收益		被投资方作出利润分配决定的日期确认（另有规定除外）
利息收入		按照合同约定应付相关款项的日期确认
租金收入		
特许权使用费收入		
接受捐赠收入		按照"实际收到"捐赠资产的日期确认

【例题1·单选题】2015 年 5 月 6 日，甲公司与乙公司签订合同，以预收款方式销售产品 200 件，不含税单价 0.1 万元，并于 5 月 10 日取得了全部产品销售额 20 万元。2015 年 5 月 20 日，甲公司发出产品 120 件，6 月 25 日发出产品 80 件。根据企业所得税法律制度的规定，下列关于甲公司确认销售收入实现日期及金额的表述中，正确的是（　　）。（2015 年）

A. 2015 年 5 月 6 日应确认销售收入 20 万元

B. 2015 年 5 月 10 日应确认销售收入 20 万元

C. 2015 年 5 月 20 日应确认销售收入 12 万元

D. 2015 年 6 月 25 日应确认销售收入 20 万元

【解析】（1）销售商品采取预收款方式的，在发出商品时确认收入；（2）2015 年 5 月 20 日应确认销售收入 12 万元，2015 年 6 月 25 日应确认销售收入 8 万元。

【答案】C

【例题2·多选题】根据企业所得税法律制度的规定，下列关于收入确认的表述中，正确的有（　　）。（2011 年）

A. 企业以非货币形式取得的收入，应当按照公允价值确定收入额

B. 以分期收款方式销售货物的，按照收到货款或取得索取货款凭证的日期确认收入的实现

C. 被投资企业以股权溢价形成的资本公积转增股本时，投资企业应作为股息、红利收入，相应增加该项长期投资的计税基础

D. 接受捐赠收入，按照实际收到捐赠资产的日期确认收入的实现

【解析】（1）选项 B：以分期收款方式销售货物的，按照合同约定的收款日期确认收入的实现；

（2）选项 C：被投资企业将股权（票）溢价所形成的资本公积转增股本的，不作为投资方企业的股息、红利收入，投资方企业也不得增加该项长期投资的计税基础。

【答案】AD

【例题3·单选题】根据企业所得税法律制度的规定，下列关于不同方式下销售商品收入金额确定的表述中，正确的是（　　）。（2010 年）

A. 采用商业折扣方式销售商品的，按照商业折扣前的金额确定销售商品收入金额

B. 采用现金折扣方式销售商品的，按照现金折扣前的金额确定销售商品收入金额

C. 采用售后回购方式销售商品的，按照扣除回购商品公允价值后的余额确定销售商品收入金额

D. 采用以旧换新方式销售商品的，按照扣除回收商品公允价值后的余额确定销售商品收入金额

【解析】（1）选项 A：商品销售涉及商业折扣的，应当按照扣除商业折扣后的金额确定销售商品收入金额；（2）选项 C：采用售后回购方式销售商品的，符合商品收入确认条件的，销售的商品按售价确认收入，回购的商品作为购进商品处理；（3）选项 D：销售商品以旧换新的，销售的商品应当按照销售商品收入确认条件确认收入，回收的商品作为购进商品处理。

【答案】B

考点 3：不征税收入和免税收入（★★★）

（一）不征税收入

1. 财政拨款；

第十周

2. 依法收取并纳入财政管理的行政事业性收费、政府性基金；

3. 企业取得的由国务院财政、税务主管部门规定专项用途并经国务院批准的财政性资金。

（二）免税收入

1. 国债利息收入。

2. 股息、红利等权益性投资收益，按照税法规定的条件免税。具体而言：

（1）从居民企业取得

①符合条件的居民企业之间的股息、红利等权益性投资收益免税；

②在中国境内设立机构、场所的非居民企业从居民企业取得与该机构、场所有实际联系的股息、红利等权益性投资收益免税。

（2）直接投资所得收益

上述股息、红利等权益性投资收益应当是直接投资取得的投资收益，不包括连续持有居民企业公开发行并上市流通的股票"不足12个月"取得的收益。

【相关链接1】内地居民企业连续持有H股满12个月取得的股息红利所得，依法免征企业所得税。（2017年新增）

【相关链接2】对香港市场投资者（包括企业和个人）投资深交所上市A股取得的转让差价所得，暂免征收所得税。（2017年新增）

3. 符合条件的非营利组织取得的特定收入免税，但不包括非营利组织从事营利性活动取得的收入，国务院财政、税务主管部门另有规定的除外。

【提示】应当严格区分"不征税收入"和"免税收入"：（1）不征税收入和免税收入均属于企业所得税所称的"收入总额"，在计算企业所得税应纳税所得额时应扣除。（2）不征税收入，是不应列入征税范围的收入；免税收入则是应列入征税范围的收入，只是国家出于特殊考虑给予税收优惠，在一定时期有可能恢复征税。（3）企业的不征税收入对应的费用、折旧、摊销一般不得在计算应纳税所得额时扣除；免税收入对应的费用、折旧、摊销一般可以税前扣除。

【例题1·多选题】根据企业所得税法律制度的规定，企业取得的下列收入中，属于不征税收入的有（ ）。（2016年）

A. 营业外收入
B. 财政拨款
C. 国债利息收入
D. 依法收取并纳入财政管理的政府性基金

【解析】（1）选项A：属于应税收入；（2）选项C：属于免税收入。

【答案】BD

【例题2·单选题】根据企业所得税法律制度的规定，下列各项中，应计入应纳税所得额计征企业所得税的是（ ）。（2015年）

A. 财政拨款
B. 国债利息收入
C. 债务重组收入
D. 符合条件的居民企业之间的股息收入

【解析】（1）选项A：属于不征税收入；（2）选项BD：属于免税收入。

【答案】C

【例题3·多选题】根据企业所得税法律制度的规定，纳税人取得的下列收入中，应计入应纳税所得额的有（ ）。（2014年）

A. 转让股权的收入
B. 接受捐赠的收入
C. 取得的财政拨款
D. 依法收取并纳入财政管理的政府性基金

【解析】选项CD：属于不征税收入，不计入应纳税所得额。

【答案】AB

【例题4·单选题】根据企业所得税法律制度的规定，企业的下列收入中，属于不征税收入范围的是（ ）。（2012年）

A. 财政拨款
B. 租金收入
C. 产品销售收入
D. 国债利息收入

【解析】（1）选项BC：属于征税收入；（2）选项D：属于免税收入。

【答案】A

【例题5·多选题】根据企业所得税法律制度的规定，下列收入中，不属于企业所得税免税收入的有（ ）。（2010年）

A. 财政拨款
B. 国债利息
C. 物资及现金溢余
D. 依法收取并纳入财政管理的政府性基金

【解析】（1）选项AD：属于不征税收入（而非免税收入）；（2）选项C：属于应当征税的收入。

【答案】ACD

【星期二·第7章第2单元】税前扣除项目

【本单元考点清单】

考点名称	考点地位	二维码
税前扣除项目总述	★★★	
与人员薪酬有关的扣除项目	★★★	
与生产经营直接相关的扣除项目	★★★	

考点1：税前扣除项目总述（★★★）

1. 企业实际发生的与取得收入有关的、合理的支出，包括成本、费用、税金、损失和其他支出，准予在计算应纳税所得额时扣除。

企业所得税税前一般扣除项目概览

项　目		基本内容
成本		销售成本、销货成本、业务支出以及其他耗费
费用		销售费用、管理费用和财务费用
税金	不得扣除	增值税（不得抵扣计入成本等的除外）、企业所得税
	计入税金及附加在当期扣除	消费税、资源税、土地增值税（房地产开发企业）、出口关税、城市维护建设税及教育费附加、房产税、车船税、城镇土地使用税、印花税
	发生当期计入相关资产成本，在以后各期分摊扣除	车辆购置税、契税、进口关税、耕地占用税、不得抵扣的增值税
损失		指企业在生产经营活动中发生的固定资产和存货盘亏、毁损、报废损失，转让财产损失，呆账损失，坏账损失，以及自然灾害等不可抗力因素造成的损失以及其他损失
其他支出		除上述项目之外，企业在生产经营活动中发生的、与生产经营活动有关的、合理的支出

2. 禁止扣除项目

（1）向投资者支付的股息、红利等权益性投资收益款项；

（2）企业所得税税款；

（3）税收滞纳金；

（4）罚金、罚款和被没收财物的损失；

（5）除国家规定的公益性捐赠支出可以按规定比例扣除外，其他捐赠性支出一律不得在税前扣除；

（6）企业发生的与生产经营活动无关的各种非广告性质的赞助支出；

（7）未经核定的准备金支出；

（8）企业之间支付的管理费、企业内营业机构之间支付的租金和特许权使用费，以及非银行企业内营业机构之间支付的利息。

【相关链接1】企业的不征税收入用于支出所形成的费用，不得在计算应纳税所得额时扣除；企业的不征税收入用于支出所形成的资产，其计算的折旧、摊销不得在计算应纳税所得额时扣除。

【相关链接2】企业取得的各项免税收入所对应的各项成本费用，除另有规定外，可以在计算应纳税所得额时扣除。

【例题1·单选题】根据企业所得税法律制度的规定，企业发生的下列支出中，在计算应纳税所得额时准予扣除的是（　　）。(2016年)

A. 企业支付的合同违约金

B. 企业支付的企业所得税税款

C. 企业内营业机构之间支付的租金

D. 企业内营业机构之间支付的特许权使用费

【解析】（1）选项B：增值税（计入资产成本的除外）、企业所得税不得在计算企业所得税应纳税所得额时扣除；（2）选项CD：企业之间支付的管理费、企业内营业机构之间支付的租金和特许权使用费，以及非银行企业内营业机构之间支付的利息不得在计算企业所得税应纳税所得额时扣除。

【答案】A

【例题2·多选题】根据企业所得税法律制度的规定，纳税人的下列支出，不得在计算应纳税所得额时扣除的有（ ）。（2014年）

A. 合理工资薪金总额2.5%以内的职工教育经费

B. 企业所得税税款

C. 交通罚款

D. 消费税税款

【解析】（1）选项A：除国务院财政、税务主管部门另有规定外，企业发生的职工教育经费支出，不超过工资薪金总额2.5%的部分，准予扣除；（2）选项BC：属于不得在税前扣除的项目；（3）选项D：纳税人按照规定缴纳的消费税、资源税、土地增值税、出口关税、城市维护建设税、教育费附加，以及发生的房产税、车船税、城镇土地使用税、印花税等税金及附加，可以在税前扣除。

【答案】BC

【例题3·单选题】根据企业所得税法律制度的规定，企业缴纳的下列税金中，不得在计算企业应纳税所得额时扣除的是（ ）。（2012年）

A. 增值税　　　　B. 消费税
C. 资源税　　　　D. 房产税

【解析】企业缴纳的增值税和企业所得税，不能在税前扣除。

【答案】A

【例题4·多选题】根据企业所得税法律制度的规定，下列各项中，在计算企业所得税应纳税所得额时不得扣除的有（ ）。（2011年）

A. 向投资者支付的红利

B. 企业内部营业机构之间支付的租金

C. 企业内部营业机构之间支付的特许权使用费

D. 未经核定的准备金支出

【解析】（1）选项A：向投资者支付的股息、红利等权益性投资收益款项不得在税前扣除；（2）选项BC：企业之间支付的管理费、企业内营业机构之间支付的租金和特许权使用费，以及非银行企业内营业机构之间支付的利息，不得税前扣除；（3）选项D：未经核定的准备金支出不得在企业所得税前扣除。

【答案】ABCD

【例题5·多选题】根据企业所得税法律制度的规定，下列各项中，不得在企业所得税税前扣除的有（ ）。（2010年）

A. 税收滞纳金

B. 被没收财物的损失

C. 向投资者支付的股息

D. 缴纳的教育费附加

【解析】选项D准予在税前扣除。

【答案】ABC

考点2：与人员薪酬有关的扣除项目（★★★）

1. 企业发生的合理的工资薪金支出，准予扣除。

2. 企业发生的合理劳动保护支出，准予扣除。

3. 各种保险

（1）职工基本社会保险费和住房公积金，准予扣除。

（2）补充保险

企业为在本企业任职或者受雇的全体员工支付的补充养老保险费、补充医疗保险费，分别在不超过职工工资总额5%标准以内的部分，在计算应纳税所得额时准予扣除；超过的部分，不予扣除。

（3）商业保险

除企业依照国家规定为特殊工种职工支付的人身安全保险费和国务院财政、税务主管部门规定可以扣除的其他商业保险费外，企业为投资者或者职工支付的商业保险费，不得扣除。

（4）企业职工因公出差乘坐交通工具发生的人身意外保险费支出，准予扣除。（2017年新增）

【相关链接】企业参加财产保险，按照有关规定缴纳的保险费，准予扣除。

4. "三项经费"

（1）企业发生的职工福利费支出，不超过工资、薪金总额14%的部分，准予扣除。

（2）企业拨缴的工会经费，不超过工资、薪金总额2%的部分，准予扣除。

（3）除国务院财政、税务主管部门另有规定外，企业发生的职工教育经费支出，不超过工资、薪金总额2.5%的部分，准予扣除；超过部分，准予在以后纳税年度结转扣除。

【提示1】软件生产企业的职工培训费用，可按实际发生额在计算应纳税所得额时扣除。

【提示2】至2018年12月31日止，税法列举地区符合条件的技术先进型服务企业实际发生的职工教育经费支出，不超过工资薪金总额8%的部分，准予在计算应纳税所得额时扣除；超过部分准予在以后纳税年度结转扣除。（2017年新增）

【例题1·判断题】软件生产企业发生的职工培训费用在计算当年的企业所得税应纳税所得额时，可以据实全额扣除。（ ）（2016年）

【解析】对于软件生产企业发生的职工教育经费中的职工培训费用，可以据实全额在企业所得税前扣除。

【答案】√

【例题2·单选题】某超市2013年实发工资总额1000万元，发生职工教育经费支出29万元。2014年实发工资总额1200万元，发生职工教育经费支出28万元。根据企业所得税法律制度的规定，该超市在计算2014年应纳税所得额时，准予扣除的职工教育经费支出为（　）万元。（2015年）

A. 25　　　　　B. 28
C. 30　　　　　D. 32

【解析】（1）2013年职工教育经费支出税前扣除限额=1000×2.5%=25（万元），当年实际发生额29万元，2013年税前只能扣除25万元，其余4万元可以结转至以后年度扣除；（2）2014年职工教育经费支出税前扣除限额=1200×2.5%=30（万元），当年实际发生额28万元，因此，2014年税前准予扣除职工教育经费支出30万元，剩余2万元可以结转至以后年度扣除。

【答案】C

【例题3·单选题】某公司2013年度支出合理的工资薪金总额1000万元，按规定标准为职工缴纳基本社会保险费150万元，为受雇的全体员工支付补充养老保险费80万元，为公司高管缴纳商业保险费30万元。根据企业所得税法律制度的规定，该公司2013年度发生上述保险费在计算应纳税所得额时准予扣除的数额为（　）万元。（2014年）

A. 260　　　　　B. 230
C. 200　　　　　D. 150

【解析】（1）企业依照国务院有关主管部门或者省级人民政府规定的范围和标准为职工缴纳的基本社会保险费（150万元）可以全额在税前扣除；（2）企业为在本企业任职或者受雇的全体员工支付的补充养老保险费、补充医疗保险费，分别在不超过职工工资总额5%标准内的部分（1000×5%=50万元），在计算企业所得税应纳税所得额时准予扣除；（3）除企业依照国家有关规定为特殊工种职工支付的人身安全保险费和国务院财政、税务主管部门规定可以扣除的其他商业保险费外，企业为投资者或者职工支付的商业保险费（30万元），不得扣除。该公司2013年度发生上述保险费在计算企业所得税应纳税所得额时准予扣除的数额=150+50=200（万元）。

【答案】C

【例题4·单选题】根据企业所得税法律制度的规定，在计算企业应纳税所得额时，除国务院财政、税务主管部门另有规定外，有关费用支出不超过规定比例的准予扣除，超过部分，准予在

以后纳税年度结转扣除。下列各项中，属于该有关费用的是（　）。（2012年）

A. 工会经费
B. 社会保险费
C. 职工福利费
D. 职工教育经费

【解析】在中级经济法企业所得税的考查范围内，允许"在以后纳税年度结转扣除"的费用有三项：（1）职工教育经费；（2）广告费和业务宣传费支出；（3）公益性捐赠支出（三年内结转扣除）。

【答案】D

【例题5·判断题】某有限责任公司2012年发生的合理的工资薪金总额为950万元，支出的职工福利费为150万元，在计算该公司2012年的应纳税所得额时，支出的职工福利费用应据实扣除。（　）（2012年）

【解析】企业发生的职工福利费支出，不超过工资薪金总额14%的部分，允许扣除，超过的部分不得扣除。在本题中，职工福利费的扣除限额=950×14%=133（万元），实际发生额150万元，超过了扣除限额，只能在税前扣除133万元，而非据实扣除。

【答案】×

考点3：与生产经营直接相关的扣除项目（★★★）

1. 业务招待费支出

企业发生的与生产经营活动有关的业务招待费支出，按照发生额的60%扣除，但最高不得超过当年销售（营业）收入的5‰。

【提示】销售（营业）收入包括销售货物收入、提供劳务收入、特许权使用费收入、租金收入、视同销售收入等，即会计核算中的主营业务收入和其他业务收入，以及会计上不确认收入但所得税上视同销售的收入，但不包括"营业外收入"和"投资收益"。

【案例】甲公司为居民企业，主要从事货物生产和销售，2016年取得销售货物收入4300万元、理财产品收益30万元、从其直接投资的未上市居民企业分回股息收益270万元、出售闲置厂房收入400万元。实际发生业务招待费30万元。

【评析】

（1）甲公司2016年度销售（营业）收入为4300万元；

（2）限额1=4300×5‰=21.5（万元），限额2=30×60%=18（万元）；

（3）甲公司2016年度的业务招待费准予扣除的数额为18万元；

（4）相应的纳税调增额=30-18=12（万元）。

2. 广告费和业务宣传费

企业发生的符合条件的广告费和业务宣传费支出，除国务院财政、税务主管部门另有规定外，不超过当年销售（营业）收入15%的部分，准予扣除；超过部分，准予在以后纳税年度结转扣除。

【案例】甲企业为居民纳税人，主要从事服装生产和销售业务。2016年取得销售货物收入9000万元、技术服务收入700万元、出租设备收入60万元、出售房产收入400万元、国债利息收入40万元。实际发生广告费和业务宣传费1500万元。

【评析】

（1）销售（营业）收入＝9000+700+60＝9760（万元）；

（2）税法扣除限额＝9760×15%＝1464（万元）；

（3）准予扣除的广告费和业务宣传费为1464万元；

（4）纳税调增额＝1500-1464＝36（万元）。

【例题1·单选题】某制造企业2014年取得商品销售收入3000万元，出租设备租金收入200万元，发生与生产经营有关的业务招待费支出18万元。根据企业所得税法律制度的规定，该企业在计算当年应纳税所得额时，准予扣除的业务招待费为（　）万元。（2015年）

A. 10.8　　　　B. 15
C. 16　　　　D. 18

【解析】（1）在计算业务招待费、广告费和业务宣传费的扣除限额时，销售（营业）收入包括销售货物收入、提供劳务收入、租金收入、特许权使用费收入、视同销售收入等；（2）业务招待费扣除限额1＝18×60%＝10.8（万元），业务招待费扣除限额2＝（3000+200）×5‰＝16（万元），税前准予扣除的业务招待费为10.8万元。

【答案】A

【例题2·多选题】甲公司2013年度取得销售收入4000万元，当年发生的与经营有关的业务招待费支出60万元、广告费和业务宣传费200万元。根据企业所得税法律制度的规定，甲公司在计算当年应纳税所得额时，下列关于业务招待费、广告费和业务宣传费准予扣除数额的表述中，正确的有（　）。（2014年）

A. 业务招待费准予扣除的数额为20万元
B. 业务招待费准予扣除的数额为36万元
C. 广告费和业务宣传费准予扣除的数额为600万元
D. 广告费和业务宣传费准予扣除的数额为200万元

【解析】（1）选项AB：企业发生的与生产经营活动有关的业务招待费支出，按照发生额的60%扣除（60×60%＝36万元），但最高不得超

过当年销售（营业）收入的5‰（4000×5‰＝20万元），业务招待费准予扣除的数额为20万元；（2）选项CD：企业发生的符合条件的广告费和业务宣传费支出，除国务院财政、税务主管部门另有规定外，不超过当年销售（营业）收入15%的部分（4000×15%＝600万元），准予扣除。在本题中，该公司实际发生广告费和业务宣传费支出200万元，未超过扣除限额，可以全部在税前扣除。

【答案】AD

3. 公益性捐赠

（1）公益性捐赠，是指企业通过公益性社会团体或者县级以上人民政府及其部门，用于《公益事业捐赠法》规定的公益事业的捐赠。

【提示】纳税人直接向受赠人的捐赠不允许扣除。

（2）企业发生的公益性捐赠支出，在年度利润总额12%以内的部分，准予在计算应纳税所得额时扣除；超过年度利润总额12%的部分，准予结转以后3年内在计算应纳税所得额时扣除。（2017年重大调整）

（3）企业向公益性社会团体实施的股权捐赠，应按规定视同转让股权，股权转让收入额以企业所捐赠股权取得时的历史成本确定。（2017年新增）

【例题1·单选题】2013年度，某企业通过市政府向灾区捐款100万元，直接向受灾小学捐款20万元，两笔捐款均在营业外支出中列支。该企业当年的利润总额为1000万元。假设不考虑其他纳税调整事项，根据企业所得税法律制度的规定，该企业2013年度应纳税所得额为（　）万元。（2014年）

A. 1000　　　　B. 1020
C. 1120　　　　D. 1070

【解析】（1）企业通过市政府向灾区捐款100万元，属于公益性捐赠支出，在年度利润总额12%以内的部分，准予在计算应纳税所得额时扣除，该笔捐赠的税前扣除限额＝1000×12%＝120（万元），实际捐赠额为100万元，可以全额在税前扣除，无需调整；（2）直接向受灾小学的捐款20万元不得在税前扣除，应调增应纳税所得额20万元；（3）该企业2013年度应纳税所得额＝1000+20＝1020（万元）。

【答案】B

【例题2·单选题】某企业2012年度实现利润总额20万元，在营业外支出账户列支了通过公益性社会团体向贫困地区的捐款5万元。根据企业所得税法律制度的规定，在计算该企业2012年度应纳税所得额时，允许扣除的捐款数额为（　）万元。（2012年）

A. 5　　　　B. 2.4

C. 1.5　　　　　　　　D. 1

【解析】企业发生的公益性捐赠支出，在年度利润总额12%以内的部分，准予在计算应纳税所得额时扣除。在本题中，捐赠扣除限额＝20×12%＝2.4（万元），实际发生捐赠额5万元，超过了扣除限额，只能在税前扣除2.4万元。

【答案】B

4. 利息费用

（1）准予据实扣除

①非金融企业向金融企业借款的利息支出；

②金融企业的各项存款利息支出和同业拆借利息支出；

③企业经批准发行债券的利息支出。

（2）不得超过限额扣除

非金融企业向非金融企业借款的利息支出，不超过按照金融企业同期同类贷款利率计算的数额的部分，准予扣除，超过部分不得扣除。

【例题·单选题】2015年6月，甲公司向乙公司临时拆借资金200万元，借款期限为4个月，甲公司支付利息8万元。已知金融机构同期同类贷款的月利率为0.3%，同期存款的月利率为0.1%。甲公司在计算2015年度企业所得税应纳税所得额时，该项借款利息允许扣除的金额为（　）万元。（2016年）

A. 8　　　　　　　　B. 2.4

C. 0.8　　　　　　　D. 0.6

【解析】非金融企业向非金融企业借款的利息支出，不超过按金融企业同期同类"贷款"利率计算的数额部分，在计算企业所得税应纳税所得额时准予扣除。因此，该项借款利息允许扣除的金额＝200×0.3%×4＝2.4（万元）。

【答案】B

5. 借款费用

（1）企业在生产经营活动中发生的合理的不需要资本化的借款费用，准予扣除。

（2）需要资本化的借款费用，应当计入资产成本，不得单独作为财务费用扣除。

【案例】甲企业2016年4月1日向银行借款500万元用于建造办公楼，借款期限1年，当年向银行支付了3个季度的利息22.5万元，该办公楼于10月31日完工结算并投入使用；假定建造期间利息全部资本化，则甲企业当年企业所得税前可扣除的财务费用＝22.5÷9×2＝5（万元）。已经资本化的利息则计入资产成本在以后各期分摊扣除。

6. 损失

（1）损失额的确定

①企业发生的损失，减除责任人赔偿和保险赔款后的余额，依照国务院财政、税务主管部门的规定扣除。

②企业存货因非正常损失而不能从增值税销项税额中抵扣的进项税额，应视同企业财产损失，准予与存货损失一并在税前扣除。

【案例】甲企业为增值税一般纳税人，2016年因管理不善损失原材料一批，成本为30万元，取得保险公司赔款8万元；另因自然灾害损失存货一批，成本为20万元，已知原材料及存货均适用17%的增值税税率。则甲企业税前可以扣除的损失＝30＋30×17%－8＋20＝47.1（万元）。

（2）企业已经作为损失处理的资产，在以后纳税年度又全部收回或者部分收回时，应当计入当期收入。

7. 环境保护专项资金

企业依照有关规定提取的用于环境保护、生态恢复等方面的专项资金，准予扣除；上述专项资金提取后改变用途的，不得扣除。

8. 租赁费

（1）以经营租赁方式租入固定资产发生的租赁费支出，按照租赁期限均匀扣除。

【案例】甲企业2016年9月1日，以经营租赁方式租入固定资产使用，租期1年，支付全部租金24万元。则当年甲企业计算应纳税所得额时应扣除的租赁费用＝24÷12×4＝8（万元）。

（2）以融资租赁方式租入固定资产发生的租赁费支出，按照规定构成融资租入固定资产价值的部分应当提取折旧费用，分期扣除。

9. 存款保险扣除（2017年新增）

（1）银行业金融机构依据《存款保险条例》的有关规定、按照不超过0.16‰的存款保险费率，计算交纳的存款保险保费，准予在企业所得税税前扣除。

（2）准予在企业所得税税前扣除的存款保险保费，不包括存款保险保费滞纳金。

10. 保险公司按下列规定缴纳的保险保障基金，准予据实税前扣除（2017年新增）

（1）非投资型财产保险业务，不得超过保费收入的0.8%；投资型财产保险业务，有保证收益的，不得超过业务收入的0.08%，无保证收益的，不得超过业务收入的0.05%。

（2）有保证收益的人寿保险业务，不得超过业务收入的0.15%；无保证收益的人寿保险业务，不得超过业务收入的0.05%。

（3）短期健康保险业务，不得超过保费收入的0.8%；长期健康保险业务，不得超过保费收入的0.15%。

（4）非投资型意外伤害保险业务，不得超过保费收入的0.8%；投资型意外伤害保险业务，有保证收益的，不得超过业务收入的0.08%，无保证收益的，不得超过业务收入的0.05%。

第十周

【星期三·第7章第3单元】资产的企业所得税处理

【本单元考点清单】

考点名称	考点地位	二维码
固定资产的企业所得税处理	★★	
其他资产的企业所得税处理	★	

考点1：固定资产的企业所得税处理（★★）

（一）不得计算折旧扣除的固定资产

在计算应纳税所得额时，企业按照规定计算的固定资产折旧，准予扣除。但下列固定资产不得计算折旧扣除：

1. 房屋、建筑物以外未投入使用的固定资产；
2. 以经营租赁方式租入的固定资产；
3. 以融资租赁方式租出的固定资产；
4. 已足额提取折旧仍继续使用的固定资产；
5. 与经营活动无关的固定资产；
6. 单独估价作为固定资产入账的土地；
7. 其他不得计提折旧扣除的固定资产。

（二）计税基础

1. 外购的固定资产，以购买价款和支付的相关税费以及直接归属于使该资产达到预定用途发生的其他支出为计税基础。

2. 自行建造的固定资产，以竣工结算前发生的支出为计税基础。

3. 融资租入的固定资产

（1）以租赁合同约定的付款总额和承租人在签订租赁合同过程中发生的相关费用为计税基础；

（2）租赁合同未约定付款总额的，以该资产的公允价值和承租人在签订租赁合同过程中发生的相关费用为计税基础。

4. 盘盈的固定资产，以同类固定资产的重置完全价值为计税基础。

5. 通过捐赠、投资、非货币性资产交换、债务重组等方式取得的固定资产，以该资产的公允价值和支付的相关税费为计税基础。

6. 改建的固定资产，除法定的支出外，以改建过程中发生的改建支出增加计税基础。

（三）如何计算税法允许扣除的折旧额

1. 方法：固定资产按照直接法计算的折旧，准予扣除。

2. 起止时间：企业应当自固定资产投入使用月份的次月起计算折旧；停止使用的固定资产，应当自停止使用月份的次月起停止计算折旧。

3. 预计净残值：企业应当根据固定资产的性质和使用情况，合理确定固定资产的预计净残值，固定资产的预计净残值一经确定，不得变更。

4. 最低折旧年限（另有规定除外）

（1）房屋、建筑物：20年；

（2）飞机、火车、轮船、机器、机械和其他生产设备：10年；

（3）与生产经营活动有关的器具、工具、家具等：5年；

（4）飞机、火车、轮船以外的运输工具：4年；

（5）电子设备：3年。

（四）加速折旧

1. 所有企业＋高耗性固定资产

（1）企业的下列固定资产可以按照规定加速折旧：

①由于技术进步，产品更新换代较快的固定资产；

②常年处于强震动、高腐蚀状态的固定资产。

（2）加速折旧的方式

①缩短折旧年限方法：要求最低折旧年限不得低于法定折旧年限的60%；

②加速折旧方法：可以采取双倍余额递减法或者年数总和法。

2. 所有企业＋单位价值不超过5000元

所有行业企业持有单位价值不超过5000元的固定资产，允许一次性计入当期成本费用在计算应纳税所得额时扣除，不再分年度计算折旧。

3. 所有企业＋专用于研发

所有行业企业2014年1月1日后新购进的专门用于研发活动的仪器、设备：

（1）单位价值不超过100万元的，允许一次性计入当期成本费用在计算应纳税所得额时扣除，不再分年度计算折旧；

（2）单位价值超过100万元的，可缩短折旧年限或采取加速折旧的方法。

4. 重点行业

（1）缩短折旧年限或采取加速折旧方法

①生物药品制造业，专用设备制造业，铁路、船舶、航空航天和其他运输设备制造业，计算机、通信和其他电子设备制造业，仪器仪表制造业，信息传输、软件和信息技术服务业等6个行业的企业2014年1月1日后新购进的固定资产，可缩短折旧年限或采取加速折旧的方法。

②对轻工、纺织、机械、汽车等4个领域重点行业的企业2015年1月1日后新购进的固定资产，可由企业选择缩短折旧年限或采取加速折旧的方法。

（2）研发与生产经营共用

对上述6个行业的小型微利企业2014年1月1日后新购进的研发和生产经营共用的仪器、设备；对上述4个行业的小型微利企业2015年1月1日后新购进的研发和生产经营共用的仪器、设备：

①单位价值不超过100万元的，允许一次性计入当期成本费用在计算应纳税所得额时扣除，不再分年度计算折旧；

②单位价值超过100万元的，可缩短折旧年限或采取加速折旧的方法。

【例题1·多选题】根据企业所得税法律制度的规定，企业的下列资产支出项目中，不得计算折旧或摊销费用在税前扣除的有（　　）。（2012年）

A. 已足额提取折旧的固定资产的改建支出

B. 单独估价作为固定资产入账的土地

C. 以融资租赁方式租入的固定资产

D. 未投入使用的机器设备

【解析】（1）选项A：已足额提取折旧的固定资产的改建支出，作为长期待摊费用，可以按照规定摊销，在税前扣除；（2）选项B：单独估价作为固定资产入账的土地，不得计提折旧在税前扣除；（3）选项C：以融资租赁方式租入的固定资产，可以计提折旧在税前扣除；（4）选项D：除房屋、建筑物以外未投入使用的固定资产，不得计提折旧在税前扣除。

【答案】BD

【例题2·多选题】根据企业所得税法律制度的规定，下列资产中，计提的折旧可以在企业所得税税前扣除的有（　　）。（2010年）

A. 生产性生物资产

B. 以经营租赁方式租出的固定资产

C. 以融资租赁方式租出的固定资产

D. 已足额提取折旧仍继续使用的固定资产

【解析】下列固定资产不得计算折旧扣除：（1）房屋、建筑物以外未投入使用的固定资产；（2）以经营租赁方式租入的固定资产；（3）以融资租赁方式租出的固定资产；（4）已足额提取折旧仍继续使用的固定资产；（5）与经营活动无关的固定资产；（6）单独估价作为固定资产入账的土地。

【答案】AB

【例题3·单选题】下列关于固定资产确定计税基础的表述中，不符合企业所得税法律制度规定的是（　　）。（2015年）

A. 自行建造的固定资产，以竣工结算前发生的支出为计税基础

B. 盘盈的固定资产，以同类固定资产的重置完全价值为计税基础

C. 通过捐赠取得的固定资产，以该资产的原账面价值为计税基础

D. 通过投资取得的固定资产，以该资产的公允价值和支付的相关费用为计税基础

【解析】选项C：通过捐赠取得的固定资产，以该资产的公允价值和支付的相关费用为计税基础。

【答案】C

【例题4·判断题】融资租入的固定资产，以租赁合同约定的付款总额和承租人在签订租赁合同过程中发生的相关费用为企业所得税计税基础。（　　）（2011年）

【解析】融资租入的固定资产，以租赁合同约定的付款总额和承租人在签订租赁合同过程中发生的相关费用为计税基础；租赁合同未约定付款总额的，以该资产的公允价值和承租人在签订租赁合同过程中发生的相关费用为计税基础。

【答案】√

考点2：其他资产的企业所得税处理（★）

（一）生产性生物资产

1. 计税基础

（1）外购的生产性生物资产，以购买价款和支付的相关税费为计税基础；

（2）通过捐赠、投资、非货币性资产交换、债务重组等方式取得的生产性生物资产，以该资产的公允价值和支付的相关税费为计税基础。

2. 最低折旧年限

（1）林木类生产性生物资产，计算折旧的最低年限为10年；

（2）畜类生产性生物资产，计算折旧的最低年限为3年。

（二）无形资产

1. 下列无形资产不得计算摊销费用扣除：

（1）自行开发的支出已在计算应纳税所得额时扣除的无形资产；

（2）自创商誉；

（3）与经营活动无关的无形资产；

（4）其他不得计算摊销费用扣除的无形资产。

2. 外购商誉的支出，在企业整体转让或者清算时，准予扣除。

3. 计税基础

（1）外购的无形资产，以购买价款和支付的相关税费以及直接归属于使该资产达到预定用途

发生的其他支出为计税基础。

（2）自行开发的无形资产，以开发过程中该资产符合资本化条件后至达到预定用途前发生的支出为计税基础。

（3）通过捐赠、投资、非货币性资产交换、债务重组等方式取得的无形资产，以该资产的公允价值和支付的相关税费为计税基础。

4. 无形资产的摊销年限不得低于10年。

【例题·单选题】在计算企业所得税应纳税所得额时，下列关于确定无形资产计税基础的表述中，不符合企业所得税法律制度规定的是（　　）。（2016年）

A. 外购的无形资产，以该资产的公允价值和支付的相关税费为计税基础

B. 通过捐赠方式取得的无形资产，以该资产的公允价值和支付的相关税费为计税基础

C. 通过投资方式取得的无形资产，以该资产的公允价值和支付的相关税费为计税基础

D. 通过债务重组方式取得的无形资产，以该资产的公允价值和支付的相关税费为计税基础

【解析】外购的无形资产，以购买价款和支付的相关税费以及直接归属于使该资产达到预定用途发生的其他支出为计税基础。

【答案】A

（三）长期待摊费用

1. 已足额提取折旧的固定资产的改建支出，按照固定资产预计尚可使用年限分期摊销。

2. 租入固定资产的改建支出，按照合同约定的剩余租赁期限分期摊销。

3. 固定资产的大修理支出，按照固定资产尚可使用年限分期摊销。

【解释】固定资产的大修理支出，是指同时符合下列条件的支出：（1）修理支出达到取得固定资产时的计税基础50%以上；（2）修理后固定资产的使用年限延长2年以上。

4. 其他应当作为长期待摊费用的支出，自支出发生月份的次月起，分期摊销，摊销年限不得低于3年。

（四）投资资产

1. 企业对外投资期间，投资资产的成本在计算应纳税所得额时不得扣除。

2. 企业在转让或者处置投资资产时，投资资产的成本，准予扣除。

3. 居民企业以非货币性资产对外投资确认的非货币性资产转让所得，可在不超过5年期限内，分期均匀计入相应年度的应纳税所得额，按照规定计算缴纳企业所得税。

【提示1】企业对外投资的非货币性资产，应进行评估并按评估后的公允价值扣除计税基础后的余额计算确认非货币性资产转让所得。

【提示2】被投资企业取得非货币性资产的计

税基础，应按非货币性资产的公允价值确定。

（五）存货

1. 企业使用或者销售存货，按照规定计算的存货成本，准予在计算应纳税所得额时扣除。

2. 企业使用或者销售的存货的成本计算方法，可以在先进先出法、加权平均法、个别计价法中选用一种；计价方法一经选用，不得随意变更。

（六）资产损失

1. 企业发生符合规定的资产损失（实际发生的、与取得应税收入有关的），应在按税法规定实际确认或者实际发生的当年申报扣除，不得提前或延后扣除。

2. 企业实际发生的资产损失按税务管理方式，可分为自行计算扣除的资产损失和须经税务机关审批后才能扣除的资产损失。下列资产损失，属于由企业自行计算扣除的损失：

（1）企业在正常经营管理活动中因销售、转让、变卖固定资产、生产性生物资产、存货发生的资产损失；

（2）企业各项存货发生的正常损耗；

（3）企业固定资产达到或超过使用年限而正常报废清理的损失；

（4）企业生产性生物资产达到或超过使用年限而正常死亡发生的资产损失；

（5）企业按照有关规定通过证券交易所、银行间市场买卖债券、股票、基金以及金融衍生产品等发生的损失；

（6）其他经国家税务总局确认不需经税务机关审批的其他资产损失。

3. 应收款项损失

（1）逾期不能收回的应收款项中，单笔数额较小、不足以弥补清收成本的，由企业作出专项说明，对确实不能收回的部分，认定为损失；

（2）逾期3年以上的应收款项，企业有依法催收磋商记录，确认债务人已资不抵债、连续3年亏损或连续停止经营3年以上的，并能认定3年内没有任何业务往来，可以认定为损失。

4. 企业由于未能按期赎回抵押资产，使抵押资产被拍卖或变卖，其账面净值大于变卖价值的差额部分，依据拍卖或变卖证明，认定为资产损失。

【例题·判断题】企业在计算企业所得税应纳税所得额扣除资产损失时，需对资产损失进行认定，其中，对企业未能按期赎回抵押资产致使抵押资产被拍卖的，其账面净值大于变卖价值的差额部分，依据拍卖证明，认定为资产损失。（　　）（2013年）

【解析】企业由于未能按期赎回抵押资产，使抵押资产被拍卖或变卖，其账面净值大于变卖价值的差额部分，依据拍卖或变卖证明，认定为资产损失。

【答案】√

第十周

【星期四·第 7 章第 4 单元】企业所得税税收优惠

【本单元考点清单】

考点名称	考点地位	二维码
减免税所得	★	
低税率优惠	★★☆	
加计扣除	★★★	
抵扣应纳税所得额	★	
减计收入	★★☆	
抵免应纳税额	★★☆	

考点 1：减免税所得（★）

1. 农、林、牧、渔业减、免税所得

（1）企业从事下列项目的所得，免征企业所得税：

①蔬菜、谷物、薯类、油料、豆类、棉花、麻类、糖料、水果、坚果的种植；

②农作物新品种的选育；

③中药材的种植；

④林木的培育和种植；

⑤牲畜、家禽的饲养；

⑥林产品的采集；

⑦灌溉、农产品初加工、兽医、农技推广、农机作业和维修等农、林、牧、渔服务业项目；

⑧远洋捕捞。

（2）企业从事下列项目的所得，减半征收企业所得税：

①花卉、茶以及其他饮料作物和香料作物的种植；

②海水养殖、内陆养殖。

2. 三免三减半政策

（1）企业从事国家重点扶持的公共基础设施项目的投资经营所得，自项目取得第一笔生产经营收入所属纳税年度起，第 1 年至第 3 年免征企业所得税，第 4 年至第 6 年减半征收企业所得税。但是，企业承包经营、承包建设和内部自建自用上述项目的，不得享受上述企业所得税优惠。

（2）企业从事符合条件的环境保护、节能节水项目的所得，自项目取得第一笔生产经营收入所属纳税年度起，第 1 年至第 3 年免征企业所得税，第 4 年至第 6 年减半征收企业所得税。

【例题·判断题】企业承包建设国家重点扶持的公共基础设施项目，可以自该承包项目取得第一笔生产经营收入年度起，第 1 年至第 3 年免征企业所得税，第 4 年至第 6 年减半征收企业所得税。（　　）（2010 年）

【解析】企业从事国家重点扶持的公共基础设施项目的投资经营所得，自项目取得第一笔生产经营收入所属纳税年度起，第 1 年至第 3 年免征企业所得税，第 4 年至第 6 年减半征收企业所得税。但是，企业承包经营、承包建设和内部自建自用的，不得享受上述企业所得税优惠。

【答案】×

3. 符合条件的技术转让所得

（1）在一个纳税年度内，居民企业技术转让所得不超过 500 万元的部分，免征企业所得税；

第 十 周

超过 500 万元的部分，减半征收企业所得税。

【解释】技术包括专利（含国防专利）、计算机软件著作权、集成电路布图设计专有权、植物新品种权、生物医药新品种，以及财政部和国家税务总局确定的其他技术。其中，专利是指法律授予独占权的发明、实用新型以及非简单改变产品图案和形状的外观设计。

（2）自 2015 年 10 月 1 日起，全国范围内的居民企业转让 5 年（含）以上非独占许可使用权取得的技术转让所得，纳入享受企业所得税优惠的技术转让所得范围。居民企业的年度技术转让所得不超过 500 万元的部分，免征企业所得税；超过 500 万元的部分，减半征收企业所得税。

考点 2：低税率优惠（★★☆）

1. 小型微利企业

（1）凡符合条件的小型微利企业，减按 20% 的税率征收企业所得税。

（2）自 2015 年 10 月 1 日起至 2017 年 12 月 31 日，对年应纳税所得额在 20 万元至 30 万元（含 30 万元）之间的小型微利企业，其所得减按 50% 计入应纳税所得额，按 20% 的税率缴纳企业所得税。

2. 对国家需要重点扶持的高新技术企业，减按 15% 的税率征收企业所得税。

【例题 1·单选题】某企业被认定为国家需要重点扶持的高新技术企业。2015 年该企业的会计利润总额为 50 万元，不符合税法规定的固定资产折旧额为 3 万元，营业外支出中列支了交通违章罚款 1 万元。不考虑其他纳税调整与税收优惠事项。2015 年该企业应缴纳的企业所得税税额为（　　）万元。（2016 年）

A. 8.1　　　　　　　B. 6.9

C. 10.8　　　　　　D. 7.05

【解析】（1）不符合税法规定的固定资产折旧额应调增应纳税所得额；（2）交通违章罚款属于行政责任性质的罚款，不得扣除，应调增应纳税所得额；（3）对国家需要重点扶持的高新技术企业，减按 15% 的税率征收企业所得税。因此，2015 年该企业应缴纳的企业所得税税额 =（50 + 3 + 1）×15% = 8.1（万元）。

【答案】A

【例题 2·单选题】某软件企业是国家需要重点扶持的高新技术企业，2011 年度该企业的应纳税所得额为 200 万元，该企业 2011 年应纳的企业所得税额为（　　）万元。（2012 年）

A. 50　　　　　　　B. 40

C. 30　　　　　　　D. 20

【解析】国家需要重点扶持的高新技术企业，减按 15% 的税率征收企业所得税，该企业 2011 年应纳的企业所得税 = 200×15% = 30（万元）。

【答案】C

3. 非居民企业减按 10% 的税率征收企业所得税的情形

（1）在中国境内未设立机构、场所的非居民企业，来源于中国境内的所得；

（2）在中国境内设立了机构、场所的非居民企业，从中国境内取得与该机构、场所没有实际联系的所得。

4. 至 2018 年 12 月 31 日止，税法规定地区符合条件的技术先进型服务企业减按 15% 的税率征收企业所得税。（2017 年新增）

考点 3：加计扣除（★★★）

1. "三新"研究开发费用

（1）基本规定

"三新"研究开发费用，是指企业为开发新技术、新产品、新工艺发生的研究开发费用。在计算企业所得税应纳税所得额时：

①未形成无形资产计入当期损益的，在按照规定据实扣除的基础上，按照研究开发费用的 50%，加计扣除；

②形成无形资产的，按照该无形资产成本的 150% 在税前摊销。

（2）对企业共同合作开发的项目，由合作各方就自身承担的研发费用分别按照规定计算加计扣除。

（3）对企业委托给外单位进行开发的研发费用，由委托方按照规定计算加计扣除，受托方不得再进行加计扣除。对委托开发的项目，受托方应向委托方提供该研发项目的费用支出明细情况，否则，该委托开发项目的费用支出不得实行加计扣除。

（4）企业未设立专门的研发机构或企业研发机构同时承担生产经营任务的，应对研发费用和生产经营费用分开进行核算，准确、合理地计算各项研究开发费用支出，对划分不清的，不得实行加计扣除。

2. 安置残疾人员所支付的工资

（1）企业安置残疾人员的，在按照支付给残疾职工工资据实扣除的基础上，按照支付给残疾职工工资的 100% 加计扣除。

（2）自 2016 年 1 月 1 日至 2020 年 12 月 31 日期间，符合条件的生产和装配伤残人员专门用品的居民企业免征企业所得税。（2017 年新增）

【例题 1·多选题】根据企业所得税法律制度的规定，企业的下列支出中，在计算应纳税所得额时实行加计扣除的有（　　）。（2016 年）

A. 购置用于环境保护专用设备的投资额

B. 为开发新技术发生的尚未形成无形资产而计入当期损益的研究开发费用

C. 安置残疾人员所支付的工资

D. 赞助支出

第十周

【解析】（1）选项A：实行税额抵免，即企业购置并实际使用规定的环境保护、节能节水、安全生产等专用设备的，该专用设备的投资额的10%可以从企业当年的应纳税额中抵免。（2）选项B："三新"研究开发费用，未形成无形资产计入当期损益的，在按照规定据实扣除的基础上，再按照研究开发费用的50%，加计扣除；形成无形资产的，按照无形资产成本的150%摊销。（3）选项C：企业安置残疾人员的，在企业支付给残疾职工工资据实扣除的基础上，按照支付给残疾职工工资的100%加计扣除。（4）选项D：企业发生的与生产经营活动无关的各种非广告性质的赞助支出，在计算企业所得税应纳税所得额时不得扣除。

【答案】BC

【例题2·判断题】甲公司2013年开发一项新工艺，发生的研究开发费用为80万元，尚未形成无形资产计入当期损益。在甲公司计算当年企业所得税应纳税所得额时，该项研究开发费用可以扣除的数额为120万元。（ ）（2014年）

【解析】企业为开发新技术、新产品、新工艺发生的研究开发费用，未形成无形资产计入当期损益的，在按照规定据实扣除的基础上，再按照研究开发费用的50%加计扣除；则甲公司该项研究开发费用可以扣除的数额＝80＋80×50%＝120（万元）。

【答案】√

【例题3·单选题】根据企业所得税法律制度的规定，企业为开发新技术、新产品、新工艺发生的研究开发费用，未形成无形资产计入当期损益的，在按照规定据实扣除的基础上，按照研究开发费用的一定比例加计扣除，该比例为（ ）。（2012年）

A. 50%　　　　B. 100%
C. 150%　　　　D. 200%

【答案】A

考点4：抵扣应纳税所得额（★）

1. 创业投资企业采取股权投资方式投资于未上市的中小高新技术企业2年以上的，可以按照其投资额的70%在股权持有满2年的当年抵扣该创业投资企业的应纳税所得额；当年不足抵扣的，可以在以后纳税年度结转抵扣。

2. 有限合伙制创业投资企业采取股权投资方式投资于未上市的中小高新技术企业满2年（24个月）的，其法人合伙人可按照对未上市中小高新技术企业投资额的70%抵扣该法人合伙人从该有限合伙制创业投资企业分得的应纳税所得额，当年不足抵扣的，可以在以后纳税年度结转抵扣。

【例题1·单选题】2011年4月1日，甲创业投资企业采取股权投资方式向未上市的取得高新技术企业资格的乙公司（该公司属于中小企业）投资120万元，股权持有至2013年6月1日，甲创业投资企业2013年度计算应纳税所得额时，对乙公司的投资额可以抵扣的数额为（ ）万元。（2014年）

A. 0　　　　B. 84
C. 96　　　　D. 108

【解析】创业投资企业采取股权投资方式投资于未上市的中小高新技术企业2年以上的，可以按照其投资额的70%在股权持有满2年的当年抵扣该企业的应纳税所得额。对乙公司的投资额可以抵扣的数额＝120×70%＝84（万元）。

【答案】B

【例题2·单选题】某企业为创业投资企业。2007年8月1日，该企业向境内未上市的某中小高新技术企业投资200万元。2009年度该企业利润总额890万元；未经财税部门核准，提取风险准备金10万元。已知企业所得税税率为25%。假定不考虑其他纳税调整事项，2009年该企业应纳企业所得税税额为（ ）万元。（2010年）

A. 82.5　　　　B. 85
C. 187.5　　　　D. 190

【解析】（1）未经核定的准备金支出，不得在税前扣除；（2）该企业应纳企业所得税税额＝[（890＋10）－200×70%]×25%＝190（万元）。

【答案】D

考点5：减计收入（★★☆）

企业以《资源综合利用企业所得税优惠目录》规定的资源作为主要原材料，生产国家非限制和禁止并符合国家和行业相关标准的产品取得的收入，减按90%计入收入总额。

考点6：抵免应纳税额（★★☆）

1. 企业购置并实际使用规定的环境保护、节能节水、安全生产等专用设备的，该专用设备的投资额的10%可以从企业当年的应纳税额中抵免；当年不足抵免的，可以在以后5个纳税年度结转抵免。

2. 企业购置上述专用设备在5年内转让、出租的，应当停止享受企业所得税优惠，并补缴已经抵免的企业所得税税款。

3. 企业以融资租赁方式租入的，并在融资租赁合同中约定租赁期届满时租赁设备所有权转移给承租方企业，且符合规定条件的专用设备，可以享受抵免应纳税额优惠。但融资租赁期届满后租赁设备所有权未转移至承租方企业的，承租方企业应停止享受该项优惠政策，并补缴已经抵免的企业所得税税款。

【例题·单选题】根据企业所得税法律制度的规定，下列项目中，享受税额抵免优惠政策的是（ ）。(2013 年)

A. 企业的赞助支出

B. 企业向残疾职工支付的工资

C. 企业购置并实际使用国家相关目录规定的环境保护专用设备投资额 10% 的部分

D. 创业投资企业采取股权投资方式投资于未上市的中小高新技术企业 2 年以上的投资额 70% 的部分

【解析】(1) 选项 A：企业的赞助支出不得在企业所得税税前扣除。(2) 选项 B：企业向残疾职工支付的工资，如果符合税法规定，可以加计扣除 100%。(3) 选项 C：企业购置并实际使用符合规定的环境保护、节能节水、安全生产等专用设备的，该专用设备的投资额的 10% 可以从企业当年的应纳税额中抵免；当年不足抵免的，可以在以后 5 个纳税年度结转抵免。(4) 选项 D：享受抵扣应纳税所得额优惠。

【答案】C

【星期五·第 7 章第 5 单元】企业所得税的其余考点

【本单元考点清单】

考点名称	考点地位	二维码
企业所得税应纳税额的计算	★★★	
以前年度亏损的弥补	★	
企业所得税纳税人	★★	
企业取得境外所得时的抵免	★	
源泉扣缴	★★	
特别纳税调整	★	
企业所得税的征收管理	★	
企业所得税的核定征收	★	

考点 1：企业所得税应纳税额的计算（★★★）

（一）应纳税额

应纳税额 = 应纳税所得额 × 适用税率 − 减免税额 − 抵免税额

【提示 1】

(1) 企业所得税的基本税率为 25%。

(2) 符合规定的小型微利企业，减按 20% 税率。

(3) 国家需要重点扶持的高新技术企业，减按15%税率。

（4）在中国境内未设立机构、场所，或者虽设立机构、场所但取得的所得与其所设机构、场所没有实际联系的，就其来源于中国境内的所得，减按10%税率。

（5）至2018年12月31日止，税法规定地区符合条件的技术先进型服务企业减按15%的税率征收企业所得税。

【提示2】减免税额和抵免税额，是指依照企业所得税法和国务院的税收优惠规定减征、免征和抵免的应纳税额。

（二）应纳税所得额

1. 直接法

应纳税所得额＝收入总额－不征税收入－免税收入－准予扣除项目金额－允许弥补的以前年度亏损

【提示】企业按照税法有关规定，将每一纳税年度的收入总额减除不征税收入、免税收入和各项扣除后小于零的数额，为亏损。

2. 间接法

应纳税所得额＝会计利润＋纳税调整增加额－纳税调整减少额

（1）纳税调整增加额

①在计算会计利润时已经扣除，但税法规定不能扣除的项目金额；

②在计算会计利润时已经扣除，但超过税法规定扣除标准部分的金额；

③未计或者少计的应税收益。

（2）纳税调整减少额

①税法上允许加计扣除的费用；

②减税或者免税收益；

③弥补以前年度（5年内）未弥补的亏损额。

【例题·综合题】（2013年）

甲企业为增值税一般纳税人，2012年度取得销售收入8800万元，销售成本为5000万元，会计利润为845万元，2012年，甲企业其他相关财务资料如下：

（1）在管理费用中，发生业务招待费140万元，新产品的研究开发费用280万元（未形成无形资产计入当期损益）。

（2）在销售费用中，发生广告费700万元，业务宣传费140万元。

（3）发生财务费用900万元，其中支付给与其有业务往来的客户借款利息700万元，年利率为7%，金融机构同期同类贷款利率为6%。

（4）营业外支出中，列支通过减灾委员会向遭受自然灾害的地区的捐款50万元，支付给客户的违约金10万元。

（5）已在成本费用中列支实发工资总额500万元，并实际列支职工福利费105万元，上缴工会经费10万元并取得工会经费专用拨缴款收据，

职工教育经费支出20万元。

已知：甲企业适用的企业所得税税率为25%。

要求：

（1）计算业务招待费应调整的应纳税所得额。

（2）计算新产品的研究开发费用应调整的应纳税所得额。

（3）计算广告费和业务宣传费应调整的应纳税所得额。

（4）计算财务费用应调整的应纳税所得额。

（5）计算营业外支出应调整的应纳税所得额。

（6）计算职工福利费、工会经费、职工教育经费应调整的应纳税所得额。

（7）计算甲企业2012年度的应纳税所得额。

【答案】

（1）业务招待费实际发生额的60%＝140×60%＝84（万元），销售（营业）收入的0.5%＝8800×0.5%＝44（万元），业务招待费扣除限额为44万元，业务招待费应调增应纳税所得额＝140－44＝96（万元）。

（2）企业为开发新技术、新产品、新工艺发生的研究开发费用，未形成无形资产计入当期损益的，在按照规定据实扣除的基础上，再按照研究开发费用的50%加计扣除。研究开发费用应调减应纳税所得额＝280×50%＝140（万元）。

（3）广告费和业务宣传费的扣除限额＝8800×15%＝1320（万元），企业实际发生广告费和业务宣传费＝700＋140＝840（万元），小于扣除限额，实际发生的广告费和业务宣传费可以全部扣除，应调整的应纳税所得额为零。

（4）财务费用应调增应纳税所得额＝700－700/7%×6%＝100（万元）。

（5）支付给客户的违约金10万元，准予在税前扣除，不需要进行纳税调整。公益性捐赠的税前扣除限额＝845×12%＝101.4（万元），实际捐赠支出50万元没有超过扣除限额，准予据实扣除。因此营业外支出应调整的应纳税所得额为零。

（6）

①职工福利费扣除限额＝500×14%＝70（万元），实际支出额为105万元，超过扣除限额，应调增应纳税所得额＝105－70＝35（万元）；

②工会经费扣除限额＝500×2%＝10（万元），实际上缴工会经费10万元，可以全部扣除，不需要进行纳税调整；

③职工教育经费扣除限额＝500×2.5%＝12.5（万元），实际支出额为20万元，超过扣除限额，应调增应纳税所得额＝20－12.5＝7.5（万元）。

（7）甲企业2012年度应纳税所得额＝845（会计利润）＋96（业务招待费调增额）－140（三新研发费用调减额）＋100（财务费用调增额）＋35（职工福利费调增额）＋7.5（职工教育经费调增额）＝943.5（万元）。

考点 2：以前年度亏损的弥补（★）

企业某一纳税年度发生的亏损，可以用下一年度的所得弥补，下一年度的所得不足以弥补的，可以逐年延续弥补，但最长不得超过 5 年。

【提示 1】亏损，是指企业财务报表中的亏损额经主管税务机关按税法规定核实调整后的金额（税法口径的亏损额）。

【提示 2】5 年内不论是盈利或亏损，都作为实际弥补期限计算；先亏先补，后亏后补。

【提示 3】亏损弥补期限是自亏损年度报告的下一个年度起连续 5 年不间断地计算。

【案例】

单位：万元

年　度	2010 年	2011 年	2012 年	2013 年	2014 年	2015 年	2016 年
未弥补以前年度亏损的应纳税所得额	−120	−70	30	30	20	10	50

（1）针对 2010 年的亏损额，2011 年、2012 年、2013 年、2014 年、2015 年为弥补期；截至 2015 年，尚有 30 万元亏损未能在税前弥补完，这 30 万元不得再结转以后年度在税前弥补。

（2）针对 2011 年的亏损额，2012 年、2013 年、2014 年、2015 年、2016 年为弥补期；由于 2012 年—2015 年的盈利全部用于弥补 2010 年的亏损额，因此，截至 2016 年，尚有 20 万元亏损未能在税前弥补完，这 20 万元不得再结转以后年度在税前弥补。

考点 3：企业所得税纳税人（★★）

1. 个人独资企业、合伙企业不是企业所得税的纳税人

企业所得税纳税人包括各类企业、事业单位、社会团体、民办非企业单位和从事经营活动的其他组织；但依照中国法律、行政法规成立的个人独资企业、合伙企业，不适用《企业所得税法》，不属于企业所得税纳税义务人。

2. 居民企业和非居民企业的划分及所得来源地的确定

（1）划分标准及纳税义务

类　型	划分标准	纳税义务	
居民企业	依法在中国境内成立的企业（注册地标准）	全面纳税义务	来源于中国境内、境外的全部所得
	依照外国（地区）法律成立但实际管理机构在中国境内的企业（实际管理机构所在地标准）		
非居民企业	依照外国（地区）法律成立且实际管理机构不在中国境内的企业	在中国境内设立机构、场所	有限纳税义务	（1）来源于中国境内的所得 （2）发生在中国境外但与其所设机构、场所有实际联系的所得
		在中国境内未设立机构、场所，但有来源于中国境内所得		来源于中国境内的所得

【提示】①注册地标准和实际管理机构所在地标准，符合其一即属于居民企业；二者都不符合的，属于非居民企业。②非居民企业分两种，在中国境内设立机构、场所的非居民企业和不在中国境内设立机构、场所的非居民企业。

（2）所得来源地

所得类型		来源地的确定
销售货物所得		按照交易活动发生地确定
提供劳务所得		按照劳务发生地确定
转让财产所得	不动产转让所得	按照不动产所在地确定
	动产转让所得	按照转让动产的企业或者机构、场所所在地确定
	权益性投资资产转让所得	按照被投资企业所在地确定
股息、红利等权益性投资所得		按照分配所得的企业所在地确定

续表

所得类型	来源地的确定
利息所得	按照负担、支付所得的企业或者机构、场所所在地确定，或者按照负担、支付所得的个人的住所地确定
租金所得	
特许权使用费所得	

【例题 1·单选题】根据企业所得税法律制度的规定，下列关于非居民企业的表述中，正确的是（　）。（2012 年）

A. 在境外成立的企业均属于非居民企业

B. 在境内成立但有来源于境外所得的企业属于非居民企业

C. 依照外国法律成立，实际管理机构在中国境内的企业属于非居民企业

D. 依照外国法律成立，实际管理机构不在中国境内但在中国境内设立机构、场所的企业属于非居民企业

【解析】（1）选项 AC：虽未在境内成立，但实际管理机构在境内的，亦属于居民企业；（2）选项 B：只要在境内成立，即为居民企业。

【答案】D

【例题 2·判断题】非居民企业在中国境内设立机构、场所的，仅就其所设机构、场所取得的来源于中国境内的所得缴纳企业所得税。（　）（2015 年）

【解析】非居民企业在中国境内设立机构、场所的，应当就其来源于中国境内的所得，以及发生在中国境外但与其所设机构、场所有实际联系的所得，缴纳企业所得税。

【答案】×

【例题 3·判断题】转让动产的应税所得来源地，按照所转让动产的所在地确定。（　）（2016 年）

【解析】根据企业所得税法律制度的规定，动产转让所得，按转让动产的企业或者机构、场所所在地确定所得来源地。

【答案】×

考点 4：企业取得境外所得时的抵免（★）

1. 5 年

企业取得的下列所得已在境外缴纳的所得税税额，可以从其当期应纳税额中抵免，抵免限额为该项所得依法计算的应纳税额；超过抵免限额的部分，可以在以后"5 个纳税年度内"，用每年抵免限额抵免当年应抵税额后的余额进行抵补：

（1）居民企业来源于中国境外的应税所得；

（2）非居民企业在中国境内设立机构、场所，取得发生在中国境外但与该机构、场所有实际联系的应税所得。

2. 抵免限额应当"分国不分项"计算；计算公式（简化）

抵免限额 = 境外某国应纳税所得额 × 适用的我国税率

【案例】甲企业 2016 年度境内应纳税所得额为 100 万元，适用 25% 的企业所得税税率。甲企业分别在 A 国和 B 国设有分支机构（我国与 A、B 两国已缔结避免双重征税协定），在 A 国分支机构的应纳税所得额为 50 万元，A 国的企业所得税税率为 20%；在 B 国分支机构的应纳税所得额为 30 万元，B 国的企业所得税税率为 30%。

	抵免限额	境外已纳税款	处 理
A 国	50 × 25% = 12.5（万元）	50 × 20% = 10（万元）	补税 2.5 万元
B 国	30 × 25% = 7.5（万元）	30 × 30% = 9（万元）	结转以后"5 个纳税年度"抵补 1.5 万元

综上，甲企业当年在我国境内应纳税额 = 100 × 25% + 2.5 = 27.5（万元）。

【例题·判断题】居民企业来源于境外的应税所得，已在境外缴纳的所得税税额，可以在抵免限额范围内从当期应纳税额中抵免，超过抵免限额的部分可以在以后 5 个年度内，用每年度抵免限额抵免当年应抵税额之后的余额进行抵补。（　）（2011 年）

【答案】√

考点 5：源泉扣缴（★★）

1. 扣缴义务人

在中国境内未设立机构、场所的，或者虽设立机构、场所但取得的所得与其所设机构、场所没有实际联系的非居民企业，就其取得的来源于中国境内的所得应缴纳的所得税，实行源泉扣缴，以"支付人"为扣缴义务人。

企业类型	所得类型		是否在我国缴纳企业所得税	是否实行源泉扣缴
在中国境内设立机构、场所的非居民企业	来源于中国境内	与所设机构场所有实际联系的所得	√	×
		与所设机构场所没有实际联系的所得	√	√
	发生在中国境外	与所设机构场所有实际联系的所得	√	×
		与所设机构场所没有实际联系的所得	×	—
在中国境内未设立机构、场所的非居民企业	来源于中国境内的所得		√	√
	发生在中国境外的所得		×	—

2. 应纳税所得额

（1）上述非居民企业取得的股息、红利等权益性投资收益和利息、租金、特许权使用费所得，以收入全额为应纳税所得额。

（2）上述非居民企业取得的转让财产所得，以收入全额减除财产净值后的余额为应纳税所得额。

3. 扣缴企业所得税应纳税额＝应纳税所得额×实际征收率（10%）

【例题1·单选题】根据企业所得税法律制度的规定，未在中国境内设立机构、场所的非居民企业取得的下列所得中，不实行源泉扣缴的是（　　）。（2016年）

A. 某美国企业向中国境内企业投资而取得的股息

B. 某美国企业向某英国企业出租机器设备，供其在英国使用而收取的租金

C. 某美国企业出售其在深圳的房产而取得的所得

D. 某美国企业向中国企业转让专利权而取得的所得

【解析】（1）选项ACD：属于未在中国境内设立机构、场所的非居民企业，取得的来源于中国境内的所得，实行源泉扣缴。（2）选项B：不需在我国缴纳企业所得税，更谈不上源泉扣缴。

【答案】B

【例题2·多选题】根据企业所得税法律制度的规定，在我国境内设立机构、场所的非居民企业取得的下列所得中，应当向我国缴纳企业所得税的有（　　）。（2016年）

A. 来源于中国境内，但与其在我国境内所设机构、场所没有实际联系的所得

B. 来源于中国境外，但与其在我国境内所设机构、场所有实际联系的所得

C. 来源于中国境内，且与其在我国境内所设机构、场所有实际联系的所得

D. 来源于中国境外，且与其在我国境内所设机构、场所没有实际联系的所得

【解析】选项D：不必在我国缴纳企业所得税。

【答案】ABC

【例题3·单选题】境外甲企业在我国境内未设立机构、场所。2012年8月，甲企业向我国居民纳税人乙公司转让了一项配方，取得转让费1000万元（不含税）。甲企业就该项转让费所得应向我国缴纳的企业所得税税额为（　　）万元。（2013年）

A. 250　　　　　　B. 200

C. 150　　　　　　D. 100

【解析】（1）本题配方转让费所得属于特许权使用费所得；（2）利息所得、租金所得、特许权使用费所得，按照负担、支付所得的企业或者机构、场所所在地，或者按照负担、支付所得的个人住所地确定所得来源地；（3）在中国境内未设立机构、场所的非居民企业，其取得的来源于中国境内的特许权使用费所得，以收入全额为应纳税所得额，减按10%的税率征收企业所得税。因此，甲企业就该项转让费所得应向我国缴纳的企业所得税税额＝1000×10%＝100（万元）。

【答案】D

【例题4·多选题】根据企业所得税法律制度的规定，在中国境内未设立机构、场所的非居民企业从中国境内取得的下列所得中，应以收入全额为应纳税所得额的有（　　）。（2012年）

A. 红利

B. 转让财产所得

C. 租金

D. 利息

【解析】（1）选项ACD：股息、红利等权益性投资收益和利息、租金、特许权使用费所得，以收入全额为应纳税所得额，发生的相关成本费用不得扣除；（2）选项B：转让财产所得，以收入全额减除财产净值后的余额为应纳税所得额。

【答案】ACD

考点6：特别纳税调整（★）

1. 企业与其关联方之间的业务往来，不符合独立交易原则而减少企业或者其关联方应纳税收入或者所得额的，税务机关有权按照合理方法调整。

2. 关联企业及关联关系的认定（2017年调整）

（1）界定关联企业的基本标准：一是股权控制，二是企业管理和人员方面的控制。

（2）关联关系的认定标准

企业与其他企业、组织或者个人具有下列关系之一的，构成关联关系：

①一方直接或者间接持有另一方的股份总和达到25%以上；双方直接或者间接同为第三方所持有的股份达到25%以上。

【提示1】如果一方通过中间方对另一方间接持有股份，只要其对中间方持股比例达到25%以上，则其对另一方的持股比例按照中间方对另一方的持股比例计算。

【提示2】两个以上具有夫妻、直系血亲、兄弟姐妹以及其他抚养、赡养关系的自然人共同持股同一企业，在判定关联关系时持股比例合并计算。

②双方存在持股关系或者同为第三方持股，虽持股比例未达到上述第①项规定，但双方之间借贷资金总额占任一方实收资本比例达到50%以上，或者一方全部借贷资金总额的10%以上由另一方担保（与独立金融机构之间的借贷或者担保除外）。

③双方存在持股关系或者同为第三方持股，虽持股比例未达到上述第①项规定，但一方的生产经营活动必须由另一方提供专利权、非专利技术、商标权、著作权等特许权才能正常进行。

④双方存在持股关系或者同为第三方持股，虽持股比例未达到上述第①项规定，但一方的购买、销售、接受劳务、提供劳务等经营活动由另一方控制。

【提示】上述控制是指一方有权决定另一方的财务和经营政策，并能据以从另一方的经营活动中获取利益。

⑤一方半数以上董事或者半数以上高级管理人员（包括上市公司董事会秘书、经理、副经理、财务负责人和公司章程规定的其他人员）由另一方任命或者委派，或者同时担任另一方的董事或者高级管理人员；或者双方各自半数以上董事或者半数以上高级管理人员同为第三方任命或者委派。

⑥具有夫妻、直系血亲、兄弟姐妹以及其他抚养、赡养关系的两个自然人分别与双方具有上述第①至⑤项关系之一。

⑦双方在实质上具有其他共同利益。

【提示】除上述第②项规定外，上述关联关系年度内发生变化的，关联关系按照实际存续期间认定。

3. 关联企业的业务往来（2017年调整）

关联企业的业务往来具体包括有形资产使用权或所有权的转让、金融资产的转让、无形资产使用权或者所有权的转让、资金融通、劳务交易等，这些交易税务机关都有权进行调查，并按照独立交易原则认定和调整。

4. 关联业务的相关资料（2017年调整）

实行查账征收的居民企业和在中国境内设立机构、场所并据实申报缴纳企业所得税的非居民企业向税务机关报送年度企业所得税纳税申报表时，应当就其与关联方之间的业务往来进行关联申报，附送《中华人民共和国企业年度关联业务往来报告表》。

5. 核定应纳税所得额

企业不提供与其关联方之间业务往来资料，或者提供虚假、不完整资料，未能真实反映其与关联方之间的业务往来情况的，税务机关有权依法核定其应纳税所得额。税务机关依法核定企业的应纳税所得额时，可以采用下列方法：

（1）参照同类或者类似企业的利润率水平核定；

（2）按照企业成本加合理的费用和利润的方法核定；

（3）按照关联企业集团整体利润的合理比例核定；

（4）按照其他合理方法核定。

6. 补征税款和加收利息

（1）税务机关根据税收法律、行政法规的规定，对企业作出特别纳税调整的，应当对补征的税款，自税款所属纳税年度的次年6月1日起至补缴税款之日止的期间，按日加收利息。

（2）加收利息率，应当按照税款所属纳税年度中国人民银行公布的与补税期间同期的人民币贷款基准利率加5个百分点计算。

（3）前述规定加收的利息，不得在计算应纳税所得额时扣除。

7. 纳税调整的时效

企业与其关联方之间的业务往来，不符合独立交易原则，或者企业实施其他不具有合理商业目的的安排的，税务机关有权在该业务发生的纳税年度起"10年"内，进行纳税调整。

8. 预约定价安排（2017年调整）

（1）企业可以与税务机关就其未来年度关联交易的定价原则和计算方法达成预约定价安排。

（2）预约定价安排的谈签与执行经过预备会谈、谈签意向、分析评估、正式申请、协商签署和监控执行6个阶段。预约定价安排包括单边、双边和多边3种类型。

（3）预约定价安排一般适用于主管税务机关向企业送达接收其谈签意向的《税务事项通知书》之日所属纳税年度前3个年度每年度发生的关联交易金额4000万元人民币以上的企业。

（4）企业有谈签预约定价安排意向的，应当

第十周

向税务机关书面提出预备会谈申请。税务机关可以与企业开展预备会谈。

（5）税务机关和企业在预备会谈期间达成一致意见的，主管税务机关向企业送达同意其提交谈签意向的《税务事项通知书》。企业收到《税务事项通知书》后向税务机关提出谈签意向。

考点7：企业所得税的征收管理（★）

1. 居民企业的纳税地点

居民企业以企业登记注册地为纳税地点；但登记注册地在境外的，以实际管理机构所在地为纳税地点，另有规定的除外。

2. 纳税年度

（1）企业在一个纳税年度中间开业，或者终止经营活动，使该纳税年度的实际经营期不足12个月的，应当以其实际经营期为1个纳税年度。

（2）企业依法清算时，应当以清算期间作为1个纳税年度。

3. 纳税申报

（1）企业所得税分月或者分季预缴，企业应当自月份或者季度终了之日起15日内，向税务机关报送预缴企业所得税纳税申报表，预缴税款。

（2）企业应当自年度终了之日起5个月内，向税务机关报送年度企业所得税纳税申报表，并汇算清缴，结清应缴应退税款。

（3）企业在纳税年度内无论盈利或者亏损，都应当依照规定期限，向税务机关报送预缴企业所得税纳税申报表、年度企业所得税纳税申报表、财务会计报告和税务机关规定应当报送的其他有关资料。

考点8：企业所得税的核定征收（★）

1. 核定征收企业所得税的适用情形

（1）依照法律、行政法规的规定可以不设置账簿的；

（2）依照法律、行政法规的规定应当设置但未设置账簿的；

（3）擅自销毁账簿或者拒不提供纳税资料的；

（4）虽设置账簿，但账目混乱或者成本资料、收入凭证、费用凭证残缺不全，难以查账的；

（5）发生纳税义务，未按照规定的期限办理纳税申报，经税务机关责令限期申报，逾期仍不申报的；

（6）申报的计税依据明显偏低，又无正当理由的。

2. 税务机关应根据纳税人具体情况，对核定征收企业所得税的纳税人，"核定应税所得率"或者"核定应纳所得税额"。

3. 核定应税所得率

应纳所得税额 = 应纳税所得额 × 适用税率

应纳税所得额 = 应税收入额 × 应税所得率

= 成本（费用）支出额 ÷ （1 - 应税所得率）× 应税所得率

4. 实行应税所得率方式核定征收企业所得税的纳税人，经营多业的，无论其经营项目是否单独核算，均由税务机关根据其主营项目确定适用的应税所得率。

【例题·单选题】某居民企业适用25%的企业所得税税率。2015年该企业向主管税务机关申报应纳税收入总额140万元，成本费用总额150万元。经税务机关检查，收入总额核算正确，但成本费用总额不能确定。税务机关对该企业采用以应税所得率方式核定征收企业所得税，应税所得率为25%。2015年该企业应缴纳的企业所得税税额为（　　）万元。（2016年）

A. 2.5

B. 12.5

C. 8.75

D. 11.6

【解析】采用应税所得率方式核定企业所得税的：（1）应纳税所得额 = 应税收入额 × 应税所得率（公式1），或者，应纳税所得额 = 成本（费用）支出额 ÷ （1 - 应税所得率）× 应税所得率（公式2）；在本题中，由于经税务机关检查该企业的成本费用总额不能确定而收入总额核算正确，应当采用公式1计算应纳税所得额，即该企业2015年企业所得税应纳税所得额 = 140 × 25% = 35（万元）。（2）应纳税额 = 应纳税所得额 × 适用税率，即该企业2015年企业所得税应纳税额 = 35 × 25% = 8.75（万元）。

【答案】C

本周自测

一、简答题

【案例】(2016 年)

甲居民企业(下称甲企业)适用的企业所得税税率为 25%, 2015 年 5 月甲企业发生如下事项:

(1) 取得国债利息收入 50 万元, 接受捐赠收入 300 万元。

(2) 从其 2014 年 1 月投资的高新技术企业乙有限责任公司(下称乙公司)取得税后股息收入 100 万元。

(3) 转让其持有的丙公司的股权, 取得转让收入 400 万元, 该股权的投资成本为 220 万元, 占丙公司股权的比例为 10%, 丙公司股东留存收益为 800 万元。

要求:

根据上述资料和企业所得税法律制度的规定, 回答下列问题。(答案中的金额单位用万元表示)

(1) 甲企业取得国债利息收入和接受捐赠收入是否应缴纳企业所得税? 分别简要说明理由。

(2) 甲企业取得乙公司的股息收入是否应缴纳企业所得税? 简要说明理由。

(3) 计算甲企业转让丙公司股权的所得应纳的企业所得税税额。

二、综合题

【案例 1】(2015 年)

居民企业甲公司主要从事日化产品的生产和销售, 2014 年有关涉税事项如下:

(1) 为了推广新型洗涤剂, 公司推出了"买一赠一"的促销活动, 凡购买一件售价 40 元(不含税)新型洗涤剂的, 附赠一瓶原价 10 元(不含税)的洗洁精。公司按照每件 40 元确认了新型洗涤剂的销售收入, 按照每瓶 10 元确认了洗洁精的销售收入。

(2) 发生尚未形成无形资产的新产品研究开发费用 42 万元。其中, 列支检测仪器的折旧费 2 万元, 该检测仪器既用于研发活动, 又用于日常生产的常规性检测。

(3) 4 月购进一台机器设备并投入使用, 取得的增值税专用发票注明金额 600 万元, 税额 102 万元(已抵扣), 公司按照 5 年直线法计提了折旧。该设备不符合加速折旧的条件, 按税法规定计算折旧的年限为 10 年, 不考虑净残值。

(4) 以一项土地使用权对外投资, 该土地使用权的账面原值为 5000 万元, 评估的公允价值为 8000 万元, 评估增值 3000 万元计入了当期收益。

(5) 向环保部门支付罚款 5 万元, 支付诉讼费 1 万元。

(6) 向关联企业支付管理费 10 万元。

要求:

根据上述资料及企业所得税法律制度的规定, 分别回答下列问题:

(1) 甲公司对新型洗涤剂和洗洁精的销售收入的确认是否正确? 并说明理由。

(2) 甲公司在计算应纳税所得额时, 研究开发费用允许加计扣除的金额是多少?

(3) 甲公司在计算应纳税所得额时, 购进的机器设备折旧费需要纳税调整的金额是多少?

(4) 甲公司以土地使用权对外投资的评估增值收益, 应如何进行企业所得税的税务处理?

(5) 甲公司支付的罚款和诉讼费, 在计算应纳税所得额时是否准予扣除? 并分别说明理由。

(6) 甲公司向关联企业支付的管理费, 在计算应纳税所得额时是否准予扣除? 并说明理由。

【案例 2】(2011 年)

某自行车厂为增值税一般纳税人, 主要生产"和谐"牌自行车, 2010 年度实现会计利润 600 万元, 全年已累计预缴企业所得税税款 150 万元。2011 年初, 该厂财务人员对 2010 年度企业所得税进行汇算清缴, 相关财务资料和汇算清缴企业所得税计算情况如下:

(一) 相关财务资料

(1) 销售自行车取得不含增值税销售收入 5950 万元, 同时收取包装费 58.5 万元。取得到期国债利息收入 25 万元、企业债券利息收入 12 万元。

(2) 发生财务费用 125 万元, 其中: 支付银行借款利息 54 万元, 支付因向某商场借款 1000 万元而发生的利息 71 万元。

（3）发生销售费用 1400 万元，其中：广告费用 750 万元，业务宣传费 186 万元。

（4）发生管理费用 320 万元，其中：业务招待费 55 万元，补充养老保险费 62 万元。

（5）发生营业外支出 91 万元，其中：通过当地市政府捐赠 85 万元，用于该市所属某边远山区饮用水工程建设。当年因拖欠应缴税款，被税务机关加收滞纳金 6 万元。

已知：增值税税率为 17%，企业所得税税率为 25%，同期银行贷款年利率为 6.1%，当年实际发放工资总额 560 万元（已计入相关成本费用）。

（二）汇算清缴企业所得税计算情况

（1）国债利息收入和企业债券利息收入调减应纳税所得额 = 25 + 12 = 37（万元）

（2）业务招待费调增应纳税所得额 = 55 – 55 × 60% = 22（万元）

（3）补充养老保险费支出调增应纳税所得额 = 62 – 560 × 10% = 6（万元）

（4）全年应纳税所得额 = 600 – 37 + 22 + 6 = 591（万元）

（5）全年应纳企业所得税税额 = 591 × 25% = 147.75（万元）

（6）当年应退企业所得税税额 = 150 – 147.75 = 2.25（万元）。

要求：

根据上述资料，回答下列问题。

（1）分析指出该自行车厂财务人员在汇算清缴企业所得税时存在的不合法之处，并说明理由。

（2）计算 2010 年度汇算清缴企业所得税时应补缴或退回的税款（列出计算过程，计算结果出现小数的，保留小数点后两位小数）。

三、单项选择题

1. 根据企业所得税法律制度的规定，下列关于收入确认的表述中，不正确的是（ ）。
   A. 企业以非货币形式取得的收入，应当按照公允价值确定收入额
   B. 以分期收款方式销售货物的，按照合同约定的收款日期确认收入的实现
   C. 被投资企业以股权溢价形成的资本公积转增股本时，投资企业应作为股息、红利收入，相应增加该项长期投资的计税基础
   D. 接受捐赠收入，按照实际收到捐赠资产的日期确认收入的实现

2. 有关销售收入的确认，下列表述不符合企业所得税法律制度的是（ ）。
   A. 销售商品以旧换新的，销售商品应当按照销售商品收入确认条件确认收入，回收的商品作为购进商品处理
   B. 商品销售涉及商业折扣的，应当按照扣除商业折扣后的金额确定销售商品收入金额
   C. 销售商品涉及现金折扣的，应当按照扣除现金折扣后的金额确定销售商品收入金额
   D. 企业以买一赠一等方式组合销售商品的，其赠品不属于捐赠，应按各项商品的价格比例来分摊确认各项收入，其商品价格应以公允价值计算

3. 根据企业所得税法律制度的规定，下列有关收入确认时间的表述中，不符合规定的是（ ）。
   A. 安装工作是商品销售附带条件的，安装费在确认商品销售实现时确认收入
   B. 宣传媒介的收费，应按照完工进度确认收入的实现
   C. 属于提供设备和其他有形资产的特许权费，在交付资产或转移资产所有权时确认收入的实现
   D. 长期为客户提供重复的劳务收取的劳务费，在相关劳务活动发生时确认收入的实现

4. 下列各项中，属于企业所得税不征税收入的是（ ）。
   A. 股权转让收入
   B. 国债利息收入
   C. 确实无法偿付的应付款项
   D. 依法收取并纳入财政管理的行政事业性收费

5. 甲商贸有限责任公司 2016 年产品销售收入 8000 万元，当年发生管理费用 500 万元，其中业务招待费 120 万元。根据企业所得税法律制度的规定，甲商贸有限责任公司 2016 年度企业所得税税前可以扣除的管理费用为（ ）万元。
   A. 40   B. 72
   C. 420   D. 500

6. 某服装生产企业 2016 年实现商品销售收入 3000 万元，该企业当年实际发生广告费 240 万元，业务宣传费 80 万元。根据企业所得税法律制度的规定，2016 年该企业在企业所得税税前可扣除的广告费和业务宣传费合计为（ ）万元。
   A. 300   B. 320
   C. 367.5   D. 345

7. 甲居民企业，2016 年度计入成本、费用的实发合理的工资总额为 500 万元，拨缴工会经费 12 万元，发生职工福利费 50 万元、职工教育经费 15 万元。根据企业所得税法律制度的规定，甲企业 2016 年度企业所得税税前准予扣除的工资和三项经费合计为（ ）万元。
   A. 72.5   B. 92.5
   C. 572.5   D. 592.5

8. 2016 年 5 月甲公司向非关联企业乙公司借款 100 万元用于生产经营，期限为半年，双方约定年利率为 10%，已知甲、乙公司都是非金融

企业，金融企业同期同类贷款年利率为7.8%，甲公司在计算当年企业所得税应纳税所得额时，准予扣除的利息费用为（　　）万元。

　　A. 7.8　　　　　　　　B. 10

　　C. 3.9　　　　　　　　D. 5

9. 根据企业所得税法律制度的规定，下列各项中，不得在企业所得税税前扣除的是（　　）。

　　A. 企业参加财产保险按规定缴纳的保险费

　　B. 企业发生的合理工资薪金支出

　　C. 企业发生的合理的劳动保护支出

　　D. 税收滞纳金

10. 根据企业所得税法律制度的规定，下列固定资产中，在计算企业所得税应纳税所得额时，准予计算折旧扣除的是（　　）。

　　A. 以融资租赁方式租出的大型机床

　　B. 已投入使用的厂房

　　C. 以经营租赁方式租入的载货汽车

　　D. 已足额提取折旧仍继续使用的电脑

11. 下列各项中，不得作为长期待摊费用在企业所得税税前扣除的是（　　）。

　　A. 固定资产的大修理支出

　　B. 租入固定资产的改建支出

　　C. 自行开发无形资产，开发过程中的相关支出

　　D. 已足额提取折旧的固定资产的改建支出

12. 某居民企业2016年按照会计准则计算出的会计利润总额为3000万元，其中符合减免所得税优惠的技术转让所得为600万元；假设无其他纳税调整事项。2016年该企业应缴纳企业所得税税额为（　　）万元。

　　A. 600　　　　　　　　B. 612.5

　　C. 625　　　　　　　　D. 750

13. 2014年4月1日，甲创业投资企业采取股权投资方式向未上市的取得高新技术企业资格的乙公司（该公司属于中小企业）投资120万元，股权持有至2016年6月1日。甲创业投资企业2016年利润总额为1500万元，假定该企业本年度不存在其他纳税调整事项，该企业2016年应纳的企业所得税额为（　　）万元。

　　A. 375　　　　　　　　B. 354

　　C. 345　　　　　　　　D. 291

14. 某企业2016年利润总额为300万元，当年为开发新产品发生的研发费用为50万元（未形成无形资产，计入当期损益）。假设除此之外无其他纳税调整事项，税法规定研发费用可实行加计扣除政策。该企业2016年应缴纳企业所得税（　　）万元。

　　A. 56.25　　　　　　　B. 62.5

　　C. 68.75　　　　　　　D. 75

15. 根据企业所得税法律制度的规定，下列各项中，属于非居民企业的是（　　）。

　　A. 依照外国法律成立，实际管理机构在境内的甲公司

　　B. 依照中国法律成立，在境外设立机构、场所的乙公司

　　C. 依照外国法律成立且实际管理机构在境外，但在境内设立机构、场所的丙公司

　　D. 依照中国法律成立，实际管理机构在境内的丁公司

16. 甲公司2016年度企业所得税应纳税所得额为1000万元，减免税额10万元，抵免税额20万元。已知企业所得税税率为25%，甲公司当年企业所得税应纳税为（　　）万元。

　　A. 220　　　　　　　　B. 240

　　C. 250　　　　　　　　D. 230

17. 根据企业所得税法律制度的规定，下列各项中，不属于企业所得税的纳税义务人的是（　　）。

　　A. 民办非企业单位

　　B. 中外合资经营企业

　　C. 一人有限公司

　　D. 个人独资企业

18. 有关企业所得税应税所得来源地的确定，下列表述不符合企业所得税法律制度规定的是（　　）。

　　A. 权益性投资所得，按照分配所得的企业所在地确定所得来源地

　　B. 提供劳务所得，按照劳务发生地确定所得来源地

　　C. 动产转让所得按照购买动产的企业或者机构、场所所在地确定所得来源地

　　D. 权益性投资资产转让所得按照被投资企业所在地确定所得来源地

19. 在中国境内未设立机构、场所的非居民企业从中国境内取得的下列所得，不属于按收入全额计算企业所得税的是（　　）。

　　A. 租金所得

　　B. 利息所得

　　C. 特许权使用费所得

　　D. 转让财产所得

20. 甲居民企业2016年度境内所得应纳税所得额为300万元，来源于境外A国税前所得100万元，境外实缴税款30万元。已知甲企业全年已经预缴税款60万元，下列说法正确的是（　　）。

　　A. 甲企业当年企业所得税汇算清缴应补税款15万元

　　B. 甲企业当年企业所得税汇算清缴应补税款40万元

　　C. 甲企业当年企业所得税汇算清缴应退税款15万元

　　D. 甲企业当年企业所得税汇算清缴应退税款40万元

第十周

四、多项选择题

1. 下列各项中，在计算企业所得税应纳税所得额时，应计入收入总额的有(　　)。
   A. 转让专利权收入
   B. 债务重组收入
   C. 接受捐赠收入
   D. 确实无法偿付的应付款项

2. 根据企业所得税法律制度的规定，下列各项中，不属于特许权使用费收入的有(　　)。
   A. 提供生产设备使用权取得的收入
   B. 提供运输工具使用权取得的收入
   C. 提供房屋使用权取得的收入
   D. 提供商标权的使用权取得的收入

3. 根据企业所得税法律制度的规定，下列有关收入确认时间的表述中，正确的有(　　)。
   A. 股息、红利等权益性投资收益，除国务院财政、税务主管部门另有规定外，按照被投资方作出利润分配决定的日期确认收入的实现
   B. 利息收入，按照合同约定的债务人应付利息的日期确认收入的实现
   C. 接受捐赠收入，按照合同约定的捐赠方应付捐赠资产的日期确认收入的实现
   D. 特许权使用费收入，按照合同约定的特许权使用人应付特许权使用费的日期确认收入的实现

4. 根据企业所得税法律制度的规定，企业缴纳的下列税金中，在计算企业所得税应纳税所得额时准予扣除的有(　　)。
   A. 企业所得税　　　　B. 消费税
   C. 房产税　　　　　　D. 土地增值税

5. 根据企业所得税法律制度的规定，下列各项中，在计算企业所得税应纳税所得额时不得扣除的有(　　)。
   A. 向投资者支付的红利
   B. 企业内部营业机构之间支付的租金
   C. 企业内部营业机构之间支付的特许权使用费
   D. 未经核定的准备金支出

6. 甲公司为居民企业，2016年度支付税收滞纳金3万元、银行加息10万元，向投资者支付股息30万元，向关联企业支付管理费17万元。甲公司上述支出在计算2016年度企业所得税应纳税所得额时，不得扣除的有(　　)。
   A. 税收滞纳金3万元
   B. 银行加息10万元
   C. 向关联企业支付的管理费17万元
   D. 向投资者支付的股息30万元

7. 根据企业所得税法律制度的规定，在计算企业所得税应纳税所得额时，准予扣除的有(　　)。
   A. 向客户支付的合同违约金

B. 向税务机关支付的税收滞纳金
C. 向银行支付的逾期借款利息
D. 向公安部门缴纳的交通违章罚款

8. 企业的下列支出项目中，当企业实际发生额超过税法允许扣除限额时，超过部分可以结转以后年度依法扣除的有(　　)。
   A. 业务招待费支出
   B. 公益性捐赠支出
   C. 广告费和业务宣传费支出
   D. 职工教育经费支出

9. 根据企业所得税法律制度的规定，下列固定资产中，不得计算折旧扣除的有(　　)。
   A. 已足额提取折旧仍继续使用的固定资产
   B. 未投入使用的房屋、建筑物
   C. 与经营活动无关的固定资产
   D. 单独估价作为固定资产入账的土地

10. 甲企业从事食品加工，2016年发生下列固定资产购入事项，其中，允许一次性计入当期成本费用在计算企业所得税应纳税所得额时扣除的有(　　)。
    A. 专用于生产经营的设备一台，单位价值3500元
    B. 专用于生产经营的仪器一台，单位价值5万元
    C. 专用于研发的仪器一台，单位价值20万元
    D. 研发和生产经营共用的设备一台，单位价值50万元

11. 根据企业所得税法律制度的规定，企业的固定资产由于技术进步等原因，确实需要加速折旧的，除采用缩短折旧年限的方法外，还可以采用(　　)。
    A. 年数总和法
    B. 年限平均法
    C. 双倍余额递减法
    D. 当年一次折旧法

12. 根据企业所得税法律制度的规定，下列有关固定资产计税基础的表述中，正确的有(　　)。
    A. 纳税人外购的固定资产以购买价款和支付的相关税费以及直接归属于使该资产达到预定用途发生的其他支出为计税基础
    B. 纳税人自行建造的固定资产，以竣工结算前发生的支出为计税基础
    C. 纳税人盘盈的固定资产，以同类固定资产的重置完全价值为计税基础
    D. 纳税人通过捐赠方式取得的固定资产，以该资产在捐赠方账面上的净值为计税基础

13. 下列各项中，属于我国企业所得税的税收优惠形式的有(　　)。
    A. 加计扣除　　　　B. 加速折旧
    C. 减计收入　　　　D. 抵免应纳税额

14. 根据企业所得税法律制度的规定，下列表述

中，正确的有（   ）。

A. 创业投资企业采取股权投资方式投资于未上市的中小高新技术企业 2 年以上的，可以按照其投资额的 70% 在股权持有满 2 年的当年抵扣该创业投资企业的应纳企业所得税税额

B. 企业以规定的资源作为主要原材料，生产国家非限制和禁止并符合国家和行业相关标准的产品取得的收入，减按 90% 计入收入总额

C. 企业购置并实际使用规定的环境保护、节能节水、安全生产等专用设备的，该专用设备的投资额的 10% 可以从企业当年的应纳税所得额中抵免

D. 企业安置残疾人员的，在按照支付给残疾职工工资据实扣除的基础上，按照支付给残疾职工工资的 100% 加计扣除

15. 根据企业所得税法律制度的规定，企业从事下列项目的所得，减半征收企业所得税的有（   ）。

A. 花卉的种植   B. 茶叶的种植

C. 海水养殖   D. 内陆养殖

16. 下列各项中，属于企业所得税征税对象的有（   ）。

A. 居民企业来源于中国境内的所得

B. 居民企业来源于中国境外的所得

C. 非居民企业来源于中国境内的所得

D. 非居民企业来源于中国境外且与境内所设机构、场所无实际联系的所得

17. 根据企业所得税法律制度的规定，下列关于企业所得税征收管理的说法，正确的有（   ）。

A. 企业按月或按季预缴所得税的，企业应当自月份或季度终了之日起 30 日内，向税务机关报送预缴企业所得税纳税申报表，预缴税款

B. 企业应当自年度终了之日起 5 个月内，向税务机关报送年度企业所得税纳税申报表

C. 企业只有在盈利的情况下，才需要依照规定期限，向税务机关报送预缴企业所得税纳税申报表

D. 企业在年度中间终止经营活动的，应当自实际经营终止之日起 60 日内，向税务机关办理当期企业所得税汇算清缴

18. 在中国境内未设立机构、场所的非居民企业取得的下列所得中，以收入全额为应纳税所得额的有（   ）。

A. 股息、红利等权益性投资收益

B. 利息、租金所得

C. 转让财产所得

D. 特许权使用费所得

五、判断题

1. 企业以货币形式和非货币形式从各种来源取得的收入，在计算企业所得税应纳税所得额时，

均应计入收入总额。   （   ）

2. 企业为促进商品销售，给予购买方的商业折扣，应按扣除商业折扣后的金额确定销售收入计算企业所得税应纳税所得额。   （   ）

3. 非营利组织从事营利性活动取得的收入，免征企业所得税。   （   ）

4. 企业接受捐赠收入，应当按照赠与合同约定的履行捐赠义务的日期确认收入的实现。（   ）

5. 根据企业所得税法律制度的规定，企业经批准发行债券的利息支出可据实在企业所得税税前扣除。   （   ）

6. 企业发生的企业所得税和允许抵扣的增值税，不得在企业所得税税前扣除。   （   ）

7. 根据企业所得税法律制度的规定，企业以融资租赁方式租入固定资产发生的租赁费支出，按照规定构成融资租入固定资产价值的部分应当提取折旧费用，分期扣除。   （   ）

8. 企业的不征税收入用于支出所形成的费用，不得在计算应纳税所得额时扣除；企业的不征税收入用于支出所形成的资产，其计算的折旧、摊销不得在计算应纳税所得额时扣除。（   ）

9. 企业为在本企业任职或受雇的全体员工支付的补充养老保险费、补充医疗保险费，不得在企业所得税税前扣除。   （   ）

10. 企业职工因公出差乘坐交通工具发生的人身意外保险费支出，不得在计算企业所得税应纳税所得额时扣除。   （   ）

11. 企业向公益性社会团体实施的股权捐赠，应按规定视同转让股权，股权转让收入额以企业捐赠股权时该项股权的公允价值确定。   （   ）

12. 企业因存货非正常损失而不能从增值税销项税额中抵扣的进项税额，不得列入企业财产损失在企业所得税税前扣除。   （   ）

13. 企业已经作为损失处理的资产，在以后纳税年度又全部收回或者部分收回时，应当计入当期收入。   （   ）

14. 企业应当自固定资产投入使用月份的当月起计算折旧；停止使用的固定资产，应当自停止使用月份的次月起停止计算折旧。   （   ）

15. 金融企业发生的符合条件的贷款损失，不冲减贷款损失准备金，直接在计算当年应纳税所得额时扣除。   （   ）

16. 企业发生符合规定的资产损失，应在按税法规定实际确认或者实际发生的当年申报扣除，不得提前或延后扣除。   （   ）

17. 企业综合利用资源，生产符合国家产业政策规定的产品所取得的收入，免征企业所得税。（   ）

18. 企业承包建设国家重点扶持的公共基础设施项目，可以自该承包项目取得第一笔生产经营收入所属纳税年度起，第 1 年至第 3 年免征企业

所得税，第 4 年至第 6 年减半征收企业所得税。（　　）

19. 企业从事符合条件的环境保护、节能节水项目的所得，自项目获利的纳税年度起，第 1 年至第 3 年免征企业所得税，第 4 年至第 6 年减半征收企业所得税。（　　）

20. 企业安置残疾人员的，在按照支付给残疾职工工资据实扣除的基础上，按照支付给残疾职工工资的 200% 加计扣除。（　　）

21. 企业购置并实际使用规定的环境保护、节能节水、安全生产等专用设备的，该专用设备的投资额的 70% 可以从企业当年的应纳税额中抵免；当年不足抵免的，可以在以后纳税年度结转抵免。（　　）

22. 非居民企业未在中国境内设立机构的，仅就来源于中国境内的所得缴纳企业所得税。（　　）

23. 甲企业 2016 年应纳税所得额为 –120 万元，甲企业无需进行 2016 年度企业所得税纳税申报、汇算清缴。（　　）

24. 企业应当自年度终了之日起 3 个月内，向税务机关报送年度企业所得税纳税申报表，并汇算清缴，结清应缴应退税款。（　　）

本周自测参考答案及解析

一、简答题

【答案】

（1）
①甲企业取得的国债利息收入不缴纳企业所得税。根据规定，企业取得的国债利息收入免征企业所得税。
②接受捐赠收入应缴纳企业所得税。根据规定，企业接受捐赠收入属于应税收入，按照实际收到捐赠资产的日期确认收入的实现。

（2）甲企业取得乙公司的股息收入不缴纳企业所得税。根据规定，符合条件的居民企业之间的股息、红利等权益性投资收益（包括从高新技术企业取得的股息收入），免征企业所得税。

（3）甲企业转让丙公司股权的所得应纳的企业所得税 =（400 – 220）×25% = 45（万元）。

【解析】转让股权收入扣除为取得该股权所发生的成本后，为股权转让所得。企业在计算股权转让所得时，不得扣除被投资企业未分配利润等股东留存收益中按该项股权所可能分配的金额。

二、综合题

【案例 1 答案】

（1）甲公司对新型洗涤剂和洗洁精的销售收入的确认不正确。根据规定，企业以买一赠一等方式组合销售商品的，其赠品不属于捐赠，应按各项商品的价格比例来分摊确认各项收入，其商品价格应以公允价格计算。在本题中，甲公司应确认每件洗涤剂销售收入 = 40 × 40 ÷（40 + 10）= 32（元），确认每瓶洗洁精销售收入 = 40 × 10 ÷（40 + 10）= 8（元）。

（2）研究开发费用允许加计扣除的金额 =（42 – 2）×50% = 20（万元）。

【解析】专门用于研发活动的仪器、设备的折旧费或者租赁费，允许按照规定实行加计扣除；对既用于研发活动，又用于日常生产的常规性检测，对划分不清的，不得实行加计扣除。

（3）甲公司计提的折旧金额 = 600 ÷ 5 ×（8 ÷ 12）= 80（万元），企业所得税税前允许扣除的折旧金额 = 600 ÷ 10 ×（8 ÷ 12）= 40（万元），应调增应纳税所得额 = 80 – 40 = 40（万元）。

【解析】企业应当自固定资产投入使用月份的次月起计算折旧。

（4）甲公司以土地使用权对外投资的评估增值收益 3000 万元，可在不超过 5 年期限内，分期均匀计入相应年度的应纳税所得额，按规定计算缴纳企业所得税。

（5）向环保部门支付的罚款 5 万元不得在税前扣除，支付的诉讼费 1 万元可以在税前扣除。根据规定，罚金、罚款和被没收财物的损失，不得在税前扣除；但纳税人按照经济合同规定支付的违约金（包括银行罚息）、罚款和诉讼费用，准予在税前扣除。

（6）甲公司向关联企业支付的管理费 10 万元，不得在税前扣除。根据规定，企业之间支付的管理费，不得在计算应纳税所得额时扣除。

【案例 2 答案】

（1）该自行车厂财务人员在汇算清缴企业所得税时存在的不合法之处主要有：

①企业债券利息收入属于应税收入，不应调减应纳税所得额。财务人员将国债利息、企业债券利息均作为免税收入调减应纳税所得额，不合法。

②向某商场借款 1000 万元而发生的利息 71 万元，超过按照金融企业同期同类贷款利率计算的数额部分不得扣除，财务人员未作调增应纳税所得额处理。根据规定，非金融企业向非金融企业借款的利息支出，不超过按照金融企业同期同类贷款利率计算的数额的部分，准予扣除。

【解析】该事项应调增应纳税所得额 = 71 – 1000 × 6.1% = 10（万元）。

③广告费用和业务宣传费超过扣除标准部分的数额不得扣除，财务人员未作调增应纳税所得

额处理。根据规定，企业发生的符合条件的广告费和业务宣传费支出，除国务院财政、税务主管部门另有规定外，不超过当年销售（营业）收入15%的部分，准予扣除；超过部分，准予在以后纳税年度结转扣除。

【解析】a. 销售货物同时收取的包装费，应作为价外费用，价税分离后并入销售额，因此，销售（营业）收入＝5950＋58.5÷1.17＝6000（万元）；b. 该事项应调增应纳税所得额＝750＋186－6000×15%＝36（万元）。

④业务招待费应调增应纳税所得额的数额有误。根据规定，企业发生的与生产经营活动有关的业务招待费支出，按照发生额的60%扣除，但最高不得超过当年销售（营业）收入的5‰。在本题中，业务招待费发生额的60%＝55×60%＝33（万元）＞6000×5‰＝30（万元），按照30万元在税前扣除。

【解析】业务招待费应调增应纳税所得额＝55－30＝25（万元）。

⑤补充养老保险费支出调增应纳税所得额的数额有误。根据规定，企业为本企业任职或者受雇的全体员工支付的补充养老保险费，在不超过职工工资总额5%标准以内的部分，在计算应纳税所得额时准予扣除；超过的部分，不予扣除。

【解析】补充养老保险费应调增应纳税所得额＝62－560×5%＝34（万元）。

⑥捐赠支出超过可扣除限额部分，财务人员未予调增应纳税所得额。根据规定，企业发生的公益性捐赠支出，在年度利润总额12%以内的部分，准予在计算应纳税所得额时扣除；超过年度利润总额12%的部分，准予结转以后3年内在计算应纳税所得额时扣除。。

【解析】捐赠支出应调增应纳税所得额＝85－600×12%＝13（万元）。

⑦税收滞纳金6万元未调增应纳税所得额。根据规定，税收滞纳金不得在税前扣除。

（2）2010年应补缴或退回的税额

①国债利息收入应调减应纳税所得额25万元；

②向某商场借款1000万元的利息支出应调增应纳税所得额＝71－1000×6.1%＝10（万元）；

③广告费用和业务宣传费应调增应纳税所得额＝750＋186－（5950＋58.5÷1.17）×15%＝36（万元）；

④业务招待费应调增应纳税所得额＝55－30＝25（万元）；

⑤补充养老保险费应调增应纳税所得额＝62－560×5%＝34（万元）；

⑥捐赠支出应调增应纳税所得额＝85－600×12%＝13（万元）；

⑦税收滞纳金应调增应纳税所得额6万元。

2010年应纳税所得额＝600－25＋10＋36＋25＋34＋13＋6＝699（万元）

2010年应纳企业所得税税额＝699×25%＝174.75（万元）

2010年应补缴企业所得税税额＝174.75－150＝24.75（万元）。

三、单项选择题

1.【答案】C
【解析】选项C：被投资企业将股权（票）溢价所形成的资本公积转增股本的，不作为投资方企业的股息、红利收入，投资方企业也不得增加该项长期投资的计税基础。

2.【答案】C
【解析】选项C：销售商品涉及现金折扣的，应当按扣除现金折扣前的金额确定销售商品收入金额，现金折扣在实际发生时作为财务费用扣除。

3.【答案】B
【解析】宣传媒介的收费，应在相关的广告或商业行为出现于公众面前时确认收入。

4.【答案】D
【解析】（1）选项A：企业股权转让收入应当照章纳税。（2）选项B：属于免税收入。（3）选项C：属于"其他收入"且没有免税或不征税的规定。

5.【答案】C
【解析】（1）销售收入的5‰＝8000×5‰＝40（万元），实际发生额的60%＝120×60%＝72（万元），甲商贸有限责任公司2016年度企业所得税前可以扣除的业务招待费为40万元；（2）业务招待费实际发生额超过允许扣除数额的部分，不得扣除，因此，本年度可以扣除的管理费用＝500－（120－40）＝420（万元）。

6.【答案】B
【解析】企业发生的符合条件的广告费和业务宣传费支出，除国务院财政、税务主管部门另有规定外，不超过当年销售（营业）收入15%的部分，准予扣除；超过的部分，准予在以后纳税年度结转扣除。在本题中，广告费和业务宣传费支出可在税前扣除的限额＝3000×15%＝450（万元），由于企业实际发生的广告费和业务宣传费支出＝240＋80＝320（万元），没有超过扣除限额，准予全额在税前扣除。

7.【答案】C
【解析】（1）工会经费：税前扣除限额＝500×2%＝10（万元），实际发生额12万元超过限额，只能按10万元在税前扣除；（2）职工福利费：税前扣除限额＝500×14%＝70（万元），实际发生额50万元，未超过限额，据实在税前扣除；（3）职工教育经费：本年度税前扣除限额 = 500 × 2.5% = 12.5（万元），实际发生额15万元超过限额，只能按12.5万元在税前扣除；（4）甲企业2016年度企业所得税税前准予扣除的工资和三项经费合计 = 500 + 10 + 50 + 12.5 = 572.5（万元）。

8.【答案】C
【解析】非金融企业向非金融企业借款的利息支出，不超过按照金融企业同期同类贷款利率计算的数额的部分可以在企业所得税税前据实扣除，超过部分不得扣除；在本题中，该100万元借款"半年"的利息费用支出税前扣除限额 = 100 × 7.8% × 6/12 = 3.9（万元），实际发生利息费用支出 = 100 × 10% × 6/12 = 5（万元），超过部分不得扣除，准予扣除的利息费用为3.9万元。

9.【答案】D
【解析】税收滞纳金不能在企业所得税税前扣除。

10.【答案】B
【解析】（1）选项AC：以经营租赁方式"租入"的固定资产、以融资租赁方式"租出"的固定资产，不得计提折旧在企业所得税税前扣除；（2）选项D：已足额提取折旧仍继续使用的固定资产，不得计提折旧在企业所得税前扣除。

11.【答案】C
【解析】在计算企业所得税应纳税所得额时，企业发生的下列支出作为长期待摊费用，按照规定摊销的，准予扣除：（1）已足额提取折旧的固定资产的改建支出，按照固定资产预计尚可使用年限分期摊销；（2）租入固定资产的改建支出，按照合同约定的剩余租赁期限分期摊销；（3）固定资产的大修理支出，按照固定资产尚可使用年限分期摊销；（4）其他应当作为长期待摊费用的支出，自支出发生月份的次月起，分期摊销。

12.【答案】B
【解析】一个纳税年度内，居民企业技术转让所得不超过500万元的部分，免征企业所得税；超过500万元的部分，减半征收企业所得税。该企业应缴纳企业所得税 = ［3000 − 600 + （600 − 500）× 50%］× 25% = 612.5（万元）。

13.【答案】B
【解析】创业投资企业采取股权投资方式投资于未上市的中小高新技术企业2年以上的，可以按照其投资额的70%在股权持有满2年的当年抵扣该企业的应纳税所得额；该企业2016年应纳企业所得税额 = （1500 − 120 × 70%）× 25% = 354（万元）。

14.【答案】C
【解析】企业为开发新技术、新产品、新工艺发生的研究开发费用，未形成无形资产计入当期损益的，在按照规定据实扣除的基础上，按照研究开发费用的50%加计扣除。该企业2016年应缴纳企业所得税 = （300 − 50 × 50%）× 25% = 68.75（万元）。

15.【答案】C
【解析】选项C：既未在中国境内成立，实际管理机构亦未在境内，属于非居民企业。

16.【答案】A
【解析】应纳税额 = 应纳税所得额 × 适用税率 − 减免税额 − 抵免税额 = 1000 × 25% − 10 − 20 = 220（万元）。

17.【答案】D
【解析】依照中国法律、行政法规成立的个人独资企业、合伙企业不适用《企业所得税法》，不属于企业所得税的纳税人。

18.【答案】C
【解析】选项C：动产转让所得按照转让动产的企业或者机构、场所所在地确定所得来源地。

19.【答案】D
【解析】（1）选项ABC：股息、红利等权益性投资收益和利息、租金、特许权使用费所得，以收入全额为应纳税所得额；（2）选项D：转让财产所得，以收入全额减除财产净值后的余额为应纳税所得额。

20.【答案】A
【解析】（1）境内所得部分应纳企业所得税额 = 300 × 25% = 75（万元）；（2）境外所得部分抵免限额 = 100 × 25% = 25（万元），甲企业在A国的所得在境外实缴税款超过抵免限额，当年无需在境内补税；（3）甲企业当年汇算清缴应补税款 = 75 − 60 = 15（万元）。

四、多项选择题

1.【答案】ABCD
【解析】（1）选项A：属于转让财产收入；（2）选项BD：属于其他收入；（3）选项C：属于接受捐赠收入。

2.【答案】ABC
【解析】（1）选项ABC：属于"财产租赁"收入；（2）选项D：特许权使用费收入，是指企业提供"专利权、非专利技术、商标权、著作权以及其他特许权"的使用权取得的收入。

3.【答案】ABD
【解析】接受捐赠收入，按照实际收到捐赠资产的日期确认收入的实现。

4.【答案】BCD
【解析】（1）选项A：企业所得税、可以抵扣

的增值税不得在计算企业所得税应纳税所得额
时扣除；（2）选项 BCD：通过"税金及附加"，
在当期计算企业所得税应纳税所得额时准予
扣除。

5.【答案】ABCD
【解析】（1）选项 A：向投资者支付的股息、
红利等权益性投资收益款项不得扣除；（2）选
项 BC：企业之间支付的管理费、企业内营业机
构之间支付的租金和特许权使用费，以及非银
行企业内营业机构之间支付的利息，均不得扣
除；（3）选项 D：未经核定的准备金支出不得
在企业所得税前扣除。

6.【答案】ACD
【解析】（1）选项 AB：税收滞纳金、罚金、罚
款，不得在企业所得税税前扣除；违约金、银
行加息属于民事责任范畴，准予在企业所得税
税前扣除。（2）选项 C：企业之间支付的管理
费，不得在企业所得税税前扣除。（3）选项 D：
向投资者支付的股息、红利等权益性投资收益
款项，不得在企业所得税税前扣除。

7.【答案】AC
【解析】纳税人按照经济合同规定支付的违约
金（包括银行罚息）、罚款和诉讼费用，准予
在税前扣除。

8.【答案】BCD
【解析】（1）选项 B：企业发生的公益性捐赠
支出，在年度利润总额 12% 以内的部分，准予
在计算应纳税所得额时扣除，超过年度利润总
额 12% 的部分，准予结转以后 3 年内在计算应
纳税所得额时扣除；（2）选项 CD：均可结转
以后纳税年度扣除，且未限制结转年限。

9.【答案】ACD
【解析】房屋、建筑物以外未投入使用的固定
资产，属于不得计算折旧扣除的固定资产，未
投入使用的房屋、建筑物可以计算折旧扣除。

10.【答案】AC
【解析】甲企业属于食品加工业，不属于"10
大重点行业"，其允许一次性计入成本费用在
计算企业所得税应纳税所得额时扣除的情形限
于：（1）单位价值不超过 5000 元的固定资产；
（2）2014 年 1 月 1 日后新购进的专门用于研
发的单位价值不超过 100 万元的仪器、设备。

11.【答案】AC
【解析】选项 AC：采取加速折旧方法的，可
以采取双倍余额递减法或者年数总和法。

12.【答案】ABC
【解析】选项 D：通过捐赠、投资、非货币性
资产交换、债务重组等方式取得的固定资产，
以该资产的公允价值和支付的相关税费为计税
基础。

13.【答案】ABCD

【解析】我国企业所得税的税收优惠包括免税
收入、可以减免税的所得、优惠税率、民族自
治地方的减免税、加计扣除、抵扣应纳税所得
额、加速折旧、减计收入、抵免应纳税额和其
他专项优惠等。

14.【答案】BD
【解析】（1）选项 A：创业投资企业采取股权
投资方式投资于未上市的中小高新技术企业 2
年以上的，可以按照其投资额的 70% 在股权
持有满 2 年的当年抵扣该创业投资企业的"应
纳税所得额"；（2）选项 C：企业购置并实际
使用规定的环境保护、节能节水、安全生产等
专用设备的，该专用设备的投资额的 10% 可
以从企业当年的"应纳税额"中抵免。

15.【答案】ABCD
【解析】企业从事下列项目的所得，减半征收
企业所得税：（1）花卉、茶以及其他饮料作
物和香料作物的种植；（2）海水养殖、内陆
养殖。

16.【答案】ABC
【解析】（1）居民企业应当就其来源于中国境
内、境外的所得缴纳企业所得税。（2）非居
民企业：一般只就来源于中国境内的所得纳
税，但在中国境内设立机构、场所的非居民企
业发生在中国境外且与其所设机构、场所有实
际联系的所得也应纳税。

17.【答案】BD
【解析】（1）选项 A：按月或按季预缴的，企
业应当自月份或者季度终了之日起 15 日内，
向税务机关报送预缴企业所得税纳税申报表，
预缴税款；（2）选项 C：企业在纳税年度内无
论盈利或者亏损，都应当依照规定期限，向税
务机关报送预缴企业所得税纳税申报表、年度
企业所得税纳税申报表、财务会计报告和税务
机关规定应当报送的其他有关资料。

18.【答案】ABD
【解析】在中国境内未设立机构、场所的，或
虽设立机构、场所但取得的所得与其所设机
构、场所没有实际联系的非居民企业：（1）
股息、红利等权益性投资收益和利息、租金、
特许权使用费所得，以收入全额为应纳税所得
额；（2）转让财产所得，以收入全额减除财
产净值后的余额为应纳税所得额。

五、判断题

1.【答案】√
【解析】企业所得税意义上的收入总额，是指
以货币形式和非货币形式从各种来源取得的
收入。

2.【答案】√

3.【答案】×

【解析】符合条件的非营利组织的收入免征企业所得税；符合条件的非营利组织的收入，不包括非营利组织从事营利活动取得的收入，但国务院财政、税务主管部门另有规定的除外。

4.【答案】×

【解析】企业接受捐赠收入，按照实际收到捐赠资产的日期确认收入的实现。

5.【答案】√

6.【答案】√

7.【答案】√

8.【答案】√

9.【答案】×

【解析】企业根据国家有关政策规定，为在本企业任职或者受雇的全体员工支付的补充养老保险费、补充医疗保险费，"分别"在不超过职工工资总额5%标准内的部分，在计算应纳税所得额时准予扣除；超过的部分，不予扣除。

10.【答案】×

【解析】企业职工因公出差乘坐交通工具发生的人身意外保险费支出，准予扣除。

11.【答案】×

【解析】企业向公益性社会团体实施的股权捐赠，应按规定视同转让股权，股权转让收入额以企业所捐赠股权取得时的历史成本确定。

12.【答案】×

【解析】企业因存货非正常损失而不能从增值税销项税额中抵扣的进项税额，应视同企业财产损失，准予与存货损失一并在税前扣除。

13.【答案】√

14.【答案】×

【解析】企业应当自固定资产投入使用月份的"次月"起计算折旧；停止使用的固定资产，应当自停止使用月份的次月起停止计算折旧。

15.【答案】×

【解析】金融企业发生的符合条件的贷款损失，应先冲减已在税前扣除的贷款损失准备金，不足冲减部分可据实在计算当年应纳税所得额时扣除。

16.【答案】√

17.【答案】×

【解析】企业综合利用资源，生产符合国家产业政策规定的产品所取得的收入，减按90%计入收入总额。

18.【答案】×

【解析】企业从事国家重点扶持的公共基础设施项目的投资经营所得，自项目取得第一笔生产经营收入所属纳税年度起，第1年至第3年免征企业所得税，第4年至第6年减半征收企业所得税。但是，企业承包经营、承包建设和内部自建自用的，不得享受上述企业所得税优惠。

19.【答案】×

【解析】企业从事符合条件的环境保护、节能节水项目的所得，自项目"取得第一笔生产经营收入"所属纳税年度起，第1年至第3年免征企业所得税，第4年至第6年减半征收企业所得税。

20.【答案】×

【解析】企业安置残疾人员的，在按照支付给残疾职工工资据实扣除的基础上，按照支付给残疾职工工资的100%加计扣除。

21.【答案】×

【解析】企业购置并实际使用规定的环境保护、节能节水、安全生产等专用设备的，该专用设备的"投资额的10%"可以从企业当年的应纳税额中抵免；当年不足抵免的，可以在以后"5个"纳税年度结转抵免。

22.【答案】√

【解析】非居民企业未在中国境内设立机构、场所的，应当就其来源于中国境内的所得缴纳企业所得税。

23.【答案】×

【解析】企业在纳税年度内无论盈利或者亏损，都应当依照规定期限，向税务机关报送预缴企业所得税纳税申报表、年度企业所得税纳税申报表、财务会计报告和税务机关规定应当报送的其他有关资料。

24.【答案】×

【解析】企业应当自年度终了之日起5个月内，向税务机关报送年度企业所得税纳税申报表，并汇算清缴，结清应缴应退税款。

第十周

第十一周

本周学习计划

	章 节	单 元	讲义篇幅	课件数	理解难度	完成情况
星期一		第1单元	3 页	1 讲	★	
星期二		第2单元	5 页	1 讲	★★	
星期三	第 8 章 相关法律制度	第3单元	6 页	1 讲	★★	
星期四		第4单元	4 页	1 讲	★	
星期五		第5单元	8 页	1 讲	★★	
本周自测						

本周攻克内容

【星期一·第8章第1单元】反不正当竞争法律制度

【第 8 章单元框架】

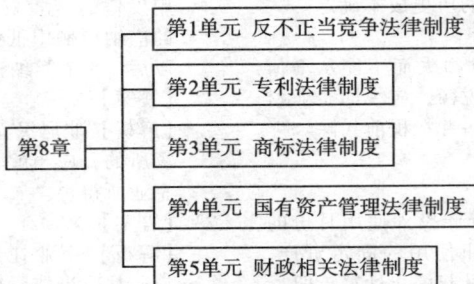

```
            第1单元 反不正当竞争法律制度
            第2单元 专利法律制度
第8章        第3单元 商标法律制度
            第4单元 国有资产管理法律制度
            第5单元 财政相关法律制度
```

【本单元考点清单】

考点名称	考点地位	二维码
欺骗性标示行为	★★	
侵犯商业秘密行为	★	
诋毁商誉行为	★	
商业贿赂行为	★	

续表

考点名称	考点地位	二维码
不当附奖赠促销行为	★★	

考点 1：欺骗性标示行为（★★）

1. 仿冒

（1）假冒他人的注册商标；

（2）擅自使用知名商品特有的名称、包装、装潢，或者使用与知名商品近似的名称、包装、装潢，造成和他人的知名商品相混淆，使购买者误认为是该知名商品；

（3）擅自使用他人的企业名称或者姓名，引人误认为是他人的商品；

（4）在商品上伪造或者冒用认证标志、名优标志等质量标志，伪造产地，对商品质量作引人误解的虚假表示。

【例题·单选题】甲公司将其生产并上市销售的糖果冠以"大白兔"商标，且其字体、图案与乙公司的注册商标——"大白兔"非常相似。"大白兔"在糖果品牌中知名度很高。根据反不正当竞争法律制度的规定，下列对甲公司行为定性的表述中，正确的是（　　）。（2010 年）

A. 假冒他人的注册商标

B. 擅自使用与知名商品近似的名称、包装、装潢，造成和他人的知名商品相混淆，使购买者误认为是该知名商品

C. 擅自使用他人的企业名称或者姓名，引人误认为是他人的商品

D. 在商品上伪造或者冒用认证标志、名优标志等质量标志，伪造产地，对商品质量做引人误解的虚假表示

【解析】未经注册商标权利人许可，在同一种或者类似商品上使用与其注册商标相同或者"相近似"的商标，属于假冒他人注册商标的行为。在本题中，甲公司的行为是在同一种商品上，使用与注册商标"大白兔"相类似的商标（而不是名称、包装或者装潢）"大白兔"，属于假冒他人注册商标的行为。

【答案】A

2. 虚假陈述

虚假陈述的方式包括在包装、装潢或者广告中对商品的质量、制作成分、性能、用途、生产者、有效期限、产地等作引人误解的虚假宣传。

3. 虚假广告

（1）广告主应当对广告内容的真实性负责。

（2）广告的可识别性

①广告应当具有可识别性，能够使消费者辨明其为广告。

②大众传播媒介不得以新闻报道形式变相发布广告，通过大众传播媒介发布的广告应当显著标明"广告"，与其他非广告信息相区别，不得使消费者产生误解。

（3）广告有下列情形之一的，为虚假广告：

①商品或者服务不存在的；

②商品的性能、功能、产地、用途、质量、规格、成分、价格、生产者、有效期限、销售状况、曾获荣誉等信息，或者服务的内容、提供者、形式、质量、价格、销售状况、曾获荣誉等信息，以及与商品或者服务有关的允诺等信息与实际情况不符，对购买行为有实质性影响的；

③使用虚构、伪造或者无法验证的科研成果、统计资料、调查结果、文摘、引用语等信息作证明材料的；

④虚构使用商品或者接受服务的效果的；

⑤以虚假或者引人误解的内容欺骗、误导消费者的其他情形。

考点 2：侵犯商业秘密行为（★）

1. 商业秘密，是指不为公众所知悉、能为经营者带来经济利益、具有实用性并经权利人采取保密措施的技术信息和经营信息。

2. 具体表现

（1）以偷盗、利诱、胁迫等不正当手段获取权利人的商业秘密；

（2）披露、使用或者允许他人使用以偷盗、利诱、胁迫等不正当手段获取权利人的商业秘密；

（3）违反约定或者违反权利人有关保守商业秘密的要求，披露、使用或者允许他人使用其所掌握的商业秘密；

（4）第三人明知上述行为，获取、使用或者披露他人的商业秘密，视为侵犯商业秘密。

【例题·多选题】根据反不正当竞争法律制度的规定，下列情形中，属于侵犯商业秘密行为的有（　　）。（2011 年）

A. 甲公司将其与乙公司订立合同过程中获悉的乙公司商业秘密泄露给戊公司

B. 甲企业盗窃乙企业的商业秘密用于产品制造

C. 某技术研究院违反约定擅自将丙公司委托开发的某项技术出售给丁公司

D. 丙企业在产品发布会上披露了同行业丁企

第十一周

业的商业贿赂行为

【解析】(1)选项A:违反约定或者违反权利人有关保守商业秘密的要求,披露、使用或者允许他人使用其所掌握的商业秘密,属于侵犯商业秘密的行为;(2)选项B:以盗窃、利诱、胁迫或者其他不正当手段获取权利人的商业秘密的,属于侵犯商业秘密的行为;(3)选项C:受托开发的该项技术不一定属于商业秘密。

【答案】AB

考点3:诋毁商誉行为 (★)

1. 诋毁商誉行为,是指经营者传播有关竞争对手的虚假信息,以破坏竞争对手的商业信誉的行为。

2. 诋毁商誉的构成

(1)作为竞争行为的诋毁商誉,其行为主体是经营者。

(2)诋毁商誉行为可以是故意,也可以是过失,总之存在主观过错。

(3)诋毁商誉行为的客观方面表现为,经营者采取捏造、散布虚伪事实,损害竞争对手商业信誉和商品声誉的行为。

【例题1·单选题】甲通过互联网散布竞争对手乙的产品中掺杂有害物质的虚假信息,致使乙的商品信誉在消费者心中降低,给乙造成巨大损失。根据反不正当竞争法律制度的规定,甲的行为是( )。(2014年)

A. 虚假宣传　　　　B. 欺骗性标示

C. 诋毁商誉　　　　D. 仿冒

【解析】诋毁商誉行为,是指经营者传播有关竞争对手的虚假信息,以破坏竞争对手的商业信誉的不正当竞争行为。

【答案】C

【例题2·单选题】甲商场为打垮竞争对手乙商场,在网上发帖谎称乙商场销售假皮鞋,乙商场的声誉因此受到损害。根据反不正当竞争法律制度的规定,下列对甲商场发帖行为定性的表述中,正确的是( )。(2010年)

A. 侵犯商业秘密行为

B. 诋毁商誉行为

C. 比较广告行为

D. 虚假陈述行为

【答案】B

考点4:商业贿赂行为 (★)

1. 商业贿赂行为的主体,包括行贿主体和受贿主体。

2. 经营者销售或者购买商品,可以以明示方式给对方折扣,可以给中间人佣金。经营者给对方折扣、给中间人佣金的,必须如实入账。

【提示】是否存在"账外暗中",是区分回扣、折扣和佣金是否属于商业贿赂的标准。

【例题·单选题】某市甲宾馆向为其介绍客人的出租车司机,按客人房费的8%支付酬金,与甲宾馆相邻的乙酒店向监督检查部门举报了这一行为。监督检查部门经过检查,发现甲宾馆给予出租车司机的酬金均如实入账。根据反不正当竞争法律制度的规定,甲宾馆的行为属于( )。(2012年)

A. 商业贿赂行为

B. 正当竞争行为

C. 限制竞争行为

D. 低价倾销行为

【解析】甲宾馆已将给予出租车司机的酬金"如实入账",该行为性质上为给予中间人合法佣金的行为,属于正当竞争行为。

【答案】B

考点5:不当附奖赠促销行为 (★★)

1. 经营者采用抽奖式的附奖销售,最高奖的金额超过5000元的;

2. 经营者采用谎称有奖或者故意让内定人员中奖的欺骗方式进行有奖销售的;

3. 经营者利用有奖销售的手段推销质次价高商品的。

【例题1·多选题】根据反不正当竞争法律制度的规定,下列各项中,属于经营者不正当附奖赠促销行为的有( )。(2013年)

A. 采用谎称有奖的方式进行有奖销售

B. 采用故意让内定人员中奖的方式进行有奖销售

C. 利用有奖销售的手段推销质次价高的商品

D. 抽奖时附奖销售的最高奖金金额达到4000元

【解析】不当附奖赠促销行为:(1)经营者采用抽奖式的附奖销售,最高奖的金额超过5000元的;(2)经营者采用谎称有奖或者故意让内定人员中奖的欺骗方式进行有奖销售的;(3)经营者利用有奖销售的手段推销质次价高商品的。选项D没有超过5000元,不选。

【答案】ABC

【例题2·多选题】根据反不正当竞争法律制度的规定,下列情形中,属于不当附奖赠促销行为的有( )。(2012年)

A. 甲公司采用抽奖式的附奖销售,最高奖的金额为2000元

B. 乙公司采用抽奖式的附奖销售,最高奖的金额为6000元

C. 丙公司采用故意让内定人员中奖的方式进行有奖销售

D. 丁公司利用有奖销售的手段推销质次价高的商品

第十一周

【解析】《反不正当竞争法》禁止的不当附奖赠促销行为包括：（1）经营者采用抽奖式的附奖销售，最高奖的金额超过5000元的；（2）经营者采用谎称有奖或者故意让内定人员中奖的欺骗方式进行有奖销售的；（3）经营者利用有奖销售的手段推销质次价高商品的。

【答案】BCD

【例题3·多选题】根据反不正当竞争法律制度的规定，下列各项中，属于不正当竞争行为的有（ ）。（2013年）

A. 假冒他人注册商标
B. 对商品的质量作引人误解的虚假宣传
C. 以明示入账方式给予交易对方折扣
D. 窃取他人的商业秘密

【解析】选项C：是否存在"账外暗中"，是区分回扣、折扣和佣金是否属于商业贿赂的标准；在选项C中，以"明示入账"方式给予的折扣，属于正常的折扣。

【答案】ABD

【星期二·第8章第2单元】专利法律制度

【本单元考点清单】

考点名称		考点地位	二维码
专利权的客体		★★	
专利申请	专利申请人	★★	
	新颖性	★	
	专利申请的原则	★	
	发明专利的审查程序	★	
专利侵权的判定		★★	
专利的强制许可		★	
专利权的期限、终止和无效		★	

考点1：专利权的客体（★★）

1. 专利权的客体（发明创造）

（1）专利权的客体，包括发明、实用新型和外观设计。

（2）授予专利权的发明、实用新型应当具备新颖性、创造性和实用性；授予外观设计专利权应当具备新颖性。

（3）实用新型和外观设计专利申请经初步审查没有发现驳回理由的，由国务院专利行政部门作出授予实用新型专利权或者外观设计专利权的决定，发给相应的专利证书，同时予以登记和公告。而发明则经过实质审查没有发现驳回理由的，由国务院专利行政部门作出授予专利权的决定，发给发明专利证书，同时予以登记和公告。

2. 不授予专利权的客体

（1）科学发现；

（2）智力活动的规则和方法；

【提示】进行智力活动的设备、装置或者根据智力活动的规则和方法而设计制造的仪器，可以授予专利权。

（3）疾病的诊断和治疗方法；

【提示】①对于脱离了人体的物质（血液、毛发等）的化验方法可以授予专利权；②用于诊断或者治疗疾病的仪器设备可以授予专利权。

（4）动物和植物品种；

【提示】对动植物品种的生产方法，可以授予专利权。

（5）用原子核变换方法获得的物质；

（6）对平面印刷品的图案、色彩或者二者的结合作出的主要起标识作用的设计；

（7）违反法律、社会公德或者妨害公共利益的发明创造（如专用于伪造货币的方法或者工具的发明创造不得授予专利权）；

【提示】发明创造本身的目的并不违法，但其实施可能破坏社会公德或者妨害公共利益的，也不能被授予专利权（如万能钥匙）。

（8）违反法律、行政法规的规定获取或者利用遗传资源，并依赖该遗传资源完成的发明创造。

【例题·单选题】根据专利法律制度的规定，下列各项中，不授予专利权的是（ ）。（2015年）

A. 药品的生产方法

B. 对产品的构造提出的适于实用的新的技术方案

C. 对平面印刷品的图案作出的主要起标识作用的设计

D. 对产品的形状作出的富有美感并适于工业应用的新设计

【解析】（1）选项 A：疾病的诊断和治疗方法不能授予专利权，但用于诊断或者治疗疾病的仪器设备以及药品的生产方法可以授予专利权；（2）选项 B：对产品的形状、构造或者其结合所提出的适于实用的新的技术方案，可以申请实用新型专利；（3）选项 C：对平面印刷品的图案、色彩或者二者的结合作出的主要起标识作用的设计，不能授予专利权；（4）选项 D：对产品的形状、图案或者其结合以及色彩与形状、图案的结合所作出的富有美感并适用于工业应用的新设计，可以申请外观设计专利。

【答案】C

考点 2：专利申请人（★★）

1. 发明人或设计人

（1）发明人或者设计人只能是自然人。

（2）发明人或者设计人的认定不受其民事行为能力的限制。

（3）发明人或者设计人必须是对发明创造或者外观设计的实质性特点作出创造性贡献的人。

（4）如果对于已经完成的发明创造的实质性特点作出创造性贡献的人有两个以上，可以作为共同申请人提出专利申请。

【相关链接 1】委托开发完成的发明创造，除当事人另有约定的外，申请专利的权利属于研究开发人。

【相关链接 2】合作开发完成的发明创造，除当事人另有约定的外，申请专利的权利属于合作开发的当事人共有。

2. 职务发明创造

（1）界定

①在本职工作中作出的发明创造。

②履行本单位交付的本职工作之外的任务所作出的发明创造。

③退休、调离原单位后或者劳动、人事关系终止后 1 年内作出的，与其在原单位承担的本职工作或者原单位分配的任务有关的发明创造。

④主要利用本单位物质技术条件完成的发明创造。

（2）专利申请权的归属

①职务发明创造申请专利的权利属于该单位，申请被批准后，该单位为专利权人。

②"利用本单位物质技术条件所完成的发明创造"，单位与发明人或者设计人订有合同，对申请专利的权利和专利权的归属作出约定的，从其约定。

【例题·单选题】2014 年甲公司决定由本公司科研人员张某负责组建团队进行一项发明创造。2016 年 4 月，张某带领其团队完成了该项任务。根据专利法律制度的规定，下列主体中，有权为该项发明创造申请专利的是（ ）。（2016年）

A. 甲公司

B. 张某

C. 张某组建的团队

D. 张某及张某组建的团队

【解析】（1）职务发明创造，是指执行本单位的任务或者主要是利用本单位的物质技术条件所完成的发明创造。张某及其团队接受甲公司安排的工作任务而作出的发明创造属于职务发明创造。（2）职务发明创造的专利申请权原则上属于单位，但利用本单位物质技术条件完成的可以另行约定；在本题中，相关发明创造属于接受工作任务（而非利用本单位物质技术条件）完成，专利申请权依照法律规定归甲公司享有。

【答案】A

3. 继受取得申请权

（1）通过继承的方式：如果拥有专利申请权的自然人死亡的，其专利申请权可以作为一项民事权利由其继承人继承。

（2）通过合同协议转让的方式：转让专利申请权的，当事人应当订立书面合同，并向国务院专利行政部门登记，由国务院专利行政部门予以公告。专利申请权的转让自登记之日起生效。

4. 外国申请人

在中国没有经常居所或者营业场所的外国人、外国企业或者其他外国组织在中国申请专利或者办理其他专利事务时，应当委托依法设立的专利代理机构办理。

【例题1·单选题】根据专利法律制度的规定，下列关于专利申请人的表述中，不正确的是（　）。（2013年）

A. 专利申请人可以是发明人个人，也可以是职务发明的单位

B. 共同完成发明创造的个人，除另有协议外，可以作为共同的专利申请人

C. 在中国没有经常居所的外国人，不能成为中国专利申请人

D. 通过合同取得专利申请权的人属于继受取得申请权的专利申请人

【解析】（1）专利申请人包括发明人或者设计人、共同完成发明创造或者设计的人、职务发明中的单位、完成发明创造的外国人、继受取得申请权的人等；（2）在中国没有经常居所或者营业场所的外国人、外国企业或者其他外国组织在中国申请专利或者办理其他专利事务时，应当委托依法设立的专利代理机构办理。

【答案】C

【例题2·判断题】当事人转让专利权的，专利权的转让自交付专利证书之日起生效。（　）（2013年）

【解析】转让专利权的，当事人应当订立书面合同，并向国务院专利行政部门登记，由国务院专利行政部门予以公告，专利权的转让自登记之日起生效。

【答案】×

考点3：新颖性（★）

1. 新颖性，是指该发明或者实用新型不属于现有技术、该专利权的外观设计应当不属于现有设计；也没有任何单位或者个人就同样的发明、实用新型或者外观设计在申请日以前向国务院专利行政部门提出过申请，并记载在申请日以后公告的专利文件中。

2. 申请专利的发明创造在申请日以前6个月内，有下列情形之一的，不丧失新颖性：

（1）在中国政府主办或者承认的国际展览会上首次展出的；

（2）在规定的学术会议或者技术会议上首次发表的；

（3）他人未经申请人同意泄露其内容的。

考点4：专利申请的原则（★）

1. 先申请原则

（1）两个以上的申请人分别就同样的发明创造申请专利的，专利权授予最先申请的人（先申请的判断标准是专利申请日）。

（2）如果两个以上申请人在同一日分别就同样的发明创造申请专利的，应当在收到国务院专利行政管理部门的通知后自行协商确定申请人。

2. 一申请一发明原则

（1）一件发明或者实用新型专利申请应当限于一项发明或者实用新型。但是，属于一个总的发明构思的两项以上的发明或者实用新型，可以作为一件申请提出。

（2）一件外观设计专利申请应当限于一项外观设计。但是，同一产品两项以上的相似外观设计，或者用于同一类别并且成套出售或者使用的产品的两项以上外观设计，可以作为一件申请提出。

3. 优先权原则

（1）外国优先权

①发明或者实用新型专利

申请人自发明或者实用新型在外国第一次提出专利申请之日起12个月内，又在中国就相同主题提出专利申请的，享有优先权。

②外观设计专利

申请人自外观设计在外国第一次提出专利申请之日起6个月内，又在中国就相同主题提出专利申请的，享有优先权。

（2）本国优先权

申请人自发明或者实用新型在中国第一次提出专利申请之日起12个月内，又向国务院专利行政部门就相同主题提出专利申请的，可以享有优先权。

【提示】外观设计没有"本国优先权"。

考点5：发明专利的审查程序（★）

1. 初步审查

2. 公布申请

国务院专利行政部门收到发明专利申请后，经初步审查认为符合《专利法》要求的，自申请日起满18个月，即行公布。国务院专利行政部门可以根据申请人的请求早日公布其申请。

3. 实质审查

发明专利申请自申请日起3年内，国务院专

利行政部门可以根据申请人随时提出的请求，对其申请进行实质审查；申请人无正当理由逾期不请求实质审查的，该申请即被视为撤回。国务院专利行政部门认为必要的时候，可以自行对发明专利申请进行实质审查。

4. 授予专利权

发明专利申请经实质审查没有发现驳回理由的，由国务院专利行政部门作出授予发明专利权的决定，发给发明专利证书，同时予以登记和公告。发明专利权自公告之日起生效。

5. 专利复审

专利申请人对国务院专利行政部门驳回申请的决定不服的，可以自收到通知之日起3个月内，向专利复审委员会请求复审。专利申请人对专利复审委员会的复审决定不服的，可以自收到通知之日起3个月内向人民法院起诉（复审前置）。

【相关链接】实用新型和外观设计专利申请经初步审查没有发现驳回理由的，由国务院专利行政部门作出授予实用新型专利权或者外观设计专利权的决定，发给相应的专利证书，同时予以登记和公告。

考点6：专利侵权的判定（★★）

1. 侵犯专利权的行为

（1）未经专利权人许可，以营利为目的实施其专利的行为。

①发明和实用新型

未经专利权人许可，为生产经营目的制造、使用、许诺销售、销售、进口其专利产品，或者使用其专利方法以及使用、许诺销售、销售、进口依照该专利方法直接获得的产品。

②外观设计

未经专利权人许可，为生产经营目的制造、许诺销售、销售、进口其外观设计专利产品。

（2）假冒专利（包括但不限于）

①在未被授予专利权的产品或者其包装上标注专利标识，专利权被宣告无效后或者终止后继续在产品或者其包装上标注专利标识，或者未经许可在产品或者产品包装上标注他人的专利号。

②销售第①项所述产品。

【提示1】专利权终止前依法在专利产品、依照专利方法直接获得的产品或者其包装上标注专利标识，在专利权终止后许诺销售、销售该产品的，不属于假冒专利行为。

【提示2】销售不知道是假冒专利的产品，并且能够证明该产品合法来源的，由管理专利工作的部门责令停止销售，但免除罚款的处罚。

2. 不属于专利侵权的行为

（1）权利穷竭（权利用尽）

专利产品或者依照专利方法直接获得的产品，由专利权人或者经其许可的单位、个人售出后，

使用、许诺销售、销售、进口该产品的，不视为侵犯专利权。

（2）在先使用（先用权制度）

非专利权人在专利申请日前已经制造相同产品、使用相同方法或者已经做好制造、使用的必要准备，在专利权人获得专利权后，非专利权人有权在原有的范围内继续制造、使用该专利技术，不视为侵犯专利权。

（3）临时过境

临时通过中国领陆、领水、领空的外国运输工具，依照其所属国同中国签订的协议或者共同参加的国际条约，或者依照互惠原则，为运输工具自身需要而在其装置和设备中使用有关专利的，不视为侵犯专利权。

（4）为科研和实验的使用

专为科学研究和实验而使用有关专利的，不视为侵犯专利权。

（5）药品及医疗器械强制审查例外

为提供行政审批所需要的信息，制造、使用、进口专利药品或者专利医疗器械的，以及专门为其制造、进口专利药品或者专利医疗器械的，不视为侵犯专利权。

【例题1·单选题】甲公司2014年取得一项产品发明专利，乙、丙、丁、戊四公司未经甲公司许可实施其专利。根据专利法律制度的规定，下列行为中，属于侵犯甲公司专利权的是（ ）。（2015年、2014年）

A. 乙公司购买了该专利产品，经研究产品的原理后仿造该产品并进行销售

B. 丙公司在甲公司申请前已经制造相同产品，并且仅在原有范围内继续制造

C. 丁公司为科学实验而使用该专利产品

D. 戊公司取得强制许可后制造该专利产品

【解析】（1）选项A：未经专利权人许可，为生产经营目的制造、使用、许诺销售、销售、进口其专利产品（发明专利权）的，构成侵犯专利权；（2）选项B：非专利权人在专利申请日前已经制造相同产品、使用相同方法或者已经做好制造、使用的必要准备，在专利权人获得专利权后，非专利权人有权在原有的范围内继续制造、使用该专利技术，不视为侵犯专利权；（3）选项C：专为科学研究和实验而使用有关专利的，不视为侵犯专利权；（4）选项D：取得强制许可后制造该专利产品的，不构成侵犯专利权。

【答案】A

【例题2·单选题】甲公司2012年取得一项外观设计专利。根据专利法律制度的规定，乙公司未经甲公司许可的下列行为中，属于侵犯该专利的是（ ）。（2013年）

A. 为生产经营目的购买并使用甲公司制造的该专利产品

第十一周

B. 为生产经营目的购买并销售甲公司制造的该专利产品

C. 为生产经营目的购买并许诺销售甲公司制造的该专利产品

D. 为生产经营目的制造并销售该专利产品

【解析】（1）选项ABC：专利产品或者依照专利方法直接获得的产品，由专利权人或者经其许可的单位、个人售出后，使用、许诺销售、销售、进口该产品的，不视为侵犯专利权；（2）选项D：未经专利权人许可，为生产经营目的制造、许诺销售、销售、进口其外观设计专利产品，构成侵犯专利权。

【答案】D

考点7：专利的强制许可（★）

1. 适用范围：仅限于发明或者实用新型，不包括外观设计。

2. 强制许可的适用情形

（1）专利权人自专利权被授予之日起满3年，且自提出专利申请之日起满4年，无正当理由未实施或者未充分实施其发明或者实用新型专利的，只要申请人能够提供证据，证明其以合理的条件请求专利权人许可实施其专利，而未能在合理的时间内获得许可，国务院专利行政部门可以根据申请人的申请，予以实施的强制许可。

（2）发明或者实用新型的专利权人行使专利权的行为被依法认定为垄断行为，为消除或者减少该行为对竞争产生的不利影响，国务院专利行政部门可以根据申请人的申请，予以实施的强制许可。

（3）在国家出现紧急状态或者非常情况时，或者为了公共利益的目的，国务院专利行政部门可以给予实施发明或者实用新型专利的强制许可。

（4）为了公共健康的目的，对取得专利权的药品，国务院专利行政部门可以给予制造、出口的强制许可。

（5）一项取得专利权的发明或者实用新型比此前已经取得专利权的发明或者实用新型具有显著经济意义的重大技术进步，其实施又有赖于前一发明或者实用新型的实施的，国务院专利行政部门根据后一专利权人的申请，可以给予实施前一发明或者实用新型的强制许可。在依照上述规定给予实施强制许可的情形下，国务院专利行政部门根据前一专利权人的申请，也可以给予实施后一发明或者实用新型的强制许可。

3. 强制许可的法律效力

（1）取得实施强制许可的当事人不享有独占的实施权，并且无权允许他人实施。

（2）取得实施强制许可的当事人应当向专利权人支付合理的使用费；使用费的数额由双方协商，双方不能达成协议的，由国务院专利行政部门裁决。

考点8：专利权的期限、终止和无效（★）

1. 专利权的期限

发明专利权的期限为20年，实用新型专利权和外观设计专利权的期限为10年，均自申请日起计算。

【提示】专利权自授权公告之日起生效。

2. 专利权在期限届满前终止

（1）没有按照规定缴纳年费的；

（2）专利权人以书面声明放弃其专利权的。

【提示】专利期限届满，专利权终止。

3. 专利权的无效

（1）自国务院专利行政部门公告授予专利权之日起，任何单位或者个人认为该专利权的授予不符合《专利法》有关规定的，可以请求专利复审委员会宣告该专利权无效。

（2）先复审，后诉讼

专利复审委员会对宣告专利权无效的请求应当及时审查和作出决定，并通知请求人和专利权人；宣告专利权无效的决定，由国务院专利行政部门登记和公告。对专利复审委员会宣告专利权无效或者维持专利权的决定不服的，可以自收到通知之日起3个月内向人民法院起诉。

【相关链接】专利申请人对国务院专利行政部门驳回申请的决定不服的，可以自收到通知之日起3个月内，向专利复审委员会请求复审。专利申请人对专利复审委员会的复审决定不服的，可以自收到通知之日起3个月内向人民法院起诉。

（3）专利权宣告无效的法律效力

①宣告无效的专利权视为自始即不存在。

②宣告专利权无效的决定，对在宣告无效前人民法院作出并已经执行的专利侵权的判决、调解书，已经履行或者强制执行的专利侵权纠纷的处理决定，以及已经履行的专利实施许可合同和专利权转让合同，不具有溯及力。

③如果专利权人不向对方当事人返还专利使用费或者专利权转让费，明显违反公平原则的，专利权人应当向对方当事人返还全部或者部分费用。

第十一周

【星期三·第8章第3单元】商标法律制度

【本单元考点清单】

考点名称		考点地位	二维码
能否使用或注册	商标的种类	★	
	商标注册的原则	★	
	商标合法原则	★	
申请程序	商标注册申请	★	
	商标注册的审核	★	
注册商标专用权	注册商标的续展	★	
	注册商标的变更、转让与许可使用	★	
	注册商标的撤销	★	
	注册商标专用权的保护	★	

考点1：商标的种类（★）

1. 商品商标和服务商标

2. 注册商标和未注册商标

在我国，未注册商标中，除驰名商标受法律特别保护外，其他商标使用人不享有法律赋予的商标专用权，但受到民法、反不正当竞争法的保护。

3. 文字商标、图形商标、字母商标、数字商标、三维标志商标、颜色组合商标、声音商标和组合商标（图文并茂）

4. 证明商标和集体商标

（1）证明商标，是指由对某种商品或者服务具有监督能力的组织所控制，而由该组织以外的单位或者个人使用于其商品或者服务，用以证明该商品或者服务的原产地、原料、制造方法、质量或者其他特定品质的标志。

（2）集体商标，是指以团体、协会或者其他组织名义注册，供该组织成员在商事活动中使用，以表明使用者在该组织中的成员资格的标志。

5. 等级商标

（1）等级商标，是指同一经营者对同类商品因规格、质量不同而使用的系列商标，其作用在于区别同一经营者的不同规格、不同质量的同类商品。

（2）等级商标可以一并申请注册，一并转让或者许可他人使用，其中某一个商标被注销或者撤销，不影响其他商标的存在。

6. 防卫商标，是指为了防止他人的使用或者注册而对自己的核心商标所进行的注册，包括联合商标和防御商标两种形式。

（1）联合商标，是指注册人在同一商品上注册若干个近似商标。

（2）防御商标，是指为防止他人注册，驰名商标的所有权人在不同类别的商品或者服务上注册的商标。

【提示】转让注册商标的，商标注册人在对其同一种商品上注册近似的商标，或者在类似商品上注册的相同或者近似的商标，应当一并转让。

【例题1·多选题】根据商标法律制度的规定，下列可以作为商标标识的有（　　）。（2016年）

A. 纯文字　　　　　B. 纯数字
C. 纯图形　　　　　D. 气味

【解析】（1）选项ABC：任何能够将自然人、法人或者其他组织的商品与他人的商品区别开的标志，包括文字、图形、字母、数字、三维标志、颜色组合和声音等，以及上述要素的组合，均可以作为商标申请注册。（2）选项D：理论上，"气味"的确也可以具备识别性，但目前《商标法》未明确将其列入商标的构成要素中。

【答案】ABC

【例题2·多选题】根据《商标法》的规定，下列可以作为商标标识的有（　　）。（2014年）

A. 声音　　　　　　B. 纯字母
C. 纯数字　　　　　D. 纯图形

【解析】任何能够将自然人、法人或者其他组织的商品与他人的商品区别开的标志，包括文字、图形、字母、数字、三维标志、颜色组合和声音等，以及上述要素的组合，均可以作为商标申请注册。

【答案】ABCD

考点2：商标注册的原则（★）

1. 自愿注册和强制注册相结合的原则

（1）法律、行政法规规定必须使用注册商标的商品（卷烟、雪茄烟、有包装的烟丝）的生产经营者，必须申请商标注册，未经核准注册的，商品不得在市场销售。

（2）除必须使用注册商标的商品外，商标无论是否注册都可以使用，但只有注册商标才受到商标法律制度的保护。

【例题·单选题】下列商品中，属于法律、行政法规规定必须使用注册商标的是（　　）。（2014年）

A. 卷烟　　　　　　B. 服装
C. 食品　　　　　　D. 化妆品

【解析】法律、行政法规规定必须使用注册商标的商品（卷烟、雪茄烟、有包装的烟丝）的生产经营者，必须申请商标注册，未经核准注册的，商品不得在市场销售。

【答案】A

2. 诚实信用原则

申请商标注册不得损害他人现有的在先权利，也不得以不正当手段抢先注册他人已经使用并有一定影响的商标。

3. 显著原则

（1）申请注册的商标，应当具有显著性，便于识别，并不得与他人在先取得的合法权利相冲突。

（2）以相关公众通常认识的角度判定商标是否具备显著特征（2017年新增）

①人民法院审查诉争商标是否具有显著特征，应当根据商标所指定使用商品的相关公众的通常认识，判断该商标整体上是否具有显著特征。商标标志中含有描述性要素，但不影响其整体具有显著特征的；或者描述性标志以独特方式加以表现，相关公众能够以其识别商品来源的，应当认定其具有显著特征。

②诉争商标为外文标志时，人民法院应当根据中国境内相关公众的通常认识，对该外文商标是否具有显著特征进行审查判断。标志中外文的固有含义可能影响其在指定使用商品上的显著特征，但相关公众对该固有含义的认知程度较低，能够以该标志识别商品来源的，可以认定其具有显著特征。

③仅以商品自身形状或者自身形状的一部分作为三维标志申请注册商标，相关公众一般情况下不易将其识别为指示商品来源标志的，该三维标志不具有作为商标的显著特征。但该标志经过长期或者广泛使用，相关公众能够通过该标志识别商品来源的，可以认定该标志具有显著特征。该形状系申请人所独创或者最早使用并不能当然导致其具有作为商标的显著特征。

4. 先申请原则

（1）两个或者两个以上的商标注册申请人，在同一种商品或者类似商品上，以相同或者近似的商标申请注册的，初步审定并公告申请在先的商标。

（2）同一天申请的，初步审定并公告使用在先的商标，驳回其他人的申请，不予公告。

（3）同日使用或者均未使用的，各申请人可以自收到商标局通知之日起30日内自行协商，并将书面协议报送商标局；不愿协商或者协商不成的，商标局通知各申请人以抽签的方式确定一个申请人，驳回其他人的注册申请。商标局已经通知但申请人未参加抽签的，视为放弃申请，商标局应当书面通知未参加抽签的申请人。

【相关链接】两个以上的申请人分别就同样的发明创造申请专利的，专利权授予最先申请的人；如果两个以上申请人在同一日分别就同样的发明创造申请专利的，应当在收到国务院专利行政管理部门的通知后自行协商确定申请人。

5. 商标合法原则

考点3：商标合法原则（★）

（一）不得作为商标使用（更不能作为商标注册）的标志

1. 同中华人民共和国的国家名称、国旗、国徽、国歌、军旗、军徽、军歌、勋章等相同或者近似的，以及同中央国家机关的名称、标志、所在地特定地点的名称或者标志性建筑物的名称、图形相同的；

【提示】同中华人民共和国的国家名称等"相同或者近似"，是指商标标志整体上与国家名称等相同或者近似。对于含有中华人民共和国的国家名称等，但整体上并不相同或者不相近似的标志，如果该标志作为商标注册可能导致损害国家尊严的，人民法院可以认定属于"有害于社会主义道德风尚或者其他不良影响"的情形。（2017年新增）

2. 同外国的国家名称、国旗、国徽、军旗等相同或者近似的，但经该国政府同意的除外；

3. 同政府间国际组织的名称、旗帜、徽记等相同或者近似的，但经该组织同意或者不易误导公众的除外；

4. 与表明实施控制、予以保证的官方标志、检验印记相同或者近似的，但经授权的除外；

5. 同"红十字"、"红新月"的名称、标志相同或者近似的；

6. 带有民族歧视性的；

7. 带有欺骗性，容易使公众对商品的质量等特点或者产地产生误认的；

【提示】商标标志或者其构成要素带有欺骗性，容易使公众对商品的质量等特点或者产地产生误认，商标评审委员会认定其属于"夸大宣传并带有欺诈性"情形的，人民法院予以支持。（2017年新增）

8. 有害于社会主义道德风尚或者有其他不良影响的；

【提示1】商标标志或者其构成要素可能对我国社会公共利益和公共秩序产生消极、负面影响的，人民法院可以认定其属于商标法规定的"其他不良影响"。（2017年新增）

【提示2】将政治、经济、文化、宗教、民族等领域公众人物姓名等申请注册为商标，属于前述所指的"其他不良影响"。（2017年新增）

9. 县级以上行政区划的地名或者公众知晓的外国地名，不得作为商标。但是，地名具有其他含义或者作为集体商标、证明商标组成部分的除外；已经注册的使用地名的商标继续有效。

【提示】商标标志由县级以上行政区划的地名或者公众知晓的外国地名和其他要素组成，如果整体上具有区别于地名的含义，人民法院应当认定其不属于商标法规定的不得作为商标使用的情形。（2017年新增）

（二）不得作为商标注册的标志

1. 仅有本商品的通用名称、图形、型号的；

【通用名称的界定】（1）诉争商标属于法定的商品名称或者约定俗成的商品名称的，人民法院应当认定其属于商标法所指的通用名称。（2）依据法律规定或者国家标准、行业标准属于商品通用名称的，应当认定为通用名称。（3）约定俗成的通用名称：①相关公众普遍认为某一名称能够指代一类商品的，应当认定为约定俗成的通用名称。②被专业工具书、辞典等列为商品名称的，可以作为认定约定俗成的通用名称的参考。③约定俗成的通用名称一般以全国范围内相关公众的通常认识为判断标准。④对于由于历史传统、风土人情、地理环境等原因形成的相关市场固定的商品，在该相关市场内通用的称谓，人民法院可以认定为通用名称。⑤诉争商标申请人明知或者应知其申请注册的商标为部分区域内约定俗成的商品名称的，人民法院可以视其申请注册的商标为通用名称。（4）界定时点：人民法院审查判断诉争商标是否属于通用名称，一般以商标"申请日时"的事实状态为准。核准注册时事实状态发生变化的，以"核准注册时"的事实状态判断其是否属于通用名称。（2017年新增）

2. 仅直接表示商品的质量、主要原料、功能、用途、重量、数量及其他特点的；

【提示】商标标志或者其构成要素暗示商品的特点，但不影响其识别商品来源功能的，不属于上述情形。（2017年新增）

3. 缺乏显著特征的；

4. 以三维标志申请注册商标的，仅由商品自身的性质产生的形状、为获得技术效果而需有的商品形状或者使商品具有实质性价值的形状，不得注册。

（三）不予注册并禁止使用的标志

1.驰名商标

（1）驰名商标的保护范围

商标类型		保护范围
在中国注册	能认定为驰名商标的	跨类别保护
	不能认定为驰名注册商标的	同类别保护
未在中国注册	能认定为驰名商标的	
	不能认定为驰名注册商标的	仅有有限的在先使用权

（2）就相同或者类似商品申请注册的商标是复制、摹仿或者翻译他人未在中国注册的驰名商标，容易导致混淆的，不予注册并禁止使用。

【提示】当事人依据该规定主张诉争商标构成对其未注册的驰名商标的复制、摹仿或者翻译而不应予以注册或者应予无效的，人民法院应当综合考量如下因素以及因素之间的相互影响，认定是否容易导致混淆：①商标标志的近似程度；②商品的类似程度；③请求保护商标的显著性和知名程度；④相关公众的注意程度；⑤其他相关因素。商标申请人的主观意图以及实际混淆的证据可以作为判断混淆可能性的参考因素。（2017年新增）

（3）就不相同或者不相类似商品申请注册的商标是复制、摹仿或者翻译他人已经在中国注册的驰名商标，误导公众，致使该驰名商标注册人的利益可能受到损害的，不予注册并禁止使用。

【提示】当事人依据该规定主张诉争商标构成对其已注册的驰名商标的复制、摹仿或者翻译而不应予以注册或者应予无效的，人民法院应当综合考虑如下因素，以认定诉争商标的使用是否足以使相关公众认为其与驰名商标具有相当程度的联系，从而误导公众，致使驰名商标注册人的利益可能受到损害：①引证商标的显著性和知名程度；②商标标志是否足够近似；③指定使用的商品情况；④相关公众的重合程度及注意程度；⑤与引证商标近似的标志被其他市场主体合法使用的情况或者其他相关因素。（2017年新增）

（4）生产、经营者不得将"驰名商标"字样用于商品、商品包装或者容器上，或者用于广告宣传、展览以及其他商业活动中。

（5）被动认定、个案认定、事后认定

①为相关公众所熟知的商标，持有人认为其权利受到侵害时，可以依法请求驰名商标保护；驰名商标应当根据当事人的请求，作为处理涉及商标案件需要认定的事实进行认定。

②在商标注册审查、工商行政管理部门查处商标违法案件过程中，当事人依法主张权利的，"商标局"根据审查、处理案件的需要，可以对商标驰名情况作出认定。

③在商标争议处理过程中，当事人依法主张权利的，"商标评审委员会"根据案件审理的需要，可以对商标驰名情况做出认定。

④在商标民事、行政案件审理过程中，当事人依法主张权利的，最高人民法院指定的人民法院根据审理案件的需要，可以对商标驰名情况做出认定。

（6）认定驰名商标应当考虑下列因素：

①相关公众对该商标的知晓程度；

②该商标使用的持续时间；

【提示1】商标权人自行使用、他人经许可使用以及其他不违背商标权人意志的使用，均可认定为商标法所称的使用。（2017年新增）

【提示2】实际使用的商标标志与核准注册的商标标志有细微差别，但未改变其显著特征的，可以视为注册商标的使用。（2017年新增）

【提示3】没有实际使用注册商标，仅有转让或者许可行为；或者仅是公布商标注册信息、声明享有注册商标专用权的，不认定为商标使用。（2017年新增）

【提示4】商标权人有真实使用商标的意图，并且有实际使用的必要准备，但因其他客观原因尚未实际使用注册商标的，人民法院可以认定其有正当理由。（2017年新增）

③该商标的任何宣传工作的持续时间、程度和地理范围；

④该商标作为驰名商标受保护的记录；

⑤该商标驰名的其他因素。

2.代理人、代表人抢注

（1）未经授权，商标代理人或者代表人以自己的名义将被代理人或者被代表人的商标进行注册，被代理人或者被代表人提出异议的，不予注册并禁止使用。

（2）商标代理人、代表人或者经销、代理等销售代理关系意义上的代理人、代表人未经授权，以自己的名义将与被代理人或者被代表人的商标相同或者近似的商标在相同或者类似商品上申请注册的，人民法院适用商标法"不予注册并禁止使用"的规定进行审理。（2017年新增）

3. 地理标志

商标中有商品的地理标志，而该商品并非来源于该标志所标示的地区，误导公众的，不予注册并禁止使用；但是，已经善意取得注册的继续有效。

（四）在先权利的保护（2017年新增）

1. 申请商标注册不得损害他人现有的在先权利，也不得以不正当手段抢先注册他人已经使用并有一定影响的商标。

2. 在先权利的界定

（1）在先权利，包括当事人在诉争商标"申请日之前"享有的民事权利或者其他应予保护的合法权益。

（2）诉争商标核准注册时在先权利已不存在的，不影响诉争商标的注册。

3. 在先权利的范围

商标所侵害的在先权利包括在先著作权、著作权保护期限内的作品、自然人的姓名权、他人具有一定市场知名度的字号、他人具有一定市场知名度并已与企业建立稳定对应关系的企业名称的简称、他人使用在先并有一定影响的商标等。

考点4：商标注册申请（★）

1. 多类一申请

（1）商标注册申请人可以通过一份申请就多个类别的商品申请注册同一商标。

（2）注册商标需要在核定使用范围之外的商品上取得商标专用权的，应当另行提出注册申请。

2. 书面申请

商标注册申请等有关文件，可以以书面方式或数据电文方式提出。

3. 优先权

商标注册申请人自其商标在外国第一次提出商标注册申请之日起6个月内，又在中国就相同商品以同一商标提出商标注册申请的，依照该外国同中国签订的协议或者共同参加的国际条约，或者按照相互承认优先权的原则，可以享有优先权。

	外国优先权	本国优先权
发明	12个月	12个月
实用新型	12个月	12个月
外观设计	6个月	×
商标	6个月	6个月

考点5：商标注册的审核（★）

1. 注册审查时限：9个月且不得延长

对申请注册的商标，商标局应当自收到商标注册申请文件之日起9个月内审查完毕，符合规定的，予以初步审定公告。

【例题·单选题】对申请注册的商标，商标局应当自收到商标注册申请文件之日起一定期间内审查完毕，符合《商标法》有关规定的，予以初步审定公告。根据商标法律制度的规定，该期间是（　　）。（2016年）

A. 15日　　　　　　B. 30日

C. 3个月　　　　　D. 9个月

【答案】D

2. 复审决定期限：9个月+3个月

对驳回申请、不予公告的商标，商标注册申请人不服的，可以向商标评审委员会申请复审。商标评审委员会应当自收到申请之日起9个月内做出决定，并书面通知申请人。有特殊情况需要延长的，经国务院工商行政管理部门批准，可以延长3个月。

3. 商标异议

（1）对初步审定的商标，自公告之日起3个月内为异议期。

（2）异议不成立（异议人不服）

①商标局做出准予注册决定的，发给商标注册证，并予以公告。

②异议人不服的，可以依照规定向商标评审委员会请求宣告该注册商标无效。

（3）异议成立

商标局做出不予注册决定，被异议人不服的，可以向商标评审委员会申请复审；被异议人对商标评审委员会的决定不服的，可以自收到通知之日起30日内向人民法院起诉。

考点6：注册商标的续展（★）

1. 注册商标的有效期为10年，自核准注册之日起计算。

【相关链接】发明专利权的期限为20年，实用新型专利权和外观设计专利权的期限为10年，均自申请日起计算。

2. 注册商标有效期满，需要继续使用的，应当在期满前12个月内申请续展注册；在此期间未能提出申请的，可以给予6个月的宽展期；宽展期满仍未提出申请的，注销其注册商标。每次续展注册的有效期为10年；续展注册经核准后，予以公告。

3. 注册商标期满不再续展的，自注销之日起1年内，商标局对与该商标相同或者近似的商标注册申请，不予核准。

考点7：注册商标的变更、转让与许可使用（★）

1. 注册商标的变更

注册商标需要变更注册人的名义、地址或者其他事项的，应当提出变更申请。

2. 注册商标的转让

（1）转让注册商标的，转让人和受让人应当签订转让协议，并共同向商标局提出申请。

（2）转让注册商标经核准后，予以公告；受让人自公告之日起享有商标专用权。

3. 注册商标的使用许可

（1）备案

①许可人应当将其商标使用许可报商标局备案，由商标局公告；

②商标使用许可未经备案不得对抗善意第三人。

（2）许可人应当监督被许可人使用其注册商标的商品质量；被许可人应当保证使用该注册商标的商品质量。

（3）经许可使用他人注册商标的，必须在使用该注册商标的商品上标明被许可人的名称和商品产地。

考点8：注册商标的撤销（★）

1. 情形

（1）商标注册人在使用商标过程中，自行改变注册商标、注册人名义、地址或者其他事项的，由地方工商行政管理部门责令限期改正；期满不改正的，由商标局撤销其注册商标。

（2）注册商标成为其核定使用的商品的通用名称或者没有正当理由连续3年不使用的，任何单位或者个人可以向商标局申请撤销该注册商标；商标局应当自收到申请之日起9个月内做出决定。有特殊情况需要延长的，经国务院工商行政管理局部门批准，可以延长3个月。

2. 后果

注册商标被撤销的，自撤销之日起1年内，商标局对与该商标相同或者近似的商标注册申请，不予核准。

考点9：注册商标专用权的保护（★）

1. 有下列行为之一的，均属侵犯注册商标专用权：

（1）未经商标注册人的许可，在同一种商品上使用与其注册商标相同的商标的；

（2）未经商标注册人的许可，在同一种商品上使用与其注册商标近似的商标，或者在类似商品上使用与其注册商标相同或者近似的商标，容易导致混淆的；

（3）销售侵犯注册商标专用权的商品的；

（4）伪造、擅自制造他人注册商标标识或者销售伪造、擅自制造的注册商标标识的；

（5）未经商标注册人同意，更换其注册商标并将该更换商标的商品又投入市场的（"反向假冒"）；

（6）故意为侵犯他人商标专用权行为提供便利条件，帮助他人实施侵犯商标专用权行为的；

（7）给他人的注册商标专用权造成其他损害的。

2. 行政处罚

（1）工商行政管理部门处理时，认定侵权行为成立的，责令立即停止侵权行为，没收、销毁侵权商品和主要用于制造侵权商品、伪造注册商标标识的工具，并处以罚款：

①违法经营额5万元以上的，可以处违法经营额5倍以下的罚款；

②没有违法经营额或者违法经营额不足5万元的，可以处25万元以下的罚款。

（2）对5年内实施2次以上商标侵权行为或者有其他严重情节的，应当从重处罚。

（3）销售不知道是侵犯注册商标专用权的商品，能证明该商品是自己合法取得并说明提供者的，由工商行政管理部门责令停止销售。

【相关链接】销售不知道是假冒专利的产品，并且能够证明该产品合法来源的，由管理专利工作的部门责令停止销售，但免除罚款的处罚。

3. 侵权赔偿数额

（1）赔偿范围

①赔偿数额应当包括权利人为制止侵权行为所支付的合理开支。

②人民法院为确定赔偿数额，在权利人已经尽力举证，而与侵权行为相关的账簿、资料主要由侵权人掌握的情况下，可以责令侵权人提供与侵权行为相关的账簿、资料；侵权人不提供或者提供虚假的账簿、资料的，人民法院可以参考权利人的主张和提供的证据判定赔偿数额。

（2）赔偿数额的确定方法

①按照权利人因被侵权所受到的实际损失确定；

②实际损失难以确定的，可以按照侵权人因侵权所获得的利益确定；

③权利人的损失或者侵权人获得的利益难以确定的，参照该商标许可使用费的倍数合理确定；

④权利人因被侵权所受到的实际损失、侵权人因侵权所获得的利益、注册商标许可使用费难以确定的，由人民法院根据侵权行为的情节判决给予300万元以下的赔偿。

（3）惩罚性赔偿：最高3倍

对恶意侵犯商标专用权，情节严重的，可以在按照上述方法（实际损失——因侵权所获得的利益——许可使用费的合理倍数）确定数额的 1 倍以上 3 倍以下确定赔偿数额。

【例题·判断题】在商标侵权诉讼中，人民法院为确定赔偿数额，在权利人已经尽力举证，而与侵权行为相关的账簿、资料主要由侵权人掌握的情况下，可以责令侵权人提供与侵权行为相关的账簿、资料。（ ）（2016 年）

【答案】√

【星期四·第 8 章第 4 单元】国有资产管理法律制度

【本单元考点清单】

	考点名称	考点地位	二维码
企业国有资产法律制度	概述	★★	
	国家出资企业的管理者	★	
	国家出资企业的重大事项	★	
	与关联方的交易	★	
	企业国有资产交易监督管理制度	★★	
	造成企业国有资产损失的法律责任	★	
事业单位国有资产的评估		★	

考点 1：企业国有资产法律制度概述（★★）

1. 出资人职责代表机构

国务院所确定的关系国民经济命脉和国家安全的大型国家出资企业、重要基础设施和重要自然资源等领域的国家出资企业，由国务院代表国家履行出资人职责；其他的国家出资企业，由地方人民政府代表国家履行出资人职责。

2. 履行出资人职责的机构

（1）国务院国有资产监督管理机构和地方人民政府按照国务院规定所设立的国有资产监督管理机构，根据本级人民政府的授权，代表本级人民政府对国家出资企业履行出资人职责。

（2）国务院和地方人民政府根据需要，可以授权其他部门、机构代表本级人民政府对国家出资企业履行出资人职责；例如，国家财政部等有关部门是国务院授权代表国务院对金融类国家出资企业履行出资人职责的机构。

（3）履行出资人职责的机构代表出资人享有出资者权利，包括依法享有资产收益权、参与重大决策权、选择管理者和出资人其他权利。

3. 履行出资人职责的机构根据需要，可以委托会计师事务所对国有独资企业、国有独资公司的年度财务会计报告进行审计，或者通过国有资本控股公司的股东（大）会决议，由国有资本控股公司聘请会计师事务所对公司的年度财务会计报告进行审计，维护出资人权益。

【例题 1·判断题】国务院确定的关系国家安

全的大型国家出资企业由国务院代表国家履行出
资人职责。（　　）（2014 年）

【解析】国务院所确定的关系国民经济命脉和
国家安全的大型国家出资企业、重要基础设施和
重要自然资源等领域的国家出资企业，由国务院
代表国家履行出资人职责。

【答案】√

【例题2·多选题】根据企业国有资产法律制
度的规定，下列各项中，代表国家对国家出资企
业履行出资人职责的有（　　）。（2010 年）

A. 全国人民代表大会
B. 全国人民代表大会常务委员会
C. 国务院
D. 地方人民政府

【答案】CD

考点2：国家出资企业的管理者（★）

1. 履行出资人职责的机构任免或者建议任免
国家出资企业的下列人员：

（1）任免国有独资企业的（总）经理、副
（总）经理、财务负责人和其他高级管理人员。

（2）任免国有独资公司的董事长、副董事长、
董事、监事会主席和监事。

（3）向国有资本控股公司、国有资本参股公

司的股东会、股东大会提出董事、监事人选。

（4）国家出资企业中应当由职工代表出任的
董事、监事，依法由职工民主选举产生。

2. 兼职限制

（1）未经履行出资人职责的机构同意，国有
独资企业、国有独资公司的董事、高级管理人员
不得在其他企业兼职。

（2）未经股东会、股东大会同意，国有资本
控股公司、国有资本参股公司的董事、高级管理
人员不得在经营同类业务的其他企业兼职。

（3）未经履行出资人职责的机构同意，国有
独资公司的董事长不得兼任经理。

（4）未经股东会、股东大会同意，国有资本
控股公司的董事长不得兼任经理。

（5）董事、高级管理人员不得兼任监事。

【例题·判断题】未经履行出资人职责的机构
同意，国有资本控股公司的董事长不得兼任经理。
（　　）（2015 年）

【解析】未经"股东（大）会"同意，国有
资本控股公司的董事长不得兼任经理。

【答案】×

考点3：国家出资企业的重大事项（★）

	重要的国有独资企业/公司	国有独资企业/公司	重要的国有资本控股公司	国有资本控股公司
合并、分立、解散、申请破产、改制	本级人民政府批准	履行出资人职责的机构决定	本级人民政府批准	依法或依章由股东（大）会或者董事会决定
增减注册资本、发行债券、分配利润	履行出资人职责的机构决定		依法或依章由股东（大）会或者董事会决定	
进行重大投资、为他人提供大额担保、转让重大财产、进行大额捐赠	（1）国有独资企业由企业负责人集体讨论决定（2）国有独资公司由董事会决定			

【提示】国家出资企业的合并、分立、改制、
解散、申请破产等重大事项，应当听取企业工会
的意见，并通过职工代表大会或者其他形式听取
职工的意见和建议。

考点4：与关联方的交易（★）

《企业国有资产法》所称的"关联方"，是指
本企业的董事、监事、高级管理人员及其近亲属，
以及这些人员所有或者实际控制的企业。国家出
资企业的关联方，不得利用与国家出资企业之间
的交易，谋取不当利益，损害国家出资企业利益。

1. 国有独资企业、国有独资公司、国有资本
控股公司不得无偿向关联方提供资金、商品、服

务或者其他资产，不得以不公平的价格与关联方
进行交易。

2. 未经履行出资人职责的机构同意，国有独
资企业、国有独资公司不得有下列行为：

（1）与关联方订立财产转让、借款的协议；

（2）为关联方提供担保；

（3）与关联方共同出资设立企业；

（4）向董事、监事、高级管理人员或者其近
亲属所有或者实际控制的企业投资。

【相关链接】商业银行不得向关系人发放信用
贷款；向关系人发放担保贷款的条件不得优于其
他借款人同类贷款的条件。"关系人"是指：商业
银行的董事、监事、管理人员、信贷人员及其近

亲属以及上述人员投资或者担任高级管理职务的公司、企业和其他经济组织。

【例题·多选题】甲企业是国有独资企业。根据《企业国有资产法》的规定，下列各项中，属于甲企业关联方的有(   )。(2011 年)

A. 甲企业的副经理林某
B. 甲企业经理的同学陈某
C. 甲企业的职工李某
D. 甲企业财务负责人的配偶王某

【解析】《企业国有资产法》所称关联方，是指本企业的董事、监事、高级管理人员及其近亲属，以及这些人员所有或者实际控制的企业。选项 B 只是"同学"，选项 C 只是"职工"。

【答案】AD

考点 5：企业国有资产交易监督管理制度
(2017 年新增) (★★)

(一) 企业产权转让

1. 企业产权转让，是指履行出资人职责的机构、国有及国有控股企业、国有实际控制企业转让其对企业各种形式出资所形成权益的行为。

2. 审批

(1) 对主业处于关系国家安全、国民经济命脉的重要行业和关键领域，主要承担重大专项任务的子企业的产权转让，须由国家出资企业报同级国有资产监督管理机构批准。

(2) 转让方为多家国有股东共同持股的企业，由其中"持股比例最大"的国有股东负责履行相关批准程序；各国有股东持股比例相同的，由相关股东"协商后确定其中一家"股东负责履行相关批准程序。

3. 信息披露

产权转让原则上通过产权市场公开进行。转让方可以根据企业实际情况和工作进度安排，采取信息预披露和正式披露相结合的方式，通过产权交易机构网站分阶段对外披露产权转让信息，公开征集受让方。其中正式披露信息时间"不得少于 20 个工作日"。

4. 受让方的确定

(1) 受让方资格

产权转让原则上不得针对受让方设置资格条件，确需设置的，不得有明确指向性或违反公平竞争原则，所设资格条件相关内容应当在信息披露前报同级国有资产监督管理机构备案，国有资产监督管理机构在 5 个工作日内未反馈意见的视为同意。

(2) 未征集到意向受让方

①信息披露期满未征集到意向受让方的，可以延期或在降低转让底价、变更受让条件后重新进行信息披露。

②转让项目自首次正式披露信息之日起超过

12 个月未征集到合格受让方的，应当重新履行审计、资产评估以及信息披露等产权转让工作程序。

(3) 竞价

产权转让信息披露期满、产生符合条件的意向受让方的，按照披露的竞价方式组织竞价。竞价可以采取拍卖、招投标、网络竞价以及其他竞价方式，且不得违反国家法律法规的规定。

5. 转让价格的确定

(1) 转让底价

①产权转让项目首次正式信息披露的转让底价，不得低于经核准或备案的转让标的评估结果。

②降低转让底价或变更受让条件后重新披露信息的，披露时间不得少于 20 个工作日。新的转让底价低于评估结果的 90% 时，应当经转让行为批准单位书面同意。

(2) 成交价格

受让方确定后，转让方与受让方应当签订产权交易合同，交易双方不得以交易期间企业经营性损益等理由对已达成的交易条件和交易价格进行调整。

(3) 付款期限

①交易价款应当以人民币计价，通过产权交易机构以货币进行结算。交易价款原则上应当自合同生效之日起"5 个工作日内"一次付清。

②金额较大、一次付清确有困难的，可以采取分期付款方式。采用分期付款方式的，首期付款"不得低于总价款的 30%"，并在合同生效之日起"5 个工作日内"支付；其余款项应当提供转让方认可的合法有效担保，并按同期银行贷款利率支付延期付款期间的利息，付款期限"不得超过 1 年"。

6. 非公开协议转让

(1) 可以非公开协议转让的情形

①涉及主业处于关系国家安全、国民经济命脉的重要行业和关键领域企业的重组整合，对受让方有特殊要求，企业产权需要在国有及国有控股企业之间转让的，经国有资产监督管理机构批准，可以采取非公开协议转让方式；

②同一国家出资企业及其各级控股企业或实际控制企业之间因实施内部重组整合进行产权转让的，经该国家出资企业审议决策，可以采取非公开协议转让方式。

(2) 采取非公开协议转让方式转让企业产权，转让价格不得低于经核准或备案的评估结果。

(二) 企业增资

1. 企业增资，是指国有及国有控股企业、国有实际控制企业增加资本的行为，政府以增加资本金方式对国家出资企业的投入除外

2. 审批

(1) 国有资产监督管理机构负责审核国家出资企业的增资行为。其中，因增资致使国家不再

拥有所出资企业控股权的，须由国有资产监督管理机构报本级人民政府批准。

（2）国家出资企业决定其子企业的增资行为。其中，对主业处于关系国家安全、国民经济命脉的重要行业和关键领域，主要承担重大专项任务的子企业的增资行为，须由国家出资企业报同级国有资产监督管理机构批准。

（3）增资企业为多家国有股东共同持股的企业，由其中持股比例最大的国有股东负责履行相关批准程序；各国有股东持股比例相同的，由相关股东协商后确定其中一家股东负责履行相关批准程序。

3. 信息披露

企业增资通过产权交易机构网站对外披露信息公开征集投资方，时间"不得少于 40 个工作日"。

4. 非公开增资

（1）以下情形经同级国有资产监督管理机构批准，可以采取非公开协议方式进行增资：

①因国有资本布局结构调整需要，由特定的国有及国有控股企业或国有实际控制企业参与增资；

②因国家出资企业与特定投资方建立战略合作伙伴或利益共同体需要，由该投资方参与国家出资企业或其子企业增资。

（2）以下情形经国家出资企业审议决策，可以采取非公开协议方式进行增资：

①国家出资企业直接或指定其控股、实际控制的其他子企业参与增资；

②企业债权转为股权；

③企业原股东增资。

（三）企业资产转让

1. 企业资产转让，是指国有及国有控股企业、国有实际控制企业的重大资产转让行为。

2. 审批

（1）企业一定金额以上的生产设备、房产、在建工程以及土地使用权、债权、知识产权等资产对外转让，应当按照企业内部管理制度履行相应决策程序后，在产权交易机构公开进行。

（2）涉及国家出资企业内部或特定行业的资产转让，确需在国有及国有控股、国有实际控制企业之间非公开转让的，由转让方逐级报国家出资企业审核批准。

3. 信息披露

转让方应当根据转让标的情况合理确定转让底价和转让信息公告期：

（1）转让底价高于 100 万元、低于 1000 万元的资产转让项目，信息公告期应不少于 10 个工作日；

（2）转让底价高于 1000 万元的资产转让项目，信息公告期应不少于 20 个工作日。

4. 资产转让价款原则上一次性付清。

考点 6：造成企业国有资产损失的法律责任（★）

国有独资企业、国有独资公司、国有资本控股公司的董事、监事、高级管理人员违反规定：

1. 造成国有资产重大损失，被免职的，自免职之日起 5 年内不得担任国有独资企业、国有独资公司、国有资本控股公司的董事、监事、高级管理人员；

2. 造成国有资产特别重大损失，或者因贪污、贿赂、侵占财产、挪用财产或者破坏社会主义市场经济秩序，被判处刑罚的，终身不得担任国有独资企业、国有独资公司、国有资本控股公司的董事、监事、高级管理人员。

【相关链接】根据《公司法》的规定，因贪污、贿赂、侵占财产、挪用财产或者破坏社会主义市场经济秩序，被判处刑罚，执行期满未逾 5 年；或者因犯罪被剥夺政治权利，执行期满未逾 5 年的，不得担任公司的董事、监事、高级管理人员。

考点 7：事业单位国有资产的评估（★）

1. 事业单位有下列情形之一的，应当对相关国有资产进行评估：

（1）整体或者部分改制为企业；

（2）以非货币性资产对外投资；

（3）合并、分立、清算；

（4）资产拍卖、转让、置换；

（5）整体或者部分资产租赁给非国有单位；

（6）确定涉讼资产价值；

（7）法律、行政法规规定的其他需要进行评估的事项。

2. 事业单位有下列情形之一的，可以不进行资产评估：

（1）经批准事业单位整体或者部分资产无偿划转；

（2）行政、事业单位下属的事业单位之间的合并、资产划转、置换和转让；

（3）发生其他不影响国有资产权益的特殊产权变动行为，报经同级财政部门确认可以不进行资产评估的。

【例题·多选题】根据国有资产管理法律制度的规定，某事业单位发生下列情形，其中应当对相关国有资产进行评估的有(   )。（2016 年）

A. 部分资产租赁给非国有单位

B. 资产拍卖

C. 经批准事业单位整体或者部分资产无偿划转

D. 以非货币性资产对外投资

【解析】选项 C：经批准事业单位整体或者部分资产无偿划转的，可以不进行资产评估。

【答案】ABD

【星期五·第8章第5单元】财政相关法律制度

【本单元考点清单】

	考点名称	考点地位	二维码
预算法	预算法概述	★	
	预算管理职权	★	
	预算收支范围	★	
	预算编制	★	
	预算审查和批准	★	
	预算执行	★	
	预算调整	★	
	决算	★	
	预算监督	★	
政府采购法律制度	《政府采购法》的适用范围	★	
	政府采购的当事人	★	
	政府采购方式概览	★	
	公开招标	★	

第十一周

续表

考点名称		考点地位	二维码
政府采购法律制度	政府采购合同	★	
	质疑与投诉	★	
财政执法主体		★	
财政执法权限		★	

考点 1：预算法概述（★）

1. 预算年度

我国的预算年度自公历 1 月 1 日起，至 12 月 31 日止。

2. 预算体系

（1）预算体系的层级（5 级）

①中央预算；

②省、自治区、直辖市预算；

③设区的市、自治州预算；

④县、自治县、不设区的市、市辖区预算；

⑤乡、民族乡、镇预算。

【提示】全国总预算由中央预算和地方预算组成。地方预算由各省、自治区、直辖市总预算组成。地方各级总预算由本级预算和汇总的下一级总预算组成；下一级只有本级预算的，下一级总预算即指下一级的本级预算。没有下一级预算的，总预算即指本级预算。

（2）政府预算体系

一般公共预算
政府性基金预算
国有资本经营预算
社会保险基金预算

（3）一般公共预算

中央一般公共预算收入 { 中央本级收入 / 地方向中央的上解收入

中央一般公共预算支出 { 中央本级支出 / 中央对地方的税收返还与转移支付

地方各级一般公共预算收入 { 地方本级收入 / 上级政府对本级政府的税收返还和转移支付 / 下级政府的上解收入

地方各级一般公共预算支出 { 地方本级支出 / 对上级政府的上解支出 / 对下级政府的税收返还和转移支付

考点 2：预算管理职权（★）

1. 全国人大及其常委会的预算管理职权

职权		具体内容
全国人大	审查权	审查中央和地方预算草案及中央和地方预算执行情况的报告
	批准权	批准中央预算和中央预算执行情况的报告
	变更、撤销权	改变或者撤销全国人民代表大会常务委员会关于预算、决算的不适当的决议

续表

职 权		具体内容
全国人大常委会	监督权	监督中央和地方预算的执行
	审查和批准权	(1) 审查和批准中央预算的调整方案 (2) 审查和批准中央决算
	撤销权	(1) 撤销国务院制定的同宪法、法律相抵触的关于预算、决算的行政法规、决定和命令 (2) 撤销省、自治区、直辖市人民代表大会及其常务委员会制定的同宪法、法律和行政法规相抵触的关于预算、决算的地方性法规和决议

2. 国务院的预算管理职权

职 权	具体内容
预算编制权	(1) 国务院编制中央预算、决算草案 (2) 编制中央预算调整方案
报告权	(1) 向全国人民代表大会作关于中央和地方预算草案的报告 (2) 将省、自治区、直辖市政府报送备案的预算汇总后报全国人民代表大会常务委员会备案 (3) 向全国人民代表大会、全国人民代表大会常务委员会报告中央和地方预算的执行情况
执行权	组织中央和地方预算的执行
决定权	决定中央预算预备费的动用
监督权	监督中央各部门和地方政府的预算执行
改变、撤销权	改变或撤销中央各部门和地方政府关于预算、决算的不适当的决定、命令

3. 国务院财政部门的预算管理职权

职 权	具体内容
编制权	(1) 具体编制中央预算、决算草案 (2) 具体编制中央预算的调整方案
执行权	具体组织中央和地方预算的执行
提案权	提出中央预算预备费动用方案
报告权	定期向国务院报告中央和地方预算的执行情况

考点3：预算收支范围（★）

1. 一般公共预算收入主要包括税收收入、行政事业性收费收入、国有资源（资产）有偿使用收入、转移性收入和其他收入。

2. 一般公共预算支出
(1) 按照其功能分类：
①一般公共服务支出；
②外交、公共安全、国防支出；
③农业、环境保护支出；
④教育、科技、文化、卫生、体育支出；
⑤社会保障及就业支出和其他支出。
(2) 按照其经济性质分类：
①工资福利支出；
②商品和服务支出；
③资本性支出；
④其他支出。

【例题·多选题】根据预算法律制度的规定，下列各项中，属于一般公共预算收入的有（　　）。（2016年）
A. 行政事业性收费收入
B. 税收收入
C. 转移性收入
D. 国有资源（资产）有偿使用收入
【解析】一般公共预算收入主要包括税收收入（选项B）、行政事业性收费收入（选项A）、国有资源（资产）有偿使用收入（选项D）、转移性收入（选项C）和其他收入。
【答案】ABCD

考点4：预算编制（★）

1. 预算编制的对象是预算草案。预算草案在未经权力机关批准之前，仅是一种不具有法律效力的国家预算。

2. 中央举债

对中央一般公共预算中举借的债务实行余额管理，余额的规模不得超过全国人民代表大会批准的限额。

3. 地方举债

（1）经国务院批准的省、自治区、直辖市的预算中必需的建设投资的部分资金，可以在国务院确定的限额内，通过发行地方政府债券举借债务的方式筹措。

（2）举借债务的规模，由国务院报全国人民代表大会或者全国人民代表大会常务委员会批准。

（3）省、自治区、直辖市依照国务院下达的限额举借的债务，列入本级预算调整方案，报本级人民代表大会常委会批准。

（4）举借的债务应当有偿还计划和稳定的偿还资金来源，只能用于公益性资本支出，不得用于经常性支出。

（5）除法律另有规定外，地方政府及其所属部门不得为任何单位和个人的债务以任何方式提供担保。

4. 上年结余的处理

各级政府上一年预算的结转资金，应当在下一年用于结转项目的支出；连续 2 年未用完的结转资金，应当作为结余资金管理。

考点 5：预算审查和批准（★）

1. 审批机关

（1）中央预算由全国人民代表大会审查和批准。

（2）地方各级预算由本级人民代表大会审查和批准。

2. 预算的批复

各级预算经本级人民代表大会批准后，本级政府财政部门应当在 20 日内向本级各部门批复预算。各部门应当在接到本级政府财政部门批复的本部门预算后 15 日内向所属各单位批复预算。

3. 预算的公开

（1）除涉及国家秘密的外，经本级人民代表大会或者本级人民代表大会常务委员会批准的预算、预算调整、决算、预算执行情况的报告及报表，应当在批准后 20 日内由本级政府财政部门向社会公开，并对本级政府财政转移支付安排、执行的情况以及举借债务的情况等重要事项作出说明。

（2）除涉及国家秘密的外，经本级政府财政部门批复的部门预算、决算及报表，应当在批复后 20 日内由各部门向社会公开，并对部门预算、决算中机关运行经费的安排、使用情况等重要事项作出说明。

（3）除涉及国家秘密的外，各级政府、各部门、各单位应当将政府采购的情况及时向社会公开。

考点 6：预算执行（★）

1. 执行主体

各级预算由本级政府组织执行，具体工作由本级政府财政部门负责。各部门、各单位是本部门、本单位的预算执行主体，负责本部门、本单位的预算执行，并对执行结果负责。

2. 执行依据

（1）预算执行要以经过权力机关依法定程序批准的预算为依据。

（2）预算空白期的支出安排

预算年度开始后，各级预算草案在本级人民代表大会批准前（"预算空白期"），可以安排下列支出，并在预算草案的报告中作出说明：

①上一年度结转的支出；

②参照上一年同期的预算支出数额安排必须支付的本年度部门基本支出、项目支出，以及对下级政府的转移性支出；

③法律规定必须履行支付义务的支出，以及用于自然灾害等突发事件处理的支出。

3. 预算收入的组织执行

（1）各级政府不得向预算收入征收部门和单位下达收入指标。

（2）政府的全部收入应当上缴国家金库（简称国库），任何部门、单位和个人不得截留、占用、挪用或者拖欠。

（3）对于法律有明确规定或者经国务院批准的特定专用资金，可以依照国务院的规定设立财政专户。

4. 预算支出的组织执行

各级政府财政部门必须依照法律、行政法规和国务院财政部门的规定，及时、足额地拨付预算支出资金，加强对预算支出的管理和监督。

5. 预算执行中会计核算的基础

各级预算的收入和支出实行"收付实现制"，特定事项按照国务院的规定实行权责发生制的有关情况，应当向本级人民代表大会常务委员会报告。

6. 国库制度

（1）国库是预算执行的中介环节，无论是预算收入还是预算支出，均必须通过国库进行。

（2）一级预算对应一级国库。

（3）中央国库业务由中国人民银行经理，地方国库业务依照国务院的有关规定办理。

（4）各级国库库款的支配权属于本级政府财政部门；除法律、行政法规另有规定外，未经本级政府财政部门同意，任何部门、单位和个人都无权冻结、动用国库库款或者以其他方式支配已入国库的库款。

（5）国家实行国库集中收缴和集中支付制度，对政府全部收入和支出实行国库集中收付管理。

7. 预算预备费

（1）各级一般公共预算应当按照本级一般公共预算支出额的 1% 至 3% 设置预备费，用于当年预算执行中的自然灾害等突发事件处理增加的支出及其他难以预见的开支。

（2）各级预算预备费的动用方案，由本级政府财政部门提出，报本级政府决定。

8. 预算周转金

（1）用于本级政府调剂预算年度内季节性收支差额。

（2）各级预算周转金由本级政府财政部门管理，不得挪作他用。

9. 预算稳定调节基金

（1）各级一般公共预算年度执行中有超收收入的，只能用于冲减赤字或者补充预算稳定调节基金。

（2）各级一般公共预算的结余资金，应当补充预算稳定调节基金。

（3）省、自治区、直辖市一般公共预算年度执行中出现短收，通过调入预算稳定调节基金、减少支出等方式仍不能实现收支平衡的，省、自治区、直辖市政府报本级人民代表大会或者其常务委员会批准，可以增列赤字，报国务院财政部门备案，并应当在下一年度预算中予以弥补。

【例题·判断题】各级一般公共预算年度执行中有超收收入的，只能用于冲减赤字或者补充预算稳定调节基金。（　　）（2016 年）

【答案】√

考点 7：预算调整（★）

1. 预算调整的情形

（1）需要增加或者减少预算总支出的；

（2）需要调入预算稳定调节基金的；

（3）需要调减预算安排的重点支出数额的；

（4）需要增加举借债务数额的。

2. 在预算执行中，地方各级政府因上级政府增加不需要本级政府提供配套资金的专项转移支付而引起的预算支出变化，不属于预算调整。

3. 在预算执行中，由于发生自然灾害等突发事件，必须及时增加预算支出的，应当先动支预备费；预备费不足支出的，各级政府可以先安排支出，属于预算调整的，列入预算调整方案。

4. 中央预算的调整方案应当提请全国人民代表大会常务委员会审查和批准；县级以上地方各级预算的调整方案应当提请本级人民代表大会常务委员会审查和批准；乡、民族乡、镇预算的调整方案应当提请本级人民代表大会审查和批准。未经批准，不得调整预算。

【例题·单选题】根据预算法律制度的规定，下列不属于应当进行预算调整的情形是（　　）。（2016 年）

A. 需要增加预算总支出的

B. 需要调入预算稳定调节基金的

C. 需要调减预算安排的重点支出数额的

D. 地方各级政府因上级政府增加不需要本级政府提供配套资金的专项转移支付而引起的预算支出变化的

【解析】（1）选项 ABC：经全国人民代表大会批准的中央预算和经地方各级人民代表大会批准的地方各级预算，在执行中出现下列情况之一的，应当进行预算调整：①需要增加或者减少预算总支出的；②需要调入预算稳定调节基金的；③需要调减预算安排的重点支出数额的；④需要增加举借债务数额的。（2）选项 D：在预算执行中，地方各级政府因上级政府增加不需要本级政府提供配套资金的专项转移支付而引起的预算支出变化，不属于预算调整。

【答案】D

考点 8：决算（★）

1. 决算草案由各级政府、各部门、各单位，在每一预算年度终了后按照国务院规定的时间编制。

2. 国务院财政部门编制中央决算草案，经国务院审计部门审计后，报国务院审定，由国务院提请全国人民代表大会常务委员会审查和批准。

考点 9：预算监督（★）

1. 权力机关对预算的监督

（1）全国人民代表大会及其常务委员会对中央和地方预算、决算进行监督。

（2）县级以上地方各级人民代表大会及其常务委员会对本级和下级预算、决算进行监督。

（3）乡、民族乡、镇人民代表大会对本级预算、决算进行监督。

2. 政府机关对预算的监督

（1）国务院和县级以上地方各级政府应当在每年 6 月至 9 月期间向本级人民代表大会常务委员会报告预算执行情况。

（2）各级政府监督下级政府的预算执行；下级政府应当定期向上一级政府报告预算执行情况。

3. 各级政府专门机构对预算的监督

（1）各级政府财政部门负责监督检查本级各部门及其所属各单位预算的编制、执行，并向本级政府和上一级政府财政部门报告预算执行情况。

（2）县级以上政府审计部门依法对预算执行、决算实行审计监督，对预算执行和其他财政收支的审计工作报告应当向社会公开。

（3）政府各部门负责监督检查所属各单位的预算执行，及时向本级政府财政部门反映本部门预算执行情况，依法纠正违反预算的行为。

第十一周

4. 其他主体对预算的监督

公民、法人或者其他组织发现有违反预算法的行为，可以依法向有关国家机关进行检举、控告。

考点 10：《政府采购法》的适用范围（★）

1. 政府采购是指各级国家机关、事业单位和团体组织（不包括国有企业），使用财政性资金采购（包括购买、租赁、委托、雇用等）依法制定的集中采购目录以内的或者采购限额标准以上的货物、工程和服务的行为。

2. 不适用《政府采购法》的情形

（1）使用国际组织和外国政府贷款进行的政府采购，贷款方、资金提供方与中方达成的协议对采购的具体条件另有规定的，可以适用其规定，但不得损害国家利益和社会公共利益；

（2）因严重自然灾害和其他不可抗力事件所实施的紧急采购，不适用《政府采购法》；

（3）涉及国家安全和秘密的采购，不适用《政府采购法》；

（4）军事采购，不适用《政府采购法》。

考点 11：政府采购的当事人（★）

1. 政府采购的当事人包括采购人、供应商和采购代理机构等。

2. 自行采购

（1）纳入集中采购目录属于本单位有特殊要求的项目，经省级以上政府批准，可以自行采购。

（2）采购未纳入集中采购目录的政府采购项目，可以自行采购，也可以委托集中采购机构在委托的范围内代理采购。

（3）采购人有权自行选择采购代理机构，任何单位和个人不得以任何方式为采购人指定采购代理机构。

3. 供应商

（1）供应商参加政府采购活动应当具备的条件：

①具有独立承担民事责任的能力；

②具有良好的商业信用和健全的财务会计制度；

③具有履行合同所必需的设备和专业技术能力；

④具有依法缴纳税收和社会保障资金的良好记录；

⑤参加政府采购活动前 3 年内，在经营活动中没有重大违法记录；

⑥法律、行政法规规定的其他条件。

（2）关联方

单位负责人为同一人或者存在直接控股、管理关系的不同供应商，不得参加同一合同项下的政府采购活动。

（3）除单一来源采购项目外，为采购项目提供整体设计、规范编制或者项目管理、监理、检测等服务的供应商，不得再参加该采购项目的其他采购活动。

（4）组成联合体共同参加政府采购

①两个以上的自然人、法人或者其他组织可以组成一个联合体，以一个供应商的身份共同参加政府采购。

②联合体各方应当共同与采购人签订采购合同，就采购合同约定的事项对采购人承担连带责任。

③联合体中有同类资质的供应商按照联合体分工承担相同工作的，应当按照资质等级较低的供应商确定资质等级。

④以联合体形式参加政府采购活动的，联合体各方不得再单独参加或者与其他供应商另外组成联合体参加同一合同项下的政府采购活动。

【例题·判断题】两个以上的自然人、法人或者其他组织可以组成一个联合体，以一个供应商的身份共同参加政府采购。（　）（2015 年）

【答案】√

考点 12：政府采购方式概览（★）

方 式	基本含义	适用范围
公开招标	招标人以招标公告的方式邀请不特定的法人或者其他组织投标	政府采购的主要方式
邀请招标	按照事先规定的条件选定合格供应商或承包商，只有接到邀请者才有资格参与投标	（1）具有特殊性，只能从有限范围的供应商处采购的 （2）采用公开招标方式的费用占政府采购项目总价值的比例过大的
竞争性谈判	采购人或采购代理机构根据采购需求直接要求 3 家以上的供应商就采购事宜与供应商分别进行一对一的谈判，最后通过谈判结果来选择供应商	（1）招标后没有供应商投标或者没有合格标的或者重新招标未能成立的 （2）技术复杂或者性质特殊，不能确定详细规格或者具体要求的 （3）采用招标所需时间不能满足用户紧急需要的 （4）不能事先计算出价格总额的

续表

方　式	基本含义	适用范围
单一来源采购	采购人直接从某个供应商或承包商处购买所需货物、服务或者工程	（1）只能从唯一供应商处采购的 （2）发生了不可预见的紧急情况不能从其他供应商处采购的 （3）必须保证原有采购项目一致性或者服务配套的要求，需要继续从原供应商处添购，且添购资金总额不超过原合同采购金额 10% 的
询价	采购人就采购项目向符合相应资格条件的被询价供应商（不少于 3 家）发出询价通知书，通过对报价供应商的报价进行比较，最终确定成交供应商的采购方式	适用于采购货物规格、标准统一，现货货源充足且价格变化幅度小的政府采购项目

【例题·单选题】某事业单位拟采购一种特定的技术服务，经向社会公开招标没有合格标的，在此情形下，根据《政府采购法》的规定，该事业单位可以采用的采购方式是（　）。（2014 年）

A. 询价

B. 邀请招标

C. 竞争性谈判

D. 单一来源采购

【解析】有下列情形之一的，可以采用竞争性谈判方式采购：（1）招标后没有供应商投标或者没有合格标的或者重新招标未能成立的；（2）技术复杂或者性质特殊，不能确定详细规格或者具体要求的；（3）采用招标所需时间不能满足用户紧急需要的；（4）不能事先计算出价格总额的。

【答案】C

考点 13：公开招标（★）

1. 不得规避公开招标采购

（1）采购人不得将应当以公开招标方式采购的货物或者服务化整为零或者以其他任何方式规避公开招标采购。

（2）在一个财政年度内，采购人将一个预算项目下的同一品目或者类别的货物、服务采用公开招标以外的方式多次采购，累计资金数额超过公开招标数额标准的，属于以化整为零方式规避公开招标，但项目预算调整或者经批准采用公开招标以外方式采购除外。

2. 公开要求

（1）采用公开招标方式采购的，招标采购单位必须在财政部门指定的政府采购信息发布媒体上发布招标公告。

（2）采用公开招标方式采购的，自招标文件开始发出之日起至投标人提交投标文件截止之日止，不得少于 20 日。

（3）采购人或者采购代理机构可以对已发出的招标文件进行必要澄清或者修改；澄清或修改的内容可能影响投标文件编制的，采购人或者采

购代理机构应当在投标截止时间至少 15 日前，以书面形式通知所有获取招标文件的潜在投标人；不足 15 日的，采购人或者采购代理机构应当顺延提交投标文件的截止时间。

3. 公正要求

（1）依法必须进行招标的项目，应当由招标人依法设立的评标委员会进行评标。评标委员会由招标人的代表和有关技术、经济等方面的专家组成，成员人数为 5 人以上的单数，其中技术、经济等方面的专家不得少于成员总数的 2/3。

（2）任何单位和个人不得违法限制或者排斥本地区、本系统以外的法人或者其他组织参加投标，不得以任何方式非法干涉招标投标活动。

4. 废标

（1）在招标采购中，出现下列情形之一的，应予废标：

①符合专业条件的供应商或者对招标文件作实质响应的供应商不足 3 家的；

②出现影响采购公正的违法、违规行为的；

③投标人的报价均超过了采购预算，采购人不能支付的；

④因重大变故，采购任务取消的。

（2）废标后，采购人应当将废标理由通知所有投标人。

（3）除采购任务取消情形外，应当重新组织招标；需要采取其他方式采购的，应当在采购活动开始前获得设区的市、自治州以上政府采购监督管理部门或者政府有关部门批准。

5. 保证金

（1）招标文件要求投标人提交投标保证金的，投标保证金不得超过采购项目预算金额的 2%。

（2）投标保证金应当以支票、汇票、本票或者金融机构、担保机构出具的保函等非现金形式提交。

（3）采购人或者采购代理机构应当自中标通知书发出之日起 5 个工作日内退还未中标供应商的投标保证金，自政府采购合同签订之日起 5 个

工作日内退还中标供应商的投标保证金。

6. 中标

采购人或者采购代理机构应当自中标、成交供应商确定之日起 2 个工作日内，发出中标、成交通知书，并在省级以上政府财政部门指定的媒体上公告中标、成交结果。

【例题·单选题】根据政府采购法律制度的规定，采用招标方式进行政府采购的，自招标文件开始发出之日起至投标人提交投标文件截止之日止，不得少于一定期间，该期间为（   ）。（2015年）

A. 7 日　　　　　B. 15 日
C. 20 日　　　　 D. 30 日

【解析】采用招标方式采购的，自招标文件开始发出之日起至投标人提交投标文件截止之日止，不得少于 20 日。

【答案】C

考点 14：政府采购合同 （★）

1. 履约保证金

履约保证金的数额不得超过政府采购合同金额的 10%；供应商应当以支票、汇票、本票或者金融机构、担保机构出具的保函等非现金形式提交。

2. 中标、成交通知书与政府采购合同

（1）中标、成交通知书对采购人和中标、成交供应商均有法律效力。

（2）采购人与中标、成交供应商应当在中标、成交通知书发出之日起 30 日内，按照采购文件确定的事项签订政府采购合同。

3. 公告

采购人应当自政府采购合同签订之日起 2 个工作日内，将政府采购合同在省级以上人民政府财政部门指定的媒体上公告，但政府采购合同中涉及国家秘密、商业秘密的内容除外。

4. 分包方式履行合同

（1）经采购人同意，中标、成交供应商可以依法采取分包方式履行合同。

（2）政府采购合同分包履行的，中标、成交供应商就采购项目和分包项目向采购人负责，分包供应商就分包项目承担责任。

5. 追加采购

政府采购合同履行中，采购人需追加与合同标的相同的货物、工程或者服务的，在不改变合同其他条款的前提下，可以与供应商协商签订补充合同，但所有补充合同的采购金额不得超过原合同采购金额的 10%。

考点 15：质疑与投诉 （★）

1. 询问

供应商对政府采购活动事项有疑问的，可以提出询问，采购人或者采购代理机构应当在 3 个工作日内对供应商依法提出的询问作出答复。

2. 质疑

（1）供应商认为采购文件、采购过程和中标、成交结果使自己的权益受到损害的，可以在知道或者应知其权益受到损害之日起 7 个工作日内，以书面形式向采购人提出质疑。

（2）采购人应当在收到供应商的书面质疑后 7 个工作日内作出答复，并以书面形式通知质疑供应商和其他有关供应商。

3. 投诉

（1）质疑供应商对采购人、采购代理机构的答复不满意或者采购人、采购代理机构未在规定的时间内作出答复的，可以在答复期满后 15 个工作日内向同级政府采购监督管理部门投诉。

（2）政府采购监督管理部门应当在收到投诉后 30 个工作日内，对投诉事项作出处理决定，并以书面形式通知投诉人和与投诉事项有关的当事人。

（3）政府采购监督管理部门在处理投诉事项期间，可以视具体情况书面通知采购人暂停采购活动，但暂停时间最长不得超过 30 日。

4. 投诉人对政府采购监督管理部门的投诉处理决定不服或者政府采购监督管理部门逾期未作处理的，可以依法申请行政复议或者向人民法院提起行政诉讼。

考点 16：财政执法主体 （★）

1. 县级以上人民政府财政部门及审计机关；

2. 省级以上人民政府财政部门的派出机构，审计机关的派出机构；

3. 监察机关及其派出机构。

【例题·多选题】根据《财政违法行为处罚处分条例》的规定，下列各项中，可以作为财政执法主体的有（   ）。

A. 县级以上人民政府财政部门
B. 省级以上人民政府财政部门的派出机构
C. 监察机关及其派出机构
D. 县级以上人民政府审计机关

【答案】ABCD

考点 17：财政执法权限 （★）

1. 经法定程序，可以查询被调查、检查单位的银行存款。

2. 在有关证据可能灭失或者以后难以取得的情况下，经法定程序，可以先行登记保存证据。

3. 处理、处分、处罚权

（1）责令停止违法行为；

（2）停拨财政款项；

（3）违法行为公告权；

（4）荣誉称号撤销权。

【例题·多选题】根据财政违法行为处罚法律制度的规定，下列各项中，属于财政执法主体的财政执法权限的有（　　）。（2015年）

A. 依程序暂停财政拨款

B. 公告财政违法主体的财政违法行为

C. 对财政违法主体采取强制执行措施

D. 依法定程序查询被检查单位的银行存款

【解析】选项C：财政执法主体无强制执行权。

【答案】ABD

扫一扫，阅读解题思路

本书中各部分试题均配备二维码，下载安装"东奥题库宝典"移动客户端，扫一扫左侧二维码，即可在线做题，并获得详尽的答案解析、解题思路等超值服务，解决您做题时的一切疑惑。

【移动客户端安装二维码详见封底】

本周自测

一、单项选择题

1. 甲酒店向该市出租车司机承诺，为酒店每介绍一位客人，酒店向其支付该客人房费的5%作为奖励，与其相邻的乙酒店向有关部门举报了这一行为。经查，甲酒店给付的奖励均已如实入账。根据反不正当竞争法律制度的规定，甲酒店的行为属于（　　）。

A. 正当的竞争行为

B. 商业贿赂行为

C. 虚假宣传行为

D. 不正当有奖销售行为

2. 甲旅行社（以下简称"甲社"）的欧洲部副经理李某，在劳动合同未到期时提出辞职，未办理移交手续即到乙旅行社（以下简称"乙社"）工作，并将甲社的欧洲合作伙伴情况、旅游路线设计、报价方案和客户资料等信息带到乙社。乙社原无欧洲业务，自李某加入后欧洲业务猛增，成为甲社的有力竞争对手。根据反不正当竞争法律制度的规定，乙社的行为构成（　　）。

A. 虚假宣传行为

B. 诋毁商誉行为

C. 侵犯商业秘密行为

D. 商业贿赂行为

3. 某省有线电视公共频道为了提高收视率，每月抽取2万元的大奖1名。根据《反不正当竞争法》的规定，下列关于该行为的说法中，正确的是（　　）。

A. 属于不当附奖赠促销行为

B. 有利于电视事业的发展，应该提倡

C. 属于有线电视台正当的竞争手段

D. 属于商业贿赂行为

4. 甲公司委托乙公司开发A技术，乙公司指派本单位工程师李某主持开发，甲公司、乙公司、李某之间均未对A技术的权属作出约定。根据专利法律制度的规定，A技术开发完成后，专利申请权归（　　）。

A. 甲公司所有

B. 乙公司所有

C. 李某所有

D. 甲公司和乙公司共有

5. 根据专利法律制度的规定，下列各项中，不能被授予专利权的项目是（　　）。

A. 进行智力活动的设备

B. 疾病的诊断方法

C. 动植物品种的生产方法

D. 产品的外观设计

6. Jack于2015年1月1日首次向法国专利部门提出外观设计专利申请，如果Jack在（　　）之前在中国就相同主题提出专利申请的，可以享有优先权。

A. 2015年7月1日

B. 2015年1月1日

C. 2016年1月1日

D. 2016年7月1日

7. 甲公司于2013年7月1日向专利局提出一份发明专利申请，经初步审查后于2014年7月1日公布。2014年10月1日甲公司请求专利局进行实质审查；专利局经过认真审查后，于2016年2月1日授予甲公司发明专利权并公告。根据专利法律制度的规定，该发明专利自（　　）生效。

A. 2013年7月1日

B. 2014年7月1日

C. 2014年10月1日

D. 2016年2月1日

8. 甲公司获得一项外观设计专利，乙公司未经许可，以生产经营目的制造该专利产品。丙公司未经甲公司许可，以生产经营目的所为的下列行为中，不构成侵权行为的是（　　）。

A. 使用乙公司制造的该专利产品
B. 销售乙公司制造的该专利产品
C. 进口乙公司制造的该专利产品
D. 许诺销售乙公司制造的该专利产品

9. 下列行为中，符合商标法律制度规定的是（　　）。
A. 甲公司在其商品包装上注明自己的注册商标为驰名商标
B. 乙公司因与A公司发生商标侵权纠纷，在诉讼中请求最高人民法院指定的人民法院认定其注册商标为驰名商标
C. 丙市工商局发布公告，公布了本年度本市10家信誉良好的企业名单，并将他们持有的注册商标认定为驰名商标予以表彰
D. 丁公司为了推广自己的产品，在某次展览活动中宣传自己持有的注册商标曾被工商局认定为驰名商标

10. 有关商标局审查注册商标申请的时限，下列表述符合商标法律制度的规定的是（　　）。
A. 商标局应当自收到商标注册申请文件之日起9个月内审查完毕
B. 商标局应当自收到商标注册申请文件之日起9个月内审查完毕，经国家工商行政管理部门批准，可以延长3个月
C. 商标局应当自收到商标注册申请文件之日起12个月内审查完毕
D. 商标局应当自收到商标注册申请文件之日起12个月内审查完毕，经国家工商行政管理部门批准，可以延长6个月

11. 甲公司于2005年12月10日申请注册A商标，2007年3月20日该商标被核准注册。根据商标法律制度的规定，甲公司第一次申请商标续展注册的最迟日期是（　　）。
A. 2015年12月10日
B. 2016年6月10日
C. 2017年3月20日
D. 2017年9月20日

12. 甲公司将拥有的"飞天"注册商标使用在其生产的钢琴上。下列各项商标使用行为均未经甲公司许可，其中不构成侵犯甲公司"飞天"注册商标专用权的是（　　）。
A. 乙公司在其生产的钢琴上使用"飞天"商标，经证明不导致混淆
B. 丙公司在其生产的钢琴上使用"feitian"商标，经证明不导致混淆
C. 丁公司在其生产的小提琴上使用"飞天"商标，经证明容易导致混淆
D. 戊公司在其生产的小提琴上使用"feitian"商标，经证明容易导致混淆

13. 河川县盛产荔枝，远近闻名。该县成立了河川县荔枝协会，申请注册了"河川"商标，核定使用在荔枝商品上，许可本协会成员使用。加入该荔枝协会的农户将有"河川"商标包装的荔枝批发给盛联超市销售。超市在销售该批荔枝时，在荔枝包装上还加贴了自己的注册商标"盛联"。根据商标法律制度的规定，下列说法不正确的是（　　）。
A. "河川"商标是集体商标
B. "河川"商标是文字商标
C. "河川"商标使用了县级以上行政区划名称，应被宣告无效
D. 盛联超市的行为没有侵犯商标权

14. 佳普公司在其制造和出售的打印机和打印机墨盒产品上注册了"佳普"商标。下列各项行为中，侵犯了"佳普"注册商标专用权的是（　　）。
A. 甲在店铺招牌中标有"佳普打印机专营"字样，只销售佳普公司制造的打印机
B. 乙制造并销售与佳普打印机兼容的墨盒，该墨盒上印有乙的名称和其注册商标"金兴"，但标有"本产品适用于佳普打印机"
C. 丙把购买的"佳普"墨盒装入自己制造的打印机后销售，该打印机上印有丙的名称和其注册商标"东升"，但标有"本产品使用佳普墨盒"
D. 丁回收墨水用尽的"佳普"牌墨盒，灌注廉价墨水后销售

15. 根据企业国有资产法律制度的规定，国有独资企业的下列事项中，除企业章程另有规定外，应当由履行出资人职责的机构决定的是（　　）。
A. 进行大额捐赠
B. 转让重大财产
C. 分配企业利润
D. 为他人提供大额担保

16. 下列有关国家出资企业董事、高级管理人员兼职或兼任的说法中，正确的是（　　）。
A. 国有独资企业的董事不得在其他企业兼职
B. 国有独资公司的董事不得在其他企业兼职
C. 国有资本控股公司的董事长不得兼任经理
D. 国有资本参股公司的高级管理人员不得兼任监事

17. 某国有资本控股公司与本公司财务经理之妹进行交易，在该经理的全力协调下，交易价格远低于市场平均价格，但该交易仍获得公司董事会全票通过。该交易的法律效力为（　　）。
A. 有效
B. 无效
C. 效力待定
D. 经履行出资人职责的机构批准后生效

18. 某国有独资公司的董事长刘某，因违规操作造成公司国有资产特别重大损失被免职。根据企

业国有资产法律制度的规定,下列说法正确的
是( )。

A. 刘某自免职之日起 3 年内不得担任国有资
本参股公司的董事、监事、高级管理人员

B. 刘某自免职之日起 5 年内不得担任国有资
本控股公司的董事、监事、高级管理人员

C. 刘某自免职之日起 10 年内不得担任国有独
资公司的董事、监事、高级管理人员

D. 刘某终身不得担任国有独资企业的董事、
监事、高级管理人员

19. 根据事业单位国有资产法律制度的规定,下列
各项中,可以不对国有资产进行评估的
是( )。

A. 整体或者部分改制为企业

B. 以非货币性资产对外投资

C. 整体或者部分资产租赁给非国有单位

D. 经批准事业单位整体或者部分资产无偿
划转

20. 企业产权公开转让的,交易价款原则上应当自
合同生效之日起 5 个工作日内一次付清。交易
价款金额较大、一次付清确有困难的,可以采
取分期付款方式。根据国有资产交易管理制度
的规定,下列有关分期付款期限的表述中,正
确的是( )。

A. 首期付款不得低于总价款的 20% 并在合同
生效之日起 5 个工作日内支付;其余款项应当
提供转让方认可的合法有效担保,并按同期银
行贷款利率支付延期付款期间的利息,付款期
限不得超过 1 年

B. 首期付款不得低于总价款的 20% 并在合同
生效之日起 5 个工作日内支付;其余款项应当
提供转让方认可的合法有效担保,并按同期银
行贷款利率支付延期付款期间的利息,付款期
限不得超过 2 年

C. 首期付款不得低于总价款的 30% 并在合同
生效之日起 5 个工作日内支付;其余款项应当
提供转让方认可的合法有效担保,并按同期银
行贷款利率支付延期付款期间的利息,付款期
限不得超过 1 年

D. 首期付款不得低于总价款的 30% 并在合同
生效之日起 5 个工作日内支付;其余款项应当
提供转让方认可的合法有效担保,并按同期银
行贷款利率支付延期付款期间的利息,付款期
限不得超过 2 年

21. 根据国有资产交易管理制度的规定,企业增资
通过产权交易机构网站对外披露信息公开征集
投资方的,时间不得少于( )。

A. 5 个工作日

B. 10 个工作日

C. 20 个工作日

D. 40 个工作日

22. 对主业处于关系国家安全、国民经济命脉的重
要行业和关键领域,主要承担重大专项任务子
企业的产权转让,须报经法定机构批准。根据
《企业国有资产交易监督管理办法》的规定,
该机构为( )。

A. 国有资产监督管理机构

B. 国务院

C. 本级人民政府

D. 财政部

23. 甲企业是国有控股企业,2017 年拟增加注册
资本,增资后国家将不再拥有甲企业的控股
权。根据《企业国有资产交易监督管理办法》
的规定,甲企业的增资行为应当( )。

A. 经国有资产监督管理机构批准

B. 经商务部批准

C. 经本级人民政府批准

D. 经甲企业股东大会批准

24. 根据预算法律制度的规定,我国地方预算的最
低层级为( )。

A. 省、自治区、直辖市预算

B. 设区的市、自治州预算

C. 县、自治县、不设区的市、市辖区预算

D. 乡、民族乡、镇预算

25. 根据预算法律制度的规定,各级预算经本级人
民代表大会批准后,特定主体应当在法定期限
内向本级各部门批复预算。该特定主体和法定
期限为( )。

A. 本级人民代表大会,20 日

B. 本级人民政府,30 日

C. 本级人民政府财政部门,20 日

D. 本级人民代表大会常务委员会,30 日

26. 根据预算法律制度的规定,各级一般公共预算
应当按照本级一般公共预算支出额的 1% 至
3% 设置预备费,用于( )。

A. 当年预算执行中的自然灾害等突发事件处
理增加的支出

B. 冲减赤字

C. 补充预算稳定调节基金

D. 补充本级预算周转金

27. 经本级人民代表大会或者本级人民代表大会常
务委员会批准的预算,应当由法定机关在法定
期限内向社会公开。根据预算法律制度的规
定,有关负责公开的法定机关和公开的法定期
限,下列说法正确的是( )。

A. 由本级政府在批准后 20 日内向社会公开

B. 由本级政府在批准后 30 日内向社会公开

C. 由本级政府财政部门在批准后 20 日内向社
会公开

D. 由本级政府财政部门在批准后 30 日内向社
会公开

28. 根据预算法律制度的规定,中央预算的调整方

案应由特定主体审查和批准。该特定主体为（　　）。

A. 全国人民代表大会

B. 全国人民代表大会常务委员会

C. 国务院

D. 财政部

29. 根据预算法律制度的规定，下列有关国库制度的表述中，不正确的是（　　）。

A. 一级预算对应一级国库

B. 各级国库库款的支配权属于本级政府

C. 国家实行国库集中收缴和集中支付制度

D. 无论是预算收入还是预算支出，均必须通过国库进行

30. 甲公司和乙公司组成联合体，共同参加 A 机关办公大楼建设招投标。根据政府采购法律制度的规定，下列说法正确的是（　　）。

A. 如果中标，应由牵头参加招投标的甲公司与 A 机关签订采购合同

B. 如果中标，甲公司和乙公司应当对 A 机关承担连带责任

C. 如果甲公司取得的建筑资质比乙公司高，在参加招投标时，应当以甲公司的资质确定该联合体的资质等级

D. 甲公司与乙公司组成联合体参加招投标后，还可以同时以其名义单独参加该项目招投标

二、多项选择题

1. 某品牌 PM2.5 专业防护口罩通过甲广告公司在户外媒体上投放广告，宣称其生产的口罩"PM2.5 过滤率达 99% 以上、病毒过滤率达 99%"，经实际检验的结果均未达到广告宣称的过滤率。根据反不正当竞争法律制度的规定，下列说法正确的有（　　）。

A. 该口罩生产企业的行为构成虚假广告

B. 该口罩生产企业的行为构成欺骗性标示行为

C. 该口罩生产企业应当对广告内容的真实性负责

D. 甲广告公司应当对广告内容的真实性负责

2. 甲酒厂为扩大销量，精心摹仿乙酒厂知名白酒的包装、装潢。根据反不正当竞争法律制度的规定，下列说法不正确的有（　　）。

A. 如果乙酒厂的包装、装潢未获得外观设计专利，则甲酒厂摹仿行为合法

B. 如果甲酒厂在包装、装潢上标明了自己的厂名、厂址、商标，则不构成仿冒行为

C. 如果甲酒厂白酒的包装、装潢不足以使消费者误认为是乙酒厂白酒，则不构成仿冒混淆行为

D. 如果乙酒厂白酒的长期消费者留意之下能够辨别出二者差异，则不构成仿冒行为

3. 根据专利法律制度的规定，下列各项中，不能

授予专利权的有（　　）。

A. 医疗器械

B. 主要起标识作用的平面设计

C. 动植物新品种的培育方法

D. 智力活动的规则

4. 甲于 2016 年 8 月 1 日向国务院专利行政部门提出一个关于吸尘器的发明专利申请。在甲申请专利之前发生的下列事实中，不会影响专利申请新颖性的有（　　）。

A. 2016 年 3 月 15 日，甲在中国政府主办的一个国际展览会上首次展出了这种吸尘器

B. 2016 年 4 月 10 日，应当承担保密义务的工作人员乙，未经甲同意擅自在一个学术会议上公布了该发明

C. 2016 年 5 月 12 日，甲在国家商务部组织召开的一个技术会议上首次发表了介绍该发明的演讲

D. 2016 年 6 月 18 日，甲在某国际性学术刊物上首次刊登了介绍该发明的学术论文

5. 根据专利法律制度的规定，下列情形中，可以导致专利权终止的有（　　）。

A. 专利权人有严重侵犯他人专利权的行为

B. 专利权人没有按照规定缴纳年费

C. 专利权人以书面声明放弃其专利

D. 专利权人拒绝执行已经生效的专利实施强制许可决定

6. 甲公司获得了 A 产品的实用新型专利，不久后乙公司自行研制出了与甲公司专利相同的 A 产品，并大规模生产；丙公司从乙公司处批发购进 A 产品 100 箱，并将其中的 20 箱提供给丁公司办公使用；乙公司、丙公司和丁公司对甲公司已经获得 A 产品的专利一事均不知情。根据专利法律制度的规定，下列说法正确的有（　　）。

A. 乙公司的制造行为构成侵权

B. 丙公司的销售行为构成侵权

C. 丁公司的使用行为构成侵权

D. 如果丙公司和丁公司能够证明其产品的合法来源，不承担赔偿责任

7. 下列各项中，可以成为我国注册商标的构成要素的有（　　）。

A. 图形　　　　　　B. 三维标志

C. 声音　　　　　　D. 数字

8. A 公司生产的某批商品侵犯了 B 公司的注册商标专用权，该批商品流转的过程中，涉及下列当事人，其中构成侵犯 B 公司注册商标专用权的有（　　）。

A. 明知该商品为侵权商品的甲公司将商品批发给乙公司

B. 不知该商品为侵权商品的乙公司从甲公司处购入该商品后销售

第十一周

C. 明知该商品为侵权商品的丙公司为该批商品提供了仓储保管服务

D. 不知该商品为侵权商品的丁公司为该批商品提供了运输服务

9. 根据企业国有资产法律制度的规定，除另有规定外，国有独资企业的下列人员中，由履行出资人职责的机构任免的有（　　）。
   A. 董事长
   B. 监事会主席
   C. 总经理
   D. 财务负责人

10. 根据《企业国有资产交易监督管理办法》的规定，企业国有资产交易行为包括（　　）。
    A. 企业产权转让
    B. 企业增资
    C. 企业减资
    D. 企业资产转让

11. A市国资委拟向社会公开转让其所持甲国有资产控股公司（非上市）60%的股权。根据国有资产交易管理制度的规定，下列说法正确的有（　　）。
    A. 本次转让应当报经A市人民政府批准
    B. 本次转让应当在转让行为获批后10个工作日内，通过产权交易机构进行信息预披露，时间不得少于10个工作日
    C. 本次转让的价格不得低于经核准或备案的转让标的评估结果的90%
    D. 产权转让信息披露期满、产生符合条件的意向受让方的，应当按照披露的竞价方式组织竞价

12. 根据预算法律制度的规定，我国政府预算体系包括（　　）。
    A. 一般公共预算
    B. 政府性基金预算
    C. 国有资本经营预算
    D. 社会保险基金预算

13. 根据预算法律制度的规定，下列各项中，应由全国人民代表大会常务委员会批准的有（　　）。
    A. 中央预算
    B. 中央决算
    C. 中央预算执行情况的报告
    D. 中央预算的调整方案

14. 根据预算法律制度的规定，中央决算草案应当（　　）。
    A. 由国务院财政部门编制
    B. 经国务院审计部门审计
    C. 报国务院审定
    D. 提请全国人民代表大会审查和批准

15. 根据预算法律制度的规定，我国的预算监督包括（　　）。
    A. 权力机关的监督
    B. 各级政府财政部门的监督

C. 县级以上政府审计部门的监督
D. 上级政府的监督

16. 下列各项支出中，在预算年度开始后、各级预算草案在本级人民代表大会批准前，可以安排的有（　　）。
    A. 上一年度结转的支出
    B. 对下级政府的转移性支出
    C. 参照上一年同期的预算支出数额安排必须支付的本年度部门基本支出
    D. 用于自然灾害等突发事件处理的支出

17. 下列采购活动中，不属于《政府采购法》所称"政府采购"的有（　　）。
    A. 某国有企业使用企业闲置资金采购职工福利品
    B. 某国家机关使用财政性资金采购民政救济用品
    C. 某军事机关采购军需品
    D. 某事业单位使用财政性资金采购办公用品

18. 根据政府采购法律制度的规定，下列情形中，采购人可以竞争性谈判方式采购的有（　　）。
    A. 采用招标所需时间不能满足用户紧急需要的
    B. 具有特殊性，只能从有限范围的供应商处采购的
    C. 采用公开招标方式的费用占政府采购项目总价值的比例过大的
    D. 招标后没有供应商投标或者没有合格标的或者重新招标未能成立的

19. 根据政府采购法律制度的规定，有关公开招标的下列表述中，正确的有（　　）。
    A. 招标文件要求投标人提交投标保证金的，投标保证金不得超过采购项目预算金额的10%
    B. 投标人的报价均超过了采购预算，采购人不能支付的，应予废标
    C. 采用公开招标方式采购的，自招标文件开始发出之日起至投标人提交投标文件截止之日止，不得少于30日
    D. 采购人不得将应当以公开招标方式采购的货物或者服务化整为零或者以其他任何方式规避公开招标采购

20. 有关政府采购过程中的保证金，下列表述正确的有（　　）。
    A. 投标保证金不得超过采购项目预算金额的10%
    B. 投标保证金应当以支票、汇票、本票或者金融机构、担保机构出具的保函等非现金形式提交
    C. 履约保证金的数额不得超过政府采购合同金额的2%
    D. 履约保证金应当以支票、汇票、本票或者

金融机构、担保机构出具的保函等非现金形式提交

21. 有关政府采购合同的履行，下列表述正确的有( )。

A. 政府采购合同不得采用分包或转包方式履行

B. 经采购人同意，中标、成交供应商可以依法采取分包方式履行合同

C. 政府采购合同分包履行的，分包供应商应当就分包项目承担责任，中标、成交供应商就分包项目不承担责任

D. 政府采购合同分包履行的，中标、成交供应商就采购项目和分包项目向采购人负责，分包供应商就分包项目承担责任

三、判断题

1. 发明专利申请一般需要经过初步审查和实质审查两个阶段；实用新型和外观设计申请只需经过初步审查。 ( )

2. 授予专利权的发明、实用新型和外观设计，应当具备新颖性、创造性和实用性。 ( )

3. 发明人或者设计人只能是具有完全民事行为能力的自然人。 ( )

4. 拥有专利申请权的自然人死亡的，其继承人拟继承该专利申请权的，应当自被继承人死亡之日起3个月内向专利行政部门提出申请。 ( )

5. 外国人不得在中国申请专利。 ( )

6. 发明专利权的期限为20年，实用新型专利权和外观设计专利权的期限为10年，均自授权公告之日起计算。 ( )

7. 等级商标可以一并申请注册，一并转让或者许可他人使用，其中某一个商标被注销或者撤销，其他商标一并注销或撤销。 ( )

8. 以三维标志申请注册商标的，仅由商品自身的性质产生的形状、为获得技术效果而需有的商品形状或者使商品具有实质性价值的形状，不得注册。 ( )

9. 商标注册申请人可以通过一份申请就多个类别的商品申请注册同一商标。 ( )

10. 注册商标权利人因被侵权所受到的实际损失、侵权人因侵权所获得的利益、注册商标许可使用费难以确定的，由人民法院根据侵权行为的情节判决给予500万元以下的赔偿。 ( )

11. 注册商标专用权人请求赔偿，被控侵权人以注册商标专用权人未使用注册商标提出抗辩的，人民法院可以要求被控侵权人提供此前3年内实际使用该注册商标的证据。 ( )

12. 销售不知道是侵犯注册商标专用权的商品，构成侵权；但能证明该商品是自己合法取得并说明提供者的，不承担赔偿责任。 ( )

13. 人民法院审查判断诉争商标是否属于通用名称，一般以商标核准注册时的事实状态为准。 ( )

14. 履行出资人职责的机构只能是国务院国有资产监督管理机构和地方人民政府按照国务院规定所设立的国有资产监督管理机构。 ( )

15. 国有企业产权转让的信息披露期满未征集到意向受让方的，可以延期或在降低转让底价、变更受让条件后重新进行信息披露。 ( )

16. 受让方确定后，转让方与受让方应当签订产权交易合同，交易双方不得以交易期间企业经营性损益等理由对已达成的交易条件和交易价格进行调整。 ( )

17. 公开转让国有企业产权的，产权转让项目首次正式信息披露的转让底价，不得低于经核准或备案的转让标的评估结果。但采取非公开协议转让方式转让国有企业产权，转让价格可以低于经核准或备案的评估结果。 ( )

18. 根据企业国有资产交易监督管理制度的规定，增资企业为多家国有股东共同持股的企业，由其中持股比例最大的国有股东负责履行相关批准程序；各国有股东持股比例相同的，共同履行相关批准程序。 ( )

19. 根据企业国有资产交易监督管理制度的规定，企业国有产权公开转让的，转让项目自首次正式披露信息之日起超过6个月未征集到合格受让方的，应当重新履行审计、资产评估以及信息披露等产权转让工作程序。 ( )

20. 各级政府上一年预算的结转资金，应当结转至下一年度，用于补充预算周转金。 ( )

21. 预算草案在未经权力机关批准之前，仅是一种不具有法律效力的国家预算。 ( )

22. 对中央一般公共预算中举借的债务实行余额管理，余额的规模不得超过全国人民代表大会常务委员会批准的限额。 ( )

23. 采用招标方式采购的，自招标文件开始发出之日起至投标人提交投标文件截止之日止，不得少于20日。 ( )

24. 采用单一来源方式，需要继续从原供应商处添购的，添购资金总额不超过原合同采购金额的20%。 ( )

25. 中标、成交通知书没有法律约束力，在正式的政府采购合同签订前，采购人有权自行决定改变中标、成交结果。 ( )

第十一周

本周自测参考答案及解析

一、单项选择题

1.【答案】A

【解析】经营者销售或者购买商品，可以以明

示方式给对方折扣，可以给中间人佣金。经营者给对方折扣、给中间人佣金的，必须如实入账。

2. 【答案】C
【解析】违反约定或者违反权利人有关保守商业秘密的要求，披露、使用或者允许他人使用其所掌握的商业秘密的，属于侵犯商业秘密。

3. 【答案】A
【解析】经营者采用抽奖式的附奖销售，最高奖的金额超过5000元的，属于不当附奖赠促销行为。

4. 【答案】B
【解析】（1）委托开发完成的发明创造，除当事人另有约定的外，申请专利的权利属于研究开发人；（2）在本职工作中作出的发明创造属于职务发明创造，申请专利的权利除单位与发明人另有约定外属于该单位。

5. 【答案】B
【解析】（1）选项A：智力活动的规则和方法不能被授予专利权，但进行智力活动的设备、装置或者根据智力活动的规则和方法而设计制造的仪器，可以授予专利权；（2）选项C：动植物品种不能被授予专利权，但对动植物品种的生产方法，可以授予专利权；（3）选项D：与产品相结合的外观设计可以申请专利，但对于平面印刷品的图案、色彩或者二者的结合作出的主要起标识作用的设计不能被授予专利权。

6. 【答案】A
【解析】（1）发明专利、实用新型专利的优先权为12个月；（2）外观设计专利的优先权为6个月。

7. 【答案】D
【解析】发明专利权自公告之日起生效。

8. 【答案】A
【解析】侵害外观设计的行为，包括未经专利权人许可，为生产经营目的而进行的"制造、许诺销售、销售、进口"，但不包括"使用"。

9. 【答案】B
【解析】（1）选项AD：生产、经营者不得将"驰名商标"字样用于商品、商品包装或者容器上，或者用于广告宣传、展览以及其他商业活动中；（2）选项B：在商标民事、行政案件审理过程中，当事人依法主张权利的，最高人民法院指定的人民法院根据审理案件的需要，可以对商标驰名情况作出认定；（3）选项C：驰名商标的认定应当遵循"被动认定、个案认定、事后认定"的规则，行政机关主动地、大批量地、在不存在纠纷情形下认定驰名商标的行为违法。

10. 【答案】A
【解析】《商标法（2013年修正）》明确规定

了商标注册审查的时限：自收到商标注册申请文件之日起9个月；且没有允许延长的规定。

11. 【答案】D
【解析】该商标有效期满为2017年3月20日（自核准注册之日起10年），续展注册的最迟日期是2017年9月20日（有效期满6个月为宽展期）。

12. 【答案】B
【解析】（1）选项A："同一种" + "相同" = 100%侵权，不谈是否导致混淆；（2）选项B："同一种" + "近似"，关键看是否容易导致混淆，不导致混淆则不构成侵权；（3）选项C："类似" + "相同"，关键看是否容易导致混淆；（4）选项D："类似" + "近似"，关键看是否容易导致混淆。

13. 【答案】C
【解析】（1）选项A：该商标为河川县荔枝协会注册，仅供协会成员使用，属于集体商标。（2）选项C：县级以上行政区划的地名或者公众知晓的外国地名，不得作为商标，但地名具有其他含义或者作为集体商标、证明商标组成部分的除外。（3）选项D：未经商标注册人同意，更换其注册商标并将该更换商标的商品又投入市场的，构成商标侵权；但选项D属于加贴服务商标，而非更换商标，不构成商标侵权。

14. 【答案】D
【解析】选项D：属于未经商标注册人的许可，在同一种商品上使用与其注册商标相同的商标，构成商标侵权。

15. 【答案】C
【解析】（1）选项ABD：国有独资企业、国有独资公司进行重大投资、为他人提供大额担保、转让重大财产、进行大额捐赠，国有独资企业由企业负责人集体讨论决定，国有独资公司由董事会决定；（2）选项C：国有独资企业、国有独资公司合并、分立、增加或者减少注册资本、发行债券、分配利润，以及解散、申请破产、改制的，由履行出资人职责的机构决定。

16. 【答案】D
【解析】（1）选项AB：未经履行出资人职责的机构同意，国有独资企业、国有独资公司的董事、高级管理人员不得在其他企业兼职；（2）选项C：未经股东（大）会的同意，国有资本控股公司的董事长不得兼任经理；（3）选项D：所有公司（包括国有资本参股公司）的董事、高级管理人员均不得兼任监事。

17. 【答案】B
【解析】（1）国家出资企业的关联方不得利用与国家出资企业之间的交易，谋取不当利益，损害国家出资企业的利益；（2）"关联方"是指本企业的董事、监事、高管及其近亲属，以及这些人员所有或者实际控制的企业；（3）公司股东（大）会、董事会的决议违反法律、行政法规的规定无效。

18.【答案】D
【解析】本题的解答关键在于抓住题眼"特别重大损失"；国有独资企业、国有独资公司、国有资本控股公司的董事、监事、高级管理人员违反规定，造成国有资产"特别重大损失"，或者因贪污、贿赂、侵占财产、挪用财产或者破坏社会主义市场经济秩序，被判处刑罚，"终身"不得担任国有独资企业、国有独资公司、国有资本控股公司的董事、监事、高级管理人员。

19.【答案】D
【解析】选项ABC：属于应当进行资产评估的情形。

20.【答案】C
21.【答案】D
22.【答案】A
【解析】对主业处于关系国家安全、国民经济命脉的重要行业和关键领域，主要承担重大专项任务子企业的产权转让，须由国家出资企业报同级国有资产监督管理机构批准。

23.【答案】C
【解析】国有资产监督管理机构负责审核国家出资企业的增资行为。其中，因增资致使国家不再拥有所出资企业控股权的，须由国有资产监督管理机构报本级人民政府批准。

24.【答案】D
25.【答案】C
26.【答案】A
【解析】各级一般公共预算应当按本级一般公共预算支出额的1%至3%设置预备费，用于当年预算执行中的自然灾害等突发事件处理增加的支出及其他难以预见的开支。

27.【答案】C
【解析】经本级人民代表大会或者本级人民代表大会常务委员会批准的预算、预算调整、决算、预算执行情况的报告及报表，应当在"批准后20日内"由"本级政府财政部门"向社会公开，并对本级政府财政转移支付安排、执行的情况以及举借债务的情况等重要事项作出说明。

28.【答案】B
【解析】（1）中央预算由全国人大批准；（2）中央预算的调整方案由全国人大常委会批准；（3）中央决算由全国人大常委会批准，中央预算执行情况的报告由全国人大批准。

29.【答案】B

30.【答案】B
【解析】（1）选项A：联合体各方应当共同与采购人签订采购合同；（2）选项C：联合体中有同类资质的供应商按照联合体分工承担相同工作的，应当按照资质等级较低的供应商（乙公司）确定资质等级；（3）选项D：以联合体形式参加政府采购活动的，联合体各方不得再单独参加或者与其他供应商另外组成联合体参加同一合同项下的政府采购活动。

二、多项选择题

1.【答案】ABC
【解析】选项CD："广告主"（而非广告公司）应当对广告内容的真实性负责。

2.【答案】ABD
【解析】擅自使用知名商品特有的名称、包装、装潢，或者使用与知名商品近似的名称、包装、装潢，造成和他人的知名商品相混淆，使购买者误认为是该知名商品的，构成仿冒行为。

3.【答案】BD
【解析】（1）选项A：疾病的诊断和治疗方法不能授予专利权，但用于诊断或者治疗疾病的仪器设备可以授予专利权；（2）选项B：主要起标识作用的平面设计可以考虑申请注册商标，而非授予专利权；（3）选项C：动植物品种不授予专利权，但对动植物品种的生产方法，可以授予专利权；（4）选项D：智力活动的规则和方法不授予专利权；进行智力活动的设备、装置或者根据智力活动的规则和方法而设计制造的仪器，可以授予专利权。

4.【答案】ABC
【解析】申请专利的发明创造在申请日以前6个月内，有下列情形之一的，不丧失新颖性：（1）在中国政府主办或者承认的国际展览会上首次展出的（选项A）；（2）在规定的学术会议或者技术会议上首次发表的（选项C）；（3）他人未经申请人同意泄露其内容的（选项B）。

5.【答案】BC
【解析】有下列情形之一的，专利权终止：（1）专利权的期限届满；（2）没有按照规定缴纳年费的；（3）专利权人以书面形式声明放弃专利权的。

6.【答案】ABCD
【解析】（1）选项ABC：发明和实用新型专利权被授予后，任何单位和个人未经专利权人许可，都不得实施其专利，即不得为生产经营目的"制造、使用、许诺销售、销售、进口"其专利产品，乙公司的制造行为、丙公司的销售行为和丁公司的使用行为均构成侵权；（2）选项D：丙公司和丁公司如能证明其产品的合法来源，可以不承担赔偿责任，但仍然构成侵权，应当停止相应行为。

7.【答案】ABCD

【解析】任何能够将自然人、法人或者其他组织的商品与他人的商品区别开的标志，包括文字、图形、字母、数字、三维标志、颜色组合和声音等，以及上述要素的组合，均可以作为商标申请注册。

8.【答案】ABC

【解析】（1）选项AB：销售侵犯注册商标专用权的商品（不论善意还是恶意）构成商标侵权；（2）选项CD："故意"为侵犯他人商标专用权行为提供便利条件，帮助他人实施侵犯商标专用权行为的，构成商标侵权。

9.【答案】CD

【解析】国有独资企业的总经理、副总经理、财务负责人和其他高级管理人员由履行出资人职责的机构任免，但国务院和地方人民政府规定由本级人民政府任免的，从其规定。

10.【答案】ABD

11.【答案】AD

【解析】（1）选项B：因产权转让导致转让标的企业的实际控制权发生转移的，转让方应当在转让行为获批后10个工作日内，通过产权交易机构进行信息预披露，时间不得少于"20个工作日"；（2）选项C：产权转让项目首次正式信息披露的转让底价，不得低于经核准或备案的转让标的评估结果。

12.【答案】ABCD

13.【答案】BD

【解析】选项AC：由全国人民代表大会批准。

14.【答案】ABC

【解析】国务院财政部门编制中央决算草案，经国务院审计部门审计后，报国务院审定，由国务院提请全国人民代表大会常务委员会审查和批准。

15.【答案】ABCD

【解析】（1）选项B：各级政府财政部门负责监督检查本级各部门及其所属各单位预算的编制、执行，并向本级政府和上一级政府财政部门报告预算执行情况；（2）选项C：县级以上政府审计部门依法对预算执行、决算实行审计监督，对预算执行和其他财政收支的审计工作报告应当向社会公开；（3）选项D：各级政府监督下级政府的预算执行；下级政府应当定期向上一级政府报告预算执行情况。

16.【答案】ABCD

【解析】预算年度开始后，各级预算草案在本级人民代表大会批准前，可以安排下列支出，并在预算草案的报告中作出说明：（1）上一年度结转的支出（选项A）；（2）参照上一年同期的预算支出数额安排必须支付的本年度部门基本支出、项目支出，以及对下级政府的转移性支出（选项BC）；（3）法律规定必须履行支付义务的支出，以及用于自然灾害等突发事件处理的支出（选项D）。

17.【答案】AC

【解析】（1）选项A：采购人是指依法进行采购的国家机关、事业单位和团体组织，不包括企业；（2）选项C：军事采购不适用《政府采购法》。

18.【答案】AD

19.【答案】BD

【解析】（1）选项A：招标文件要求投标人提交投标保证金的，投标保证金不得超过采购项目预算金额的2%；（2）选项C：采用公开招标方式采购的，自招标文件开始发出之日起至投标人提交投标文件截止之日止，不得少于20日。

20.【答案】BD

【解析】（1）投标保证金不得超过采购项目预算金额的2%；（2）履约保证金的数额不得超过政府采购合同金额的10%。

21.【答案】BD

【解析】（1）选项AB：政府采购合同不得转包；但经采购人同意，中标、成交供应商可以依法采取分包方式履行合同。（2）选项CD：政府采购合同分包履行的，中标、成交供应商就"采购项目和分包项目"向采购人负责，分包供应商就"分包项目"承担责任。

三、判断题

1.【答案】√

2.【答案】×

【解析】授予专利权的发明、实用新型应当具备新颖性、创造性和实用性；授予外观设计专利权应当具备新颖性。

3.【答案】×

【解析】（1）发明人或者设计人只能是自然人；（2）发明人或者设计人的认定不受其民事行为能力的限制。

4.【答案】×

【解析】如果拥有专利申请权的自然人死亡的，其专利申请权可以作为一项民事权利由其继承人继承（直接继承即可，不存在申请问题）。

5.【答案】×

【解析】在中国没有经常居所或者营业场所的外国人、外国企业或者其他外国组织在中国申

请专利或者办理其他专利事务时，应当委托依
法设立的专利代理机构办理。

6.【答案】×
【解析】发明专利权的期限为 20 年，实用新型
专利权和外观设计专利权的期限为 10 年，均自
"申请日"起计算。

7.【答案】×
【解析】等级商标可以一并申请注册，一并转
让或者许可他人使用，其中某一个商标被注销
或者撤销，不影响其他商标的存在。

8.【答案】√

9.【答案】√
【解析】为了提高商标申请效率，《商标法
（2013 年修正）》已经允许"多类一申请"，不
再要求分类提出商标注册申请。

10.【答案】×
【解析】注册商标权利人因被侵权所受到的实
际损失、侵权人因侵权所获得的利益、注册商
标许可使用费难以确定的，由人民法院根据侵
权行为的情节判决给予"300 万元"以下的
赔偿。

11.【答案】×
【解析】注册商标专用权人请求赔偿，被控侵
权人以注册商标专用权人未使用注册商标提出
抗辩的，人民法院可以要求注册商标专用权人
提供此前 3 年内实际使用该注册商标的证据。

12.【答案】√

13.【答案】×
【解析】人民法院审查判断诉争商标是否属于
通用名称，一般以商标"申请日时"的事实
状态为准；核准注册时事实状态发生变化的，
以"核准注册时"的事实状态判断其是否属
于通用名称。

14.【答案】×
【解析】国务院和地方人民政府根据需要，也
可以授权其他部门、机构（如国家财政部）
代表本级人民政府对国家出资企业履行出资人
职责。

15.【答案】√
16.【答案】√
17.【答案】×
【解析】采取非公开协议转让方式转让企业产
权，转让价格不得低于经核准或备案的评估
结果。

18.【答案】×
【解析】增资企业为多家国有股东共同持股的
企业，由其中持股比例最大的国有股东负责履
行相关审批程序；各国有股东持股比例相同
的，由相关股东协商后确定其中一家股东负责
履行相关审批程序。

19.【答案】×
【解析】转让项目自首次正式披露信息之日起
超过 12 个月未征集到合格受让方的，应当重
新履行审计、资产评估以及信息披露等产权转
让工作程序。

20.【答案】×
【解析】各级政府上一年预算的结转资金，应
当在下一年用于结转项目的支出；连续两年未
用完的结转资金，应当作为结余资金管理。

21.【答案】√
22.【答案】×
【解析】对中央一般公共预算中举借的债务实
行余额管理，余额的规模不得超过"全国人民
代表大会"批准的限额。

23.【答案】√
24.【答案】×
【解析】采用单一来源方式，需要继续从原供
应商处添购的，添购资金总额不超过原合同采
购金额的 10%。

25.【答案】×
【解析】中标、成交通知书对采购人和中标、
成交供应商均有法律约束力；中标、成交通知
书发出后，采购人改变中标、成交结果的，或
者中标、成交供应商放弃中标、成交项目的，
应当承担法律责任。

升华篇

主观题集训

最近 5 年主观题考点回顾

年　度	题　型	章　节	考　点
2016 年 （第 1 批）	简答题	第 2 章	上市公司对外担保 独立董事任职资格 上市公司董事会关联表决权排除制度
		第 3 章	对合伙事务执行人的法定限制 对合伙事务执行人的任意限制 撤销对合伙事务执行的委托
		第 6 章	增值税视同销售行为的判定 销项税额的计算 进项税额的抵扣
	综合题	第 1 章	仲裁协议
		第 2 章	抽逃出资的法律责任
		第 5 章	"流押条款"的效力 保证合同的订立方式 保证人的资格 共同担保
2015 年	简答题	第 2 章	临时股东会的提议主体 公司担保 股东会的特别决议
		第 4 章	票据抗辩 出票行为的相对记载事项
		第 5 章	租赁合同的期限 改装租赁物 买卖不破租赁
	综合题	第 7 章	销售货物收入 加计扣除税收优惠 固定资产的税务处理 企业特殊业务的所得税处理 禁止扣除项目
2014 年	简答题	第 3 章	有限合伙人财产份额的出质 退伙的普通合伙人对合伙企业债务的责任 "变性"合伙人对合伙企业债务的责任
		第 4 章	票据保证的相对应记载事项 追索对象的确定
		第 5 章	定金合同的实践性 债权转让的生效 赠与合同的任意撤销
	综合题	第 6 章	准予抵扣的进项税额（合法扣税凭证、因管理不善毁损、购进免税农产品的处理、支付运费的处理、外购生产设备的处理） 销项税额的计算（含税销售额的处理） 技术转让收入免税政策

续表

年 度	题 型	章 节	考 点
2013 年	简答题	第 4 章	票据抗辩 禁止背书（追索对象的确定）
		第 5 章	预期违约 争议解决条款的独立性 定金和赔偿损失的并用
		第 6 章	外购原材料因管理不善被盗的增值税处理 销售下脚料的增值税处理
	综合题	第 7 章	业务招待费、新产品研究开发费用、广告费和业务宣传费、利息费用、公益性捐赠、"三项"经费的企业所得税处理 应纳税所得额的确定
2012 年	简答题	第 2 章	股东未尽出资义务的法律责任 股东分红权
		第 3 章	外商投资企业法律制度（2017 年教材已经完全删除）
		第 5 章	共同担保 浮动抵押 留置权的优先性
	综合题	第 6 章	视同销售货物的增值税处理 应纳增值税税额的确定

考点回顾

第十二周

本周学习计划

	内 容	篇 幅	完成情况
星期一	专题1——经典考题	2 页	
星期二	专题1——习题演练	2 页	
星期三	专题2——经典考题	1 页	
星期四	专题2——习题演练	2 页	
星期五	专题3——经典考题	3 页	
星期六	专题3——习题演练	2 页	

本周攻克内容

扫一扫,"码"上听课

本周 "经典考题" 部分的试题, 黄洁洵老师在 "习题班" 中进行讲解。 下载安装 "东奥会计课堂" 移动客户端, 扫一扫左侧二维码, 即可观看黄洁洵老师习题班课程视频, 跟着黄老师练习经典考题, 做题 so easy!

【移动客户端安装二维码详见封底】

【星期一·专题1】公司法的简答题（经典考题）

第十二周

【例题1·简答题】（2016 年）

甲股份有限公司（下称甲公司）于 2014 年 3 月上市, 董事会成员为 7 人。

2015 年甲公司召开了 3 次董事会, 分别讨论的事项如下:

（1）讨论通过了为其子公司一次性提供融资担保 4000 万元的决议, 其时甲公司总资产为 1 亿元;

（2）拟提请股东大会聘任乙公司的总经理刘某担任甲公司独立董事, 乙公司为甲公司最大的股东;

（3）讨论向丙公司投资的方案。参加会议的 6 名董事会成员中, 有 4 人同时为丙公司董事, 经参会董事一致同意, 通过了向丙公司投资的方案。

要求:

根据上述资料和公司法律制度的规定, 回答下列问题。

（1）甲公司董事会是否有权作出融资担保决议? 简要说明理由。

（2）甲公司能否聘任刘某担任本公司独立董事? 简要说明理由。

（3）甲公司董事会通过向丙公司投资的方案是否合法? 简要说明理由。

【例题1答案】

（1）甲公司董事会无权作出融资担保决议。根据规定, 上市公司对外担保总额, 达到或超过最近一期经审计总资产的 30% 以后提供的任何担保, 由股东大会审议批准, 且应当经出席股东大会的股东所持表决权的 2/3 以上通过。在本题中, 融资担保额度（4000 万元）超过了甲公司总资产的 30%（1 亿元×30% =3000 万元）, 相关担保决议应由股东大会审议批准。（第 2 章第 1 单元考点 2, 见本书第 35 页）

（2）甲公司不能聘任刘某担任本公司独立董事。根据规定, 在直接或间接持有上市公司已发行股份 5% 以上的股东单位或者在上市公司前 5 名股东单位任职的人员及其直系亲属, 不得担任该上市公司的独立董事。在本题中, 乙公司为甲公司最大的股东, 而刘某在乙公司任职, 不得担任甲公司的独立董事。（第 2 章第 9 单元考点 3, 见本书第 70 页）

（3）甲公司董事会通过向丙公司投资的方案不合法。根据规定，上市公司实行关联关系董事的表决权排除制度，如果出席董事会的无关联关系董事人数不足 3 人的，应将该事项提交上市公司股东大会审议。在本题中，出席董事会的无关联关系董事仅为 2 人，该事项应提交股东大会审议，董事会无权直接作出决议。（第 2 章第 9 单元考点 2，见本书第 68 页）

【例题 2·简答题】（2015 年）

甲、乙、丙、丁、戊于 2010 年共同出资设立了 A 有限责任公司（下称 A 公司），出资比例分别为 22%、30%、20%、20%、8%。2014 年 A 公司发生有关事项如下：

（1）3 月，甲向银行申请贷款时请求 A 公司为其提供担保。为此甲提议召开临时股东会，董事会按期召集了股东会，会议就 A 公司为甲提供担保事项进行表决时，甲、乙、戊赞成，丙、丁反对，股东会作出了为甲提供担保的决议。

（2）6 月，因 A 公司实力明显增强，乙提议将公司变更为股份有限公司。为此董事会按期召集了股东会，会议就变更公司形式事项进行表决时，乙、丙、丁赞成，甲、戊反对，股东会作出了变更公司形式的决议。

要求：

根据上述资料和公司法律制度的规定，回答下列问题：

（1）甲是否有权提议召开临时股东会？简要说明理由。

（2）股东会作出的为甲提供担保的决议是否合法？简要说明理由。

（3）股东会作出的变更公司形式的决议是否合法？简要说明理由。

【例题 2 答案】

（1）甲有权提议召开临时股东会。根据规定，代表 1/10 以上表决权的股东有权提议召开临时股东会。在本题中，由于 A 公司章程对股东表决权行使事项未作特别规定，则应按出资比例行使表决权，甲的出资比例为 22%，其表决权达到了 1/10 以上，有权提议召开临时股东会。（第 2 章第 5 单元考点 1，见本书第 48 页）

（2）股东会作出的为甲提供担保的决议不合法。根据规定，公司为股东或者实际控制人提供担保的，必须经股东（大）会决议。接受担保的股东或者受实际控制人支配的股东不得参加表决，该项表决由出席会议的其他股东所持表决权的过半数通过。在本题中，甲作为接受担保的股东，未回避表决，该决议不合法。（第 2 章第 1 单元考点 2，见本书第 35 页）

（3）股东会作出的变更公司形式的决议合法。根据规定，股东会作出变更公司形式的决议，必须经代表全部表决权 2/3 以上的股东通过。在本题中，投赞成票的乙、丙、丁持有的表决权合计为 70%，超过了 2/3 以上的法定要求。（第 2 章第 5 单元考点 1，见本书第 48 页）

【例题 3·简答题】（2012 年）

2010 年 7 月 8 日，甲、乙、丙拟共同出资设立一有限责任公司，并制定了公司章程，其有关要点如下：（1）公司注册资本总额为 400 万元；（2）甲、丙各以货币 100 万元出资，首次出资均为 50 万元，其余出资均应在公司成立之日起 2 年内缴付；乙以房屋作价出资 200 万元，公司成立后一周内办理房屋产权转移手续。

2010 年 8 月 8 日，甲、丙依约缴付了首次出资。10 月 8 日，公司成立，10 月 12 日，乙将房屋产权依约转给公司。2011 年 8 月 5 日，甲履行了后续出资义务。2011 年底，公司取得可分配红利 100 万元。2012 年 1 月 10 日，甲、乙、丙就 100 万元红利的分配发生争执，此时丙尚未缴付剩余出资。经查，乙作价出资的房屋实际价值仅为 100 万元。因公司章程没有约定红利分配方法，甲、乙、丙分别提出了自己的主张：甲认为应按 2：2：1 的比例分配，乙认为应按 1：2：1 的比例分配，丙认为应按 1：1：1 的比例分配。

要求：

根据上述资料和公司法律制度的规定，回答下列问题：

（1）乙作价出资的房屋实际价值为 100 万元，低于公司章程所定的 200 万元，对此，甲、乙、丙应如何承担民事责任？

（2）对公司可分配的 100 万元红利，甲、乙、丙应按何种比例分配？简要说明理由。

【例题 3 答案】

（1）乙应向公司全面履行出资义务，补足房屋作价和实际价值差额的本息，甲、丙对此承担连带责任。（第 2 章第 4 单元考点 3，见本书第 46 页）

（2）甲、乙、丙应按照实缴出资比例（2：2：1）分配红利。根据规定，公司弥补亏损和提取公积金后所余税后利润，有限责任公司按照股东实缴的出资比例分配，但全体股东约定不按照出资比例分配的除外。（第 2 章第 2 单元考点 3，见本书第 40 页）

【例题 4·简答题】（2011 年）

甲股份有限公司（以下简称甲公司）董事会由 7 名董事组成。某日，公司董事长张某召集并主持召开董事会会议，出席会议的共 6 名董事，董事会会议作出如下决议：（1）增选职工代表李某为监事；（2）为拓展市场，成立乙分公司；（3）决定了为其子公司丙公司与 A 企业签订的买卖合同提供连带责任保证，该保证的数额超过了公司章程规定的限额。在讨论该保证事项时，只有董事赵某投了反对票，其意见已被记载于会议

第十二周

记录。其他董事均认为丙公司经营状况良好，信用风险不大，对该保证事项投了赞成票。出席会议的全体董事均在会议记录上签了名。

乙分公司依法成立后，在履行与丁公司的买卖合同过程中与对方发生纠纷，被诉至法院。法院判决乙分公司赔付货款并承担诉讼费用。乙分公司无力清偿，丁公司转而请求甲公司承担责任。

丙公司在其与A企业签订的买卖合同债务履行期届满后未履行债务，A企业要求甲公司承担保证责任。甲公司因承担保证责任而遭受严重损失。

要求：

根据上述资料和公司法律制度的规定，回答下列问题：

（1）董事会会议决议增选职工代表李某为监事是否符合法律规定？简要说明理由。

（2）丁公司请求甲公司承担责任是否符合法律规定？简要说明理由。

（3）对于甲公司因承担保证责任而遭受的严重损失，与会董事应如何承担法律责任？

【例题4答案】

（1）董事会会议决议增选职工代表李某为监事不符合规定。根据规定，监事会中的职工代表由公司职工通过职工代表大会、职工大会或者其他形式民主选举产生。（第2章第5单元考点2，见本书第49页）

（2）丁公司请求甲公司承担责任符合规定。根据规定，分公司不具有法人资格，但可领取营业执照进行经营活动，其民事责任由总公司承担。（第2章第1单元考点1，见本书第35页）

（3）对于甲公司因承担保证责任而遭受的损失，出席会议的6名董事中，除赵某以外，均应对公司的损失承担赔偿责任，未出席会议的董事和赵某不需要承担赔偿责任。（第2章第9单元考点2，见本书第68页）

【星期二·专题1】公司法的简答题（习题演练）

【习题1·简答题】（2008年）

甲、乙、丙、丁等20人拟共同出资设立一个有限责任公司，股东共同制定了公司章程。在公司章程中，对董事任期、监事会组成、股权转让规则等事项作了如下规定：

（1）公司董事任期为4年；

（2）公司设立监事会，监事会成员为7人，其中包括2名职工代表；

（3）股东向股东以外的人转让股权，必须经其他股东2/3以上同意。

要求：

根据上述资料，回答下列问题。

（1）公司章程中关于董事任期的规定是否合法？简要说明理由。

（2）公司章程中关于监事会职工代表人数的规定是否合法？简要说明理由。

（3）公司章程中关于股权转让的规定是否合法？简要说明理由。

【习题1答案】

（1）关于董事任期的规定不合法。根据规定，董事任期由公司章程规定，但每届任期不得超过3年。

（2）关于监事会职工代表人数的规定不合法。根据规定，监事会中职工代表的比例不得低于1/3。

（3）关于股权转让的规定合法。根据规定，除公司章程另有规定（完全自由规定）外，有限责任公司的股东向股东以外的人转让股权，应当书面征求其他股东过半数同意。

【习题2·简答题】

甲公司和乙公司共同投资组建了丙有限责任公司（简称丙公司），甲公司按照公司章程规定以货币出资并已全部出资到位，乙公司按照公司章程规定应向丙公司投资价值40万元的设备，但乙公司一直未履行出资义务。后丙公司因违法经营被吊销营业执照，虽然丙公司被吊销营业执照后不久就组建了清算组，但清算组一直未正式开展清算工作。甲公司遂诉至法院，请求判令：

（1）乙公司向甲公司承担违约责任；

（2）乙公司向丙公司补缴出资额40万元并承担相应利息。

乙公司对与甲公司共同出资成立丙公司及欠缴40万元出资额的事实并无异议，但针对甲公司的诉讼请求，乙公司提出的反驳理由如下：

（1）股东未缴纳出资，仅负有向公司补缴的义务，并不构成对其他股东的违约；

（2）丙公司已经被吊销营业执照，股东未缴纳的出资不必再行缴纳；

（3）丙公司及其他股东最近2年未提出任何补缴出资的要求，诉讼时效期间已经经过。

要求：

根据上述资料，回答下列问题。

（1）甲公司是否有权向乙公司主张违约责任？简要说明理由。

（2）丙公司被吊销营业执照，未足额缴纳出资的股东是否仍负有补缴义务？简要说明理由。

第十二周

（3）乙公司提出的诉讼时效抗辩是否成立？简要说明理由。

【习题2答案】

（1）甲公司有权向乙公司主张违约责任。根据规定，股东不按照规定缴纳出资的，除该股东应当向公司足额缴纳外，还应当向已按期足额缴纳出资的股东承担违约责任。

（2）丙公司被吊销营业执照，未足额缴纳出资的股东仍负有补缴义务。根据规定，公司解散时，股东尚未缴纳的出资均应当作为清算财产。

（3）乙公司提出的诉讼时效抗辩不成立。根据规定，公司股东未履行或者未全面履行出资义务，公司或者其他股东请求其向公司全面履行出资义务，被告股东以诉讼时效为由进行抗辩的，人民法院不予支持。

【习题3·简答题】

甲股份有限公司（简称甲公司），于2011年10月在上海证券交易所上市，其实收股本总额为人民币12000万元。2015年12月，中国证监会在对甲公司进行的例行检查中发现以下情况：

（1）甲公司于2015年3月18日召开了2014年度股东大会，在该次股东大会上审议通过了甲公司对其控股股东乙公司向丙银行借款提供担保的决议。在股东大会进行该项表决时乙公司未参与表决，该项表决由出席股东大会的其他股东所持表决权的73%获得通过。

（2）甲公司因原材料成本大幅上涨，造成2014年年度亏损600万元，股东大会决议以法定公积金400万元和资本公积金200万元弥补亏损。

（3）甲公司财务部经理刘某2015年2月辞职离任，2015年7月转让了其所持甲公司股份的10%。

要求：

根据上述资料，回答下列问题。

（1）甲公司股东大会通过的为其控股股东乙公司向丙银行借款提供担保的决议是否合法？并说明理由。

（2）甲公司股东大会所作的亏损弥补方案是否合法？并说明理由。

（3）刘某的股份转让行为是否合法？并说明理由。

【习题3答案】

（1）甲公司股东大会通过的为其控股股东乙公司提供担保的决议合法。根据规定，公司为其股东、实际控制人提供担保的，必须经股东会或者股东大会决议；接受担保的股东或者受实际控制人支配的股东不得参加表决；该项表决由出席会议的其他股东所持表决权的过半数通过。在本题中，接受担保的控股股东乙公司未参加表决，并已经出席会议的其他股东所持表决权过半数（73%）通过。

（2）甲公司以资本公积金弥补亏损不符合规定。根据规定，资本公积金不得用于弥补公司亏损。

（3）刘某的股份转让行为不合法。根据规定，董事、监事、高级管理人员离职后半年内，不得转让其所持有的本公司股份。在本题中，刘某转让甲公司股份的时间距离离职时间不足半年。

【习题4·简答题】

2014年8月8日，甲、乙、丙、丁共同出资设立了A有限责任公司（简称A公司）。A公司未设董事会，仅任命丙为执行董事。2015年6月8日，甲拟将其所持有的全部股权以20万元的价格转让给戊。甲于同日分别向乙、丙、丁发出通知书就股权转让事项征求同意。乙、丙分别于同年6月20日和24日回复，均要求在同等条件下优先购买甲所持公司全部股权。丁于同年6月9日收到甲的通知后，至7月15日未就此项股权转让事项作出任何回答。

戊在对公司进行调查的过程中，发现：

（1）乙在公司设立时以机器设备折合30万元用于出资，而该机器设备当时的实际价值仅为10万元；

（2）公司股东会于2015年2月就2014年度利润分配作出决议，决定将公司在该年度获得的可分配利润10万元全部分配给股东，并于4月底实施。

2015年8月10日，人民法院收到庚的起诉状，庚以其与丁之间订有《隐名投资协议》为由，要求丁向其返还A公司2014年度的分红；双方约定由庚实际出资，以丁的名义向A公司出资，公司分红归庚所有，庚向丁按月支付报酬。同时，丁未经A公司任何人员同意，亦未通知A公司任何人员，直接向人民法院提起诉讼，声称其一直未收到A公司所分配的2014年度红利，要求A公司实施分红决议，向其支付应得红利。

要求：

根据上述资料，回答下列问题。

（1）A公司不设董事会，仅任命丙为执行董事的做法是否符合规定？并说明理由。

（2）丁未作答复将产生何种法律效果？并说明理由。

（3）乙、丙均要求在同等条件下，优先受让甲所持公司全部股权，应当如何处理？

（4）如果戊调查发现的乙未全面履行出资义务的行为属实，A公司有权提出何种权利主张？

（5）如果丁已经实际收到了A公司分配的2014年度红利，庚的诉讼请求能否得到人民法院的支持？并说明理由。

（6）丁直接向人民法院提起诉讼的行为是否符合法律程序？并说明理由。

【习题4答案】

（1）A公司只设执行董事的做法符合规定。

第十二周

根据规定，股东人数较少、规模较小的有限责任公司，可以不设董事会，只设一名执行董事。

（2）丁未作答复视为同意转让。根据规定，股东向股东之外的人转让股权应当书面征求其他股东过半数同意，其他股东自接到书面通知之日起满30日未答复的，视为同意转让。在本题中，丁6月9日接到通知，7月15日仍未作出答复，已经超过30天。

（3）由于本案公司章程并未另作规定，因此，乙、丙均主张优先购买权时，按法定方式处理，即协商确定各自的购买比例；协商不成的，按照转让时各自的出资比例行使优先购买权。

（4）如果乙未全面履行出资义务的行为属实，A公司有权要求乙全面履行出资义务，并向公司赔偿该笔出资所产生的利息损失，甲、丙、丁与乙承担连带责任。

（5）庚的诉讼请求可以得到人民法院的支持。根据规定，当实际出资人与名义股东因投资权益的归属发生争议，实际出资人有权以其实际履行了出资义务为由向名义股东主张权利。

（6）丁直接提起诉讼符合规定。根据规定，公司董事、高级管理人员违反法律、行政法规或者公司章程的规定，损害股东（个人）利益的，股东可以（直接作为原告）向人民法院提起诉讼。

【星期三·专题2】证券法的简答题（经典考题）

【例题·简答题】（2007年）

甲、乙同为丙公司的子公司。甲、乙通过证券交易所的证券交易分别持有丁上市公司（该公司股本总额为3.8亿元，国家授权投资机构未持有该公司股份）2%、3%的股份。甲、乙在法定期间内向中国证监会和证券交易所报告并公告其持股比例后，继续在证券交易所进行交易。当分别持有丁上市公司股份10%、20%时，甲、乙决定继续对丁上市公司进行收购，遂向丁上市公司的所有股东发出并公告收购该公司全部股份的要约，收购要约约定的收购期限为60天。

收购要约期满，甲、乙持有丁上市公司的股份达到85%。持有其余15%股份的股东要求甲、乙继续以收购要约的同等条件收购其股票，遭到拒绝。

收购行为完成后，甲、乙在15日内将收购情况报告证券交易所，并予以公告。

要求：

根据上述资料，回答下列问题。

（1）甲、乙是否为一致行动人？并说明理由。

（2）收购要约期满后，丁上市公司的股票分布是否还具备上市条件？并说明理由。

（3）甲、乙拒绝收购其余15%股份的做法是否合法？并说明理由。

【例题答案】

（1）甲、乙是一致行动人。根据规定，如果没有相反的证据，投资者受同一主体控制的，应推定为一致行动人。在本题中，甲、乙同为丙公司的子公司，推定为一致行动人。（第4章第5单元考点1，见本书第122页）

（2）丁上市公司的股票分布已不具备上市条件。根据规定，上市公司股本总额未超过人民币4亿元的，其公开发行的股份应达到股份总数的25%以上。在本题中，收购行为完成后，收购人持有的股份已达85%，公开发行的股份仅占15%，不符合上市条件，证券交易所应当依法终止丁公司股票上市交易。（第4章第3单元考点1，见本书第116页）

（3）甲、乙拒绝收购其余15%股份的做法不合法。根据规定，被收购上市公司的股票被证券交易所终止上市交易后，其余仍持有被收购公司股票的股东，有权向收购人以收购要约的同等条件出售其股票，收购人应当收购。（第4章第6单元考点3，见本书第240页）

【星期四·专题2】证券法的简答题（习题演练）

【习题1·简答题】

嘉业股份有限公司（简称"嘉业股份"）是一家在上海证券交易所上市的公司，股本总额为8亿元，最近一期期末经审计的净资产为6亿元，最近3年平均可分配利润为5000万元。2014年3月5日，嘉业股份董事会对以下几种融资方案进行了讨论：

（1）定向增发方案。该方案主要内容为：非公开发行股票2亿股；发行对象共9名，其中包括一家境外战略投资者（境外战略投资者将在发行结束后报国务院相关部门备案）；全体投资者认购的股份自发行结束之日起12个月内不得转让。

（2）公开发行公司债券方案。该方案主要内容为：公开发行公司债券 3 亿元；期限为 5 年；年利率为 5%。

对上述几种方案，董事会讨论后认为，定向增发方案存在有违相关规定之处，也不适合公司实际情况；公司债券发行方案符合公司需要，但仍存在不符合法律规定的内容，应予修改。2014 年 4 月 15 日，修改后的公司债券发行方案获股东大会通过，后经中国证监会核准发行。

要求：

根据上述资料，简要回答下列问题。

（1）2014 年 3 月 5 日嘉业股份董事会讨论的定向增发方案中，发行对象的数量是否符合法律规定？简要说明理由。

（2）2014 年 3 月 5 日嘉业股份董事会讨论的定向增发方案中，引入境外战略投资者的审批程序是否符合相关规定？简要说明理由。

（3）2014 年 3 月 5 日嘉业股份董事会讨论的定向增发方案中，认购股份后限制转让的时间是否符合相关规定？简要说明理由。

（4）2014 年 3 月 5 日嘉业股份董事会讨论的公开发行公司债券的方案中，哪项内容不符合法律规定？简要说明理由。

【习题 1 答案】

（1）2014 年 3 月 5 日嘉业股份董事会讨论的定向增发方案中，发行对象的数量符合相关规定。根据规定，非公开发行股票的发行对象不得超过 10 名。

（2）2014 年 3 月 5 日嘉业股份董事会讨论的定向增发方案中，引入境外战略投资者的审批程序不符合相关规定。根据规定，发行对象为境外战略投资者的，应当经国务院相关部门事先批准。

（3）2014 年 3 月 5 日嘉业股份董事会讨论的定向增发方案中，全体投资者认购股份后限制转让的时间不符合相关规定。根据规定，本次发行的股份自发行结束之日起，12 个月内不得转让；控股股东、实际控制人及其控制的企业认购的股份，36 个月内不得转让。

（4）2014 年 3 月 5 日嘉业股份董事会讨论的公开发行公司债券的方案中，关于发行 3 亿元公司债券的内容不符合法律规定。根据规定，公司公开发行公司债券的，本次发行后累计债券余额不得超过公司净资产额的 40%。在本题中，嘉业股份有限公司的净资产额为 6 亿元，拟公开发行公司债券 3 亿元，超过了净资产的 40%。

【习题 2·简答题】

2015 年 3 月 5 日，甲上市公司公告《公开发行公司债券募集说明书》，主要内容如下：

（1）本期债券发行规模为 10 亿元；票面利率区间为 4.8% ~ 5.6%。

（2）发行人最近一期期末的净资产为 680042.72 万元；发行人最近 3 个会计年度实现的

年均可分配利润为 10058.74 万元；本次发行为发行人首次发行公司债券。

（3）经乙信用评级有限公司评定，发行人的主体信用等级为 AAA，本次债券的信用等级为 AAA。

（4）发行对象包括持有债券登记机构开立的 A 股证券账户的社会公众投资者和机构投资者（法律、法规禁止的购买者除外）。

（5）本次债券发行由主承销商丙证券公司和丁证券公司组建承销团承销，本期债券认购金额不足 10 亿元的部分，全部由承销团采取余额包销的方式承销。

（6）发行人最近 3 年无债务违约或者迟延支付本息的事实。

本次发行已于 2014 年 8 月 28 日经董事会审议通过，并经公司于 2014 年 9 月 17 日召开的 2014 年第一次临时股东大会表决通过；2015 年 2 月 12 日，中国证监会 ［2015］ ×××号文件核准发行。

要求：

根据上述资料，回答下列问题。

（1）发行人净资产和利润情况是否符合法律规定？并分别说明理由。

（2）本次发行所确定的发行对象是否符合法律规定？并说明理由。

（3）本次发行的承销方案是否符合法律规定？并分别说明理由。

（4）本次发行是否有必要事先取得中国证监会的行政许可？并说明理由。

【习题 2 答案】

（1）

①发行人的净资产情况符合法律规定。根据规定，股份有限公司公开发行公司债券的，净资产应不低于 3000 万元；本次发行后累计公司债券余额不超过最近一期期末净资产额的 40%。在本题中，发行人的净资产远远超过 3000 万元；本次发行为该公司首次发行公司债券，发行后公司债券的余额（100000 万元）占最近一期期末的净资产额（680042.72 万元）的比例约为 15%，未超过规定限制。

②发行人的利润情况符合法律规定。根据规定，向社会公众公开发行公司债券的，发行人最近 3 个会计年度实现的年均可分配利润不少于公司债券 1 年利息的 1.5 倍。在本题中，按最高票面利率计算，本期公司债券 1 年的利息最多为 5600 万元（100000×5.6%），而发行人最近 3 个会计年度实现的年均可分配利润 10058.74 万元远超年利息最高额的 1.5 倍。

（2）本次发行所确定的发行对象符合法律规定。因为发行人最近 3 年无债务违约或者迟延支付本息的事实；发行人最近 3 个会计年度实现的年均可分配利润（10058.74 万元）约为公司债券利息最高额（5600万元）的1.8倍（已经超过1.5倍）；债券信用评级已经达到AAA级，属于高信用债券，可以向公众投资者公开发行。

（3）

①本次发行由承销团承销符合法律规定。根据规定，向不特定对象公开发行的证券票面总值超过人民币5000万元的，应当由承销团承销。

②本次发行承销方案采取余额包销的方式符合法律规定。根据规定，证券承销采取包销方式的，可以由证券公司将发行人的股票按照协议全部购入，然后再向投资者销售；也可以由证券公司在承销期结束后，将售后剩余股票全部自行购入，即余额包销。

（4）本次发行必须事先取得中国证监会的行政许可。根据规定，公开发行公司债券应当经过中国证监会核准。

【习题3·综合题】

甲股份有限公司（简称"甲公司"）于2008年在上海证券交易所上市，普通股股数为5亿股，优先股股数为1亿股。截至2015年年底，甲公司净资产为10亿元，最近3年可分配利润分别为3000万元、2000万元和1000万元。

2015年1月，甲公司召开临时股东大会，拟对发行新的优先股作出决议。董事会提交的发行方案显示，本次拟发行2亿股优先股，拟筹资6亿元。董事会未通知优先股股东参加股东大会，出席会议的普通股股东所持股份数为1.5亿股，赞同发行方案的普通股股东所持股份数为1.2亿股。

2015年3月，甲公司的优先股发行申请被监管机关驳回，董事会转而制定了公司债券的发行方案，拟仅面向合格投资者公开发行公司债券6亿元，期限3年，年利率为6%。因甲公司的净资产和利润情况均不符合公开发行公司债券的条件，债券发行未能取得监管机关核准。

2015年5月初，乙公司通知甲公司和上海证券交易所，并发布公告，称其已于4月底与甲公司股东丙达成股份转让协议，拟收购丙持有的甲公司7%的股份，乙公司原本并不持有甲公司股份；但某媒体调查后披露，乙公司与持有甲公司股份25%的丁公司同受A公司的控制，应为一致行动人。

2015年6月，中国证监会接到举报，称乙公司总经理王某得知收购信息后，于4月底买入甲公司股票2万股并于5月底高价卖出。

要求：

根据上述资料，回答下列问题。

（1）甲公司的优先股发行方案中，拟发行的优先股数量及筹资金额是否符合规定？并说明理由。

（2）甲公司临时股东大会是否已经通过优先股发行方案？

（3）监管机关驳回甲公司公开发行公司债券申请的理由是否成立？并说明理由。

（4）有关媒体关于乙公司和丁公司构成一致行动人的说法是否符合规定？并说明理由。

（5）乙公司总经理王某买卖甲公司股票的行为是否构成内幕交易行为？所得的相应收益应当如何处理？

【习题3 答案】

（1）甲公司的优先股发行方案中，拟发行的优先股数量及筹资金额均不符合规定。根据规定，公司已发行的优先股不得超过公司普通股股份总数的50%，且筹资金额不得超过发行前净资产的50%。在本题中，甲公司已发行优先股1亿股，本次最多可发行1.5亿股（5亿股×50%－1亿股）；甲公司发行前净资产为10亿元，本次筹资金额已经超过5亿元。

（2）甲公司临时股东大会未能通过优先股发行方案。根据规定，公司发行优先股时，优先股股东有权出席股东大会，且该项决议除须经出席会议的普通股股东所持表决权2/3以上通过之外，还须经出席会议的优先股股东所持表决权2/3以上通过。

（3）监管机关驳回甲公司公开发行公司债券申请的理由成立。根据规定，仅面向合格投资者公开发行公司债券的，发行后累计债券余额应不超过公司净资产的40%，最近3年平均可分配利润足以支付公司债券1年的利息。在本题中，本次拟发行额6亿元占甲公司发行前净资产10亿元的比例已经超过40%；甲公司最近3年年均可分配利润为2000万元，而本次拟定的发行方案中公司债券的年利息为3600万元。

（4）有关媒体关于乙公司和丁公司构成一致行动人的说法符合规定。根据规定，如果没有相反证据，投资者受同一主体控制的，为一致行动人。在本题中，乙公司与丁公司同受A公司控制。

（5）

①乙公司总经理得知收购信息后，在收购信息公开前购入甲公司股票，构成内幕交易行为。

②该项交易行为所得的收益应当归甲公司所有，公司董事会应当收回其所得收益。

第十二周

【星期五·专题3】公司法与证券法相结合的综合题（经典考题）

【例题1·综合题】（2010年）

A股份有限公司（以下简称"A公司"）于2001年发起设立，2006年在上海证券交易所上市，注册资本为1亿元人民币。截至2008年底，A公司资产总额为2亿元人民币。

（1）2008年2月1日，A公司董事长黄某主持与某世界知名企业谈判W合作项目。3月17日，双方签订合作协议。当晚黄某建议其亲属陈某买入本公司股票。3月19日，A公司就该重大事项向中国证监会和上海证券交易所报告，并在《中国证券报》上予以公告。此后，A公司股票持续上涨。3月28日，黄某将其持有的A公司股票全部出售，获利50万元。

（2）2008年4月，A公司为筹集W合作项目资金，向B银行借款3000万元，期限为2年。双方为此签订了抵押合同。抵押合同规定：A公司以其拥有的价值3000万元的生产设备为其借款提供担保；若A公司到期不能偿还借款，该生产设备归B银行所有。该抵押未办理登记。

（3）2009年1月，A公司召开股东大会。出席该次股东大会的股东所持的股份占A公司股份总数的40%，另有持有10%股份的股东书面委托代理人出席了会议。该次股东大会对所议事项的决议形成了会议记录。其中部分通过事项的表决情况如下：

①在审议公司为筹集W合作项目所需资金，董事会提出的向原股东配售5000万元的配股方案时，持有10%股份的股东在表决时弃权；持有9%股份的股东在表决时投了反对票；持有10%股份的代理人在表决时根据授权投了赞成票；其余持有21%股份的股东在表决时均投了赞成票。

②在审议公司2009年为购买W合作项目所需要的重要生产设备，计划投资7000万元的事项时，持有15%股份的股东在表决时投了反对票；持有10%股份的股东在表决时弃权；持有10%股份的代理人在表决时根据授权投了反对票；其余持有15%股份的股东在表决时均投了赞成票。

③在审议公司解聘某会计师事务所的事项时，持有5%股份的股东在表决时弃权；持有5%股份的股东在表决时投了反对票；持有10%股份的代理人在表决时根据授权投了赞成票；其余持有30%股份的股东在表决时均投了赞成票。

要求：

根据上述内容，分析并指出上述（1）、（2）、（3）事项中有哪些违法之处？并分别说明理由。

【例题1答案】

（1）黄某建议陈某买入本公司股票的行为违

法，属于内幕交易行为。根据规定，证券交易内幕信息的知情人员和非法获取内幕信息的人，在内幕信息公开前，不得买卖该公司的证券，或者泄露该信息，或者建议他人买卖该证券。在本题中，W合作项目是A公司的重大投资行为，属于内幕信息，黄某作为内幕信息的知情人员建议他人买入股份的行为违法。（第4章第4单元考点3，见本书第119页）

（2）黄某将其持有的A公司股票全部售出的行为违法。根据规定，公司董事、监事、高级管理人员在任职期间每年转让的股份不得超过其所持有本公司股份总数的25%。在本题中，黄某作为A公司的董事长将其持有的A公司股票"全部"售出的行为违法。（第2章第10单元考点3，见本书第73页）

（3）抵押合同中有关"若A公司到期不能偿还借款，该生产设备归B银行所有"的约定无效。根据规定，订立抵押合同时，抵押权人和抵押人不得约定在债务履行期限届满抵押权人未受清偿时，抵押物的所有权直接归债权人所有；但该条款的无效不影响抵押合同其他条款的效力。（第5章第4单元考点1，见本书第176页）

（4）向原股东配售5000万元的数额违法。根据规定，上市公司向原股东配股的，拟配售股份的数量不超过本次配售股份前股本总额的30%。在本题中，拟配售5000万元超过了配售股份前股本总额1亿元的30%。（第4章第2单元考点3，见本书第112页）

（5）股东大会通过配股方案的决议违法。根据规定，上市公司配股属于增资事项，应当经出席股东大会的股东所持表决权2/3以上通过。在本题中，A公司股东大会赞成该事项的表决权仅为出席会议的股东所持表决权的62%（31%÷50%）。（第2章第9单元考点1，见本书第66页）

（6）股东大会通过购买重要生产设备的决议违法。根据规定，上市公司一年内出售、购买重大资产，或者对外提供担保金额超过资产总额30%的，应当经出席股东大会的股东所持表决权2/3以上通过。在本题中，该重要生产设备投资额7000万元，已经超过资产总额2亿元的30%，而A公司股东大会赞成该事项的表决权仅占出席会议的股东所持表决权的30%（15%÷50%）。（第2章第9单元考点1，见本书第66页）

【例题2·综合题】（2009年）

A公司为2004年在上海证券交易所上市的上市公司，其公司章程中明确规定：公司可对外提供担保，金额在100万元以上1000万元以下的担保，应当经公司董事会决议批准，甲为A公司的董事长，未持有A公司股票。2006年12月，A公司的股价跌入低谷，甲拟购入A公司10万股股票，因自有资金不足，甲向同为A公司董事的乙请求借款200万元。但乙提出：只有在有担保时，才愿意提供借款，甲请求A公司为其借款提供担保。2006年12月20日，A公司召开董事会，A公司共有董事9人，出席会议的有6人（包括甲和乙）。董事会会议讨论了A公司未来经营计划等问题，并讨论了为甲提供担保的问题，董事会认为甲的经济状况良好，信用风险不大，同意为其借款提供担保，在董事会讨论该担保事项和对此进行决议时，甲和乙均予以回避，且未参与表决，其余4位董事一致投票通过了为甲向乙借款提供担保的决议。2006年12月25日，甲在获得200万元借款之后，以每股22元的价格买入A公司股票10万股，并向A公司报告，2007年1月5日，甲以每股26元的价格出售了3万股股票，并向A公司报告。丙在2007年1月5日买入A公司股票1万股，成为A公司的股东，丙从A公司的公告中发现了A公司为甲提供担保及甲买卖本公司股票的事情后，于2007年1月9日要求A公司董事会收回甲买卖股票的收益，董事会一直未予以理会。2007年2月12日，丙以自己的名义向人民法院提起了两个诉讼，在第1个诉讼中，丙认为董事会决议未获通过，理由是董事会批准A公司为甲提供担保的决议只有4位董事同意，不足全体董事过半数；在第2个诉讼中，丙要求甲将股票买卖所得收益上缴给A公司。

要求：

根据上述资料，回答下列问题。

（1）甲买入A公司股票的行为是否符合法律规定？并说明理由。

（2）甲出售A公司股票的数量是否符合法律规定？并说明理由。

（3）丙有关董事会决议未获通过的观点是否成立？并说明理由。

（4）丙要求甲将股票买卖所得收益上缴给A公司是否符合法律规定？并说明理由。

（5）丙是否有资格提起第2个诉讼？并说明理由。

【例题2答案】

（1）甲买入A公司股票的行为符合规定。《公司法》和《证券法》均未对上市公司董事买入本公司股票进行限制。

（2）甲出售A公司股票的数量不符合规定。根据规定，公司的董事、监事、高级管理人员在任职期间每年转让的股份不得超过其所持有的本公司股份总数的25%；但上市公司董事、监事和高级管理人员所持股份不超过1000股的，可一次全部转让。（第2章第10单元考点3，见本书第73页）

（3）丙有关董事会决议未获通过的观点不成立。根据规定，上市公司董事与董事会会议决议事项所涉及的企业有关联关系的，不得对该项决议行使表决权，也不得代理其他董事行使表决权。该董事会会议由过半数的无关联关系董事出席即可举行，董事会会议所作决议须经无关联关系董事过半数通过。在本题中，董事甲和乙属于有关联关系的董事，二者回避后，无关联关系的董事为7人，赞成票为4票，董事会作出决议符合规定。（第2章第9单元考点2，见本书第68页）

（4）丙要求甲将股票买卖所得收益上缴给A公司符合规定。根据规定，上市公司的董事，将其持有的股票在买入后6个月内卖出，公司董事会应当收回其所得收益。（第4章第4单元考点3，见本书第119页）

（5）丙没有资格提起第2个诉讼。根据规定，股份有限公司连续180日以上单独或者合计持有公司1%以上股份的股东，才有资格代表公司提起诉讼。在本题中，丙持有该上市公司股份的时间未达到180日。（第2章第2单元考点2，见本书第38页）

【例题3·综合题】（2007年）

甲股份有限公司（以下简称"甲公司"）成立于2003年9月3日，公司股票自2005年2月1日起在深圳证券交易所上市交易。公司章程规定，凡投资额在2000万元以上的投资项目须提交公司股东大会讨论决定。

乙有限责任公司（以下简称乙公司）是一软件公司，甲公司董事李某为其出资人之一。乙公司于2005年1月新研发一高科技软件，但缺少3000万元生产资金，遂与甲公司洽谈，希望甲公司投资3000万元用于生产此软件。

2005年2月10日，甲公司董事会直接就投资生产软件项目事宜进行讨论表决。全体董事均出席董事会并参与表决。在表决时，董事陈某对此投资项目表示反对，其意见被记载于会议记录，赵某等其余8名董事均表决同意。随后，甲公司与乙公司签订投资合作协议，双方就投资数额、利润分配等事项作了约定。3月1日，甲公司即按约定投资3000万元用于此软件生产项目。

2005年8月，软件产品投入市场，但由于产品性能不佳，销售状况很差，甲公司因此软件投资项目而损失重大。

2005年11月1日，甲公司董事李某建议其朋友王某抛售所持有的甲公司的全部股票。11月5日，甲公司将有关该投资软件项目而损失重大的情况向中国证监会和深圳证券交易所报送临时报告，并予以公告。甲公司的股票价格随即下跌。

2005年11月20日，持有甲公司2%股份的发起人股东郑某以书面形式请求公司监事会向人民法院提起诉讼，要求赵某等董事就投资软件项目的损失对公司负赔偿责任。但公司监事会拒绝提起诉讼，郑某遂以自己名义直接向人民法院提起诉讼，要求赵某等董事负赔偿责任。

此后，郑某考虑退出甲公司，拟于 2005 年 12 月 20 日将其所持有的甲公司全部股份转让给他人。

要求：

根据上述资料，回答下列问题。

（1）董事李某是否有权对甲公司投资生产软件项目决议行使表决权？并说明理由。

（2）董事陈某是否应就投资软件项目的损失对甲公司承担赔偿责任？并说明理由。

（3）董事李某建议其朋友王某抛售甲公司股票是否符合法律规定？并说明理由。

（4）股东郑某以自己名义直接向人民法院提起诉讼是否符合法律规定？并说明理由。

（5）股东郑某是否可以于 2005 年 12 月 20 日转让全部股份？并说明理由。

【例题 3 答案】

（1）董事李某无权行使表决权。根据规定，上市公司董事与董事会会议决议事项所涉及的企业有关联关系的，不得对该项决议行使表决权。（第 2 章第 9 单元考点 2，见本书第 68 页）

（2）董事陈某无须承担赔偿责任。根据规定，

董事会的决议违反公司章程，致使公司遭受严重损失的，参与决议的董事对公司负赔偿责任；但经证明在表决时曾表明异议并记载于会议记录的，该董事可以免除责任。（第 2 章第 9 单元考点 2，见本书第 68 页）

（3）董事李某建议其朋友王某抛售甲公司股票不符合法律规定。根据规定，证券交易内幕信息的知情人，在内幕信息公开前，不得建议他人买卖该证券。（第 4 章第 4 单元考点 3，见本书第 119 页）

（4）股东郑某以自己名义直接向人民法院提起诉讼符合法律规定。根据规定，股份有限公司的董事执行公司职务时违反公司章程的规定，给公司造成损失的，应承担赔偿责任。股份有限公司连续 180 日以上单独或合计持有公司 1% 以上股份的股东，可以书面请求监事会向人民法院提起诉讼，在遭到监事会拒绝后，有权以自己名义直接向人民法院提起诉讼。（第 2 章第 2 单元考点 2，见本书第 38 页）

（5）股东郑某不可以于 2005 年 12 月 20 日转让全部股份。根据规定，发起人持有的股份，自公司股票在证券交易所上市交易之日起 1 年内不得转让。（第 2 章第 10 单元考点 3，见本书第 73 页）

【星期六·专题 3】公司法与证券法相结合的综合题（习题演练）

【习题 1·综合题】

甲公司 2013 年 5 月份在上海证券交易所上市，股份总数为 3 亿股，资产总额为 12 亿元，2014 年上半年发生下列事项：

（1）2014 年 1 月，董事会召开第一次会议，讨论决定与乙公司共同投资设立 A 汽车贸易有限公司，由乙公司负责首期出资并办理有关设立事项，甲公司投资额总计 2000 万元，在 A 汽车贸易有限责任公司营业执照签发后 1 年内缴清。

（2）2014 年 3 月，董事会召开第二次会议，讨论出售甲公司现有生产线 15 条，价值总计 5 亿元；全体董事 13 人有 7 人亲自出席本次会议，董事张某因故无法出席但书面委托董事王某代为出席并投票；会议决议时董事李某表示反对，其他出席会议的董事均投了赞成票。

（3）2014 年 4 月，甲公司总经理收到法院传票，丙公司向人民法院提起商标侵权诉讼，要求甲公司赔偿因商标侵权给其造成的损失 12 亿元。丙公司在起诉状中提出，甲公司在其生产的汽车上所使用的"威驰"商标，侵犯了丙公司在汽车类商品上注册的"飞驰"商标。在诉讼中，法院查明，甲公司在汽车上使用"威驰"商标并不导

致消费者混淆。

（4）2014 年 5 月，甲公司股东赵某向人民法院提起诉讼，以董事会出售生产线的决议违法，给甲公司造成重大损失为由，要求全体董事对公司的损失承担赔偿责任。

（5）2014 年 6 月，甲公司董事长周某将其持有的甲公司 3% 的股份全部出售。

要求：

根据上述资料，回答下列问题。

（1）甲公司对 A 汽车贸易有限责任公司的出资时间是否符合公司法律制度的规定？并说明理由。

（2）董事会关于出售生产线 15 条的决议是否违法？并说明理由。

（3）赵某要求全体董事承担赔偿责任的主张是否成立？并说明理由。

（4）甲公司总经理收到法院传票后，甲公司应当履行何种信息披露义务？

（5）甲公司使用"威驰"商标的行为是否侵犯了丙公司的注册商标专用权？并说明理由。

（6）周某出售股份的行为是否合法？并说明理由。

【习题 1 答案】

（1）甲公司的出资时间符合规定。根据规定，有限责任公司的注册资本为在公司登记机关登记的全体股东认缴的出资额；法律、行政法规以及国务院决定对有限责任公司注册资本实缴、注册资本最低限额另有规定的，从其规定。在本题中，A 汽车贸易有限责任公司属于一般有限责任公司，股东甲公司的出资期限可以在公司章程中自主约定。

（2）董事会关于出售生产线 15 条的决议违法。根据规定，上市公司在 1 年内购买、出售重大资产或者担保金额超过公司资产总额 30% 的，应当由股东大会作出决议，并经出席会议的股东所持表决权的 2/3 以上通过。在本题中，甲公司出售的生产线价值总计 5 亿元，约占资产总额 12 亿元的 41.67%，应当由股东大会特别决议决定，而非由董事会直接决定。

（3）赵某要求全体董事承担赔偿责任的主张不成立。根据规定，董事会决议违反法律、行政法规或者公司章程、股东大会决议，致使公司遭受严重损失的，参与决议的董事对公司负赔偿责任；但经证明在表决时曾表明异议并记载于会议记录的，该董事可以免除责任。在本题中，赵某无权要求未出席会议的董事承担赔偿责任；如果李某的反对意见被记载于会议记录，赵某亦无权要求其承担赔偿责任。

（4）甲公司总经理收到法院传票后，甲公司应当及时提交临时报告，披露事件内容，说明事件的起因、目前的状态和可能产生的影响。根据规定，涉及公司的重大诉讼、仲裁属于重大事件；在投资者尚未得知时，上市公司应当立即提出临时报告，披露事件内容，说明事件的起因、目前的状态和可能产生的影响。

（5）甲公司使用"威驰"商标的行为并未侵犯丙公司的注册商标专用权。根据规定，未经商标注册人的许可，在同一种商品上使用与其注册商标近似的商标，容易导致混淆的，构成商标侵权。在本题中，法院已经审理查明甲公司在汽车上使用"威驰"商标并不导致消费者混淆，甲公司的行为不构成商标侵权。

（6）周某出售股份的行为违法。根据规定，公司董事、监事、高级管理人员在任职期间每年转让的股份不得超过其所持有本公司股份的 25%；上市公司董事、监事和高级管理人员所持股份不超过 1000 股的，可一次全部转让。在本题中，3 亿股×3%＞1000 股，周某在担任董事长期间不得将全部股份一次性转让。

【习题 2·综合题】

2007 年 10 月，私募股权投资基金"天翼资本"拟对恒信有限责任公司（简称"恒信公司"）进行股权投资。天翼资本调查发现，恒信公司成立于 2006 年 2 月，注册资本为 2000 万元；自然人

股东甲、乙和法人股东 A 公司分别认缴的出资比例为 15%、15% 和 70%；甲、乙以现金出资，A 公司以现金 200 万元和 500 平米办公用房作价 1200 万元出资；甲、乙一次性缴付了全部出资，A 公司则于首期缴付了 200 万元现金，办公用房于 2006 年 6 月交付恒信公司使用，但一直未办理过户手续；按照股东协议的约定，A 公司应于 2006 年 6 月底之前缴付全部出资。天翼资本认为 A 公司的实物出资义务尚未履行完毕，A 公司遂应天翼资本要求，将办公用房过户给了恒信公司。

甲的同学丙在获悉天翼资本有意投资恒信公司后提出，甲和丙在恒信公司成立前签订有股权代持协议，约定由丙实际出资并享受投资收益，甲仅作为名义股东代行股权。丙据此要求甲返还恒信公司分红，并请求恒信公司确认其股东身份。天翼资本经调查确认，甲和丙之间的股权代持协议属实，且不存在可能导致该协议无效的其他法定情形。但甲不同意确认丙的股东身份，只同意向丙返还出资本息，且拒绝返还分红。对于丙的确认股东身份的请求，乙与 A 公司均表示反对，恒信公司遂予以拒绝。后经天翼资本协调，甲、丙于 2007 年 11 月达成和解，甲向丙返还 300 万元出资款本息并给予高额补偿，丙放弃其他请求并与甲解除股权代持协议。

2007 年 12 月，天翼资本入股恒信公司，恒信公司同时整体改制为股份有限公司。2009 年 3 月，恒信公司获准首次公开发行股票，并在深圳证券交易所挂牌上市。

2011 年 7 月初，恒信公司开始与 B 上市公司洽谈收购事宜。恒信公司总经理秘书丁无意中听到公司总经理与董事长讨论此事，遂于 7 月 4 日买入 B 公司股票 3 万股。7 月 6 日，市场出现收购传闻，B 公司股价当日及次日连续涨停。B 公司询证相关股东后，于 7 月 8 日发布公告，称该公司的股东 C 公司正与恒信公司就收购事宜进行谈判。B 公司股票随即停牌。7 月 15 日，恒信公司与 C 公司正式签订协议，收购后者所持 B 公司 30% 的股份，并发布相关公告，股票复牌。丁于 7 月 18 日悉数卖出此前买入的 B 公司股票，获利丰厚。

要求：

根据上述资料，回答下列问题。

（1）天翼资本认为 A 公司的实物出资义务未履行完毕的观点是否成立？并说明理由。

（2）甲是否有权拒绝丙关于返还恒信公司分红的请求？并说明理由。

（3）恒信公司是否有权拒绝丙关于确认股东身份的请求？并说明理由。

（4）B 公司是否有义务于 7 月 8 日发布关于收购谈判事项的公告？并说明理由。

（5）秘书丁的行为是否构成内幕交易？并说明理由。

第十二周

【习题 2 答案】

（1）天翼资本认为 A 公司的实物出资义务未履行完毕的观点成立。根据规定，出资人以房屋出资，已经交付公司使用但未办理权属变更手续的，不能认定为履行了出资义务。在 A 公司将房屋过户给恒信公司之前，其实物出资义务尚未履行完毕。

（2）甲无权拒绝丙关于返还恒信公司分红的请求。根据规定，实际出资人与名义股东因投资权益的归属发生争议，实际出资人有权以其实际履行了出资义务为由向名义股东主张权利。在本题中，甲丙就分红发生争议，丙作为实际出资人有权要求甲返还分红。（或者，在实际出资人与名义股东关于出资的约定合法的情况下，二者因投资权益的归属发生争议，实际出资人以其实际履行了出资义务为由向名义股东主张权利的，该主张应当得到支持。在本题中，甲、丙之间的股权代持协议合法有效，且丙实际履行了出资义务，故甲无权拒绝丙返还分红的请求。）

（3）恒信公司有权拒绝丙关于确认其股东身份的请求。根据规定，实际出资人未经公司其他股东半数以上同意，请求公司变更股东、签发出资证明书、记载于股东名册、记载于公司章程并办理公司登记机关登记的，人民法院不予支持。在本题中，实际出资人丙要求公司变更股东，乙和 A 公司均予以反对，恒信公司有权拒绝。

（4）B 公司有义务在 7 月 8 日发出公告。根据规定，在市场就重大事件出现传闻，或者公司证券出现异常交易情况时，上市公司应当及时披露相关事项。在本题中，公司收购属重大事件，市场已经出现收购传闻且 B 公司股价异动，B 公司有义务及时披露相关信息。

（5）丁的行为构成内幕交易。根据规定，上市公司收购的有关方案属于内幕信息。在本题中，丁作为恒信公司工作人员，利用工作之便知悉了该信息，属于内幕信息知情人，其在该信息公布前买入 B 公司股票的行为构成内幕交易。

第十二周

第十三周

本周学习计划

	内　容	篇　幅	完成情况
星期一	专题4——经典考题	2 页	
星期二	专题4——习题演练	2 页	
星期三	专题5——经典考题	1 页	
星期四	专题5——习题演练	2 页	
星期五	专题6——经典考题（1）	3 页	
星期六	专题6——经典考题（2）	3 页	

本周攻克内容

第十三周

【星期一·专题4】合伙企业法的简答题（经典考题）

【例题1·简答题】（2016 年）

2013 年 5 月，张某、王某、李某共同出资设立了甲普通合伙企业（下称甲企业），合伙协议约定由张某执行合伙企业事务，且约定超过 10 万元的支出张某无权自行决定。合伙协议就执行合伙事务的其他事项未作特别约定。

2014 年 3 月，张某的朋友刘某拟从银行借款 8 万元，请求张某为其提供担保。张某自行决定以甲企业的名义为刘某提供了担保。

2015 年 4 月，张某以甲企业的名义与赵某签订一份买卖合同，价款为 15 万元。合同签订后，甲企业认为该合同是张某超越权限订立的，合同无效。赵某向法院起诉。经查，赵某知悉张某超越合伙协议对其权限的限制仍签订了该合同。王某、李某认为张某签订买卖合同的行为不妥，决定撤销张某对外签订合同的资格。

要求：

根据上述资料和合伙企业法律制度的规定，回答下列问题：

（1）张某是否有权自行决定以合伙企业的名义为刘某提供担保？简要说明理由。

（2）甲企业主张买卖合同无效是否成立？简要说明理由。

（3）王某、李某是否有权撤销张某对外签订合同的资格？简要说明理由。

【例题1答案】

（1）张某无权自行决定以合伙企业的名义为刘某提供担保。根据规定，除合伙协议另有约定外，以合伙企业名义为他人提供担保，应当经全体合伙人一致同意。（第3章第2单元考点4，见本书第86页）

（2）甲企业主张买卖合同无效成立。根据规定，合伙企业对合伙人执行合伙事务以及对外代表合伙企业权利的限制，不得对抗善意第三人。在本题中，赵某对张某超越权限签订合同一事知情，不属于善意第三人，甲企业有权以赵某和张某恶意串通、损害甲企业利益为由主张该合同无效。（第3章第2单元考点4，见本书第86页）

（3）王某、李某有权撤销张某对外签订合同的资格。根据规定，受委托执行合伙事务的合伙

人不按照合伙协议或者全体合伙人的决定执行事务的，其他合伙人可以决定撤销该委托。（第3章第2单元考点4，见本书第86页）

【例题2·简答题】（2016年）

赵某、钱某、孙某、李某共同出资设立甲普通合伙企业（下称甲企业）。合伙协议约定：

（1）赵某、孙某、李某以货币各出资10万元，钱某以房屋作价出资10万元。

（2）合伙人向合伙人以外的人转让其在甲企业中的全部或部分财产份额时，须经半数以上合伙人同意。

（3）合伙人以其在甲企业中的财产份额出质的，须经2/3以上的合伙人同意。

甲企业成立后，接受郑某委托加工承揽一批产品，郑某未向甲企业支付5万元加工费。由于钱某在购买出资房屋时曾向郑某借款3万元一直未偿还，甲企业向郑某请求支付5万元加工费时，郑某认为钱某尚欠其借款3万元，故主张抵销3万元，只付甲企业2万元。

要求：

根据上述资料和合伙企业法律制度的规定，回答下列问题：

（1）合伙协议（2）中的约定是否合法？简要说明理由。

（2）合伙协议（3）中的约定是否合法？简要说明理由。

（3）郑某主张抵销的理由是否成立？简要说明理由。

【例题2答案】

（1）合伙协议（2）中的约定合法。根据规定，除合伙协议另有约定外（即法律允许合伙协议自由约定），普通合伙人向合伙人以外的人转让其在合伙企业中的全部或者部分财产份额时，须经其他合伙人一致同意。即法律允许合伙协议自由约定，合伙协议（2）中的约定合法。（第3章第2单元考点3，见本书第86页）

（2）合伙协议（3）中的约定不合法。根据规定，普通合伙人以其在合伙企业中的财产份额出质的，须经其他合伙人一致同意；未经其他合伙人一致同意，其行为无效。在上述法律规定中，法律并未允许合伙协议对普通合伙人财产份额出质事项作出约定，而是要求一律应经其他合伙人一致同意，甲企业合伙协议的约定与法律规定相悖，不合法。（第3章第2单元考点3，见本书第86页）

（3）郑某主张抵销的理由不成立。根据规定，合伙人发生与合伙企业无关的债务，相关债权人不得以其债权抵销其对合伙企业的债务。（第3章第2单元考点5，见本书第89页）

【例题3·简答题】（2014年）

2011年10月，甲、乙、丙、丁四人出资设立A有限合伙企业（简称A企业），合伙协议协定：

甲、乙为普通合伙人，丙、丁为有限合伙人；甲以劳务出资；乙出资5万元；丙、丁各出资50万元。合伙协议对其他事项未作约定。

2013年1月8日，A企业与B公司签订买卖合同，双方约定货款80万元，收到货物后7日内付款。2月26日A企业如约收到货物，但因资金周转困难一直未付款。

4月，乙因发生车祸瘫痪，退出A企业，并办理了退伙结算。

7月，丙未征求其他合伙人的意见，以其在A企业中的财产份额出质，向C银行借款15万元。

8月，经全体合伙人同意，丁由有限合伙人转为普通合伙人。

9月，B公司向A企业催要上述到期货款，因A企业无力偿还，B公司遂要求乙承担全部责任，乙以自己已经退伙为由拒绝；B公司又要求丁承担全部责任，丁以债务发生时自己为有限合伙人为由拒绝。

要求：

根据上述资料和合伙企业法律制度的规定，回答下列问题：

（1）丙未经其他合伙人同意将其在A企业中的财产份额出质是否合法？简要说明理由。

（2）乙拒绝向B公司承担责任的理由是否合法？简要说明理由。

（3）丁拒绝向B公司承担责任的理由是否合法？简要说明理由。

【例题3答案】

（1）丙未经其他合伙人同意将其在A企业中的财产份额出质合法。根据规定，有限合伙人可以将其在有限合伙企业中的财产份额出质；但是，合伙协议另有约定的除外。在本题中，丙是有限合伙人，合伙协议对有限合伙人财产份额出质未作特别约定，丙可以出质。（第3章第4单元考点2，见本书第95页）

（2）乙拒绝向B公司承担责任的理由不合法。根据规定，退伙的普通合伙人对基于其退伙前的原因发生的合伙企业债务，承担无限连带责任。在本题中，A企业对B公司负担的债务发生在普通合伙人乙退伙之前，乙应该承担无限连带责任。（第3章第4单元考点3，见本书第96页）

（3）丁拒绝向B公司承担责任的理由不合法。根据规定，有限合伙人转变为普通合伙人的，对其作为有限合伙人期间有限合伙企业发生的债务承担无限连带责任。在本题中，丁应该对其作为有限合伙人期间有限合伙企业发生的债务承担无限连带责任。（第3章第4单元考点3，见本书第96页）

【例题4·简答题】（2010年）

甲、乙、丙拟设立A有限合伙企业（以下简称A企业）。企业协议约定：甲为普通合伙人，以实物作价出资 3 万元；乙、丙为有限合伙人，各以 5 万元现金出资，丙自企业成立之日起 2 年内缴纳出资；甲执行 A 企业事务，并由 A 企业每月支付报酬 3000 元；A 企业定期接受审计，由甲和乙共同选定承办审计业务的会计师事务所；A 企业的盈利在丙未缴纳 5 万元出资前全部分配给甲和乙。

要求：

根据上述资料和合伙企业法律制度的规定，回答下列问题：

（1）合伙协议可否约定每月支付甲 3000 元的报酬？简要说明理由。

（2）合伙协议有关乙参与选择承办审计业务的会计师事务所的约定可否被视为乙在执行合伙企业事务？简要说明理由。

（3）合伙协议可否约定 A 企业的利润全部分配给甲和乙？简要说明理由。

【例题 4 答案】

（1）合伙协议可以约定每月支付甲 3000 元的报酬。根据规定，有限合伙企业由普通合伙人执行合伙事务，执行事务合伙人可以要求在合伙协议中确定执行事务的报酬及报酬提取方式。（第 3 章第 4 单元考点 2，见本书第 95 页）

（2）不视为乙执行合伙企业事务。根据规定，有限合伙人参与选择承办有限合伙企业审计业务的会计师事务所，不视为执行合伙事务。（第 3 章第 4 单元考点 2，见本书第 95 页）

（3）合伙协议可以约定 A 企业的利润全部分配给甲和乙。根据规定，有限合伙企业不得将全部利润分配给部分合伙人；但是，合伙协议另有约定的除外。（第 3 章第 4 单元考点 2，见本书第 95 页）

【星期二·专题4】合伙企业法的简答题（习题演练）

【习题 1·简答题】（2006 年）

甲、乙、丙、丁四人共同投资设立 A 普通合伙企业。合伙协议的部分内容如下：由甲、乙执行合伙企业事务，丙、丁不得过问企业任何事务；利润和损失由甲、乙、丙、丁平均分配和分担。

在执行合伙企业事务过程中，为提高管理水平，甲自行决定聘请王某担任合伙企业经营管理人员。因合伙企业发展良好，乙打算让其朋友郑某入伙。在征得甲的同意后，乙即安排郑某参与合伙事务。

要求：

根据上述资料，回答下列问题。

（1）合伙协议中关于合伙企业事务执行的约定是否符合法律规定？简要说明理由。

（2）甲聘请王某担任经营管理人员是否符合法律规定？简要说明理由。

（3）郑某是否已经成为 A 合伙企业的合伙人？简要说明理由。

【习题 1 答案】

（1）不符合规定。根据规定，不执行合伙事务的合伙人有权监督执行事务合伙人执行合伙事务的情况。

（2）不符合规定。根据规定，除合伙协议另有约定外，聘任合伙人以外的人担任合伙企业的经营管理人员，须经全体合伙人一致同意。

（3）郑某尚不是合伙人。根据规定，新合伙人入伙时，应当经全体合伙人同意，并依法订立书面入伙协议。

【习题 2·简答题】（2005 年）

甲、乙、丙三人设立 A 普通合伙企业，约定甲出资 4 万元，乙出资 3 万元，丙出资 3 万元。三人按 4：3：3 的比例分配和分担合伙损益。A 企业成立后，与 B 公司签订购货合同，保证人为丁。后因 A 企业无力偿还货款，B 公司要求丁承担保证责任，丁以未约定保证形式，只承担一般保证责任为由拒绝。B 公司遂对 A 企业和保证人丁提起诉讼。法院经审理还查明，甲对戊负有债务 2 万元，戊对 A 企业负有债务 2 万元；乙对 C 公司负有债务 2 万元。

要求：

根据上述资料，回答下列问题。

（1）丁认为未约定保证形式，自己只承担一般保证责任的观点是否正确？为什么？

（2）戊能否将甲欠他的 2 万元债务与他欠 A 企业的 2 万元债务抵销？为什么？

（3）若乙个人财产不足以清偿对 C 公司的 2 万元债务，则 C 公司可以通过何种途径用乙在 A 企业中的财产份额清偿 2 万元债权？

【习题 2 答案】

（1）丁的观点不正确。根据规定，当事人对保证方式没有约定或者约定不明确的，按照连带责任保证承担保证责任。在本题中，B 公司与丁在保证合同中未约定保证方式，因此丁应承担连带责任保证。

（2）不能抵销。根据规定，合伙人发生与合伙企业无关的债务，相关债权人不得以其债权抵销其对合伙企业的债务。

（3）C 公司可以依法请求人民法院强制执行乙在 A 企业中的财产份额用于清偿。

第十三周

【习题3·简答题】

2014年1月，注册会计师甲、乙、丙三人在北京成立了一家会计师事务所，性质为特殊的普通合伙企业。甲、乙、丙在合伙协议中约定：

(1) 甲、丙分别以现金300万元和50万元出资，乙以一套房屋出资，作价200万元，作为会计师事务所的办公场所；

(2) 会计师事务所的盈亏按照各自的出资比例享有和承担；

(3) 甲负责执行合伙事务。

2015年3月，丙在为B公司提供审计服务时，因重大过失给B公司造成300万元损失。该会计师事务所现有全部财产价值250万元，其中，乙用于出资的房屋变现价值为230万元。该会计师事务所将全部财产用于赔偿B公司，剩余的50万元赔偿金B公司要求丙支付。丙则认为，合伙协议约定合伙人对于会计师事务所的亏损按照各自出资比例承担，自己不应对合伙企业财产不足清偿的债务承担全部责任。乙认为其对此债务只应以出资额为限承担责任，而其出资的房屋已经升值，目前变现价值为230万元，故丙应退还其30万元。

2015年5月，因会计师事务所在北京的业务量下降，甲提出将会计师事务所的主要经营地点迁至上海。在合伙人会议上，乙对此表示赞同，丙则反对。甲、乙认为，其二人人数及所出资额均超过半数，且合伙协议对此无特别约定，于是作出迁址决议。

要求：

根据上述资料，回答下列问题。

(1) 乙是否有权要求丙退还30万元？并说明理由。

(2) 丙是否应当单独承担对B公司剩余50万元的赔偿责任？并说明理由。

(3) 将会计师事务所迁至上海的决议是否有效？并说明理由。

【习题3答案】

(1) 乙无权要求丙退还30万元。根据规定，合伙企业财产具有独立性，合伙人出资以后，便丧失了对其作为出资的财产的权利，合伙企业财产的权利主体是合伙企业，而非单独的每一个合伙人。在本题中，乙用于出资的房屋已经成为合伙企业财产，其升值部分也应归会计师事务所所有，乙无权就出资房屋升值部分要求丙退还。

(2) 丙应当单独承担对B公司剩余50万元的赔偿责任。根据规定，特殊普通合伙企业中，一个合伙人或者数个合伙人在执业活动中因故意或者重大过失造成合伙企业债务的，该合伙人应当承担无限责任或者无限连带责任，其他合伙人以其在合伙企业中的财产份额为限承担责任。

(3) 将会计师事务所迁至上海的决议无效。根据规定，除合伙协议另有约定外，改变合伙企业主要经营场所的地点，应当经全体合伙人一致同意。

【习题4·简答题】

张某、王某、李某拟共同投资设立A有限合伙企业，拟定的合伙协议要点如下：

(1) 李某为有限合伙人，张某和王某为普通合伙人并负责执行合伙事务；

(2) 张某以劳务出资作价20万元，王某以房屋所有权出资作价50万元，李某以货币出资10万元；

(3) 合伙企业如有盈利，由各合伙人平均分配。

A有限合伙企业成立后，张某以企业名义与B公司签订了价值100万元的原材料采购合同，B公司依约供货。但B公司按期向A有限合伙企业收取购货款时，王某以张某的签约权限最高为20万元，该合同超过权限金额为由拒绝支付。B公司对A有限合伙企业的内部授权并不知情。该纠纷发生后，张某退伙，退伙结算后从A有限合伙企业取回财产15万元。

由于多次催要不到货款，B公司提起诉讼，要求A有限合伙企业以其现有财产承担责任，合伙人张某、王某和李某承担无限连带责任。在诉讼中，李某以自己为有限合伙人为由提出抗辩，张某则主张自己应仅以退伙时取回的财产为限承担责任。

要求：

根据上述资料，回答下列问题。

(1) 请分析合伙协议各要点是否合法？并简要说明理由。

(2) 王某拒绝向B公司支付购货款的理由是否成立？并简要说明理由。

(3) 李某和张某在诉讼中提出的抗辩是否成立？并简要说明理由。

【习题4答案】

(1)

①要点(1)合法。根据规定，有限合伙企业由有限合伙人(李某)和普通合伙人(张某和王某)组成；有限合伙企业由普通合伙人执行合伙事务，有限合伙人不得执行合伙事务。

②要点(2)合法。根据规定，普通合伙人和有限合伙人均可用货币、实物、知识产权、土地使用权或者其他财产权利出资；普通合伙人也可以用劳务出资。

③要点(3)合法。根据规定，合伙企业的利润分配、亏损分担，按照合伙协议的约定办理；合伙协议未约定或者约定不明确的，由合伙人协商决定；协商不成的，由合伙人按照实缴出资比例分配、分担；无法确定比例的，由合伙人平均分配、分担。在本题中，合伙协议对利润分配比例作出约定，从约定。

（2）王某拒绝向 B 公司支付购货款的理由不成立。根据规定，合伙企业对合伙人执行合伙事务以及对外代表合伙企业权利的限制，不得对抗善意第三人。

（3）

①李某的抗辩成立。根据规定，有限合伙人以其认缴的出资额为限对合伙企业债务承担责任。

②张某的抗辩不成立。根据规定，退伙的普通合伙人对基于退伙前原因发生的合伙企业债务，承担无限连带责任。

【习题 5 · 简答题】

甲、乙、丙、丁四人成立了一个有限合伙企业。合伙协议约定如下事项，但未对合伙人同本企业交易、合伙人从事与本企业相竞争的业务作出规定：

（1）甲、乙以现金出资，丙以房屋使用权作价出资，丁以劳务作价出资。

（2）甲、乙、丙对企业债务以财产份额为限承担有限责任，丁对企业债务承担无限连带责任。

（3）在企业成立后的前两年，全部利润由甲、乙、丙三人分配，丁不参加利润分配，自第三年起，全体合伙人平均分配盈余或平均承担债务。

（4）合伙企业由丁作为事务执行人，其他合伙人不参与合伙企业事务执行。

在合伙企业存续期间，发生下列事项：

（1）甲将自己的机器设备以高于市场价 10% 的价格出售给该合伙企业。

（2）乙同时拥有一家个人独资企业，经营的业务与该有限合伙企业的业务相同。

（3）丙在一次外出途中，因车祸受伤，经鉴定，丧失民事行为能力。

要求：

根据上述资料，回答下列问题。

（1）丁以劳务作价出资是否符合法律规定？简要说明理由。

（2）合伙协议有关利润分配的约定是否符合法律规定？简要说明理由。

（3）合伙协议约定由丁作为事务执行人，其他合伙人不参与合伙企业事务执行是否符合法律规定？简要说明理由。

（4）甲将自己的机器设备以高于市场价 10% 的价格出售给该合伙企业的行为是否符合法律规定？简要说明理由。

（5）乙同时经营另一家个人独资企业的行为是否符合法律规定？简要说明理由。

（6）丙丧失民事行为能力后，其他合伙人能否要求其当然退伙？简要说明理由。

【习题 5 答案】

（1）丁以劳务作价出资符合法律规定。根据规定，普通合伙人可以以劳务出资，有限合伙人不得以劳务出资。在本题中，丁对企业债务承担无限连带责任，属于有限合伙企业中的普通合伙人，可以劳务出资。

（2）合伙协议有关利润分配的约定符合法律规定。根据规定，有限合伙企业不得将全部利润分配给部分合伙人；但是，合伙协议另有约定的除外。

（3）合伙协议约定由丁作为事务执行人，其他合伙人不参与合伙企业事务执行符合法律规定。根据规定，有限合伙企业由普通合伙人执行合伙事务，有限合伙人不执行合伙事务，不得对外代表有限合伙企业。

（4）甲将自己的机器设备以高于市场价 10% 的价格出售给该合伙企业的行为符合法律规定。根据规定，有限合伙人可以同本有限合伙企业进行交易；但是，合伙协议另有约定的除外。

（5）乙同时经营另一家个人独资企业的行为符合法律规定。根据规定，有限合伙人可以自营或者同他人合作经营与本有限合伙企业相竞争的业务；但是，合伙协议另有约定的除外。

（6）丙丧失民事行为能力后，其他合伙人不得要求其当然退伙。根据规定，作为有限合伙人的自然人在有限合伙企业存续期间丧失民事行为能力的，其他合伙人不得因此要求其退伙。

第十三周

【星期三 · 专题 5】票据法的简答题（经典考题）

【例题 1 · 简答题】（2015 年）

2014 年 10 月 20 日，甲向乙购买一批原材料，价款为 30 万元。因乙欠丙 30 万元，故甲与乙约定由乙签发一张甲为付款人、丙为收款人的商业汇票。乙于当日依约签发汇票并交付给丙，该汇票上未记载付款日期。

2014 年 11 月 15 日，丙向甲提示付款时，甲以乙交货不符合合同约定且汇票上未记载付款日期为由拒绝付款。

要求：

根据《票据法》的规定，回答下列问题。

（1）甲以乙交货不符合合同约定为由拒绝付款的理由是否成立？简要说明理由。

（2）甲以汇票上未记载付款日期为由拒绝付款的理由是否成立？简要说明理由。

【例题 1 答案】

（1）甲以乙交货不符合合同约定为由拒绝付款的理由不成立。根据规定，票据债务人（甲）

不得以自己与出票人（乙）之间的抗辩事由对抗持票人（丙）。（第 4 章第 10 单元考点 7，见本书第 146 页）

（2）甲以汇票上未记载付款日期为由拒绝付款的理由不成立。根据规定，汇票上未记载付款日期的，视为见票即付。（第 4 章第 11 单元考点 1，见本书第 148 页）

【例题 2·简答题】（2014 年）

2010 年 3 月 8 日，某食品厂向某面粉厂购买面粉 20 吨，货款共计 12 万元。同日，食品厂向面粉厂出具了以自己为出票人、其开户行 A 银行为付款人、面粉厂为收款人、票面金额为 12 万元的见票即付的商业汇票一张，并在该汇票上签章。

3 月 20 日，面粉厂向某机械厂购买一台磨面机，价款为 12 万元，因此欲将其所持汇票背书转让给机械厂。机械厂要求对该汇票提供票据保证，鉴于养鸡场欠面粉厂 12 万元货款，于是面粉厂请求养鸡场提供担保。后养鸡场在汇票上记载"保证"字样并签章，但未记载被保证人名称和保证日期。

3 月 27 日，面粉厂将该汇票背书转让给机械厂。4 月 2 日，机械厂持票向 A 银行提示付款。A 银行以食品厂经营状况不景气、即将解散为由拒绝付款，并作成退票理由书交给机械厂。机械厂欲行使追索权。

要求：

根据《票据法》的规定，回答下列问题。

（1）本案例中，谁是被保证人？简要说明理由。

（2）本案例中，保证日期为哪一天？简要说明理由。

（3）机械厂可向哪些人行使追索权？

【例题 2 答案】

（1）出票人食品厂为被保证人。根据规定，未记载被保证人的，已承兑的汇票，承兑人为被保证人，未承兑的汇票，出票人为被保证人。在本题中，见票即付的汇票，无需承兑，出票人食品厂为被保证人。（第 4 章第 11 单元考点 5，见本书第 152 页）

（2）2010 年 3 月 8 日为保证日期。根据规定，

未记载保证日期的，出票日期为保证日期。（第 4 章第 11 单元考点 5，见本书第 152 页）

（3）机械厂可向食品厂、面粉厂、养鸡场行使追索权。（第 4 章第 11 单元考点 7，见本书第 154 页）

【解析】由于该票据是见票即付票据，A 银行并未承兑，不被列为追索对象。

【例题 3·简答题】（2013 年）

甲公司购买乙公司价值 30 万元的办公用品，向乙公司签发了一张 A 银行为付款人、票面金额为 30 万元的定日付款汇票。乙公司收到汇票后，向 A 银行提示承兑，A 银行予以承兑。后乙公司为偿付所欠丙公司 30 万元货款，将该汇票背书转让给丙公司，并在背书时记载"禁止转让"字样。丙公司购买原材料时，又将该汇票背书转让给债权人丁。丁于该汇票付款期限届满时，向 A 银行提示付款，A 银行以甲公司账户资金不足为由拒绝付款，并作成拒绝付款证明交给丁。

要求：

根据《票据法》的规定，回答下列问题。

（1）A 银行拒绝付款的理由是否成立？简要说明理由。

（2）丁可以向哪些人行使追索权？简要说明理由。

【例题 3 答案】

（1）A 银行拒绝付款的理由不成立。根据规定，承兑人（A 银行）不得以其与出票人（甲公司）之间的资金关系来对抗持票人，拒绝支付汇票金额。（第 4 章第 10 单元考点 7，见本书第 146 页）

（2）丁公司可以向甲公司（出票人）、A 银行（承兑人）、丙公司（前手）行使追索权，但不得向乙公司（作禁止转让背书的背书人）行使追索权。根据规定，被追索人包括出票人、背书人、承兑人和保证人；但是，背书人在汇票上记载"不得转让"字样，其后手再背书转让的，原背书人（乙公司）对其后手的被背书人（丁公司）不承担保证责任。（第 4 章第 11 单元考点 7，见本书第 154 页）

【星期四·专题 5】票据法的简答题（习题演练）

【习题 1·简答题】

甲公司为支付货款，向乙公司签发了一张以 A 银行为承兑人、金额为 20 万元的银行承兑汇票。A 银行在票据承兑栏中进行了签章。乙公司为向丙公司支付租金，将该票据交付丙公司，但未在票据上背书和签章。丙公司因需向丁公司支

付工程款，欲将该票据转让给丁公司。丁公司发现票据上无转让背书，遂提出异议。丙公司便私刻了乙公司法定代表人刘某的人名章和乙公司公章，加盖于背书栏，并直接记载丁公司为被背书人。丁公司不知有假，接受了票据。之后，丁公司为偿付欠款将该票据背书转让给了戊公司。

甲公司收到乙公司货物后，发现货物存在严重的质量问题，遂要求乙公司退还货款并承担违约责任。票据到期时，戊公司向A银行提示付款，A银行以甲公司存入本行的资金不足为由拒绝付款。

要求：

根据上述资料，简要回答下列问题。

（1）A银行拒绝向戊公司付款的理由是否成立？并简要说明理由。

（2）A银行拒绝付款后，戊公司可以向哪些当事人进行追索？

（3）若戊公司在A银行拒绝付款后向甲公司进行追索，甲公司可否以其与乙公司之间的买卖合同纠纷尚未解决为由拒绝向戊公司承担票据责任？并简要说明理由。

（4）丙公司将私刻的人名章和公章加盖于背书栏，并直接记载丁公司为被背书人的行为属于票据法上的什么行为？应当承担何种法律责任？

【习题1答案】

（1）A银行的理由不成立。根据规定，票据债务人不得以自己与出票人之间的抗辩事由对抗持票人。

（2）戊公司可以向甲公司、丁公司和A银行进行追索。

【解析】乙公司是被伪造人，不承担票据责任；丙公司未在票据上签章，不承担票据责任。

（3）甲公司不能以该理由拒绝向戊公司承担票据责任。根据规定，票据债务人不得以自己与持票人的前手之间的抗辩事由对抗持票人。

（4）丙公司的行为属于伪造票据上的签章。伪造人丙公司虽不承担票据责任，但可能要承担刑事责任、行政责任或民法上的赔偿责任。

【习题2·简答题】

2015年8月20日，A公司向B公司签发了一张金额为10万元的商业汇票，该汇票载明出票后1个月付款，C公司为付款人，D公司在汇票上签章作了保证，但未记载被保证人名称。

B公司取得汇票后背书转让给E公司，E公司又将该汇票背书转让给F公司，F公司于当年9月12日向C公司提示承兑，C公司以其所欠A公司债务只有8万元为由拒绝承兑。

F公司拟行使追索权实现自己的票据权利。

要求：

根据《票据法》的规定，回答下列问题。

（1）F公司可行使追索权的追索对象有哪些？这些被追索人之间承担何种责任？

（2）C公司是否有当然的付款义务？简要说明理由。

（3）本案中，汇票的被保证人是谁？简要说明理由。

（4）如果D公司对F公司承担了保证责任，则D公司可以向谁行使追索权？简要说明理由。

【习题2答案】

（1）F公司可向A公司、B公司、D公司、E公司追索；这些被追索人之间承担连带责任。

【解析】C公司未承兑该汇票，不是票据债务人，不承担任何票据责任，不能成为追索对象。

（2）C公司不负有当然的付款义务。根据规定，付款人承兑汇票后，作为汇票承兑人，此时才应当承担到期付款的责任。

（3）本案汇票的被保证人为A公司。根据规定，保证人在汇票或者粘单上未记载被保证人的名称的，未承兑的汇票，以出票人为被保证人。

（4）如果D公司对F公司承担了保证责任，可以向A公司追索。根据规定，保证人清偿汇票债务后，可以行使持票人对被保证人及其前手的追索权。

【习题3·综合题】

A公司为支付购货款，向B公司签发银行承兑汇票一张，甲银行已经承兑。B公司取得汇票后，将其背书转让给C公司以支付购货款，在背书时，B公司在汇票背面第一个背书栏内签章，但将"被背书人名称"处留白，直接将汇票交付给C公司。C公司取得汇票后，将其背书转让给D公司，在背书时，C公司未记载被背书人名称即将汇票交付D公司，D公司取得汇票后将自己的名称直接填在第一个背书栏内"被背书人名称"处。后D公司又将该汇票背书转让给E公司，并在背书栏内注明"工程验收合格后即付款"。后工程发生严重质量问题。

在D公司和E公司工程纠纷期间，E公司拟将该汇票背书转让给F公司以支付广告费，F公司因忧虑"纠纷"对票款支付的影响，拒绝接受汇票；后因E公司的母公司G公司提供保证，F公司接受了该汇票；但G公司未在汇票上写明"保证"字样，也未在汇票上签章，仅单方面向F公司出具了书面保函。

汇票到期后F公司依法向甲银行提示付款，甲银行以A公司账户金额不足为由拒绝支付票款，F公司遂向C、D、E、G公司进行追索。

要求：

根据上述资料，回答下列问题。

（1）D公司将自己的名称填入被背书人名称处是否符合规定？并说明理由。

（2）E公司能否取得票据权利？并说明理由。

（3）F公司能否要求G公司承担票据保证责任？并说明理由。

（4）F公司能否要求G公司承担合同法上的保证责任？并说明理由。

（5）F公司是否有权要求E公司承担票据责任？并说明理由。

（6）甲银行拒绝付款的理由是否成立？并说明理由。

第十三周

【习题 3 答案】

（1）D 公司将自己的名称填入被背书人名称处符合规定。根据规定，背书人未记载被背书人名称即将票据交付他人的，持票人在票据被背书人栏内记载自己的名称与背书人记载具有同等法律效力。

（2）E 公司可以取得票据权利。根据规定，背书时附有条件的，所附条件不具有汇票上的效力，背书有效。

（3）F 公司不能要求 G 公司承担票据保证责任。根据规定，保证文句和保证人签章是票据保证的绝对必要记载事项，未记载的，票据保证无效；另行签订保证合同或保证条款的，不属于票据保证。

（4）F 公司可以要求 G 公司承担合同法上的保证责任。根据规定，第三人单方以书面形式向债权人出具担保书，债权人接受且未提出异议的，保证合同成立。

（5）F 公司有权要求 E 公司承担票据责任。E 公司在汇票上依法签章，背书转让汇票；G 公司提供的票据保证不能成立并不影响 E 公司的票据责任。

（6）甲银行拒绝付款的理由不成立。根据规定，票据债务人不得以自己与出票人之间的抗辩事由对抗持票人。

【星期五·专题6】合同法的主观题（经典考题1）

【例题 1·综合题】（2016 年）

2012 年 1 月，李某设立了甲一人有限责任公司（简称甲公司），注册资本为 550 万元。

2013 年 1 月，甲公司向乙银行借款 500 万元，双方签订了借款合同，借款期限为 2 年。陈某在借款合同中以保证人身份签字。借款合同包含如下仲裁条款：凡是与本借款合同债务清偿有关的纠纷，应提交 A 市仲裁委员会仲裁。甲公司以其价值 350 万元的公司厂房为该笔借款提供了抵押。抵押合同中约定：甲公司不偿还到期借款本息，该厂房归乙银行所有。

2015 年 1 月，借款期满，甲公司无力偿还到期借款本息。乙银行调查发现，李某在缴纳出资后，通过虚构债权债务关系等方式抽逃了 100 万元出资。为实现借款债权，乙银行以甲公司、李某、陈某为被告向法院提起了诉讼：要求取得甲公司厂房的所有权；要求李某在抽逃的 100 万元出资的本息范围内向乙银行承担清偿责任；要求陈某承担保证责任。

在庭审中，甲公司抗辩：（1）抵押合同中约定了"甲公司不偿还到期借款本息，该厂房归乙银行所有"，该条款违反了法律的强制性规定，所以，抵押合同全部无效；（2）借款合同约定了仲裁条款，本案应由 A 市仲裁委员会仲裁。

陈某抗辩：（1）自己未与乙银行签订保证合同，不应当承担保证责任；（2）因自己只是工薪阶层，不具有代偿能力，不应当承担保证责任；（3）即使自己承担保证责任，乙银行也应当先实现抵押权。

李某抗辩：借款合同的债务人是甲公司，自己不应当向乙银行承担借款清偿责任。

经查，甲公司、乙银行均未向法院提交仲裁协议；甲公司、陈某与乙银行之间未对实现担保权的顺序作出特别约定。

要求：

根据上述资料和合同、物权、公司以及仲裁法律制度的规定，回答下列问题：

（1）甲公司主张抵押合同全部无效是否成立？说明理由。

（2）甲公司在庭审中提出的"本案应由 A 市仲裁委员会仲裁"的抗辩是否成立？说明理由。

（3）陈某的抗辩（1）是否成立？说明理由。

（4）陈某的抗辩（2）是否成立？说明理由。

（5）陈某的抗辩（3）是否成立？说明理由。

（6）李某的抗辩是否成立？说明理由。

【例题 1 答案】

（1）甲公司的主张不成立。根据规定，如果当事人在抵押合同中约定"流押条款"，该条款无效，但该条款的无效不影响抵押合同其他部分内容的效力。"流押条款"是指，抵押权人在债务履行期届满前，与抵押人约定债务人不履行到期债务时抵押财产归债权人所有的合同条款。（第 5 章第 4 单元考点 1，见本书第 176 页）

（2）甲公司的抗辩不成立。根据规定，当事人达成仲裁协议，一方向人民法院起诉未声明有仲裁协议，人民法院受理后，另一方在首次开庭前提交仲裁协议的，人民法院应当驳回起诉，但仲裁协议无效的除外；另一方在首次开庭前未对人民法院受理该起诉提出异议的，视为放弃仲裁协议，人民法院应当继续审理。在本题中，甲公司、乙银行均未向法院提交仲裁协议，而甲公司对人民法院受理该案的异议至"庭审中"才提出（未能在首次开庭前提出），应视为放弃仲裁协议，人民法院有权继续审理本案。（第 1 章第 4 单元考点 1，见本书第 20 页）

（3）陈某的抗辩（1）不成立。根据规定，主合同中虽然没有保证条款，但是，保证人在主合同上以保证人的身份签字或者盖章的，保证合

同也成立。在本题中，陈某在借款合同中以保证人身份签字，保证合同成立。（第5章第3单元考点1，见本书第172页）

（4）陈某的抗辩（2）不成立。根据规定，不具有完全代偿能力的法人、其他组织或者自然人，以保证人身份订立保证合同后，又以自己没有代偿能力要求免除保证责任的，人民法院不予支持。（第5章第3单元考点1，见本书第172页）

（5）陈某的抗辩（3）成立。根据规定，被担保的债权既有物的担保又有人的担保，债务人不履行到期债务或发生当事人约定的实现担保物权的情形，债权人应当按照约定实现债权；没有约定或者约定不明确，债务人自己提供物的担保的，债权人应当先就该物的担保实现债权。在本题中，甲公司、陈某与乙银行之间未对实现担保权的顺序作出特别约定，乙银行应当先就债务人甲公司提供的厂房实现抵押权。（第5章第3单元考点4，见本书第174页）

（6）李某的抗辩不成立。根据规定，公司债权人请求抽逃出资的股东在抽逃出资本息范围内对公司债务不能清偿的部分承担补充赔偿责任，协助抽逃出资的其他股东、董事、高级管理人员或者实际控制人对此承担连带责任的，人民法院应予支持。（第2章第4单元考点4，见本书第47页）

【例题2·综合题】（2016年）

2014年7月10日，甲公司与A银行签订借款合同，约定：借款金额550万，年利率6.5%；借款期限1年。同日，甲公司将其一宗土地的建设用地使用权抵押给A银行，双方签订书面抵押合同，并于7月11日办理了抵押登记。A银行还要求甲公司提供其他担保，于是甲公司请求其关联企业乙公司为该笔借款提供保证担保。

2014年7月15日，A银行与乙公司签订了保证合同，约定乙公司对甲公司的借款债务承担连带责任。抵押合同和保证合同对于A银行实现担保权的顺序均未作约定。

2014年7月25日，A银行在向甲公司发放贷款时预扣了该笔贷款的利息35.75万元。

2014年8月，甲公司在已设立抵押权的建设用地上，开始建造建筑物M。

2015年7月，因甲公司无法归还到期借款的本息，A银行要求乙公司承担保证责任，但乙公司主张，A银行应先行使抵押权。

经评估，抵押的建设用地使用权连同建筑物M价值为800万元，其中建筑物M的价值为300万元。不考虑评估、拍卖的税费。

要求：

根据上述资料和合同、物权以及担保法律制度的规定，回答下列问题：

（1）A银行的抵押权何时设立？说明理由。

（2）甲公司向A银行实际借款的本金是多少？说明理由。

（3）乙公司主张A银行应先行使抵押权是否合法？说明理由。

（4）建筑物M是否为抵押物？说明理由。

（5）乙公司是否需要承担保证责任？说明理由。

【例题2答案】

（1）A银行的抵押权于2014年7月11日设立。根据规定，以建设用地使用权设定抵押的，应当办理抵押登记，抵押权自登记之日起设立。在本题中，甲公司和A银行于2014年7月11日办理抵押登记，抵押权设立。（第5章第4单元考点1，见本书第176页）

（2）甲公司向A银行实际借款的本金是514.25万元。根据规定，借款的利息不得预先在本金中扣除，利息预先在本金中扣除的，应当按照实际借款数额返还借款并计算利息。在本题中，实际借款的本金 = 550 - 35.75 = 514.25（万元）。（第5章第8单元考点2，见本书第205页）

（3）乙公司的主张合法。根据规定，被担保的债权既有物的担保又有人的担保，债务人不履行到期债务或发生当事人约定的实现担保物权的情形，债权人应当按照约定实现债权；没有约定或者约定不明确，债务人自己提供物的担保的，债权人应当先就该物的担保实现债权；物的担保不足以清偿的部分，债权人有权要求保证人承担保证责任。在本题中，当事人对实现担保权的顺序未作约定，而物的担保（建设用地使用权抵押）由主债务人甲公司自己提供，债权人A银行应当先就物的担保实现债权。（第5章第3单元考点4，见本书第174页）

（4）建筑物M不是抵押物。根据规定，建设用地使用权抵押后，该土地上新增的建筑物不属于抵押财产。（第5章第4单元考点1，见本书第176页）

（5）乙公司需要承担保证责任。因为债权人A银行就建设用地使用权可以优先受偿的金额为500万元（800万元-300万元），明显不足以清偿全部借款本息，不足清偿的部分，A银行有权要求乙公司承担保证责任。（第5章第3单元考点4，见本书第174页）

【例题3·简答题】（2015年）

2005年3月，甲公司与乙公司签订的租赁合同约定：甲公司将其面积为500平方米的办公用房出租给乙公司，租期25年，租金每月1万元，以每年官方公布的通货膨胀率为标准逐年调整，乙公司应一次性支付两年的租金。合同签订后，乙公司依约支付租金，甲公司依约交付了该房屋。2010年6月，乙公司为改善条件，未经甲公司同意，在该房屋内改建一间休息室，并安装了整体

第十三周

橱柜等设施。甲公司得知后要求乙公司拆除该休息室及设施，乙公司拒绝。其后该地区房屋价格飙升，租金大涨，甲公司要求提高租金，乙公司拒绝。甲公司遂欲出售该房屋，并通知了乙公司，乙公司表示不购买。甲公司于2012年9月将该房屋出售给丙公司，并办理了所有权转移登记手续。

要求：

根据上述资料，回答下列问题。

（1）租赁合同约定的25年租期效力如何？简要说明理由。

（2）甲公司是否有权要求乙公司拆除休息室及设施？简要说明理由。

（3）甲公司将房屋出售给丙公司后，租赁合同是否继续有效？简要说明理由。

【例题3答案】

（1）20年之内的部分有效，超过的5年无效。根据规定，租赁合同的期限超过20年的，超过部分无效。（第5章第9单元考点1，见本书第208页）

（2）甲公司有权要求乙公司拆除休息室及设施。根据规定，承租人经出租人同意，可以对租赁物进行改善或者增设他物；如未经出租人同意，出租人可以要求承租人恢复原状或者赔偿损失。（第5章第9单元考点1，见本书第208页）

（3）租赁合同继续有效。根据规定，租赁物在租赁期间发生所有权变动的，不影响租赁合同的效力。（第5章第9单元考点1，见本书第208页）

【例题4·简答题】（2014年）

甲有限责任公司2013年5月发生下列事实：

（1）5月8日，甲公司向乙公司购买一批钢材，双方签订的合同约定：钢材总价款100万元；甲公司在合同签订后10日内支付定金20万元作为履行合同的担保；乙公司于合同签订后1个月内交付全部货物；甲公司于乙公司交付货物后10日内支付全部货款。5月16日，甲公司支付给乙公司10万元定金，乙公司接受并未提出异议。

（2）5月20日，甲公司与丙公司的租赁合同到期，但丙公司尚未支付50万元到期租金。5月30日，因欠丁公司的债务到期，甲公司将其对丙公司的50万元的债权转让给丁公司，但未通知丙公司。

（3）5月26日，甲公司所在地发生自然灾害，当地政府组织救灾募捐活动，甲公司当场承诺捐款20万元，但一直未履行。其后甲公司因业务不景气，欲撤销该项赠与。

要求：

根据合同法律制度的规定，回答下列问题。

（1）本案例中，支付的定金数额与约定的定金数额不符，有效定金数额应为多少？简要说明理由。

（2）甲公司转让债权的行为对丙公司是否生效？简要说明理由。

（3）甲公司是否有权撤销赠与？简要说明理由。

【例题4答案】

（1）有效定金数额应为10万元。根据规定，实际交付的定金数额多于或者少于约定数额的，视为变更定金合同；收受定金一方提出异议并拒绝接受定金的，定金合同不生效。在本题中，乙公司接受了10万元定金并未提出异议，视为双方当事人对定金合同进行了变更，故有效的定金数额为10万元。（第5章第5单元考点4，见本书第185页）

（2）甲公司转让债权的行为对丙公司不生效。根据规定，债权人转让权利，不需要经债务人同意，但应当通知债务人；未经通知，该转让对债务人不发生效力。在本题中，甲公司转让债权时未通知丙公司，故对丙公司不发生效力。（第5章第6单元考点1，见本书第192页）

（3）甲公司无权撤销赠与。根据规定，赠与人在赠与财产的权利转移之前可以撤销赠与；但具有救灾、扶贫等社会公益、道德义务性质的赠与合同或者经过公证的赠与合同，不得撤销。（第5章第8单元考点1，见本书第204页）

【例题5·简答题】（2013年）

A市甲公司向B市乙公司购买10台专用设备，双方于7月1日签订了购买合同。买卖合同约定：专用设备每台10万元，总价100万元；乙公司于7月31日交货，甲公司在收货10日内付清款项；甲公司在合同签订后5日内向乙公司交付定金5万元；双方因合同违约而发生的纠纷，提交C市仲裁委员会仲裁。

7月3日，甲公司向乙公司交付了5万元定金。

7月20日，甲公司告知乙公司，因向甲公司订购该批专业设备的丙公司明确拒绝购买该批货物，甲公司一时找不到新的买家，将不能履行合同。

7月22日，乙公司通知甲公司解除合同，定金不予返还，并要求甲公司赔偿定金未能弥补的损失。甲公司不同意赔偿损失，乙公司遂向C市仲裁委员会申请仲裁。

对于乙公司的仲裁申请，甲公司认为：（1）只有当合同履行期满甲公司未履行合同，乙公司才可以解除合同，所以，乙公司于7月22日主张解除合同不合法，应承担相应法律责任；（2）即使合同可以解除，那么合同被解除后，合同中的仲裁条款即失去效力。所以，乙公司应向A市法院提起诉讼；（3）甲公司愿意承担定金责任，但乙公司不能再要求甲公司赔偿损失。

据查，甲公司不履行合同给乙公司造成10万元损失。

要求：

根据合同、担保、仲裁法律制度的规定，回答下列问题。

（1）乙公司7月22日通知解除合同是否符合法律规定？简要说明理由。

（2）甲公司主张乙公司应向A市法院提起诉讼是否符合法律规定？简要说明理由。

（3）甲公司认为乙公司不能要求赔偿损失是否符合法律规定？简要说明理由。

【例题5答案】

（1）乙公司7月22日通知解除合同符合法律规定。根据规定，在履行期限届满之前，当事人一方明确表示或者以自己的行为表明不履行主要债务的，对方当事人可以解除合同。本题中，甲公司于7月20日明确表示将不能履行合同，属于预期违约，乙公司有权解除合同。（第5章第6单元考点4，见本书第195页）

（2）甲公司主张乙公司应向A市法院提起诉讼不符合法律规定。根据规定，合同无效、被撤销或者终止的，不影响合同中独立存在的有关解决争议方法的条款的效力。（或者：根据规定，仲裁协议具有独立性，合同的变更、解除、终止或者无效，不影响仲裁协议的效力。）（第5章第6单元考点4，见本书第195页；第1章第4单元考点1，见本书第20页）

（3）甲公司认为乙公司不能要求赔偿损失不符合法律规定。根据规定，买卖合同约定的定金不足以弥补一方违约造成的损失，对方请求赔偿超过定金部分的损失的，人民法院可以并处，但定金和损失赔偿的数额总和不应高于因违约造成的损失。在本案中，甲公司支付的5万元定金不足以弥补乙公司的损失10万元，因此，乙公司有权要求甲公司赔偿超过定金部分的损失。（第5章第6单元考点5，见本书第196页）

【星期六·专题6】合同法的主观题（经典考题2）

【例题6·简答题】（2012年）

甲企业与乙银行签订一借款合同。合同约定：甲企业向乙银行借款500万元，借款期限自2009年8月1日至2011年7月31日，以及利息支付等事项。张某在借款合同保证人一栏签字。甲企业将其现有的以及将有的生产设备、原材料、半成品、产品一并抵押给乙银行，双方签订了抵押合同并办理了抵押登记。当事人之间未约定担保权实现的顺序。

借款期限届满后，甲企业因经营不善，亏损严重，无力清偿到期借款。乙银行经调查发现：（1）甲企业可供偿债的财产不足100万元；（2）在借款期间，甲企业将一台生产设备以市价40万元出卖给丙公司，并已交付；（3）甲企业另有一台生产设备，价值50万元，因操作失误而严重受损，1个月前被送交丁公司修理，但因甲企业未交付10万元维修费，该生产设备被丁公司留置。

查明情况后，乙银行于2011年8月20日要求张某承担保证责任。张某主张：借款债权既有保证担保，又有甲企业的抵押担保，乙银行应先实现抵押权。同日，乙银行分别向丙公司与丁公司主张，就丙公司所购买的生产设备及丁公司所留置的生产设备实现抵押权。丁公司则认为自己有权优先实现留置权。

要求：

根据上述资料，回答下列问题。

（1）张某提出乙银行应先实现抵押权的主张是否符合法律规定？简要说明理由。

（2）乙银行是否有权向丙公司就其购买的生产设备主张抵押权？简要说明理由。

（3）丁公司提出自己有权优先实现留置权的主张是否符合法律规定？简要说明理由。

【例题6答案】

（1）张某提出乙银行应先实现抵押权的主张符合规定。根据规定，被担保的债权既有物的担保又有人的担保的，债务人不履行到期债务或者发生当事人约定的实现担保物权的情形，债权人应当按照约定实现债权；没有约定或者约定不明确，债务人自己提供物的担保的，债权人应当先就该物的担保实现债权。（第5章第3单元考点4，见本书第174页）

（2）乙银行无权向丙公司就其购买的生产设备主张抵押权。根据规定，浮动抵押即使已经办理登记，在抵押财产确定前仍不得对抗正常经营活动中已支付合理价款并取得抵押财产的买受人。（第5章第4单元考点4，见本书第180页）

（3）丁公司的主张符合规定。根据规定，同一动产上已设立抵押权或者质权，该动产又被留置的，留置权人优先受偿。（第5章第5单元考点3，见本书第183页）

【例题7·简答题】（2011年）

甲公司委托乙公司购买1台机器，双方约定：乙公司以自己的名义购买机器；机器购买价格为20万元；乙公司的报酬为8000元。双方未约定其他事项。乙公司接受委托后，积极与丙公司交涉协商，最终乙公司以自己的名义从丙公司处购得该种机器1台，价款为19.5万元，乙公司为此支出了4000元费用。乙公司依约将机器交付给甲公

第十三周

司，但向甲公司提出，双方约定的购买机器价格与实际购买机器价格之间的差额5000元归乙公司所有，或者由甲公司承担处理委托事务而支出的4000元费用。甲公司表示拒绝，乙公司因此提起诉讼。在诉讼过程中，甲公司提起反诉，主张机器存在瑕疵，要求乙公司承担损害赔偿责任。经查，该机器确实存在质量瑕疵。

要求：

根据上述资料，回答下列问题。

（1）甲公司与乙公司签订的是何种合同？

（2）乙公司主张取得购买机器差价款5000元是否符合法律规定？简要说明理由。

（3）乙公司主张由甲公司承担处理委托事务而支出的4000元是否符合法律规定？简要说明理由。

（4）甲公司要求乙公司承担损害赔偿责任是否符合法律规定？简要说明理由。

【例题7答案】

（1）甲公司与乙公司签订的是行纪合同。（第5章第10单元考点6，见本书第213页）

（2）乙公司主张取得差价款不符合规定。根据规定，行纪人低于委托人指定价格买入的，可以按照约定增加报酬，没有约定或约定不明确的，依照《合同法》的规定仍不能确定的，该利益属于委托人。在本题中，乙公司以低于甲公司指定价格5000元买入，双方对该利益的归属未在合同中作出明确约定，该利益属于委托人甲公司，乙公司不能主张取得差价款。（第5章第10单元考点6，见本书第213页）

（3）乙公司主张甲公司承担处理委托事务而支出的4000元不合法。根据规定，在行纪合同中，行纪人处理委托事务支出的费用，一般由行纪人自行负担。（第5章第10单元考点6，见本书第213页）

（4）甲公司要求乙公司承担损害赔偿责任符合法律规定。根据规定，第三人不履行义务致使委托人受到损害的，行纪人应当承担损害赔偿责任，但行纪人与委托人另有约定的除外。在本题中，丙公司交付的机器设备存在瑕疵，甲公司和乙公司的合同中并未作出特别约定，乙公司应当对甲公司承担损害赔偿责任。（第5章第10单元考点6，见本书第213页）

【例题8·简答题】（2010年）

2008年3月，甲合伙企业（以下简称"甲企业"）向乙银行借款100万元，期限为2年，由王某和陈某与乙银行签订保证合同，为甲企业借款提供共同保证，保证方式为一般保证。后甲企业经营业绩不佳，亏损严重。王某遂与陈某约定，以3∶2的比例分担保证责任。

2009年6月，因甲企业提出破产申请，人民法院受理了该破产案件，故乙银行要求王某与陈

某承担连带保证责任。王某认为：保证合同约定的保证方式为一般保证，乙银行应先要求甲企业承担责任；陈某则宣称自己没有财产，且认为自己与王某已有约定，只需承担40%的责任。

经查，陈某对自己的远亲林某还享有10万元的到期借款债权，一直没有要求林某返还。

乙银行最后决定分别对王某、陈某和林某提起诉讼，请求法院判定由王某和陈某承担连带责任，由林某代替陈某向自己偿还10万元借款。

要求：

根据上述资料，回答下列问题。

（1）王某提出的乙银行应先要求甲企业承担责任的主张是否成立？简要说明理由。

（2）陈某提出自己对银行的保证责任只需承担40%的主张是否成立？简要说明理由。

（3）乙银行请求法院判定林某代替陈某偿还10万元借款能否得到法律支持？简要说明理由。

【例题8答案】

（1）王某的主张不成立。根据规定，人民法院受理债务人破产案件，中止执行程序的，一般保证的保证人不得行使先诉抗辩权。在本题中，王某和陈某与乙银行的保证合同中虽然将保证方式约定为一般保证，但是甲企业的破产申请已为人民法院受理，一般保证人（王某、陈某）不再享有先诉抗辩权。（第5章第3单元考点1，见本书第172页）

（2）陈某的主张不成立。根据规定，按份共同保证是保证人与债权人约定按份额对主债务承担保证义务的共同保证；各保证人与债权人没有约定保证份额的，应当认定为连带共同保证。在本题中，尽管王某与陈某之间约定了保证份额，但并非与债权人乙银行的约定，应当认定为连带共同保证。（第5章第3单元考点4，见本书第174页）

（3）乙银行的请求可以得到法律的支持。根据规定，因债务人怠于行使到期债权，对债权人造成损害的，债权人可以向人民法院请求以自己的名义代位行使债务人的债权，但该债权专属于债务人自身的除外。在本题中，陈某怠于行使其对林某的到期借款债权，因此，债权人乙银行可以行使代位权。（第5章第2单元考点3，见本书第171页）

【例题9·简答题】（2009年）

2007年7月1日，甲钢铁公司（以下简称"甲公司"）向乙建筑公司（以下简称"乙公司"）发函，其中有甲公司生产的各种型号钢材的数量、价格表和一份订货单，订货单表明：各型号钢材符合行业质量标准，若乙公司在8月15日前按价格表购货，甲公司将满足供应，并负责运送至乙公司所在地，交货后付款。7月10日，乙公司复函称：如果A型号钢材每吨价格下降200元，我

第十三周

公司愿购买 3000 吨 A 型号钢材，贵公司如同意，须在 7 月 31 日前函告。7 月 25 日，甲公司决定接受乙公司的购买价格，在甲公司作出决定后同日收到乙公司的撤销函件，表示不再需要购买 A 型号钢材。7 月 26 日，甲公司正式发出确认函告知乙公司，表示接受乙公司就 A 型号钢材的购买数量及价格，并要求乙公司按约定履行合同，乙公司于当日收到甲公司的该确认函。乙公司认为其已给甲公司发出撤销函件，故买卖合同未成立，双方因此发生争议。

要求：

根据上述资料，回答下列问题。

（1）2007 年 7 月 1 日，甲公司向乙公司发出的函件是要约还是要约邀请？简要说明理由。

（2）2007 年 7 月 10 日，乙公司向甲公司回复的函件是否构成承诺？简要说明理由。

（3）乙公司主张买卖合同未成立的理由是否成立？简要说明理由。

【例题 9 答案】

（1）甲公司向乙公司发出的函件是要约。根据规定，要约应当具备两个条件：一是内容具体明确；二是表明一经受要约人承诺，要约人即受该意思表示约束。在本题中，该信函内容具体明确，且甲公司明确表示如果乙公司在 8 月 15 日前按价格表购货，甲公司将满足供应，该函符合要约的条件。（第 5 章第 1 单元考点 2，见本书第 166 页）

（2）乙公司向甲公司回复的函件不构成承诺。根据规定，受要约人对要约的内容作出实质性变更的，为新要约。在本题中，乙公司对价格进行了实质性变更，其回复函件属于新要约。（第 5 章第 1 单元考点 2，见本书第 166 页）

（3）乙公司主张买卖合同未成立的理由不成立。根据规定，要约人确定了承诺期限的，要约不得撤销。在本题中，乙公司在要约中确定了承诺期限，乙公司不得撤销要约。甲公司在承诺期限内作出承诺，该买卖合同成立。（第 5 章第 1 单元考点 2，见本书第 166 页）

【例题 10·简答题】（2009 年）

甲公司将一幢自有二层楼房租赁给乙公司作为经营用房，双方签订租赁合同，合同约定：租赁期限自 2006 年 1 月 1 日至 2009 年 12 月 31 日，租金为每月 5000 元，在每月初的前 3 天支付上月的租金。合同未约定房屋维修责任的承担以及是否可以转租等问题。2007 年 3 月，甲公司有意出售该租赁楼房，因乙公司无意购买，甲公司遂将租赁楼房卖给丙企业，丙企业取得租赁楼房的所有权后，以自己不是租赁合同的当事人为由向乙公司表示要解除租赁合同，乙公司不同意解除合同，但愿意每月增加租金 1000 元，丙企业表示同意。2007 年 8 月，租赁楼房的部分门窗自然损坏，

乙公司要求丙企业修理，丙企业一直未予理睬，乙公司自行找某装修企业维修，为此支付维修费用 4000 元。2007 年 10 月，乙公司另购买了一个办公大楼。遂将其所租赁楼房转租给丁企业。丙企业于 2008 年 1 月 3 日得知转租事实后，以不得转租为由向乙公司主张解除租赁合同并要求乙公司支付上月未交付租金 6000 元，乙公司表示，维修费用可以抵销 4000 元租金，只愿意再支付 2000 元，但不同意解除租赁合同。

要求：

根据上述资料，回答下列问题。

（1）丙企业取得租赁楼房的所有权后，可否以自己不是租赁合同的当事人为由解除租赁合同？简要说明理由。

（2）丙企业可否以不得转租为由向乙公司主张解除租赁合同？简要说明理由。

（3）乙公司可否以维修费用抵销 4000 元租金？简要说明理由。

【例题 10 答案】

（1）丙企业不能解除租赁合同。根据规定，租赁物在租赁期间发生所有权变动的，不影响租赁合同的效力。在本题中，原租赁合同在租赁期内（2009 年 12 月 31 日之前）对受让人丙企业继续有效。（第 5 章第 9 单元考点 1，见本书第 208 页）

（2）丙企业可以主张解除租赁合同。根据规定，承租人未经出租人同意转租的，出租人可以解除合同。在本题中，乙企业转租时未经出租人丙企业同意，丙企业有权解除租赁合同。（第 5 章第 9 单元考点 1，见本书第 208 页）

（3）乙公司可以维修费用抵销 4000 元租金。根据规定，出租人应当履行租赁物的维修义务，但当事人另有约定的除外。出租人未履行维修义务的，承租人可以自行维修，维修费用由出租人负担。在本题中，4000 元的维修费用应当由出租人丙企业负担。另根据规定，当事人互负到期债务，该债务的标的物种类、品质相同的，任何一方可以将自己的债务与对方的债务抵销，但依照法律规定或者按照合同性质不得抵销的除外。在本题中，应由丙企业负担的维修费用和乙公司欠付的租金均为金钱债务，且均已到期，可以抵销。（第 5 章第 9 单元考点 1，见本书第 208 页；第 5 章第 6 单元考点 2，见本书第 194 页）

【例题 11·综合题】（2006 年）

甲为加入 A 合伙企业需要一笔资金，于 2003 年 3 月 5 日向乙借款 5 万元，双方以书面合同约定：借款期限为 2 年；借款年利率为 6%，2 年应付利息由乙预先在借款本金中一次扣除；借款期满时甲一次偿还全部借款。丙为甲的保证人，与乙签订保证合同，约定丙承担一般保证责任，保证期间为自借款期满之日起 1 年，但未就保证担

第十三周

保的范围作约定。乙依约向甲交付借款。不久，甲加入 A 合伙企业。

借款期满后，乙因经济业务欠 A 合伙企业 4 万元，因此向 A 合伙企业主张，就甲欠乙的借款与乙欠 A 合伙企业的债务在对等数额内抵销，但遭 A 合伙企业拒绝。随后，乙请求甲偿还借款，并要求丙承担保证责任。甲以资金不足为由拒绝还款，丙也拒绝承担保证责任。

要求：

根据上述资料，回答下列问题。

（1）指出甲、乙签订的借款合同中有哪些内容不符合法律规定？说明理由。

（2）丙承担的保证责任范围应是什么？

（3）A 合伙企业是否有权拒绝乙的债务抵销请求？说明理由。

（4）丙拒绝承担保证责任是否符合法律规定？说明理由。

【例题 11 答案】

（1）借款合同约定 2 年应付利息由乙预先自借款本金中一次扣除不符合法律规定。根据规定，借款利息不得预先在本金中扣除。（第 5 章第 8 单元考点 2，见本书第 205 页）

（2）保证人丙保证担保的范围包括：主债权及利息、违约金、损害赔偿金和实现债权的费用。（第 5 章第 3 单元考点 2，见本书第 173 页）

（3）A 合伙企业有权拒绝乙的抵销请求。根据规定，合伙企业中某一合伙人的债权人，不得以其对该合伙人的债权抵销其对合伙企业的债务。（第 3 章第 2 单元考点 5，见本书第 89 页）

（4）丙拒绝承担保证责任符合规定。根据规定，一般保证的保证人在主合同纠纷未经审判或者仲裁，并就债务人财产依法强制执行仍不能履行债务前，对债权人可以拒绝承担保证责任。（第 5 章第 3 单元考点 1，见本书第 172 页）

第十三周

第十四周

本周学习计划

	内　容	篇　幅	完成情况
星期一	专题6——习题演练（1）	3 页	
星期二	专题6——习题演练（2）	3 页	
星期三	专题7——经典考题	2 页	
星期四	专题7——习题演练	3 页	
星期五	专题8——经典考题	3 页	
星期六	专题8——习题演练	4 页	

本周攻克内容

扫一扫，"码"上听课

本周 "经典考题" 部分的试题，黄洁洵老师在 "习题班" 中进行讲解。 下载安装 "东奥会计课堂" 移动客户端，扫一扫左侧二维码， 即可观看黄洁洵老师习题班课程视频， 跟着黄老师练习经典考题， 做题 so easy！

【移动客户端安装二维码详见封底】

【星期一·专题6】合同法的主观题（习题演练1）

【习题1·简答题】（2008 年）

甲公司拟购买一台大型生产设备，于 2007 年 6 月 1 日与乙公司签订一份价值为 80 万元的生产设备买卖合同。合同约定：

（1）设备直接由乙公司的特约生产服务商丙机械厂于 9 月 1 日交付给甲公司；

（2）甲公司于 6 月 10 日向乙公司交付定金 16 万元；

（3）甲公司于设备交付之日起 10 日内付清货款；

（4）合同履行过程中，如发生合同纠纷，向某市仲裁委员会申请仲裁。

合同签订后，丙机械厂同意履行该合同为其约定的交货义务。

6 月 10 日，甲公司向乙公司交付定金 16 万元。

9 月 1 日，丙机械厂未向甲公司交付设备。甲公司催告丙机械厂，限其在 9 月 20 日之前交付设备，并将履约情况告知乙公司。至 9 月 20 日，丙机械厂仍未能交付设备。因生产任务紧急，甲公司于 9 月 30 日另行购买了功能相同的替代设备，并于当天通知乙公司解除合同，要求乙公司双倍返还定金 32 万元，同时赔偿其他损失。乙公司以丙机械厂未能按期交付设备，致使合同不能履行，应由丙机械厂承担违约责任为由，拒绝了甲公司的要求。

要求：

根据上述资料，回答下列问题。

（1）甲公司是否有权解除合同？并说明理由。

（2）乙公司主张违约责任应由丙机械厂承担是否符合法律规定？并说明理由。

（3）甲公司与乙公司约定的定金条款是否符合法律规定？并说明理由。

【习题1答案】

（1）甲公司有权解除合同。根据规定，当事人一方迟延履行主要债务，经催告后在合理期限内仍未履行的，可以解除合同。在本题中，经甲公司催告后，对方当事人在合理期限内仍未履行，因此，甲公司可以解除合同。

（2）乙公司的主张不符合法律规定。根据规定，当事人约定由第三人向债权人履行债务的，第三人不履行债务或者履行债务有瑕疵的，应当由债务人向债权人承担违约责任。在本题中，丙机械厂不是合同的当事人，丙机械厂不向甲公司履行债务的，应当由债务人（乙公司）向债权人（甲公司）承担违约责任。

（3）定金条款符合法律规定。根据规定，定金的数额由当事人约定，但不得超过主合同标的额的 20%。在本题中，主合同标的额为 80 万元，约定的定金为 16 万元，未超过主合同标的额的 20%。

【习题 2·简答题】（2004 年）

2003 年 6 月，甲公司将一台价值 900 万元的机床委托乙仓库保管，双方签订的保管合同约定：保管期限从 6 月 21 日至 10 月 20 日，保管费用 2 万元，由甲公司在保管到期提取机床时一次付清。

8 月，甲公司急需向丙公司购进一批原材料，但因资金紧张，暂时无法付款。经丙公司同意，甲公司以机床做抵押，购入丙公司原材料。双方约定：至 12 月 8 日，如甲公司不能偿付全部原材料款，丙公司有权将机床变卖，以其价款抵偿原材料款。

10 月 10 日，甲公司与丁公司签订了转让机床合同（丙公司已经同意），双方约定：甲公司将该机床作价 860 万元卖给丁公司，甲公司于 10 月 31 日前交货，丁公司在收货后 10 日内付清货款。

10 月下旬，甲公司发现丁公司经营状况恶化（有证据证明），于是通知丁公司中止交货并要求丁公司提供担保，丁公司没有给予任何答复。11 月上旬，甲公司发现丁公司经营状况进一步恶化，于是向丁公司提出解除合同。丁公司遂向法院提起诉讼，要求甲公司履行合同并赔偿损失。

要求：

根据上述资料，回答下列问题。

（1）如果甲公司到期不支付机床保管费，乙仓库可以行使什么权利？

（2）甲公司向丁公司转让已抵押的机床，甲、丁之间的转让行为是否有效？为什么？

（3）甲公司能否中止履行与丁公司订立的转让机床合同？为什么？

（4）甲公司能否解除与丁公司订立的转让机床合同？为什么？

【习题 2 答案】

（1）乙仓库可以行使留置权。

（2）甲、丁之间的转让行为有效。根据规定，抵押期间，抵押人经抵押权人同意转让抵押财产的，应当将转让所得的价款向抵押权人提前清偿债务或者提存。在本题中，该转让已经得到抵押权人丙公司的同意，因此甲、丁之间的转让行为有效。

（3）甲公司可以中止履行合同。根据规定，

应当先履行债务的当事人，有确切证据证明对方经营状况严重恶化的，可以行使不安抗辩权，中止合同履行。在本题中，作为应当先履行债务的当事人，甲公司有确切证据证明丁公司经营状况恶化，因此甲公司可以中止履行合同。

（4）甲公司可以解除合同。根据规定，当事人在中止履行合同后，如果对方在合理期限内未恢复履行能力并且未提供适当担保的，可以解除合同。在本题中，由于丁公司不能提供担保，因此甲公司可以解除合同。

【习题 3·简答题】

甲房地产开发公司（以下简称"甲公司"）对其新开发的楼盘进行预售，其在销售广告中说明，该楼盘为高品质生活小区，小区空地绿化面积高达 70%，温泉水入户。该小区因这两项条件比较优越，销售均价比同区域的其他小区高出 20%。李某对甲公司销售广告中的内容十分认可，于 2014 年 8 月份与甲公司签订了商品房买卖合同。一年后，李某办理入住手续，搬进该小区后不久，发生一系列事件：

（1）李某发现该小区绿化面积严重缩水，且入户的只是普通的热水，而非温泉水。

（2）甲公司销售房屋时并未取得预售许可证，至该小区竣工验收前夕方补办了预售许可证。

（3）张某持一商品房买卖合同找到李某，告知李某该房甲公司已于 2014 年 7 月份出售给张某，张某购下该房后出国学习，日前刚回国，张某主张其才是房屋的权利人，要求李某腾退房屋。

（4）孙大妈找到李某，告知李某该房是甲公司许诺给她的回迁房，要求李某腾退房屋。

当事人各方纠缠不清，纷纷将甲公司告上人民法院：

（1）李某要求解除与甲公司订立的合同，由甲公司赔偿其损失，并请求人民法院判令甲公司支付惩罚性赔偿金。

（2）张某要求解除与甲公司订立的合同，并要求甲公司支付惩罚性赔偿金。

（3）孙大妈请求人民法院判令李某腾退房屋，将房屋返还给自己。

（4）甲公司抗辩称其与李某、张某订立商品房买卖合同时尚未取得预售许可证，合同无效，李某和张某要求解除合同的请求不当，人民法院应当予以驳回。

要求：

根据上述资料，回答下列问题。

（1）甲公司的商品房销售广告是要约还是要约邀请？说明理由。

（2）甲公司未取得预售许可即与李某订立商品房买卖合同，该合同是否有效？说明理由。

（3）李某的诉讼请求是否合法？说明理由。

（4）张某的诉讼请求是否合法？说明理由。

（5）孙大妈的诉讼请求是否合法？说明理由。

【习题3答案】

（1）甲公司的商品房销售广告是要约。根据规定，出卖人就商品房开发规划范围内的房屋及相关设施所作的说明和允诺具体确定，并对合同的订立以及房屋价格的确定有重大影响的，视为要约。在本题中，销售广告的内容对购房者（李某）订立合同产生了重大影响，并抬高了销售价格，应认定为要约。

（2）该合同有效。出卖人未取得预售许可而与买受人订立预售合同的，合同无效，但是在起诉前取得预售许可的，合同有效。在本题中，甲公司已在该小区竣工验收前补办了预售许可证。

（3）李某的诉讼请求合法。根据规定，出卖人故意隐瞒所售房屋已经出卖给第三人或者为拆迁补偿安置房屋的事实，买受人可以在解除合同并赔偿损失的前提下，还可以要求出卖人承担不超过已付购房款一倍的惩罚性赔偿金。

（4）张某的诉讼请求合法。根据规定，商品房买卖合同订立后，出卖人又将该房屋出卖给第三人的，买受人可以在解除合同并赔偿损失的前提下，还可以要求出卖人承担不超过已付购房款一倍的惩罚性赔偿金。

（5）孙大妈的诉讼请求合法。根据规定，拆迁人将补偿安置房屋另行出卖给第三人，被拆迁人请求优先取得补偿安置房屋的，应予支持。

【习题4·简答题】

8月20日，甲公司与乙公司签订买卖合同，约定由甲公司提供6台德国产接触器，价款总额为10万元，乙公司预付货款2万元，其余款项在收到货物后15日内付清；合同生效后30日内交付货物，甲公司负责运输，但双方对运输费用的承担没有约定。

合同签订后，乙公司于8月25日支付货款2万元。甲公司分别于9月2日、3日、6日通过中国铁路小件货物快运先后向乙公司发运3台、2台、1台接触器。9月15日，乙公司致电甲公司，只接到5台接触器，且其中9月3日发运的2台接触器相关技术指标不符合要求，根本无法使用。

经查，甲公司于9月6日发运的1台接触器因遇不可抗力在运输途中灭失。

要求：

根据上述资料，回答下列问题。

（1）如果甲公司和乙公司就通过中国铁路小件货物快运发货产生的费用无法达成补充协议，也无法按照合同有关条款或者交易习惯确定，甲公司是否有权要求乙公司承担该费用？并简要说明理由。

（2）乙公司能否以其中2台接触器相关技术指标不符合要求，根本无法使用为由，要求解除整个买卖合同？并简要说明理由。

（3）9月6日发运的接触器毁损、灭失的风险应当由谁承担？并简要说明理由。

【习题4答案】

（1）甲公司无权要求乙公司承担该费用。根据规定，合同当事人就履行费用负担没有约定的，可以补充协议；不能达成补充协议的，按照合同有关条款或者交易习惯确定；仍无法确定的，由履行义务一方负担。在本题中，甲公司是履行义务一方，应由其承担运输费用。

（2）乙公司无权要求解除整个买卖合同。根据规定，出卖人分批交付标的物的，出卖人对其中一批标的物不交付或者交付不符合约定，致使该批标的物不能实现合同目的的，买受人可以就"该批"标的物解除。

（3）9月6日发运的接触器毁损、灭失的风险应当由甲公司承担。根据规定，买卖合同标的物毁损、灭失的风险，在标的物交付之前由出卖人承担，交付之后由买受人承担。在本题中，当事人约定由卖方甲公司负责运输，即交货地点为买方乙公司所在地，标的物在运输途中发生的毁损、灭失属于交付之前的风险，应当由甲公司承担。

【习题5·简答题】

2014年2月1日，王某从李某处购入李某所有的小汽车一辆，双方签订了购车协议，约定价格为3万元，车款一次性付清后，该车归王某所有。购车款当日付清，但双方尚未办理车辆过户登记手续。王某受领该车后，将车辆开至甲汽车修理店，在该店购买了车载空调，并将车留下由该店负责安装。

王某离开后，李某与甲汽车修理店工人串通，将该车开到二手车交易市场，将该车以李某的名义售予不知情的刘某，刘某一次性付款后双方当即办理了过户登记手续，但约定车辆先不交付，由李某负责安装车载空调后再交付。事成，李某将车送回甲汽车修理店，继续安装空调。

三天后，王某从甲汽车修理店将已经装好空调的车辆取走；当晚8时许，王某驾车途中因空调泵线圈短路引起电源线起火，该车全部烧毁，王某在事故中受伤。经有关部门认定，该事故系空调质量不合格、安装不当引起。王某要求甲汽车修理店赔偿时，甲汽车修理店以双方在合同中约定仅对财产损失进行赔偿，对人身伤害不予赔偿为由，拒绝赔付王某因事故所受伤害而支付的相关费用。

要求：

根据上述资料，回答下列问题。

（1）刘某能否以自己为登记的车辆所有权人为由，要求甲汽车修理店向其支付相关赔偿金？简要说明理由。

（2）刘某能否以未能实际取得小汽车为由，

第十四周

要求李某承担违约责任？简要说明理由。

（3）甲汽车修理店是否有权拒绝对王某因事故所受伤害而支付的相关费用进行赔偿？简要说明理由。

【习题5答案】

（1）刘某无权以自己为登记的车辆所有权人为由，要求甲汽车修理店向其支付相关赔偿金。根据规定，出卖人就船舶、航空器、机动车等特殊动产订立多重买卖合同，在买卖合同均有效的情况下，出卖人将标的物交付给买受人之一，又为其他买受人办理所有权转移登记，已受领交付的买受人请求将标的物所有权登记在自己名下的，人民法院应予支持。在本题中，李某将同一小汽车交付给王某，又为刘某办理了登记手续，应当将王某界定为小汽车的所有权人，王某有权要求

刘某变更车辆登记，相应地，刘某亦无权主张自己为所有权人，要求甲汽车修理店向其支付赔偿金。

（2）刘某有权要求李某承担违约责任。根据规定，出卖人因未取得所有权或者处分权致使标的物所有权不能转移，买受人要求出卖人承担违约责任或者要求解除合同并主张损害赔偿的，人民法院应予支持。在本题中，李某与刘某订立小汽车买卖合同时，车辆已经向王某进行交付，所有权相应转移给王某，李某再次就该车订立的买卖合同属于无处分权人订立的合同，买受人刘某无法取得该车所有权，有权要求李某承担违约责任。

（3）甲汽车修理店无权拒绝赔偿。根据规定，造成对方人身伤害的免责条款无效。

【星期二·专题6】合同法的主观题（习题演练2）

【习题6·简答题】

甲公司向乙宾馆发出一封电报称：现有一批电器，其中电视机80台，每台售价3400元；电冰箱100台，每台售价2800元，总销售优惠价52万元，3天内回复有效。

乙宾馆接到该电报后，遂向甲公司回复称：只欲购买甲公司50台电视机，每台电视机付款3200元；60台电冰箱，每台电冰箱付款2500元，共计支付总货款31万元，货到付款。

甲公司接到乙宾馆的电报后，决定接受乙宾馆的要求。甲乙签订了买卖合同，约定交货地点为乙宾馆，如双方发生纠纷，由A仲裁机构仲裁解决。

甲公司同时与丙运输公司签订了合同，约定由丙公司将货物运至乙宾馆。丙公司在运输货物途中遭遇洪水，致使部分货物毁损。丙公司将剩余的未遭损失的货物运至乙宾馆，乙宾馆要求甲公司将货物补齐后一并付款。

甲公司迅速补齐了货物，但乙宾馆以资金周转困难为由，表示不能立即支付货款，甲公司同意乙宾馆推迟1个月付款。1个月后经甲公司催告，乙宾馆仍未付款。于是，甲公司通知乙宾馆解除合同，乙宾馆不同意解除合同。

要求：

根据上述资料，回答下列问题。

（1）甲公司向乙宾馆发出的电报是要约还是要约邀请？

（2）乙宾馆的回复是承诺还是新的要约？说明理由。

（3）丙公司是否应对运货途中的货物毁损承担损害赔偿责任？说明理由。

（4）甲公司能否解除与乙宾馆的买卖合同？说明理由。

【习题6答案】

（1）甲公司向乙宾馆发出的电报是要约。

（2）乙宾馆的回复是新的要约。根据规定，受要约人对要约的内容作出实质性变更的，为新要约。在本题中，乙宾馆对要约中的价款和数量作出了变更，应视为新要约。

（3）丙公司可以不承担损害赔偿责任。根据规定，承运人对运输过程中货物的毁损、灭失承担损害赔偿责任，但承运人证明货物的毁损、灭失是因不可抗力、货物本身的自然性质或者合理损耗以及托运人、收货人的过错造成的，不承担损害赔偿责任。在本题中，丙公司在运输货物途中遭遇洪水，致使部分货物毁损属于因不可抗力造成的损失，可以不承担损害赔偿责任。

（4）甲公司可以解除买卖合同。根据规定，当事人一方延迟履行主要债务，经催告后在合理期限内仍未履行的，一方当事人可以解除合同。在本题中，乙宾馆以资金周转困难为由不能立即支付货款，甲公司同意乙宾馆推迟1个月付款；1个月后经甲公司催告，乙宾馆仍未付款，甲公司可以解除与乙宾馆的买卖合同。

【习题7·简答题】

甲曾任乙装修公司经理，2013年3月辞职，5月8日，为获得更优折扣，甲使用其留有的盖有乙公司公章的空白合同书，以乙公司名义与丙公司订立合同，购买总价15万元的地板。对于甲离职一事，丙公司并不知情。

丙公司于约定日期将地板送至指定地点，并要求乙公司付款，乙公司同意付款，并同意将地

板以相同价格转卖给甲，但要求甲为该笔货款的支付提供担保，6月8日，丁以其所有的一辆小汽车为甲提供抵押担保，但未办理登记，戊也为甲提供了付款保证，但未约定是连带责任保证还是一般保证，当事人亦未约定丁和戊分别为甲提供担保的实现顺序。

甲并未如期支付该批货款，乙公司要求戊承担保证责任，戊主张应当先实现丁提供的物权担保，拒绝清偿该债务。

要求：

根据上述资料，回答下列问题。

（1）甲以乙公司名义与丙公司签订的地板买卖合同是否有效？并说明理由。

（2）乙公司是否取得丁的小汽车的抵押权？并说明理由。

（3）戊关于乙公司必须先向丁实现抵押权的主张是否成立？并说明理由。

【习题7答案】

（1）甲以乙公司名义与丙公司签订的地板买卖合同有效。根据规定，行为人没有代理权、超越代理权或者代理权终止后以被代理人名义订立合同，相对人有理由相信行为人有代理权的，该代理行为有效。在本题中，丙公司对甲离职一事不知情，甲又持有盖有乙公司公章的空白合同书，构成表见代理。

（2）乙公司取得丁的小汽车的抵押权。根据规定，当事人以交通运输工具设定抵押的，抵押权自抵押合同生效时设立，但未经登记，不得对抗善意第三人。在本题中，丁与乙公司的小汽车抵押合同生效时，抵押权已经设立，未经登记将导致乙公司在该小汽车上的抵押权不得对抗善意第三人。

（3）戊的主张不成立。根据规定，在共同担保（物的担保与人的担保并存）中，债权人应当按照约定的顺序实现债权，没有约定或者约定不明确，物的担保由第三人提供的，债权人可以就物的担保实现债权，也可以要求保证人承担保证责任。在本题中，物的担保由第三人丁提供，由于当事人未约定责任承担顺序，债权人乙公司有权选择先实现抵押权，也有权选择先要求戊承担保证责任。

【习题8·简答题】

甲公司与乙公司签订《商铺租赁合同》，甲公司将其商铺出租给乙公司开办超市，租期12年，甲公司负责在租期开始前完成消防验收。租期开始后不久，商铺屋顶漏水，乙公司要求甲公司修复，甲公司一直拖延不予修复，乙公司只得自行修复。不久，当地消防局向乙公司下达《行政处罚决定书》，认定商铺未经消防安全检查擅自投入使用、营业，责令乙公司停止使用并罚款3万元。至此，乙公司方知甲公司商铺并未完成消防验收

且该商铺主体建筑材料不符合消防要求，除非重建否则无法达到消防验收标准，乙公司要求与甲公司解除《商铺租赁合同》，并支付乙公司修复屋顶的费用及赔偿各项损失。

要求：

根据上述资料，分别回答下列问题。

（1）《商铺租赁合同》约定的租期长达12年是否符合规定？简要说明理由。

（2）乙公司能否要求甲公司支付屋顶的修复费用？简要说明理由。

（3）乙公司是否有权要求解除《商铺租赁合同》？简要说明理由。

【习题8答案】

（1）《商铺租赁合同》约定租期12年符合规定。根据规定，租赁期限不得超过20年，超过部分无效。

（2）乙公司有权要求甲公司支付屋顶的修复费用。根据规定，除当事人另有约定外，出租人应当履行租赁物的维修义务，承租人在租赁物需要维修时可以要求出租人在合理期限内维修；出租人未履行维修义务的，承租人可以自行维修，维修费用由出租人负担。

（3）乙公司有权要求解除《商铺租赁合同》。根据规定，当事人一方迟延履行债务或者有其他违约行为致使不能实现合同目的，对方当事人可以解除合同。在本题中，甲公司商铺无法达到消防验收标准，乙公司无法使用该商铺营业，其合同目的明显无法实现，有权要求解除合同。

【习题9·综合题】

甲公司2011年12月31日的资产负债表显示的净资产为负，财务状况不断恶化。有关资产：商业用房一间，账面价值100万元；机器设备一套，账面价值20万元；银行存款30万元；应收乙的账款30万元（2012年1月20日到期）；应收丙的账款70万元（2012年2月6日到期）。甲公司有关负债：应付丙的账款50万元（2012年3月5日到期）；应付丁的账款180万元（2012年1月10日到期）。2012年以来，甲公司的资产处理及债权债务清偿情况如下：

（1）1月20日，丁请求甲公司偿还欠款未果。但在1月28日丁发现甲公司曾于1月15日将机器设备赠送给了戊。

（2）2月3日，甲公司将拥有的商业用房以60万元的价格（市场价格为120万元）转让给非关联企业已公司，已公司在不知情的情况下，受让该房产，并办理了过户登记手续。

（3）2月21日后，甲公司一直催告乙偿还债务，但乙到8月底仍未偿还，甲公司亦未采取其他法律措施。

（4）3月15日，甲公司向丙提出就50万元债权债务予以抵销。

（5）4月10日，甲公司与庚公司签订债权转让合同，将对丙的20万元债权以18万元的价格转让给庚。

要求：

根据上述资料，回答下列问题。

（1）丁是否有权请求人民法院撤销甲公司将机器设备赠送给戊的行为？并说明理由。

（2）丁是否有权请求人民法院撤销甲公司将商业用房转让给己公司的行为？并说明理由。

（3）丁是否有权代位行使甲公司对乙的债权？并说明理由。

（4）甲公司是否有权向丙主张就50万元的债权债务予以抵销？并说明理由。

（5）甲公司、庚公司之间的债权转让何时生效？何时对丙产生效力？并分别说明理由。

【习题9答案】

（1）丁有权请求人民法院撤销甲公司的行为。根据规定，因债务人无偿转让财产，对债权人造成损害的，债权人可以请求人民法院撤销债务人的行为。在本题中，甲公司将机器设备赠送给戊，属于无偿转让财产的行为，对债权人丁造成损害，因此，丁有权请求人民法院撤销甲公司的行为。

（2）丁无权请求人民法院撤销甲公司的行为。根据规定，因债务人以明显不合理的低价转让财产（受让人知道该情形的），对债权人造成损害的，债权人可以请求人民法院撤销债务人的行为。在本题中，己公司属于善意第三人，债权人不能请求人民法院予以撤销。

（3）丁有权代位行使甲公司对乙的债权。根据规定，债务人怠于行使其对第三人（次债务人）享有的到期债权，危及债权人债权实现时，债权人为保障自己的债权，可以自己的名义代位行使债务人对次债务人的债权。在本题中，甲公司对乙未采取其他法律措施，属于怠于行使其对次债务人享有的到期债权，因此，债权人丁有权代位行使甲公司对乙的债权。

（4）甲公司有权向丙主张抵销。根据规定，当事人互负到期债务，债务标的物种类、品质相同的，任何一方均可主张抵销。标的物种类、品质不相同的，经双方协商一致，也可以抵销。在本题中，甲公司欠丙的账款50万元和丙欠甲公司的账款70万元在3月15日时均已到期，甲公司有权向丙主张就50万元的债权债务予以抵销。

（5）①甲公司、庚公司之间的债权转让于4月10日生效。根据规定，依法成立的合同，原则上自成立时生效。②丙接到债权转让通知后对丙产生效力。根据规定，债权人转让权利，不需要经债务人同意，但应当通知债务人。未经通知，该转让对债务人不发生效力。

【习题10·综合题】

2013年3月18日，甲机械公司与乙融资租赁公司接洽融资租赁某型号数控机床事宜。同年4月1日，乙按照甲的要求与丙精密设备公司签订了购买1台某型号数控机床的买卖合同。丁以乙的保证人身份在该买卖合同上签字，但合同中并无保证条款，丙和丁亦未另行签订保证合同。乙和丙之间签订的买卖合同约定：机床价格为1200万元；乙在缔约当日向丙支付首期价款400万元；丙在收到首期价款后1个月内将机床交付给甲；乙在之后的8个月内，每月向丙支付价款100万元。

乙于与丙签订合同当日，与甲签订了融资租赁合同，但该合同未就租赁期届满后租赁物所有权归属作出约定。2013年5月1日，丙依约向甲交付了机床。

2013年8月8日，甲在未告知乙的情况下，以所有权人身份将机床以市场价格出售给戊公司。戊不知甲只是机床承租人，收到机床后即付清约定价款。乙知悉上述情况后，以甲不是机床所有权人为由，主张甲戊之间的买卖合同无效，并主张自己仍为机床所有权人，要求戊返还机床。2013年11月2日，由于乙连续3个月未付机床价款300万元，丙要求乙一次性支付到期和未到期的全部价款共500万元。乙认为丙无权要求支付尚未到期的200万元价款，并拒绝支付任何款项；丙遂要求丁承担保证责任。丁予以拒绝，理由有二：第一，自己仅在买卖合同上以保证人身份签字，既无具体的保证条款，亦无单独的保证合同，因此保证关系不成立；第二，即使保证成立，因未约定连带责任保证，所成立的也只是一般保证，丙不应在人民法院执行乙的财产之前要求自己承担保证责任。

要求：

根据上述内容，分别回答下列问题。

（1）乙关于甲与戊之间的机床买卖合同无效的理由是否成立？并说明理由。

（2）乙关于丙无权要求支付尚未到期的200万元价款的主张是否成立？并说明理由。

（3）丁与丙之间的保证关系是否成立？并说明理由。

（4）丁关于保证形式为一般保证的主张是否成立？并说明理由。

（5）若机床未被甲出售给戊，甲和乙之间的融资租赁合同到期后，机床的所有权归属于谁？并说明理由。

【习题10答案】

（1）乙关于甲与戊之间的买卖合同无效的理由不成立。根据规定，当事人一方以出卖人在缔约时对标的物没有所有权或者处分权为由主张合同无效的，人民法院不予支持。

（2）乙关于丙无权要求支付尚未到期的200万元价款的主张不成立。根据规定，分期付款的买受人未支付到期价款的金额达到全部价款的1/5的，出卖人可以要求买受人一并支付到期与未到期的全部价款。在本题中，乙未支付的到期价款为300万元，已经超过了合同总价款的1/5，丙有权要求乙支付到期（300万元）与未到期（200万元）的全部价款。

（3）丁与丙之间的保证关系成立。根据规定，主合同中虽无保证条款，亦未另行订立保证合同，但保证人在主合同上以保证人身份签字或者盖章的，保证合同成立。

（4）丁关于保证形式为一般保证的主张不成立。根据规定，当事人未就保证方式作出约定或约定不明确的，依连带责任保证承担保证责任。

（5）若机床未被甲出售给戊，甲与乙之间的融资租赁合同到期后，机床的所有权归属于乙。根据规定，融资租赁合同的出租人和承租人对租赁物的归属没有约定或者约定不明确的，依照《合同法》有关规定仍不能确定的，合同到期后，租赁物的所有权归出租人。

【星期三·专题7】增值税的主观题（经典考题）

【说明】"增值税法律制度"的经典大题，请回看第9周"本周自测"——简答题、综合题。（见本书第242页）

第十四周

【星期四·专题7】增值税的主观题（习题演练）

【习题1·简答题】

某手机生产企业是增值税一般纳税人，2017年4月生产销售A型手机，出厂不含增值税单价为2800元/台，具体购销情况如下：

（1）向某商场销售1000台A型手机，支付运费收到一般纳税人开具的增值税专用发票上注明运费3000元；由于商场采购量大，该企业给予其10%的折扣，并将销售额和折扣额在同一张发票的金额栏内分别注明；

（2）销售本企业2005年购进的自用生产设备一台，取得含增值税收入120000元；

（3）销售手机发出包装物收取押金20000元，另没收逾期未收回的包装物押金17550元；

（4）购进手机零配件取得增值税专用发票上注明金额120000元，增值税税额20400元；

（5）从小规模纳税人处购进原材料，支付价税合计金额90000元，取得税务机关代开的增值税专用发票；

（6）从消费者个人手中收购废旧手机，支付收购金额30000元。

已知：纳税人取得的发票均已通过认证并允许在当月抵扣，2017年3月末留抵的增值税税额为3000元。

要求：

根据上述资料，简要回答下列问题。

（1）请计算该企业本月销售A型手机及收取或没收包装物押金的增值税销项税额。

（2）请计算该企业销售自用生产设备应缴纳的增值税。

（3）请计算该企业本月可以抵扣的进项税额。

【习题1答案】

（1）该企业本月销售A型手机及没收包装物押金应计算的增值税销项税额＝2800×1000×（1－10%）×17%＋17550÷（1＋17%）×17%＝430950（元）；

【解析】①纳税人采取折扣方式销售货物，如果销售额和折扣额在同一张发票上的金额栏分别注明，可以按折扣后的销售额征收增值税；如果将折扣额另开发票，不论其在财务上如何处理，均不得从销售额中减除折扣额。②纳税人为销售非酒类产品而出租、出借包装物收取的押金，单独记账核算，且时间在1年以内又未逾期的，不并入销售额征税，即在本题中，当期收取的手机包装物押金20000元不需要并入销售额征税，而因逾期未收回不再退还的非酒类产品包装物押金，应按所包装货物的适用税率计算增值税税款。

（2）该企业销售自用生产设备应缴纳的增值税＝120000÷（1＋3%）×2%＝2330.10（元）；

【解析】增值税一般纳税人销售自己使用过的2008年12月31日以前购进或者自制的固定资产，依照简易办法按3%征收率减按2%征收增值税。

（3）该企业本月可以抵扣的进项税额＝3000×11%＋20400＋90000÷（1＋3%）×3%＋3000＝26351.36（元）。

【解析】①2017年3月末留抵的增值税税额3000元，在2017年4月可以继续抵扣；②从消费者个人手中收购手机，无法取得增值税专用发票，不能抵扣进项税额。

【习题 2 · 简答题】

甲企业为增值税一般纳税人，2016 年 4 月份发生如下生产经营业务：

（1）购进一批原材料，取得的增值税专用发票上注明价款 30000 元，增值税额 5100 元；同时，委托某运输企业（增值税一般纳税人）运送该批原材料，取得增值税专用发票上注明的不含税运费金额为 1000 元。

（2）组织员工外出旅游，向客运公司支付旅客运费 15000 元，取得客运公司依法出具的运输凭证。

（3）采取直接收款方式销售产品，收取全部价税合计金额 99450 元，该产品本月未发出，按照合同约定应于下月 10 日发出。

（4）将一批试制的新产品（非应税消费品）赠送客户，该产品尚无同类市场销售价格，生产成本为 20000 元，成本利润率为 10%。

（5）出租闲置设备一台，租赁期限为 4 月 1 日至 4 月 15 日，一次性收取不含税全部租金 12000 元。

已知：甲企业产品适用增值税税率 17%，上期留抵税额 15000 元，取得的增值税专用发票抵扣联均已经过认证。

要求：

根据上述资料，简要回答下列问题。

（1）计算该企业当月应确认的增值税销项税额；

（2）计算该企业当月应缴纳的增值税。

【习题 2 答案】

（1）该企业当月应确认的增值税销项税额 = 99450 ÷（1 + 17%）× 17% + 20000 ×（1 + 10%）× 17% + 12000 × 17% = 20230（元）；

（2）该企业当月应缴纳的增值税 = 20230 − 5100 − 1000 × 11% − 15000 = 20（元）。

【解析 1】业务（3）：纳税人采取直接收款方式销售货物的，不论货物是否发出，增值税纳税义务发生时间均为收到销售款或者取得索取销售款凭据的当天；应确认的销项税额 = 99450 ÷（1 + 17%）× 17% = 14450（元）。

【解析 2】业务（4）：纳税人将自产货物赠送客户，应视同销售货物，由于该产品无同类市场销售价，应组成计税价格计算；应确认的销项税额 = 20000 ×（1 + 10%）× 17% = 3740（元）。

【解析 3】业务（2）：纳税人接受的旅客运输服务，不得抵扣进项税额。

【习题 3 · 综合题】

某企业为增值税一般纳税人，2017 年 4 月份发生以下业务：

（1）从农业生产者手中收购玉米 40 吨，每吨收购价 3000 元，共计支付收购价款 120000 元，依法开具了农产品收购发票；派本企业车辆将收购

的玉米运回，途中因管理不善毁损了 20%。

（2）购进一批 A 货物取得增值税专用发票，注明价款 450000 元、增值税额 76500 元；支付给运输单位（增值税一般纳税人）购货运费，取得增值税专用发票上注明运输费 22500 元。本月将已验收入库的该批 A 货物中的 80% 零售，取得含税销售额 585000 元，20% 用于本企业集体福利。

（3）本月生产新产品 450 件，每件成本价 380 元（无同类产品市场价格），全部作为本企业职工福利发放。

（4）处理一批下脚料，取得含税销售额 35100 元。

（5）当月收取 B 货物（非酒类）包装物押金 25740 元，没收 B 货物包装物逾期押金 12870 元。

已知：A 货物和 B 货物适用的增值税税率均为 17%；生产的新产品不属于应税消费品，成本利润率为 10%，适用的增值税税率为 17%；本月取得的相关票据符合税法规定并在本月认证抵扣。

该企业财务人员在申报增值税时计算过程如下：

准予从销项税额中抵扣的进项税额 = 120000 × 13% + 76500 + 22500 × 11% = 94575（元）；

当期销项税额 = 585000 ÷（1 + 17%）× 17% + 380 × 450 × 17% + 25740 ÷（1 + 17%）× 17% = 117810（元）；

当期应纳增值税 = 117810 − 94575 = 23235（元）。

要求：

根据上述资料和增值税法律制度的规定，分析指出该企业财务人员申报增值税时存在哪些问题，并分别简要说明理由。

【习题 3 答案】

该企业财务人员申报增值税时存在下列问题：

（1）在运输途中因管理不善毁损的玉米的进项税额不得抵扣；就业务（1）该企业可以抵扣的进项税额 = 120000 × 13% ×（1 − 20%）= 12480（元）。

（2）外购的 A 货物用于本企业集体福利的部分不得抵扣进项税额，其对应的运费也不得抵扣进项税额；就业务（2）可以抵扣的进项税额 =（76500 + 22500 × 11%）×（1 − 20%）= 63180（元）。

（3）自产的新产品用于本企业职工福利的，应当视同销售货物处理；由于该新产品无同类产品市场价格，应当组成计税价格进行计算；就业务（3）该企业应当计算的销项税额 = 380 × 450 ×（1 + 10%）× 17% = 31977（元）。

（4）一般纳税人销售自己使用过的固定资产以外的物品，应当按照适用税率征收增值税，即增值税销项税额 = 含税售价 ÷（1 + 适用税率）× 适用税率；该企业就业务（4）应当计算的增值税

销项税额 = 35100 ÷ （1 + 17%） × 17% = 5100 （元）。

（5）一般货物的包装物押金收取时不作销售处理，逾期或未逾期但收取超过 1 年时价税分离后计算缴纳增值税；该企业应就本月没收（而非收取）的包装物押金计算销项税额；就业务（5）该企业应当计算的销项税额 = 12870 ÷ （1 + 17%） × 17% = 1870 （元）。

综上所述：

该企业当期应纳增值税 = 585000 ÷ （1 + 17%） × 17% + 31977 + 5100 + 1870 - 12480 - 63180 = 48287 （元）。

【习题 4·综合题】

甲汽车制造厂为增值税一般纳税人，2017 年 4 月份发生如下业务：

（1）采用分期收款方式销售 A 型小轿车 15 辆，每辆不含税售价为 20 万元，小轿车已经全部发出，按照书面合同的约定，当月应收不含税价款 150 万元，已全部收讫。

（2）因以前月份采用分期收款方式销售 A 型小轿车，书面合同约定应于 4 月份收取不含税款项共计 80 万元，但 4 月份实际仅收到 68 万元。

（3）在厂庆活动中销售 B 型小轿车 20 辆，每辆不含税售价为 15 万元，同时给予 3% 的折扣，销售时折扣额和销售额在同一张发票的金额栏内分别注明。

（4）将新研制的 C 型小轿车 3 辆奖励给研发人员，C 型小轿车每辆成本 8 万元（无同类产品市场销售价格）。

（5）当月接受乙公司的汽车设计服务，取得增值税专用发票注明不含税设计服务费 20 万元。

（6）当月购进生产用钢材，取得增值税专用发票注明价款为 150 万元，采购钢材时支付运费，取得一般纳税人开具的增值税专用发票，注明不含税运输费用为 20 万元。

（7）当月因管理不善损失一批上月购进、已经抵扣进项税额的钢材，账面成本 100 万元（含运费成本 4 万元）。

已知：甲汽车制造厂生产的小轿车适用的消费税税率为 9%，成本利润率为 8%。上述业务中涉及的增值税专用发票均从一般纳税人处取得，并在当月通过认证。

要求：

根据上述资料，计算甲汽车制造厂 2017 年 4 月份的增值税应纳税额。（计算结果保留到小数点后两位）

【习题 4 答案】

（1）甲汽车制造厂 2017 年 4 月份应计算的销项税额 = （150 + 80） × 17% + 15 × 20 × （1 - 3%） × 17% + 8 × （1 + 8%） ÷ （1 - 9%） × 3 × 17% = 93.41 （万元）；

【业务 1 和业务 2 解析】采取分期收款方式销售货物，增值税纳税义务发生时间为书面合同约定的收款日期的当天，无书面合同或者书面合同没有约定收款日期的，为货物发出的当天。

【业务 3 解析】纳税人采取折扣方式销售货物，如果销售额和折扣额在同一张发票上的金额栏分别注明的，可按折扣后的销售额征收增值税；如果将折扣额另开发票，不论其在财务上如何处理，均不得从销售额中减除折扣额。

【业务 4 解析】将自产的货物用于无偿赠送，应当视同销售计算缴纳增值税；由于 C 型小轿车系新研制产品，甲汽车制造厂和市场上并无同类售价，应当以组成计税价格计算销项税额；又由于小轿车为应税消费品，其组成计税价格 = 成本 × （1 + 成本利润率） ÷ （1 - 消费税税率）。

（2）甲汽车制造厂 2017 年 4 月份准予抵扣的进项税额 = 20 × 6% + 150 × 17% + 20 × 11% - [（100 - 4） × 17% + 4 × 11%] = 12.14 （万元）。

【业务 5 解析】接受营改增一般纳税人提供的应税服务，取得合法扣税凭证，可以依法抵扣进项税额；设计服务适用税率为 6%。

【业务 6 解析】购进货物用于生产应税货物，取得合法扣税凭证，可以依法抵扣进项税额，相应支付的运输费用也可以依法抵扣进项税额。

【业务 7 解析】非正常损失的购进货物及相关的应税劳务的进项税额不得从销项税额中抵扣，已经抵扣的，应当转出。

（3）甲汽车制造厂 2017 年 4 月份应纳增值税税额 = 93.41 - 12.14 = 81.27 （万元）。

【习题 5·简答题】

甲百货商场为增值税一般纳税人，2017 年 4 月发生下列业务：

（1）以一批金银首饰抵偿欠付丙企业货款价税合计 11.7 万元，并向丙企业开具增值税专用发票。甲百货商场该批金银首饰的成本为 8 万元；按甲百货商场同类商品的平均价格计算，该批首饰的不含税价格为 10 万元。

（2）零售金银首饰取得含增值税销售额 10.53 万元，其中包括以旧换新首饰的含增值税销售额 5.85 万元。在以旧换新业务中，旧首饰作价的含增值税金额为 3.51 万元，甲百货商场实际收取的含增值税金额为 2.34 万元。

（3）销售食用植物油取得含增值税销售额 22.6 万元，销售家用电器取得含增值税销售额 58.5 万元。

（4）从增值税一般纳税人乙企业处购入电视机一批，不含增值税销售额为 70 万元，采用托收承付方式结算；乙企业已将货物发出并办妥托收手续，但尚未向甲百货商场开具增值税专用发票。

（5）购进一辆小汽车供办公室人员公差使用，取得普通发票，支付的全部金额为 23.4 万元。

第十四周

（6）采购一批羊绒衫，取得增值税专用发票并于当月认证，注明增值税税额为 35 万元，但在采购途中，该批羊绒衫因管理不善被盗 80%。

要求：

根据上述资料，简要回答下列问题。

（1）请计算甲百货商场以金银首饰抵债的增值税销项税额。

（2）请计算甲百货商场零售金银首饰的增值税销项税额。

（3）请计算甲百货商场销售食用植物油和家用电器的增值税销项税额。

（4）请计算甲百货商场本月应纳增值税税额。

【习题 5 答案】

（1）甲百货商场以金银首饰抵债应计算的增值税销项税额 = 10 × 17% = 1.7（万元）；

（2）甲百货商场零售金银首饰应计算的增值税销项税额 =（10.53 - 5.85）÷（1 + 17%）×

17% + 2.34 ÷（1 + 17%）× 17% = 1.02（万元）；

（3）甲百货商场销售食用植物油和家用电器应计算的增值税销项税额 = 22.6 ÷（1 + 13%）× 13% + 58.5 ÷（1 + 17%）× 17% = 11.1（万元）；

（4）甲百货商场 2017 年 4 月可以抵扣的进项税额 = 35 ×（1 - 80%）= 7（万元）；

甲百货商场本月应纳增值税税额 = 1.7 + 1.02 + 11.1 - 7 = 6.82（万元）。

【解析】①甲百货商场尚未取得乙企业开具的增值税专用发票，不得就业务（4）抵扣进项税额；②虽然自 2013 年 8 月 1 日起，纳税人购进应征消费税的汽车、摩托车、游艇自用，可以抵扣购进时的增值税进项税额，但仍然需要取得增值税专用发票（税控机动车销售统一发票），取得普通发票的不能抵扣进项税额；③非正常损失（因管理不善）的购进货物及相关的应税劳务，不得抵扣进项税额。

第十四周

【星期五·专题 8】企业所得税的主观题（经典考题）

【说明】"企业所得税法律制度"的经典大题，请回看：（1）第 7 章第 5 单元考点 1 例题（见本书第 268 页）；（2）第 10 周"本周自测"——简答题、综合题（见本书第 274 页）。

【星期六·专题 8】企业所得税的主观题（习题演练）

【习题 1·简答题】

甲公司（居民企业）为国家重点扶持的高新技术企业，2016 年度有关财务收支情况如下：

（1）销售商品收入 5000 万元，出售一台设备收入 20 万元，转让一宗土地使用权收入 300 万元，从其直接投资的未上市居民企业分回股息收益 80 万元；

（2）税收滞纳金 5 万元，赞助支出 30 万元，被没收财物的损失 10 万元，环保罚款 50 万元；

（3）其他可在企业所得税前扣除的成本、费用、税金合计 3500 万元；

（4）全年累计预缴企业所得税税款 250 万元。

甲公司财务人员在汇算清缴企业所得税时计算如下：

（1）全年应纳税所得额 = 5000 + 20 + 300 + 80 - 5 - 30 - 10 - 50 - 3500 = 1805（万元）；

（2）全年应纳企业所得税额 = 1805 × 25% = 451.25（万元）；

（3）当年应补缴企业所得税 = 451.25 - 250 = 201.25（万元）。

要求：

根据上述资料及企业所得税的有关规定，分

别回答下列问题。

（1）分析指出甲公司财务人员在汇算清缴企业所得税时存在的不合法之处。

（2）计算甲公司 2016 年度汇算清缴企业所得税时应补缴或退回的税款。

【习题 1 答案】

（1）甲公司财务人员在汇算清缴企业所得税时存在下列不合法之处：

①从其直接投资的未上市居民企业分回股息收益 80 万元，属于免税收入，不应计入应纳税所得额；

②税收滞纳金 5 万元、赞助支出 30 万元、被没收财物的损失 10 万元、环保罚款 50 万元，均为企业所得税前不得扣除的项目，在计算应纳税所得额时不应扣除；

③甲公司属于国家重点扶持的高新技术企业，可以享受 15% 的优惠税率，甲公司财务人员未予考虑。

（2）

甲公司 2016 年度企业所得税应纳税所得额 = 5000 + 20 + 300 - 3500 = 1820（万元）；

甲公司 2016 年度企业所得税应纳税额 = 1820 × 15% = 273（万元）；

甲公司2016年度汇算清缴企业所得税时应补缴的税款＝273－250＝23（万元）。

【习题2·综合题】

甲企业为中国境内居民企业、增值税一般纳税人，主要生产销售液晶电视机。2016年甲企业实现会计利润865.61万元，主要情况如下：

（1）销售液晶电视机取得不含增值税收入8600万元，与之配比的销售成本5660万元；

（2）转让技术所有权取得收入700万元，直接与技术所有权转让有关的成本和费用100万元；

（3）出租生产设备取得不含增值税租金收入200万元；

（4）接受原材料捐赠取得增值税专用发票注明材料金额50万元、增值税税额8.5万元；

（5）取得国债利息收入30万元，取得非上市居民企业股息收入20万元；

（6）购进原材料共计3000万元，取得增值税专用发票注明增值税税额510万元，并支付购货运费，取得货物运输业一般纳税人开具的增值税专用发票注明运费金额为146.36万元；

（7）购进《安全生产专用设备企业所得税优惠目录》规定的安全生产专用设备一台，取得增值税专用发票，注明价款50万元、增值税税额8.5万元；

（8）销售费用1650万元，其中包括广告费和业务宣传费1400万元；

（9）管理费用850万元，其中包括业务招待费90万元、新技术研究开发费用320万元；

（10）财务费用80万元，其中包括向非金融企业（非关联方）借款500万元所支付的年利息40万元（当年金融企业同期同类贷款的年利率为5.8%）；

（11）已计入成本、费用中的实发工资540万元，拨缴的工会经费15万元、实际发生的职工福利费82万元、职工教育经费18万元；

（12）营业外支出300万元，其中包括通过公益性社会团体向贫困山区的捐款150万元、直接向灾区的捐款50万元、向供应商支付的违约金10万元、行政罚款2万元。

已知：（1）上述销售费用、管理费用和财务费用不涉及技术转让费用；（2）取得的相关票据均通过主管税务机关认证。

要求：

根据上述资料，分析回答下列小题。

（1）请计算甲企业2016年应缴纳的增值税；

（2）请计算甲企业2016年企业所得税税前准予扣除的广宣费金额；

（3）请计算甲企业2016年企业所得税税前准予扣除的管理费用金额；

（4）请计算甲企业2016年财务费用应调整的企业所得税应纳税所得额；

（5）请计算甲企业2016年工会经费、职工福利费、职工教育经费应调整的企业所得税应纳税所得额；

（6）请计算甲企业2016年企业所得税税前准予扣除的营业外支出金额；

（7）请计算甲企业2016年度企业所得税应纳税所得额；

（8）请计算甲企业2016年度企业所得税税额。

【习题2答案】

（1）甲企业2016年应当缴纳的增值税

＝8600×17%＋200×17%－（8.5＋510＋146.36×11%＋8.5）＝952.9（万元）。

【解析1】纳税人提供技术转让、技术开发和与之相关的技术咨询、技术服务，免征增值税。

【解析2】接受原材料捐赠，取得合法扣税凭证的，其对应的进项税额可以依法抵扣。

（2）

甲企业2016年销售（营业）收入＝8600＋200＝8800（万元）；

税法允许的扣除限额＝8800×15%＝1320（万元），甲企业实际发生广告费和业务宣传费1400万元超过了税法允许的扣除限额；

因此，甲企业2016年企业所得税税前准予扣除的广告费和业务宣传费为1320万元。

（3）

①业务招待费

销售（营业）收入的5‰＝8800×5‰＝44（万元），实际发生额的60%＝90×60%＝54（万元），税前准予扣除的业务招待费为44万元，应调增应纳税所得额＝90－44＝46（万元）；

②新技术研究开发费用，未形成无形资产计入当期损益的，在按照规定据实扣除的基础上，按照研究开发费用的50%加计扣除，应调减应纳税所得额＝320×50%＝160（万元）。

因此，甲企业2016年企业所得税税前准予扣除的管理费用金额＝850－46＋160＝964（万元）。

（4）

甲企业向非金融企业借款500万元所支付的利息在2016年企业所得税前允许扣除的金额＝500×5.8%＝29（万元）；

财务费用应调增应纳税所得额＝40－29＝11（万元）。

（5）

①税法规定的拨缴工会经费扣除限额＝540×2%＝10.8（万元），实际拨缴额超过限额，应调增的应纳税所得额＝15－10.8＝4.2（万元）；

②税法规定的职工福利费扣除限额＝540×14%＝75.6（万元），实际发生额超过限额，应调增的应纳税所得额＝82－75.6＝6.4（万元）；

③税法规定的职工教育经费扣除限额＝540×

$2.5\% = 13.5$（万元），实际发生额超过限额，应调增的应纳税所得额 $= 18 - 13.5 = 4.5$（万元）。

因此，三项经费共计应调增企业所得税应纳税所得额 $= 4.2 + 6.4 + 4.5 = 15.1$（万元）。

（6）

①直接向灾区的捐款、行政罚款在企业所得税税前不得扣除；

②税法规定的公益性捐赠扣除限额 $= 865.61 \times 12\% = 103.87$（万元）。

因此，甲企业 2016 年企业所得税前准予扣除的营业外支出金额 $= 300 - 50 - 2 - (150 - 103.87) = 201.87$（万元）。

（7）甲企业 2016 年度的企业所得税应纳税所得额 $= 865.61 - 30$（免税的国债利息收入）$- 20$（免税的股息收入）$+ (1400 - 1320) - (964 - 850) + 11 + 15.1 + (300 - 201.87) - (700 - 100) + (700 - 100 - 500) \times 50\% = 355.84$（万元）。

【解析】一个纳税年度内，居民企业技术转让所得不超过 500 万元的部分，免征企业所得税；超过 500 万元的部分，减半征收企业所得税。在本题中，甲企业的技术转让所得 $= 700 - 100 = 600$（万元），其中 500 万元免征企业所得税，超过 500 万元的部分为 100 万元，减半征收企业所得税。

（8）甲企业 2016 年度企业所得税税额 $= 355.84 \times 25\% - 50 \times 10\% = 83.96$（万元）。

【解析】企业购置并实际使用符合规定的环境保护、节能节水、安全生产等专用设备的，该专用设备的投资额的 10% 可以从企业当年的应纳税额中抵免；当年不足抵免的，可以在以后 5 个纳税年度内结转抵免。

【习题 3·综合题】

位于市区的境内甲企业，系增值税一般纳税人，属于国家重点扶持的高新技术企业，2016 年甲企业实现会计利润 602 万元，有关资料如下：

（1）取得不含税产品销售收入 1600 万元，与之对应的成本为 100 万元。

（2）转让一项符合条件的技术所有权，取得转让收入 800 万元，与该技术所有权有关的成本费用为 200 万元。

（3）发生管理费用 800 万元，其中含与生产经营业务有关的业务招待费支出 50 万元，新技术研究开发费用 120 万元。

（4）发生销售费用 500 万元，其中含广告费和业务宣传费 300 万元。

（5）发生财务费用 80 万元，其中 7 月 1 日向职工借款 500 万元用于生产经营，企业与职工签订了合法、有效的借款合同并支付了半年的利息费用 36 万元（同期同类银行贷款年利率为 6%）。

（6）实际发生的合理工资薪金总额为 300 万元，为全体职工支付补充养老保险费 30 万元，为

投资者支付商业人身保险费 20 万元，为本企业新建成的厂房投保火灾险，支付保险费 15 万元；以上支出均已计入相关成本费用。

（7）"营业外支出"中包括，通过企业行政部门直接对贫困地区捐款 50 万元；向工商局缴纳的罚款 8 万元；向原材料供应商支付的违约金 25 万元。

（8）甲企业在 2016 年共计提固定资产减值准备 35 万元，全部未经税务机关核定。

要求：

根据上述资料，回答下列问题（不考虑其他纳税调整事项）。

（1）甲企业转让技术所有权应调整的企业所得税应纳税所得额；

（2）甲企业 2016 年发生的管理费用应调整的企业所得税应纳税所得额；

（3）甲企业 2016 年发生的销售费用应调整的企业所得税应纳税所得额；

（4）甲企业 2016 年发生的财务费用应调整的企业所得税应纳税所得额；

（5）甲企业业务（6）应调整的企业所得税应纳税所得额；

（6）甲企业"营业外支出"账户应调整的企业所得税应纳税所得额；

（7）甲企业 2016 年应缴纳的企业所得税。

【习题 3 答案】

（1）甲企业转让技术所有权应调减的企业所得税应纳税所得额 $= 500 + (800 - 200 - 500) \times 50\% = 550$（万元）。

（2）

①业务招待费税前扣除限额 $1 = 1600 \times 5‰ = 8$（万元）；业务招待费税前扣除限额 $2 = 50 \times 60\% = 30$（万元）；业务招待费可以在税前扣除 8 万元，应调增的应纳税所得额 $= 50 - 8 = 42$（万元）；

②新技术研究开发费用计入当期损益的，在按照规定据实扣除的基础上，再按照研究开发费用的 50% 加计扣除；因此，甲企业发生的新技术研究开发费用应调减应纳税所得额 $= 120 \times 50\% = 60$（万元）；

③甲企业 2016 年发生的管理费用共计应调减应纳税所得额 18 万元（$60 - 42$）。

（3）

广告费和业务宣传费税前扣除限额 $= 1600 \times 15\% = 240$（万元），广告费和业务宣传费实际发生额 300 万元超过扣除限额，应按限额扣除；因此，甲企业 2016 年发生的销售费用应调增应纳税所得额 60 万元（$300 - 240$）。

（4）

向职工借款税前扣除限额 $= 500 \times 6\% \div 2 = 15$（万元），甲企业向职工借款实际支付的借款利息

36万元超过扣除限额，应按限额扣除；因此，甲企业2016年发生的财务费用应调增应纳税所得额21万元（36－15）。

（5）

①为全体职工支付补充养老保险的税前扣除限额＝300×5%＝15（万元），实际发生额为30万元，应按限额扣除，应调增应纳税所得额15万元（30－15）；

②为投资者支付的商业保险费不得税前扣除，应全额调增应纳税所得额，即应调增应纳税所得额20万元；

③企业参加财产保险，按照有关规定缴纳的保险费，准予扣除；

④甲企业业务（6）应调增应纳税所得额35万元（15＋20）。

（6）

①直接捐赠不得在企业所得税税前扣除，甲企业对贫困地区的直接捐款50万元应全额调增应纳税所得额；

②向工商局缴纳的罚款不得在企业所得税税前扣除，甲企业向工商局缴纳的罚款8万元应全额调增应纳税所得额；

③纳税人按经济合同规定支付的违约金（包括银行罚息）、罚款和诉讼费可以在企业所得税税前扣除，甲企业向原材料供应商支付的违约金25万元无需进行纳税调整；

④甲企业"营业外支出"账户应调增的企业所得税应纳税所得额＝50＋8＝58（万元）。

（7）

甲企业2016年企业所得税应纳税所得额
＝602－550－18＋60＋21＋35＋58＋35＝243（万元）；

甲企业2016年应纳企业所得税税额＝243×15%＝36.45（万元）。

【解析1】未经核定的准备金支出不得在企业所得税税前扣除。

【解析2】对国家需要重点扶持的高新技术企业，减按15%的税率征收企业所得税。

【习题4·综合题】

某上市公司主要从事食品生产，2016年度取得主营业务收入48000万元、其他业务收入2000万元，营业外收入1000万元，投资收益500万元，发生主营业务成本25000万元、其他业务成本1000万元、营业外支出1500万元、税金及附加4000万元，管理费用3000万元，销售费用10000万元，财务费用1000万元，实现年度利润总额6000万元，当年发生的相关具体业务如下：

（1）广告费支出8000万元；

（2）业务招待费支出350万元；

（3）已计入成本、费用的实发工资总额为6000万元，拨缴职工工会经费150万元，发生职

工福利费900万元，职工教育经费160万元；

（4）专用于新产品研发的费用2000万元；

（5）计提资产减值损失准备金1500万元，该资产减值损失准备金未经税务机关核定；

（6）公司取得的投资收益中包括国债利息收入200万元，购买某上市公司股票分得股息300万元，该股票持有8个月后卖出；

（7）获得当地政府财政部门补助的具有专项用途的财政资金500万元，已取得财政部门正式文件，支出400万元；

（8）向民政部门捐款800万元用于救助贫困儿童。

（其他相关资料：各扣除项目均已取得有效凭证，相关优惠已办理必要手续）

要求：

根据上述资料，回答下列问题。

（1）计算广告费支出应调整的应纳税所得额；

（2）计算业务招待费支出应调整的应纳税所得额；

（3）计算工会经费、职工福利费和职工教育经费应调整的应纳税所得额；

（4）计算研发费用应调整的应纳税所得额；

（5）计算资产减值损失准备金应调整的应纳税所得额；

（6）计算投资收益应调整的应纳税所得额并说明理由；

（7）计算财政补助资金应调整的应纳税所得额并说明理由；

（8）计算向民政部门捐赠应调整的应纳税所得额；

（9）计算该公司2016年企业所得税应纳税所得额。

【习题4答案】

（1）销售（营业）收入＝48000＋2000＝50000（万元）；

广告费扣除限额＝50000×15%＝7500（万元）＜实际发生额8000万元，广告费应调增的应纳税所得额＝8000－7500＝500（万元）。

（2）业务招待费扣除限额1＝350×60%＝210（万元）；扣除限额2＝50000×5‰＝250（万元）；

税前准予扣除的业务招待费＝210（万元）；

业务招待费支出应调增的应纳税所得额＝350－210＝140（万元）。

（3）工会经费扣除限额＝6000×2%＝120（万元）＜实际拨缴金额150万元，纳税调增30万元；

职工福利费扣除限额＝6000×14%＝840（万元）＜实际发生金额900万元，纳税调增60万元；

职工教育经费扣除限额＝6000×2.5%＝150（万元）＜实际发生金额160万元，纳税调增10万元；

工会经费、职工福利费和职工教育经费应调增的应纳税所得额＝30＋60＋10＝100（万元）。

（4）研发费用应调减的应纳税所得额＝2000×50%＝1000（万元）。

（5）资产减值损失准备金应调增的应纳税所得额＝1500（万元）。

（6）投资收益应调减的应纳税所得额＝200（万元）。

①国债利息收入200万元免税，应纳税调减；

②符合条件的居民企业之间的股息、红利等权益性投资收益免征企业所得税，但不包括连续持有居民企业公开发行并上市流通的股票不足12个月取得的投资收益，故从上市公司分得的股息300万元无需纳税调整。

（7）财政补助资金应调减的应纳税所得额＝500－400＝100（万元）。

当地政府财政部门补助的具有专项用途的财政资金500万元属于不征税收入，应纳税调减；与不征税收入对应的支出400万元，不得在税前扣除，应纳税调增。

（8）公益性捐赠扣除限额＝6000×12%＝720（万元）＜实际发生额800万元，向民政部门捐赠应调增应纳税所得额＝800－720＝80（万元）。

（9）该公司2016年企业所得税应纳税所得额＝6000＋500＋140＋100－1000＋1500－200－100＋80＝7020（万元）。

第十四周

冲刺篇

模拟题演练

第十五周

2017 年会计专业技术资格考试
模拟测试题（一）

扫一扫，阅读解题思路

本书中各部分试题均配备二维码，下载安装 "东奥题库宝典" 移动客户端，扫一扫左侧二维码，即可在线做题，并获得详尽的答案解析、解题思路等超值服务，解决您做题时的一切疑惑。

【移动客户端安装二维码详见封底】

一、单项选择题（本类题共 30 小题，每小题 1 分，共 30 分。每小题备选答案中，只有一个符合题意的正确答案。多选、错选、不选均不得分）

1. 下列各项中，具有最高法律效力的是（ ）。
   A. 宪法　　　　　　　B. 法律
   C. 行政法规　　　　　D. 部门规章

2. 甲被乙打成重伤，支付医药费 5 万元。甲与乙达成如下协议："乙向甲赔偿医药费 5 万元，甲不得告发乙。"甲获得 5 万元赔偿后，向公安机关报案，后乙被追究刑事责任。有关本案的下列说法中，正确的是（ ）。
   A. 甲、乙之间的协议完全有效
   B. 因甲乘人之危，乙有权撤销该协议
   C. 甲、乙之间的协议完全无效
   D. 乙无权要求甲返还 5 万元赔偿费

3. 2015 年 2 月 16 日，张某与王某发生争执，争执中张某将王某推倒，王某起身后未感觉不适。至 2015 年 3 月 15 日，王某突觉膝盖疼痛难忍，住院就医；2015 年 3 月 20 日确诊，并掌握确凿证据证明系上次争执中被张某推倒所致；2015 年 4 月 20 日，王某要求张某赔偿有关医药费，张某予以拒绝。根据有关规定，王某要求张某赔偿医药费的诉讼时效期间届满日为（ ）。
   A. 2016 年 2 月 16 日　B. 2016 年 3 月 15 日
   C. 2016 年 3 月 20 日　D. 2016 年 4 月 20 日

4. 甲、乙共同出资设立 A 有限责任公司；乙与丙订立代持股协议，约定由乙实际出资并享有投资权益，丙为名义股东；A 有限责任公司成立后经营情况上佳，乙为了防止不必要的争议和风险，与丙达成合意终止双方的代持股协议。根据公司法律制度的规定，下列说法符合规定的是（ ）。
   A. 乙出示其与丙订立的代持股协议后，可以要求 A 有限责任公司变更股东名称

B. 乙出示丙同意终止代持股协议的书面证明后，可以要求 A 有限责任公司变更股东名称
   C. 取得丙和 A 有限责任公司总经理同意后，乙可以要求 A 有限责任公司变更股东名称
   D. 经丙和 A 有限责任公司股东半数以上同意，乙可以请求 A 有限责任公司变更股东名称

5. 东海股份有限公司召开临时董事会议，9 名董事会成员中 7 名出席了会议。董事会表决之前，3 名董事因意见与众人不合，中途退席，但董事会经其余董事一致通过仍作出决议。有关该决议，下列说法正确的是（ ）。
   A. 该决议有效，因其已由出席会议董事的过半数通过
   B. 该决议无效，因其未经全体董事的过半数通过
   C. 该决议是否有效取决于公司股东会的最终意见
   D. 该决议是否有效取决于公司监事会的审查意见

6. 某上市公司拟聘请独立董事。根据公司法律制度的规定，下列人员中，不得担任该上市公司独立董事的是（ ）。
   A. 该上市公司总经理赵某的配偶的姐姐
   B. 持有该上市公司已发行股份 2% 的股东钱某的儿媳
   C. 持有该上市公司已发行股份 3% 的甲公司的董事孙某的儿子
   D. 持有该上市公司已发行股份 10% 的乙公司的董事李某的大学同学

7. 2016 年 1 月 15 日，某上市公司依股东大会决议收购了本公司部分股份用于奖励公司职工。该公司现有已发行股份总额 8000 万股。下列有关该公司收购本公司部分股份奖励职工的表述中，符合公司法律制度规定的是（ ）。

A. 公司可以收购的本公司股份不得超过 400 万股

B. 在股东大会决议中投了反对票的股东，可以请求公司以合理价格回购其股份

C. 公司用于收购本公司股份的资金可以从公司的税前利润中支出

D. 公司收购的本公司股份应在 2016 年 7 月 15 日之前转让给职工

8. 甲是一家有限责任公司的董事。公司章程规定，董事每届任期 2 年，连选可以连任，则甲连续担任该公司董事的最长期限( )。

A. 不得超过 2 年

B. 不得超过 4 年

C. 不得超过 8 年

D. 没有限制

9. 自然人王某、甲上市公司和乙国有独资公司拟设立 A 有限合伙企业。下列有关说法中，不符合合伙企业法律制度规定的是( )。

A. 自然人王某只能作为普通合伙人

B. 除法律另有规定外，该企业最多可以有 50 个合伙人

C. 甲上市公司可以派代表到 A 有限合伙企业执行合伙企业事务

D. 乙国有独资公司可以土地使用权出资

10. 甲、乙、丙、丁成立 A 有限合伙企业，甲、乙是普通合伙人，丙、丁是有限合伙人；企业成立后因经营不善，无法偿付到期债务，依法被人民法院宣告破产。有关本案的下列说法中，正确的是( )。

A. A 企业已经破产，未得到全额清偿的债权人只能自认倒霉

B. A 企业的债权人依然可以要求甲、乙、丙、丁对企业财产不足清偿的债务承担连带责任

C. A 企业的债权人只能要求甲、乙对企业财产不足清偿的债务承担连带责任

D. A 企业的债权人 5 年内未向甲、乙提出偿债要求的，该责任消灭

11. 潘某请其妻子刘某清洁自己收藏的一件古玩，不料刘某一时大意致其落地摔毁。潘某已在甲保险公司就该古玩投保财产险，遂向保险公司提出理赔申请。有关本案的下列说法中，符合保险法律制度规定的是( )。

A. 保险公司有权以刘某重大过失摔毁为由拒绝赔偿

B. 保险公司有权以刘某是潘某的配偶为由拒绝赔偿

C. 保险公司应当赔付，但可以向刘某行使代位求偿权

D. 保险公司应当赔付，且不得向刘某行使代位求偿权

12. 甲上市公司，股本总额为 10 亿元；2016 年 8 月拟向原股东配售股份。根据证券法律制度的规定，甲上市公司本次最多可以配售的股份为( )。

A. 1 亿股

B. 2 亿股

C. 3 亿股

D. 5 亿股

13. 根据证券法律制度的规定，下列有关要约收购的表述中，不正确的是( )。

A. 在要约收购期间，被收购公司董事不得辞职

B. 收购人在要约收购期限内，不得卖出被收购公司的股票

C. 在收购要约确定的承诺期限内，收购人不得撤销其收购要约

D. 在要约收购期内，收购人可以同时采取其他方式买入被收购公司的股票

14. 甲公司签发汇票时出现的下列情形中，不导致该汇票无效的是( )。

A. 汇票上未记载出票日期

B. 汇票上金额记载为"不超过 50 万元"

C. 汇票上记载了该票据项下交易的合同号码

D. 签章时加盖了本公司合同专用章，且公司负责人仅签名而未盖章

15. 甲公司为支付购货款向乙公司签发银行承兑汇票一张，A 银行承兑，乙公司受丙公司胁迫将票据背书给丙公司，丙公司取得票据后将票据背书转让给不知情的丁公司以支付劳务供应款项。根据票据法律制度的规定，下列说法正确的是( )。

A. 如果丁公司依法提示付款，A 银行可以丙公司恶意取得票据为由拒绝向丁公司支付票款

B. 如果丁公司依法提示付款，A 银行即使明知丙公司恶意取得票据亦应尽形式审查义务后向丁公司支付票款

C. 如果丁公司依法提示付款被拒绝后行使追索权，丙公司有权以自己胁迫取得票据为由拒绝承担票据责任

D. 如果丁公司依法提示付款被拒绝后行使追索权，乙公司有权以自己受胁迫转让票据为由拒绝承担票据责任

16. 有关私募基金，下列表述正确的是( )。

A. 各类私募基金管理人均应向国务院证券监督管理机构申请注册

B. 私募基金的基金份额持有人应当按其所持基金份额享受收益和承担风险

C. 社会保障基金不得参与私募基金投资

D. 私募基金应当由基金托管人托管，基金合同另有约定的除外

17. 甲餐厅承接乙的婚宴。双方约定：婚宴共办酒席 20 桌，每桌 2000 元；乙先行向甲餐厅支付定金 1 万元；任何一方违约，均应向对方支付违约金 5000 元。合同订立后，乙未依约向甲

餐厅支付定金。婚宴前一天，乙因故通知甲餐厅取消婚宴。甲餐厅要求乙依约支付1万元定金与5000元违约金。根据合同法律制度的规定，下列表述中，正确的是（　　）。

A. 甲餐厅应在1万元定金与5000元违约金之间择一向乙主张，因为定金与违约金不能同时适用

B. 甲餐厅仅有权请求乙支付8000元定金，因为定金不得超过合同标的额的20%

C. 甲餐厅无权请求乙支付定金，因为乙未实际交付定金，定金条款尚未生效

D. 甲餐厅无权请求乙支付定金，因为定金额超过合同标的额的20%，定金条款无效

18. 甲公司将所属设备租赁给乙公司使用。租赁期间，甲公司将用于出租的设备卖给丙公司。根据合同法律制度的规定，下列表述正确的是（　　）。

A. 甲公司在租赁期间不能出卖出租设备

B. 买卖合同有效，原租赁合同继续有效

C. 买卖合同有效，原租赁合同自买卖合同生效之日起终止

D. 买卖合同有效，原租赁合同须经丙公司同意后方继续有效

19. 老张于2017年2月14日表示将赠与老李2万元，并当场支付老李4000元；同年3月14日，老李将老张的儿子小张打成重伤。根据合同法律制度的规定，下列说法正确的是（　　）。

A. 老张可以撤销对老李的赠与

B. 小张有权撤销其父对老李的赠与

C. 老张无权要求老李返还已支付的4000元

D. 如果老张行使撤销权，应在2018年2月14日之前行使

20. 甲公司为增值税一般纳税人，2017年4月采取折扣方式销售货物一批，该批货物不含税销售额90000元，折扣额9000元，销售额和折扣额在同一张发票的金额栏分别注明。根据增值税法律制度的规定，甲公司当月该笔业务应确认的增值税销项税额为（　　）元。

A. 16110.9　　　　B. 15300
C. 17901　　　　D. 13770

21. 2017年4月甲公司销售产品取得含增值税价款117000元，另收取包装物租金7020元。根据增值税法律制度的规定，甲公司当月该笔业务应确认的增值税销项税额为（　　）元。

A. 17000　　　　B. 18020
C. 19890　　　　D. 21083.4

22. 根据增值税法律制度的规定，一般纳税人选择简易办法计算缴纳增值税后，在一定期限内不得变更，该期限为（　　）。

A. 12个月　　　　B. 36个月
C. 24个月　　　　D. 18个月

23. 甲博物馆2017年4月取得的下列收入中，免征增值税的是（　　）。

A. 第一道门票收入
B. 出租门面房收入
C. 转让著作权收入
D. 转让自建的仓库收入

24. 下列各项中，属于企业所得税免税收入的是（　　）。

A. 依法收取并纳入财政管理的政府性基金
B. 国债利息收入
C. 财产转让收入
D. 特许权使用费收入

25. 甲公司2016年度实现利润总额30万元，直接向受灾地区群众捐款6万元，通过公益性社会团体向贫困地区捐款4万元。根据企业所得税法律制度的规定，甲公司在计算2016年度企业所得税应纳税所得额时，准予扣除的捐赠额为（　　）。

A. 6万元　　　　B. 10万元
C. 3.6万元　　　　D. 4万元

26. 根据企业所得税法律制度的规定，企业与其关联方之间的业务往来，不符合独立交易原则的，税务机关有权在该业务发生的纳税年度起一定期限内进行调整。该期限为（　　）。

A. 10年　　　　B. 15年
C. 20年　　　　D. 30年

27. 政府采购招标后没有供应商投标或者没有合格标的或者重新招标未能成立的，可以采用（　　）方式采购。

A. 邀请招标　　　　B. 竞争性谈判
C. 单一来源采购　　　　D. 询价

28. 根据专利法律制度的规定，下列各项中，不授予专利权的是（　　）。

A. 治疗仪器的生产方法
B. 对产品的构造提出的适于实用的新的技术方案
C. 对平面印刷品的图案作出的主要起标识作用的设计
D. 对产品的形状作出的富有美感并适于工业应用的新设计

29. 甲公司在"二锅头"上使用"蓝瓶"注册商标。根据商标的分类，甲公司的"蓝瓶"商标属于（　　）。

A. 文字商标
B. 颜色组合商标
C. 声音商标
D. 三维标志商标

30. 甲公司拥有"飞鸿"注册商标，核定使用的商品为酱油等食用调料。乙公司成立在后，特意将"飞鸿"登记为企业字号，并在广告、企业厂牌、商品上突出使用。乙公司使用违法

添加剂生产酱油被媒体曝光后，甲公司的市场声誉和产品销量受到严重影响。有关本案的下列说法中，正确的是（ ）。

A. 乙公司的行为并未侵犯甲公司的注册商标专用权

B. 乙公司将"飞鸿"登记为企业字号并突出使用的行为构成不正当竞争行为

C. 乙公司造成甲公司的市场声誉和产品销量受到严重影响，构成诋毁商誉

D. 如果使用违法添加剂生产酱油的行为不被曝光，乙公司的行为不构成不正当竞争行为

二、多项选择题（本类题共15小题，每小题2分，共30分。每小题备选答案中，有两个或两个以上符合题意的正确答案，多选、少选、错选、不选均不得分）

1. 甲、乙因合同纠纷申请仲裁，仲裁庭对案件裁决未能形成一致意见，有关该案件仲裁裁决的下列表述中，符合法律规定的有（ ）。

A. 应当按照多数仲裁员的意见作出裁决

B. 应当由仲裁庭达成一致意见作出裁决

C. 仲裁庭不能形成多数意见时，按照首席仲裁员的意见作出裁决

D. 仲裁庭不能形成一致意见时，提请仲裁委员会作出裁决

2. 顺昌有限责任公司等5家公司作为发起人，拟以募集方式设立一家股份有限公司。根据公司法律制度的规定，下列有关公开募集程序的说法中，正确的有（ ）。

A. 发起人应与依法设立的证券公司签订承销协议，由其承销公开募集的股份

B. 承销的证券公司应与银行签订协议，由该银行代收所发行股份的股款

C. 发行股份的股款缴足后，须经依法设立的验资机构验资并出具证明

D. 由发起人主持召开公司创立大会，选举董事会成员、监事会成员以及公司总经理

3. 甲商贸有限责任公司，注册资本为10万元，拟减资4万元。根据公司法律制度规定，下列说法不正确的有（ ）。

A. 减资后注册资本低于法定最低限额，该减资方案不合法

B. 对减资决议投反对票的股东，有权要求公司以合理价格回购其股权

C. 减资决议应当经出席股东会的股东所持表决权2/3以上通过

D. 按照法定程序减资后，公司可以按出资比例向股东返还股款

4. 根据个人独资企业法律制度的规定，下列各项中，属于个人独资企业应当解散的情形的有（ ）。

A. 投资人死亡，继承人决定继承

B. 投资人决定解散

C. 投资人被宣告死亡，无继承人

D. 个人独资企业被吊销营业执照

5. 下列有关优先股股东权利的表述中，正确的有（ ）。

A. 优先股股东优先于普通股股东分配公司利润

B. 优先股股东优先于普通股股东分配公司剩余财产

C. 优先股股东优先于普通股股东出席股东大会

D. 优先股股东优先于普通股股东认购公司发行的新股

6. 根据支付结算法律制度的规定，持票人丧失票据后，可以采取的补救形式有（ ）。

A. 民事仲裁

B. 挂失止付

C. 公示催告

D. 普通诉讼

7. 根据支付结算法律制度的规定，下列各项中，票据持票人行使首次追索权时，可以请求被追索人支付的金额和费用有（ ）。

A. 因汇票资金到位不及时，给持票人造成的税收滞纳金损失

B. 取得有关拒绝证明和发出通知书的费用

C. 票据金额自到期日或者提示付款日起至清偿日止，按规定的利率计算的利息

D. 被拒绝付款的票据金额

8. 有关保险合同记载的内容不一致的处理，下列表述不正确的有（ ）。

A. 非格式条款与格式条款不一致的，以格式条款为准

B. 保险凭证记载的时间不同的，以形成时间在后的为准

C. 投保单与保险单记载不一致的，以保险单为准

D. 保险凭证存在手写和打印两种方式的，以打印的内容为准

9. 甲就同一个笔记本电脑，先后与乙、丙订立了买卖合同，乙、丙事后得知，纷纷向法院起诉，要求甲履行合同向自己交付电脑。对此，下列说法正确的有（ ）。

A. 不论价款支付情况如何，乙均有权以合同成立在先为由，请求甲向其交付电脑

B. 不论价款支付情况如何，人民法院按照抽签结果决定支持乙或丙的诉讼请求

C. 如果乙已经支付了价款，丙尚未支付，人民法院将支持乙的诉讼请求

D. 如果丙已经支付了价款，乙尚未支付，人民法院将支持丙的诉讼请求

10. 李某将一处口面房租给张某，双方口头约定，租期2年，租金每月1000元。1年后，张某经李某同意，将房屋转租给王某，租期1年、月租金1200元，双方未签订书面合同。王某入

住后，擅自拆除了门面房隔墙，李某得知后欲收回房屋。根据合同法律制度的规定，下列说法正确的有（　　）。

A. 张某与王某间的租赁合同为不定期租赁

B. 张某将房屋转租后，李某有权按每月1200元向张某收取租金

C. 李某有权要求王某承担违约责任

D. 李某有权要求张某承担违约责任

11. 甲和乙签订了《房屋租赁合同》，下列情形中，承租人乙主张优先购买权时，人民法院不予支持的有（　　）。

A. 甲的房屋系与丙按份共有，丙亦主张优先购买权

B. 甲将房屋转让给其哥哥丁

C. 甲已于一个月前通知乙，但乙一直未表示购买

D. 甲已经将房屋转让给善意的戊，并与其办理了房屋转移登记手续

12. 甲公司2016年度支出合理工资薪金总额1000万元，为职工缴纳补充养老保险费80万元、补充医疗保险费30万元。有关甲公司计算2016年度企业所得税应纳税所得额时准予扣除的补充养老保险费、补充医疗保险费，下列说法正确的有（　　）。

A. 准予扣除的补充养老保险费为50万元

B. 准予扣除的补充医疗保险费为50万元

C. 准予扣除的补充养老、补充医疗保险费合计额为50万元

D. 准予扣除的补充养老、补充医疗保险费合计额为80万元

13. 根据企业所得税法律制度的规定，企业缴纳的下列税金中，准予在计算企业所得税应纳税所得额时扣除的有（　　）。

A. 印花税

B. 消费税

C. 土地增值税

D. 资源税

14. 根据企业所得税法律制度的规定，下列固定资产中，在计算企业所得税应纳税所得额时不得计算折旧扣除的有（　　）。

A. 未投入使用的厂房

B. 以经营租赁方式租入的运输工具

C. 以融资租赁方式租出的生产设备

D. 已足额提取折旧仍继续使用的电子设备

15. 根据企业国有资产管理法律制度的规定，国有独资公司的下列重大事项中，由公司董事会决定的有（　　）。

A. 增加或减少注册资本

B. 发行公司债券

C. 进行重大投资

D. 为他人提供大额担保

三、判断题（本类题共10小题，每小题1分，共10分。请判断每小题的表述是否正确，每小题答案正确的得1分，答案错误的扣0.5分，不答题的不得分也不扣分，本类题最低得分为零分）

1. 甲公司诉乙公司买卖合同纠纷一案，因标的额巨大，由A市中级人民法院管辖；A市中级人民法院受理本案后认为本案虽标的额巨大，但事实清楚、权利义务关系明确、争议不大，决定适用简易程序审理本案。A市中级人民法院的做法符合法律规定。（　　）

2. 甲商贸有限责任公司的公司章程中规定，公司设监事会，由5名监事组成，且应当有半数以上监事为职工代表。该公司章程的规定符合公司法律制度的规定。（　　）

3. 普通合伙人死亡，继承人具备完全民事行为能力的，按照合伙协议的约定或者经全体合伙人一致同意，可以取得普通合伙人资格。（　　）

4. 被除名人对除名决议有异议的，可以自除名决议作出之日起30日内，向人民法院起诉。（　　）

5. 人身保险合同订立后，投保人丧失对被保险人的保险利益的，当事人有权主张保险合同无效。（　　）

6. 甲企业委托乙银行向丙企业发放贷款，乙银行有权收取手续费，但贷款的风险由甲企业承担。（　　）

7. 寄存人寄存货币、有价证券或者其他贵重物品未声明的，该物品毁损、灭失后，保管人不予赔偿。（　　）

8. 个人转让著作权免征增值税。（　　）

9. 依照中国法律、行政法规成立的个人独资企业属于企业所得税纳税义务人。（　　）

10. 甲公司生产了一批台灯，并擅自在该批台灯上使用乙公司拥有的照明电器类商标"光明"；甲公司将该批台灯委托不知情的丙公司保管；甲公司和丙公司的行为均侵犯了乙公司的注册商标专用权。（　　）

四、简答题（本小题共3小题，每小题6分，共18分）

【案例1】

甲、乙、丙设立A有限责任公司（简称A公司），A公司成立后，发生下列事项：

（1）3月1日，董事会通过两项决议：

①增设产品研发部，并根据经理王某的提名聘任李某为产品研发部经理；

②解聘财务负责人张某的职务，根据经理王某的提名，决定由现任公司监事刘某兼任财务负责人。

（2）赵某为A公司董事兼采购部经理，经常利用职权将自己开办的个人独资企业生产的原材料高价卖给A公司，造成A公司资产严重

第十五周

流失，A公司董事会作出如下决议：

①要求赵某将从事相关交易所得的收入交还A公司所有；

②取消其董事资格，增选孙某为A公司董事。

要求：

根据上述资料，回答下列问题。

（1）3月1日董事会通过的两项决议是否符合规定？简要说明理由。

（2）董事会针对赵某的行为所作的决议是否符合规定？简要说明理由。

【案例2】

大华股份有限公司（简称大华公司）于2006年在上海证券交易所上市，普通股总数为5亿股，甲、乙分别持有大华公司31%和25%的股份。截至2014年年底，大华公司净资产额为10亿元，最近3年可分配利润分别为3000万元、2000万元和1000万元。2015年2月，大华公司董事会决定，拟公开发行公司债券筹资5亿元，期限为5年，年利率为6%。财务顾问四维公司认为，大华公司的净资产和利润情况均不符合公开发行公司债券的条件，建议考虑其他融资途径。

由于融资无望，大华公司股价持续走低。2015年5月8日，丙公司通知大华公司和上海证券交易所，同时发布公告，称其已于4月27日与大华公司的股东丁达成股权转让协议，拟收购丁持有的大华公司7%的股权。

某媒体经调查后披露，丙公司与乙共同设有一普通合伙企业，且无相反证据。因此，丙公司与乙构成一致行动人，丙在收购丁持有的大华公司7%的股权时必须采取要约收购方式。

要求：

根据上述资料，回答下列问题。

（1）四维公司关于大华公司的净资产和利润情况均不符合公开发行公司债券条件的判断是否正确？分别简要说明理由。

（2）有关媒体关于丙公司与乙构成一致行动人的说法是否符合法律规定？简要说明理由。

（3）有关媒体关于丙公司在收购丁所持大华公司7%的股权时必须采取要约收购方式的说法是否符合法律规定？简要说明理由。

【案例3】

甲企业为增值税一般纳税人，2017年4月生产经营业务如下：

（1）进口设备一台，关税完税价格为72000元；设备入关后为运回企业所在地支付运费，取得运输公司开具的增值税专用发票注明运费1600元，税额176元。

（2）购进生产用A材料，取得增值税专用发票上注明的金额800000元，税额136000元。同时，取得的增值税专用发票上注明运费金额

50000元，税额5500元；取得增值税专用发票上注明装卸费30000元，税额1800元。

（3）销售自产B产品给某专卖店，收取不含税销售额1560000元；同时，取得运输公司开具的增值税专用发票，注明运费120000元，税额13200元。

（4）直接向消费者个人零售B产品，并开具普通发票，取得含税销售额836550元。

（5）月末盘存时发现，由于管理不善当月购进的A材料有2.5%被盗，经主管税务机关确认作为损失处理。

已知：关税税率12%，设备、A材料、B产品均适用17%增值税税率；上述业务涉及的相关票据均已通过主管税务机关比对认证。

要求：

根据上述资料，回答下列问题。

（1）请计算甲企业进口设备应缴纳的增值税；

（2）请计算甲企业2017年4月的销项税额；

（3）请计算甲企业2017年4月应向主管税务机关缴纳的增值税。

五、综合题（本类题共1题，共12分）

2015年底，甲服装生产企业（简称甲企业）因生产设备升级的需要进行了下列活动：

（1）与A银行签订借款合同，借款100万元，期限1年，双方在借款合同中明确约定该合同项下全部资金应用于XI-001型生产线的购置，B公司为该借款提供了保证担保，但保证合同对保证方式未作出约定；

（2）向内部职工集资借款，合计80万元，借款期限6个月，约定期满向提供借款的职工返还本金并按年利率35%支付利息；

（3）向C公司购置XI-002型生产线，并签订分期付款买卖合同，约定全部价款150万元均分为5期支付，首付款于C公司交付生产线时付清，余款各期依次按月支付；

（4）与D公司签订融资租赁合同，融资租赁XI-003型生产线。

2016年6月，A银行发现甲企业将借款资金挪用于向C公司支付XI-002型生产线的首付款；C公司则因甲企业第2、3期价款逾期未支付而通知甲企业要求解除合同。甲企业职工则向法院提起诉讼要求甲企业偿还借款本金并按年利率35%支付利息。甲企业自知负债过高，向法院提出了破产申请。

要求：

根据上述资料以及合同法律制度的规定，回答下列问题。

（1）A银行发现甲企业挪用借款资金，可以采取何种措施？

（2）B公司应当承担何种保证责任？并说明理由。

（3）职工要求按年利率 35% 支付利息的请求能否得到法院的完全支持？并说明理由。

（4）C 公司是否有权要求解除合同？并说明理由。

（5）如果法院宣告甲企业破产，XI－003 生产线是否属于破产财产？并说明理由。

模拟测试题（一）参考答案及解析

一、单项选择题

1.【答案】A
【解析】宪法具有最高的法律效力，是国家的根本大法，是经济法的基本渊源。

2.【答案】D
【解析】甲、乙协议中包含两个方面的内容：（1）赔偿医药费 5 万元；（2）不得告发。在该协议中，有关赔偿医药费的约定有效，因此乙无权要求甲返还 5 万元医药费；有关不得告发的约定因违法而无效，该约定不产生约束力。

3.【答案】D
【解析】（1）人身损害赔偿的诉讼时效期间，伤势明显的，从受伤害之日起算；伤害当时未曾发现，后经检查确诊并能证明是由侵害引起的，从伤势确诊之日起算；身体受到伤害要求赔偿的诉讼时效期间为 1 年；在本题中，王某要求张某赔偿医药费的诉讼时效期间本应于 2015 年 3 月 20 日起算，至 2016 年 3 月 20 日届满。（2）当事人一方向义务人提出履行义务的请求，是诉讼时效中断事由；在本题中，王某于 2015 年 4 月 20 日请求张某赔偿医药费，诉讼时效中断，重新起算的诉讼时效期间应于 2016 年 4 月 20 日届满。

4.【答案】D
【解析】实际出资人未经公司其他股东半数以上同意，请求公司变更股东、签发出资证明书、记载于股东名册、记载于公司章程并办理公司登记机关登记的，人民法院不予支持。

5.【答案】B
【解析】股份有限公司董事会会议应当由过半数董事出席，作出决议应当经全体董事过半数通过；在本题中，7 名董事出席会议符合召开条件，但同意的董事仅为 4 名，占全体董事人数（9 人）不足半数。

6.【答案】A
【解析】（1）选项 A：在上市公司或者其附属企业任职的人员及其直系亲属、主要社会关系不得担任该上市公司的独立董事；（2）选项 B：直接或者间接持有上市公司已发行股份 1% 以上的自然人股东及其直系亲属不得担任该上市公司的独立董事，儿媳属于主要社会关系，不

在限制的范围内；（3）选项 CD：在直接或者间接持有上市公司已发行股份 5% 以上的股东单位任职的人员及其直系亲属不得担任该上市公司的独立董事，甲公司持股比例仅为 3%，且大学同学不属于直系亲属。

7.【答案】A
【解析】（1）选项 A：公司收购的本公司股份不得超过本公司已发行股份总额的 5%；（2）选项 B：股份有限公司异议股份回购请求权仅适用于合并、分立两项决议；（3）选项 C：公司用于收购本公司股份的资金应当从公司的"税后利润"中支付；（4）选项 D：公司所收购的股份应当在 1 年内转让给职工。

8.【答案】D
【解析】有限责任公司董事任期由公司章程规定，但每届任期不得超过 3 年；董事任期届满，连选可以连任（没有连任期限的限制）。

9.【答案】C
【解析】（1）选项 A：国有独资公司、国有企业、上市公司以及公益性的事业单位、社会团体不得成为普通合伙人；有限合伙企业至少应当有 1 名普通合伙人；在本题中，甲上市公司和乙国有独资公司均不得作为普通合伙人，因此，自然人王某只能作为普通合伙人。（2）选项 B：除法律另有规定外，有限合伙企业由 2 个以上 50 个以下合伙人设立。（3）选项 C：有限合伙人不得执行合伙企业事务；在本题中，甲上市公司只能作为有限合伙人，故不可以派代表到 A 有限合伙企业执行合伙事务。（4）选项 D：有限合伙人不得以劳务出资，但未禁止其以土地使用权出资。

10.【答案】C
【解析】（1）选项 ABC：合伙企业依法被宣告破产的，普通合伙人对合伙企业的债务仍应承担无限连带责任（与有限合伙人无关）；（2）选项 D：个人独资企业解散后，原投资人对个人独资企业存续期间的债务仍应承担偿还责任，但债权人在 5 年内未向债务人提出偿债请求的，该责任消灭（该规定并不适用于合伙企业）。

11.【答案】D
【解析】（1）选项 AB：因近亲属重大过失造成保险事故并非法定的拒赔事由；（2）选项 CD：除被保险人的家庭成员或者其组成人员"故意"对保险标的损害而造成保险事故外，保险人不得对被保险人的家庭成员或者其组成人员行使代位请求赔偿的权利。

12.【答案】C
【解析】上市公司向原股东配售股份的，拟配售的股份数量不超过本次配售前股本总额的 30%。

第十五周

13.【答案】D

【解析】选项D：收购人在要约收购期内，不得采取要约规定以外的形式和超出要约的条件买入被收购公司的股票。

14.【答案】C

【解析】（1）选项A："出票日期"属于出票时的绝对应记载事项；（2）选项B："确定的金额"为汇票出票时的绝对应记载事项；（3）选项C："合同号码"属于非法定事项，是否记载与汇票的效力无关；（4）选项D：单位在票据上的盖章应为公章或者财务专用章加法定代表人或授权代理人的签名或者盖章，出票人签章不符合规定的，票据无效。

15.【答案】B

【解析】（1）选项AB：丁公司善意且已付相当对价取得票据，享有的票据权利不受前手（丙公司）权利瑕疵的影响；（2）选项C：恶意取得票据是不享有票据权利，而非不承担票据责任；（3）选项D：受胁迫并非法定的对物抗辩事由，受胁迫转让票据的人，由于票据上仍有其真实签章，仍须对票据权利人承担票据责任，其相关损失应当向胁迫人进行追偿。

16.【答案】D

【解析】（1）选项A：各类私募基金管理人均应当向基金业协会申请登记，各类私募基金募集完毕，均应当向基金业协会办理备案手续；（2）选项B：通过非公开募集方式设立的基金的收益分配和风险承担由基金合同约定；（3）选项C：社会保障基金、企业年金等养老基金，慈善基金等社会公益基金，视为合格投资者，可以参与私募基金投资。

17.【答案】C

【解析】定金合同从实际交付定金之日起生效，在本题中，乙未依约向甲餐厅支付定金，定金合同未生效，甲餐厅无权要求乙承担定金责任。

18.【答案】B

【解析】租赁物在租赁期间发生所有权变动的，不影响租赁合同的效力，即"买卖不破租赁"。

19.【答案】A

【解析】（1）选项ABC：受赠人严重侵害赠与人近亲属的，赠与人（老张）可以行使撤销权（已付的4000元可要求返还，未付的16000元不再支付）；（2）选项D：赠与人的撤销权，自知道或者应当知道撤销原因之日（2017年3月14日）起1年内行使。

20.【答案】D

【解析】销售额和折扣额在同一张发票的金额栏分别注明的，可按折扣后的销售额征收增值税。甲公司当月该笔业务增值税销项税额 =（90000 - 9000）×17% = 13770（元），选项D正确。

21.【答案】B

【解析】销售货物的同时收取包装物租金，应作为增值税价外费用处理；因此，甲公司当月该笔业务增值税销项税额 =（117000 + 7020）÷（1 + 17%）×17% = 18020（元）。

22.【答案】B

【解析】一般纳税人选择简易办法计算缴纳增值税后，"36个月"内不得变更。

23.【答案】A

【解析】（1）选项B：应按不动产经营租赁服务缴纳增值税；（2）选项C："个人"转让著作权免征增值税，博物馆转让著作权应按销售无形资产缴纳增值税；（3）选项D："个人"销售自建自用住房免征增值税，博物馆转让自建的仓库应按销售不动产缴纳增值税。

24.【答案】B

【解析】（1）选项A：属于不征税收入；（2）选项CD：属于应税收入。

25.【答案】C

【解析】（1）直接捐赠的6万元不得扣除；（2）通过公益性社会团体捐赠的4万元，扣除限额 = 30×12% = 3.6（万元），准予扣除的捐赠额为3.6万元。

26.【答案】A

27.【答案】B

【解析】符合下列情形之一的，可以采用竞争性谈判方式采购：（1）招标后没有供应商投标或者没有合格标的或者重新招标未能成立的；（2）技术复杂或者性质特殊，不能确定详细规格或者具体要求的；（3）采用招标所需时间不能满足用户紧急需要的；（4）不能事先计算出价格总额的。

28.【答案】C

【解析】（1）选项A：疾病的诊断和治疗方法不能授予专利权，但用于诊断或者治疗疾病的仪器设备以及药品的生产方法可以授予专利权；（2）选项B：对产品的形状、构造或者其结合所提出的适于实用的新的技术方案，可以申请实用新型专利；（3）选项C：对平面印刷品的图案、色彩或者二者的结合作出的主要起标识作用的设计，不能授予专利权；（4）选项D：对产品的形状、图案或者其结合以及色彩与形状、图案的结合所作出的富有美感并适用于工业应用的新设计，可以申请外观设计专利。

29.【答案】A

30.【答案】B

【解析】（1）选项A：乙公司未经许可在自己的商品上使用"飞鸿"，侵犯了甲公司的注册商标专用权。（2）选项BCD：乙公司将"飞鸿"登记为企业字号并突出使用的行为属于仿冒，构成不正当竞争；商誉受损是仿冒的后果而非行为的目标，不应界定为诋毁商誉行为；不论仿冒还是诋毁商誉的界定，均与行为曝光与否无关。

二、多项选择题

1.【答案】AC
【解析】仲裁裁决应当按照多数仲裁员的意见作出，少数仲裁员的不同意见可以记入笔录；仲裁庭不能形成多数意见时，裁决应当按照首席仲裁员的意见作出。

2.【答案】AC
【解析】（1）选项AB：发起人向社会公开募集股份，应当由依法设立的证券公司承销，签订承销协议，应当（由发起人）同银行签订代收股款协议。（2）选项C：募集设立股份有限公司的注册资本仍为实收股本总额；发行股份的股款缴足后，仍须经依法设立的验资机构验资并出具证明。（3）选项D：创立大会有权选举董事会成员、监事会成员，但公司总经理应当由公司的董事会任免。

3.【答案】ABC
【解析】（1）选项A：对一般的有限责任公司，现行法律已经没有注册资本最低限额的要求；（2）选项B：减资决议不属于适用异议股权回购的决议；（3）选项C：减资决议应当经有限责任公司全体股东所持表决权2/3以上通过。

4.【答案】BCD
【解析】选项A：投资人死亡或者被宣告死亡，无继承人或者继承人决定放弃继承的，个人独资企业应当解散。

5.【答案】AB
【解析】优先股股东优先于普通股股东分配公司利润、优先于普通股股东取得公司剩余财产，但一般不出席股东大会，不享有股东大会表决权，不享有新股发行优先购买权。

6.【答案】BCD

7.【答案】BCD
【解析】选项A：属于间接损失，不得列入追索金额。

8.【答案】ACD
【解析】（1）选项A：非格式条款与格式条款不一致的，以非格式条款为准；（2）选项C：投保单与保险单或者其他保险凭证不一致的，以投保单为准，但不一致的情形系经保险人说明并经投保人同意的，以投保人签收的保险单或者其他保险凭证载明的内容为准；（3）选项D：保险凭证存在手写和打印两种方式的，以双方签字、盖章的手写部分的内容为准。

9.【答案】CD
【解析】出卖人就同一普通动产订立多重买卖合同，在买卖合同均有效的情况下，买受人均要求实际履行合同，各买受人均未受领交付，先行支付价款的买受人有权请求出卖人履行交付标的物等合同义务。

10.【答案】AD
【解析】（1）选项A：租赁期限为6个月以上的，合同应当采用书面形式；当事人未采用书面形式的，视为不定期租赁。（2）选项B：经出租人同意转租的，承租人与出租人之间的租赁合同继续有效，承租人（张某）仍应按原租赁合同约定的租金数额（1000元）向出租人（李某）支付租金。（3）选项CD：承租人经出租人同意，可以将租赁物转租给第三人，承租人与出租人的租赁合同继续有效，第三人对租赁物造成损失的，"承租人"应当赔偿损失。

11.【答案】ABCD
【解析】选项B：出租人将房屋出卖给近亲属（包括配偶、父母、子女、兄弟姐妹、祖父母、外祖父母、孙子女、外孙子女）的，承租人不享有优先购买权。

12.【答案】AD
【解析】（1）补充养老保险费的税法扣除限额=1000×5%=50（万元），实际发生额80万元超过了税法扣除限额，在计算2016年企业所得税应纳税所得额时应按限额50万元扣除；（2）补充医疗保险费的税法扣除限额=1000×5%=50（万元），实际发生额30万元未超过税法扣除限额，在计算2016年企业所得税应纳税所得额时应按实际发生额30万元扣除。

13.【答案】ABCD

14.【答案】BCD
【解析】选项A：房屋、建筑物"以外"未投入使用的固定资产不得提取折旧在企业所得税前扣除。

15.【答案】CD
【解析】一般的国有独资公司合并、分立，增加或者减少注册资本，发行债券，分配利润，以及解散、申请破产、改制由履行出资人职责的机构决定；其他重大事项由董事会决定。

三、判断题

1.【答案】×
【解析】只有基层人民法院和它的派出法庭才可能适用简易程序。

2.【答案】√
【解析】（1）有限责任公司监事会成员不得少于3人；（2）监事会应当包括职工代表，其中职工代表的比例不得低于1/3，具体比例由公司章程规定（章程的规定可以比1/3更严格）。

3.【答案】√

第十五周

4.【答案】×

【解析】被除名人对除名决议有异议的，可以自"接到除名通知之日起"30日内，向人民法院起诉。

5.【答案】×

【解析】人身保险合同订立后，因投保人丧失对被保险人的保险利益，当事人主张保险合同无效的，人民法院不予支持。

6.【答案】√

【解析】委托贷款的贷款人只收取手续费，不承担贷款风险。

第十五周

7.【答案】×

【解析】寄存人寄存货币、有价证券或者其他贵重物品的，应当向保管人声明，由保管人验收或者封存；寄存人未声明的，该物品毁损、灭失后，保管人可以按照一般物品予以赔偿。

8.【答案】√

9.【答案】×

【解析】个人独资企业、合伙企业不属于我国企业所得税的纳税人。

10.【答案】×

【解析】"故意"为侵犯他人商标专用权行为提供便利条件，帮助他人实施侵犯商标专用权行为的，构成商标侵权；在本题中，丙公司对该批台灯系侵权产品并不知情，不存在"故意"，不构成侵权。

四、简答题

【案例1答案】

（1）

①董事会决定增设产品研发部符合规定。根据规定，决定公司内部管理机构的设置是董事会的职权。

②董事会决定聘任李某为产品研发部经理的决议不符合规定，决定解聘财务负责人张某的职务合法。根据规定，董事会决定聘任或者解聘公司总经理及其报酬事项，并根据经理的提名决定聘任或者解聘公司副经理、财务负责人及其报酬事项；经理决定聘任或者解聘应由董事会决定聘任或者解聘以外的经营管理人员。在本题中，产品研发部经理应当由经理决定聘任，财务负责人则应由董事会决定解聘。

③由现任公司监事刘某兼任财务负责人的决议不符合规定。根据规定，董事、高管不得兼任监事。

（2）

①董事会要求赵某将从事相关交易所得收入交还A公司符合规定。根据规定，董事、高级管理人员违反公司章程的规定或者未经股东会、股东大会同意，与本公司订立合同或者进行交易，所得的收入应当归公司所有。

②董事会取消赵某董事资格，增选孙某为A公司董事不符合规定。根据规定，选举和更换非由职工代表担任的董事是股东会的职权，而职工代表担任的董事由职工代表大会选举产生，董事会并无聘任或解聘该类董事的权利。

【案例2答案】

（1）

①四维公司关于大华公司的净资产不符合公开发行公司债券条件的判断正确。根据规定，公开发行公司债券的，本次发行后累计公司债券余额不得超过公司最近一期期末净资产额的40%。在本题中，大华公司最近一期期末净资产额为10亿元，本次拟发行额为5亿元，超过40%。

②四维公司关于大华公司的利润情况不符合发行公司债券条件的判断正确。根据规定，公开发行公司债券的，发行人最近3个会计年度实现的年均可分配利润足以支付公司债券1年的利息。在本题中，大华公司拟发行的公司债券1年的利息为3000万元，而其最近3年年均可分配利润只有2000万元。

（2）有关媒体关于丙公司与乙构成一致行动人的说法符合法律规定。根据规定，当投资者之间存在合伙关系时，如无相反证据，可以推定为一致行动人。

（3）有关媒体关于丙公司在收购丁所持大华公司7%的股权时必须采取要约收购的说法符合法律规定。根据规定，一致行动人应当合并计算所持有的股份；通过证券交易所证券交易，投资者持有或者通过协议、其他安排与他人共同持有一个上市公司已发行的股份达到该公司已发行股份的30%时，继续收购的，应当采取要约收购方式。在本题中，乙已经持有大华公司25%的股份，丙公司协议购买将获得7%的股份，合计将超过30%。

【案例3答案】

（1）甲企业进口设备应缴纳的增值税 = 72000×（1+12%）×17% = 13708.8（元）；

（2）甲企业2017年4月的销项税额 = 1560000×17% + 836550÷（1+17%）×17% = 386750（元）；

（3）甲企业2017年4月应向主管税务机关缴纳的增值税 = 386750 – 13708.8 – 176 – （136000 + 5500 + 1800）×（1 – 2.5%）– 13200 = 219947.7（元）。

五、综合题

【参考答案】

（1）A银行可以停止发放借款、提前收回借款或者解除合同。

（2）B公司应当承担连带保证责任。根据规定，当事人对保证方式没有约定或者约定不明确的，按照连带责任保证承担保证责任。

（3）职工的请求不能得到完全支持。根据规定，借贷双方约定的利率未超过年利率24%，出借人请求借款人按照约定的利率支付利息的，人民法院应予支持；借贷双方约定的利率超过年利率36%，超过部分的利息约定无效，借款人请求出借人返还已支付的超过年利率36%部分的利息的，人民法院应予支持。在本题中，年利率约定为35%，利息尚未支付，职工起诉时可以主动主张按年利率24%计算利息，超过24%的部分，职工不能主动请求

（如果甲企业已经按年利率35%支付利息的，甲企业不能请求返还超过年利率24%的部分）。

（4）C公司有权要求解除合同。根据规定，分期付款的买受人未支付到期价款的金额达到全部价款的1/5的，出卖人可以要求买受人支付全部价款或者解除合同。

（5）XI-003生产线不属于破产财产。根据规定，在融资租赁期间，出租人享有租赁物的所有权，承租人破产的，租赁物不属于破产财产。

第十五周

第十六周

第十六周

2017年会计专业技术资格考试
模拟测试题（二）

一、单项选择题（本类题共30小题，每小题1分，共30分。每小题备选答案中，只有一个符合题意的正确答案。多选、错选、不选均不得分）

1. 甲是乙公司采购员，长期负责配送供应丙公司的货物，甲离职后乙公司及时告知丙公司该事实；但当甲持乙公司盖章的空白合同书，以乙公司名义与丙公司签订下年度货物配送合同时，丙公司仍与其签订了合同。根据合同法律制度的规定，下列说法正确的是（　　）。
   A. 甲的行为构成无权代理，合同效力待定
   B. 甲的行为构成无权代理，合同无效
   C. 丙公司有权在乙公司追认合同之前，行使撤销权
   D. 丙公司可以催告乙公司追认合同，如乙公司在一个月内未作表示，合同有效

2. 甲公司和乙公司因专利权纠纷提起诉讼，人民法院受理后发现本案涉及当事人的商业秘密。根据民事诉讼法律制度的规定，下列有关该案件是否公开审理的说法中，正确的是（　　）。
   A. 人民法院应当公开审理此案
   B. 人民法院应当依职权决定不应公开审理此案
   C. 人民法院应当通知双方当事人协商决定是否公开审理此案
   D. 如果当事人申请不公开审理的，人民法院可以不公开审理此案

3. 下列各项事由中，不属于诉讼时效中断事由的是（　　）。
   A. 债权人提起诉讼
   B. 债权人住所地发生特大地震
   C. 债务人同意履行义务
   D. 债权人向债务人请求履行义务

4. 根据公司法律制度的规定，单独或者合计持有公司（　　）以上股份的股东，可以在股东大会召开（　　）前提出临时提案并书面提交董事会；董事会应当在收到提案后（　　）内通知其他股东，并将该临时提案提交股东大会审议。
   A. 3%，5日，2日
   B. 3%，10日，2日
   C. 5%，2日，10日
   D. 10%，10日，2日

5. 王某投资设立了A一人有限责任公司，王某的下列做法中，不符合公司法律制度规定的是（　　）。
   A. 王某以A一人有限责任公司的名义与甲有限责任公司共同投资设立B有限责任公司
   B. 王某决定A一人有限责任公司不设股东会，王某自行行使股东会职权，有关决定由王某签字后书面置备于公司
   C. 王某决定A一人有限责任公司不设董事会，由王某担任执行董事
   D. 王某决定A一人有限责任公司每年度财务会计报告不聘请会计师事务所审计，由王某签字认可存档

6. 除公司章程另有规定或者全体股东另有约定的外，有限责任公司召开股东会会议应当于会议召开（　　）通知全体股东。
   A. 10日以内
   B. 15日以内
   C. 10日以前
   D. 15日以前

7. 甲普通合伙企业的合伙协议未约定或约定不明确时，其发生的下列事项中，应当经全体合伙人过半数通过的是（　　）。
   A. 聘任合伙人以外的人王某担任合伙企业的经营管理人员
   B. 决定撤销普通合伙人刘某的事务执行权
   C. 决定委托普通合伙人张某担任清算人

D. 决定将普通合伙人陈某除名

8. 甲、乙、丙、丁拟设立一家普通合伙企业，在合伙协议的订立过程中，四人就损益分配规则的约定发生了分歧，四人的下列主张中，不符合规定的是( )。

A. 甲认为可以约定按 5∶3∶1∶1 分配收益

B. 乙认为由于四人的出资比例相同，可以约定平均分配收益

C. 丙认为可以约定按 5∶3∶1∶1 分配收益，但是亏损应当全部由甲承担

D. 丁认为可以直接约定为按实缴的出资比例分享收益、分担亏损

9. 根据证券法律制度的规定，下列有关代销制度的表述中，正确的是( )。

A. 上市公司非公开发行股票未采用自行销售方式的，应当采用代销方式

B. 证券的代销期限最长不得超过 60 天

C. 股票发行采用代销方式，代销期限届满，向投资者出售的股票数量未达到拟公开发行股票数量 80% 的，为发行失败

D. 公募基金份额的发售，应当委托证券公司代销

10. A 公司拟收购 B 上市公司的部分股份；如无相反证据，下列各项中，属于 A 公司一致行动人的是( )。

A. 与 A 公司有合作关系的甲公司

B. 为 A 公司年报提供审计服务的乙会计师事务所

C. 为 A 公司提供贷款的丙银行

D. 为 A 公司收购方案出具法律意见的丁律师事务所

11. 上市公司向特定对象非公开发行股票的，上市公司的控股股东、实际控制人及其控制的企业认购的股份，自发行结束之日起( )个月内不得转让。

A. 12　　　　　B. 24

C. 36　　　　　D. 48

12. 张某为自己投保了人寿险，续交 2 年保费后，由于经济困难无力支付保费，遂要求解除保险合同，保险合同对此未进行约定。根据保险法律制度的规定，对张某的这一请求，下列说法正确的是( )。

A. 张某有权解除该保险合同，但无权要求退还任何费用

B. 张某有权解除该保险合同，保险公司应当退还已交的保费

C. 张某有权解除该保险合同，保险公司应当退还该保险单的现金价值

D. 张某有权解除合同并要求按规定退还保费，但保险公司有权扣收违约金

13. 甲向乙发出要约，要约中要求乙于 6 月 10 日前回复；乙于 5 月 10 日收到要约，于 6 月 15 日发出承诺，该承诺于 6 月 20 日到达甲处。甲当日发出通知，告知乙该承诺有效，通知于 6 月 25 日到达乙处。根据合同法律制度的规定，甲乙之间的合同成立于( )。

A. 6 月 10 日

B. 6 月 15 日

C. 6 月 20 日

D. 6 月 25 日

14. 王某向李某借款 10 万元，约定以王某位于甲小区的一套单元房作抵押，但是办理抵押登记时误将王某位于乙小区的另一套单元房登记为抵押物。王某到期无法清偿借款。根据担保法律制度的规定，下列说法正确的是( )。

A. 李某只对位于甲小区的单元房享有抵押权

B. 李某只对位于乙小区的单元房享有抵押权

C. 李某可以选择就位于甲小区的单元房或者位于乙小区的单元房享有抵押权

D. 由于登记有误，李某不享有抵押权

15. 有关权利质押，下列表述不符合法律制度规定的是( )。

A. 以汇票出质的，质权自汇票交付质权人时设立

B. 以基金份额出质的，质权自向证券登记结算机构办理出质登记时设立

C. 以专利权中的财产权出质的，质权自专利权证书交付时设立

D. 以应收账款出质的，质权自信贷征信机构办理出质登记时设立

16. 有关房屋租赁合同，下列表述正确的是( )。

A. 房屋租赁合同应当办理登记备案手续，否则合同无效

B. 出租人就同一房屋订立数份租赁合同的，各租赁合同均无效

C. 出租人未通知承租人即出卖出租房屋的，承租人有权主张出租人与受让人的房屋买卖合同无效

D. 房屋在出租前已设立抵押权，而租赁房屋又在租赁期间发生所有权变动，承租人无权请求房屋受让人继续履行原租赁合同

17. 根据合同法律制度的规定，行纪人高于委托人指定的价格卖出或者低于委托人指定的价格买入的，可以按照约定增加报酬；没有约定或者约定不明确，依照《合同法》的有关规定仍不能确定的，该利益( )。

A. 属于委托人

B. 属于行纪人

C. 属于第三人

D. 由委托人和行纪人分享

18. 甲手机专卖店为增值税一般纳税人，2017 年 4

月采取以旧换新方式销售某型号手机100部,该型号新手机的同期含税销售单价为3276元,旧手机的收购单价为234元。根据增值税法律制度的规定,甲手机专卖店当月该业务应确认的增值税销项税额为(　　)元。

A. 51714　　　　　　B. 44200

C. 55692　　　　　　D. 47600

19. 根据增值税法律制度的规定,一般纳税人销售的下列货物中,适用13%增值税税率的是(　　)。

A. 洗衣液

B. 文具盒

C. 杂粮

D. 蔬菜罐头

20. 甲商店为增值税小规模纳税人,2017年4月销售商品取得含税销售额61800元,购入商品取得普通发票注明金额10000元。根据增值税法律制度的规定,甲商店当月应缴纳增值税税额为(　　)元。

A. 1500　　　　　　B. 1854

C. 1554　　　　　　D. 1800

21. 根据增值税法律制度的规定,下列关于增值税专用发票记账联用途的表述中,正确的是(　　)。

A. 作为购买方核算采购成本的记账凭证

B. 作为销售方核算销售收入和增值税销项税额的记账凭证

C. 作为购买方报送主管税务机关认证和留存备查的扣税凭证

D. 作为购买方核算增值税进项税额的记账凭证

22. 根据增值税法律制度的规定,下列关于增值税纳税义务发生时间的表述中,不正确的是(　　)。

A. 纳税人采取直接收款方式销售货物,为货物发出的当天

B. 纳税人销售应税劳务,为提供劳务同时收讫销售款或者取得索取销售款凭据的当天

C. 纳税人采取委托银行收款方式销售货物,为发出货物并办妥托收手续的当天

D. 纳税人进口货物,为报关进口的当天

23. 根据增值税法律制度的规定,下列行为中,应视同销售货物行为征收增值税的是(　　)。

A. 购进货物用于个人消费

B. 购进货物用于免税项目

C. 购进货物用于无偿赠送其他单位

D. 购进货物用于集体福利

24. 根据企业所得税法律制度的规定,下列关于确定销售收入实现时间的表述中,正确的是(　　)。

A. 销售商品采用托收承付方式的,在收到货款时确认收入

B. 销售商品需要安装和检验的,在销售合同签订时确认收入

C. 销售商品采用支付手续费方式委托代销的,在发出代销商品时确认收入

D. 销售商品采用预收款方式的,在发出商品时确认收入

25. 甲企业属于小型微利企业,其2016年经纳税调整后的所得额为8万元,该企业2016年应缴纳的企业所得税税额为(　　)万元。

A. 2　　　　　　B. 1.6

C. 1　　　　　　D. 0.8

26. 某投资公司在自制印刷品上宣称"家住徐汇区的杨女士夫妇……投入50万元购买了投储宝(年化利率12%)";"合作银行:中国工商银行、中国银行、中国建设银行、……中国邮政、广发银行"等。经查,当事人并无金融资质,宣称的案例和合作伙伴为杜撰。根据反不正当竞争法律制度的规定,该投资公司的行为构成(　　)。

A. 欺骗性标示行为

B. 侵犯商业秘密行为

C. 诋毁商誉行为

D. 商业贿赂行为

27. 甲公司2016年12月5日就A技术向中国专利行政管理部门提出实用新型专利申请,在其申请公开之前甲公司撤回了申请。根据专利法律制度的规定,甲公司在中国就相同主题提出实用新型专利申请享有优先权的最晚期限是(　　)。

A. 2017年3月3日

B. 2017年6月5日

C. 2017年9月5日

D. 2017年12月5日

28. 根据商标法律制度的规定,权利人因被侵权所受到的实际损失、侵权人因侵权所获得的利益、注册商标许可使用费难以确定的,由人民法院根据侵权行为的情节可以判处的最高赔偿额为(　　)万元。

A. 100　　　　　　B. 300

C. 500　　　　　　D. 1000

29. 根据企业国有资产监督管理制度的规定,企业产权转让原则上通过产权市场公开进行,转让方可以根据企业实际情况和工作进度安排,采取信息披露和正式披露相结合的方式,通过产权交易机构网站分阶段对外披露产权转让信息,公开征集受让方。其中正式披露信息时间不得少于(　　)。

A. 5个工作日

B. 10个工作日

C. 20个工作日

D. 40个工作日

30. 根据财政违法行为处罚法律制度的规定，下列各项中，不属于财政执法主体的财政执法权限的是（　　）。
A. 依程序暂停财政拨款
B. 公告财政违法主体的财政违法行为
C. 对财政违法主体采取强制执行措施
D. 依法定程序查询被检查单位的银行存款

二、多项选择题（本类题共15小题，每小题2分，共30分。每小题备选答案中，有两个或两个以上符合题意的正确答案，多选、少选、错选、不选均不得分）

1. 下列表述符合《仲裁法》规定的有（　　）。
A. 自然人之间因继承财产发生的纠纷不适用《仲裁法》
B. 仲裁员是本案当事人近亲属的，应当回避
C. 当事人达成仲裁协议，一方向人民法院起诉未声明有仲裁协议，人民法院受理后，另一方不得提出异议
D. 当事人申请仲裁后，可以自行和解，仲裁庭在作出裁决前可以先行调解

2. 有关人民法院指定清算组进行清算，下列表述不符合公司法律制度规定的有（　　）。
A. 只有债权人有权在出现法定情形时申请人民法院指定清算组，股东无权申请人民法院指定清算组
B. 公司股东、董事、监事、高级管理人员可以成为人民法院指定的清算组成员
C. 人民法院指定清算组进行清算的，清算期间，公司主体资格消灭，不得从事任何活动
D. 人民法院指定清算组进行清算的，清算方案不必经人民法院确认，直接执行即可

3. 下列有关股份有限公司董事会的表述中，符合公司法律制度规定的有（　　）。
A. 股份有限公司董事长由董事会以全体董事的过半数选举产生
B. 股份有限公司董事会每年度至少召开2次会议
C. 股份有限公司董事会会议应有过半数的董事出席方可举行
D. 股份有限公司董事会作出决议必须经出席会议的董事过半数通过

4. 甲、乙、丙、丁四人设立某有限合伙企业，其中甲为合伙事务执行人，丁为有限合伙人。丁的下列行为中，不视为执行合伙事务的有（　　）。
A. 丁为该有限合伙企业向某银行的借款提供担保
B. 丁为自身利益查阅该有限合伙企业会计账簿
C. 丁发现甲私自开设另一合伙企业从事与该有限合伙企业相同的业务，侵害该有限合伙企业

的合法权益，遂依法向法院提起诉讼
D. 丁参与该有限合伙企业某项目决策，并负责监督工程进度

5. 下列各项中，属于商业银行终止原因的有（　　）。
A. 解散
B. 被撤销
C. 被宣告破产
D. 被接管

6. 潘某请好友刘某观赏自己收藏的一件古玩，不料刘某一时大意致其落地摔毁。后得知，潘某已在甲保险公司就该古玩投保了不足额财产险。有关本案的下列说法中，正确的有（　　）。
A. 潘某可请求甲公司赔偿全部损失
B. 若刘某已对潘某进行全部赔偿，则甲公司可拒绝向潘某支付保险赔偿金
C. 甲公司对潘某赔偿保险金后，在向刘某行使保险代位求偿权时，既可以自己的名义，也可以潘某的名义
D. 若甲公司支付的保险金不足以弥补潘某的全部损失，则就未取得赔偿的部分，潘某对刘某仍有赔偿请求权

7. 甲公司与乙公司签订商品房包销合同，约定甲公司将其开发的10套房屋交由乙公司包销。后来，甲公司将其中1套房屋卖给丙，丙向甲公司支付了首付款20万元。后因国家出台房地产调控政策，丙不具备购房资格，甲公司与丙之间的房屋买卖合同不能继续履行。有关本案的下列说法中，正确的有（　　）。
A. 甲公司将房屋出卖给丙的行为属于无权处分
B. 乙公司有权请求甲公司承担违约责任
C. 甲公司有权请求丙承担违约责任
D. 丙有权请求解除其与甲公司之间的合同

8. 甲与乙订立合同，约定甲应于8月1日交货，乙应于同年8月7日付款。7月底，甲掌握确切证据证明乙财产状况严重恶化，没有付款能力，遂于8月1日中止履行，并通知乙。根据合同法律制度的规定，下列说法不正确的有（　　）。
A. 甲的行为构成违约
B. 如果乙提供了担保，甲应当恢复履行
C. 如果乙未提供担保，又未在合理期限内恢复履行能力的，甲有权解除合同
D. 不论乙是否提供担保，甲均有权在1个月后解除合同

9. 根据增值税法律制度的规定，下列各项中，不得开具增值税专用发票的有（　　）。
A. 向消费者个人销售货物
B. 商场零售烟、酒
C. 向一般纳税人提供加工修理修配服务
D. 销售免税药品

10. 根据企业所得税法律制度的规定，下列有关企业所得税纳税期限的表述中，正确的有( )。

A. 企业在一个纳税年度中间开业，使该纳税年度的实际经营期不足 12 个月的，应当以其实际经营期为 1 个纳税年度

B. 企业依法清算时，应当以清算期间作为 1 个纳税年度

C. 企业所得税按年计征，分月或者分季预缴，年终汇算清缴，多退少补

D. 企业在年度中间终止经营活动的，应当自实际经营终止之日起 60 日内，向税务机关办理当期企业所得税汇算清缴

11. 2015 年度甲公司会计利润为 – 60 万元，经纳税调整后应纳税所得额为 – 50 万元。下列有关甲公司弥补亏损的说法中，正确的有( )。

A. 2016 至 2020 年度的税前所得可以弥补的 2015 年度亏损额为 50 万元

B. 2016 至 2020 年度的税前所得可以弥补的 2015 年度亏损额为 60 万元

C. 如果 2016 年度税前所得弥补 2015 年度亏损后，应纳税所得额大于零，应缴纳企业所得税

D. 如果 2016 年度税前所得不足以弥补 2015 年度亏损，可以逐年延续弥补亏损，但最长不得超过 5 年

12. 企业从事下列项目的所得，免征企业所得税的有( )。

A. 林木种植

B. 花卉种植

C. 中药材的种植

D. 香料作物的种植

13. 根据预算法律制度的规定，下列有关预备费的表述中，正确的有( )。

A. 各级一般公共预算应当按照本级一般公共预算支出额的 1% 至 3% 设置预备费

B. 预备费应当用于当年预算执行中的自然灾害等突发事件处理增加的支出

C. 各级预算预备费的动用方案，由本级政府财政部门提出，报本级政府决定

D. 预备费可以用于冲减赤字

14. 有关国库，下列表述符合预算法律制度规定的有( )。

A. 国库是预算执行的中介环节

B. 一级预算对应一级国库

C. 中央国库业务由中国人民银行经理

D. 国家实行国库集中收缴和集中支付制度

15. 根据《企业国有资产交易监督管理办法》的规定，企业国有资产交易行为包括( )。

A. 企业增资

B. 企业减资

C. 企业产权转让

D. 企业资产转让

三、判断题 (本类题共 10 小题，每小题 1 分，共 10 分。请判断每小题的表述是否正确，每小题答案正确的得 1 分，答案错误的扣 0.5 分，不答题的不得分也不扣分，本类题最低得分为零分)

1. 地方性法规是省、自治区、直辖市人民政府根据本行政区域的具体情况和实际需要，在不同宪法、法律、行政法规相抵触的前提下制定的规范性文件。 ( )

2. 公司股东滥用公司法人独立地位和股东有限责任，逃避债务，严重损害公司债权人利益的，应当对公司债务承担补充清偿责任。 ( )

3. 有限合伙人可以将其在有限合伙企业中的财产份额出质；但是合伙协议另有约定的除外。 ( )

4. 个人独资企业解散的，企业财产应当首先用于清偿所欠职工工资和社会保险费用。 ( )

5. 商业银行在境内设立分支机构，应当按照规定拨付与其经营规模相适应的营运资金数额；拨付各分支机构营运资金数额的总和，不得超过总行资本金总额的 80%。 ( )

6. 定期报告披露前出现业绩泄露，或者出现业绩传闻且公司证券及其衍生品种交易出现异常波动的，上市公司应当及时披露本报告期相关财务数据。 ( )

7. 除当事人另有约定的外，委托开发完成的发明创造，申请专利的权利属于研究开发人；合作开发完成的发明创造，申请专利的权利属于合作开发的当事人共有。 ( )

8. 除个体经营者以外的其他个人不属于增值税一般纳税人。 ( )

9. 非居民企业取得的来源于中国境外但与其在中国境内设立的机构、场所有实际联系的所得，应缴纳企业所得税。 ( )

10. 未经履行出资人职责的机构同意，国有独资企业、国有独资公司不得与关联方共同出资设立企业，或者向董事、监事、高级管理人员或者其近亲属所有或者实际控制的企业投资。 ( )

四、简答题 (本小题共 3 小题，每小题 6 分，共 18 分)

【案例 1】

2016 年 1 月 1 日，甲、乙、丙、丁投资成立 A 有限合伙企业，甲、乙是普通合伙人，丙、丁是有限合伙人，合伙事务由甲、乙共同执行。A 有限合伙企业成立后，发生了下列事项：

(1) 2 月 1 日，A 有限合伙企业向 B 银行借款 30 万元，甲、乙、丙私下协商后，由丙以自己

所有的 10 辆货车设定抵押。

（2）4 月 1 日，丁未履行任何程序，即与戊达成协议，将丁在 A 有限合伙企业的财产份额转让给戊，乙得知后表示反对，并表示愿意以同等条件购买丁的财产份额。

要求：

根据上述资料，回答下列问题。

（1）A 有限合伙企业设立之初，约定由甲、乙共同执行合伙企业事务是否符合法律规定？并简要说明理由。

（2）经甲、乙、丙私下协商，由丙以自己所有的 10 辆货车设定抵押的行为是否符合规定？并简要说明理由。

（3）乙反对丁将财产份额转让给戊是否有效？并简要说明理由。

【案例 2】

为向 A 公司支付购买化工产品的货款，B 公司向自己开户的 C 银行申请开具银行承兑汇票。C 银行审核同意后，B 公司依约存入 C 银行 300 万元保证金，并签发了以自己为出票人、A 公司为收款人、C 银行为付款人、金额为 1000 万元的银行承兑汇票，C 银行在该汇票上作为承兑人签章。B 公司将上述汇票交付 A 公司以支付货款。

A 公司收到汇票后，在约定的期限向 B 公司交付完毕化工产品。为向 D 公司支付采购原料价款，A 公司又将该汇票背书转让给 D 公司。

B 公司收到 A 公司交付的化工产品后，经过检验，发现产品存在重大质量问题，立即将该事实通知 C 银行，要求该银行不得对其开出的汇票付款。直到该汇票到期日，B 公司也未依约定将剩余汇票金额存入 C 银行。

D 公司在该汇票到期时，持票请求 C 银行付款，C 银行以 A 公司向 B 公司交付的产品有重大质量问题以及 B 公司未将剩余汇票金额存入账户为由，拒绝了 D 公司的付款请求。

要求：

根据上述资料，回答下列问题。

（1）C 银行拒绝 D 公司付款请求的两个理由是否成立？并分别说明理由。

（2）D 公司是否有权向 B 公司追索？并说明理由。

（3）如果 A 公司应 D 公司的要求，支付了全部被追索金额，转而作为持票人向 B 公司再追索，B 公司是否有权拒绝其请求？并说明理由。

【案例 3】

2013 年 6 月，甲公司向乙银行借款 5 亿元，为此，丙公司以其 A 地块建设用地使用权设定抵押，抵押登记时，A 地块上已经建成写字楼一幢；同时，丁公司向乙银行出具保函为甲公司

提供保证，保函中未明确保证方式，乙银行接受保函且未提出任何异议。2014 年 6 月，丙公司在 A 地块建成写字楼配楼一幢。2015 年 6 月，甲公司借款到期未能清偿，乙银行遂要求丁公司承担保证责任，丁公司以该项债权存在物权担保，乙银行应先就抵押物实现债权为由拒绝承担保证责任。

要求：

根据上述资料，回答下列问题。

（1）丁公司拒绝承担保证责任的理由是否成立？并简要说明理由。

（2）如果乙银行先就抵押物实现债权，A 地块上新建成的写字楼配楼是否属于抵押物的范围？并简要说明理由。

（3）如果丁公司承担了保证责任，能否同时向甲公司和丙公司追偿？并简要说明理由。

五、综合题（本类题共 1 题，共 12 分）

甲公司是增值税一般纳税人，该公司 2016 年主营业务收入 5500 万元，其他业务收入 400 万元，营业外收入 300 万元，主营业务成本 2800 万元，其他业务成本 300 万元，营业外支出 210 万元，税金及附加 420 万元，管理费用 550 万元，销售费用 900 万元，财务费用 180 万元，投资收益 120 万元。

当年发生的部分具体业务如下：

（1）实际发放职工工资 1200 万元（其中残疾人员工资 40 万元），发生职工福利费支出 180 万元，拨缴工会经费 22 万元，发生职工教育经费 20 万元，以前年度累计结转到本年度的职工教育经费未扣除额为 5 万元，另为投资者支付商业保险费 10 万元，均已计入相关成本费用中；

（2）发生广告费支出 800 万元，非广告性质的赞助支出 50 万元，发生业务招待费支出 60 万元；

（3）通过县级政府向贫困地区捐赠 120 万元，直接向某学校捐赠 20 万元；

（4）为新产品研发，购入单位价值为 80 万元的研发专用设备一台并投入使用，该公司当年为该设备计提了折旧费用 6 万元。

已知，各扣除项目均已取得有效凭证，相关优惠已办理法定手续；除上述事项外，没有其他纳税调整项目。

要求：

根据上述资料，回答下列问题。

（1）计算业务（1）应调整的应纳税所得额；

（2）计算业务（2）应调整的应纳税所得额；

（3）计算业务（3）应调整的应纳税所得额；

（4）计算业务（4）可以调整的应纳税所得额；

（5）计算该公司 2016 年最少应纳的企业所得税。

模拟测试题（二）参考答案及解析

一、单项选择题

1.【答案】A

【解析】（1）选项 AB：甲的行为构成无权代理，由于丙公司已知甲离职的事实，不能构成表见代理，该买卖合同效力待定；（2）选项 C：只有"善意"相对人才享有撤销权，丙公司并非善意相对人；（3）选项 D：相对人有权催告被代理人在 1 个月内予以追认，被代理人未作表示的，视为拒绝追认。

2.【答案】D

【解析】本案涉及商业秘密，属于经当事人申请可以不公开审理的民事案件。

3.【答案】B

【解析】选项 B：属于诉讼时效中止事由。

4.【答案】B

5.【答案】D

【解析】（1）选项 A：一个自然人投资设立的一人有限责任公司不能投资设立新的一人有限责任公司，但完全可以与他人共同投资设立一般的有限责任公司；（2）选项 B：一人有限责任公司不设股东会，法律规定的股东会职权由股东行使，当股东行使相应职权作出决定时，应当采用书面形式，并由股东签字后置备于公司；（3）选项 C：股东人数较少、规模较小的有限责任公司可以不设董事会，设 1 名执行董事；（4）选项 D：一人有限责任公司应当在每一会计年度终了时编制财务会计报告，并经会计师事务所审计。

6.【答案】D

【解析】有限责任公司召开股东会会议，应当于会议召开 15 日以前通知全体股东，但公司章程另有规定或者全体股东另有约定的除外。

7.【答案】B

【解析】（1）选项 A：聘任合伙人以外的人担任合伙企业经营管理人员，属于除合伙协议另有约定外，应当经全体合伙人一致同意的事项；（2）选项 C：合伙企业解散时如指定一个或者数个合伙人，或者委托第三人担任清算人的，应当经全体合伙人过半数同意（无须先看合伙协议的约定）；（3）选项 D：将合伙人除名必须经其他合伙人一致同意。

8.【答案】C

【解析】合伙企业的利润分配、亏损分担，按照合伙协议的约定办理（不论是约定为 5：3：1：1，还是约定为平均分配或者按实缴出资比例分配，均可）；但是，普通合伙企业的合伙协议不得约定将全部利润分配给部分合伙人或

者由部分合伙人承担全部亏损。

9.【答案】A

【解析】（1）选项 B：证券代销、包销的期限最长不得超过 90 天；（2）选项 C：股票发行采用代销方式，代销期限届满，向投资者出售的股票数量未达到拟公开发行股票数量 70% 的，为发行失败；（3）选项 D：公募基金份额的发售，由基金管理人或者其委托的基金销售机构办理。

10.【答案】A

【解析】（1）选项 A：投资者之间具有合伙、合作、联营关系的，如无相反证据，应界定为一致行动人；（2）选项 BD：不属于推定为一致行动人的情形；（3）选项 C："银行以外"的其他法人、其他组织和自然人为投资者取得相关股份提供融资安排的，如无相反证据，应界定为一致行动人。

11.【答案】C

【解析】上市公司非公开发行股票的，本次发行的股份自发行结束之日起，12 个月内不得转让；控股股东、实际控制人及其控制的企业认购的股份，36 个月内不得转让。

12.【答案】C

【解析】（1）除《保险法》另有规定或者保险合同另有约定外，保险合同成立后，投保人可以解除合同，保险人不得解除合同；（2）在人身保险合同中，投保人解除合同的，保险人应当自收到解除通知之日起 30 日内，按照合同约定退还保险单的现金价值。

13.【答案】C

【解析】受要约人超过承诺期限发出承诺的，除要约人及时通知受要约人该承诺有效的以外，为新要约。承诺自通知到达要约人时生效，承诺生效时合同成立。

14.【答案】B

【解析】抵押登记记载的内容与抵押合同约定的内容不一致的，以登记记载的内容为准。

15.【答案】C

【解析】选项 C：以注册商标专用权、专利权、著作权等知识产权中的财产权出质的，当事人应当订立书面合同；质权自有关主管部门办理出质登记时设立。

16.【答案】D

【解析】（1）选项 A：当事人以房屋租赁合同未按照法律、行政法规规定办理登记备案手续为由，请求确认合同无效的，人民法院不予支持；（2）选项 B：一房多租并不影响各租赁合同的效力；（3）选项 C：出租人出卖租赁房屋未在合理期限内通知承租人或者存在其他侵害承租人优先购买权的情形，承租人可以请求出租人承担赔偿责任的，人民法院应予支持；（4）选项 D：抵押在先，出租在后的，该租赁

关系不得对抗已登记的抵押权，抵押权实现后，租赁合同对受让人不具有约束力。

17.【答案】A

18.【答案】D
【解析】纳税人采取以旧换新方式销售货物（金银首饰除外），应当按"新货物"的同期销售价格确定销售额。新货物的同期销售价格含税时，应换算为不含税价计税。

19.【答案】C
【解析】（1）选项ABD：适用17%的基本税率；（2）适用13%税率的农产品，是指各种植物、动物的"初级"产品，而蔬菜罐头（选项D）已属深加工产品。

20.【答案】D
【解析】（1）小规模纳税人销售货物，应按照3%的征收率计算应纳税额，不得抵扣进项税额，排除选项AC；（2）计税依据含增值税的，应价税分离计算应纳税额，排除选项B。

21.【答案】B
【解析】（1）选项AD：属于发票联的用途；（2）选项C：属于抵扣联的用途。

22.【答案】A
【解析】选项A：采取直接收款方式销售货物，不论货物是否发出，增值税纳税义务发生时间均为收到销售款或者取得索取销售款凭据的当天。

23.【答案】C
【解析】（1）选项C：购进货物用于"投资、分配、赠送"，视同销售货物处理；（2）选项ABD：购进货物用于简易计税方法计税项目、免征增值税项目、集体福利或者个人消费的，不属于视同销售货物的情形，同时不得抵扣进项税额。

24.【答案】D
【解析】（1）选项A：销售商品采用托收承付方式的，在办妥托收手续时确认收入。（2）选项B：销售商品需要安装和检验的，在购买方接受商品以及安装和检验完毕时确认收入；如果安装程序比较简单，可以发出商品时确认收入。（3）选项D：销售商品采取预收款方式的，在发出商品时确认收入。

25.【答案】D
【解析】（1）自2015年10月1日至2017年12月31日，对年应纳税所得额低于30万元（含30万元）的小型微利企业，其所得减按50%计入应纳税所得额，按20%的税率缴纳企业所得税。（2）甲企业2016年应纳企业所得税税额 $=8×50%×20%=0.8$（万元）。

26.【答案】A
【解析】该投资公司虚构使用商品的效果、提供的合作伙伴信息与实际情况不符合，对购买行为有实质影响，构成虚假广告，属于欺骗性

标示行为。

27.【答案】D
【解析】申请人自"发明或者实用新型"在中国第一次提出专利申请之日起"12个月内"，又向国务院专利行政部门就相同主题提出专利申请的，可以享有优先权（本国优先权）。

28.【答案】B
【解析】权利人因被侵权所受到的实际损失、侵权人因侵权所获得的利益、注册商标许可使用费难以确定的，由人民法院根据侵权行为的情节判决给予"300万元"以下的赔偿。

29.【答案】C

30.【答案】C
【解析】选项C：财政执法主体无强制执行权。

二、多项选择题

1.【答案】ABD
【解析】选项C：当事人达成仲裁协议，一方向人民法院起诉未声明有仲裁协议，人民法院受理后，另一方在"首次开庭前"未对人民法院受理该起诉提出异议的，视为放弃仲裁协议，人民法院应当继续审理。

2.【答案】ACD
【解析】（1）选项A：债权人未提起清算申请的，公司股东申请人民法院指定清算组对公司进行清算的，人民法院应予受理；（2）选项C：清算期间，公司存续，但不得开展与清算无关的经营活动；（3）选项D：清算方案应当报股东（大）会或者人民法院确认，清算组执行未经确认的清算方案给公司或者债权人造成损失，公司、股东或者债权人有权要求清算组成员承担赔偿责任。

3.【答案】ABC
【解析】选项D：股份有限公司董事会作出决议必须经全体董事的过半数通过。

4.【答案】ABC
【解析】有限合伙人的下列行为，不视为执行合伙事务：（1）参与决定普通合伙人入伙、退伙；（2）对企业的经营管理提出建议；（3）参与选择承办有限合伙企业审计业务的会计师事务所；（4）获取经审计的有限合伙企业财务会计报告；（5）对涉及自身利益的情况，查阅有限合伙企业财务会计账簿等财务资料（选项B）；（6）在有限合伙企业中的利益受到侵害时，向有责任的合伙人主张权利或者提起诉讼；（7）执行事务合伙人怠于行使权利时，督促其行使权利或者为了本企业的利益以自己的名义提起诉讼（选项C）；（8）依法为本企业提供担保（选项A）。

5.【答案】ABC
【解析】被接管银行的法律主体资格并不因接

管而丧失；商业银行终止的原因限于解散、被撤销和被宣告破产。

6.【答案】BD

【解析】（1）选项A：由于潘某投保的是"不足额"保险，即保险金额小于保险价值的保险合同；除合同另有约定外，保险人将按照保险金额与保险价值的比例承担赔偿保险金的责任，这意味着保险财产的实际价值与保险金额的差额部分，由被保险人自行承担。（2）选项B：如果侵权人刘某已经赔偿，潘某的损失即已得到全部弥补，根据保险法的损失补偿原则，甲公司可以拒绝支付保险赔偿金。（3）选项C：保险人应"以自己的名义"行使保险代位求偿权。（4）选项D：刘某是侵权人，最终的赔偿责任应由刘某承担，保险公司向潘某支付赔偿金后，在赔偿金额范围内将享有对刘某的代位求偿权，而潘某通过保险公司理赔未能得到弥补的损失也可以继续向刘某追偿。

7.【答案】BD

【解析】（1）选项A：甲公司并未将商品房所有权让渡给乙公司，作为所有权人仍为处分权人，其将房屋出卖给丙的行为属于有权处分。（2）选项B：甲公司擅自将已经委托乙公司包销的房屋出售给丙，违反了甲公司和乙公司签订的商品房包销合同，构成违约，应承担相应的违约责任。（3）选项C："国家房地产调控政策"属于不可抗力，丙的确违约，但不需要承担违约责任。（4）选项D：因不可抗力致使不能实现合同目的的，当事人可以解除合同。

8.【答案】AD

【解析】应当先履行债务的当事人，有确切证据证明对方的经营状况严重恶化，可以中止履行；当事人行使不安抗辩权中止履行的，应当及时通知对方，对方提供适当担保时，应当恢复履行；中止履行后，对方在合理期限内未恢复履行能力并且未提供适当担保的，中止履行的一方可以解除合同。

9.【答案】ABD

【解析】（1）选项A：向消费者个人销售货物、劳务、服务、无形资产和不动产的，不得开具增值税专用发票；（2）选项B：商业企业一般纳税人零售的烟、酒、食品、服装、鞋帽（不含劳保用品）、化妆品等消费品的，不得开具增值税专用发票；（3）选项D：销售货物、劳务、服务、无形资产和不动产适用免税规定的，不得开具增值税专用发票（法律、法规及国家税务总局另有规定的除外）。

10.【答案】ABCD

11.【答案】ACD

【解析】（1）选项AB："亏损"是指企业财务

报表中的亏损额经主管税务机关按税法规定核实调整后的金额（即税法口径的亏损额）；（2）选项C：弥补亏损后，应纳税所得额大于零，企业应当缴纳企业所得税；（3）选项D：企业某一纳税年度发生的亏损，可以用下一年度的所得弥补，下一年度的所得不足以弥补的，可以逐年延续弥补，但最长不得超过5年。

12.【答案】AC

【解析】选项BD：属于减半征收企业所得税的项目。

13.【答案】ABC

【解析】选项BD：预备费应用于当年预算执行中的自然灾害等突发事件处理增加的支出及其他难以预见的开支。

14.【答案】ABCD

15.【答案】ACD

三、判断题

1.【答案】×

【解析】地方性法规，由有地方立法权的地方人民代表大会及其常务委员会制定；地方政府规章，由有地方立法权的地方人民政府制定。

2.【答案】×

【解析】公司股东滥用公司法人独立地位和股东有限责任，逃避债务，严重损害公司债权人利益的，应当对公司债务承担"连带责任"。

3.【答案】√

4.【答案】√

【解析】个人独资企业解散的，财产应当按照下列顺序清偿：（1）所欠职工工资和社会保险费用；（2）所欠税款；（3）其他债务。

5.【答案】×

【解析】商业银行在境内设立分支机构，应当按照规定拨付与其经营规模相适应的营运资金数额；拨付各分支机构营运资金数额的总和，不得超过总行资本金总额的"60%"。

6.【答案】√

7.【答案】√

8.【答案】√

9.【答案】√

10.【答案】√

【解析】未经履行出资人职责的机构同意，国有独资企业、国有独资公司不得有下列行为：（1）与关联方订立财产转让、借款的协议；（2）为关联方提供担保；（3）与关联方共同出资设立企业，或者向董事、监事、高级管理人员或者其近亲属所有或者实际控制的企业投资。

四、简答题

【案例1答案】

（1）A有限合伙企业设立之初，约定由甲、乙共同执行合伙企业事务符合法律规定。根据规定，有限合伙企业由普通合伙人执行合伙事务，有限合伙人不得执行合伙事务，不得对外代表有限合伙企业。

（2）经甲、乙、丙私下协商，由丙以自己所有的10辆货车设定抵押的行为符合规定。根据规定，有限合伙人依法为本企业提供担保的，不视为执行合伙事务。

（3）乙反对丁将财产份额转让给戊有效。根据规定，有限合伙人可以按照合伙协议的约定向合伙人以外的人转让其在有限合伙企业中的财产份额，但应当提前30日通知其他合伙人；有限合伙人对外转让其在有限合伙企业的财产份额时，有限合伙企业的其他合伙人有优先购买权。在本题中，丁转让财产份额应当提前30日通知甲、乙、丙，乙愿意以同等条件购买的，丁应当将财产份额转让给乙。

【案例2答案】

（1）C银行拒绝D公司付款请求的两个理由均不成立。

①根据规定，凡是善意的、已付相当对价的正当持票人可以向票据上的一切债务人请求付款，不受前手权利瑕疵和前手相互间抗辩的影响。在本题中，D公司已经取得完全的票据权利，B公司和A公司之间的抗辩事由不能用以对抗D公司。

②根据规定，票据债务人不得以自己与出票人之间的抗辩事由对抗持票人。在本题中，承兑人（C银行）不得以其与出票人（B公司）之间的资金关系对抗持票人（D公司）。

（2）D公司有权向B公司追索。根据规定，票据债务人不得以自己与持票人的前手之间的抗辩事由对抗持票人。

（3）B公司有权拒绝A公司的请求。根据规定，票据债务人可以对不履行约定义务的与自己有直接债权债务关系的持票人，进行抗辩。

【案例3答案】

（1）丁公司拒绝承担保证责任的理由不成立。根据规定，被担保的债权既有物的担保又有人的担保，债务人不履行到期债务或发生当事人约定的实现担保物权的情形，债权人应当按照约定实现债权，没有约定或者约定不明确，第三人提供物的担保的，债权人可以就物的担保实现债权，也可以要求保证人承担保证责任。

（2）A地块上新建成的写字楼配楼不属于抵押物的范围。根据规定，建设用地使用权抵押后，该土地上新增的建筑物不属于抵押财产；

该建设用地使用权实现抵押权时，应当将该土地上新增的建筑物与建设用地使用权一并处分，但新增建筑物所得的价款，抵押权人无权优先受偿。

（3）丁公司可以向甲公司追偿，但不能向丙公司追偿。根据规定，提供担保的第三人承担担保责任后，仅有权向债务人追偿。

五、综合题

【参考答案】

（1）

①残疾人员的工资可以加计扣除100%，调减应纳税所得额40万元；

②职工福利费支出

税法允许的扣除限额 = 1200 × 14% = 168（万元），实际发生额超过扣除限额，应调增应纳税所得额12万元（180 − 168）；

③拨缴工会经费

税法允许的扣除限额 = 1200 × 2% = 24（万元），实际发生额未超过扣除限额，无需纳税调整；

④职工教育经费支出

税法允许的扣除限额 = 1200 × 2.5% = 30（万元），实际发生额未超过扣除限额，可全额扣除，另可扣除以前年度结转的扣除额5万元，应调减应纳税所得额5万元；

⑤为投资者支付的商业保险费不得扣除，应调增应纳税所得额10万元；

因此，业务（1）共应调减应纳税所得额 = 40 − 12 + 5 − 10 = 23（万元）。

（2）

①销售（营业）收入 = 5500 + 400 = 5900（万元）；

②广告费

税法允许的扣除限额 = 5900 × 15% = 885（万元），实际发生额未超过扣除限额，无需纳税调整；

③非广告性质的赞助支出不得在税前扣除，应调增应纳税所得额50万元；

④业务招待费

销售（营业）收入的5‰ = 5900 × 5‰ = 29.5（万元），实际发生额的60% = 60 × 60% = 36（万元），应以29.5万元为扣除限额，应调增应纳税所得额30.5万元（60 − 29.5）；

因此，业务（2）共应调增应纳税所得额 = 30.5 + 50 = 80.5（万元）。

（3）

会计利润 = 5500 + 400 + 300 − 2800 − 300 − 210 − 420 − 550 − 900 − 180 + 120 = 960（万元）；

公益性捐赠扣除限额 = 960 × 12% = 115.2（万

元），实际发生的公益性捐赠支出超过扣除限额，应调增应纳税所得额 4.8 万元（120 − 115.2）；

直接捐赠支出不得在企业所得税税前扣除；

因此，业务（3）共应调增应纳税所得额 = 4.8 + 20 = 24.8（万元）。

（4）

所有行业企业 2014 年 1 月 1 日后新购进的专门用于研发的仪器、设备，单位价值不超过 100 万元的，允许一次性计入当期成本费用；由于该公司已经为该设备计提折旧费用 6 万元，因此，业务（4）可以调减应纳税所得额 = 80 − 6 = 74（万元）。

（5）

该公司 2016 年企业所得税应纳税所得额 = 960 − 23 + 80.5 + 24.8 − 74 = 968.3（万元）；

该公司 2016 年最少应缴纳的企业所得税 = 968.3 × 25% = 242.08（万元）。